ムーブメント
MOVEMENT

ファンクショナルムーブメントシステム
動作のスクリーニング, アセスメント, 修正ストラテジー

監訳｜中丸宏二・小山貴之
　　　相澤純也・新田　收

Functional Movement Systems
Screening—Assessment—Corrective Strategies
GRAY COOK
On Target Publications

NAP Limited

■訳者一覧

監訳・訳

中丸　宏二	寺嶋整形外科医院リハビリテーション科	
	首都大学東京大学院人間健康科学研究科	
小山　貴之	日本大学文理学部体育学科	
相澤　純也	東京医科歯科大学医学部附属病院スポーツ医学診療センター	
新田　收	首都大学東京大学院人間健康科学研究科	

訳

鈴川　仁人	横浜市スポーツ医科学センターリハビリテーション科
玉置　龍也	横浜市スポーツ医科学センターリハビリテーション科
窪田　智史	横浜市スポーツ医科学センターリハビリテーション科
波戸根行成	寺嶋整形外科医院リハビリテーション科
瓦田　恵三	寺嶋整形外科医院リハビリテーション科
志村　圭太	東京厚生年金病院リハビリテーション室
勝木　員子	了德寺大学健康科学部理学療法学科
関口　貴博	船橋整形外科病院スポーツ医学センタースポーツリハビリテーション部
平尾　利行	船橋整形外科病院理学診療部

注意：本書は，専門家による助言，診断，治療の代わりとなることを意図したものではありません。病状に関する疑問がある時，あるいは新たに身体活動を始める前などには，必ず医師など医療の専門家に相談してください。

Translation copyright © 2014 by NAP Limited, Tokyo
All Rights Reserved.

This edition of *Movement—Functional Movement Systems: Screening, Assessment and Corrective Strategies* by Gray Cook is published by arrangement with On Target Publications.

Copyright © 2010, E. Grayson Cook

Printed and Bound in Japan.

監訳の序

　次のシーズンに備えてトレーニングを再開しようと考えているプロのアスリート，これから運動を始めようと思っている運動不足の人，慢性腰痛の患者，膝の靱帯損傷後に可動域や筋力が回復して医師から運動を許可されたスポーツ愛好家，傷害を予防しようと考えている学生アスリート，症状が消失してリハビリテーションを終了する際に再発予防のアドバイスを求めている患者など，様々な対象者における基本的動作パターンを調べ，一貫性のある基準を用いて問題の有無を判断する方法と，その問題を修正するための適切なエクササイズを処方するヒントを，本書の中に見つけることができるでしょう。

　整形外科・スポーツ領域の理学療法士であり，またストレングスアンドコンディショニングの専門家でもある原著者のGray Cook氏は，様々なバックグラウンドを持つ専門家たちとともに，痛みのない人に対して行うスクリーニングとして「ファンクショナルムーブメントスクリーン（Functional Movement Screen：FMS®）」と，痛みのある人に対して行うアセスメントの「セレクティブ・ファンクショナルムーブメントアセスメント（Selective Functional Movement Assessment：SFMA®）」を開発しました。FMSは，日本においても先駆的なトレーナーやストレングスコーチの方々の努力によって，プロのアスリートだけでなく一般のスポーツ愛好家の方々にも行われるようになってきております。しかし，医療施設に勤務する医療の専門家の中では，まだ充分に認識されていないのが現状です。スポーツやフィットネス，リハビリテーションには様々な専門分野の人が関わっているため，Cook氏が述べているようにストレングスやコンディショニングの専門家は医学やリハビリテーションのシステムを理解し，医療の専門家はフィットネスとコンディショニングのシステムを理解する必要があります。このような専門分野の溝を埋めるツールとしてFMSとSFMAを利用すれば，コミュニケーションが円滑になり，それが対象者の利益につながると思われます。

　本書は15章にも及ぶ非常にボリュームのある書籍となっているため，FMSとSFMAの方法論が述べてある部分を中心に読まれる方も多いかもしれませんが，できれば第1章から順番に読むことをお勧めします。たとえ方法論を先に読んだ方でも，後でもう一度最初から読み直していただくのがよいと思います。運動器疾患のリハビリテーション分野で有名なShirley Sahrmann，Vladimir Janda，James Cyriax，Carolyn Richardsonらの言葉が引用されていたり，発達運動学的アプローチや固有受容性神経筋促通法（PNF）の概念が取り入れられていること，あるいはフィットネスやトレーニングの内容まで含まれていたりすることから，様々な専門家の方にとってはそれぞれあまり馴染みのない言葉もあるかもしれません。しかし，本書を最初から順番に読むことでCook氏の哲学をより深く理解し，自信を持って実践することができるようになるでしょう。

　本書の翻訳は，臨床現場でアスリートのリハビリテーション，ストレングスやコンディショニング，運動器疾患の治療など，また大学・大学院で運動器疾患のリハビリテーションや小児の発達運動学の指導にあたられている理学療法士の方々にお願いしました。臨床，教育，研究と非常に忙しい中，翻訳に協力していただいたことに感謝いたします。原本には本文や図にわかりにくい点，チャートとの矛盾などがあり，これらの問題点をできるだけ解決するために原出版社と何度も連絡を取り合って確認作業を行いました。このようなことから予定していた翻訳期間が大幅に延びてしまった中，適切なアドバイスや校正によって翻訳・監訳作業を支えてくださったナップの亀田由紀子さん，追加の作業

を快諾していただいた窪田智史氏に厚くお礼を申し上げます．

　本書がアスリート，フィットネスのクライアント，患者の方々，そして様々なバックグラウンドを持つ専門家を結びつける手助けとなれば幸いです．

2014年1月

監訳者代表
中丸　宏二

前書き

　私は名誉なことに，全米プロフットボールリーグでストレングスアンドコンディショニングのコーチとして，16年間（そのうち13年間をインディアナポリス・コルツで）仕事をしてきました。科学と実践に基づいて身体パフォーマンスを最大限に高め，選手生命を伸ばしたいという私の情熱は，我々のシステムの基礎を形成し，我々をプログラムに対する堅固なフィルターを持つ厳しい批評家にしました。我々にはわずかなミスも許されず，勝ち負けや何百万ドルもの違いを左右することに試行錯誤する余裕もありません。

　90年代後半に，動作のスクリーニングについて耳にしました。その方法論は私の心を捉え，それを学びたいという気持ちになりました。

　その1，2年後に本書の著者Gray Cookと会った際に，彼は私にファンクショナルムーブメントスクリーン（Functional Movement Screen：FMS）を行い，ロータリースタビリティパターンに問題があることを指摘しました。彼は私に多少の修正を加え，適切なローリングを指導し，それからロータリースタビリティパターンを繰り返すようにいいました。私はロータリーパターンをほぼ完璧に行えたことで，システム以上のものを知ることができました。その訪問中，彼は関節と筋を分けて考えることとは大きく異なる，神経の特徴やヒトの運動発達の構成要素について説明してくれました。そして私の頭のなかに閃光が走りました。「このシステムは我々が取り組むべきものだ！」

　我々はその通りにし，今も取り組み続けています。私はプロフットボールプレーヤーのトレーニングにFMSを用いており，読者の皆さんもアスリートやパーソナルトレーニングのクライアント，リハビリテーションの患者に同様に用いることができます。FMSの用途は広く，効果的で，魅力的なものです。

　Cookは複雑な神経生理学と解剖生理学を熟知しており，その知識によりどのような場面でも応用可能なシンプルで有効かつ実用的なシステムを構築しました。Cookの方法は，我々に仕事をチェックするための基礎とシステムをもたらしました。彼の努力と探究心から学んだもう1つのキーポイント―自分自身の仕事をチェックすること―は，非常に重要なことなのです。この影響は大きかった。それは客観的な測定で，私がFMSを使い始める前には選手たちに行っていなかったものでした。

　我々の専門において，結果を測定することは難しいものです。我々はメートル毎秒やワット，スピード，筋力，動作のスクリーニングなどによって出力を調べます。選手が相当な負荷を持ち上げることができること，パワーや個々またはポジションに特異的な身体組成，無酸素耐性，優れた動作能力，そしてスポーツに適した栄養を摂取しているかなどを確認しています。また，サーカディアンリズムや就寝パターンを指導します。試合に影響を与える要因は様々です。本書にまとめられたFMSは，新たな測定方法を提供します。この測定方法によって，正しい方向に進んでいるか，またいつ調整を行うかがわかるでしょう。FMSはその他すべての測定の土台を提供すると，私は考えています。

　簡単にいえば，この方法は効果的であるということです。

　チームという環境では，FMSが，アスリートを中心として，ストレングスコーチ，パフォーマンスコーチ，ともに働く理学療法士，アスレティックトレーナー，カイロプラクター，医師，その他の医療従事者の間のコミュニケーションを活発にしてくれます。その結果，メディカルおよびパフォーマンスチームは，アスリートの健康やリハビリテーション，パフォーマンスに集中し，術後なのか，疼

痛があるか，機能不全あるいは健常であるか，練習やプレーをする準備ができているかどうかなど，それぞれが担当するものに途切れなく移行することができます。

コーチやトレーナー，リハビリテーションの専門家は，学校やスポーツ施設，軍隊など，どこでもシーズン前における身体検査のためにFMSを行うことにより，プレー復帰の基準の1つとしてそのデータを用いることができます。スポーツにおいては，我々は選手がフィールドやコート上に立ち続けられるようにしなければなりません。FMSは選手が欠場する前に傷害リスクを予測するための最善のツールです。トレーニングルームでは，可動性と安定性の問題を特定するためにFMSを用いており，トレーニングレベルを上げる際の指標としています。動作に問題があれば，それは常に注意が必要となる明らかな徴候となります。

スクリーニングは動作の基礎を確立します。シーズン前スクリーニングで痛みが認められれば，選手はメディカルスタッフに面会して臨床検査を受けます。このシステムでは，臨床検査を行うか，観察された機能不全パターンに基づくシンプルなコレクティブ（修正）エクササイズを行うかを，痛みによって判断することが可能になります。リハビリテーションの専門家は，潜在的な問題を特定しそれを解決することで傷害のリスクを減少させることができます。FMSが選手生命の重大なバイオマーカーであることに間違いはありません。

我々がインディアナポリス・コルツで行っているすべてが，FMSをもとに構築されています。これが我々のプログラムの基盤なのです。

実際，動作の効率性なしには，充分な筋力やパワーを得ることも使うこともできません。滑らかで効率的な動きがなければ，強さはほとんど意味がありません。身体をぶつけ合う中で強さと安定性を保つことは，フットボール選手に必要なことです。FMSによって，このことがはっきりと理解できました。私は運動の効率性というものを本当に正しく認識するようになりました。それは機能的で基礎的な動作です。ファンクショナルムーブメントシステムを学ぶことによってヒトの運動発達を理解すると，曖昧な思考が明確になり，正しく効果的な行動がとれるようになるでしょう。

本書によって，運動発達や姿勢，パターンなどを見抜く力を得て，コアや姿勢，呼吸の本質を理解することができるでしょう。また，リハビリテーションやトレーニングのプログラムにおいて，動作をチェックするシステムを得ることができるでしょう。

医学の領域からパフォーマンスの領域まで通じる一連のコミュニケーションを生み出すシステムを持つことで，あなたが関わる人々にとって最善のことを行ってください。このシステムは無駄なトレーニングに費やす時間を減らすとともに，選手生命を伸ばし，傷害を予測し，減少させ，運動効率を向上させ，エクササイズの目的を与えてくれるものです。

Gray Cookにより与えられたけっして終わらない生涯にわたる輝きを，楽しみ，味わってください。私や私と一緒に仕事をしている人たちは，その成果を享受し続けることでしょう。

インディアナポリス・コルツ
ストレングスアンドコンディショニングコーチ
Jon Torine

序　文

　もしあなたが，エクササイズやダイエットに執着し，医学と運動科学の分野で世界をリードしているが，皮肉にも肥満，心疾患，腰痛，傷害などが増え続けている，身体の衰えがひどい状態にある文化の中で生きているとしたらどうしますか？

　もしあなたが，エクササイズの市場戦略や特効薬的なフィットネスの宣伝文句によって社会が非常に混乱していること，またフィットネス産業における専門的な意見の相違によって混乱が増していることに対して，冷静な認識を持つパーソナルトレーナーであればどうしますか？

　もしあなたが，歯科医は定期健診により決まった報酬が得られる一方，理学療法士であるあなたはそうではなく，しかもアメリカ人が腰痛に年間500億ドル以上も費やしているという皮肉に耐えながら生活をしているとしたらどうしますか？

　もしあなたが，アスリートの傷害を予防することに関わりを持つスポーツ医学かストレングスアンドコンディショニングの専門家で，職務を行うための包括的なツールを持ち合わせていなかったらどうしますか？

　もしあなたが，ウエイトリフティングやケトルベルリフティング，その他従来のエクササイズや身体を発達させるトレーニングを推進していて，このことで得た知識によって現代のパッケージ化されたエクササイズプログラムに対して疑問を抱いたとしたらどうしますか？

　もしあなたが，マーシャルアーツやヨガなどの最古の動作トレーニングが動きや呼吸を充分に統合していることに気づき，近代のトレーニングには同じ程度の補完的効果がほとんどないとしたらどうしますか？

　もしあなたが，エクササイズやリハビリテーションの分野では最高の環境で仕事をしており，このエリート集団に共通した考え方―非常に基礎的なため，大部分は教育や研究で見過ごされている事柄に基づいた考え方―をはっきりと目にしたらどうしますか？

　もしあなたが，大学スポーツやプロスポーツの裏方として，パフォーマンスや選手生命についての明確な説明となる同様の基礎的要因を目の当たりにしたらどうしますか？

　もしあなたが，ベテラン軍人や新兵，消防士，ジュニアまたはシニアのアスリート，労働者，ダンサー，週末だけ運動する人，スポーツ・整形疾患の患者などに対して，これらの基礎的要因を調べる機会があったらどうしますか？

　もしあなたに評価する能力があり，基礎的要因を調べる機会を得たとしたら，どのような見解を示しますか？　何をいう必要があるでしょうか？　変化させるために何をするでしょうか？

　私はこれらの疑問に取り組みました。なぜなら，私はこれらを行い，みて，経験しているからです。

　私は，こういった問題を対象とした新しいエクササイズやリハビリテーションプログラムを開発して，これらの混乱をひどくすることもできました。

　しかしその代わりに，私が知る最高の専門家からのアドバイスや援助に支えられながらシステムを構築しようとしています。

　我々には充分なプログラムとプロトコルがあります。我々には動作の基礎をみるための標準的なオペレーティングシステムが必要です。動作の量を測る前に，動作の質を測るためのシステムが必要なのです。

システムはプログラムをより良いものにします。システムは我々をより良いものにします。
　本書ではそのファンクショナルムーブメントシステムを紹介します。本書を読みながら，私が最も重要だと考える動作の哲学についてじっくりと考えてみてください。
　「まずはうまく動けるように，次に何度も動けるように」

Gray Cook

目 次

第1章　スクリーニングとアセスメントの概要　*1*

動作のスクリーニングとアセスメントの実践　*4*
我々の取り組むべき課題は動作である　*7*
ファンクショナルムーブメントシステムの必要性　*9*
ムーブメントスクリーニングモデル　*10*
機能不全・痛み・リハビリテーション　*12*
FMSの歴史　*15*
パターンの識別　*17*
ファンクショナルムーブメントシステムにおけるロジスティクスの5つの基本原則　*18*

第2章　解剖学的科学と機能の科学　*21*

筋機能―動作と感覚　*24*
真の動作　*29*
動作の欠陥と機能不全　*32*
分類のまとめ　*35*

第3章　動作の理解　*37*

動作の知識とエクササイズの知識　*38*
活動，エクササイズ，スポーツについての考え方　*43*
スクリーン，テスト，アセスメント　*45*
システムの概観　*47*
機能的動作の基準の作成　*49*

第4章　動作のスクリーニング　*52*

FMSはどこに属するのか　*56*

第5章　ファンクショナルムーブメントシステムと動作パターン　*60*

FMS　*61*
SFMAトップティアーテスト　*62*
SFMAブレイクアウト　*63*
ファンクショナルムーブメントシステムのコンセプト　*66*
FMSのデザイン　*68*
4つの基本的なフィルター　*68*
FMS実施中の疼痛や違和感　*71*
FMSの採点方法―結果の序列化　*72*

第6章　ファンクショナルムーブメントスクリーンの詳細　*74*

FMSのテスト　*74*
ディープスクワット　*76*
ハードルステップ　*78*
インラインランジ　*80*
ショルダーモビリティリーチング　*82*
アクティブ・ストレートレッグレイズ　*84*
トランクスタビリティプッシュアップ　*86*
ロータリースタビリティ　*88*
FMSのまとめ　*90*
FMSの修正　*91*

第7章　SFMAの概要とトップティアーテスト　94

SFMAトップティアーテスト　109
サービカルスパイン　110
アッパーエクストレミティ　111
アッパーエクストレミティ・ペインプロボケーションテスト　111
マルチセグメンタルフレクション　112
マルチセグメンタルエクステンション　112
マルチセグメンタルローテーション　113
シングルレッグスタンス　114
オーバーヘッドディープスクワット　114
動作と疼痛情報のバランスをとる方法　115

第8章　SFMAブレイクアウトの詳細とフローチャート　118

サービカルスパイン・ブレイクアウトの理論的根拠　120
サービカルスパイン・ブレイクアウト　123
アッパーエクストレミティ・ブレイクアウトの理論的根拠　127
アッパーエクストレミティ・ブレイクアウト　127
マルチセグメンタルフレクション・ブレイクアウトの理論的根拠　129
マルチセグメンタルフレクション・ブレイクアウト　130
マルチセグメンタルエクステンション・ブレイクアウトの理論的根拠　134
マルチセグメンタルエクステンション・ブレイクアウト　137
スパインエクステンション・ブレイクアウト　138
ローワーボディエクステンション・ブレイクアウト　142
アッパーボディエクステンション・ブレイクアウト　146
マルチセグメンタルローテーション・ブレイクアウトの理論的根拠　148
マルチセグメンタルローテーション・ブレイクアウト　152
リミテッド・マルチセグメンタルローテーション・ブレイクアウト　152
ヒップローテーション・ブレイクアウト　153
ティビアルローテーション・ブレイクアウト　158
シングルレッグスタンス・ブレイクアウトの理論的根拠　161
シングルレッグスタンス・ブレイクアウト　162
前庭とコアのブレイクアウト　162
アンクル・ブレイクアウト　165
オーバーヘッドディープスクワット・ブレイクアウトの理論的根拠　167
オーバーヘッドディープスクワット・ブレイクアウト　168
ローリング・ブレイクアウトの理論的根拠　172
ローリング・ブレイクアウト　173
臨床家への重要な注意　175

第 9 章　FMS と SFMA における動作分析　　　177

ディープスクワット　177
スクワットのスクリーニング実施時の誤り　179
ハードルステップとシングルレッグスタンス　189
インラインランジ　194
ショルダーモビリティリーチング　197
アクティブ・ストレートレッグレイズ　199
トランクスタビリティプッシュアップ　201
ロータリースタビリティ　203
ローリング　204

第 10 章　修正ストラテジーの理解　　　206

コレクティブエクササイズによくみられるまちがい　206
エクササイズの基本から始める　208
パフォーマンスピラミッド　209
短期的反応と長期的適応　214
コレクティブエクササイズの進め方　215
どのエクササイズをプログラムから外すべきか　216
エクササイズ：コレクト（正しい）とコレクティブ（修正）　218
セルフリミティングエクササイズ：自然で正しいエクササイズ　220
コレクティブエクササイズの目標　224

第 11 章　修正ストラテジーの進め方　　　226

筋のテンションとトーンがすべてである　226
FMS とコレクティブエクササイズ　229
SFMA とコレクティブエクササイズ　230
コレクティブエクササイズとファンクショナルエクササイズとの違い　232
コンディショニングエクササイズ，コレクティブエクササイズ，ムーブメントプリパレーション　234
スキルトレーニング，コンディショニング，コレクティブエクササイズ　235
FMS における修正の優先順位　238
SFMA における修正の優先順位　239
コレクティブエクササイズのツールボックス　240

第 12 章　修正の枠組みを構築する　　　242

コレクティブエクササイズにおける 6 つの P　242
様々な対象者に対する特別な考慮　248
運動心理学の理論　251
呼吸のスクリーニング　252

第 13 章　動作パターンの修正　　　254

基礎的な可動性の修正　254
基礎的な安定性／モーターコントロールの修正　259
ローリング　262
静的・動的安定性の修正　264

第14章　応用的な修正ストラテジー　271

動作学習についての考察　*271*
修正のための体験と知覚　*271*
疑い深い身体と鈍い身体　*276*
修正システムの概要　*278*
デッドリフト：修正体験の例　*279*
補助輪はバランスを強化しない　*281*
応用的な修正ストラテジー　*282*
個人的見解　*293*

第15章　結　論　295

エクササイズとリハビリテーションにおけるビジネス　*297*
原則と方法　*298*
ファンクショナルムーブメントシステムの原則　*300*
驚くべき脳の動作学習機能　*304*

付録1　関節別アプローチの概念 ･････････････････････････････････････ *308*
付録2　関節別アプローチの詳細 ･････････････････････････････････････ *311*
付録3　SFMA スコアシートとフローチャート ･････････････････････････ *318*
付録4　呼　吸 ･･･ *341*
付録5　心拍変動 ･･･ *343*
付録6　ファンクショナルムーブメントシステム考案チームの紹介 ･･････ *344*
付録7　キャリア初期の考えとジャンプについての研究 ････････････････ *346*
付録8　コアのテストと機能的ゴニオメーター ････････････････････････ *355*
付録9　FMS の採点基準 ･･ *361*
付録10　FMS での口頭指示 ･･･ *369*
付録11　ディープスクワットの一般的な評価過程の例 ･････････････････ *372*
付録12　自己記入式質問票 ･･ *375*
文　献 ･･･ *378*
索　引 ･･･ *381*

1 スクリーニングとアセスメントの概要

　ムーブメント（動作）は，成長と発達の初期において中心的なものであり，また一生を通じて主要なテーマであり続ける。我々エクササイズの専門家は運動を奨励するが，動作に関連した危険因子についての標準的なスクリーン（スクリーニングを行うための検査法）を持ち合わせていない。我々は，リハビリテーションの専門家として，全体的なパターンに対する評価尺度を使用していない。動作の一部を測定し，動作全体が予測できると思い込んでいる。現在使用されているスクリーンとアセスメント（評価法）は包括的なものではなく，機能障害やパフォーマンスに基づいていたり，活動に特異的なものであったりする。

　我々は専門家として，動作の基礎を観察し管理する能力を証明することなしに，動作によってトレーニングや評価・治療を行ってきた。このことは問題の一部を作り出し，その問題は現在の状態が続く限りさらに大きくなることになる。

　本書では，フィットネスやリハビリテーションにおいて動作パターンを評価するための，標準的な作業手順を説明する。このようなシステムがなければ，リスクの識別能力を向上させたり，損傷の原因をより完全に突き止めたりすることができない。

　我々は専門的な関心事である動作の問題を調べるためにそれぞれ好みの方法を開発してきており，多くは自分自身の専門的な安全領域のなかで解決策を導き出している。高度に専門化した近視眼的な動作の評価は，最大の過ちではないかもしれないが，大きな過ちの1つとなっている。

　医療やフィットネスの最も優れた指導者は，すでに全体的な動作パターンをみることを行っている。彼らは特定の動きをみる前に基礎的な動きについて検討する。最も優れた専門家や教育者，研究者においては，賢明かつシンプルで伝統的なアプローチについての意見が一致している。それは，「**基礎が常に一番である**」ということである。

　医療やフィットネスの専門家は，表面的なことに注意を払いすぎ，基礎的な動作を軽視することが多い。筋力低下とタイトネスに対して別々に取り組み，標準的な動作パターンの獲得には作用しない筋力強化やストレッチングによる改善方法に焦点を当てている。股関節の痛みと上背部のこわばりを訴えている場合，我々はすぐに解決策を見つけようとする。外科医や内科医，理学療法士は，包括的な基準から考える代わりに，自分たちが受けた教育から導き出した解決策にとらわれた視点によって問題をとらえている。構造に基づく外科的な解決策を考える人もいれば，どの薬剤が疼痛や炎症を抑えるのによいかを考える人もいる一方，力学的な問題に対するリハビリテーションを行う人もいる。結局のところ，包括的な動作分析を行うよりも，問題を訴える部位によって各患者を分類してしまっている。

　最初の視点は，内科医でも理学療法士でもストレングスやコンディショニングの専門家でも同じである。というのは，同じ解剖学を勉強しているからであるが，動作については様々な異なる観点から考える。専門分野に非常に特化するようになり，この専門化することに問題がある。基本となる動作の基準がないまま，生体力学的活動に対する特定の見方を勉強する。各人がタイトネスや筋力低下，痛みを調べたとしても，全員が全く同じものをみているわけではない。我々は解剖学のマップは有しているが，一致した動作マップは持ち合わせていない。

　エクササイズやリハビリテーションの専門職において，基礎的な動作は，定量化される他の問題と同じレベルの話にはならない。これは変える必要がある。

　動作のスクリーニングや評価なしに進歩はなしえない。動作の評価は，フィットネスやパフォーマンスの評価に先立って行うべきである。

　動作機能不全は，可能なかぎりフィットネスやパフォーマンスとは切り離す必要がある。身体トレーニングを集中的に行っても，代償や傷害リスクを増加させることなしに，基礎的な可動性や安定性の問

題を効果的に変えることはできない[1]。

　全体的な動作パターンを話題として取り上げるだけでなく，科学的かつ専門的な注意を払いながら検討し，これを標準化すべきである。体節ごとの評価や関節可動域，基礎運動学以上に，動作パターンについて考慮しなければならない。

　我々は，基準として柔軟性や筋力を測定することはできるが，障害や外傷のリスクがない自然な動作パターンというものをいまだに理解していない[2]。基礎的な動作において，全体的な動きは個々の部分的な動きを合わせたものより大きくもなるし，小さくもなる。必然的に，動作パターンの能力を評価することが出発点となるはずである。

　エクササイズの細部に注意を払うことは重要だが，基礎がしっかりと確立されることで初めて意義のあるものとなる。このことが行われた場合にのみ，基礎が他の構造や機能を効果的にサポートすることができる。

　本書の提案はシンプルである。「**トレーニングを行う前に動作パターンのスクリーニングを行うこと**」である。不良な動作パターンのままでトレーニングを行うと，運動の質が低下し傷害のリスクを増大させてしまう。もし不良動作パターンを認めたら，シンプルなエクササイズによって修正し，その後に基準（ベースライン）と比較することで再確認できる。

　動作パターンの不均衡や制限は，エクササイズやアクティビティを行うクライアントの傷害リスクを確認するための指標となる。またこれらの指標によって，症状が消失し治療を終了する際にも，患者の潜在的なリスクを特定することができる。ファンクショナルムーブメントスクリーン（Functional Movement Screen：FMS®）を受けた人は，以下の3グループのうちの1つに分類される。

合格：リスクの増大がなく，活動を行ってもよい。
不合格：動作パターンが改善されなければ，傷害のリスクがある。
実施時に痛みを伴う：現在傷害があり，医療の専門家による詳細な運動検査と身体的検査が必要である。

　スクリーニングによって，活動量が増加したときに進歩が妨げられたり，怪我をしたりする確率が高いグループについての論理的な情報が得られる。スクリーニングを行わなければ，機能的な動作パターンや可動性，安定性，固有感覚などが正常であるという誤った認識のまま，エクササイズプログラムやリハビリテーションのプロトコルが続けられてしまうだろう[3〜6]。

　筋骨格系疾患の第1のリスク要因は傷害の既往であるが，これはリハビリテーションの過程に何かが欠けていることを意味している。現代の医学やリハビリテーションのモデルでは，初回の傷害による疼痛や症状を管理することはできるが，再発の可能性に対する影響力は少ない。医学やリハビリテーションは，痛みを管理するだけでなく，再発のリスク要因も対象とする必要がある。痛みが解決した後に動作をスクリーニングすることによって，再発の可能性を判断できるようになり，患者にリスクを減らすための方法を指導することができるだろう。

　動作に機能不全があると，スキルやパフォーマンスが許容できるレベルにあったとしても，機能不全をもとにして構築されたすべてのものは不完全で問題のあるリスクを有したものになるだろう。不良な動作パターンがあると活動に伴う傷害リスクが増加するが，良好な動作パターンであっても傷害リスクの減少を保証するものではない。基礎的な動作が管理されれば，筋力や持久力，協調性，スキルの習得などのその他の要因も，傷害を予防するように働く。動作が何よりも優先される。

　機能不全のある動作と，痛みを伴う動作を，可能なかぎり分けることが重要である。痛みがなくても充分に動けないこともあれば，痛みがあってもよく動けることもある。動作時痛に対しては，患者のフィットネス能力に関係なく，筋骨格系疾患に対する評価や治療を行ったことのある医療の有資格者が対処するべきである。優れたエクササイズの専門家は傷害の予防に貢献することができるが，痛みがある場合には，疼痛の評価と運動障害の知識を持つ医療の専門家が包括的な評価を行う必要がある。

　我々は知っていることを利用しなければならない。リスクを減少させ選手生命を延ばすために，動

作機能不全をスクリーニングし評価すべきである。これをFMSを通して行うのである。動作機能不全に対処したら，元に戻らないように気を配らなければならない。動作のパフォーマンスや特定の運動スキルを観察することで，リスクの増大を示唆する他の部位をモニターして対応する必要がある。

FMSは「予測システム」である。7種類のスクリーンと3種類のクリアリングテストで構成される信頼性のあるシステムで，活動的な人の正常な機能を基準にして動作パターンをランク付けするようにデザインされている。動作パターンをスクリーニングすることにより，動きの制限や非対称性を特定し，ランク付けすることが可能となる。

基本的な動作パターンに制限や非対称性があると，ファンクショナルトレーニングや身体コンディショニングの効果と，そこから得られる利益が減少すると考えられている。近年のデータから，これらの要因がスポーツ傷害と関連している可能性が示唆されている。FMSの1つの目的は動作パターンの制限を見分けることであり，それによって専門家は，トレーニングによる身体的要求が増加する前に，動作を正常化するための個別的なコレクティブ（修正）エクササイズを処方することができる。この個別的アプローチは，1対1の状況だけでなくグループの場合にも効果があることが示されている[7]。

FMSは，痛みの訴えや筋骨格系の傷害がない人を対象にデザインされたスクリーンである。もともと痛みのあるクライアントや，FMSの最中に痛みを訴えるクライアントは，医学的診断や治療を受ける必要がある。このために我々は，セレクティブ・ファンクショナルムーブメントアセスメント（Selective Functional Movement Assessment：SFMA®）を用いている。

SFMAは「動作に基づいた診断システム」であり，筋骨格系由来の痛みがあることがわかっている人を対象に，基礎的な動作パターンを評価するようデザインされた，全身に対する7種類の動作テストである。

動作パターンの観点から評価を始めると，主訴と無関係のようにみえる重要な機能不全を特定することができる。局所的な相互依存(regional interdependence)[8]として知られるこのコンセプトは，SFMAの顕著な特徴といえる。臨床家はSFMAによって，痛みはないが最も重大な機能不全のある動作パターンを見つけ，それを詳細に評価する。この動作パターンに注意することにより，目標とする運動療法を行っても痛みによる悪影響を受けないことから，動作機能不全を軽減することができる。このシステムは，痛みではなく，動作機能不全に対するコレクティブエクササイズに焦点を当てる。

SMFAは現存の医学的検査を補完し，姿勢や筋バランス，基礎的な動作パターンの概念を，筋骨格系のリハビリテーションに効率的に組み入れている。SMFAによって，治療とコレクティブエクササイズによる最良の介入を系統的に進めていくことができる。

FMSとSFMAの2つのシステムは，分類や専門家の間のコミュニケーションの道具として効果的である。この2つのシステムを使い，傷害のリスクを減少させたり，コンディショニングの強化や，目標に向けて安全にリハビリテーションを進めたりするのに必要な，個人やグループにおける最も基本的な身体的指標の判断を行う。

修正ストラテジー（動作パターンを修正する戦略）は，体力やパフォーマンスよりも，可動性，安定性，基礎的なモーターコントロール，全体的な動作パターンを改善することに焦点を当てたエクササイズの形式である。動作パターンが確立されれば，その動作パターンは持久力や筋力，スピード，アジリティ，パワー，課題特異性などの一般的および特異的な体力指標のための基盤となる。

本書のテーマは動作であり，動作のスクリーニング，アセスメント，ランク付けについて書かれている。本書の目的は，動作に関する考え方を構築し，全体的な動作パターンの質を調べる方法を教えることにある。動作の評価，トレーニング，回復にかかわる誰もが，本書から必要不可欠な情報を見つけることができるだろう。

我々の身体は信じられないほど丈夫で回復力があり，驚くべきパフォーマンスと身体能力を持ち合わせている。我々は力強く成長し，優雅に年を重ねることができるようつくられている。真の動きを取り

戻すことが出発点となる．体力やコンディショニング，スポーツパフォーマンスを向上させることは，簡単にはできない．我々はそれを育んでいかなければならない．

動作のスクリーニングとアセスメントの実践

FMSとSFMAは，動作パターンを検討し記録するための組織化されたシステムである．この動作の質的モデルを学べば，エクササイズやリハビリテーションの開始時にこのシステムを実行することができるようになるだろう．動作を理解する能力に自信がつき，クライアントや患者はその恩恵を受けるだろう．

本書は，専門家のための実践ガイドとして，動作の質的モデルがどのように役立つかを説明し，また機能的な動作の評価に必要なことについて検討する．読者は，健康な人における動作の質を理解するための手段であるFMSの詳細な内容を検討し，運動時痛を有する患者に用いられるSFMAの細部に取り組むことになる．

このシステムの主な目的の1つは，スクリーニングやアセスメントを通して，動作パターンを観察し記録するための専門的な基準の枠組みを作ることにある．動作パターンが動作機能不全や筋骨格系の問題，傷害の予測における付加的なバイオマーカーとなるように，運動科学のパラダイムシフトを展開する．初期観察では，動きや解剖学的構造を限定し詳細で量的な分析を加えることは行わず，基礎的な動作の質をみるようにする．動作マップが作成されると，動きや構造の量的分析はより高い関連性を示すようになる．このように少し視点を変えることが，スクリーニングやアセスメント，コレクティブエクササイズなどの新しい戦略（ストラテジー）を生み出すのに役立つ．

本書が通常の教科書としては役立たないと思われるのであれば，その目的について考えていただきたい．教科書は実践を変えるようにはつくられていない．エビデンスや新しいアイデアこそが実践を変化させるのである．エクササイズやリハビリテーションの専門家として，クライアントや患者の身体がなぜそのように動いてしまうのかを理解しないまま仕事をしていたら，我々はそのクライアントや患者に深刻な危害を加えていることになる．本書で示した偽りのない内容は，新しいモデル—筋骨格系とともに中枢神経系の働きを土台とした新しい動作の論理—の必要性を明らかにし，我々の主張でもある下の言葉を支持するのに必要な知識を提供する．

—Motion is Life
動くことは生きることである—

ヒポクラテス

動作は，生きることを象徴している．我々は意図を持って動き，自動的な反応により動く．我々の活動は，反射と目的のある動作様式が組み合わさっている．多くの場合，反射が目的のある動作様式を支持し，目的のある動作様式が反射の誘引となる．コインの両面のように，これらを引き離すことはできない．

我々は動くときに意図した動作については考えるが，最初の意図を支持するために自分の身体や精神が行っている微妙な調節については考えない．動作は体力と同様に制限もある程度は示しており，動作や身振りによって情動の状態も予測することができる．

我々は簡単で無駄のない力学的用語によって動作を表現することが多いが，ヒトの動作は単純な角度やベクトル，力，方向だけでは表わせないものである．ヒトの動作は行動（behavior）であり，行動という意味合いのなかで考えるべきである．全身的なフィットネス，コンディショニング，リハビリテーション，医学の分野においては，動作を測定するために基準を定めている．パフォーマンスの向上，あるいは以前の機能レベルへの回復を目的として，動作を改善するために行った試みについて，この基準と比較することになる．

動作の行動学的および力学的側面について意見が一致したならば，両方の分野を同等に尊重する測定と解釈の方法を理解する必要がある．そのために我々は，力学的な動作の問題，人間の緻密な行動で

修正する総合的な動作の管理方法を生み出そうと思う。そのようなシステムによって，このような考えを展開することが，本書の最終的な目的である。

▌ 身体部位と動作パターン

機械科学では，1つの大きな項目を分割して処理しやすいものにする。科学で還元主義と呼ばれるこの方法では，1つの観点が創り出される一方で，別のものが破壊されることが多い。まさに身体が解剖によって破壊されるように，動作パターンは還元主義によって破壊される。このことは，カロリーに焦点を当てる，現代の食に対する観点にみられるものである。この1つの観点は，高度に加工されたある食品が，同等のカロリーの自然食品と同じであるという仮説を認めることになる。多くの人がカロリーのみによって判断し，酵素や微量栄養素，食物繊維，血糖値などについては調べず，加工食品と自然食品の2つの食事は同じようにみえるかもしれないが，反対の代謝応答を生成することがある。カロリーが発見され，カロリーを計算するようになったからといって，我々はスリムになったわけではない。実際には，体脂肪率は大半の人で悪化している。

同様に，動作を分けて分節ごとに類別しても，筋骨格系の傷害は減少しないし[1]，より健康でスリムにもなっていない。現実性と実用性が同等でなく，包括的な視野が欠けている還元主義が問題である。運動の測定感度が改善したことから，運動科学者は還元主義を取り入れることで他の科学に追従した。分解されたレベルでは，動作の観察と分類は組織化されて管理可能となった一方，全体的な動作パターンという基礎は考慮されなくなってしまった。

反対に，パターンや連動性は，生体が最もよく行っている方法のままとなっている。パターンとは，1つの情報の塊のように脳内で繋がれている単一運動の集まりである。この塊は本質的に，運動パターンを支配するソフトウェアである精神的な運動プログラム（mental motor program）に似ている。パターンは，特定の機能のために一緒に用いられる複数の単一運動を表わしている。コンピュータが情報をよりよく整理し管理するために，1つのファイルに関連するコンテンツのドキュメントを複数格納するのと同じように，パターンを記憶していることで，効率が高まり，脳内の処理時間が短縮する。

頻繁に動作を再現することで，基礎的動作は基本パターンとして記憶される。科学者は理解を深めるためにパターンを部分的に調べたいと思うかもしれないが，我々エクササイズやリハビリテーションの専門家は，脳がパターンの連動性を認識し，真の機能と現実的な動きを生み出すために利用していることを理解する必要がある。

部分的にみることで明確にはなるが，パターンをみることによって包括的に理解することができる。細部を学ぶことによって動作に関する情報は得られるが，パターンを理解すれば動作に対する見識が得られる。学術研究においては，詳細な分析が最終的な理解に適している。しかしながら，実用的な方法によって，現実的で機能的な動作に影響を及ぼすことが目的だとすると，単に詳しく調べるだけではなく，全体的な動作パターンの再構築と強化に焦点を当てる必要がある。

▌ ムーブメントとモーションの矛盾

いくつかのケースでは，用語を置き換えてしまうと違う意味になってしまうという問題がある。また別のケースとして，日常的に動きを測定する専門家は微妙な仮説を立てることがあり，このことでムーブメント（動作）とモーション（動き）との間に矛盾が生じる。動作にかかわる各関節が正常な動きや可動域を有している場合，これらすべての関節がかかわる動作も正常であるという仮説を立ててしまうのである。

ムーブメントとモーションの定義は似ているが，エクササイズやリハビリテーションを扱うときには異なる意味を持つ。ムーブメントは，自力で位置を変更する際に機能している身体行動を意味することが多い。モーションは，単一または複数の身体分節内における可動範囲を表わすこともある。ムーブメントは這うことのような基本的な身体活動，ランニングやゴルフスイングのような高度な全身活動を意味する。モーションは，肩関節屈曲180°などの方向の自由度を特定する量と関連していることが多い。

この考えからすると，正常なムーブメントには正

常なモーションが必要であるといえるかもしれない。しかし，正常なモーションは正常なムーブメントを保証するものではない。モーションはムーブメントの構成要素であるが，ムーブメントには安定性やバランス，姿勢制御，協調性，知覚を含むモーターコントロールも必要となる。

本書では，仮説が焦点を曇らせて誤った方向へ注意を向けさせるような問題を防ぐため，このような専門的な主観性と用語の語義の問題を軽減するようにデザインされたシステムを紹介する。

■ 観点の問題

さまざまな医療の評価方法の中には，観点に問題のある例がみられる。機能不全のあるシステムのなかの不完全な部分を管理すれば，システム全体を修正できるという仮説に基づいて管理が行われることがある。高度に専門化されたアプローチでは，パターンではなく，部分を評価することが多い。通常，この修正システムを用いれば，限定された単一部分の管理だけはうまくいくだろう。しかしながら，各部位に的を絞った方法では，相乗的なパワーと真の機能を生み出す統合されたパターンが無視されている。

副作用が生じ，他のシステムに2次的な問題を引き起こし，ある時点からパターン全体を考慮する必要性に気付くことになる。動作障害を部位ごとの筋力低下や硬さなどの要素へと標準化するならば，パターンや機能は変化しないだろう―機能レベルの問題は，現状のままである。部分的な測定の結果が改善しても，実用的なレベルでは問題がある。

部分のみを扱うことは安全で楽である。小さな部分を修正しても，問題自体は解決されなかった場合に，「それは私の専門ではありません」または「私ができることはすべてしました」ということができる。私はリハビリテーション専門職の1人として，不完全なシステムにみられる狭量さの一部であり，そのようなことを目の当たりにしてきたので，このような痛烈なことがいえるのである。

■ 全体はその部分の合計よりも大きい

多くの人は「全体はその部分の合計よりも大きい」ということに賛同するが，そのように行動しているだろうか。この概念と同様，動作パターン全体はその動く部位の合計よりも大きい。エクササイズやリハビリテーションにおいてこれを実践しているだろうか。あるいは実践的な行動なしに，その主張に賛同するだけだろうか。プレッシャーがかかっているとき，動いている部位を管理するだろうか，あるいは動作パターン全体に対して責任を負うだろうか。動作パターンの一部に焦点を当ててそれを修正することで，動作パターン全体が自然に調整されることを期待するだろうか。あるいは，動作パターン全体をみて最初に全体としての問題に対処し，パターン内の基礎的能力を自然に正常化させようとするだろうか。

場合によっては，動作パターンの小さな部分を管理することは有益であるが，単一の側面が正常に制御されれば，全体的なパターンを無視してもよいというわけではない。一部の現象に対するパターンの良い例として，重度の足関節捻挫や骨折の場合に，治癒した後も長い間跛行を続けてしまうことが挙げられる。脳は一時的な問題を回避するために，新しいソフトウェア―跛行―を書き込んでしまう。

このシステムでは，治癒すれば必ずしも初期の，あるいは正常な作動計画にリセットされるわけではない。身体の損傷部位が修復されても，すでに必要のなくなった機能不全パターンは残存したままである。つまり，全体は部分の合計よりも小さくなっている。後遺症や習慣的な癖は，症状が消失した後も残存することが多い。

これらの動作の傾向は，非論理的な性質を示している。この性質の逸脱をモニターするための論理的なシステムが必要となる。つまり，動作パターンを，その要素と同じくらい詳細に観察する必要がある。我々の仕事は，初めから終わりまで動作パターンを扱うべきである。最初は，部分的に評価する前に，パターンのスクリーニングとアセスメントを行い，その後で主な問題となっている最も制限のあるパターンにおける各部分について判断する。最初は他のすべての要素は問題としないが，記録して参考にしながらモニターすべきである。

前輪の1つがパンクしている車の例を考えてみよ

う．他の3個のタイヤの空気圧が最適な状態ではないとしても，それはたいした問題とはならない．最初に取り組むべき課題は，パンクしたタイヤを識別して修理することであり，それから他に修理する必要があるかテストを行って，作業を終了する．パンクした前輪に対処すると，他の情報が明らかとなり，適切な検査を行うことができるようになる．圧力計でタイヤの空気圧を検査すれば，それぞれのタイヤの空気圧が低いということがわかるかもしれないが，パンクしたタイヤを空気圧が低いという問題の1つとして考えたならば，パンクを修理することを考えずに空気を入れることを考えてしまう．この簡単な例は，優先順位のことを示している．

身体においては，最も制限のあるパターンにかかわる特定の部位に取り組んだならば，介入の終了時にパターンを再検討する必要がある．最も制限のあるパターンが変わっていなければ，ほとんど効果が得られなかったことになる．何かが変わっていたとしても，中枢神経系はその変化を認識できていないのである．

何を調べるかを決める手始めに，機能的動作パターンを用いるとよい．パターン内の部分的な変化を脳が認識しているか確認するために，介入後にも機能的動作パターンを使うようにする．知的で充分な訓練を受けた人は，毎日「パンクしたタイヤ」を無視し，4つのタイヤに対して同じように注意を払い，空気圧を測定するという誤りを犯してしまう．不完全性や基準から逸脱していることを系統的に測定することばかり考えていると，情報に優先順位をつけたり，主な問題を識別したりすることができなくなる．空気圧が低いことと，パンクしていることの明らかな違いが認識できなかったり，優先順位がつけられなかったりする．空気圧が低いということは問題ではあるが，パンクしているならば最初の空気圧の問題の重要性は全く変わってしまう．問題は，空気圧が低いという「注意事項」から，全く動かないパンクしたタイヤへ移る．現代の臨床家は，タイヤの交換技術に自信を持つ整備士というよりも，空気圧が低い3本のタイヤとパンクしたタイヤを必死に何度も測定する運転手のようにみえてしまうことがある．

この基本的な理屈は，観察された問題をすべて無視するべきだといっているわけではなく，問題があるという情報を効率的かつ効果的に評価しランク付けするために客観的なシステムを使用するようにといっているにすぎない．我々は対応する必要のない問題を正確に測定することで貴重な時間を無駄にしている．必要に応じてベースラインを設定し，進歩を評価するためにその他の情報を使用するが，情報には常に優先順位があることを理解しなければならない．初期評価の変数に変化がみられたら，別の変数が重要となるかもしれない．パンクしたタイヤを見つけられなければ，他のことは何も関係なくなる．パンクということが，前進を止める変数となっているからである．

全体を構成する個々の要素や変数を測定する前に，必ず情報の評価とランク付けを行うようにするべきである．緻密な測定から始めるのではなく，まず客観化し，体系化して，優先順位をつけることから始めなければならない．このルールはどれだけ誇張してもしすぎることはない．

我々の取り組むべき課題は動作である

我々の取り組むべき課題は動作なので，ヒトの動作に関与している専門職の範囲内で現在行っていることや理解していることの先をみるように努めるべきである．競技パフォーマンスを高めることから重度障害のリハビリテーションまで，動作に対する新しい包括的アプローチについて，話すだけではなく，作り上げる必要がある．

我々の専門性を改善しようとする試みは，ときに客観性よりも熱意として示される．経験豊かな専門家は，自分自身の主観の犠牲になることがある．最も客観性のある専門家とは，自分が客観的ではないことを知っており，そのために仕事を再確認するためのシステムに従うことを理解している人々である．

■ バイアス：ハンマーを持つと多くの物が釘にみえてしまう

このバイアスというものは，人間性の落し穴であ

る．ルールがなく，審判もいなければ，ゲームはその意義やメリットを失ってしまう．我々がプレーする通りのルールを作ってはいけない．帰納的・演繹的論理に基づいてルールを決めてから，ランク付けをし，測定した変数に作用する技術を用いるようにすべきである．

我々は，エクササイズやリハビリテーションの効果を測定する動作の質的基準を持ち合わせていない．この領域の専門家は，動作の質を認識し，議論はしている．我々が指導するエクササイズの質の程度はさまざまであるが，現在の研究で示される量的な基準と同じ程度に正確な動作の質を調べるテストはほとんど行われていない．

運動量ははっきりとわかりやすいので，研究者には動作の量を研究するという自然なバイアスがあり，数的モデルを当てはめてしまう．質を研究することは厄介なもので，測定が難しい．現代のエクササイズやリハビリテーションが発展する過程で，このバイアスのために質をチェックしなくなってしまった．質的な基準がないまま，我々は望まなくても動作の量的特徴だけを観察するようになったのである．

この失われた変数は，成人の腰痛や学生アスリートにおける外傷・障害などの主な動作の問題が，いわゆる新しく改良された運動科学のもとで増加し続けていることについての部分的な説明となるかもしれない．科学的な仕事においては，質的および量的特徴を説明し，考慮し続ける必要がある．両方を同じように重要なものとして考慮しなければ，しばしば先を見通すことができなくなる．

専門的知識や経験，また研究者が質より量を好むという自然なバイアスや親和性によって生じる主観性を防ぐための，扱いやすいシステムを考案しなければならない．

■ システムとプログラム

プログラム：結果を出すためにあらかじめ定められた実行計画

システム：1つの手順のアウトカムによって次の手順を決めることで結果を出す方法

我々の多くは，問題を修正するためにデザインされたプログラムとプロトコルに，問題を関連付けるように教えられてきた．動作に基づく問題に対処するために必要な批判的思考は，プログラムを特定の問題に割り当てることとはあまり関係ない．批判的思考は問題の原因を考え，主要な問題を系統的に管理し，また判断や明瞭さを曇らせる2次的な問題を検出する．

修正するための手順がない状態で，前もって設定されたプランに頼る場合，プログラムやプロトコルは限られたものになる．それに対してシステムは，継続的に再評価を行うため，プログラムやプロトコルよりも効果的である．このシステムというものは，ベースラインに即して進展させる方法が組み込まれているため，システムそれ自体が向上し続ける．

本書は，動作の問題に対して即応するのを避け，慎重に対応できるようになるために役立つ．ここでは，読者を補助し，導くための客観的なシステムを紹介するが，それは支配するためのプログラムではない．一貫した継続的な評価のないプログラムではなく，継続的な再検討（レビュー）と，それに続く計画的で計算された対応の上に築かれたシステムである．

本書の意図する役割は，動作のスクリーニングとアセスメントによる情報収集や，コレクティブ（修正）エクササイズを用いた管理を補助することである．

本書を読むことで，量的アプローチとともに質的アプローチを考慮するようになるだろう．質的アプローチを重視しているようにみえるかもしれないが，そのようなことは意図していない．質的アプローチが量的アプローチより重要というわけではない．我々の社会では，量的な見方をより明確に理解し，定義し，議論しており，またエクササイズやリハビリテーションの専門家も質より量を評価している．本書では両方のアプローチを同じように使用することの重要性について説明する．

最も明確な視点を得るには，情報を評価しランク付けするために質を最初に用いる必要がある．その後で，主要な目標を達成するステップに焦点を当てるために量を使用することができる．

パーソナルフィットネスのクライアントのなかには，総合的なフィットネスよりも，すぐに体重を減らすことに大きな関心を寄せる人がいる。多くのアスリートは競技の基礎やバランスのとれたトレーニングアプローチではなく，スピードやパワー，持久力などの超人的な能力を得ることに注目している。最も確実に身体的な能力を高めるためには，身体の土台に重点を置かなければならないにもかかわらず，優れた基礎を築くことが有効であるとは考えられていない。

筋骨格系に問題のある患者は，痛みをなくすことに意識を向けることが多い。彼らは，基本的な症状の管理と，本当の意味で治癒することや問題が解決することとの違いがわかっていない。患者は苦痛を感じることで，痛みこそが問題であると誤解し，痛みが単なる信号であることや，信号がなくなった後も問題が残っている可能性があることを理解していない。

我々はクライアントや患者を責めることもできるが，我々の仕事をよりよく理解してもうらうために，クライアントや患者が知っている量的基準に加えて一般的な質的基準を示すこともできる。我々が最初に動くことで，保険会社やクライアント，患者が後に続くかもしれない。クライアントや患者が量に注目している場合，我々の職業上の責任は，彼らが気付き理解するように教育することである。我々専門家は，質的アプローチを進めることができるようになるために，まず質的基準を重んじなければならない。専門家として質と量のバランスを取ることは，我々が定めた目標に対して最も効率的で効果的な道筋を描くのに役立つだろう。

しかしながら，新しいシステムについて議論する前に，我々の職業に現在みられる問題をいくつか浮き彫りにする必要がある。

ファンクショナルムーブメントシステムの必要性

動作を精査したり，評価したりすることは，新しいことではない。我々はヒトの観察を始めて以来，動作に興味を持ち続けている。動作は生存するため，コミュニケーションのため，レクリエーションを行うため，成長するための手段である。動作を測定・評価するための能力は，広大な現代科学のなかで発展してきた。この科学によりもたらされる情報によって，動作に関する知識が増加するとともに，我々の混乱も続いている。

動作のスクリーニングとアセスメントは，現実と，医学やパフォーマンステスト，高度な生体力学的分析との間のギャップを埋めるために重要なシステムである。この隙間を埋めることの重要性は，動作パターンの質的な基準を確立することにある。

ヒトの動作は，身を守って食べていくこと，すなわち別の見方をすれば，楽しみを得て痛みを避けることのためにデザインされたパターンから生じている。ヒトには，成長するにつれて，意識的な動作と意識下の動作が一体となって発達する反射的な動作様式が組み込まれている。動作パターンは，効率的かつ効果的な動きの連続性を生み出すために協調的に作用する分節の可動性と安定性を意図的に組み合わせたものである。このような連動性によって活動や動作中における身体の姿勢がコントロールされている。

真の科学とは，自然の行動を最も小さな分節にまで分解するためだけのものではなく，問題のある分節と動作パターンとの相互関係も示すものでなければならない。機能的活動に必要なパターンの基盤をマッピングせずに，動作を分節ごとに分解することを積極的に進めれば，動作の構造とエネルギーの背後にある本質的な支持システムを無視することになる。

パターン認知は，動作のスクリーニングとアセスメントの中心部分である。機能的な動作を支持するパターンを最初に認識できれば，各パターンを分節ごとにうまく分解したり，またパターンを全体として管理することを選択することもできる。このことから，主要な動作パターンを再構築することに対する見識が得られる。パターンが確立されれば，機能は結果として生じる基礎に支えられる。

特定の動作を変化させたり，改善したり，回復させたい場合に，動作パターンのスクリーニングとアセスメントを行うことによって，これらを明確に理

解することができる．動作パターンの微妙な悪化は，活動中の外傷・障害リスクの増加を予測する情報も示していることになる．

言い換えると，より精度の高い方法で動作の一部分を測定することは，情報収集に役立つだけである．その情報の使い方は，我々が研究にもたらす論理に依存している．

ムーブメントスクリーニングモデル

専門的なガイドラインの理解を深めるために，本書は2つのツール—ファンクショナルムーブメントスクリーン（FMS）とセレクティブ・ファンクショナルムーブメントアセスメント（SFMA）—を用いた2つの異なるモデルに分けられている．

私の最初のチームのメンバーは，ファンクショナルムーブメントスクリーンを略してFMSとした．しかし，動作のスクリーニングと臨床的な動作評価との違いについて混乱が生じたため，すぐに臨床に対応するものを開発する必要性に気付いた．臨床モデルはセレクティブ・ファンクショナルムーブメントアセスメントとなった．現在，両方のシステムはファンクショナルムーブメントシステム（Functional Movement System）としてまとめられている．

我々が意図しているのは，もう1つの概念「ファンクショナルムーブメントスタンダード（Functional Movement Standards）」を発展させることである．身体能力やフィットネス，パフォーマンス，スポーツスキル，リハビリテーションなどの現在ある基準とともに，機能的動作の基準を用いることができれば，動作の質を再導入し，現在の我々の分野の減退傾向を逆転させることができる．

まず第5章で，最初のモデルであるFMSを取り上げる．FMSは，エクササイズやレクリエーション，フィットネス，運動競技に関連した動作の専門家を対象としている．軍隊や消防隊，警察など，活動性の高い職種の人に対しても適用できる．

FMSは，基本的な動作パターンで痛みが生じる人は対象としていない．痛みを伴う動作はSFMAで取り上げている．FMSは，健康で活動的な人や，身体活動を増やしたいと考えている人のためのものである．以下の専門家には，FMSが大いに役立つだろう．

- レクリエーション活動のインストラクター
- テニスとゴルフの専門家
- アウトドア活動のインストラクター
- スポーツとコンディショニングのコーチ
- 体育教師
- ダンスインストラクター
- ヨガインストラクター
- ピラティスインストラクター
- パーソナルトレーナー
- マッサージ師
- ストレングスコーチ
- アスレティックトレーナー
- 理学療法士
- カイロプラクター
- 医師

第2のモデル（SFMA）は，動作時痛のある患者を扱う専門家を対象としている．我々は，筋骨格系の評価，診断，治療を行う医療の専門家が最良のリハビリテーションと運動療法を選択できるように，SFMAを改良した．SFMAは，以下の公認資格を持つ医学やリハビリテーションの専門家の仕事を向上させるだろう．

- アスレティックトレーナー*
- 理学療法士
- カイロプラクター*
- 医師

【訳注：*は公的資格として認められている国がある．】

我々のチームは，フィットネスと医療の専門家に対してFMSを教えており，医療の公認資格を持つ専門家に対してはSFMAを教えている．痛みを扱うようにデザインされているSFMAは，フィットネスや現場でのコーチングの範囲を超えたものであるが，これらの専門家がこのシステムを知っていることは重要である．医療の専門家がFMSを積極的に理解することも同じく必要である．

モデル間の境界線

　ファンクショナルムーブメントシステム（FMSとSFMS）には，痛みによる境界線が設けられている。痛みはすべてを変えてしまうため，痛みがあるとFMSの結果が無効になる。FMSで，活動的で健康な人のある動作パターンに痛みが伴うことが示されたら，FMSはその役割を果たしたことになる。FMSは痛みを伴う動作を分類することは目的としていない。エクササイズや身体活動の前に，その人の状態を捉えるためのものにすぎない。

　我々は筋骨格系の評価のためではなく，外傷・障害のリスクのスクリーニングとプログラムデザインのために最初にFMSを行う。リスクが見つかれば，求められる身体活動に応じた部位に対して組織化された専門的な評価を行うことで，より明確なものが得られる。対照的に，痛みによって動作が困難な場合は，完全な筋骨格系の評価の一部としてSFMAを行う。

　我々専門家の間には，意思の疎通に問題がある。ストレングスやコンディショニングの専門家は，医学やリハビリテーションのシステムをよく理解する必要がある。同様に，医療にかかわる専門家は，フィットネスとコンディショニングのシステムをよく理解しなければならない。その溝を埋めるために，医療の専門家はスクリーニングを理解し，エクササイズの専門家はアセスメントを理解しなければならない。クライアントや患者にとって最も良いサービスを提供することが目標ならば，これ以外に方法はないのである。

　我々には職業間での理解と活発な対話が必要である。だからといって，自分の専門外の仕事をすることを推奨している訳ではなく，他の職種の人との情報交換やコミュニケーションの方法を理解することを求めているのである。本当のパラダイムシフトにはより良いコミュニケーションが求められ，新しい言葉の定義が必要となるだろう。

　我々専門家は皆，それぞれ動作に取り組むが，ヒトの動作の基礎的なルールや原則を理解する必要がある。すべての行動において，基礎と原則は，特定の専門知識に特有の方法や細部についての複雑さよりも優先する。最高の教師やコーチ，トレーナー，セラピスト，医師などは，新しい概念が出てきたり科学的状況が変化しても，常に基礎的な原則について明確な視点を有している。

　基本に対して注意を払っても，創造力や知性が低下することはない。それどころか，知性を専門的な知恵に変えるのに役立つ。

　本書は，動作の問題を速やかに解決する方法や，修正プランを手っ取り早く得られる単なるレシピ本ではない。読者は，スクリーニング，アセスメント，修正アプローチを通じて機能的動作を理解する方法や，これら3つの相互関係を捉える方法を学ぶことになる。

　しかし，単純な考えには陥らないでほしい。多くの読者は，できの良いツールであるFMSやSFMA，修正ストラテジーに関する解説を知りたくて，哲学的で訳がわからないと考える部分を読まずに省略しようとするだろう。だが，基本を理解せずに前へ進むことは，原因を診断する技術を習得する前に，気付いた問題に対する医学的な治療法を学ぶことと同じである。

　最初の3つの章は，動作にかかわる見方や考え方，取り組み方に注意を向けることに費やしている。この導入部分は専門的な誤りを指摘したり非難したりすることが目的ではない。どちらかといえば，私の罪の告白である。私は専門的な教育を受け，ある特定の方法で動作をみることを教えられたが，私が注意を払わなかった多くの警告的なヒントも学んだ。私がお粗末な論理について話すことができるのは，私がそれを使っていたからであり，還元主義と分離的なアプローチについて議論できるのは，私自身がそれを実践していたからである。私が，エクササイズとリハビリテーションにおいて起こりうるあらゆる過ちを他人ごとだと思えないのは，私自身がそれらすべてを経験してきたからである。動作を取り巻く哲学的，実践的，社会的な過ちのいくつかについてこれから議論しようとする，その視点とはこのようなものである。

　このような情報をすべて提供することの目的はただ1つ，強固な基礎となる発想を根づかせることである。多くの教養のあるエクササイズやリハビリテーションの専門家が，我々のスクリーニングとア

セスメントのワークショップに参加している。彼らはこの経験と新鮮な見方を楽しみ，自分の仕事に戻って学んだことを利用しようと張り切っていた。しかし，クライアントや患者，同僚からの質問に対して，導入しようとするアイデアを熱意を持って保護したり説明したりする準備ができていないのである。彼らは説明の際に助けを求めてくることが多い。我々のツールを用いようとすることは光栄であるが，彼ら自身がファンクショナルムーブメントシステムの背後にある論理を説明し知的に議論する準備ができていないことが残念でもある。

このシステムは複雑ではない。それどころか，実は非常に単純であり，それが問題の始まりである。技術的に進歩したものを簡単に操作できる状況にあるのに，なぜ動作パターンを観察する必要があるのだろう。フォースプレートやハイスピードビデオなどの高感度測定装置がすでにあるのに，このシステムはどのように我々の利益になるのだろうか。我々は動作をスクリーニングしアセスメントするためのツールをすでに持っているではないか。

我々のワークショップでは，本書の情報をすべて説明し，検討する。ほとんどの出席者がそれを楽しみ，その情報に納得するが，その概念の正当性を主張したり説明するように求められているとはおそらく考えていないだろう。すぐに本書の導入部分を読むか，いずれにせよ後で読み返す時間をとることが必要である。大部分の情報に賛同したとしても，それを説明して正当性を主張できなければ，自分のものにはなっていないのである。

■ 機能と解剖

このシステムは，動作に対する解剖学的アプローチというよりも，機能的アプローチである。解剖学的アプローチは基礎運動学に沿ったものであり，部位ごとに分離して仮説を立てることで複雑なものになることが多い。

我々はその仮説を理解している。たとえば，ある動作パターンにおいて膝の伸展が最適な状態でない場合，膝伸展の機能を回復させることを他から分離して対応し，膝の伸筋を標的としてエクササイズを行うことができる。その機能が回復すれば，自動的に不充分なパターンに組み込まれる。これが基礎運動学であり，明白で論理的なものである。

しかし，動作に関する基本とは何だろうか。動作は変化に富み，複雑である。膝伸展の問題に対する基礎運動学的アプローチは，科学や発育・発達によって示されるように，多くのレベルで役に立たない。単純すぎる観察は，手軽な解決法という誤った方向に導くかもしれない。

- 筋力低下と考えているものは，筋の抑制である可能性もある。
- 主動筋の筋力低下は，スタビライザー（安定筋）の機能不全による可能性もある。
- 主動筋の機能不全は，実際は拮抗筋の問題である可能性もある。
- タイトネスとして考えているものは，筋の防御的な緊張や協調性低下である可能性もある。
- 悪いテクニックと見なしているものは，適切でないエクササイズを行っている人にとって唯一の選択肢である可能性もある。
- 全般的にフィットネスが低下していると思われるのは，神経筋の協調性低下と代償動作によって，代謝要求が過剰になっている可能性もある。

筋力強化やストレッチング，追加的な指導，より多くのエクササイズなどを行っても，これらの問題は修正できないだろう。表面的な観察をもとに意思決定をすることは，医学的に症状を治療することと同じであり，その原因を治療しているわけではない。

多くの専門家が機能を高く評価しているが，動作パターンではなく身体の一部をトレーニングする解剖学的アプローチのエクササイズにこだわっている。本書では，身体の一部分に専念することで自然な動作パターンが自動的に出現することを期待する代わりに，動作パターンに焦点を合わせ，身体部位を自然に発達させる方法を示す。

機能不全・痛み・リハビリテーション

私が理学療法の学校教育や卒後トレーニング，整

形外科およびスポーツリハビリテーションの上級トレーニングを受けていた頃，非常に効果的な徒手的治療の後に，標準化されたパッケージ済みのエクササイズを行うことは，少しも良いことと思えなかった。コレクティブエクササイズは，何も修正していなかった。これらのエクササイズは，根拠のない抵抗負荷によって，筋力や統合性，能力が何とか向上することを期待し，不自然で不完全な動作を繰り返しているだけのものだった。

ほとんどのコレクティブエクササイズは，モーターコントロールではなく，組織の生理機能を対象としていた。このエクササイズは，すべて単一平面上の動きを言語的・視覚的フィードバックを用いながらしっかりと指導するものであった。このことは，私が調べたり経験したことで明らかになった機能の定義に合わなかった。患者を何かに反応させたり知覚させたりせず，感覚-運動系に課題を与えなかった。部分的な運動学を最も簡単な形で適用できるエクササイズを繰り返し練習していただけであった。痛みと機能不全のある部位にだけエクササイズを行い，改善して主訴が軽減することを期待していたのである。

多くの医師や理学療法士は，機能不全のある部位やその周囲を活動させれば，モーターコントロールが自発的にリセットされると思っていた。しかし，代償動作が生じる機会を増やしてしまったので，リセットさせることはできなかった。

痛みは予測不可能な一貫性のない方法でモーターコントロールに影響を及ぼす。通常の患者には，痛みのため，またエクササイズのプランが不充分なことや正しいエクササイズを行えないため，真のモーターコントロールを再構築する機会がほとんどなかった。我々が行ってきたことは，痛みがなくなるか許容できるレベルに減少するまで治療することであって，機能を充分にチェックすることはなかった。患者の回復過程でどの程度の代償が生じていたかはわからなかった。基準となる動作パターンの機能を回復させることではなく，痛みを取り除くことに関心があった。私や同僚が記入した治療終了時の記録を見直したとき，問題の真実がみえた。理学療法の終了記録には，機能の回復よりも，痛みや組織の損傷が解消したことについて書かれていたのである。

私は，評価スキルを改善し始めると同時に，第9章で説明し，第14章で詳しく示す反応性神経筋トレーニング（reactive neuromuscular training：RNT）の定義に合うドリル，つまり動作の誤りを強調するために軽い負荷を用いるドリルのテストも開始した。ランジで膝が外反方向に崩れるのをみたときには，弾性バンドを膝に巻いて膝をさらに内側へ引くことを行った。あまりに強く引くと，ランジ動作が困難となる。引く力が不充分であれば，パターンは変わらないだろう。過不足のない力で引くことができれば，反応の良い解決策となるだろう。外反方向に崩れた膝は，より機能的な位置で膝自体をリセットする。このコンセプトは主に固有受容性神経筋促通法（PNF）によるものであり，これらのドリルは，単にPNFの考え方を応用したものに過ぎない。

最も良い抵抗とは，言語的・視覚的フィードバックなしに，問題自体が問題を修正するようなもの，たとえば「私に引っ張られないようにランジをしてください」というような簡単な指示をすることである。このテクニックは効果的であったので，同僚たちは私のエクササイズを真似し始めた。同僚は，膝に問題のある患者に私が行ったドリルを観察し，自分が担当する膝疾患患者に同じドリルを試してみたが，うまくいかなかった。私は，同僚が問題を診断名や痛みの部位によって分類していることに，ようやく気が付いた。

一方，私は痛みや診断名ではなく，動作機能不全に基づいてコレクティブエクササイズを選択するという，全く異なる道筋をたどっていた。恐らく，同僚たちは痛みや機能不全に対する適切な治療を行っていたが，それは動作パターンを修正することとは関係がなかった。多くの場合，私は痛みの部位から離れた身体領域に対処していることに気がついた。この新しいモデルでは，2人の腰痛患者に対するエクササイズはそれぞれ全く異なるものになる可能性がある。2人の患者は，同じ疼痛コントロールの治療を受けるかもしれないが，動作機能不全に対しては完全に異なるコレクティブエクササイズによるアプローチが必要となることもある。

私がファンクショナルエクササイズのコースを指

導し始めたとき，機能についての基準が必要であることをさらに確信するようになった。週末に行われるファンクショナルエクササイズのワークショップに参加する60人のリハビリテーションの専門家は，それぞれ60の異なる機能のベースラインを有している。機能の診断を標準化することができなければ，機能の治療を標準化することがどうしてできるだろうか。

私が指導し実践し続けるうちに，コレクティブエクササイズに対するこのアプローチはうまく機能し，格段に進歩しているようにみえた。しかし，新しいアプローチにはルールがあった。2つの主要なルールが，効果を決定づける明確な因子となった。

最初のルールは，身体的パフォーマンスや診断など他の指標とともに，動作パターンを考慮することを義務付けることであった。この要素はすぐにFMSとSFMAの基礎となった。

2つ目のルールは，自然の法則を認めることであった。つまり，「安定性よりも可動性を優先させる」ということである。

可動性に問題がない場合にだけ，反応性ドリルは効果的なものとなる。これは，高いレベルのモーターコントロールを求める前に，可動性に取り組む必要があることを意味している。言い換えれば，認識を変えれば行動が変わるのである。可動性の問題がなければ，RNTドリルとエクササイズはモーターコントロールを改善させ，また感覚経路や運動神経路が正常に働く状態にあれば動作パターンが改善することも期待できる。可動性に制限があれば，まず可動性に対処しなければならない。

もちろん，すべてのケースで可動性が正常になることを期待するのは現実的ではない。しかし，正常にできないからといって，必要な試みを行わなくてもよいと考えてはいけない。ほとんどの場合，可動性は改善する可能性がある。それぞれの可動性が充分に改善すれば，基本的なスタビライゼーションエクササイズやRNTドリルとともに，モーターコントロールにも取り組むことができる。

可動性の問題とは，動作機能不全のことである。これはおそらく不適当な動作の副産物であるか，あるいは外傷・障害や身体的ストレス，情動ストレス，姿勢のストレスなどの不充分な管理や，非効率な安定化の結果である可能性がある。これらすべての問題が，単独あるいは組み合わさって，身体の機能しようとする試みのどこかのレベルで，可動性を減少させる可能性がある。可動性が低下することは，身体が安定点を得る唯一の方法となっていることもあるが，この安定性は真の安定性ではない。これはスティフネスや柔軟性低下として観察されることが多いが，感覚運動レベルにおいては他に選択の余地のないシステムの一部となっている。これは要するに，全体的なレベルでの身体的パフォーマンスを継続させるために作り出された機能不全である。

コアが弱い場合には，2次的に機能を維持するため，肩甲帯や頚部における筋のタイトネスが生じる可能性がある。慢性の腰痛や安定性の問題がある場合には，たとえ可動性が低下しても2次的なブレースをつくろうとして，股関節屈筋群とハムストリングスにタイトネスが起こる可能性がある。身体は問題を解決しようとして，ある部位の可動性を低下させることもあるが，これによって機能を維持している。

股関節のタイトネスが腰部の問題を引き起こすと考えがちだが，腰部の問題によって股関節にタイトネスが生じることも非常に多い。重要なことは，タイトネスが問題の中心であると仮定しないことである。股関節の可動性が改善すればコアのコントロールは自発的にリセットされるかもしれないが，エクササイズはその過程を促すために必要となるだろう。可動性と安定性の問題が共存するように，通常，問題は重なり合って起こる。両方の問題をモニターして対処する必要があるが，介入は可動性から始めるようにすべきである。付録1で，可動性と安定性について詳しく述べている。

可動性に問題がある間は，スティフネスと筋緊張の亢進によって，機能に必要な安定性を得ている。可動性に何らかの対応をしなければ，システムはモーターコントロールの新たなレベルを必要としない。自らが生み出したものを利用するだろう。

しかし，可動性が改善すれば，身体がスティフネスと不適切な筋緊張に頼ることができない状態となる。このような状態で，感覚と運動システムの両方

に関与するモーターコントロールエクササイズを行えば，タイトネスとスティフネスを一時的に選択できないので，主要なスタビライザーが働くよう促されるだろう．この状態では，量が最も重要である．エクササイズのストレスがあまりにも大きい場合には，古いパターンに戻ってしまい，エクササイズが主要なスタビライザーに働きかけることもなければ，姿勢と動作を再統合することもできないだろう．

このシステムでは，制限のある部位の可動性を改善させることが求められる．患者やクライアントには，寝返りや四つ這い，膝立ち，片膝立ちなどの難度の高い姿勢や活動を行ってもらう．動作を行ってもらうか単に安定した姿勢を保持してもらい，その後に安定性を低下させた姿勢，そして動的な動作パターンへと進めていく．

乳児は問題のない可動性を持ってこの世に生まれ，自然に発達を続ける．私は，成長と発達の過程における動作パターン（寝返りや腹這い，膝立ち，歩行）を研究することで，さらに別の視点を得ることができた．1つの動作パターンが踏み石（次の段階の基礎）として役に立つような方法を研究した．このことは予備知識として専門教育のなかで学んでいたが，自分の娘が幼児になって実践するのを見るまで，私はこの概念を受け入れられなかった．動作パターンに機能不全がある場合，エクササイズとリハビリテーションにおける最も良い取り組み方は，このゴールドスタンダードを再現してみることである．

機能不全の動作パターンをマッピングし，非対称性や制限，動作をうまく行えないことに注目する．可動性の問題に対して特に注意を払い，最も基礎的な動作パターンの問題に対処する．これはリセットボタンである．そして，すべての新しいプログラミングはリセットなしには全く意味がない．可動性がかなり改善されれば，スティフネスとタイトネスによる支えのない状態でのシステムを目指す．

クライアントや患者がうまく行うことができ，正のフィードバックを受けられる安定性のレベルで，姿勢やバランス，アライメントを維持する自然な反応を引き出す．疲労はどんなことをしてでも避けるようにし，口頭指示や視覚的フィードバックを最小にし，各個人が感覚を通じて反応するように試みる．

バランスは自動的である．バランスは自然である．クライアントや患者には考えすぎたり頑張りすぎたりしないように働きかけ，ストレスのある呼吸をしていないかを確認する．ストレスのある呼吸が確認されれば，ドリルを中止して笑わせるか，呼吸ドリルを行うようにする．コントロールが改善していけばそのまま進めるが，負荷が強すぎたりモーターコントロールドリルが従来のエクササイズになったりしないよう常に注意する．

機能不全のパターンを再評価することで各セッションを終えるようにする．改善していれば，次のセッションで何から始めるべきかがわかり，改善していなければ，次に何をしてはいけないかが正確にわかるはずである．改善していた場合には，その状態を維持するために自宅でコレクティブエクササイズを少しだけ行うことを勧める．改善していなければ，まだ最適なモーターコントロールエクササイズは行えないので，次のセッションまで可動性のエクササイズだけを行うか，あるいは呼吸ドリルをいくつか行うように勧める．

見渡してみれば，全体のシステムは非常に単純なものである．主要な動作機能不全を識別し，適切な可動性を確認し，動作パターンを再プログラムするのである．

FMSの歴史

私は，マイアミ大学で受けた理学療法教育によって，さまざまな視点から動作とエクササイズを深く考えるための準備を整えることができた．私が受けた整形外科教育はオーソドックスなもので，運動学と生体力学の基本原理を応用したものであった．神経学の教育では，動作と動作に関する多くの独特な問題について考えたので，理解と推論の視野を広げることができた．PNFを学んだことで，動作を相互に連動したパターンとみなすようになったので，従来の整形外科リハビリテーションが基礎的な生体力学を重視していたのと同じ程度には神経学的原理を取り入れていないことに気が付いた．これに関しては，付録7のジャンプに関する研究のところでより詳しく述べる．

当時，フィットネスや競技のコンディショニングにおける一般的な原理では，運動生理学の原理と同じようには神経学的原理を重要視していなかった。一般的なエクササイズや整形外科リハビリテーションにおいても，神経学的トレーニングの視点を有効に利用していなかった。この神経学的テクニックはあらゆる種類の動作を改善するようにデザインされており，神経学的問題に対してきわめて効果的なものである。セラピストがこのようなテクニックを使うことによって，筋緊張をより適切にし，筋が動きを作り出すように促通することが可能となる。

神経学的テクニックでは，感覚-運動系を利用し，動作にとってより最適な環境を作るための刺激形態を用いる。PNFなどの運動を促通するようにデザインされた技術では，他動運動や介助運動，触覚刺激，身体位置，軽い抵抗，呼吸コントロールなどの微細な刺激方法を用いる。それらはすべて，動作と動作のコントロールに対する自然な視点に基づいている。

これらの視点の多くはあまりにもありふれているので，見逃されている。乳児は，1つの様式の動作を使いこなす能力を発達させ，それからより難しいパターンに挑戦するという，発育と発達の段階を通過する。乳児は移動のために身体のさまざまな部位を使用するが，荷重や接地のすべての点が，知らないうちに支持や動作を向上させる刺激となっている。

我々は，スポーツ動作をみるときに，そこで行われる多くの螺旋状や対角線上の動きについて考えることはない。エリートランナーのわずかな体幹回旋や腕の相互作用には気付かないが，洗練されていないランナーにこのような動作がみられない場合には，すぐにぎこちなさを感じるだろう。何度もぎこちなさを感じるが，何が欠けているかを見分けることができない。その問題に対する説明ができないので，明らかなぎこちなさやわずかな機能不全を無視することになり，ぎこちなさは徐々に常態化してしまう。

このような理由から，私は診断的ではない方法でFMSを提案した。私と同僚がスクリーンを開発したとき，いかに容易に身体的パフォーマンスや診断テストになってしまうかを目の当たりにした。我々はどちらにもしたくなかった。単に動作を標準化したかっただけである。FMSは，ランク付けのシステムによって動作の問題を識別し，改善や修正を提案する前に，何を受け入れるべきか，何を受け入れるべきでないかについて最初に見解を一致させる。我々の視点のすべてが筋力と関節可動域，パフォーマンスの基準に基づいたものであったが，動作に関する見解については，基準が皆無だったため，基準に基づいたものではなかった。

2001年にはBill Foranの編集による書籍『High Performance Sports Conditioning』のなかで，FMSを正式な印刷物として初めて紹介した。我々が1998年にスクリーニングのワークショップを教え始めたときからスクリーンは印刷物として入手可能であったが，1999年にさまざまな地域のアスレティックトレーニングとストレングス＆コンディショニングのイベントに参加したことから，より多く知られるようになった[9]。その年のNATA（National Athletic Training Association）[10]とNSCA（National Strength and Conditioning Association）の全米学会においてスクリーンは全米に知られるようになった。

修正ストラテジーとアプローチに直接つながる動作のスクリーニングについて述べた最初の書籍『Athletic Body in Balance』（Human Kinetics, 2003）では，セルフスクリーニングと動作パターンを修正する利用しやすいシステムを確立した。その書籍は実践的なトレーニングマニュアルであり，アスリートやトレーナー，コーチのための実用的なガイドであるが，エクササイズやリハビリテーションの専門家にも人気があり，我々が包括的なファンクショナルエクササイズとコンディショニングを考える方法に移行するきっかけとなった。

『Athletic Body in Balance』は，どのようなエクササイズやトレーニングを開始する際にも，動作のスクリーニングの使い方の例として役に立つので，革新的な専門家に受け入れられている。エクササイズの専門家は，スクリーニングがエクササイズの選択とプログラムデザインの論理的な道筋を示すとともに，動作の問題に対する洞察をもたらすことを理解し始めている。リハビリテーションの専門家は，痛みがコントロールされている場合であっても，退院時のスクリーニングが機能不全に対する洞察をも

たらすことを理解し始めている。

　本書に示したスクリーンとアセスメントは，活動に特異的な動作パターンのほとんどを支える基礎的な動作パターンを対象としている。本書は，クライアントや患者の年齢，性別，職業やスポーツ種目に関係なく，動作を細分化する前に，全般的な機能的動作の基礎を再度発達させるのに役立つ。

　ヒトの成長過程には，動作の発達についての標石があり，それは万人に共通である。頭部と頸部のコントロールから始まり，徐々に寝返り，腹這い，四つ這い，膝立ち，スクワット，立位，足踏み，歩行，昇降，走行へと移行する。動作の主要な標石が欠けることは，必然的に動作の明らかな制限や機能不全を生じ，動作システムの完全な成熟の遅れを引き起こす。年を重ねて成長し，自立したときにも，またやがて加齢によって何らかの能力を失ったときにも，ヒトは常に本来の機能的動作パターンをある程度は維持しなければならず，さもなければ身体に不自由が生じることになるだろう。

　この本来の機能とは，動作パターンを生み出すために共同的に作用する，身体分節における基本的な可動性と安定性を示している。これは，筋力やパワー，持久力，アジリティ（俊敏性）といったものではない。基本的な機能とは，これらの特性を支えるものであり，基本的な動作パターンとは，より高い運動スキルの基礎となるものである。

　これは，量よりも質を先に考慮することを指しており，特定の動作やエクササイズ，リハビリテーションの専門性が個別に必要になる前の一般的な青写真である。全般的な動作パターンの能力が向上した後にだけ，特定の技術を要する動作をスクリーニングし，評価し，トレーニングやコントロールを行うようにすべきである。

　真の動作管理システムでは，個別の動作の支えとなる全般的な動作の基礎を作り上げる。ほとんどの場合，全般的な機能的動作システムについては，患者やクライアントの年齢，性別，職業，種目などが変わっても変更は必要ない。基本的なシステムは変更しないが，必要に応じてシステムのデータの意味合いを変えたり重み付けをしたりすることはある。

　最低限の全般的な動作の質を確立すれば，パフォーマンスやスキルに対する評価は，各集団に関連したものとなる。

パターンの識別

　スクリーニングとアセスメントのシステムは，機能的動作パターンと機能不全動作パターンを，それぞれ評価しランク付けするように構成されている。情報を評価しランク付けすることは，特定の動作パターン内における問題を識別するのに役立ち，その後にパターンのグループ内におけるウィーケストリンク（weakest link）【訳注：最も弱い部分。鎖の強さは最も弱い環（link）によって決まるということから，1つでも弱いところがあれば，それ全体が弱くなると考えられている】や最も大きな制限に焦点を当てることができる。ウィーケストリンク以外のリンクに取り組んでも，連鎖の強度を充分に変えることはできないだろう。

　たとえば，地球上で最も速い4人のメンバーで400 mのリレーチームが構成されたとしても，バトン交換の難しさが露呈するかもしれない。スタートは素晴らしく，ストライド数とストライド長は驚異的である。4人の速さと洗練された動きには並ぶものがないが，バトンを落としたり，ゾーンの外でバトンを交換したり，レーンから出て走ったりすれば，完走できずに失格となる。スタートの素晴らしさやストライド数，ストライド長は，このチームがより強く，より速く，よりパワーを得るようになるのに役立つだろうか。否，すぐに失敗するだろう。バトン交換の悪いところを直すこと，つまりウィーケストリンクに取り組むことが，完璧なレースをするための最善の道である。

　ウィーケストリンクに取り組む際には，まずさまざまな動作パターンを評価しランクを付け，主要なウィークパターンを識別した後で，個別の事柄について詳しく調べることができる。最も制限のある動作パターン以外の細かい事柄を無視するわけではない。それらは問題を改善する助けにはなるが，重要性は低いものとなる。

　ヒトの脳は，動作に関する実用的な知覚と行動を生み出すために，筋と関節の活動を分離するのでは

なくパターンを利用することから，パターンを識別することは重要である。これらのパターンは，協調性や効率性，無駄のなさを作り出したり，痛みや機能不全がある場合には，質に関係なくある程度の機能を維持するための代償動作を引き起こしたりもする。この代償というものは，1つの関節や筋群からの特定の情報やあらかじめ設定されている動作パターンを覆い隠してしまう，生存のためのメカニズムである。

　ヒトの脳には，習慣に対する親和性もある。反復的な行動はパターンになり，これらのパターンに問題が生じた場合には再プログラミングが必要となる。身体とその部位はコンピュータのハードウェアのようなものであり，動作パターンを生み出す運動プログラムはソフトウェアのようなものである。コンピュータのハードウェアが変化しても，ソフトウェアは自動的に更新されず，新しいハードウェアの恩恵は，古いソフトウェアを使用しているかぎりほとんど認識されない。同様に，特定の身体部位の筋力や柔軟性を変化させても，運動プログラムにも取り組まなければ，動作の質は変わらないだろう。

　身体の硬い部分と弱い部分に対して行われる管理方法は，ほとんどが古いエクササイズやリハビリテーションプログラムの着眼点によるものである。本書で示す運動科学の新しいモデルでは，各部位のスティフネスや筋力低下の改善が測定で示されたとしても，動作パターンが改善しなければ何も達成していないことになる。これは，動作パターンが運動科学のすべてであるという意味ではない。しかし，動作パターンはまず最初に集められるべき情報であり，また最後に考慮されるべきものであるということを，ここに提案する。

　現代の科学技術は，測定の感度が向上するにつれて，進歩の幻想を作り出している。しかし，測定感度の改善とともに論理の革新がなされなければ，本当には何も変わらない。我々は，新しい動作のロジスティクス（logistics）を必要としている。これまでの基準とは異なるファンクショナルムーブメントシステムを詳細に調べる場合には，下に示す言葉の定義についてじっくりと考えてもらいたい。

Measurement（測定）
　1．測ったものの大きさ，長さ，量，比率
　2．身体の一部分の大きさ

Logic（論理）
　1．演繹的・帰納的な理論を扱い，良い推論と悪い推論を区別することを目的とした哲学の一分野
　2．推論・推定システム，推論や推定の例

Logistics（ロジスティクス）
　1．複雑な課題を計画し，実行すること

(Encarta World English Dictionary, 1999 より)

　「測定（measurement）」はディテール（枝葉末節）であり，論理システムの求めに応じて収集されたデータ点であることに注意が必要である。論理システムは，測定で得たデータを評価しランク付けるために構成される。最も詳細な測定，すなわち最もデータを収集しやすく，最も利用しやすいものにより焦点を当てることがよくみられるが，データの重要性はデータ収集に影響を受けるべきではない。科学は，より高レベルの焦点や測定の技術的な精度によって改善すると考えられていることが多い。「焦点」という言葉は「縮小」を意味するわけではないことを忘れてはならない。「焦点」とは，明確で簡単な定義を生み出す状態や質を意味する。

ファンクショナルムーブメントシステムにおけるロジスティクスの5つの基本原則

●基本的な自重による動作パターンは，痛みを誘発してはいけない。動作中に痛みが生じるならば，追加情報を集めるまでその動作を含む身体活動やエクササイズは修正するか，中断または中止すべきである。そうしなければ，代償が生じて動作パターンが変化することになり，この動作パターンの変化に対処しなければ，さらに問題が悪化して2次的な動作の問題が引き起こ

されるだろう。
- 痛みがない場合にも，基本的な動作パターンが全体的に制限されていると，代償が生じて，効率性の低下，2次的な問題，活動的な集団においては外傷・障害リスクの増加につながる原因となる。
- 身体の左右がかかわる基本的な動作パターンは，ほとんどが左右対称でなければならない。これらの動作パターンは技能ではなく，利き手がはっきりする前から存在するものである。技術が関連する活動や片側の優位性は通常の健康寿命において当り前のことであるが，基本的なパターンにおける左右対称な能力の大部分は，生涯を通じて持ち続けていなければならない。
- 基本的な動作能力は，パフォーマンスをベースとした能力に先行しなければならない。パフォーマンスの尺度がパフォーマンスのみを評価していることを保証するために，まず充分な機能的動作の基礎を確立しなければならない。そうしないと，パフォーマンスの低下を明らかにするテストを行った場合，パフォーマンスに対するトレーニングによって修正・改善できない基本的動作の問題も捉えてしまうことになる。
- 基本的な動作能力の大部分は，複雑な活動や技術トレーニングに先行しなければならない。基本的な動作パターンは，複雑な，あるいは特殊なパターン以前の発育・発達の一部であり，生涯を通じて存在し続けなければならない。これらの動作は，高度な活動における神経筋の基礎を形成し，基本的動作が制限されたときによく認められる代償の必要性を減少させる。

以下の2つの説明は，この5つの原則を実際に適用する場合についてまとめたものである。

- 動作によって生じる痛みは，医療の専門家が報告，管理，診断，治療を行うべきである。
- かなりの量のフィットネスやパフォーマンス，スポーツトレーニングを行う前に，動作パターンの制限と非対称性（可動性と安定性の問題）を管理すること。これらは傷害リスクの増大につながる可能性があるので，この方法は適切で倫理的なものであり，理にかなっている[3,5,6,11~17]。

我々の方法が常に我々の原則を反映していることを確認しなければならない。方法に惑わされるのは簡単だが，それらは変化し，改良され，取って代わられる。新しいアイデアや研究，経験，専門的知識は常により良い方法に向かわせるが，いつでも原則に照らし合わせて判断しなければならない。輝きを放つものが実際に優れたものであるかを，このようにして確認するのである。

ファンクショナルムーブメントシステムにおける目標の概説

研究ではすでに，神経-筋骨格系において，信頼性のある危険因子が存在することが示されているが，我々は客観的で一貫した記録とコミュニケーションによってこれらの危険因子の指標を集める必要がある。基本的なスクリーニングと統計学的分析を通じて，多様な集団の多様な活動レベルの人々を追跡できる現在であれば，このことが可能である。

FMSとSFMAを包括したファンクショナルムーブメントシステムを適切に用いることで，コミュニケーションが向上する。確実に適用すれば，全体および特定の集団に使用可能なデータが得られる。競技やエクササイズを行っている集団に直接関与する専門家は，情報に基づいて意思決定や提案を行うことが可能となり，この意思決定によって活動増加に伴う筋骨格系リスクが減少する可能性がある。リスクが存在する場合には，活動増加に向けた進展の一部として，修正案を提案することができる。

筋骨格系の問題を早期に検出することは，管理されなかったり充分な管理が行われなかったりした問題が蓄積したことによる機能不全や障害を減少させるのに非常に効果的である。スクリーニングでは，症状は生じないかもしれないが，リスクの増加に関連する誤った動作パターンを示す可能性がある。このことにより，傷害を予防するためのもう1つの機会が得られる。

痛みと機能不全の両方が存在する場合，問題が管理されなければ，神経筋系に代償を強いる。この代

償は，主要な問題を覆い隠し，問題を複雑にして，活動制限を長引かせる2次的な問題を生じさせることが多い。

　フィットネスの専門家が筋骨格系の傷害を管理する役割を担う機会が増加している現在，コミュニケーションを向上させ，潜在的な，診断が下されていない筋骨格系の問題を検出する，信頼性の高い一貫性のある方法やスクリーニング過程を見出す必要がある。これには最も高いレベルの専門的な責任と客観性が要求される。

　医学には，疾患や機能不全を検出して，早期に潜在的リスクを監視するスクリーニングの仕組みがある。しかし，筋骨格系に対しては，傷害や機能不全，疾患が症状を引き起こすまで，適切な管理が行われないことが多い。他の身体システムにおいては早期に疾患を検出するためのスクリーンが常に改良されているのに，身体における最大の機能システムである筋骨格系に対しては事前の処置がなされていない。

　場合によっては，広範囲な問題が待ち受けているかもしれない。筋骨格系の問題を支援する役割を担うさまざまな経歴を有する専門家がいるが，互いに効果的なコミュニケーションを図るための一貫したスクリーニングの手段がない。また，筋骨格系におけるリスクは，他の器官系と同程度には正確に識別されていないのである。

　ファンクショナルムーブメントシステムの目標は，医療やリハビリテーション，スポーツ競技，フィットネス，健康，パフォーマンス強化などのあらゆる領域に参加している人々を引き合わせることである。これらの専門領域は，筋骨格系の問題や傷害が生じた場合に対応するよりも，それらを予防するのに有利な状況にある。

　安全で信頼できるスクリーニングを実施することで，クライアントや患者の傷害や筋骨格系の問題が減少することになる。また，身体活動の増加に伴う傷害リスクがあることに気付いていない人において，潜在的問題を早期に検出する技術を高めることもできるようになる。

　スクリーニングやアセスメントから収集する情報によって，我々の専門性の進歩を促すための研究データや実践的データを得ることができるのである。

下のホームページでさらに詳細な情報，動画，アップデートが入手可能である（英文のみ）。
www.movementbook.com/chapter1

2
解剖学的科学と機能の科学

　動作に関連した構造と機能の相互作用―動作の土台―は切り離すことができない。確かに，動作を裏付ける本質的な構造を除外して機能の議論をすることや，動作時に各分節がどのような貢献をしているかを考慮せずに解剖を議論することは可能である。しかし，ファンクショナルムーブメントスクリーン（FMS®）やアセスメント（SFMA®）においては，構造そのものに注目することはないが，それでも構造の特性を認識することは必要である。そこで本章では，まず構造的な相互関係に関する検討をした後に，機能的動作に関する話を進めていく。

　動作を行ったり肢位をとる際には，さまざまな身体組織が支持し協力し合っており，筋系は，3次元的な螺旋や対角線の動作をみごとに統合している。優れた解剖学者は，1つの構造物の性質が，どのように支持するあるいは抵抗する他の構造物に依存するかを理解している。システムが支える筋と関節は，第1，第2および第3種のてこの代表的な具体例である。

　あらゆる関節は，関節を支持するあるいは動かす際に筋からの恩恵を受ける。筋の付着部に着目した先駆的なエンジニアは，筋が骨を引っ張る部位や関節軸からの距離をもとに，筋をシャントマッスルとスパートマッスルに分けて考えた。

- シャントマッスル（shunt muscles）：停止部が関節の可動部から離れた位置にあるため，関節の整合性に寄与している。
- スパートマッスル（spurt muscles）：停止部が関節軸に近いため，関節運動を生み出す際に力学的有利性を有している。

　身体運動学は筋の付着部や作用に関する学問ではあるが，人体の複雑性の一部を学ぶ学問にすぎない。この観点からすると，上腕筋はスパートマッスル，腕橈骨筋はシャントマッスルとなる。もちろん，そうだとすれば，ダンベルカールはそれぞれの筋の力学的役割を示していることになるが，単一の観点では現実を表わすことはできないのである。

　懸垂については，その法則性は崩れて状況は逆転する。学問的な分類とは異なり，懸垂時の筋は動作が進行するにつれて，神経系の適応や力学的な要求に応じて役割が変化する。たとえば，固定された身体に向かって手が動いているが，見方を変えれば身体は固定された手のほうへ動いていることにもなる。

　理論上は，シャントマッスルもスパートマッスルも存在するが，実際には状況に応じて互いに協力しながら作用する。つまり，呼び名に応じた働きをするか否かにかかわらず，筋は必要に応じて働くということである。

　運動学習と発達を通して，脳は筋の共同作用や日常的な活動における筋活動を組織することを学ぶ。あらゆる意図的な運動は，感覚系によりリアルタイムでモニタリングされ，意識下での反射活動として自動化されたシステムによってサポートされている。我々の提唱する理論は，単独の筋機能のみを考慮するのではなく，動作と自動化されたシステムに応じて作用する筋活動に着目している。それゆえ，我々はクライアントや患者に対して特定の筋群に焦点を絞ったエクササイズは行わせていないのである。表面上の筋活動ではなく，動作をサポートする土台となる要素が重要であると考えている。

　多くの人が優れたスタビライザー（安定筋）や主動筋を求めているが，筋の役割が姿勢や関節運動により変化することを完全に忘れてしまっている。

　すべての筋は程度の多少はあっても関節運動や固定に作用するが，そのなかには単一の関節にのみ走行する筋も存在し，その筋が横切る関節以外からは機能的影響をほとんど受けない。一方，多関節にわたり走行する筋では，1つの関節の位置が他の関節における筋機能に多大な影響を及ぼす。このことが，能動的および受動的機能不全という用語を生み出した。

- **能動的機能不全**：二関節筋および多関節筋にお

いて，両方の関節が同時に全可動域を得るために必要な筋の短縮を充分に行えない状態
- ●受動的機能不全：二関節筋および多関節筋において，両方の関節が同時に全可動域を得るために必要な筋の伸張を充分に行えない状態

身体の最深層部には単関節筋が多く，これらは骨や関節に隣接していることから関節の安定性に寄与していることがわかる。骨格上にさらに筋層を加えていくとヒトの形がみえてくるが，各階層それぞれが複数の関節と交差しながら結び付いていることがわかる。この階層システムによって身体が支持され，複数のパターンや目的のある動作が行えるのである。

皮肉なことに，フィットネスやコンディショニングのプログラムでは，パフォーマンスを向上させるには表在筋のほうが深層の筋よりも重要であると考え，表在筋を発達させ，主動筋として鍛えることを主な目標とされることが多い。

筋系は骨格系を支持し，動かしている。骨格は重力に対抗するため，また動きのなかで，スタビライザーの一定で協調的な作用に支えられている。深層に位置する小さな筋は，可動性のある関節を支持し安定化させることで他の関節の自由な動きを許容し，主動筋の効率とパワーを高めている。これらの相互作用は，意識下の制御により数ミリ秒の間に起こっている。

大腿四頭筋とハムストリングスは互いに反対の作用を有する筋群であり，それぞれ4つの筋により構成されている。大腿四頭筋には股関節と膝関節に作用する1つの多関節筋と3つの単関節筋があり，ハムストリングスには両方の関節に作用する多関節筋が3つある。膝関節の運動においては，大腿四頭筋では3つの単関節筋が，ハムストリングスでは1つの単関節筋が主動筋となる。筋長が長い多関節筋が関節を動かす主動筋となり，短い単関節筋が関節の安定化に作用すると考えがちだが，これは逆の状態になる興味深い一例である。

◆例

椅子から立ち上がる場合，大腿直筋とハムストリングスの3つの筋は完全な拮抗筋であるにもかかわらず，大腿四頭筋とハムストリングスは同時に興奮する。

大腿直筋は股関節の屈曲と膝関節の伸展に作用し，大腿二頭筋（長頭），半膜様筋，半腱様筋は股関節の伸展と膝関節の屈曲に作用する。

椅子からの立ち上がり時の拮抗筋の同時収縮は，長い間ロンバルトパラドックス現象（Lombard's paradox）として知られていた[18]。

大腿直筋と大腿二頭筋長頭，半膜様筋，半腱様筋が起こすのは能動的収縮であり，座位から立位までの間には長さの変化はみられない。これは，大腿直筋は股関節において伸張し膝関節において短縮すること，また他の3つの筋は股関節において短縮し膝関節において伸張するためである。2つの拮抗筋群は張力を発揮するが，この大きな関節運動において筋の長さの変化はみられない。まるでスタビライザーのようである。これらの筋群の相殺効果は非効率的なように映るが，身体は無駄にエネルギーを消費するほど愚かではない。

実際には，筋の対立作用による関節の支持や組織の圧迫によって，グローバルスタビライザーや固有受容器としての役割を果たしているのである。大腿四頭筋にある3つの単関節筋は，膝のローカルムーバーおよび固有受容器としての役割を果たし，ハムストリングスの単関節筋はローカルスタビライザーおよび固有受容器としての役割を担っている。ハムストリングスの3つの多関節筋は，股関節伸展時に大殿筋の補助筋として作用する。大殿筋はローカルムーバーとして股関節を覆って付着し，さらにグローバルムーバーとして腸脛靱帯に付着するため，ローカルにもグローバルにも影響を及ぼす。

筋は，異なる動作パターンにおいて，完全に異なった役割を果たす可能性がある。この例は，筋の役割や寄与は課題に特異的であるが，必ずしも解剖学的な特殊性があるわけではないことを示している。特定のパターンにおける筋の役割を示す用語を下記に示すが，これらは解剖学的に確立された分類ではない。

- ●グローバルスタビライザー（global stabilizers）：2関節以上にわたり走行する大きく長い表

在筋で，収縮することで主に関節を安定させる。安定化や静的な固有受容フィードバックに働く。
- グローバルムーバー（global movers）：2関節以上にわたり走行する大きく長い表在筋で，収縮することで主に特定の動作パターンを生じさせる。動作や動的な固有受容フィードバックに働く。
- ローカルスタビライザー（local stabilizers）：四肢の単関節に存在し，またいくつかの脊椎分節にまたがる小さく短い深層筋で，収縮することで主に関節を安定させる。安定化や静的な固有受容フィードバックに働く。
- ローカルムーバー（local movers）：四肢の単関節に存在する小さく短い深層筋で，収縮することで主に特定の動作パターンを生じさせる。動作や動的な固有受容フィードバックに働く。

■ スタビライザーのトレーニングとムーバーのトレーニング

現在，スタビライザーの一般的なトレーニングとして，主動筋の求心性や遠心性収縮によるトレーニングと同じことが行われている。残念なことに，このようなトレーニングによってスタビライザーを強化することで，より効果的に安定化させることができると思われてしまっている。安定化の役割のある筋群に対して一般的な筋力強化のプログラムを適応しても，求心性の筋力は増加するかもしれないが，安定化に必須の要素である筋活動のタイミングや動員に対する効果はほとんどない。

スタビライザーは1つの分節の動きをコントロールし，また動作中は複数の多関節を支持するために緊張する。つまりスタビライザーの役割は，動作中に他の関節が動かないように必要に応じて支持することである。そのため，スタビライザーをトレーニングするためには，静的状況下および動的状況下の両方で，関節運動の制御やアライメントを整えるための筋発揮を行う必要がある。

静的な状況とは，1つの分節が等尺性収縮のような状態で固定されながら他の分節に関節運動が生じている状況である。動的な状況とは，主要な運動が生じている際に，一平面あるいは複数の平面上で関節を安定させるために筋収縮のタイミングや張力を調整している状況である。スタビライザーは，状況に応じて静的および動的に役割を変化させながら運動に貢献する。

スタビライザーのトレーニングは，一般的に行われているサイドプランクのような等尺性収縮の運動だけではない。サイドプランクのような等尺性収縮を主とするエクササイズは，意識的な固定力を得ることを目的としているが，スタビライザー本来の能力は，容易かつ瞬間的に硬さと柔らかさを使い分ける能力である。安定性はまた，求心性・遠心性収縮によって高められる筋量や筋持久力といった筋力と混同されがちである。筋は短縮・伸張を繰り返すことで強化されるが，機能的な安定性には筋発揮のタイミングとコントロールが不可欠であるため，スタビライザーのトレーニングはタイミングとコントロールの要素を踏まえる必要がある。筋は，実際に働くのと同じようにトレーニングすべきである。スタビライザーは，運動や負荷に際して，他の筋に先んじて反応し，関節を固定・制御していることを考慮しなければならない。

意見は分かれるところだが，まとめてみると以下のようになる。安定性を高めるためには，より動的なエクササイズを，可能なかぎり質の高い動きで行い，このエクササイズが行えない場合は，アライメントを保つ課題を行う静的な姿勢エクササイズに戻るようにする，ということである。

スタビライザーは，関節の保護，分節の位置の調節，空間での身体バランスをとるなどの役割を担いながら，主動筋の強力なエネルギーをコントロールする相補的な緩衝作用の役割も持つ。つまり，複数の役割を同時に果たしているのである。

さらにいえば，トレーニングのどの時点においても動作の質や機能的パターンが無視されていない（考慮されている）場合には，安定性に対するトレーニングをわざわざ行う必要は全くない。動作の質や機能的パターンは，全体的な動作パターンの代わりに部分的な動作パターンに対するトレーニングを行ったとたんに，あるいは最低限必要な質を決めるのではなく量の最大化に焦点を当てたとたんに，無視されてしまう。トレーニングは進めていくことが

必要であるという議論もあるだろうが，動作パターンを分解して各筋をトレーニングすることは，発達過程に沿ったトレーニングほどの効果は得られない。乳幼児は，動作を分解することなしに，成長しながら動作パターンを行えるようになる。発達過程に沿って段階的に難しくなる動作パターンに取り組むのである。

安定性を強化するためには，基本動作から逸脱する可能性のあるコンディショニングやフィットネストレーニングを改め，基本的な動作や機能的な動作のトレーニングを行う必要がある。スポーツや日常活動のなかには次第に安定性を低下させる動作も存在するため，このような状況における安定性を評価し，真の安定性をできるかぎり強化する必要がある。

筋機能─動作と感覚

筋は収縮要素である運動単位により構成される。運動単位は，神経終末より筋張力などの感覚情報や筋収縮の情報を提供される。運動単位のなかの筋線維には，遅筋（タイプⅡ）と速筋（タイプⅠ）がある。速筋は筋収縮力に優れるが持久性に劣り，遅筋は疲労に対する耐久性に優れている。それ以外の非特異的な筋線維は，成長とともに個人の活動性に応じて特定の筋線維を補助するために発達する。これは遺伝的素因が主な要因であることから，研究者の多くは，筋線維タイプについてはこれまで考慮してこなかった。

中枢神経系には，異なる筋線維の特徴を補完しあうために，一過性システムと持続性システムが存在する。一過性システムは瞬間的で強力な動作をコントロールしており，主要ムーバーとの関連性が強い。持続性システムは，骨格系全体に及ぶ姿勢やアライメントの維持に関与し，主要ムーバーの働きが効率的になるように，身体構造のサポートや安定化に貢献する。

筋は，身体を動かす役割だけでなく，固有感覚を受容する役割も有する。筋紡錘は筋の張力や収縮を感覚受容し，脳へフィードバックする。この情報をもとに，重力に抗して身体を固定するための筋発揮が行われる。

関節，前庭系，視覚や筋からの情報は，精神が運動を知覚するために重要な役割を担っている。これらのシステムのいずれかに障害が生じた場合には，他のシステムにより代償される。これらの代償システムは，人間が生きていくための素晴しい方法である一方で，感覚受容系の機能を低下させる一因になる可能性を有している。

身体の固有感覚は，人間の動作において重要な側面を有する。動作に関する固有感覚は，関節の位置覚や運動覚を含めた触覚の感覚様相における特異的なバリエーションであると定義できる。各分節の運動連鎖における関節からの情報は，効率的な運動パターンの基礎となるモーターコントロールを的確に機能させるために必要なものである。また，動作が制限されていたり，乱れていたりする場合には，固有感覚は正常なフィードバックを行うことができない。つまり，固有感覚は動作に影響し，動作は固有感覚に影響しているのである。

関節と靱帯

筋が充分に機能しない時，関節には不自然なストレスがかかる。この不自然なストレスにより微細損傷や摩擦が生じ，結果として関節がこわばり，不充分なフィードバックにより筋組織に必要以上の負荷が生じることとなる。ダメージを受けた関節は，筋の抑制，防御性の筋収縮，筋のアンバランスを生じる可能性がある。

関節のスティフネスは，傷害や関節の不活動の副産物である可能性もあり，また関節の安定性を高めようとした結果2次的に生じる可能性もある。酷使された手掌部に胼胝が形成されたり，酷使された関節にスティフネスが生じるのと同様に，姿勢や身体活動により結合組織にストレスが生じた場合，組織を保護するために組織が厚くなることや硬くなることがある。関節にスティフネスがあると筋の疲労や損傷が生じるが，我々は自身の生活様式や日常の活動のせいで生じたことだと認識せず，関節の老化のせいにする。

その他に，筋機能を補う組織として，靱帯がある。靱帯は，関節や関節包の整合性を担う。靱帯と関節包は単一ユニットとして，身体の他の組織から関節

自体を分離するように関節を覆っている。関節包内は軟骨面の接触部分が関節液で満たされており，関節液は関節軟骨への栄養の供給や，摩擦を減少させるための潤滑剤としての役割を担っている。

　関節のなかでもより多くストレスを受ける部分は関節包が厚くなっており，この関節包の肥厚は靱帯に関係がある場合もある。靱帯の中には関節包に付着しているものや，運動中に関節の回旋中心が逸脱しないように関節を保持している帯状のものもある。

　靱帯は力学的な役割だけでなく，フィードバックも行う。靱帯は筋のような収縮能力は有していないが，靱帯に隣接する筋の収縮に大きな影響を及ぼしている。靱帯に存在する受容器は，意識下で生じる反射行動の一環として，筋を収縮させたり弛緩させたりする。

　一般的に，靱帯がストレスを受けると，自動的かつ急速に，ストレスを減じさせるための信号が生じる。靱帯にストレスが生じると，靱帯へのストレスが減少する方向に関節を動かす筋（主動筋）の活動が助長され，同時に靱帯へのストレスが増加する方向に関節を動かす筋（拮抗筋）の活動が抑制される。靱帯は，ストレスがかかりうるすべての方向に配置されている。靱帯自体の保護作用の結果として，靱帯は関節の整合性の保護や維持に役立っている。

　直接的な衝突や接触により，靱帯の強度よりも大きな力が加わった際に，靱帯は損傷する。また，スポーツでの非接触型損傷のように，身体外部からの直接的な接触がなくても，靱帯は損傷することがある。疲労だけでなく，不良な動作パターンも，靱帯損傷に関与している。

　一見すると正常な動作であっても，可動性や安定性が低下していると，靱帯に不自然なストレスが加わる。問題のない通常のエクササイズや身体活動のようにみえても，可動性や安定性に問題があると，わずかな代償が生じる。この代償運動は，剪断力やアライメント不良を生じ，靱帯や関節にストレスを与える。これらのストレスによって筋機能が低下し，関節の可動性や安定性にさらなる問題が生じる可能性がある。また，代償運動を反復することにより，エネルギー消費の増加や筋コントロールの低下をもたらす可能性もある。

　靱帯と関節包は，関節の保護や安定性に寄与しているだけでなく，関節の位置や運動の方向，運動の速度を感知する神経系にも貢献している。

　現在は，靱帯の再建や置換が行われているが，外科的手術により靱帯組織と動作に寄与する精巧な神経学的相互作用を完全に再構築することは困難である。重度の靱帯損傷は回避できないこともあり，観血的修復が必要な場合もあるが，我々医療やフィットネスの専門家は健全な動作トレーニングにより可能な限り損傷が生じない工夫をする必要がある。曲がらない関節は壊れやすく，強く敏捷な身体は，弱くこわばった身体よりもより曲がりやすいのが常である。

筋　膜

　筋膜組織は，身体全体の可動部位を結合し支持する。靱帯と異なり，筋膜は1つの関節を結びつけるのではなく，1つの骨から他の骨へ小さな空間を交差するように走行する。また，筋膜組織は3次元のクモの巣のような構造で頭の先から爪の先まで，浅層から深層まで身体全体に張り巡らされている。それらは全身の動作パターンを補い合うように縦横に配置されており，ストレスを分散させる動的な構造となっている。筋膜は筋の作用と密接に関係し，筋収縮の効果を高める。また，筋の共同作用など生体力学的連鎖や支持性に関与している。Thomas Myersは著書『Anatomy Trains』のなかで，筋膜の繋がりのことを「アナトミートレイン」と名づけて紹介している。

　筋膜構造の一部は筋鞘を包含している。筋鞘は，筋に対して支持や圧を与えることで，筋の収縮や隆起に際して水圧のような効果を作り出し，より緊張の強い部分へ筋膜のラインを引っ張る。自然で機能的な動作やストレスにかかわるすべての筋膜ラインに支持性や張力を与えている。

　身体のいたる所に筋膜のラインが伸びているので，1つの筋の収縮が収縮部位とは離れた部位へ影響を与えることができる。中枢神経系は，運動プログラム中で，動作（action）のなかで補完し合う筋のグループを，協力筋（synergistic partners）として認識する。筋膜は，この同じ筋のグループを連結し，

力学的に補完し合う関係を構築している。簡単にいってしまえば，精神的枠組みと力学的枠組みが，同じようにデザインされているのである。

骨格系が静的な支持機構を作り上げているのと同様に，筋膜系は動的な支持機構を作り上げている。骨格系の静的な支持は，機能的な動作の基準からいえば，最も堅固な組織である。一方筋膜系は，パターンに応じて硬さを変え，自由な動きを生み出している。

筋膜の各ラインは，動作パターンに応じて，時には支持性を与え，時にはしなやかさを与えるなどの役割があり，さまざまなタイミングでさまざまな動作において，さまざまな部位に対して，必要に応じて必要な力を骨格系に提供している。

呼　吸

呼吸は動作の土台となるあらゆる部位と関係するが，その重要性は，アスレティックリハビリテーションやコンディショニングなどの西洋的アプローチにおいて理解されていない。呼吸の重要性に関しては，呼吸メカニズムの評価や $\dot{V}O_2max$ の議論が中心となり，呼吸本来の質的側面に関する検討が欠如している。また，ジョギングやウエイトトレーニング，スポーツ，腰痛のリハビリテーションなどにおいて，呼吸の能力やリズムに関する配慮が足りていない。それどころか，我々は効率の悪い浅くて途切れ途切れの呼吸パターンを行っている。

エクササイズを行う人やアスリートが休憩時によく行う過度の口呼吸は，上位胸郭による浅い呼吸パターンが関与する。一方，鼻呼吸は横隔膜による深い呼吸パターンが関与する。完成されたボクサーや，強靱な円盤投げ選手，優秀なウルトラマラソン選手などは，ヘラクレスのように爆発的な筋力や強靱なスタミナを得るために，適切な呼吸をすることで中枢の供給システムからエネルギーを得ている。

適切に呼吸をコントロールすることは，不適切な呼吸に関連して生じる機能不全や不安，過緊張などを改善する一助となる。深くゆっくりとした呼吸は，副交感神経を刺激し，アルファ波の産出に関連する。活動の合間に呼吸を整えることは，優れた格闘家やアスリートにとって必要なことである。ゆっくりと制御された呼吸の指令は，心拍変動性（HRV：heart rate variability）を増加させる傾向がある。HRV は運動時の心拍の変動を示し，心臓発作後の死亡率を予測する指標であり[19]，HRV の欠如や呼吸の質の低下は，ストレスに対して生理的レベルを適切な状態に制御できないことを意味する。なお，HRV に関する詳細は付録5を参照されたい。

呼吸の変動や反応に関する知識のない専門家は，トレーニングやリハビリテーションの力学的あるいは生理学的な目的へのアプローチを間違えることがある。適切かつ自動的に姿勢と呼吸の反応を活性化することが可能なエクササイズがある一方で，姿勢と呼吸の反応の両方を歪めてしまうエクササイズもある。ヨガや格闘技，筋力やスタミナのトレーニングが呼吸法を重視しているとすれば，我々専門家は呼吸に対する理解を深めて行動する必要がある。

本書の最重要項目は動作の評価であることに変わりはないが，質的な動作機能不全は，質的な呼吸不全を鋭敏に反映する指標であることを理解しなければならない。全体的なリラクセーション，あるいは疲労への対処能力が発揮されていない症例のほとんどにおいて，呼吸や呼吸リズムの問題は本質的に機能の中心的な障害になっている。

これを反映しているのは，動作パターンは有効で実行可能なのに，その潜在的な能力のすべてを発揮できない場合である。わかりやすい例として，スクワットの動作パターンを行うことはできるが，充分な深さまでスクワットできない，あるいは適切なアライメントで骨盤を中間位に保持し，股関節が伸展することで開始肢位に戻すことができないといった不良なスクワット動作があげられる。呼吸パターンも含めた呼吸機能不全も同様で，呼吸構造が協調的に作用する呼吸の質における問題には充分に対処できていない。

FMS や SFMA を用いることで，動作パターンに制限や非対称性を示す人を特定できる。また，動作に問題がある場合には，呼吸の変化に気をつけなければならない。姿勢や肢位の変化が自然な呼吸メカニズムを変化させることは明らかであるが，あるパターンの動作時に呼吸が浅くなる，息を止めてしまうこともよくみられる。これは異常で，本来の呼吸ではないのである。

気づかないうちに特定の姿勢で正しくない呼吸をしていることがしばしばある。これらの姿勢は，正常であると捉えられるべきではない。FMS は，これらのパターンでは低いスコアが導き出されるように設計されている。SFMA の上級クラスでトレーニングを受けた人は，各パターンにおいて特異的な呼吸の変化を見つけることを指導されている。

あるパターンにおける動作の限界部分を最終域 (end range) と呼ぶ。最終域が不必要な緊張や，息を止めること，呼吸困難などを生じさせるなら，これは本来の最終域ではない。その場合には，動作を行っているのではなく，動作に耐えているようなものである。

動作パターンの最終域において，乱れのない完全な呼吸周期を保てる能力を，呼吸の最終域という。呼吸の最終域と動作の最終域は別物である。つまり，正常な呼吸周期を保てる動作の範囲だけが機能的動作の領域であるとみなされる。この領域以外は，自然な機能的動作や適切な反射的安定性の範囲ではないのである。

頸部前方にある筋群は，問題のある浅い呼吸の良い指標となる。ある動作パターンにおいて，楽に自信を持って行える範囲以上に動こうとする人は，呼吸が浅くなり，頸部筋を過度に緊張させて安定性やコントロールを得ようとする。頸部周囲の不必要な筋活動は，頸部を中間位以外の方向に動かすこと，あるいは胸鎖乳突筋や斜角筋などの筋緊張が高くなることでわかる。このような状況が認められる場合には，悪化させないためにエクササイズは控える必要がある。これらは，過度なストレスや過負荷の指標である。

現代社会に生きる我々は，本来備わっている動作や呼吸の能力を充分発揮できないでいる。

呼吸に関する詳細は付録 4 を参照されたい。

■ 神経筋ネットワーク

筋系は身体を動かすために収縮するだけの組織ではなく，重力に反して張力を発揮するように配置されている。頭位や眼位は自然にまっすぐに保たれるように管理されており，姿勢やバランスが崩れた際には感覚系や運動系が働いて正しい位置に調整する。重力と周囲環境の影響に対して姿勢を正すことが，感覚運動系の目的の 1 つである。

前庭系，固有受容器，視覚系の 3 つのシステムから，身体がまっすぐであるか否かの情報が提供される。

- 前庭系は，重力や頭部の動きから頭位に関する情報を提供する。
- 固有受容器のなかでも特に脊椎，大きな関節や筋に関係する固有受容器は，受容器周囲の身体分節の運動に関する情報を提供する。
- 視覚系は，周囲の環境から身体の姿勢や肢位に関する情報を提供する。

これらのシステムは，機能的な姿勢に密接に関与している。姿勢はマネキンのように固定化されたものではなく，すべてのシステムが補完的に機能している場合には非常に動的なものとなり，内外のさまざまな環境の変化に対して常に変化し調整している。

歩行や走行におけるカウンターローテーションが良い例である。腕と脚が交互に動くことにより生じた脊椎の運動が姿勢バランスに寄与し，また脊柱や体幹が四肢の運動のアンカーとなっている。この例では四肢が常に動いている間，わずかな動きで脊柱やコアの機能が常に調整している。脊柱とコアはエネルギーを効率的に再分配あるいは移動させることで，このリズムと動作を生み出しているのである。実際，我々は歩行やランニングの自然なリズムが同期していない，あるいは姿勢や動作のバランスが悪い状態にすぐ気がつくだろう。我々の眼は，ランナーの不自然な腕の振りや曲がった背中に注目してしまう。自然な動作には気付かないが，機能に問題がある場合にはすぐに検知しているということである。

両上肢を前方へ 90°挙上することを例として考えてみる。上肢をまっすぐに保ったまま肩関節 90°まで屈曲すると，身体はわずかに後方へシフトする。その際，正常な場合は，脊椎やコアはほとんど動かず，足関節が動くことにより後方へシフトする。自動的に後方へ体重移動するのは，重心を支持基底面内に維持するための戦略である。質量の小さな上肢

が身体中心から離れるように動く際には，質量の大きな身体が反対方向へ移動することでバランスを保つ．その際，脊椎とコアの筋は関節を動かさずに，上肢の動きを感知し足関節や足部の運動が生じやすい環境を整えるために作用する．

筋が支持性や姿勢の維持，エネルギーを伝達する目的で収縮していることは理解しやすい．筋は，1平面上でてこを動かすためだけに配置されているわけではなく，3次元的な動作が効果的に実行でき，さまざまな動作パターンを行えるように，螺旋状や対角線上に配置され組織されている．

中枢神経系および末梢神経系は，感覚や運動，反射を介して動きの土台を操作している．感覚系は，重力や負荷により変化する肢位や姿勢の領域や速度，さまざまな形状の触覚受容器のフィードバックを介して身体運動に関する情報を受け取る．

運動系は，動作や安定性に寄与する筋緊張の制御を司り，感覚フィードバックに反応して全体的なコントロールや微細なコントロールを行う．反射は意識下で作用し，筋緊張や収縮を微調整している．身体の支持に関する無数の調整が自動化されることにより，さまざまな作業に対応することが可能となる．

神経系は，頭側から尾側に向かって発達するが，これは視覚のモーターコントロールを得た後に頭部や頸部のモーターコントロールを獲得していることを意味している．さらに，肩関節，体幹，肩甲帯，股関節の順でモーターコントロールを獲得し，最終的に四肢のモーターコントロールを獲得する．同様に近位から遠位へ，つまり脊椎から足部や手部へと発達していく．体幹や肩関節，股関節の粗大な運動は，手部や足部の繊細な運動よりも先行して発達する．

手部や足部は，周囲環境からの感覚系のフィードバックを他のどの運動器よりも多く受けとる．脳のかなりの部分が，手部や足部の感覚やモーターコントロールに占められている．また，対象を操作し空間内で動かすたびに，モーターコントロールにより常に周囲環境や動作と連絡を取り続けている．

身体を動かすと，反射はその行動を支配する．多くの反射は，我々を保護するだけではなく，対象を操作し，移動のための動作パターンの補助や，神経学的経路の発達の一助となっている．

投球動作やスイング動作のような上肢の協調性がよく発達する人もいれば，ランニングや体操など大きな動作の活動が発達する人もいる．筋力的に優れている人もいれば，スピードや持久力，敏捷性に優れている人もいる．発達過程において，ヒトは特定の運動に偏重しやすいため，得意な動作パターンと好まない動作パターンが生じる．

コンディションが最適でない時には，神経系が選択肢を与える．傷害などで痛みがある状態で動作を継続すると，痛みのため不良な動作パターンになることがあるが，使用可能な部位を利用することで動作自体は可能となる．他の分節の動作を回避するために，いくつかの分節は過度に使用される．回避されない動作や分節によって作り上げられたこれらのパターンは，状況に適合するように修正された行動である．このような状態は，原因が解決した後も残存してしまうことが多い．代償的な動作を長期間繰り返していると，その代償動作自体が主要な動作となり，身体の他の部位に長期的な問題を引き起こす．代償は一過性の解決策であり，長期的には効果的な選択肢ではない．

最新のエビデンスでは，外傷後に動作が変化し，受傷部位以外の複数の関節にも変化が生じることが示されている．痛みによるモーターコントロールへの悪影響や，痛みに関連したモーターコントロールの変化は，予測不可能で個人差が大きい[20〜22]．このことは，痛みがなくなれば正常な動作に戻る，あるいは危険因子がなくなるわけではないことを意味している．

動作は，力学的システムや神経学的システムからだけではなく，情動系からも影響を受ける．動作は，ボディランゲージの予想にも利用され，ストレス下においては不必要な筋緊張が生じることもある．筋の状態や姿勢には，緊張している，不安を感じている，リラックスしている，などの心理状態や感情が現れる．また，活動に先んじて得られた感覚に合わせて，筋や姿勢を調整する．

動作の問題は，必ずしも解剖学的な法則に従うわけではない．ある動作は上達しているが他の動作が未熟であるというようなことは，筋機能や協調性の

観点からは充分に起こりうる。スクワット動作においてコアや股関節が充分に機能しても，右側の片脚立位や左脚でのランジが充分に行えないということもある。筋にとっては同じ作業であっても，動作パターンごとに発揮タイミングや協調性の特徴は異なっている。

たとえば，コアの1つの筋群のみを選択的にトレーニングしても，体幹の不安定性は解決されない。ある動作では正常に働いても，動作が違えばその筋の働きが不充分となる可能性があるからである。そのため，個々の筋力やパフォーマンスを高めるのではなく，パターンの改善に取り組むことが重要である。

運動機能や機能不全の程度を知るために，動作を評価する必要がある。複数の動作パターンに共通する解剖学的な問題があれば，それを特定して改善する必要がある。同様に，ある解剖学的領域において，1つの動作に関しては適切に関与するが，違う動作においては適切な機能が果たされていない場合，解剖学的領域の問題ではなく動作の問題である可能性が高い。特定の動作パターンの問題は，そのパターンに特有のモーターコントロールや組織化に問題があるかもしれない。

真の動作

機能的動作パターンとは，さまざまなシステムが協調的に働き，制限や機能不全なくあらゆる動作を行える状態である。そのため，判断を急がずに，対象となるすべての動作パターンを観察する必要がある。ある動作パターンに制限や機能不全があると判断したのであれば，そのなかの1つの動作を詳細に分析する必要はない。基本的動作パターンの評価をすべて行う前に，個々の動作に分解したり，1つの動作パターンに焦点を絞って分析したりすることは好ましくない。最初にすべての動作パターンの評価を行うことによって，複数のパターンに機能不全があるのか，あるいは1つの動作に機能不全があるのかを判断できるからである。

ある1つのパターンに制限が生じている場合は，それを系統的に分解することができる。この問題に対する改善策は，問題のある部位のエクササイズを行うことではなく，パターンを再構築することである。複数のパターンに機能不全がある場合には，各パターンに共通する動作の問題を探す必要がある。

測定できないものも，測定できるものと同等に重要であることを認識する必要がある。あるシステムが主として作動している時には，他のシステムが補助的な役割を担うというように，すべてのシステムは相互に補い合いながら作用する。姿勢や活動が変われば，補助的なシステムが主要なシステムに変わり，また逆も然りである。ヒトが生来有している神秘的ともいえるこのシステムを，単純な身体運動学や基礎的な解剖学に当てはめて説明するのは難しいことである。

動作に関与する神経系，筋，筋膜，靱帯，関節から骨に至るまで総合的な関係性を定義することは非常に難しい。動作の一部の機能に固執すると他の機能の貢献を見過ごしやすいが，一部ではなく動作パターン全体をみることで動作の土台となる要素を見極めることができる。

エクササイズやリハビリテーションの専門家として，身体構造の貢献を定量化する科学技術には感謝する必要がある。しかし，このようなシステムを単独で考えるのではなく，それぞれの相互作用や質的な側面にも目を向ける必要がある。

■ 動作の土台

動作と機能不全に関して議論する時，構造と機能の相互作用が主要なテーマとなる。研究者や臨床家が人間の動作に対して純粋に力学的なアプローチをする時には，構造が機能を操る方法を重視する。たとえば，矯正器具や装具，整形外科的手術は，構造による支持や構造の変化によって機能を強化しようとするものである。

構造が機能を司っているということは周知の事実であるが，機能が構造を司ることもあるということを理解する必要がある。

幼児期や小児期の発達過程において，機能やストレスが構造的整合性の発達に関与することを確認することができる。また，活動の刺激によって骨にストレスが加わることで，骨密度が高まる。荷重や活

動による刺激がなければ，成熟した骨はその構造的整合性が失われ，骨粗鬆症や脱ミネラル化が進行する。機能とストレスの要因は筋の発達にも作用する。機能は特異性（specific adaptation to imposed demands：SAID）の法則を介して構造に影響する。身体組織は日常的に行う動作あるいは行わない動作に基づいて，絶え間なく適応し変化している。

テニス選手の利き手の骨密度が高いことを考えてみよう。テニス選手の利き腕の骨密度は先天的に高いのか，あるいはスイング動作の反復により後天的に高まったのだろうか？

優秀なアスリートは，高いバランス能力や運動制御能力を発揮する。彼らの優れたバランス能力やコントロール能力は生まれつきのものか，あるいは成功への過程で発達させてきたのか？　遺伝的要素の関与が大きいという主張もあるが，ある研究によると客室乗務員もバランス能力がすぐれていることが証明されている。つまり，遺伝が能力の主要素であるとすれば，客室乗務員は乗客の飲み物を良い状態で運ぶために生まれてきたことになるだろう。

遺伝的要素が発達に及ぼす影響は無視することのできない側面であるが，発達過程で得られる能力のすべてが遺伝的要素によって決定づけられるとは考えがたい。Geoff Colvin は著書『Talent is Overrated』のなかで，生まれながらの天才などいないと述べている。フットボールチーム，インディアナポリス・コルツのクオーターバックである Peyton Manning はフットボールのルールブックを持って生まれてきたわけではないし，モーツァルトが指揮棒とともにこの世に生を受けたわけでもない。Colvin は，熟慮された計画的な練習の重要性を説き，才能ありきの考え方に反論している。

成功者はいずれも，人生において早い段階でスキルの重要性を正しく教わり，世界中から称賛される何年も前からスキルの研鑽を行っている。Colvin は，練習の量ではなく，一般的に才能があるとみなされる人が日常的に行っている計画的な練習方法（つまり，練習の質）を重要視している。エリート中のエリートといわれる人は，フィードバックを重視し，単に練習を反復するのではなく，練習を客観視しながら状況を判断し，スキルを研鑽している。

我々専門家は，技術指導を求める人に，リハビリテーションを行い，動作を向上させるエクササイズを処方する。専門家としてきちんとした仕事をするためには，動作（movement）を基準として，基準から外れないように絶えず確認する必要がある。動作の基準がなければ，動作パターンの質の改善を確認することができない。身体能力や運動耐性を向上させることはできるかもしれないが，動作パターンの質に関して，エクササイズの効果を見極めるための客観的な評価尺度を用いて評価しているだろうか？　客観的な尺度があれば，処方したエクササイズに効果があるか否かが明確になる。そして，効果の有無にかかわらず，評価結果を受け入れることができれば，そのフィードバックは教える側の人間にとっても成長の糧となるだろう。

同様に，身体動作も，プラスとマイナス両方のフィードバックを受け，変化していく。ヒトは生まれる前から動き方の学習—いわゆる動作トレーニング—を始めている。出生時には，動作や姿勢制御の方法，安定性を有しているわけではないが，多少の可動性があって少しは動ける。出生後に行われるジェスチャー，刺激に対する反応や反射によって，多くの動作が促進され，バランス能力，安定性や運動制御の能力を獲得するのである。

ヒトは生誕後に姿勢や動作を築き上げる。動作を形成するためには，可動性，安定性，姿勢を組み合わせることが必要で，これらを生まれつき有しているわけではない。筋骨格系の成熟度に左右されるが，起きている間に行っているさまざまなことが動作の練習につながっている。動作を自然に身につける過程は，基本に忠実で無駄のないものであり，誰かに教えられたものではない。それが練習であることに気がつかないほど自然なものである。ルールと目標ははっきりしている。それは，重力という規則にのっとり，さまざまな事柄に触れながら感覚や機能を研ぎ澄ますことで，動作を獲得していくことである。

■ 分解と再構築

我々には分解する技術と再構築する技術の両方が必要だが，残念ながら再構築する技術は自然と身に付くと考えられていることから，教育現場では分解

することに重点が置かれている。再構築は，単に分解の過程を逆にするという以上のものだが，これは悪い基本モデルではない。分解する場合には，基本に戻っていく。この論理からすると，再構築する場合には，基本を学ぶことから始める必要がある。これらのことを基本的な柱として考え，その状況をチェックする方法を常に持ち合わせていなければならない。

高齢者のバランス能力や歩行能力が低下している場合，リハビリテーションの多くは歩行を構築している基本的な動作パターンに立ち返ったアプローチを行っていない。その代わりに，単に筋力低下が問題であると考えて，リカンベントバイクや筋力トレーニングなどに取り組む。しかし，一般的な筋力トレーニングや有酸素トレーニングでは再構築できない協調性，パターン，反射的な安定性，これらが作用するタイミングなどを考慮したアプローチも行うべきである。

再構築のプロセスを基礎から開始するのであれば，今までと異なる本質的なアプローチが必要となる。この本質を知るためには，乳児期のローリング（寝返り）パターンを観察し，乳幼児期にどのような過程を経て歩行動作を獲得していくかを理解することが重要である。ローリング時における頭部，肩，骨盤の分離した動きは自然に生じる基礎的な要素で，歩行の獲得にはそれぞれが協調して動く必要がある。ローリングの再獲得を歩行のためのステップと捉える必要があり，ローリングの非対称性の改善や熟達なしには歩行を再獲得することはできない。

最終的には，解剖学や構造に関して考えを深める必要がある。身体には，構造的に対照的な関係あるいは補完的な関係にある部位があり，動作時には相互に作用することを考慮すべきである。

それらの関係は，機能に多大なる貢献をもたらすと同時に，主要な制限因子にもなりうる。また，動作パターンの主な制限因子としてある1つ構造を特定したとしても，常に複数の2次的な問題がないか注意することを怠ってはいけない。主要な問題を修正すれば解決する問題もあれば，他の問題に着目することが必要になることもある。

分解と再構築を包括的にみることで，対照的で補完的な関係が明らかとなる。これまで述べてきた例のなかで，分解と再構築における半自動的な相互作用を示したが，教育現場ではそれぞれを別なものとして扱っており，このことで動作の本質が損なわれてしまっている。この2つのシステムはそれぞれ別のものであるが，全体的には相互に影響を受けている。

対照的な関係や補完的な関係にある構造の実例を以下に示す。

- 骨格系による静的かつ強固な支持と，筋膜系による動的かつ柔軟な支持
- 姿勢制御のための筋の緊張性活動様式と，動作を生み出すための筋の相動性活動様式
- 単関節筋による単一のコントロールと，多関節筋による局所への影響
- 攻撃・逃避反応に関与する交感神経系と，休息や消化に関与する副交感神経系
- 好気性システムと嫌気性システム
- 関節から形成される可動する分節と，骨から形成される強固な分節
- 靱帯による静的（非収縮性）制御と，筋や腱による動的（収縮性）制御
- 運動感覚系から収集される運動覚やバランス感覚と，視覚系から収集されるイメージによるフィードバック
- 関節受容器が感知する触圧覚，振動覚，位置覚，運動覚と，筋紡錘が感知する筋緊張
- 意識的な運動制御下の反応や意図的な運動と，反射的な運動制御による反応や自動的な運動
- ゆっくりとした深い呼吸によって脳と体がリラックスした状態と，活発な深い呼吸によって脳と体が活性化した状態

還元主義的な科学では，動作における機能の重要性や目的を理解するために，身体構造と機能を分けて考えることが多い。我々は無意識に単独の部位や機能の重要性に目を向けがちであるため，構造や機能が作用するためのサポートネットワークに気がつかないことがある。

フットボールを例にとると，クオーターバックの

プレーはオフェンスラインの援護によって成しえている部分が大きいが，我々はオフェンスラインの役割を加味せずにクオーターバックの活躍に心を躍らせることが多い．本来，他のプレーヤーが関係しているのであれば，彼らの貢献を切り離して考えることはできないはずである．しかし，記録上の成績をみただけでは，フットボールに精通していないかぎり，クオーターバックと彼を守る役目の選手との関係性を見出すことは難しいだろう．

リーグMVPを4回，プロボウルに10回選出された偉大なクオーターバックであるManningは，記録的にみればNFL史上最高のパサーであるといえる．Manningの成功はラインの選手なしにはけっして達成できないものであるが，いったいどれだけの人がそのことに気付いているだろうか．攻撃では，各ポジションの選手が互いに助け合うことでボールを運ぶことができることを理解しているのは，一部の目の肥えたファンのみである．

身体について検討する際には，陰ひなたに補助的な役割を担っている組織にも目を向ける必要がある．

動作の欠陥と機能不全

動作の欠陥や機能不全は，1つの要因や原因で生じることはほとんどなく，その要因や原因は様々である．動作の欠陥や機能不全の原因を理解するための最良の方法は，個別の要因を総合的な分類に当てはめて表わすことである．このことにより，動作に生じる問題を回避する方法の基盤を確立することができる．動作機能不全は以下のように分類する．

- 発達性動作機能不全
- 外傷性動作機能不全
- 後天性動作機能不全

発達性動作機能不全

まず，発達性動作機能不全と発達障害（生涯にわたる能力障害）とを混同してはいけない．発達性動作機能不全は，運動の発達過程において理想的な動作を行う機会が充分でなかった場合や，理想的でない動作を学習してしまった場合，あるいは不適切な活動が正常なシステムに取り込まれてしまった場合などに生じる．

出生後，正常な構造やシステムが発達・機能するためには，一連の動作を行う機会が必要である．研究者や医療従事者は，動作の発現の過程を発達の標石として考える．乳児は頭部と頸部のコントロールを獲得した後に寝返りを行うようになり，さまざまな姿勢や方略を経て立位へと発達させる．このような運動の発達は，ある年齢の範囲内で生じる必要があるが，遅延することもある．この運動発達の遅延の影響は長期間に及ぶかはわからないが，生涯にわたる他の問題に結びつく可能性もある．

乳幼児期から成人期まで身体と脳は急速に成長する．成長は直線的ではなく，また動作能力についても同様である．小児は動作を発達させていくが，成長期などの急成長や長期療養などによって動作の発達は停滞する．

思春期において，人間は爆発的な速度で成長する．たとえば，14歳のゴルファーが6月1日のトーナメントに出場すると，1ヵ月プレーしている間に身長は3 cm伸びるが上肢の長さは大きくは変わらない可能性がある．また，逆に上肢は伸びるが身体全体の大きさはさほど変わらないかもしれない．このような身体の成熟過程が動作能力に影響を及ぼす可能性がある．

基礎的な動作能力が未熟な小児が問題を抱えたまま高度なスキル練習を行うと，他の問題が生じることがある．運動の基礎が不充分な状態でピッチング，スローイング，キック，スウィングなどの動作を繰り返し練習すると，機能的な発達が不完全でバランスが悪くなるか遅延する可能性がある．機能的動作パターンが不完全なまま十代そして成人へと成長してしまうと，パフォーマンスが低下するだけでなく外傷・障害のリスクも高まる．

スクリーニングは，発達段階から現在に至るまでに生じた動作パターンの問題を明らかにする方法の1つである．他の身体的な問題と同様，早期の発見によって最も適切に修正することができる．活動による変化や継時的な変化が生じるため，すべての動作の基礎である動作パターンを繰り返しチェックする必要がある．

■ 外傷性動作機能不全

　外傷により動作の問題が生じることは非常に多く，疼痛により変化した動作は疼痛が消えた後も正常に戻らないことがある。損傷が治癒した後も動作パターンに異常が残存していると，組織の損傷は悪化する。また，炎症や腫張，固定による不動などの影響で筋活動のタイミングや制御を司る神経筋の協調性が障害される。

　代償動作は，原始的な生存行動である。この代償動作や変化した動作パターンは，本来の動作パターンよりも効率が悪いだけではなく，他の部位にストレスが加わることもある。太古の時代においては，ケガをした後に危機から逃れるために，この代償動作により一時的に動くことが必要だった。けれども，このような代償動作は，長期的にみると最善の策であるとはいえず，長期にわたり放置されることにより，さまざまな問題を生じる。

　適切なエクササイズスキルを指導し，実行するだけでは，意識下の運動制御の問題は改善しないだろう。一般的なエクササイズを行えば問題が解決するといった考え方で指導するのではなく，機能不全のある動作パターンを識別して，正しい動作を再構築する必要がある。

　現代科学は，人工的に痛みを軽減させたり覆い隠したりすることで，本来であれば痛みのために回避してしまう姿勢や動作パターンを行えるようにしてしまう。情報に精通していないアスリートやスポーツ愛好家は，試合やトレーニングを行うために鎮痛剤を服用することがある。しかし，鎮痛剤を服用することで痛みは緩和するが，痛みが生じる動作パターンを支持する正常な反射による安定化作用を放棄することにつながる。人工的な方法で痛みが緩和されても，モーターコントロール，反射による安定化作用，反応時間などは本来の働きから比べて低下してしまう。

　早期に仕事やスポーツを再開することには，即時的な目にみえる利益があるが，同時に目にみえないほど微細な損傷を生じさせる。アスリートの場合，こういった損傷は徐々に悪影響を及ぼし，それが明らかになる次のシーズンには選手生命にかかわるほど大きなものになっていることもある。

　アスリートは痛みが治まると復帰を考えるが，はたして受傷以前の機能レベルまで完全に回復しているのだろうか？　そもそも，受傷以前のレベルとはどのようなものだったのだろうか？

　不屈の精神はケガを克服するために有用な資質であるが，そのために外傷後の能力低下や制限についての評価が曖昧になったり，正しい判断を下せなくなってはいけない。慢性障害後に生じるモーターコントロールの順応は，リハビリテーションでは正常化されないことがある。我々は，身体動作のスクリーニングとテストにより，モーターコントロールの順応を測定しようとしているのである。

　疼痛の消失は完治の兆候ではない。リハビリテーションの専門家は，スクリーニングを行うことで，リハビリテーションプログラムの最終段階において回復の程度や再発リスクが低いことを確認すべきである。適切な診断をすることが，医療従事者の重要な責務であるのと同様に，予後を適切に判断することも重要である。予後の評価は，将来の潜在的な危険因子を客観的に評価する方法によってのみ可能となる。

　従来のシステムでは，個別の筋力，関節可動域，筋の柔軟性やバランスにより機能障害を計測していた。また，業務やスポーツ種目に特有の動作のパフォーマンスにかかわるパラメーターを計測することもあった。

　我々の新しいシステムでは，機能的動作パターンを完全に再獲得していなくても，個別の筋力や関節可動域などは改善している可能性があると考える。個々の機能障害は正常化しているが，動作パターンには機能不全が残存している可能性がある。同様に，動作パターンに問題があっても，パフォーマンスのパラメーターの一部が正常範囲内に戻ることもある。まずは機能障害を正常化することに重点を置き，次に動作パターンの質的な正常化に着手して機能不全が改善した後に，パフォーマンスの量の問題に対処すべきである。

■ 後天性動作機能不全

　後天性動作機能不全は，以下の2通りの過程を経て生じることが多い。

- 自然な基本的動作に基づく不自然な活動の反復
- 不自然な基本的動作に基づく自然な活動の反復

自然な基本的動作に基づく不自然な活動

　動作機能不全は，特別なスキルやトレーニングが求められる活動，あるいは自然な動作パターンに反する活動を行った結果として生じる可能性がある。

　たとえば，投球動作が正常な動作パターンの範囲内にあったとする。しかし，長期間にわたり多くの投球動作を反復すると，身体のバランスが崩れる。これは，投球動作が投球側と非投球側で活動量が異なるからである。不自然なパターンや動作の機能不全は，アンバランスな動作が積み重なることにより生じる。選手は1日に何百球，週に何千球と投げる。さらには，立って投げたり，横から投げたり，空中で投げたり，ひねって投げたり，座った状態や走りながらなど，さまざまな方法や姿勢で投げているのである。

　頻度や強度，継続時間は，アンバランスな活動やパターンが蓄積されることによる影響を判断する材料となる。バランスの悪い動作は，日常生活，仕事，趣味，スポーツなどにおいて起こりうるが，たとえ良好な動作を行っていても，一定のパターンや特定の動作傾向などの偏りが生じるだろう。習慣的な活動は固定化されてオーバーユース，代償，姿勢の変化，筋骨格系のバランス不良などを生じ，これらをチェックせずに放置しておくと疼痛や炎症の原因となる。

　疼痛や炎症は比較的容易に対処することができる。しかし，痛みは異常な状態に対する正常な反応として生じた結果であるのに，原因として見誤られることが多い。問題の蓄積を避けるには，不自然な動作パターンの繰り返しによる影響を抑えるために，バランスのとれた活動や対照的な活動を行うのが最も良い方法である。また，スクリーニングによって，ある特定の活動により生じる動作の質的な問題を突き止め，それを抑制することができる。

　ゴルフから水泳の息継ぎに至るまで，多くのスポーツで片側だけの動作が当たり前のように行われている。各スポーツに特異的なトレーニングは必ずしもバランスのとれたものばかりではないので，基本的動作のスクリーニングを定期的に行うことによって，問題が生じる前に適切な修正を加えることができる。

　習慣的な姿勢も，同じようなアンバランスを生じうる。ヒトの生活スタイルは，昔と比べて座っている時間が長くなり，股関節や脊柱を伸ばすよりも曲げる機会が多くなっている。このような屈曲優位の姿勢を長く続けることにより，自然な伸展動作が阻害される。大昔の人間は，椅子に座って楽しむ娯楽やレジャーなどなかったため，1日の大半を立位で過ごしていたのである。

　今も昔もヒトの身体構造は変わらないが，現代人には身体を良い状態に保つための動作が欠けているのである。伸展動作をより多く行うことや，座位時間を短くすることで，屈曲優位な姿勢を補正することが可能である。座位の多い生活による屈曲姿勢の影響を測定するには，動作パターンのスクリーニングを行うことが最も良い方法である。スクリーニングを行うことで，動作を修正する必要性や，将来的に生じうる悪い順応性などにも気づくことができる。

不自然な基本的動作に基づく自然な活動

　動作機能不全は，機能の制限の範囲内で自然にみえる身体活動が起因となることもある。既存の基本的動作制限や非対称性によって，基本的な課題を行う際に代償が引き起こされることで問題が生じる。活動自体が問題を引き起こすのではなく，問題の原因は可動性や安定性の欠如である。基本的動作に問題がある状態で機能的活動を繰り返し行うと，オーバーユースや代償動作，姿勢の変化，筋骨格系のアンバランスが引き起こされる。活動が問題視されることが多いが，基礎的な動作に問題を抱えたままで活動を行っていることが非難されるべきである。

　上記のような状況で動作が検査されないでいると，疼痛や炎症といった症状へと発展する。故障する者もいれば，パフォーマンスが低下しケガをしやすくなる者もいる。問題が生じると，その時の活動に非があると思われがちだが，活動の基礎となる動作の質に問題があることも多い。

　不自然な基本的動作に基づいた自然な活動は，動作機能不全のカテゴリーのなかで最も多く，また最も理解されていなものである。外見を気にしている人は，毎日のように健康の回復や体重の減少を試み，

より活動的な身体を手に入れようとする。そういう人は，多く動くことにより，動きが良くなると思っている。残念ながら，時間をかけ，重いウエイトを持ち上げ，より速いスピードで行うほど，悪い動作が身につくだけである。問題が生じるたびに，トレーニング機器やトレーニングの内容を変更する人がいる。また，炎症を抑えるために抗炎症剤を毎日服用する人もいれば，トレーニング自体を止めてしまい，翌年にトレーニングを再開することで問題を先送りにする人もいる。

分類のまとめ

　発達性動作機能不全，外傷性動作機能不全，後天性動作機能不全は，混在して存在するが，我々エクササイズやリハビリテーションの専門家が治療を行うことができるのは1つだけである。前半の2つは過去に起因するできごとであり，3つ目は過去と現在の産物である。後天性動作機能不全は生活様式の選択に関与しており，最も管理がしやすい。問題が生じた後となっては，問題に先んじて不自然な動作パターンが生じていたかを確認することは難しいが，とにかく問題に対処する必要がある。

　ケガのリスクが高い人には，動作パターンの制限や欠陥，機能不全などの顕著な徴候がみられる。エクササイズや様々な身体活動，競技などを始める前にスクリーニングを行うことは，リスク管理の予防的モデルを確立し，問題がある場合により良いプログラムをデザインするための1つの方法となる。活動レベルは，疲労，負荷や張力の変動に伴って変化するので，スクリーニングは1回行えばよいというわけではない。動作パターンは，生活様式によるストレスが動作に及ぼす影響をみるバイオマーカーにもなりうる。

　現状の問題を把握することは，将来の危険因子を推測する最も有効な手段である。スクリーニングによって，本人が気付いていない，あるいは痛みのために無意識に回避している動作パターンや，痛みが生じる動作パターンが明らかとなる。エクササイズや活動の増加によって痛みが生じることを避けるために，負荷を増加させる前に異常な動作パターンを横断的に調べることが重要となる。このような場合，フィットネスの専門家だけでなく，医療従事者のアドバイスも必要になるだろう。

　究極的にはチームアプローチが最良の方法となる。スクリーニングでは痛みがなくても，ハイリスクに分類される機能不全を呈していることもある。動作機能不全を改善するためのエクササイズ（コレクティブエクササイズ）とコンディショニングを目的としたエクササイズとの違いを理解しているフィットネスの専門家であれば，ハイリスクに分類された機能不全を安全な方法で危険のない動作パターンへと導くことができるだろう。コレクティブエクササイズにより危険因子を取り除いた後で，エネルギーシステムや身体能力を向上させながら動作パターンを維持できるプログラムをデザインすることが重要である。

痛みはすべてを変えてしまう

　動作に痛みが伴うと，フィットネスやリハビリテーションで用いるエクササイズの原則が変化してしまう。痛みが生じることで，動作機能不全に対処するための生理学的原則を当てはめることができなくなり，筋力や柔軟性，持久力などのアウトカムに一貫性がなくなってしまう。

　痛みによって動き方は変化し，この変化は千差万別で予測不可能なものである。痛みによって動作がどのように変化するのかはわからない。ただ，痛みのない状態から変化しているということだけはわかる。痛みによって動作が機能不全に陥ったり，動作自体が行えなくなったりすることで，本来有していた筋力や筋持久力，柔軟性などを一貫して繰り返し発揮できなくなるからである。

　動作に機能不全がある場合には，痛みについても評価の一部として確認するが，痛みのない動作機能不全に対する方法とは異なる信頼性のある方法でアプローチすることが必要となる。科学技術の発展により，痛みに対処できるようになったが，一時的な解決方法が通常のトレーニングに組み込まれ，常態化してしまっている。アスリートを目前の試合にだけ参加させるため，テーピング，装具，内服薬，湿布剤などが普及した。現在，このような一時的な対

処方法は，痛みを軽減させる局所薬のクリームや治療機器などが通常のトレーニングに際し恒常的に用いられるほど一般的なものになってきている。

テレビ広告は，痛みで人生を台なしにしてはいけないと宣伝し，錠剤やジェルカプセルを飲んで人生を前向きに進むことを推奨している。広告は痛みが不都合なものであると表現し，身体からのメッセージよりも自身のスケジュールを思い通りに進めることが重要であるという。わずかな痛みのメッセージが徐々に悪化して警報を発するようになった時にはじめて，まるで今まで何の警告もなかったかのように，慌てふためき不便に感じることとなる。

痛みは警告である。痛みが生じるずっと以前からある慢性的な問題は，アライメント不良やオーバーユース，アンバランス，炎症といった形で注意を喚起している。我々は，コンピュータウィルスの警報や車のオイルランプなどの警告は素直に受け入れるのに，自分の身体のことになると，痛みの警告は迷惑なものであるかのように行動してしまう。痛みに蓋をすれば動き続けることはできる。しかし，身体が本来有している痛みというブレーキシステムを無視すれば，古来より身体に備わっている大切な教えを無視することになる。

下のホームページでさらに詳細な情報，動画，アップデートが入手可能である（英文のみ）。
www.movementbook.com/chapter2

3 動作の理解

　よりよく動けるようになりたいという文化的要求に応えるためには，その意図を理解しなければならない．また，集団についての認識の前提となっている仮説や誤解，誤りを見直さなければばらない．

　我々フィットネスやリハビリテーションの専門家は，動作の質や機能回復，健康，運動能力の定義に関して，全員が一致しているものと思い込んでいることが多い．しかし，複数の資格や2万時間にも及ぶ経験を有するようなトップレベルの専門家でも，クライアントの健康や競技者のパフォーマンスを向上させる最善の方法，あるいは患者のリハビリテーションにおける最も効率的な方針について，考え方をまとめようとすれば，議論になることは間違いない．彼らは技術的専門職の職人であり，多少の不一致は当然予測されるにしても，たいていは入門レベルの標準作業手順(standard operating procedure：SOP)についてさえ一致しない．

　パイロットや外科医は，フライトの前や新たな症例のときには，SOPに従う．この対極にあるものとして，優れた芸術家の操作手順が一致することはないかもしれないが，彼らが実際に用いる表現手段にかかわる物理学や化学は標準的である．彫刻家や画家はみな，自らの表現方法に適した道具を使うのである．

　理学療法，カイロプラクティック，スポーツ医学，公的な体育教育，パーソナルトレーニングやストレングスコーチなどは，非常に新しい分野であり，正式な標準教育が始まってからわずか100年にも満たないものがほとんどである．我々は，動作という同じ手段を扱う仕事をしているにもかかわらず，パイロットや外科医，芸術家のような一貫したSOPを持っていない．我々のSOPを超越した不一致はむしろ期待されており，各専門職の個性を際立たせるものだが，SOPに関する不一致は我々の専門性が欠けているためであるようにみえてしまう．共通のSOPがなければ，個人的なものの見方をし，主観で判断してしまいがちである．方法について常に議論することは問題ではなく，むしろ専門家として健全なことであるが，SOPが専門家としての本質を守り，専門的な手法の手引きとなるべきである．

　我々の行動様式は経験によって決まり，その行動様式によって専門的見解が変わりうる．ボディビルの経験を持つパーソナルトレーナーであれば，筋力増強や脂肪減少に重きを置き，柔軟性や姿勢の要素を軽視する可能性がある．ヨガを愛好する理学療法士であれば，柔軟性や姿勢というリハビリテーションの側面を強調し，仕事やスポーツ，日常生活へ安全に復帰するために必要な基本的な筋力やパワーを軽視するかもしれない．

　これは，個人の好みや生活様式がフィットネスやリハビリテーションの見方にどのように影響するかを示すわかりやすい例である．我々の専門領域でこういった多様性や主観性を容認すれば，世間はどのように考えるだろうか．一般の人は我々に権威者としての印象を持っているが，ときおり我々は基本や原則についてさえ合意しないようにみえる．困ったことに，フィットネス分野においては，フィットネスや競技力向上，リハビリテーションなどに従事する専門家よりも，メディアや広告関連の影響のほうがはるかに大きい．

　我々は，世間の人々の意見や誤解を知り，単に健康になる，もしくは病気やケガから復帰するという目的のために経験しなければならない戸惑いを理解しなければならない．

　必要とされているのは，

- 基本的理論と根拠のある助言
- 憶測に対する我々の理解
- 実績のある，信頼のおける専門家
- 何ができていないかを伝えること

　人々は，一時的な流行やその場しのぎの方法などは求めておらず，否定的な見方や専門家どうしの批評も望んではいない．

動作の知識とエクササイズの知識

　患者やクライアントが，動作についてどのように考えているかを理解しなければならない。我々は，フィットネスやトレーニングを，エクササイズによる訓練としてみることが多く，必ずしも動作を訓練することとはみていない。ましてクライアントや患者が動作を意識することはほとんどないので，動作についての教育が必要となる。

　エクササイズを行えば動作は自然に改善するだろうと考えられるが，動作の基準（baseline）がなければこの議論は平行線のままである。最も頻繁に行ったエクササイズの能力が改善する可能性はあるが，動作も改善するというのは短絡的な見方であり，これは検査項目を練習しているにすぎないのである。

　人間の動作領域のすべてを網羅するエクササイズは存在しない。エクササイズを行う前に動作の基準を設けることで，エクササイズにより動作が改善したか，あるいは機能不全のレベルが悪化したかがわかるだろう。

　現状のエクササイズプログラムは，2つの問題を内包している。あまりに高頻度あるいは高負荷で行われる動作がある一方，あまりに低頻度あるいは低負荷で行われる動作があることである。

　魔法のレシピに普遍的なものはなく，各個人の動作マップによって，それぞれ異なったものになる。全く問題のない完璧な動作マップもありうるが，現代社会においては稀なものとなっている。ヒトの祖先が狩りをしたり，土地を耕したりしていた頃の動作マップは良かっただろう。しかし，工場やオフィスなどで仕事をするようになってから，動作の機能は坂道を転げ落ちるように低下し，各人が独自の，しかし予測できる方法で対応するようになった。

　基準を明確に示すことができてはじめて，エクササイズが動作の改善に役立つようになるのである。

2つのファンクショナルムーブメントシステム

　本書で示す2つのシステムは，基本的かつ論理的なもので，専門的な誤りや憶測を解消することを目的としている。最も顕著な動作機能不全を示すパターンにおけるタイトネスや筋力低下，可動性の低下，安定性の低下を把握するようにデザインされている。両システムとも，特異的な情報を収集する前に基礎的な情報を考察する。高度な技術ではなく，高度な論理を用いている。

　この2つのシステムによる動作評価の背景にある概念は新しいものではないが，最も効果的な方法である。これまでは，このように特別な方法としてまとめられていなかっただけである。信頼のおける指導者の仕事を見学する際に，彼らが重視する基礎ではなく，専門技術の複雑さに注目しがちである。必要以上に複雑に物事を考えてしまう傾向こそが，我々の専門領域において動作の質が標準化・簡略化されない原因となっている。

　誤りは単純なものである。特異性と特別な興味により，基本となる客観性と論理が失われてしまうのである。

　興味を引く特殊な細部に観察の目を向けることで焦点が狭くなり，基礎を常に考慮して組み入れるために必要な広い視野がなくなってしまう。我々の専門性には，動作がエクササイズの研究やプログラムデザインのためだけにあるという，ある種の盲目さがある。

　研究やエクササイズプログラムは，まず動作への包括的アプローチを支持し奨励すべきものである。エクササイズの研究では，あるエクササイズが別のエクササイズよりも効果的であることを示す内容が多い。研究では動作のほんの一部分や，動作パターン全体に影響を与えるかどうかわからない1つの事象を検討しているのかもしれない。動作の質についての目標を設定しなければ，動作の量に関する研究だけが続けられてしまい，動作の質を理解して実用化することの価値が失われてしまうだろう。

　力学的な側面よりも代謝的な側面を重視する運動科学の知識と，動作科学の知識は同等のものであると考えられている。これは後退にほかならない。動

作についての深い知識は，運動科学の特殊な知識よりも優先されるべきである．

活動の原理が動作を支配するという考えを正しいと思うだろうか？　それとも，動作の原理が活動を支配すると考えるだろうか？

このことを少し真剣に考えてみる必要がある．スポーツやレクリエーション活動のようなエクササイズやスキルの原理は，ヒトが作り出したものである．ヒトは，重量挙げやタックル，パス，シュート，スキーでの特殊な転回技術，回し蹴りや側転，ジャンピングジャック（開脚ジャンプ）などを発展させてきた．これらは自然の産物ではない．

しかし，ヒトの動作は自然から生まれたものである．ヒトは，活動やゲーム，スポーツやエクササイズなどを，動作と組み合わせることで発展させてきた．これは「鶏が先か，卵が先か」という問題とはまったく異なっている．本来の動作とは，その応用である活動よりも絶対的に先行するものである．これに反することは，自然の摂理に逆らうことになるだろう．

我々は特定のスキルや動作による活動や競技を楽しみ，それらに挑むことで得られる恩恵を享受している．問題は，我々がしばしばあまりに特殊性に囚われてしまうことにある．

エクササイズやスポーツの技術指導法は，エキスパートといわれる指導者のなかで一致していない．例えば，アメリカンフットボールのコンディショニングからゴルフスイングまで，あるいは持久力トレーニングからヨガまで，特定の動作に対するさまざまな見解や指導方法が生み出されている．特定の動作に注目しすぎることで，それぞれのエクササイズやスポーツに共通する基礎に気づかないままになっている．

上述したような活動には，筋力や柔軟性，持久力，協調性，可動性，安定性，バランスなどが求められる．しかしながら，全般的に柔軟性が低下している場合でも，ゴルファーはゴルフに特異的な柔軟性を高めるエクササイズだけを行うことが多い．全体的な柔軟性を高めてから，必要な場合にのみゴルフ特有の柔軟性を向上させることがより重要である．同様に多くの親は，野球をする子供が質の良い腕立て伏せや懸垂を1回もできないことなど考えもせずに，投球のためのドリルばかり探し，野球以外に身体を動かす活動をほとんど行わせないのである．

全般的な基礎体力が不充分なまま競技特異的な体力をつけようとするなど，基礎的な要素を軽視することがよくみられるが，スポーツスキルは基礎的な運動能力の上に成り立つのである．おそらく焦りや余裕のなさ，理解不足などの理由で，多くの人が基礎体力や基本的な運動能力を養う段階を飛ばし，直接専門的な動作や特異的なスポーツに進んでしまっている．専門的な動作はあくまでゴールであり，スタート地点ではないのである．

歩けるようになる前に這うことは自然なことなのである．各活動に共通する要因に気づかなければ，それぞれのスポーツに特異的なスキルを構築するために必要な共通の基礎を見落とすことになる．

人間は成長・発達の過程で同じような動作の段階をたどる．乳児が成長してランナーになるのか，ボクサーになるのかは誰にもわからない．成長するにつれて，興味や活動は多くの方向に広がるようになるが，初期の発達の要となる基礎がその後の様々な道筋をサポートしているのである．

この変化をみると疑問が生じるだろう．我々の動作の基礎が似通った基本的なものであるならば，選んだスポーツや活動が異なったとしても，基礎を失ってもよいのだろうか？　失ってもよいということは，非効率的な動作を受け入れるということになる．

特定の活動を楽しむには，基本的な機能の上に（その代わりにではなく）特異的なスキルを発達させる必要がある．基本的な機能が最低限のレベルを下回れば，ある動作の効率性や耐久性が失われ，応用的な動作スキルも損なわれるだろう．基礎と卓越したスキルとの間にギャップがあると，そこに関連性がないようにみえることもあるが，これは誤りである．

典型例

ランニングのトレーニング後に膝が痛くなった場合，痛みを年齢，靴，走行距離などに関連付けようとはするが，柔軟性やコアの筋力が徐々に低下してきたことには気付かないだろう．時間がないが，ランニングの時間は削りたくないので，走る前のスト

レッチングや週2回の筋力トレーニングなどを省いてしまった。何ヵ月もストレッチングや筋力トレーニングを行わず，以前に作成したバランスのよいエクササイズプログラムを怠っていることと，現在の膝の痛みを関連付けてはいない。生活スタイルは，座って机に向かうことと，あまり準備をせずに週に数回のランニングを無理に行っていることだけである。

おそらく，誰かに鎮痛剤や抗炎症剤の処方を勧められ，それにより不快感は解消され，潜在的な問題は対処されないままとなるだろう。濡れた床をモップで拭いて，パイプからの水漏れに対処したと考えるようなものである。濡れた床ではなく，水漏れが問題であるのと同様に，痛みのある膝が問題なのではなく，膝を支えるメカニズムが問題なのであり，痛みはその結果なのである。

高度に専門化され活動が特化している現代社会では，簡単な動作の問題により特定の身体的向上が阻害される。基礎的な動作を完璧にする必要はないが，最低限の土台は必須である。

人類の根本的な目標は，生命を維持することである。完璧な動作を手に入れることができるのも，生命が維持されてこそである。この生命維持を保障する脳のシステムにおいては，技術の習熟や専門的動作は2次的なものと捉えられるに違いない。

このような人類の動作の法則を思い出し，あらゆる特殊な試みにおいてもこの法則を重視するようにすべきである。この法則は共通した傾向であり，単純かつ直接的で，機能不全のある動作パターンではその傾向が強く現れる。こわばりや筋力低下，外傷，非対称性，疲労，疼痛，不慣れな状態は，その傾向を強める。これは，脳が生命維持を保障するために引き起こしたものである。脳は生命を維持するために一時的な対策を講じるが，こうした生命維持の方法が通常の状態になるべきではない。

脳が，初期設定である生命維持モードやストレスモードのコマンド（命令）に従うのを想像してみるとよい。コマンドとは，エネルギーを温存したり，さらなるストレスを避けたりする指令である。それでは，体重を減らす，もしくは理学療法を無理に行うことで身体がストレスにさらされていることを想像してみよう。生命維持の状態にある脳からの指令は以下の通りである。

- 制限が生じたり，こわばりが生じたりする姿勢を避ける。
- 不慣れな動作パターンを避ける。
- 痛みやストレスを避ける。
- 必要があって可能であればいつでも代償を用いる。
- 必要に応じて動作の量を確保するために動作の質を落とす。
- 可能であればいつでもエネルギーを温存する。
- 筋力低下や不安定性が生じる肢位やパターンは用いない。
- 抵抗が最小の方法を選ぶ。
- 快適で楽なことを求める。

このような状態にある人にエクササイズを指導する場合のことを考えてみよう。基本的動作パターンに機能不全がある人は，そのパターンを含むエクササイズを行えば，常に上記のような反応を示すだろう。脳からの指令により，機能不全のある動作パターンを避けようとしていることに，気づいている人はほとんどいない。このような状態で動作を一所懸命に指導しても，効率的な運動学習にはつながらないのである。

例えば，股関節の安定性とコアのコントロールが低下している女性のクライアントが，ランジをするたびに膝が外反方向に崩れるように動くことを想像してみてほしい。ランジを繰り返し行えば行うほど，この機能不全の動作の練習を繰り返しているだけで，ランジ動作が改善することはないだろう。生命を脅かすことのない運動をつくり上げなければならず，コレクティブ（修正）エクササイズが必要なのである。このランジエクササイズの問題は，最初に動作のスクリーニングを行っていれば避けられた可能性がある。

無意識の傾向を無視することは可能であるが，仮に問題が残されたままであれば，指導や教育，トレーニングやリハビリテーションなどを行っているときも，この傾向が通常の状態（初期設定モード）に

なってしまう。動作機能不全とそれに関連した行動を把握するための一貫した検出システムがなければ，通常この傾向は起こるだろう。

動作を軽視して，エクササイズ，トレーニング，スポーツスキル，リハビリテーションのプロトコルにだけ焦点を当てると，このようなことが起きてしまうのである。身体は，何か問題があるときに，動作を避けようとする。エクササイズやリハビリテーションの専門家は，動作を行うことで代償が生じた場合，その問題を解決するために教育や指導を行うだろう。しかし，口頭指示は適切ではない。なぜならば，これは意識の問題ではないからである。どんなに適切な指示であっても，本能がそれに従わなければ，役に立たない。

人間の動作の傾向は，簡単に首尾よく管理することができる。問題のない理想的な動作パターンや良い動作の基本を確立するためには，以下のことを行えばよい。

- 痛みを取り除く。
- 動作や動作パターンにおける非対称性を軽減・解消する。

これを達成した時点で，動作を繰り返し行って基本的パターンを強化し，基礎を作り上げる。このことにより，動作に慣れて，可動性や反射的な安定性が改善するだろう。問題のある動作パターンで痛みや制限，非対称性がなくなれば，正しいパターンを強化することに特に注意を払うようにする。

クライアントや患者が行う動きは，機能的な柔軟性が求められるもので，またコアの反射的な安定性が自然に働くものでなければならない。可動性と安定性のエクササイズが必要であれば行うべきだが，それらが許容できるレベルにまで達したら，フィットネスと同時に可動性と安定性の基礎も維持するプログラムを処方すべきである。

エクササイズプログラムによって，審美的には望ましい彫刻的な身体を手に入れたものの，つま先に手が届かなかったり，後屈が充分にできなかったりする人もいるのである。また，トライアスロン選手でも，踵を地面につけたままの状態で最後までしゃがみ込めない人もいる。

心臓リハビリテーションプログラムを無事に終えた患者の多くは，心肺機能の目標は達成しているが，機能的動作パターンには問題が残ったままとなっている。このような問題のある動作パターンによって，運動の効率が低下し，根本的に心臓血管系にストレスを与えているかもしれないのである。

心拍数モニターやテレビをみながら行うリカンベントバイクのエクササイズは，心肺機能の面では効果的かもしれないが，本来の機能的動作能力を向上させるために必要な複合システムの関連性を改善させることはできないだろう。改良が加えられた太極拳やヨガを行った場合には，リカンベントバイクと同程度の心肺機能の目標を達成できるだけでなく，呼吸法や持久力，バランス，協調性，姿勢，自己イメージ，身体に対する自信なども同時に改善させることができる。通常，リカンベントバイクのエクササイズを行っている最中に，再び心臓発作が起こることはほとんどない。身体的，心理的なストレスが組み合わさることで，システムに過度な負担がかかり，心臓発作が再発するのである。座ったままで自転車を漕ぐよりも，呼吸や動作パターンをコントロールするほうが，心臓へのストレスや心臓発作の再発を予防するのに効果的であることに異論はないだろう。

しかしながら，現状は最新のエクササイズ機器によって，座ったままで，あるいは前かがみの姿勢ですら快適にトレーニングができるようになっている。このような機器では，腕で押したり引いたり，また脚を曲げたり伸ばしたりする。さらに，自分の足でバランスをとることもなく，また筋による安定化が自然に生じなくても，体幹の屈曲・伸展・回旋などを行うことができるのである。

こういった機器で運動する時には，自重をコントロールしたり，バランスやアライメントを保持したりせずに筋を動かすが，この状態は実際の生活とは異なる。例えば，機内で頭上の棚に荷物を入れる時，寄りかかるための背もたれはない。自分自身のコアで支え，また下肢や腰部の筋が位置や負荷を感知し，直立姿勢を保持するのである。このような動作の時，身体はダイナミックに動いている状態にあり，協調

性を必要とするが，現代の多くの機器ではこの協調性を高めることができないだけでなく，使うことさえ許してくれないのである。

基本的動作パターンへの配慮を欠いたまま，体力の向上やスポーツの技術にだけ注目してしまうのは，個人的な誤りではない。フィットネスの定義に基本的動作の質を含めない社会的風潮が原因である。

人間の動作傾向は，活動やエクササイズ，スポーツなどの基準からすれば，きわめて対照的なものである。我々が指導する姿勢やアライメント，動作は，個別のスポーツや活動を適切に行うための方法となりうる。しかし我々は，最初に基本的動作パターンをチェックすることもなく，動作スキルの教育や指導を行おうとする。このようなことを行っていても，我々はエクササイズやリハビリテーションの専門家に違いないが，本物の動作を評価・指導するためのシステムがなければ，それを行う能力を有しているとはいえないだろう。

■ 基本的動作は特異的動作に先行する

基本的動作に制限や機能不全がある場合，エネルギーの温存，代償や痛みの回避，不慣れな動作の回避，生命維持に必須の傾向などを示す自然の法則に従うようになる。よくみられる未熟な技術というのは，身体が対応できていない困難な状況から何とか逃れようとしている状態なのである。動作パターンの基本的な質が機能している場合に限って，量や強度を増加させたり，特定のスキルに取り組んだりすることができるのである。

特定の活動を行う前に基礎が必要であることについては，多くの専門家の意見が一致している。しかし，多くの人は，この信念を実行に移すため一貫性のある体系化した行動をとっていない。これには時間や組織，教育，構造，そして信頼のおけるシステムが必要となる。残念ながら，常に消費者に対して競技能力や体力向上，健康増進のための近道を提供しようとする人がいる。スポーツやトレーニングをしようとしている人や，身体の問題を改善しようと張り切っている人は，基礎が重要であるという言葉に耳を傾けないので，その場しのぎの解決法をうたう宣伝の誘惑に立ち向かうのは非常に困難である。

特定の活動を行うことで，身体がある一定のパターンばかり強いられ，基本的な機能レベルが打ち消されてしまうことがあるが，これに対する対策をとっていれば問題はない。例えば，通常は左右どちらか一方向のみのスイングを行うゴルフのように，他の動作と比較してある特定の動作を多く行うスポーツ活動がある。あるいは，下半身の筋や動作パターンは著しく発達するが，他の要素は不充分な傾向になるランニングや，フィールドやコートで行うスポーツもある。専門的な活動を行うことで，基礎となるものは常にある程度損なわれる。専門的活動は，ある動作パターンにおける筋力や持久力，パワーを向上させるが，その他の動作における基本的な可動性や安定性を低下させる可能性がある。

基礎を維持することは常に闘いであり，目的というより長く続く過程である。活動がより特殊で，複雑かつ激しくなればなるほど，基礎を維持するためにかける時間がより多く必要となる。我々の職業では，基本的動作を常に監視する必要がある。基礎を見過ごすことによるメリットなどないのである。

専門的な動作によって，動作や体力もある程度向上すると思われるが，全身への影響や長期的な利点は限定されるだろう。高いレベルの体力や活動は，基本的な機能不全を覆い隠してしまうことが多い。

現代のトレーニング機器やプロトコルによって，機能不全があっても運動することができるが，結果として得られた体力は短期的なもので，維持することは難しい。内在的な機能不全やアンバランスなシステムがあっても，こうした体力が外部のカバーとしてそれらを覆ってしまう。この機能不全によって代償や効率低下が生じ，コンディションを改善しようとする取り組みをゆっくりと蝕んでいく。

身体は高レベルの体力によって，基本的動作パターンとそれを支持する基礎的な可動性，安定性の限界を超える身体能力を得るだろう。筋には関節の整合性を崩してしまうほどの能力がある。柔軟性の問題により，姿勢のコントロールが損なわれてしまう。また筋の不均衡は，疲労しやすい筋や充分に機能しない筋が生じる原因となる。

基本的動作の枠組みを超えたエネルギーシステムは，外傷・障害への入り口なのである。

活動，エクササイズ，スポーツについての考え方

活動，エクササイズ，スポーツでは，身体をより活発に動かし，行動することが求められる。それぞれによって，置かれる状況は異なるものになる。

- 活動
- エクササイズ
- スポーツ

3つの言葉は使い分けられてはいるが，それぞれある意味でより活動的な状態を表わしており，またこれらの言葉の重要性は，各人の好みや経験に基づいている。練習が嫌いで，遊ぶのが好きな人であれば，スポーツの競技や試合に夢中になるだろう。運動することで得られる安らぎや自信を求める人は，激しい競争や正式なスポーツの試合に参加することよりも，トレーニングやエクササイズそのものを楽しむことになる。高い身体能力が求められるダンスや音楽といった芸術を楽しむ人もいるが，それはスポーツとは考えられていない。

世代や文化によっては，エクササイズや芸術，スポーツなどを行う機会は限られる人々もいるが，こういった人たちは身体活動，肉体労働，身体を使って何かを作り出すことなどに対しとても感謝しており，競技やトレーニングをしなくても，活動的な生活を楽しむことができる。セット数や反復回数などに関心はないが，週に2，3回はジムに通っている人のようによく動くことができる。他の人がエクササイズやレクリエーションのために取っておくようなエネルギーを使って，肉体労働に精を出し，自然に立ち向かっているのである。

最も健康な人は，質の高い動作を獲得するほうへ向かい，その結果から得られる心身の経験を享受している。生きることは動くことである。

しかしながら，世界観が変化してしまった。武道を生み出した文化は，その他の競技的な活動を意図してはいなかった。武道は自衛という基本的必要性から生み出されたものである。初期の武道家は，カロリー消費，エクササイズ，競技などを目的としたトレーニングドリルやエクササイズは行っておらず，攻撃や守備動作に要する能力や効率性の獲得を求めていた。意図した動作を完全に行うことに力を注ぎ，その副産物として身体のコンディションは自然に整えられた。

ヨガを生み出した文化は，流行の柔軟性エクササイズとして行うことは意図していなかったが，多くの西洋人にとってのヨガは柔軟性エクササイズを象徴したものになっている。ヨガはエクササイズではなく，呼吸と動作を一体化し，可動性，安定性，持久力，筋力，忍耐，集中力などを生み出すために日々行う動きながらの瞑想であり，これによって生活の質を高めるものであることを見落としてしまっている。

エクササイズのカロリー消費効果という副産物ばかりに注目し，動作の能力や効率を改善するという本来の目的を無視していることが多いのである。質的な基準に着目すれば，エクササイズによる動作の質の向上と，副産物であるコンディションの改善の両方の効果が得られる。

トレーニングやコンディショニング，リハビリテーションは，目的に沿って正確に行い，内容を進歩させていかなければならない。

座位の生活が多い現代社会では，もっと身体を使う必要があることを，誰もが直感的に感じている。怠惰な生活に対する罰として，活動やエクササイズ，スポーツなどで身体を痛めつけてさえいる。しかしながら，困難が健康を作りだすという考えは，まちがっている。エクササイズやリハビリテーションの専門家は，困難な活動ではなく，現実的な成果が得られる活動に注目すべきである。

大部分の人が，どんな活動でも成果を生むだろうという誤った考え方をしている。その考えは，「多ければ多いほど良い」という考え方の一部である。競技やエクササイズ，活動の指標は困難であると考えがちだが，そうではない。課題こそがその指標となるのである。

困難と課題

困難：達成したり，対処したり，理解したりするのが難しいこと

困難＝破壊，苦闘

課題：能力を試す状況

　　課題＝トレーニング，準備

　競技やエクササイズ，活動において，困難を作り出すことは誰でもできる。しかし，個人もしくは集団に対してできるかできないかのきわどい課題を提供するには，知恵と高い目的を要する。トレーニングにおける完璧な状況とは，絶えず体力要素を向上させるだけでなく，トレーニング実施者が体重や時間，距離，ポジションごとの専門的ドリルや課題などの障壁を乗り越えるために，自分の経験や知識を使うことを必要とするものである。

　挑戦する課題は，心と体のつながり，動作の効率，身体的ストレスや疲労がある時の情動の管理や心の平静を促すべきである。また，動作技能とともに，直感的かつ本能的な動作習慣を得られる課題でなければならない。量を過度に設定し，過剰に教育もしくは指導するようなルーチンであってはならない。

　身体的困難は人を頑丈にするかもしれないが，よく考えて設定された身体的課題は人をより一層強くする。活動やエクササイズ，競技には挑戦すべき課題が必要であり，その挑戦により身体，精神，情動に困難が生じた場合に，論理的かつ本能的に管理できる能力を養える。はっきりした目標と明確な基準を持つ専門家は，困難な状況を積極的な挑戦の機会に変換することができる。

　コンディショニングやリハビリテーションにおいて，トレーニングドリルの目的は，課題を提供することである。このような課題を持ってトレーニングする人は，すぐに自分自身で困難を課題へと変えるだろう。その能力こそが，トレーニングやリハビリテーションの目的であり，本物の学習の確証である。

■ 疾病，傷害，不調

　筋骨格系の疾病や傷害，不調により非常に多くの人が医療施設を利用している。例えばNational Center for Injury Prevention and Control〔CDC（米国疾病管理センター）の一部門〕は，スポーツや余暇活動，エクササイズに関連した傷害だけでも1日に1万人を超えるアメリカ人が医学的な治療を求めていると算出しており[23]，その多くは下肢に関連した傷害となっている。この計算では，一般開業医を受診する理由の第2位か第3位である脊椎の痛みを訴える患者は除外している。

　長い間，医師が筋骨格系に由来する問題の診断や医学的管理を担う中心的な存在であった。筋骨格系の傷害や疾病，不調や痛みに関連した症状の管理として，ほとんどの場合薬剤が使用される。しかし，これは本質的には正しくなく，特に動作に関してはそうである。

　薬を使えば，動作に伴う痛みは減るが，問題が修正されたり，モーターコントロールがリセットされたりすることはない。多くの場合，医療の専門家が治療や修正方法を考えようとしている間に，患者は応急処置により一時的に落ち着いた状態になる。不運なことに，専門家も患者も，症状が落ち着いたことで問題が解決したものと思ってしまうことが多いのである。

　過去10年間で，筋骨格系の問題への対応について，人々が探し求める治療方法が変化してきていることがみてとれる。カギを握るのは，もはや医師だけではない。理学療法士やカイロプラクターのもとには，患者が直接診察を受けるために訪れ（ダイレクトアクセス），多くの場合，医学的な紹介がなくても単独で治療することができるようになっている【訳注：アメリカでは理学療法士やカイロプラクターは開業権を持つ】。

　同様に，ストレングスコーチやアスレティックトレーナーは，競技者への直接的な対応，スポーツ医学の緊急対応，リハビリテーションや傷害予防の受け入れ先としての役割を担っている。彼らの役割は，リスクの早期発見やリハビリテーションから完全復帰までの移行期などで，しばしば重複する部分がある。

　スポーツ指導者，体育教師，グループエクササイズの指導者は，筋骨格系の問題を最初に目にすることが多い専門家である。彼らが医療の専門家を紹介することによって，治療が開始される。

　パーソナルトレーナーは，向上心のあるエクササイズ愛好家を教育する機会を得ている。彼らは，動

作のスクリーニングを行い，動作機能不全を修正するためのエクササイズと，健康を得るためのコンディショニングのエクササイズとの違いについて議論するのに最適な立場にある．

　トレーナーは，痛みがあれば医療の専門家の評価を受けるよう勧めることができる．痛みはないが，明らかな制限や非対称性があれば，一般的なエクササイズプログラムを行う前に，修正方法を実施することもできる．もしくは，クライアントのためにコレクティブエクササイズを指導してくれる医療の専門家を探すこともできる．

　高校や大学，プロスポーツのストレングスコーチは，コンディショニングやスポーツ競技に関連した傷害のリスクをスクリーニングする重要なポジションにいる．エクササイズを始める前に身体的なスクリーニングを行うことで，活動によって悪化しうる診断がついていない問題を明らかにすることができる．それぞれのケースによって，問題を早期に特定し適切な専門家に紹介することで，活動量が増加することで引き起こされる可能性のある問題を未然に防ぐことができる．

■ シン・スライシング

　Malcolm Gladwellは，著書『Blink』のなかで「シン・スライシング（thin-slicing）」という現象について述べている．シン・スライシングとは，観察や決定を行うために情報環境のなかから一部を薄くスライスする，どの分野の熟練者も持つ能力である．非常に優れた人は，一般に用いられている厳格に体系化されたプロセスには従わずに，一瞬で情報を判断する．この能力は専門的な直観にみえるが，それを凌駕するものである．Gladwellは専門知識（expertise）を高度なパターン認知と定義し，専門知識と経験は同じものではないと説明している．経験は高いレベルの専門的技能を示すにすぎないが，専門知識は高度な問題解決や革新として定義される．

　専門的技能は重要である．しかしそういえるのは，正しい状況とタイミングで使われるときだけである．どの分野でも熟練者はパターンを正確に素早く見分けることができる．初心者は，戸惑いながらプロセスをたどり，最も重要な特徴を捉えられないこ

ともある．細かな点や重要でない違いに惑わされてしまうのである．こういったことにより，初心者では熟練者にみられるような意思決定能力や問題解決能力が損なわれてしまう．

　Gladwellは，我々が様々な人間の動作を観察したり議論したりする際に，最初の手引きとして動作パターンを利用するという概念と同じことを推奨している．彼は，それぞれの分野で成功した専門家全員が，パターンを用いて最初の方針を立ててから，このパターンによって示された特定の方向性についてさらに詳しく調べる方法を用いていたと述べている．

　専門家は，動作のスクリーニングと評価を行うことによって，パターンに特化した観察スキルを養うことができる．エクササイズやリハビリテーションの専門家は，このスキルと詳細な専門的検査の技術を組み合わせることで，専門知識を手に入れられる．動作のスクリーニングと評価については，データを増やし誤差を減らすために機械化やデジタル化も提案されているが，これを行ってしまうと専門分野の発展には逆効果となるだろう．動作という要素からこれ以上離れる必要はない．むしろ動作に歩み寄り，理解し直す必要がある．

　専門的な直観とは，非常に馴染みのあるものと体系的な客観性とが一体化したものである．スクリーニングやテスト，アセスメントの定義や使用法を参照する際に，これまで述べてきたような提案や概念を考慮すべきである．

スクリーン，テスト，アセスメント

　特異的な検査法（テスト）や複雑な評価（アセスメント）のほうが，簡単なスクリーンよりも，表面的には優れているようにみえる．しかしスクリーニングは，基本的なグループ分けやカテゴリー化ができることから，最初に行うのに適している．意図的に特異性をなくしているのは，最も信頼性のある適切なスクリーニングによって分類し，大まかなグループに定義することが重要だからである．適切なグループに分類した後で，必要に応じて特異的かつ適切な検査や評価を行うようにする．

　特異性はより価値があるように思われるが，その

ように考えると全体像を見失ってしまうことが多い。顕微鏡は生物学のスライドを詳しく調べるのに優れているが，調べるのに適したスライドを見つけるには，いったん顕微鏡から離れる必要がある。スクリーニングを行うことで，最も適切な情報を絞り込むための特異的検査や評価に必要な信頼ある視点が得られるようになる。

前提条件なしに特異的検査を行うと，医学的に偽陽性といわれている結果となる可能性がある。一般的な例として，無作為群に対する腰椎のX線検査が挙げられる。X線検査では，痛みや機能不全のない人において脊椎の退行変性を検出する一方で，痛みや機能不全を訴える人において異常所見が認められない場合もある。

本書では，スクリーン，テスト，アセスメントを以下のように定義する。

スクリーン

不快なことやリスクから保護するために，適切な人々を選別するためのシステム
意味：分類を行うこと，リスクを確認すること

テスト

知識や経験能力を測定するための一連の質問や問題，実践的な課題
結果の解釈が求められない測定
意味：能力を測定すること

アセスメント

何かを調べること，判断あるいは評価すること
様々な要因に基づきデータを解釈すること
意味：能力低下を評価すること

12分間で行うファンクショナルムーブメントスクリーン（FMS®）と5分間で行うセレクティブ・ファンクショナルムーブメントアセスメント（SFMA®）は，フィットネスのパフォーマンスやスキルを評価する他の方法に取って代わるものではない。FMSとSFMAからなるファンクショナルムーブメントシステムとは，

- 動作に求められる可動域内で痛みが生じる動作パターンがあるかを明らかにする。
- 痛みはないが，エクササイズや活動によって傷害リスクが高まる可能性を示す動作パターンを識別する。
- 必要な動作能力を獲得するまで行ってはいけない特定のエクササイズや活動を識別する。
- 動作能力を回復させるために最も効果的かつ効率的なコレクティブエクササイズの方向性を決める。
- 再評価時の参照基準となる標準化された動作パターンのベースラインを作り出す。

FMSは，従来から用いられている測定システムではないという点で特に価値がある。FMSは順序尺度が用いられているので，測定システムのようにみえるだけである。この順序尺度を用いた7つのテストと3つのクリアリングテストによって，うまくできる動作パターンと問題のある動作パターンにグループ分けすることができる。

動作に大きな問題がある人が身体的なパフォーマンステストを行うと，パフォーマンスに問題があるという結果が出ることがある。検者に動作に対する視点が欠けていれば，テストの結果を改善するため，誤ってパフォーマンスに対するエクササイズを追加するように勧めてしまうかもしれない。

同様に，FMSで平均的な数値を示した人に対してSFMAを行うと，統計的に有意でない特異的な所見を検知してしまうかもしれない。FMSは，完璧を目指すことが目的ではないことを忘れてはいけない。FMSは，問題を識別するためにデザインされており，問題がある場合に明らかな所見がみられるのである。

我々は，分類して予測値を得るため，またリスクを予測するために，FMSを行っている。FMSはパフォーマンス向上に関連する兆候を示すこともあるが，あくまで最重要事項はリスクである。FMSは，コレクティブエクササイズやコンディショニングエクササイズを選択するための方向性を示してくれるという点で，最初にプログラムをデザインする際の助けにもなる。さらに情報が必要な場合には，テス

トを行うことでデータをよりよいものにすべきである。これは、より専門的なパフォーマンスやスキルが求められたり、予測値によってそのことが示されたりした場合だろう。

SFMAは予測よりも診断に適しており、FMSやクリアリングテストによって痛みや深刻な機能不全のリスクが示されたときに用いられる。アセスメントは主観的な誤りが起こりやすいので、偏りのない判断をするための専門知識が求められる。スクリーニングとともにアセスメントを行うことは、アセスメントの情報が正しく適切なものであると確認する最も良い方法である。つまり、症状のない人に対しては、潜在的な問題を評価しようとするより、リスクを探してグループ分けするスクリーニングを行うほうがよいということである。

従来のテストに加えてスクリーニングやアセスメントを正しく実践すれば、問題解決や意思決定の能力が向上し、人間の動作の評価や修正に関する分野でより優れたシン・スライシングができる専門家になれるだろう。

システムの概観

それでは、FMSとSFMAについて概説しよう。ここで紹介するスクリーニングとアセスメントのシステムは、完全な評価法ではなく、その後の情報収集を方向づける質的な構成要素である。これらはコンディショニングや医療の計画を立てる際に使用し、クライアントや患者と関わる最初に行われるべきである。動作の制限や非対称性、痛みを伴う動作の原因やその程度について、方向性や明確さ、優先順位をこれらのシステムが示してくれる。システムを正しく実行すれば、論理的な方法で一貫した動作評価を自動的に行うことができる。また、トレーニングや治療を行っている期間を通じて、介入効果の確認や残存する制限の見直しのために用いることもできる。

■ FMS：エクササイズ前のスクリーニングシステム

FMSは、エクササイズやスポーツ、活動量の増加などに関連した動作のリスクをスクリーニングする。また、動作パターンに基づいてエクササイズプログラムをデザインするための情報も得ることができる。フィットネスの専門家には、エクササイズに関する他のリスクについても、充分に配慮する責任がある。スクリーニングだけでなく、定量的測定、パフォーマンステスト、スキルの測定も行うだろう。スクリーニングとは別に、エクササイズを行う前の禁忌や危険因子を探し出す責任も負っているのである。

■ SFMA：リハビリテーションにおいてコレクティブエクササイズに先立って行う動作の臨床的評価

SFMAは、機能不全のある動作パターンと痛みを伴う動作パターンを区別するのに役立つ。SFMAが終わったら、診断や治療、コレクティブエクササイズを行う前に、筋力や可動域、バランスなどの機能障害に対する適切な測定を行う必要がある。臨床家の責任として、SFMAの妥当性を判断するだけでなく、患者の既往歴、現病歴、神経系や循環器系の問題の鑑別、特殊検査などを含めて充分な評価を行わなければならない。

得られた情報によって、整形外科や筋骨格系の問題に関連した動作機能不全の評価や治療が円滑に進むだろう。痛みと動作機能不全が関連しているならば、医療の専門家としてSFMAの結果と機能障害との関連性を突き止める責任も負っているのである。

急性の痛みのある患者、動作制限のある術後患者、コレクティブエクササイズを行わない患者には、SFMAは必要ない。SFMAは新規の患者を診察する際に行うか、もしくはコレクティブエクササイズによる介入の前に行うようにする。

■ ファンクショナルムーブメントシステムの概要

ここで述べることは、FMSとSFMAのシステムに精通するまでは完全には理解できないかもしれないが、各システムの目的を理解する助けになるだろう。後述するFMSとSFMAの詳細についての章を読んだ後で、この概要をもう一度読むのがよい。2回目に

読んだ際には，システムについてより深く理解し，自信を深められるだろう．

📍 基本的動作システム：FMS

　最初に，FMSの7つのテストと3つのクリアリングテストを用いて，基本的動作パターンのスクリーニングを行う．仮にフィットネスの専門家が，痛みが生じるテストがあることを見つけたならば，クライアントを医療の専門家に紹介して医学的評価を受けさせる．紹介の際には，FMSを理解する医療者を探すようにする．その医療者がSFMAを充分に理解しているならば，痛みが生じる動作パターンを体系的に分類することができるので，非常に大きなメリットがある．

- 第6章で学ぶ採点システムを用いて，痛みはないが制限や非対称性のある動作パターンのランク付けを行う．
- 活動レベルを上げる前に，痛みの出る動作パターンを特定したり，明らかにしたりする．
- 7つのテストの中で最もランクの低い，もしくは非対称性が最も大きい動作パターンを識別する．2つ以上あれば，最も基礎的な動作パターンを選ぶようにする．
- 検出された動作の問題を長引かせる原因となっている活動やエクササイズの習慣を探し出し，誤った活動を一時的に休むことを提案する．
- 選択した動作パターンに対する修正ストラテジーを開始し，クライアントが修正ストラテジーを理解し受容しているか，またそれを実行できるかを確認する．
- 最初に修正ストラテジーを行った後，あるいは何回か実施した後の状態や反応によって必要と思われる場合に，スクリーニングで制限のあったテストを再度行い，ベースラインの結果と比較してみる．
- ベースラインの状態から改善されていれば，選択した修正ストラテジーを継続する．改善されていなければ，FMSのスコアと最も制限のあるテストあるいは最もランクの低いテストを再確認する．必要があればFMSをもう一度行ってもよい．
- コレクティブエクササイズを実施させる際には，動作を正しく指導できるように細部にわたって注意を払う．
- プログラムの難度を上げることが効果的であるかを確認する．あまりに早く段階を進めてしまうと他の代償が生じてしまうが，進めるのが遅すぎても必要な修正が得られないだろう．
- 最も低いランクのテストが改善したならば，正常なパラメーターの設定や新たに修正するパターンの優先順位をつけるために，2回目のFMSを実施する．

　FMSのスコアが許容レベルに到達したら，修正に費やす割合を最小限にしたエクササイズやトレーニングの計画を立てるが，それでも動作やパフォーマンスは許容レベルを維持しなければならない．

📍 臨床システム：SFMA

　痛みがある場合，臨床家はSFMAの基本的動作パターンを評価する．SFMAは，その所見に対して専門的なリハビリテーションや治療が必要となるので，エクササイズの専門家が行うものではない．このような理由から，FMSについて語る場合にはクライアントという言葉を用い，SFMAを行う必要がある痛みが存在する場合は患者という言葉を用いる．

- 機能不全があって痛みのない動作の分類（我々は「道を見つける（find the path）」と呼んでいる）と，機能的だが痛みのある動作の分類（我々は「標識を見つける（find the markers）」と呼んでいる）を行う．不必要な痛みを誘発しないために，機能不全のある動作を分類してから痛みのある動作を分類する．
- 正常で痛みを生じない動作は分類しない．
- 機能不全があって痛みのない動作と，機能的だが痛みのある動作を，レビューしたり，テストをしたり，結果を得たりすることができない場合は，機能不全があり痛みがある動作だけを分類する．
- 機能不全があり，痛みがないという分類は，可

動性や安定性の問題を示している。荷重を変化させた場合や片側での検査を行った際の制限や非対称性を観察する。
- 得られた所見を明確に裏付けるため，解剖学的な領域に機能障害がないかを評価する。徒手筋力検査（MMT），関節可動域（ROM）検査，靱帯へのストレス検査，神経緊張検査（ニューラルテンション），関節の副運動検査，軟部組織の評価などを行う。
- 荷重の変化や片側での検査によって痛みや動作が変化するかを観察するために，機能的で痛みのある動作パターンを分類する。痛みの有無にかかわらず，最終的な分類を確認する。
- 機能不全があり痛みがない動作の分類と，機能障害の評価から収集した情報に基づき，実用的な診断を行う。
- 識別された機能不全のある動作パターンに影響を及ぼしている日常活動や仕事，運動習慣を明らかにする。誤った活動を一時的に休止するよう提案する。
- 機能的な診断に基づいた治療や修正ストラテジーを行う。
- 治療や修正ストラテジーによる変化をみるために，情報の再確認や機能障害の再評価を行う。
- 痛みのある動作に分類されたものを再評価する。最終的な分類が変わったら，フローチャートで基本的パターンの分類を上に戻す。
- 機能不全のある動作に分類されたものを再評価する。最終的な分類が変わったら，フローチャートで基本的パターンの分類を上に戻す。
- ベースラインの結果から改善していれば，選択した方針を継続する。そうでなければ，データと分類を再確認する。

SFMAの結果が許容範囲になり，痛みの問題が解決したら，活動量の増加により外傷・障害が再発するリスクを測定するためにFMSを行う。治療終了時や終了直前にFMSを行うことで，修正に費やす割合を最小限にしたエクササイズやトレーニングの計画を立てることができるが，それでも動作やパフォーマンスは許容レベルを維持しなければならない。

FMSの所見でリスクが示された場合は，リスクを効果的に軽減できる計画を立てるようにする。

機能的動作の基準の作成

今日のエクササイズの専門家は，現在のリハビリテーションおける基準に精通しているべきである。フィットネスの専門家も，回復過程や身体のバランス，コレクティブエクササイズを健康につながるものとして捉える必要があり，一般的な身体活動を行えば動作の問題が修正されると考えてはいけない。同様に，リハビリテーションの専門家は，痛みがないことを，治療の進行や終了の主な基準にしてはいけない。臨床家は，痛みと機能を平行して考えるべきである。また，一般的なエクササイズや健康に関する最新の知識を得ることも望ましい。

機能の回復も同様に重要であり，長期的な成功を予測する因子である。機能についての基準を定める最善の方法は，筋力と可動域の問題を解決することと，機能的動作パターンの基準を理解して最低限の許容レベルについての意見を一致させることである。

アメリカで徒手筋力検査のグレーディングを開発したFlorence Peterson KendallとElizabeth Kendall McCrearyは，筋力強化のプロトコルを作成するために，筋力低下や病的な筋収縮を調べたのではなかった。彼らは，最初に正常な筋収縮の質と筋活動を検査し，検査や治療，エクササイズのために個別の筋をできるだけ多く書き記した。症状のない被験者の角度計による測定の研究によって，各関節における関節可動域の値が示された。こういった正常な筋収縮の質の観察や関節可動域の測定によって，正常な筋機能の目標を定めるための基準ができあがった。このことにより，各筋群にみられる機能不全の評価やグレーディングも可能となった。

リハビリテーションの歴史を通して，臨床家は健常者から得られたデータを利用してきた。健常者から得られた動作パターンの情報は，臨床家が患者を管理する方法に大きな影響を与えている。我々医療の専門家は，機能障害を，基準である健常者の筋力や可動域，バランスの測定値と照らし合わせている。しかし，全体的な動作パターンも，1つの基準として

考慮に入れるべきである．なぜならば，動作パターンは筋力や可動域，バランスだけでなく，基本的動作パターンの制限や非対称性も示すことができるからである．

現在利用されているバランスや固有感覚，平衡感覚の情報は，正常な被験者に対する検査や観察によって定義づけされた．我々は，健常者から得られたデータを頼りにしているが，正常な機能的動作パターンに関連する情報は不足している．動作パターンの情報を収集し基準を作成するために，正常で症状のない集団に取り組んでみても良いのではないだろうか．

過去20年間にリハビリテーションの分野では，伝統的な各筋に対する筋力強化アプローチから，PNF理論や筋の共同作用，運動学習を取り入れた統合的なファンクショナルアプローチに移行している．エクササイズの分野でも，筋を個別に強化するアプローチからファンクショナルアプローチへと移ってきている．

この傾向をさらに進めるには，ファンクショナルエクササイズプログラムやコレクティブエクササイズの方法を発展させなければならないが，これには健常者における最適な動作を示す必要がある．機能的動作の基準がない状態で，プロトコルやプログラムを機能的なものとして発展させたり，参考にしたりするのは難しいだろう．大部分のプロトコルは，筋力評価や関節適合性検査，可動域測定のような各部位に対する客観的な評価方法に基づいて設定されている．

ストレングスコーチやパーソナルトレーナーは，押したり引いたりする動作やスクワット，ランジ，片脚立位での動作などの改善を目的としたファンクショナルエクササイズモデルを発展させるために多大な労力を費やしてきたが，正常な動作の基準は把握していない．彼らの努力によってファンクショナルエクササイズは非常に発展したが，本来はコンディショニングプログラムの難度を高める前に機能的な動作パターンを強化し，機能不全のある動作パターンを修正して改善しなければならない．

個人やグループにおける動作の基準を理解することで，どのパターンが機能的であるか，あるいは機能不全であるかがわかるようになる．活動的で非常に機能的な痛みのない人の機能的動作パターンを示すことによって，理想的な動作について理解を深めることができるだろう．

エクササイズやリハビリテーションの専門家が，最初に基本となる機能的動作を評価せずに，特異的なテストを行ったり，スポーツ動作や仕事に求められる動きをトレーニングしたりすることは，よくあることである．体系的な方法で動作パターンを検査しなければ，動作パターンは正常であると思ってしまうだろうが，我々の経験や研究結果[4,5,7]から，健康で活動的な人でも動作パターンに問題があることが示されている．人間の動作に関する基本的側面と普遍的側面を検査し理解することが重要であり，様々な活動に応用する場合にも同じようにすることが大事なのである．

本書の主な目標は，読者が動作をみるように，また自らの目を信じるように，そして人間の動作の基本的パターンをみるように仕向けることである．特定の研究や専門的な学問領域などの限られた分野からの視点で動作を考えるのでなく，ただしゃがんで動作をみるのである．

残念なことに，動作はしばしば抽象的かつ部分的に測定されたり，あるいはコンピュータによって表示されたりするものと考えられている．本来の動作からはかけ離れた科学的な手法を発展させた人や，ある1つのエクササイズやリハビリテーションの方法にこだわりすぎて限られた自分の好みの方法でのみ動作をみるようになってしまった人もいる．

本書で扱う2つのシステムは，読者の目が動作パターンを捉え，新たな見方を脳に刻み込むためにデザインされたツールである．その存在にすら気づかないフィルターを取り除くことで，今までとは異なる見方が得られるだろう．エクササイズやリハビリテーションに関する決定は，現在のところ動作パターンの基準からの変化を考慮していない．ほとんどの人が従来からある動作の評価システムを頼りにしているが，それが不完全なもので改善の余地があることを認めなければならない．

下のホームページでさらに詳細な情報，動画，アップデートが入手可能である（英文のみ）。
www.movementbook.com/chapter3

4
動作のスクリーニング

　ファンクショナルムーブメントスクリーン（FMS®）はリスクマネージメントの手段として有用であり，その役割は動作パターンにおける制限や非対称性を特定することである。トレーナーやスポーツ愛好家は，外傷・障害の危険性がある動作があっても，このような動作機能不全を問題が生じるまで見過ごしてしまっていることが多い。外傷・障害の危険性を予測する能力は，外傷・障害を評価・治療する能力と同じように重要である。これまでに行ってきた様々なグループに対するスクリーニングから得られた情報は，機能的動作パターンの良し悪しを見極めるために必要なデータとなるだろう。

　また，スクリーニングによって，ある特定の活動が機能的動作パターンに及ぼす影響に関する情報も得ることができる。基準を設けることで，標準的な動作パターンから逸脱している人を見つけ出せるようになる。パフォーマンステストは運動能力を数値化し量的な不足を発見するものであるが，動作のスクリーニングではパターン内での制限や非対称性などの質的な偏りを見つけることができる。

　動作のスクリーニングとパフォーマンステストを組み合わせることで相乗効果が生まれ，ヒトの機能に関するより詳しい情報を入手することができる。この組み合わせを行えば，質と量のバランスが悪い評価によって効率や効果が損なわれていたことがわかるだろう。科学的な検査はパフォーマンスや数量的な検査に偏っているため，我々のような専門家は動作を指導・トレーニングする際に質を考慮する必要がある。

　例えば，高齢者のコンディショニングプログラムやバランスエクササイズを開発する代わりに，まず動作に質的な問題がある人を，筋力や柔軟性，筋持久力などの量的な問題のある人と比較して検討する必要がある。質的な問題に対するプログラムと，量的な問題に対するプログラムはまったく異なるものなのである。

　別の例として，若い女性にACL損傷が多い原因の1つである不良な着地動作について考えてみる。もしジャンプだけに問題があると考えれば，ジャンプの練習プログラムを行うことが有効な改善方法であると判断してしまうかもしれない。しかし，不良なジャンプ動作を行う若い女性を以下の2群に分けて考えると，より特異的な修正ストラテジーを考案できるだろう。

動作パターンの問題：可動性や安定性の低下により基本的動作パターンに制限や非対称性がある状態

アスレティックパフォーマンスの問題：基本的動作パターンに問題はないが，各スポーツに関連した動作スキルや競技に必要な体力のパラメーターに問題がある状態

　動作パターンとアスレティックパフォーマンスの両方に問題がある人は，以下の理由から動作パターンに問題があるグループに含まれる。

- アスレティックパフォーマンステストの結果が良い場合にも，動作の問題がある可能性がある。
- パフォーマンステストでは基本的な可動性や安定性の問題は検出できないため，アスレティックパフォーマンステストの結果が悪い場合には記録されない代償動作がある可能性がある。

　動作に関する問題を検査・解釈する最善の方法は，最初に動作の基準を決めることである。基本的動作パターンが正常範囲内にあるという前提条件を満たしている場合に，パフォーマンスの検査を行うようにする。筋力，柔軟性，持久力などのパラメーターの検査で認められた問題に対する解決策は一目瞭然であるが，このような検査は量的な問題を明らかにするだけで，すべての動作機能の基礎となる動作の質を明らかにすることはできない。これは，基本的な動作を把握してからパフォーマンスを調べる必要があることを示している。

4. 動作のスクリーニング

パフォーマンステストを最初に行うことが好まれる理由として，テストとその結果に基づくトレーニングの内容が直結していることが挙げられる。例えば，筋力低下があれば筋力トレーニングを指示し，筋のタイトネスがあればストレッチを勧める。動作の量的な検査に没頭するあまり，質的な側面に関する考慮が疎かになりやすい。

我々は測定可能な量的な問題に対処することで，あらゆる動作パターンが自然に修正されることを望んでいる。しかし，動作パターンはパフォーマンスの基盤であることから，パフォーマンスを分析したりトレーニングしたりする前に，動作パターンを妥当なレベルに維持しておく必要がある。

最初に動作パターンを評価することは，14世紀の論理学者でありフランシスコ会修道士であるオッカム（William of Occam）が提唱していた「ある事柄を説明するためには，必要以上に多くを仮定すべきではない（Entities should not be multiplied unnecessarily）」という科学的原則を当てはめる一助となる。

オッカムの剃刀と呼ばれるこの考え方は，物事の明確さや全体像を捉えようとする現代の科学者や専門家にとっての原則として理解されている。オッカムは，問題を解決する際には不必要に難しく考えるのではなく，シンプルに考えるほうがよいと説いている。

動作の基準の概念はシンプルであるが，その責務を果たすには手間がかかる。動作の基準を設定する際には，パフォーマンスではなく動作パターンのみに焦点を合わせる。観察する動作パターンは，実用的かつ機能的な動作の大部分を反映している必要があり，またそれらは成長や発達にとって重要な要因と考えられる実際に行われている動作パターンでなければならない。

オッカムの助言に従って物事をシンプルにとらえるのであれば，オッカムの剃刀が諸刃の剣になりかねないと警告したアインシュタインの言葉も加味する必要がある。アインシュタインは，「物事は可能な限りシンプルにする必要はあるが，限度はある」と述べている。

◆ファンクショナルムーブメントシステムの剃刀

動作の問題にオッカムの剃刀の理論を効果的に応用するには，機能的動作の基準を設定する必要があり，その基準を基本的動作パターンの問題を測定するために用いるべきである。高齢者におけるバランスの問題や，若い女性におけるACL損傷率の高さという問題など，何らかの問題があれば動作の問題に対する最もシンプルで合理的な説明を行う。基準と比較して動作の問題が見つからなければ，フィットネスやパフォーマンス，神経筋機能のパラメーターを検査する必要がある。ファンクショナルムーブメントシステムの剃刀とは，

「身体能力や動作の量に着目する前に，動作パターンの最低限必要な質を考えなければならない」

ということである。これは，

「動作に関連した問題や障害がある場合には，動作が質的な最低基準を満たしているかを最初にみるべきである。動作の質が最低基準を満たしている場合にだけ，動作の量や特異性に目を向けるようにしなければならない。

動作の質が最低基準に満たない場合は，他の身体に関するパラメーターよりも動作の質を重視すべきである」

ということを意味する。

上述した内容は，動作の質が最低基準に至るまでは，動作の量の改善に取り掛かってはならないということを意味し，ファンクショナルムーブメントシステムの剃刀として，物事をシンプルに考える際に有用である。ファンクショナルムーブメントシステムは，質的な基準を維持する簡単な方法である。FMSとセレクティブ・ファンクショナルムーブメントアセスメント（SFMA®）は，基本的動作の質を評価する方法や指標となることを意図している。より包括的かつ効果的な評価法が開発されればFMSやSFMAは必要なくなるが，今のところ，このシステムが効率的かつ再現性のある評価方法であることが

立証されている．またこれらは，エクササイズやトレーニングと，人間における動作の発達とを関連付けることにも役立っている．

子供は，発育段階において，基本的な運動課題を反射的に行うことで知覚を発達させる．学習と成熟により発育が進み，近位から遠位に向けて発達する．乳児は，脊椎関節や体幹の安定性を最初に身に付けてから四肢の制御を習得する．各発達段階におけるモーターコントロールによって生じるさまざまな刺激に反応することで，基本的な動作を習得しているのである．

頭側から尾側へ，体幹から四肢へと発達するプロセスは生涯にわたって生じ，年齢を重ねると後退する傾向がある．下半身と上肢において最後に習得した活動が，最初に退行の兆候を示す．特殊なスキルを手に入れようとする度に動作は発達し，習慣や生活様式，トレーニングなどの影響も受ける．

多くの人は特定の動作スキルを反復するようになる．この特定のスキルのトレーニングには，全般的な健康を維持するという2次的な効果もあるが，このように偏った特定の動作パターンを繰り返すことで，基本的動作パターンとのバランスが保てなくなる可能性がある．

消防士を例に挙げてみよう．消防士は，能力を向上させるために，常に特定の動作を訓練する．まず動作を随意的にトレーニングし，これを反復することで意識下での運動へと昇華させる．

意識下のパフォーマンスには中枢神経系の最高位にある認知プログラムが関与しているが，トレーニングの動作が非効率であったり，あるいは非対称であったりすると，問題が生じてしまう．たとえ動作パターンが適切であったとしても，スキルが1つのパターンに偏っている，あるいは左右非対称になっていれば，基本的動作の機能不全は生じやすくなるだろう．同様に，疲労した状態で動作パターンをトレーニングすると，基本的動作に問題が生じることになる．

誤った動作パターンによるスキルトレーニングによって，事態は悪化することになる．段差昇降やホースの牽引などの作業に必要な可動性や安定性のバランスが欠如した消防士がいたとする．彼は安定性や可動性の機能不全を代償動作によってカバーするだろう．この状態でトレーニングすると，代償動作のパターンを学習してしまい，上記のような作業を行う際には常に意識下にある悪い動作パターンを利用することになる．このことにより，可動性と安定性のアンバランスがさらに悪化し，傷害リスクの増加につながる[24]．

このような傾向は，活動性の高い人やエクササイズを行っている人にも多く見受けられる．通常の活動やエクササイズ，競技力向上を目的としたトレーニングは動作を改善するとみなされているが，動作の基準がなければ客観的に判断することはできない．エクササイズやスポーツ動作は，身体のエネルギーシステムには効果的かもしれないが，初期に形成された代償動作は改善されずに強化されてしまう．この状態でトレーニングを行うと，基本的動作パターンの機能不全が悪化する可能性がある．

多くの場合，筋のアンバランスや非対称な動作習慣，不適切なトレーニング，傷害が充分に回復していないことなどにより，機能不全や代償動作が形成されて動作パターンが崩れていく．一度崩れた動作パターンが自然に正しい動作に修正されることはほとんどない．通常，人はバランスのとれたパターンを万遍なく行うのではなく，1つか2つの習慣的なパターンを行う傾向にある．

傷害後の処置が不充分であった場合，固有受容器の入力に問題が生じることがある．固有受容器のパフォーマンスの低下は，動作パターンに悪影響を及ぼし，可動性や安定性の変化や非対称性をまねき，代償動作の原因となる．このことは，傷害の既往が重要なリスク要因の1つであることを示している[25〜32]．

リハビリテーションをめぐる問題の1つに，機能的動作の評価が治療終了の基準に含まれていないことが挙げられる．外傷・傷害管理の最初の焦点は疼痛や症状を減少させることであるが，疼痛がなくなり症状が回復しても機能的動作が回復していることにはならない．つまり，機能不全のある動作を痛みなく行うことは可能であるが，再受傷のリスクが残存したままになってしまう．

標準化された機能的動作のスクリーニングは，症状がなくなった患者のリハビリテーションを終了す

る際に，制限や非対称性をランク付けする方法の1つである。スクリーニングを行うことで，傷害リスクの増加を示す動作機能不全を改善するための対策を講じることができる。

スクリーニングによってリスクが明らかになった場合の解決策を以下に示す。

- 2次的な問題や新たに明らかとなった問題に対するリハビリテーションを行う。
- リハビリテーションが終了した後に行うプログラムに移行する。
- フィットネス施設で専門家の指導を受けながらコレクティブエクササイズを行う。
- 自宅で専門資格を持つパーソナルトレーナーの指導を受けながらコレクティブエクササイズを行う。
- 自分自身でコレクティブエクササイズを行い，専門家に改善度を確認してもらう。

研究者によって動作機能不全が傷害のリスク要因であることを裏付ける信頼性の高い根拠が提供されるまでは，痛みのない患者の機能的動作を回復させる治療に対して保険会社が補償をすることはないだろう。医師などの他の医療者がスクリーニングを行い，リスク要因に対して治療することは当然のことであるが，筋骨格系の問題やリハビリテーションの領域ではまだ行われていないのが現状である。

この問題を解決するためには，リハビリテーション終了後に実施するプログラムのような合理的な代替策を作り出す必要がある。フィットネスセンターでは有酸素機能の向上を目的とする傾向があるが，機能的動作の基準が開発されて教育や訓練により環境が整えば，正しい機能的動作を獲得することを目的としたコレクティブエクササイズを行える施設になるはずである。

過去の病歴，あるいは筋力や柔軟性のアンバランスなどを調べた場合，いったい何が傷害の主なリスク要因となるかを判断することは難しい。いずれの場合にも可動性や安定性の機能低下がみられ，また痛みや傷害，パフォーマンスの低下などの原因になりうるからである。

CholewickiとPanjabi[33]は，脊柱の安定性の低下が筋による代償をまねき，筋疲労や疼痛の原因になることを示唆している。また，脊柱の不安定性による退行変性は，傷害の既往，スティフネス，疲労などが原因で筋活動の方略が変化した結果であるとしている。

さらに，腰痛の既往がある人は腰痛の既往がない人と比べてシャトルランの速度が遅いことが明らかとなっている[34]。

傷害予防とパフォーマンスの改善における重要な因子は，運動連鎖を通して運動プログラムを変化させる可動性と安定性の問題を把握することである。動作パターンの機能不全を従来の静的な方法で評価することは困難であるため，我々は最初に動作の問題を把握するために全般的な運動連鎖を組み込んだ機能テストを用いているのである。

■ 傷害が動作に及ぼす影響

次に示す研究は，パターンと機能との関係性の一端を示しており，専門家特有の視野狭窄に陥ることを防いでくれる。

「分析結果から，傷害の既往がある被験者における筋活動パターンは，傷害の既往がない対照群と比較して著しく異なっていることが明らかとなった。また，この筋活動パターンの変化は傷害の既往がある側だけでなく，既往のない側にも認められた。この2群における著しい違いとは，傷害（足関節捻挫）の既往群において（股関節伸展時の）大殿筋の発火【訳注：運動神経が活動電位に達して筋が収縮すること】が遅延していたのである。受傷部位から離れた部位の筋機能が変化することを示したこの研究から，受傷部位だけではなく反対側や他の部位についても評価することの重要性が理解できるだろう[35]。」

このような損傷部位よりも近位部での機能変化は，2次的な損傷を防ぐための抑制性保護反応であると考えられる。また，この反応によって損傷部周囲の固有感覚が低下する可能性がある。固有受容器からの情報が不足すると，機能的な活動時に近位関

節における筋の協調性が低下してしまう。結論としていえることは，この近位部における変化は患部の痛みが原因なのである。つまり受傷部位が回復したとしても，痛みによる抑制性の反応は残存してしまうのである。

上記の理論が，Vladimir Jandaらが観察した結果に対する信頼性のある説明である。しかしながら，これは彼らが発見した事実の一部の説明にすぎないと思われる。彼らはリハビリテーションを終了する基準として，損傷部位だけではなく近位部に生じる2次的な問題も含めて回復させることを提唱した。

私は運動連鎖における代償的な動作パターンを有する人を識別するためにFMSを開発した。スクリーニング中に左右のアンバランスや可動性，安定性の低下などがあるかを観察することで，代償的な動作パターンを識別することができる。FMSにおける7種類の動作では，近位から遠位へと円滑に連続的な動作を行う身体能力が試されており，この一連の動作によって効率的な動作パターンを行うことができるのである。FMSによって最も機能不全の大きい動作パターン，あるいは最も非対称性が大きく，非効率な動作パターンを特定したら，バランス不良や代償動作，微細損傷，傷害などの問題を回避するためのコレクティブエクササイズを提供することができる。

FMSはどこに属するのか

FMSは，医師による身体所見検査に取って代わるものだろうか？　あるいは，フィットネスやコンディショニングを評価する身体的なパフォーマンステストなのだろうか？　検査やフィジカルテストのなかのどこに位置づけるべきなのだろうか？

活動を増加や変更，あるいは維持するためのプログラムを再考すれば，FMSをどの段階でどのように用いるかの判断は非常に簡単である。FMSは身体活動に参加する前に行われる医学的検査とパフォーマンステストの隙間を埋めてくれるツールである。この際のパフォーマンステストやスキルテストは，身体能力のテストを意味している。

以下に実例を示す。

健康志向のクライアント：医師による身体所見検査の後，心肺機能を評価するために持久力テストを行う。

高校生フットボール選手：医師による身体所見検査の後，筋力やスピードのテスト，ポジション別のドリルやテストを行う。

消防士：医師による身体所見検査の後，職務に関連した体力テストや障害物コースを用いたテストを行う。

これらの例では，医学的問題や身体パフォーマンスだけが観察すべきものであるとされているため，傷害のリスクを示す動作に関連した問題は見落とされる可能性がある。

また，パフォーマンスの低下はコンディショニングの改善により解消される問題であるとされている。不良な動作や身体メカニズムは，エネルギー消費を高め身体に不必要な負荷を強いることから，身体コンディショニングの問題とまちがわれてしまうことがあり，このシナリオにおいては動作の機能不全は看過され，フィットネスやパフォーマンススコアが低下する要因となりうる。アスリートはパフォーマンスの低下をコンディショニングによって向上させようとするので，問題が残存したまま動作機能不全がさらに強化されることになる。

通常，競技活動やエクササイズを始める前，あるいは活動量の多い職業に従事する場合には，事前に医学的検査を受けることが推奨されたり義務付けられたりしている。この検査は，身体活動を妨げる可能性のある重篤な医学的問題を除外することを目的としている。つまり，全般的な健康状態や心肺機能，その他の生命システムに異常がないかを確認することに主眼を置いているため，動作のスクリーニングは全く行われていない。活動前に行う医学的検査は，動作については考慮していないので動作を評価することはできない。このため，動作の機能不全や制限，非対称性といった問題を除外することはできないのである。

パフォーマンステストは動作が適切であることが前提となっているので，テストで行う動きは直接的に身体能力をテストしていることになる。このテス

トでは筋力，持久力，協調性，敏捷性，競技特異的な能力を検査する。アスリートに対してはコンディショニングやスキルの基準値を設定するために，フィットネスでは一般的な体力の状態を評価して目標を設定するために，パフォーマンステストを定期的に行う。また，軍隊のような職業環境においては，体調やパフォーマンスの最低水準を満たしているかを評価するためにテストを行う。

医学的検査は明確な医学的問題や疾病，機能障害などがないことを保証するものであり，活動への参加を許可する際に最も重要な検査である。

FMS は，活動に参加する前に行う医学的検査とパフォーマンステストとの間に位置付けるのがふさわしい。医学的検査で全般的な健康状態を確認したとしても，基準を満たした機能的動作パターンを保証するものではない。健康であっても動作に問題がある可能性は充分にある。パフォーマンステストの前に FMS を行うことによって，動的かつ機能的な能力を評価して動作時に痛みが伴うかをチェックする。

スクリーニングで動作を調べることで，可動性や安定性の問題を検出し，基本的動作の制限や非対称性を観察する。動作に問題がないことを確認すれば，この後に行う身体的なパフォーマンステストで見つけたすべての問題は，パフォーマンスの問題であると考えることができる。これに対して，スクリーニングで問題があった場合，パフォーマンスに大きな影響を及ぼす。つまり，動作の機能不全はパフォーマンスにアプローチしても修正できないのである。スクリーニングを行わなければ，パフォーマンスを正しく検査することはできない。パフォーマンスに問題があるのか，あるいは動作の問題であるのかを明らかにするために，パフォーマンステストの前に動作の問題を調べる必要がある。

機能に基づいたテストの順番を以下に示す。

基本的な健康に関する医学的スクリーニングや身体所見検査：適切な生命維持システムの機能の検査
基本的動作に対する FMS：基本的動作能力のスクリーン
全身的なフィットネスやスポーツに関するパフォーマンステスト：基本的なパフォーマンスや身体能力（パワー，持久性，協調性，筋力，スピードなど）のテスト
特異的なパフォーマンスに関するスキルテスト：特定の活動に対する特殊な身体能力検査

上記のテスト結果は，同時に向上させることができる。つまり，基本的動作の問題に対処する前に完全な健康体である必要もなければ，身体能力やパフォーマンスを向上させる前に基本的動作を完璧にする必要もない。特定のパフォーマンススキルを向上させる前に基本的なパフォーマンスを最大限に向上させなくてもよい。それぞれの要素は相互に関連しているのである。目標はすべての要素を順番に最適で完璧なレベルにするのではなく，各要素における最低限必要なレベルを維持しながら，他の要素に悪影響を及ぼさないようにそれぞれを改善させることである。

■ FMS のアウトカム

基本的動作や機能的な動作よりも健康のほうが重要であることはいうまでもない。

骨折した場合には整復してギプス固定をする：**基本的な健康**
骨折が治癒すれば，動作を確認する：**基本的な動作**
必要最低限の可動性や安定性が得られれば，持久力や筋力，動作スピードなどを向上させる：**基本的なパフォーマンス**
最終的に筋や関節の機能が質的・量的にも充分に向上すれば，特異的な動作スキルの向上や再獲得を目標にする：**特異的なパフォーマンス**

このように骨折の例を挙げて治療の順番を説明したのは，標準化された動作の質的な評価がないことで，エクササイズやリハビリテーションの専門家は治療の順番をまちがえることが多いからである。医学的な最低基準やスキル，パフォーマンスの最低基準はあるが，動作の最低基準は定められていないのが現状である。

FMS は，日常生活や通常の医学的スクリーニングでは行わない機能的動作パターンによって生じる痛

みをとらえるようにつくられている。多くの人は問題のある動作を行わないようになってしまうため，検出されていなかった潜在的な問題を浮き彫りにするために，FMSではさまざまな肢位で機能的動作を行う。

FMSにおいて痛みが認められなくても，制限や非対称性が大きい場合，その制限を修正するまで機能不全は残存し続けることになる。動作に問題がある状態で，基本的なパフォーマンスや特異的スキルを向上させようとしても，その効果は充分に得られないだろう。

FMSには，以下のような3つの基本的なアウトカムがある。

1. **動作によって痛みが生じるクライアント**は，医学的な評価を受ける必要がある。**SFMAを行うか，医療の専門家による診断が必要となる。**
2. **動作に機能不全があるクライアント**は，機能不全を解決するためのコレクティブエクササイズを行う。この場合，FMSによって，動作パターンが外傷・障害の危険因子でないと判断されるまでは，全身的あるいは特異的なコンディショニングエクササイズは避ける必要がある。**動作パターンが改善するまでは，動作機能不全に取り組む。**
3. **動作パターンが傷害の危険因子ではないと判断されたクライアント**は，コンディショニングに取り組んでもよいが，**定期的に医学的な身体所見検査やFMSを受けることが望ましい。**

これが新しい動作のスクリーニングのパラダイムである。

■ 事前の医学的検査とパフォーマンステストについての再考

歴史的にスポーツ医学のモデルでは，参加前に身体所見検査を行った後にパフォーマンスを評価することを勧めてきた。この系統的なアプローチからは，活動の準備が整っているかを評価する場合に充分なベースラインの情報が得られない。通常，事前の医学的な検査では，活動に参加すべきではない人を除外するための生命維持システムのチェックや疾病のスクリーニングに関する情報しか得られない。従来の医学的な検査には機能的動作パターンの評価項目は存在しないので，動作は全く考慮されていないのである。

多くの研究者は，活動に参加するための身体的あるいは機能的な準備が整っているか否かを判断する基準がないという見解を示している。最近，この分野における意見を統一しようと様々な医学会が連携して取り組んでいるが，医学的情報の基準を提供するに留まっている。基本的動作の判断基準や基本レベルの動作を実施できない場合の参加の可否については今後の課題となっている。

従来のシステムでは，パフォーマンステストは事前の身体所見検査の後に実施されている。一般的なパフォーマンステストは，シットアップ（腹筋）やプッシュアップ（腕立て伏せ），筋力，持久走，短距離走，敏捷性などを測定して，様々な量的身体能力を評価する。競技や仕事に関するパフォーマンステストは，各領域で求められる課題に特異的な内容のテストになる。

通常，パフォーマンステストは量的基準となる情報を集めることで，トレーニングの目標を定めたりアドバイスを提供したりすることに寄与しているが，このアドバイスは標準化された情報に基づくもので，各個人の基準に基づいたものではない。

多くのパフォーマンステストは，動作の質的な内容を加味しない客観的な情報を提供する。つまり，パフォーマンスの制限や微細損傷の要因となる機能的動作の問題に関してはほとんど考えられていない。パフォーマンステストの結果のみを踏まえて処方される筋力トレーニングやコンディショニングトレーニングの多くは，基本的動作パターンの質や効率を考慮せずに敏捷性やスピード，筋力などを向上させようとしている。

例えば，シットアップテストのスコアは平均以上だが動作の質や効率が低下していて体幹の代わりに上肢や頸部で代償している人と，同じテストのスコアが平均以上で代償もない効率的な動作ができる人を比較した場合，パフォーマンステストでは動作の効率性は考慮しないので，両者とも平均以上の能力を有することになる。

パフォーマンステストのスコアは同じでも機能的動作パターンに大きな問題がある場合，同じパフォーマンスであると判断すべきだろうか？ 両者には機能的な可動性や安定性に大きな違いがあると思われるが，その違いを評価する方法がなければ差があることはわからない。

医学的スクリーニングやパフォーマンスのスクリーニングの目的は，傷害の減少や業務能力の向上，最終的にはQOLを改善することである。しかし，事前の医学的検査やパフォーマンスのスクリーニング，標準的な体力測定では，これらの目的を達成することはできないだろう。既存のスクリーニングでは各個人の動作分析を行うことは難しいが，FMSを事前のスクリーニングに組み込むことで動作の質を判断することが可能となる。

機能的動作パターンを行えない無症状のクライアントの反応を観察することは，エクササイズやリハビリテーションの専門家にとって重要な教訓となる。肉体労働者やアスリート，消防士など活動性の高い人たちにFMSを行うことによって，機能的な動作パターンに関する有用な知識を得ることができる。

症状のない人の機能的動作パターンを回復させるために開発された方法は，症状のあるクライアントの動作パターンを回復させる治療プログラムとしても役立つだろう。現在，エクササイズの専門家は，アスリートだけでなく軍人や消防士，その他の産業の労働者などに対してもFMSを行っている。FMSは健康やパフォーマンスに欠けている部分を調べるものであり，スクリーニングによって得られるフィードバックは非常に価値のある情報である。

下のホームページでさらに詳細な情報，動画，アップデートが入手可能である（英文のみ）。
www.movementbook.com/chapter4

5
ファンクショナルムーブメントシステムと動作パターン

　動作についての考え方や解説，類比についてレビューをすると，ファンクショナルムーブメントスクリーン（FMS®）が動作パターンを観察するための系統的な方法であることがわかる。FMS は正規の意味での測定を行うのではなく，順序尺度を用いて動作パターンをランク付けし，著明な制限や非対称性を明らかにする。

　問題のある動作パターンをより詳しく調べることも可能ではあるが，問題を局所ではなくパターンとしてとらえることによって多くの細かい因子は自ずと改善するだろう。このアプローチによって，診断を受けていない重大な傷害や重篤な異常状態を解消できるとはいわないまでも，多くの動作の問題にきわめて効果的に対処することができる。

　セレクティブ・ファンクショナルムーブメントアセスメント（SFMA®）とは異なり，FMS は診断システムではないため，それぞれの動作パターンごとに細分化されたブレイクアウトはない。FMS の役割は，健常者における動作パターンの最低基準を規定することである。特定の診断を下そうとすると，解決策が得られないまま余分な評価ステップが加わることもあれば，場合によっては選択肢が限定されてしまうこともある。FMS では制限や非対称性のある動作パターン以外特定する必要はない。

　FMS の方法を正しく指示し，動作に細心の注意を払うことによって，非対称性とともに可動性や安定性の著明な制限が明らかとなる。制限や非対称性が動作パターンを阻害しないようになるまでは，それらに対処するプログラムを継続しなければならない。FMS の目標は，1 点のスコアによって示される非対称性や重篤な制限を解決することである。

　SFMA にはそれぞれの動作パターンごとにブレイクアウトがあるため，SFMA のほうがより効率的で有用であると考える人が多い。しかし，いずれのシステムにも精通していれば，FMS と SFMA では一連の修正に共通点が多いことがわかる。FMS の理念はシンプルである。「修正が必要とわかっているのであれば，動作の構成要素の評価には時間を費やさない。修正により，自ずと動作パターンのレベルが明らかになる」ということである。

　SFMA で行う動作パターンは，FMS に比べて強度が低くなっている。FMS で行うランジ，プッシュアップ，ロータリースタビリティは，SFMA の目的には必要のない難しさを伴う動作である。SFMA では順序尺度が用いられていないため，より高度な観察力が必要とされる。

　いずれのシステムにおいても，動作パターンを 4 つに分類する。FMS では各動作パターンに対し 0～3 点のスコアをつける。SFMA では，疼痛や機能不全の有無に基づいて 4 つのカテゴリーのいずれかに動作パターンを分類する。分類する数をできるだけ少なくしておくことにより，信頼性が向上し，一貫した解釈ができる。

　SFMA は，痛みがある場合に行う筋骨格系評価の道筋を示すものである。初期評価において有用であるが，急性期には実施困難な場合もある。機能不全のある領域に刺激が加わることで評価プロセスが複雑化しうることを除けば，SFMA は臨床現場で行うコレクティブ（修正）エクササイズに役立つ独自の考え方を提供してくれる。

　SFMA では，痛みがあっても機能不全が認められなければ，痛みのある領域と機能不全とを関連づけることはしない。同様に，痛みがなくても動作パターンや各関節に機能不全が存在することもある。評価に SFMA を加えることにより，動作に対して包括的にアプローチし，特定した機能不全に直接関係する動作のコレクティブエクササイズをより適切に選択できるようになる。

　リハビリテーションの終了時点もしくは最終段階では，今後起こりうる傷害のリスクを明らかにするために再度 FMS を用いる。FMS を用いる最低条件は，単純に動作に痛みが伴わないことである。動作に伴う痛みがある限りは，SFMA を用いるほうが適切であり，これに基づいてコレクティブエクササイ

ズや機能改善に関する意思決定を行う。以下に示す図を参照することで，これら2つのシステムを理解しやすくなるだろう。

FMS

ディープスクワット | ハードルステップ | インラインランジ | ショルダーモビリティリーチング | アクティブ・ストレートレッグレイズ | トランクスタビリティプッシュアップ | ロータリースタビリティ

ディープスクワット

ハードルステップ

インラインランジ

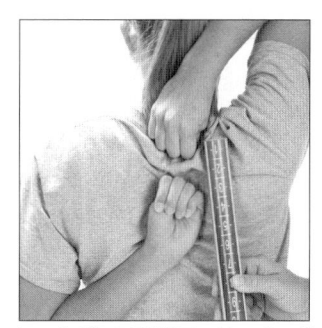

ショルダーモビリティリーチング

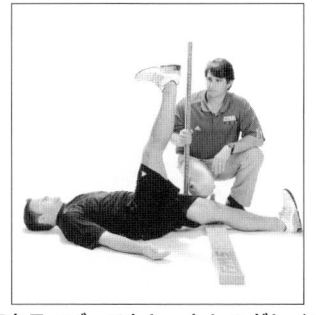

アクティブ・ストレートレッグレイズ

トランクスタビリティプッシュアップ

ロータリースタビリティ

SFMA トップティアーテスト

サービカルスパイン | アッパーエクストレミティ
マルチセグメンタルフレクション | マルチセグメンタルエクステンション
マルチセグメンタルローテーション | シングルレッグスタンス | オーバヘッドディープスクワット

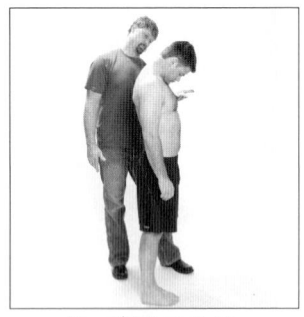

サービカルスパイン

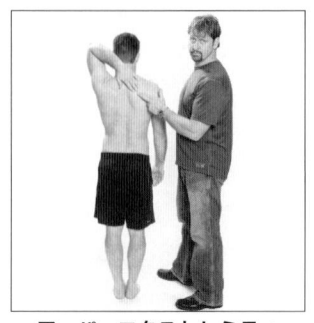

アッパーエクストレミティ

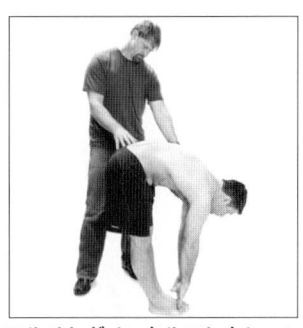

マルチセグメンタルフレクション

マルチセグメンタルエクステンション

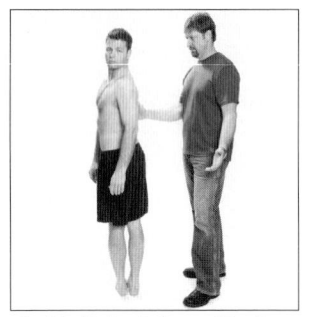

マルチセグメンタルローテーション

シングルレッグスタンス

オーバヘッドディープスクワット

SFMA ブレイクアウト

◆ サービカルスパイン

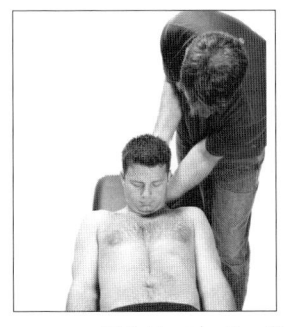

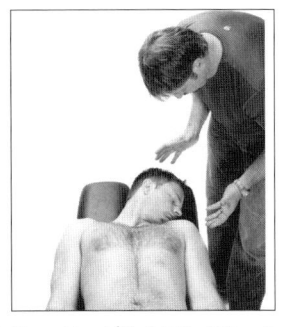

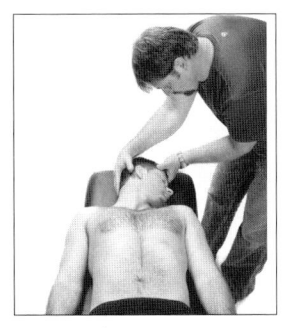

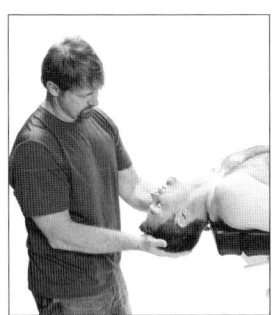

アクティブ・スーパイン・サービカルフレクション | パッシブ・スーパイン・サービカルフレクション
アクティブ・スーパイン・OA サービカルフレクション
アクティブ・スーパイン・サービカルローテーション
パッシブ・サービカルローテーション | C1-C2 サービカルローテーション
スーパイン・サービカルエクステンション

◆ アッパーエクストレミティ

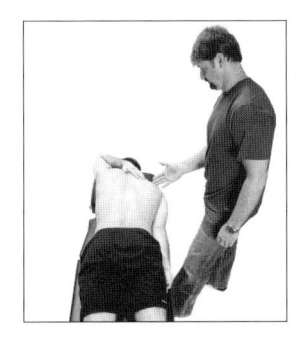

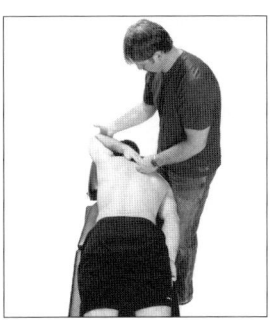

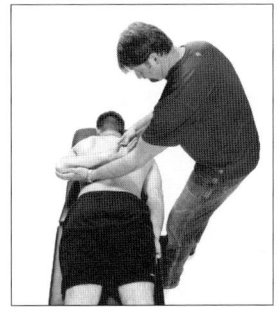

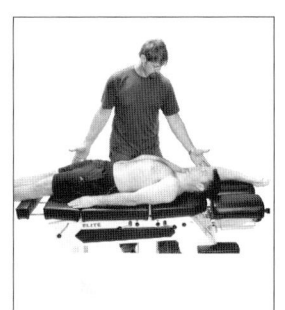

アクティブ・プローン・アッパーエクストレミティ
パッシブ・プローン・アッパーエクストレミティ
スーパイン・レシプロカル・アッパーエクストレミティ

◆ マルチセグメンタルフレクション

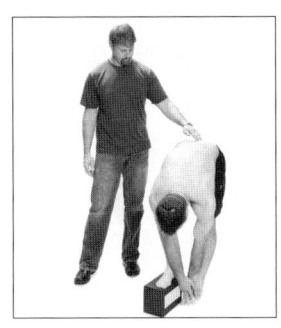

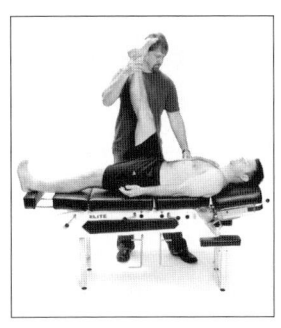

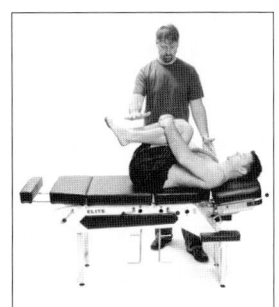

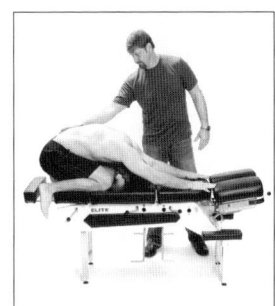

シングルレッグ・フォワードベンド | ロングシッティング・トウタッチ
アクティブ・ストレートレッグレイズ | パッシブ・ストレートレッグレイズ
プローンロッキング | スーパイン・ニートゥチェスト

◆ マルチセグメンタルエクステンション

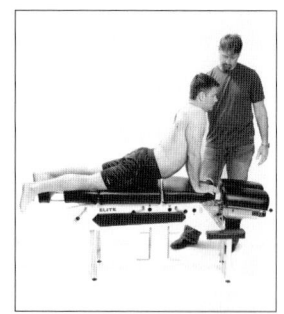

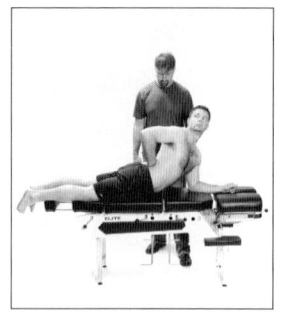

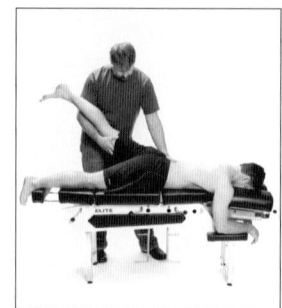

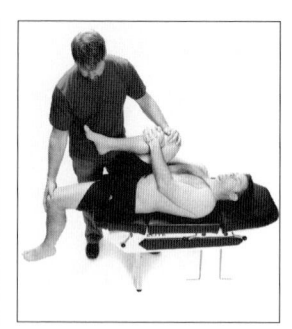

スパイン・エクステンション
バックワードベンド・ウィザウト・アッパーエクストレミティ ｜ シングルレッグ・バックワードベンド
プローン・プレスアップ ｜ ランバーロックト（IR）アクティブ・ローテーション/エクステンション
ランバーロックト（IR）パッシブ・ローテーション/エクステンション
プローンオンエルボー・ローテーション/エクステンション

ローワーボディエクステンション
スタンディング・ヒップエクステンション ｜ プローン・アクティブ・ヒップエクステンション
プローン・パッシブ・ヒップエクステンション ｜ FABER テスト
修正トーマステスト

アッパーボディエクステンション
ユニラテラルショルダーバックワードベンド ｜ スーパイン・ラットストレッチ・ヒップフレックスト
スーパイン・ラットストレッチ・ヒップエクステンデッド
ランバーロックト（ER）ローテーション/エクステンション
ランバーロックト（IR）アクティブ・ローテーション/エクステンション
ランバーロックト（IR）パッシブ・ローテーション/エクステンション :p.163

◆ マルチセグメンタルローテーション

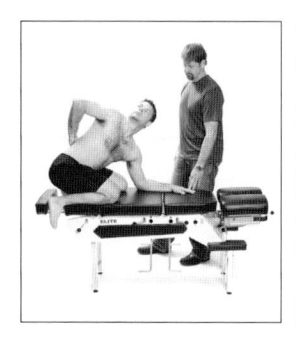

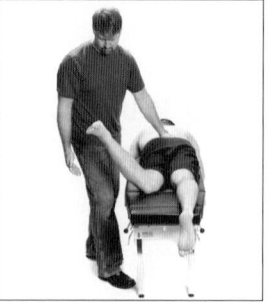

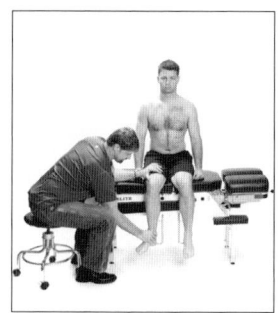

リミテッド・マルチセグメンタルローテーション
シーテッドローテーション
ランバーロックト（ER）ローテーション/エクステンション
ランバーロックト（IR）アクティブ・ローテーション/エクステンション
ランバーロックト（IR）パッシブ・ローテーション/エクステンション
プローンオンエルボー・ローテーション/エクステンション

ヒップローテーション

シーテッド・アクティブ・エクスターナルヒップローテーション
シーテッド・パッシブ・エクスターナルヒップローテーション
プローン・アクティブ・エクスターナルヒップローテーション
プローン・パッシブ・エクスターナルヒップローテーション
シーテッド・アクティブ・インターナルヒップローテーション
シーテッド・パッシブ・インターナルヒップローテーション
プローン・アクティブ・インターナルヒップローテーション
プローン・パッシブ・インターナルヒップローテーション

ティビアルローテーション

シーテッド・アクティブ・インターナルティビアルローテーション
シーテッド・パッシブ・インターナルティビアルローテーション
シーテッド・アクティブ・エクスターナルティビアルローテーション
シーテッド・パッシブ・エクスターナルティビアルローテーション

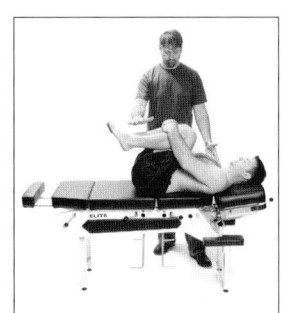

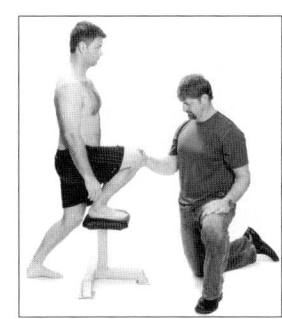

◆ シングルレッグスタンス

前庭とコア
前庭のクリニカルテスト（CTSIB）
ハーフニーリング・ナロウベース ｜ クワドラプト・ダイアゴナルズ

アンクル
ヒールウォーク ｜ プローン・パッシブ・ドルシフレクション
トウウォーク ｜ プローン・パッシブ・プランタフレクション
シーテッド・アンクルインバージョン/イバージョン

◆ オーバーヘッドディープスクワット

インターロックトフィンガーズビハインドネック・ディープスクワット ｜ アシステッド・ディープスクワット
ハーフニーリング・ドルシフレクション ｜ スーパイン・ニートゥチェスト・ホールディングシンズ
スーパイン・ニートゥチェスト・ホールディングタイズ

◆ ローリング

プローン・トゥ・スーパインローリング・アッパーボディ
プローン・トゥ・スーパインローリング・ローワーボディ
スーパイン・トゥ・プローンローリング・アッパーボディ
スーパイン・トゥ・プローンローリング・ローワーボディ

ファンクショナルムーブメントシステムのコンセプト

　ファンクショナルムーブメントシステムは臨床に多くのメリットをもたらすものであるが、そもそもの目的は活動的な生活様式の基礎をなす動作について根拠のない判断を排除することである。

　臨床家は経験年数にかかわらず、エクササイズやリハビリテーションが動作に及ぼす効果に関して根拠のない思い込みをしている。このような主観性は、臨床家が認識して初めて問題として浮かび上がってくる。臨床家の自信が時としていかに根拠のないものであるかは、研究でも示されている[36]。システムは客観性を維持するうえで有用である。

　FMSとSFMAはいずれも完全な評価法ではなく、他の動作評価法を補うものである。FMSからは、パフォーマンスに関する基本的な見解と特定の動作についての情報が得られる。SFMAは、痛みを伴う動作と機能不全のある動作を分けることができ、単一の機能障害の評価法やその他の検査にはない動作に関する包括的な見解が得られる。

　FMSにおける大半のテストとSFMAのいくつかのテストには、同じ名前のエクササイズとしても知られているものがある。しかしそのテスト結果は、エクササイズの得手不得手を示すものではけっしてない。テスト結果から示唆されるのは、動作パターンに問題が存在するということだけである。エクササイズに問題のある動作パターンの一部が含まれる場合には、そのエクササイズの効果は損なわれる可能性がある。

　各システムにおける7つのテストはそれぞれ関連し合っており、どれも同等に重要である。1つの動作パターンがその他に比べて重要性が高いこともなければ低いこともない。仮にある動作パターンについての説明が他よりも長くて難しいものであったとしても、それが他に比べてより重要であるとは捉えないでいただきたい。

　また、あるテスト項目が目の前のクライアントにとってさほど重要でないと思われたとしても、すべてのテストを行うべきである。短い時間でFMSを用いて患者の動作パターンを包括的に把握するような場合でも、数分間を節約するためにいくつかのテストを省略することには価値がない。仮にその省略したテストが患者のウィーケストリンクを特定するものであったとしたら、問題点にはアプローチできないエクササイズを行わせることになり、動作パターンを修正することはできないだろう。

　FMSの最初の3つのテストであるディープスクワットとハードルステップ、インラインランジは、日々の生活に欠かせない3つの足部肢位におけるコアスタビリティを反映する動作であるため、とりわけ重要である。しかし、他の4つのテストも情報を吟味するうえで有用であり、7つのテストすべてを相互に関連づけることでウィーケストリンクを特定することができる。

　FMSやSFMAを仕事で用いている人であれば、どのテストが最も重要かなどとは問わないだろう。反対に、スクリーニングの経験がない人ほど前述のような質問をする傾向があり、システムを正しく用いることでどれほどの時間を節約できるかということに気づかないままテストを省略しようとする。80対20の法則（成功の80%は人の行動の20%に最も関連しているということ）を思い起こしてほしい。「20%の部分」を見つけることが重要であり、それこそが完全なスクリーニングから得られるものなのである。

　人や体力、能力を問わず、繰り返し見受けられる特定の事象がある。それは、最大の制限や非対称性を伴う動作パターンには、常に問題が内包されているらしいということである。この問題のある動作パターンこそ、ウィーケストリンクなのである。

　問題のある動作パターンには、重度の関節可動域制限や筋のタイトネス、関節の安定性低下のようなウィーケストリンクの原因が潜んでいることがある。多いケースとしては、主動筋のタイトネスや関節のスタビライザーの機能不全、関節のスティフネスのすべてが運動連鎖中にみられることが挙げられる。このような場合に、それぞれの問題に対して別々にアプローチしても、より正常な動作パターンを獲得するには至らないことが多い。しかし、動作パターン全体にアプローチすることによって、主動筋の柔軟性、スタビライザーの活動のタイミングと

協調性，関節の可動性などが同時に改善するだろう。

「問題のある動作パターンこそがウィーケストリンクである」という考えを持つべきである。問題のある動作パターンの中に個別の配慮を要する問題を見出すこともあるだろうが，その配慮によって動作パターンが改善すると思うべきではない。

常に動作パターンにアプローチし，動作パターンを再評価し，正常な動作パターンを維持するべきである。

■ FMSにおいて考慮すべき点

ディープスクワット，ハードルステップ，インラインランジを「**ビッグ3**」と呼ぶ。元々は，FMSの最初の3つのテストをビッグ3と呼んだことで，その名前が定着した。その他のテストの重要性が劣るというわけではないが，前述の通り，これらは3つの重要な足部肢位を反映している。

一方，ショルダーモビリティリーチング，アクティブ・ストレートレッグレイズ，トランクスタビリティプッシュアップ，ロータリースタビリティを「**リトル4**」と呼ぶ。これらはより基本的な機能を反映したテストである。この4つのテストにおける問題点は，ビッグ3での代償としてある程度示されると考えられる。FMSのいずれのテストも可動性と安定性を評価するものであるが，リトル4はどちらかに偏向している。ショルダーモビリティリーチングとアクティブ・ストレートレッグレイズは主に可動性の評価であり，残りの2つは主に安定性の評価である。

常にリトル4のスコアを最初にみるようにするが，その際すべてのスコアに同等に注意を向けるようにする。これは，対象者のスコアが複数のテストで低い場合に重要である。このような状況では，リトル4に重点を置いて考えることが，修正ストラテジーを進めるうえで最も安全かつ効果的な方法である。

7つのテストを2つのカテゴリーに分けて考えるもう1つの方法は，「**機能的**」テストと「**基礎的**」テストに分類することである。このことは，基礎的テストでの問題に対処せずに機能的テストの結果に注意を向けるべきではないことを示している。なお，ビッグ3を機能的テスト，リトル4を基礎的テストとして捉える。

ハードルステップとインラインランジ，ショルダーモビリティリーチング，アクティブ・ストレートレッグレイズ，ロータリースタビリティはいずれも左右非対称な動作であるため，「**スプリットパターン**」である。これらのテストでは左右のパターンを観察・評価する。

ディープスクワットとトランクスタビリティプッシュアップでは，左右に分けてみることはないため，「**ストレートパターン**」の対称性テストといえる。両方のテストでスコアが低い場合，対称性テストは非対称性テストよりも優先度が低くなる。

スクリーニングの終了後には，ストレートパターンの前にスプリットパターンの修正ストラテジーを検討する。ストレートパターンでは，より高いレベルの神経筋コントロールが必要となる。スプリットパターンでは，可動性や安定性の問題を伴う機能的非対称性に対処するコレクティブエクササイズとなるだろう。不完全なストレートパターンは，実際にはスプリットパターンの非対称性が組み込まれていることが多い。論理的には，ストレートパターンを修正する前にすべての非対称性に対処しておかなくてはならない。

非対称性の問題はストレートパターンとスプリットパターンの両方において可動性や安定性の低下を引き起こすが，これを特異的に改善するのはスプリットパターンに対するコレクティブエクササイズだけである。ストレートパターンに焦点を当てた修正ストラテジーでは，スプリットパターンに非対称性がないことが前提となっている。

ウィーケストリンクがなくなるまでは，ウィーケストリンクを指針とすべきである。

■ FMSの判定基準

FMSの採点システムは，基本的かつ効率的で信頼できるものである[37,38]。このシステムでは，正しい動作で行うことができれば3点，代償動作や基準に満たない動作の場合は2点，動作ができなければ1点のスコアとなる。

FMSのいずれかのテストで痛みを訴えた場合は0点となり，他のテストのスコアも無効になる。この

場合，医療の専門家であればSFMAを行い，そうでなければ他の医療の専門家に評価を依頼する。

多くの人は急性の問題を自覚しているので，痛みがある場合にはFMSによるスクリーニングを行うべきではない。このようなクライアントは，医療の専門家による臨床検査を受けたほうがよい。痛みがあり，クライアント自身も自覚していながら診断がついていなければ，次のステップは診断を受けることである。

同様に，安静時痛はないが運動時痛があるならば，専門家による評価を受けることを勧めるべきである。

FMSのデザイン

FMSのシステムはシンプルであり，このデザインこそがFMSの優れた点である。FMSでは疼痛や機能不全を捉える4つの基本的なフィルターを採用している。FMSでテストする動作パターンはエクササイズやスポーツ動作の基本特性を形作るため，コンディショニングやトレーニングを始める前にFMSを行うことが望ましい。

クライアントの活動量を増加させる場合や，体力向上のプログラム，コンディショニングを始める際にFMSを行う。重要なことなので繰り返すが，FMSは競技参加前の医学的検査や身体所見検査に取って代わるものではない。しかし，必要とされる動作の構成要素に関する情報を得ることができる。

基礎的動作パターンと応用的動作パターン

FMSの7つのテストは，「基礎的動作パターン」と「応用的動作パターン」の2つのグループに分類できる。

基礎的動作パターン

基本的な可動性と安定性が必要となる動作パターン
- ショルダーモビリティリーチングパターン
- アクティブ・ストレートレッグレイズパターン

安定性や協調性，コントロールがさらに必要となる中間的動作パターン
- トランクスタビリティプッシュアップパターン
- ロータリースタビリティパターン

応用的動作パターン
- ディープスクワットパターン
- ハードルステップパターン
- インラインランジパターン

基礎的動作パターンは応用的動作パターンよりも重要であり，それらを支えるものでもある。基礎的動作パターンの問題を解決することなく応用的動作パターンのトレーニングを行うことも可能ではあるが，推奨はできない。通常，基礎的な機能不全が存在すると，応用的動作パターンに代償動作がみられるからである。

FMSでの問題を修正する優先順位を考えると，応用的動作パターンの前に基礎的動作パターンに対処するべきであることに気づくだろう。基礎的動作パターンのなかでは，中間的動作パターンの前に基本的な可動性と安定性が必要となる動作パターンを修正する。

FMSでは，動作パターンを3段階（0点を含めると4段階）の能力レベルにランクづけする。

3点：FMSのテスト基準に沿った正しい動作パターンを行うことができる。ただし，痛みがある場合は0点となる。

2点：動作パターンを行うことはできるが，代償や誤ったフォーム，アライメント不良が認められる。ただし，痛みがある場合は0点となる。

1点：動作パターンは不完全で，FMSの基準に沿った動作ができない。ただし，痛みがある場合は0点となる。

4つの基本的なフィルター

- 動作スクリーニング中に**痛み**が認められた場合
- 動作スクリーニング中に**制限**のある動作パターンが観察された場合

- 動作スクリーニング中に**非対称性**の動作パターンが観察された場合
- **意図的な反復**。すなわち，まちがいを防止し，類似した動作間の一致・不一致を確認するために検査を繰り返すこと

痛みが認められた場合

1つのテストで痛みが認められた場合，FMSはすでにその役目を終えている。すなわち，スクリーニングは中止である。この場合，動作の制限や非対称性は主要な問題ではない。動作の第1原則は「**痛みはすべてを変えてしまう**」である。

痛みによって複雑化した動作の観察は信頼できるものではなく，この場合はSFMAを行う。痛みは，客観的情報を系統的に収集することを阻害する行動を生じさせ，心配や矛盾，誇張，不安，否定などの感情を引き起こす。

「痛みが動作の問題を引き起こすのだろうか，それとも動作の問題が痛みを引き起こすのだろうか？」

客観的な検査ツールやシステムがなければ，この問いに解答することは不可能である。

痛みがある状態での動作が客観的で再現性があるということは，科学的には支持されていない。研究は明白であり，得られた示唆は核心をついている。

動作に常に痛みが伴う場合は，初期の警告信号であると捉えるべきである。身体には痛みを克服したり，自然な傾向を覆い隠して違和感を受け入れたりする能力がある。これは素晴しい生存手段ではあるが，他に選択肢がない場合にのみ一時的にとるべき方法である。痛みは敵視するものでもなければ，問題でさえない。痛みは単に侵害や感染，不調和，アライメント不良，不適切な筋活動，炎症，構造的破綻を示す信号である。

「少なくともメッセージを受け取るまでは，痛みという名のメッセンジャーを消滅させてはならない。痛みは問題を知らせる信号であり，根本的な問題ではないのである。」

痛みは生物学的な警告灯であり，化学的問題や力学的問題を伝えるものである。痛みを覆い隠すことは問題の解決にはならず，むしろ実際に何が影響を及ぼしているかを判別しづらくする。

化学的問題とは，炎症や感染，組織への非力学的刺激，腫脹，滲出などである。

力学的問題には，関節のアライメント不良，関節や周囲組織の可動性低下，構造的破綻，神経筋コントロール不全が該当する。また，身体的制限や機能的制限，構造的制限も含まれる。

これら2つの問題は往々にして同時に起こる。例えば，足関節捻挫の受傷初期には，化学的問題と力学的問題が併発する。受傷直後には著明な炎症や化学的疼痛が認められ，その後は筋の防御性収縮と関節滲出液により組織のスティフネスが生じる。時間経過とともに疼痛は減弱するが，特定の動作においては残存するだろう。この段階になると，足関節可動域の中間域では痛みはないが，最終域では痛みが生じるだろう。腫脹と筋の防御性収縮によって，正常な可動域に達する前に力学的張力が増加する。

FMSは力学的な問題を検出する。痛みがない人を対象にFMSを行うことで，動作による力学的問題を明らかにしやすい。仮に1つのテストにおいて痛みが誘発された場合，その動作と疼痛部位を記録し，問題の評価に適した照会先を検討する。

例え1つのテストでのみ痛みが認められた場合であっても，潜在的な外傷・障害や，活動量増加による外傷・障害リスクの増加の重大な可能性を示す。自覚がないだけであって，身体はすでに傷を負っているのである。

痛みは動作の質に関係なく生じる可能性がある。疼痛発生の有無は観察された動作の質に依存しないが，後で参照するために痛みを誘発する動作の質のレベルを記録することは有用である。動作の質にかかわらず，痛みが認められる場合は，医療従事者による適切な処置が必要であり，それはすなわちFMSを中止し，SFMAを行うか医療機関を紹介することを意味する。

痛みと動作がどのように影響し合うかが不明であるため，痛みが認められる場合はFMSのスコアは何の意味も持たない。FMSによってこれまで検出され

なかった，または不明であった，あるいは無視されていた痛みが明らかになったのであれば，FMSの第1フィルターに引っかかったことになる．すなわち，FMSは終了である．

■ 制限のある動作パターンが観察された場合

FMSの第2フィルターは，動作に伴う著明な制限である．FMSの7つのテストでは，基本的機能として用いられる最も一般的な動作を評価・再評価する．各テストで必要とされる関節運動は，医療分野のゴニオメーターでの測定の基準と同等か若干少ない程度である．唯一異なる点は，FMSでは，複数の関節を正常な範囲内で同時に動かすことが求められる点である．このことにより，代償動作を検出することができる．仮にある関節が動作パターンに貢献していない場合，完全なパターンを達成するために他の関節が安定性をある程度低下させるか過度の可動性を呈することとなる．こうして顕著に低下した動作パターンの質は，FMSによって特定される．

付録9の採点基準に基づいて各動作パターンを評価した後，7つのパターンの中でランクづけを行う．この分類システムでは，最も制限の大きい動作パターンに着目する．付録9のスコアリングシートを使って，各動作パターンにスコアをつけた後，最も制限の大きい動作パターンを決定する．最も制限の大きい動作パターンとは，7つのテストの中で最低スコアだったもののことで，この動作パターンが可動性と安定性の最も重大な低下を示したことになる．

関節可動域が正常か否かを知るために，各関節を個別に測定することは効率が悪い方法である．単一の関節可動域が正常であっても，動作パターン全体にわたってその関節が正常に機能しているとは限らない．このアプローチでは，あるパターンで関節が正常に機能することが示唆されても，実用的な動作において同様のことは示されない．

まず動作パターンを観察することにより，どのパターンが最も制限が大きいかを把握できる．このパターンは，最も問題の大きい可動性や安定性の低下を表わしている．その後，必要に応じて重要度の高い関節の可動性と安定性を個別に評価してもよいだろう．個別の評価では正常であっても他関節との協調性が乏しい場合，個別の関節が正常であることはほとんど意味がない．

■ 非対称性の動作パターンが観察された場合

非対称性からは，機能的動作パターンに均等性がないことが示唆される．これはFMSに組み込まれた第3フィルターであり，構造的問題と機能的問題の両方があることを示している．FMSでは，非対称性を評価・観察する機会が5回ある．つまり，7つのテストのうち5つのテストで，左右それぞれの評価を行う．

これまで，医療分野の専門家は，機能的な非対称性や動作の非対称性よりも，構造的非対称性について入念に細部にわたるまで注意を向けてきた．構造的非対称性とは，脚長差や脊椎の異常彎曲，発達異常，外傷，関節症変化，外科的処置による解剖学的変化のことをいう．一方，機能的非対称性とは，測定可能な機能や動作能力における左右差のことを指す．

最初は，機能不全を詳細に説明することよりも，非対称性を特定することのほうが重要である．また，応用的動作パターンの前に，基礎的動作パターンにおける非対称性に対処する必要がある．

非対称性には，構造的・機能的な異常やバランス不良が組み合わさっていることがある．ただし，構造的非対称性よりも機能的非対称性に対してのほうが，介入の効果が大きい．

彎曲を悪化させる可動性と安定性の問題を有する脊椎側彎症患者はその好例である．構造的問題と機能的問題は，組み合わされて経時的により一層深刻となる．コレクティブエクササイズは，機能的非対称性に対して非常に効果的であり，また構造的な問題の進行を2次的に遅らせることもできる．したがって，コレクティブエクササイズによって機能改善と構造的悪化の予防の2つが期待できる．

■ 意図的な反復

FMSの第4フィルターは，重複または反復である．評価の際には，一貫した制限を調べるために，最も

一般的な動作を異なるパターンで繰り返す．各動作パターンにおいて，それぞれの関節はそれぞれ異なる役割を担う．

- 可動性：非支持下での制限のない動作の自由度のこと
- 静的安定性：他関節の運動時や大きな重心移動の際に，関節運動を最小限に留めながら適切なアライメントを保持すること
- 動的安定性：支持下での制限のない動作の自由度と適切なアライメントを同時に保持すること

例えば，FMS の中の5つの動作パターンでは，股関節の伸展を行う．具体的には，荷重位と非荷重位，膝関節屈曲位と伸展位での股関節伸展を評価する．この意図的な反復によって，問題が明確になる．

仮に股関節伸展が膝関節の肢位や荷重状態に関係なく一貫して制限されているのであれば，股関節の可動性に問題があることが明らかとなる．しかし，股関節伸展がある動作パターンでは制限されているが，他の動作パターンでは制限されていない場合，股関節の可動性にはあまり問題がないと判断できる．股関節の可動制限が一貫していないことは，骨盤-股関節の安定性か特定の柔軟性に問題があることを示唆している．

股関節の例でいえば，膝関節が屈曲することで二関節筋である大腿直筋の筋張力が大幅に増加し，股関節伸展を制限することになる．同様に，膝関節伸展位では屈曲位とは異なる長さ-張力効果が股関節に及ぼされる．

FMS における反復評価の例

- 股関節伸展：5つのテスト
- 股関節屈曲：4つのテスト
- 肩関節伸展：3つのテスト
- 肩関節屈曲：4つのテスト
- 膝関節伸展：3つのテスト
- 膝関節屈曲：4つのテスト
- 肘関節伸展：3つのテスト
- 肘関節屈曲：3つのテスト
- 足関節背屈：3つのテスト
- 手関節背屈：2つのテスト

対称性または非対称性の上下肢運動を伴う静的な脊椎安定性は，2つ以上のテストで検査する．上下肢の静的・動的安定性は少なくとも3つのテストで検査するが，これらは荷重位でも行う．

FMS 実施中の疼痛や違和感

疼痛：苦痛や圧痛，灼熱感，鈍痛，つままれるような痛み，挟まれるような痛み，放散痛，鋭利痛，ひりひりするような痛みなど，不適切なもしくは原因不明の感覚

クライアントが痛みを訴えた場合はテストのスコアは0点になり，検者が医療の専門資格を有していない場合には，医療従事者による評価を勧めるようにする．痛みが認められた後にスクリーニングを継続するかどうかは検者の裁量次第であるが，いずれにせよ痛みを誘発するあらゆる動作パターンを含むエクササイズや活動は控えるようクライアントに忠告する必要がある．

疼痛基準チェックリスト

- **常時**：常に一貫して痛みが生じる．
- **通常の動作で誘発**：日常生活活動やエクササイズで痛みが生じる．
- **不安やストレスの兆候**：痛みに囚われており，イライラして苦悩している．
- **違和感**：心理的問題はないがエクササイズで楽に動けない，ぎこちない，あるいはマッサージで軽度のタイトネスや筋肉痛を感じる．

違和感基準チェックリスト

- **ほとんどない状態**：常時，あるいは一貫した違和感はない．
- **難しい動作時にのみ誘発**：日常生活活動やエクササイズでは生じない．
- **不安やストレスの兆候がない**：違和感はあるが悩むことはなく，反復動作によって違和感は軽減する．

疼痛発生後にFMSを継続することのデメリット
- 状態が悪化する可能性がある。
- 対象者が心配し，不安になる可能性がある。
- 痛みが生じたことで動作が変化することがあり，対象者の現在の機能状態について明確に把握できない。

疼痛発生後にFMSを継続することのメリット
- FMSを完遂することにより，動作特性の詳細を把握できる。
- 1つ以上の動作パターンに同じ痛みが誘発されることを把握できる。
- すべての動作パターンのテストを行うことにより，さまざまな痛みが判明することがある。
- 完遂したFMSの結果を再テスト時のベースラインとして用いることができる。

違和感も痛みと同様に記録をつける。医療の専門家へ委託する必要はないが，所見をモニターすることは検者の責任である。特定の動作パターンにおいて違和感が認められた場合のスコアは0点とし，エクササイズ後に毎回違和感を再評価する。

違和感が認められたパターンを中心に修正ストラテジーを立ててはいけない。その代わりに，0点以外でスコアが最も低いパターンや最も非対称性が大きいパターンに着目し，そのパターンを修正した後で違和感を再評価する。もし違和感が変化せず，0点の動作パターンにもコレクティブエクササイズの効果が認められない場合，医療の専門家であればSFMAを行うが，それ以外の検者であれば医療の専門家に評価を委託する。

FMSの採点方法―結果の序列化

3点：問題なく機能的動作パターンを行える。
2点：機能的動作パターンは行えるが，代償動作が認められる。
1点：機能的動作パターンを行うことができない。
0点：痛みが認められ，SFMAや医療の専門家の評価が必要な問題がある。

SFMAを行うことができる医療の専門家は，痛みが認められる場合に最も頼りになる存在である。FMSで痛みがあり，検者が医療資格を有していない場合，SFMAを行うことができる臨床家に患者を紹介する。

制限への対処方法

機能的動作パターンを行うことができないということは，代償を伴う動作パターンよりも重大な問題である。

代償動作に取り組む前に，動作パターンの制限や動作パターンが行えないことに対処すべきである。

非対称性や一側性の制限は，対称性や両側性の制限よりも重大な問題である。

左右別々に行うテストでは，両側とも機能不全がある場合よりも一側だけに機能不全が認められるほうが大きな問題を有している可能性がある。また，非対称性の代償動作は対称性の代償動作よりも重大な問題である。

FMSのスコアは重要である。しかし，エクササイズの処方にとってより重要なのは，スコアの解釈である。FMSにはリスクを排除するための順序がある。

- まず，SFMAを行うか医療の専門家に紹介して痛みを取り除く。
- 痛みに対処した後で，基礎的動作パターンにおける最も重大な非対称性に取り組む。
- 最も重大な非対称性が解消した後，他の動作パターンに非対称性があれば，それらがなくなるまで続ける。
- すべての動作パターンに非対称性が認められなくなった場合にだけ，FMSのスコアが3点になることを目指したエクササイズを行う。

クリアリングテスト

ショルダーモビリティリーチング，トランクスタビリティプッシュアップ，ロータリースタビリティの3つの動作パターンには，クリアリングテストがある。クリアリングテストは通常の7つの動作パターンのテストとは異なり，0～3点での評価を行わない。ここでは，「陽性（痛みがある）」と，陰性（痛

みがない）」のいずれかで評価する。

　このクリアリングテストでは，可動性や安定性の低下の指標となる関節の最終域に着目することにより，機能不全についての新たな見解を得ることができる。肩関節複合体や腰部-骨盤帯では，隣接する関節の可動性が低下している場合に安定性を低下させて代償することが多い。したがって，これらの部位に対してはより詳細なスクリーニングが必要となる。

- ショルダーモビリティリーチング：インピンジメント・クリアリングテスト
- トランクスタビリティプッシュアップ：プローンプレスアップ・クリアリングテスト
- ロータリースタビリティ：ポステリオーロッキング・クリアリングテスト

　クリアリングテストについては，それぞれ関連のあるテストと一緒に後で説明する。

■ 関節可動域について

　FMSでの関節肢位は，正常な可動域を超えることはない。動作パターンのスクリーニングに特有な観点として，正常な可動域内で複数の関節運動をみることが挙げられる。テスト肢位のなかには荷重位で行うものがあるので，荷重位と非荷重位での関節機能を観察することができる。

　スクリーニングによって，明確な制限やわずかな制限が明らかとなる。制限には習慣や生活様式，活動の結果として生じるものもある。また，痛みや腫脹などの症状はないが，完全に治癒していない外傷・障害による筋力低下やタイトネスが原因となっている制限もある。

■ 可動性・安定性低下の指標としての関節可動域

　過度の活動や活動量の低下，活動の多様性の欠如により，胸椎や足関節，股関節の可動性が低下する。過度の活動によってスティフネスが生じることが多いが，これは活動に必要となる適切な安定性が得られず，身体が充分に機能していないことが原因である。活動量が低下している場合，身体は必要最低限の動作やエネルギーしか使わなくなり，可動性や安定性，スタビライザー（安定筋）と主動筋との協調的な機能などが低下する。1つのスポーツ種目だけを行っている場合のように活動の多様性が欠如していると，動作パターンに機能不全が起こることが考えられる。

　手関節や肩関節，腰部，膝関節のような損傷しやすい関節の既往が原因となり，タイトネスや筋力低下による制限が残存することもしばしばみられる。

■ FMSの概説

　各テストの基準を参照しながら，成長・発達に伴う動作パターンや姿勢との類似性について考えてみるとよい。異なる動作パターンで関節運動を反復させることにより，制限や非対称性を観察する新たな機会が得られる。各テストの基準は，動作パターンの評価よりもむしろ点数化するためのものである。

　要点は次の通りである。テストした動作パターンのうち1つでも痛みを誘発するものがあった場合，エクササイズや種々の活動により根本的な問題がさらに複雑化することがある。

　FMSは，身体活動を明確に捉え，他職種とのコミュニケーションを促し，信頼性や再現性のある動作パターンの評価・ランクづけを行うために考案された。FMSの基準により，個人とグループの両方において評価を素早く行うことができ，効率的に管理することができる。すべてのスコアが収集できれば，FMSのシステムに基づいて，明確なエクササイズの選択と着目するべき機能不全の優先度が自然と導かれるだろう。

下のホームページでさらに詳細な情報，動画，アップデートが入手可能である（英文のみ）。
www.movementbook.com/chapter5

6 ファンクショナルムーブメントスクリーンの詳細

　ファンクショナルムーブメントスクリーン（FMS®）は，基本的動作，動作パターン中のモーターコントロール，簡単な基礎的動作を行う能力などを評価するものである。FMSにより動作障害の最も大きい部位が特定され，制限や非対称性が明らかとなり，またこれらの問題とアウトカムとが関連付けられる。最も重大な非対称性や機能不全を特定したら，必要に応じてより正確な測定方法を用いるようにする。

　FMSの当初の目的は，動作を簡単な採点システムによって評価し，動作パターンの質を明らかにすることであった。診断をつけたり，各関節の動きを分離して測定したりすることが目的ではない。分離して測定しようとすると，動作パターンに悪影響を及ぼす。実際，身体は非常に複雑なので，スクリーニングの初期段階で分離した動きを評価することは不可能である。

　このシステムは，高校生アスリートの動作パターンを採点しランク付けするために開発されたが，2年間の改良プロセスにより，最初に意図した目的以外にも使用できることが見出された。1998年の公表以後，FMS自体には変更を加えなかったが，このシステムを使用して集めたデータはコレクティブエクササイズ，トレーニング，リハビリテーションに関する我々の思考を広げるのに役立った。FMSは我々にその使い方を教え，動作を改善させる試みからタイムリーで価値のあるフィードバックを与えてくれた。

　我々がこれまでに積み上げてきた専門的知識は，通常のスクリーニングとは異なる取り組み方をすることで得られたものであり，不便さや混乱が生じるたびにスクリーンを修正するような方法によってではない。データをみる方法は何度も変えてきたが，データの収集方法は変えなかったのである。こうした取り組みはFMSの進歩ではなく，ある意味で我々の進歩を象徴している。FMSは，約10分の貴重な時間と引き換えに我々がすべてを見たり理解したりできるようになるまで，辛抱強く見守ってくれていたのだ。

FMSのテスト

　FMSは，可動性と安定性のバランスが求められる7種類の動作テストで構成されている。動作パターンを利用することで基礎的な動作の巧みさや安定性などのパフォーマンスを観察できるようになり，トレーニングを受けた専門家によってクライアントの筋力低下，バランス不良，非対称性，制限などの問題が明らかとなる。

　FMSの動作は競技動作と類似しているが，これは単なる偶然に過ぎない。FMSはトレーニングツールでもなければ競い合うためのものでもなく，動作を採点してランクづけをするためのものである。

　FMSの有用性は，その簡便さと実用性，そしてパフォーマンスや耐久性の判定に用いる測定方法を補完する能力にある。機能不全や誤った動作パターンの原因を突き止めることではなく，どの動作パターンに問題があるかを見つけることが目的なのである。FMSによって，基本的動作パターンに機能不全や痛み（もしくはその両方）があるかどうかが明らかになる。

　さまざまな活動を行うことができるのに，FMSの動作を効率よく行うことができない人が大勢いる[39]。FMSの点数が低い人は日常動作で代償的な動作パターンを使用しており，このような代償動作が持続すると最適ではない動作パターンが強化され，生体力学的に不利な状態に陥り，傷害の原因となる可能性がある。

　付録9にテストの採点基準，付録10に口頭指示の内容を示したので，参照のこと。

■ FMSのキーポイント

　FMSを正確に実施するために，以下の骨構造やランドマークを熟知しておく必要があるだろう。

- 脛骨粗面
- 上前腸骨棘（anterior superior iliac spine：ASIS）

- 内果と外果
- 手関節遠位端の皮線
- 膝関節の関節線

■ FMSキットとその組み立て方

FMSキット（インターネット通販などで購入可能）は断面が5×15 cmのボックスのなかにテスト器具が入れてあるものだが，自分で作製したものをテストに使用してもよい。ボックスの片側の蓋は外せるようになっており，FMSに使用する以下の器具をしまっておけるようになっている。

- 1.2 mのバー
- 2本の60 cmのバー
- 小さいキャップ
- ゴムバンド

ボックスの蓋を外して器具を取り出したら，2本の短いバーを5×15 cmボックスの穴に差し込む。各バーがそれぞれの穴にきっちりとはまるようにしっかり押し込む。次に，ハードルをまっすぐに立てて安定させるために，小さなキャップを5×15 cmボックスの端にある小さな穴に差し込む。それから，立てた2本のバーにゴムバンドを取り付けて，ハードルにする。

5×15 cmボックス：器具の運搬やディープスクワットで代償が必要な場合に使用する。インラインランジとロータリースタビリティの信頼性を高めるため，あるいはテスト中の基準としても使用する。

1.2 mのバー：ディープスクワット，インラインランジ，ハードルステップ，ショルダーモビリティ，アクティブストレートレッグレイズの測定に用いる。テストの信頼性を高め，効率よく採点するために使用する。

ハードル：土台の役割をするボード，60 cmのポリ塩化ビニル製のバーが2本，バーに取り付けるゴムバンドで構成される。ハードルステップで使用することで，身体との位置関係をテストする際の精度が向上する。

■ スクリーニング中はどこに立つか

テスト中はどこに立てばよいかという質問を受けることが多いが，これは各テストで3〜4の異なる判定基準を確認しなければならず，一度に2つの場所に立ちたいという悩みに陥るからである。これがクライアントに各動作を3回繰り返してもらう理由の1つとなっている。必要に応じて動作パターンを2回以上観察する機会が与えられているのである。

動作を観察する際に考慮すべき2つのことは，距離と動きである。これらの2つを考慮することで，スクリーニング中にすべてをみようとする際に生じるほとんどの問題に対処することができるだろう。

◆ 距　離

クライアントから充分な距離をとることで，全体像がみえるようになる。どこで観察すべきかについて混乱する原因のほとんどが，あまりにも近づきすぎたりテストの一部分に集中しすぎたりすることにある。充分に離れて立つことで，観察できる範囲がより広くなる。全体の動きを観察することで，テストの判定基準が明白になる。

◆ 動　き

クライアントには各テストを3回ずつ行ってもらうので，テスト中に移動することをためらってはいけない。テストによって，最も観察しやすい場所がクライアントの正面の場合もあるが，側面の場合もある。1ヵ所からの観察でスコアがはっきりしなければ，3回の試行を生かしていろいろと動き回るとよいだろう。

■ FMSテスト

- ディープスクワット
- ハードルステップ
- インラインランジ
- ショルダーモビリティリーチング
- アクティブ・ストレートレッグレイズ
- トランクスタビリティプッシュアップ
- ロータリースタビリティ

ディープスクワット

■ 目 的

　ディープスクワットパターンは多くの機能的動作に欠かせない要素である。このパターンは，股関節と肩関節が対称的な位置で機能しながら，四肢の可動性とコアスタビリティが充分に協調することで行われる。現代の日常生活において完全なディープスクワットが必要となることはあまりないが，一般的なエクササイズやスポーツ動作，活動的な人などにおいては，依然としてディープスクワットの基本的要素は必要である。

　四肢の可動性，姿勢コントロール，骨盤やコアの安定性は，ディープスクワットによく現れる。ディープスクワットは，正確に行えば全身のメカニクスや神経筋コントロールの能力が試される動きである。股関節・膝関節・足関節における両側の，対称的，機能的可動性や安定性をテストするためにディープスクワットを行う。

　頭上でバーを持つには，肩関節・肩甲帯・胸椎の両側における対称的な可動性や安定性が必要となる。このパターンを完全に行うためには，動作全体を通じて骨盤とコアが安定し，コントロールされていなければならない。

■ 方 法

　開始肢位は，肩関節の外側を通る垂線上に足の甲を位置させる。足部を矢状面上に位置させ，つま先が外側を向かないようにする。頭上でバーを持ち，両肘関節が90°屈曲位になるように手の位置を調整する。

　次に肩関節を屈曲・外転，肘関節を完全伸展させてバーを頭上に押し上げる。ゆっくりと身体を下げてできるだけ深いスクワットポジションをとるように指示するが，このときに踵は床につけたままで，頭部と胸部はまっすぐ前に向け，バーを頭上に最大限持ち上げる。膝関節を外反させず，足部の上方に位置させる。

　テストは3回行ってもよいが，最初のテストで3点の基準を満たせばテストを繰り返し行う必要はない。3点の基準に満たない場合は，前述したFMSキットの5×15 cmボックスを踵の下に置いてテストを行う。ボックスを使用しても2点の基準に満たない場合，スコアは1点となる。

■ ポイント

1. クライアントの正面と側面から観察する。
2. 5×15 cmボックスや同じサイズの板を使用して踵を挙上した場合でも，ポジションは足の位置も含めて変えないようにする。
3. テスト中にパターンを判断したり，スコアの原因について解釈したりしないようにする。
4. 動きを指導しない。必要な場合は単に指示を繰り返すだけにする。
5. 痛みがあるか観察する。
6. 採点に迷ったときは低いほうのスコアをつける。

■ テスト結果の解釈

- 上部体幹の可動性の制限は，肩甲上腕関節か胸椎あるいはその両方の可動性低下が原因である。
- 閉鎖性運動連鎖（closed kinetic chain）での足関節背屈制限や膝・股関節の屈曲制限などを含めた下肢の可動性の制限は，テスト動作をうまく行えない原因となる。
- テスト動作がうまく行えないのは，安定性の低下やコントロール不良が原因である可能性もある。

6. ファンクショナルムーブメントスクリーンの詳細　77

ディープスクワット　3点（正面）

ディープスクワット　3点（側面）

ディープスクワット　2点（正面）

ディープスクワット　2点（側面）

ディープスクワット　1点（正面）

ディープスクワット　1点（側面）

ハードルステップ

■ 目　的

　ハードルステップは，移動や加速に不可欠な要素である。このレベルまでステップする活動はほとんどないが，ハードルステップによってステップ機能の代償や非対称性が明らかとなる。このステップテストでは，身体の運び方やまたぎ動作のメカニクスが試されるのと同時に，片脚立位での安定性やコントロール能力がテストされる。

　片脚で体重を支えながら反対側を動かすという非対称的な動作では，両股関節の適切な協調性と安定性が求められる。動作パターン中，骨盤とコアは安定性を維持してアライメントを保持し続けなければならない。バーを両腕で持ち，肩に乗せて動かさないようにすることで，観察者にはステップ動作時に上体と体幹が動いていないかどうかがわかりやすくなる。

　基本ステップ中の上体の過剰な動きは，代償動作とみなされる。可動性，安定性，姿勢，バランスなどが適切に機能していれば，代償動作は生じない。ハードルステップでは，両側の股・膝・足関節における可動性と安定性が試されている。また，骨盤とコアの安定性やコントロール能力も試されており，これらの機能的な対称性を観察する。

■ 方　法

　最初に脛骨の長さを測る。脛骨・大腿骨間の関節線を正確に見つけるのは難しいので，脛骨粗面の中央上部を信頼できるランドマークとする。

　前述したハードルの高さを調整するため，クライアントを片方のハードルの横に，右足の外側がハードルの土台（5×15 cm ボックス）に接するように立たせる。ハードルのコードを脛骨粗面の中央の高さまでスライドさせ，反対側も同じ高さに調整して両方の目盛りが正確に脛骨粗面の高さになっていることを確認する。他の測り方として，1.2 m バーを用いて床から脛骨粗面までの長さを測定し，その高さまでコードを上げる方法がある。

　クライアントを，土台中央の後方で，両足をそろえてつま先が土台の中央に接するように立たせ，バーを首の後ろに位置するように両肩に乗せる。背中をまっすぐにしたままハードルをまたいで踵を床につけ，またいだ足を開始肢位に戻すように指示する。ハードルステップは，ゆっくりとコントロールしながら行わせる。

　3点の基準に満たない場合のスコアは2点となる。2点の基準に満たない場合のスコアは1点となる。

■ ポイント

1. コードが正確な位置に合わせてあることを確認する。
2. テスト開始時にできるだけ背筋を伸ばすように指示する。
3. 体幹の安定性に注意する。
4. クライアントの正面と側面から観察する。
5. ハードルをまたぐ側の下肢にスコアをつける。
6. 支持脚のつま先が各テスト中およびテスト後もハードルに接していることを確認する。
7. テスト中にパターンを判断したり，スコアの原因について解釈したりしないようにする。
8. 動きの指導をしない。必要な場合は単に指示を繰り返すだけにする。
9. 痛みがあるか観察する。
10. 採点に迷ったときは低いほうのスコアをつける。

■ テスト結果の解釈

- 支持脚の安定性低下あるいはステップ脚の可動性低下が問題の原因である可能性がある。
- 最も重要なことは，このテストが動作の一部をテストしているのではなく，パターンをテストしているということである。片側の股関節の伸展を保持しながら反対側の股関節を最大限に屈曲するには，左右の股関節に可動性と動的安定性が必要である。

6. ファンクショナルムーブメントスクリーンの詳細　79

ハードルステップ　3点（正面） 　　　　　　　　ハードルステップ　3点（側面）

ハードルステップ　2点（正面） 　　　　　　　　ハードルステップ　2点（側面）

ハードルステップ　1点（正面） 　　　　　　　　ハードルステップ　1点（側面）

インラインランジ

■ 目的

インラインランジは，エクササイズ，スポーツ，身体活動などでみられる減速動作や方向転換の要素を含んでいる。これは，他の多くの活動よりも動きやコントロールを追究する動作であるが，基本的パターンにおける左右の機能を素早く評価することができる。この動作パターンの目的は，動作中に生じると思われる回旋，減速，側方への動きなどの応力に対抗して身体の位置を維持することである。狭い土台の上では動作開始時に適した安定性が求められ，また非対称な位置にある股関節に等しく荷重しながら骨盤とコアの動的なコントロールを維持することが必要となる。

インラインランジの下肢はスプリットスタンスをとり，上肢は対側（reciprocal）パターンの位置をとる。これは上肢と下肢が相互補完的に働く自然な平衡機能を再現しており，脊柱に動作独特の安定性が求められる。このテストでは股・膝・足関節や足部の可動性と安定性と同時に，広背筋や大腿直筋のような多関節筋の柔軟性も試される。

正確なランジ動作では，足を踏み込むステップ動作と身体を沈める動作が求められる。インラインランジテストでは，身体を沈める動作と戻る動作を単に観察するだけである。ステップ動作はあまりにもバリエーションが多いので，シンプルな動作のスクリーニングには適さない。狭い土台の上でスプリットスタンスをとることや，上肢を反対の位置に置くことで，ランジパターンにおける可動性や安定性の問題を見つけるのに充分な状況となる。

■ 方法

最初に，脛骨の長さを測るために，床から脛骨粗面の中央上部までの長さを測定するか，ハードルステップでのコードの高さを利用する。後足のつま先を5×15 cmボックスのスタートラインに置き，測定した脛骨の長さの位置に前足の踵を置くように指示する。バーを持つ前に足の位置を決めるほうが容易な場合が多い。

クライアントは，バーを背中側で持ち，頭部・胸椎・仙骨につけるようにする。前足と反対側の手は，頸椎の位置でバーを持ち，前足の側の手は腰椎の位置で持つ。ランジテストの沈み込みと上方へ戻る動作の間，バーが常に垂直な位置を保つようにする。

後足の膝を下げて，前足の踵の後方の位置につけ，また開始肢位に戻る。

3点の基準に満たない場合のスコアは2点となる。
2点の基準に満たない場合のスコアは1点となる。

■ ポイント

1. 前方の下肢にスコアをつける。これは身体の部位や左右の機能的能力ではなく，動作パターンに対してスコアをつけることを意味する。
2. 部分ではなく，パターンをスクリーニングする。
3. クライアントは，動作の間，バーを頭部・胸椎・仙骨につけて垂直に保持する。
4. クライアントは，前足の踵をボードから離さないようにし，開始肢位に戻る時は後足の踵もボードにつける。
5. バランスを崩していないかを観察する。
6. 検者は転倒を防ぐためクライアントの近くにいるようにする。
7. テスト中にパターンを判断したり，スコアの原因について解釈したりしないようにする。
8. 動きの指導をしない。必要な場合は単に指示を繰り返すだけにする。
9. 痛みがあるか観察する。
10. 採点に迷ったときは低いほうのスコアをつける。

■ テスト結果の解釈

- 前後いずれかの下肢における足・膝・股関節の可動性が低下している可能性がある。
- このパターンを行うために必要な動的安定性が低下している可能性がある。
- 正しいテスト動作の妨げとなる胸椎部分の制限がある可能性がある。

6. ファンクショナルムーブメントスクリーンの詳細　**81**

インラインランジ　3点（正面）

インラインランジ　3点（側面）

インラインランジ　2点（正面）

インラインランジ　2点（側面）

インラインランジ　1点（正面）

インラインランジ　1点（側面）

ショルダーモビリティリーチング

目 的

　この動作パターンによって，上肢・肩関節の対側動作における肩甲胸郭部，胸椎，胸郭の自然な相補的リズムが明らかとなる．基本的な活動では完全な対側リーチングパターンはみられないが，代償動作がほとんど生じない状態で各分節の可動域内における自動的なコントロールをみるためにこのパターンを利用する．代償動作を取り除くことで動作能力が明確になる．

　上肢の対側パターンを行う前に，頸椎を中間位にして頸部周囲の筋群をリラックスさせ，胸椎部は自然に伸展させる．

　このパターンでは，一方の上肢の伸展・内旋・内転の組み合わせ動作，もう一方の上肢の屈曲・外旋・外転の組み合わせ動作における両肩関節の可動域を観察する．

方 法

　最初に手の長さを測るために，手関節遠位の皮線から中指先端までの距離を測定する．クライアントは両足をつけて立ち，両手の母指を他の指のなかに入れて握り拳をつくる．次に，一方の拳を首の後ろから伸ばして肩を最大限に外転・外旋させ，もう一方の拳は背中から伸ばして肩を最大限に内転・伸展・内旋させ，同時に両方の拳を近づけるようにする．

　テスト中は，両手を拳のままに保ち，拳を近づける動作をスムーズに1度だけ行う．両手の最も近い場所の距離を測定する．

　左右それぞれ3回まで行う．3点の基準に満たない場合のスコアは2点となる．2点の基準に満たない場合のスコアは1点となる．

ポイント

1. 上方の肩にスコアをつける．これは身体の部位や左右の機能的能力ではなく，動作パターンに対してスコアをつけることを意味する．
2. 手の長さと2点間の距離が等しい場合，低いほうのスコアをつける．
3. クリアリングテストで痛みが出た場合は0点となる．
4. 最初に拳をつける動作をした後は手を動かさないように指示する．
5. テスト中にパターンを判断したり，スコアの原因について解釈したりしないようにする．
6. 動きの指導をしない．必要な場合は単に指示を繰り返すだけにする．
7. 痛みがあるか観察する．
8. 採点に迷ったときは低いほうのスコアをつける．

テスト結果の解釈

- オーバーヘッドスローイングを行うアスリートにおける肩関節の外旋角度の増大は，内旋角度の減少によって得られるという考えが広く受け入れられている．この考えはある程度は正しいが，最初に考慮することではない．
- 肩甲骨の安定性は胸郭の可動性によって決まる．まずここに注目すべきである．
- 小胸筋・広背筋・腹直筋の過剰な発達や短縮は，肩の前方突出や猫背などの姿勢変化を引き起こす原因となる．この姿勢の問題は，肩甲上腕関節と肩甲骨の充分な可動性に不利である．
- 肩甲胸郭部に機能不全があると，結果的に肩甲胸郭部の可動性や安定性が低下することによる2次的な肩甲上腕関節の可動性低下を引き起こす．
- このテストでは上肢がそれぞれ反対方向に動く非対称的な動作が求められる．また，姿勢のコントロールやコアの安定性に加えて両方の腕を同時に伸ばす動作も求められる．

インピンジメント・クリアリングテスト

　最後にクリアリングテストを行う．このテストでは，スコアをつけずに疼痛の有無をみる．痛みが生じる場合はスコアシートに陽性（＋）と記録し，ショルダーモビリティリーチングは全体として0点となる．

　クライアントは手のひらを反対側の肩に置き，手

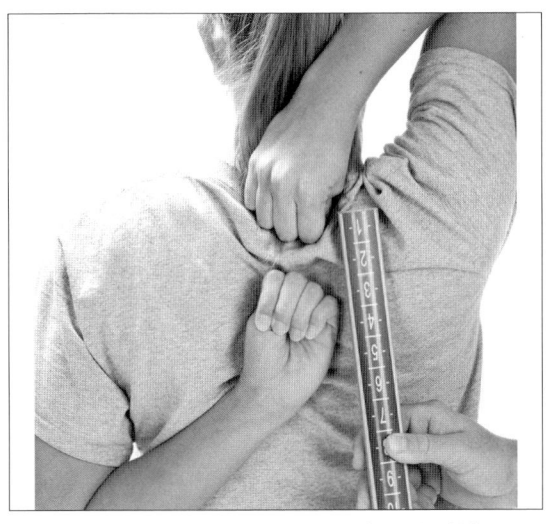

6. ファンクショナルムーブメントスクリーンの詳細 **83**

ショルダーモビリティリーチング　3点（右）

ショルダーモビリティリーチング　1点（右）

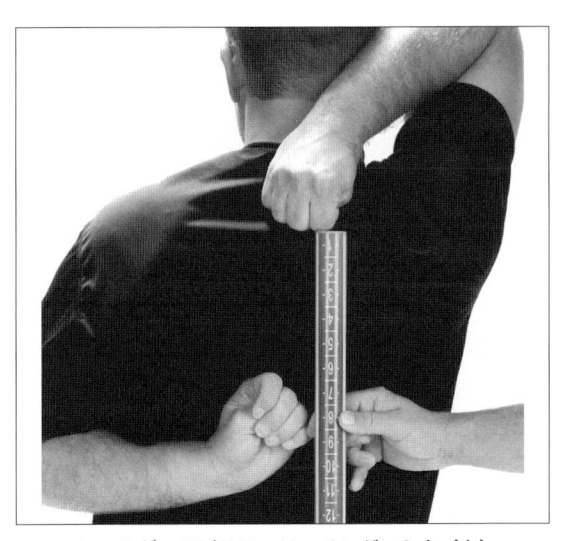

ショルダーモビリティリーチング　2点（右）

ショルダーモビリティリーチング・インピンジメント・クリアリングテスト

のひらを肩から離さずに肘をできるだけ高く上げる。ショルダーモビリティリーチングだけでは肩関節のインピンジメントを見逃すことがあるので，クリアリングテストは必ず行うようにする。

アクティブ・ストレートレッグレイズ

目　的

　このテストでは，股関節の自動的屈曲の可動性だけでなく，動作開始からパターン中のコアの安定性や，反対側の股関節の伸展も含めて確認する。これは一側の股関節屈曲テストというよりは，非荷重位での下肢の分離能力を評価するテストである。多関節筋の柔軟性に問題があると，この動作が行えないことが多い。

　股関節屈曲を制限する因子として最も可能性の高い組織は，大殿筋-腸脛靱帯複合体とハムストリングスである。股関節伸展を制限する組織は，腸腰筋などの骨盤前方の筋群であることが多い。このテストでは，骨盤とコアの安定性を保持しながら，下肢を分離して動かす能力が試される。また，骨盤を安定させて反対側の下肢を自動的に伸展させている時の自動運動中のハムストリングスと下腿三頭筋の柔軟性も試される。

方　法

　開始肢位は背臥位で，腕は手のひらを上に向けて体側に置き，頭を床につける。板を膝の下に置くが，これは前述したようにFMSキットの5×15 cmボックスでも，似たようなサイズの板を使用してもよい。両足は中間位とし，足底が床に対して垂直になるようにする。

　ASISと膝の関節線との間で中間点を定め，1.2 mバーをこの位置に床に対して垂直に立てる。次に，クライアントがテスト側の下肢を挙上するが，足・膝関節は開始肢位の状態を保持したまま行う。

　テスト中，反対側の膝は常に板に接していなければならない。つま先は天井に向けたままで下肢全体を中間位に保ち，頭は床につけたままにする。

　挙上した下肢が最終域に達したら，動かしていない下肢に対するテスト側の足関節の位置を記録する。テスト側のくるぶしがバーを通過した場合は3点となる。くるぶしがバーを通過しない場合，バーをくるぶしの位置に動かして垂直に立て，基準に従ってスコアをつける。

　左右それぞれ3回まで行う。3点の基準に満たない場合のスコアは2点となる。2点の基準に満たない場合のスコアは1点となる。

ポイント

1. 挙上した側の下肢にスコアをつける。
2. 膝の関節線を見つけるのが難しい場合，膝関節を屈曲・伸展させて関節線を確認する。
3. 板につけて動かさない下肢が中間位を保持していることを確認する。
4. テスト中にパターンを判断したり，スコアの原因について解釈したりしないようにする。
5. 動きの指導をしない。これはエクササイズではないので，うまくできなくても修正せずに指示を繰り返すだけにする。
6. 痛みがあるか観察する。
7. 採点に迷ったときは低いほうのスコアをつける。

テスト結果の解釈

- パターンを行うために必要な骨盤のコントロールが不充分な場合がある。
- 反対側の股関節の動きが不充分な場合があるが，これは股関節伸展制限に関連した柔軟性の低下が原因である。
- 挙上した下肢のハムストリングスの柔軟性が低下している可能性がある。
- 左右の股関節に非対称性がみられるクライアントでは，これらの要因が複数認められるだろう。動かさない下肢が最適なパターンで作用している，つまり正しいパターンの場合，この下肢は無意識のタスクである安定性を示し，動かしている下肢は意識的なタスクである可動性を示している。

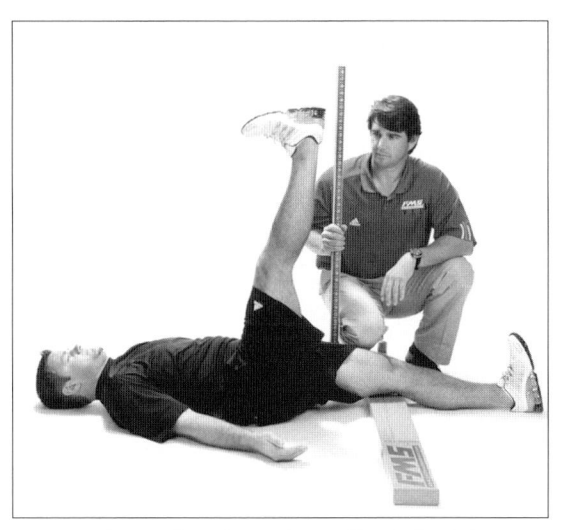

6. ファンクショナルムーブメントスクリーンの詳細 85

アクティブ・ストレートレッグレイズ　3点

アクティブ・ストレートレッグレイズ　2点

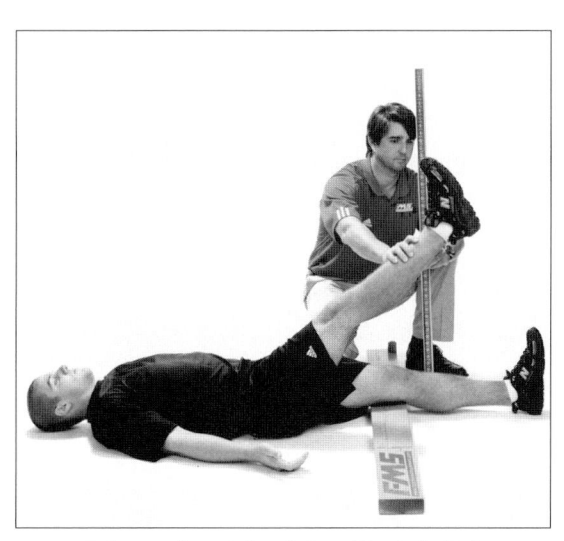

アクティブ・ストレートレッグレイズ　1点

トランクスタビリティプッシュアップ

■目　的

　トランクスタビリティプッシュアップは，床に手をついて行う一般的なプッシュアップを1回だけ行うというユニークなものである。これは上半身の筋力測定ではなく，反射的なコアの安定性を簡単に評価するために用いられる。このパターンの目標は，脊椎や股関節を動かさずに上肢から動作を開始することである。

　最もよくみられる代償動作は伸展と回旋である。この代償動作は，スタビライザーが作用する前に，プッシュアップパターンの主動筋が誤って働いていることを示している。

　このテストでは，上半身を対称的に動かす閉鎖性運動連鎖の動作中に矢状面上で脊柱を安定させる能力が試される。

■方　法

　クライアントは腹臥位になり，頭上に手を伸ばす。このテストでは男女で開始肢位が異なっており，男性は母指を額の上端，女性は母指を顎のレベルに置く。それからスコアの基準によって，母指を顎や肩のレベルに下げていく。膝関節は最終域まで伸展させ，足関節は中間位にして足底を床に対して垂直にする。

　このポジションからプッシュアップを1回行う。身体を1つのユニットとして持ち上げる。テスト中，脊椎を動かしてはいけない。最初のポジションでプッシュアップを行えない場合，手をより簡単な位置に下げる。手の位置が額にあってすべての基準をクリアすればスコアは3点，手の位置が顎の場合は2点，この動作ができない場合は1点となる（男性の場合）。

　テストは3回まで行う。3点の基準に満たない場合のスコアは2点となる。2点の基準に満たない場合のスコアは1点となる。

■ポイント

1. 身体を1つのユニットとして持ち上げる。
2. 試行ごとにクライアントの手の位置を確認し，身体を持ち上げる準備として手を下方にずらしていないか確かめる。
3. 胸部と腹部が床から同時に離れているかを確認する。
4. クリアリングテストで痛みが出た場合は0点となる。
5. テスト中にパターンを判断したり，スコアの原因について解釈したりしないようにする。
6. 動きの指導をしない。これはエクササイズではない。
7. 痛みがあるか観察する。
8. 採点に迷ったときは低いほうのスコアをつける。

■テスト結果の解釈

- このテストでパフォーマンスが制限される場合，コアの反射的な安定性が低下している可能性がある。
- 上半身の筋力か肩甲骨の安定性，あるいはその両方に問題があることも，パフォーマンスが低下する原因となる。
- 股関節や胸椎の可動域が制限されていると，最適な開始肢位をとるのに影響する可能性があり，これもパフォーマンスの低下につながる。

■プローンプレスアップ・クリアリングテスト

　最後にクリアリングテストを行う。このテストでは，スコアをつけずに疼痛の有無をみる。痛みが生じる場合はスコアシートに陽性（＋）と記録し，トランクスタビリティプッシュアップは全体として0点となる。

　プッシュアップの開始肢位から上体だけ押し上げ，脊椎をしっかりと伸展する。陽性の場合も，今後の参考としてトランクスタビリティプッシュアップのスコアも記録しておく。

6. ファンクショナルムーブメントスクリーンの詳細　**87**

トランクスタビリティプッシュアップ（男性）
3点の開始肢位

トランクスタビリティプッシュアップ（男性）
3点の終了肢位

トランクスタビリティプッシュアップ（男性）
2点の開始肢位

トランクスタビリティプッシュアップ（女性）
2点の終了肢位

トランクスタビリティプッシュアップ（女性）
2点と1点の開始肢位

トランクスタビリティプッシュアップ（女性）
1点の終了肢位

トランクスタビリティプッシュアップ・プローンプレスアップ・クリアリングテスト

ロータリースタビリティ

目 的

ロータリースタビリティでは，上下肢の複合的な動作中における多平面上での骨盤・コア・肩甲帯の安定性を観察する。このパターンは複雑で，神経筋の適切な協調性や体幹を通じたエネルギーの伝達が必要であり，発達過程で基本的な腹這い動作に次いで獲得される四つ這い動作がルーツとなっている。

このテストには2つの重要な意味合いがある。1つは横断面上での反射的な安定性と体重移動で，もう1つは基本的な這い運動パターンにみられる安定性と可動性の協調的な作用である。

方 法

クライアントを床の上で四つ這いにし，左右の手と膝の間にFMSキットの5×15 cmボックスか同様のサイズの板を置く。脊椎はボックスに対して平行で，肩関節と股関節は体幹に対して90°になるようにし，足関節は中間位，足底は床に対して垂直にする。

クライアントは，動作を始める前に両手を開き，母指・膝・足部のすべてがボックスに接するようにする。ボックス上で上下肢が一直線になるように肩関節を屈曲させながら，同側の股関節と膝関節を伸展させ（エクステンション），次に上下肢がボックス上から出ないようにしながら肘と膝を近づける（フレクション）。肘と膝がつく際には脊椎が屈曲してもよい。

テストは必要に応じて左右とも3回まで行う。1回目でうまく行えたら，テストを繰り返し行う必要はない。

3点の基準に満たない場合，肩関節と反対側の股関節を動かすダイアゴナル（対角線）パターンを，同じ方法で行う。ダイアゴナルパターンでは上肢と下肢がボックス上で一直線になる必要はないが，肘と膝はボックス上でつけるようにする。

ポイント

1. 上肢を動かす側にスコアをつける。
2. 3点のスコアをつける場合には，片側の上下肢がボックス上にあることを確認する。
3. 2点のスコアをつける場合には，対角の肘と膝がボックス上で接触しなければならない。
4. 開始時に脊椎がまっすぐで股関節と肩関節が正しい角度になっていることを確認する。
5. テスト中にパターンを判断したり，スコアの原因について解釈したりしないようにする。
6. 動きの指導をしない。これはエクササイズではない。
7. 痛みがあるか観察する。
8. 採点に迷ったときは低いほうのスコアをつける。

テスト結果の解釈

- このテストのパフォーマンスが低い場合は，体幹やコアの反射的な安定性の低下が原因である。
- 肩甲骨や股関節の安定性の問題も，パフォーマンスの低下を引き起こす可能性がある。
- 膝・股・肩関節や脊椎に可動域制限があると，完全なパターンを行う能力が低下し，結果的にスコアが低くなる。

ポステリオーロッキング・クリアリングテスト

最後にクリアリングテストを行う。このテストでは，スコアをつけずに疼痛の有無をみる。痛みが生じる場合はスコアシートに陽性（＋）と記録し，ロー

6. ファンクショナルムーブメントスクリーンの詳細 **89**

ロータリースタビリティ　エクステンション（3点）

ロータリースタビリティ　フレクション（3点）

ロータリースタビリティ　エクステンション（2点）

ロータリースタビリティ　フレクション（2点）

ロータリースタビリティ　エクステンション（1点）

ロータリースタビリティ　フレクション（1点）

ロータリースタビリティ・ポステリオーロッキング・クリアリングテスト

タリースタビリティテストは全体として0点となる。

四つ這い位で脊椎をまっすぐにし、殿部を後方に移動させて踵につけ、胸も大腿部につける。両手は身体の前で床につけたまま、できるだけ前に伸ばすようにする。この動作で痛みが生じた場合のスコアは0点となる。陽性の場合にも、今後の参考としてロータリースタビリティのスコアも記録しておく。

FMSのまとめ

エクササイズやリハビリテーションの専門家は、健康な人に対するエクササイズのプログラムデザインを明確にする手段として、この7種類のテストを用いるべきである。動作パターンを正しく評価できるスクリーンによって、トレーニングが改善され、より完全なアプローチになる。FMSから得られる情報は、傷害を予防しながら、効率やパフォーマンスを向上させたい健康な人を対象とする専門家に役立つ。

研究者に機能とリスクの予測因子やバイオマーカーを提示できる共通のテストバッテリーがあるということは、統計学的にメリットが大きい。今後、研究者が理学療法分野におけるFMSの実用性と臨床的な必要性を理解し、より効果的な評価ツールを開発するために、このバイオマーカーに注目するようになることが理想である。

そこにたどり着くには、機能的動作パターンを捉え、パターンの分布—どれが機能的か機能的でないか、どの構造に機能不全があるのか—を検討し、より高い基準の情報を生み出すことから始める必要がある。

■ 活動リスクの増大

FMSからは前向きの情報と後ろ向きの情報の両方が得られることを理解することが重要である。両方の情報とも重要であり、どちらもエクササイズや活動のリスク管理のためにトレーニングやリハビリテーションプログラムに組み込まなければならない。

- 前向きの情報からは、不完全な動作パターンを改善するために必要な修正ストラテジーが得られる。どの動作パターンが効果的に行えているかを示すこともできるので、そのパターンについてはコンディショニングやトレーニングを行うことが可能となる。
- 後ろ向きの情報からは、リスクを増加させたり改善を遅らせたりする活動を発展的な意味で一時的に中止することが示唆される。

誤った動作パターンに対して、コレクティブエクササイズだけを行えばよいと決めつけてはいけない。動き方の癖、エクササイズプログラム、活動、職務、競技などのすべてが誤った動作パターンを長引かせてしまう。このような動作パターンを常に繰り返していると、コレクティブエクササイズを行ったとしても中枢神経系内で混乱が生じてしまう。

コレクティブエクササイズによって可動性と安定性をリセットしようとするが、同時に代償を助長している他の動作パターンにより、コレクティブエクササイズの効果が損なわれてしまう。これを解決するには機能的動作の基盤が確立されるまで、一時的に代償を助長している活動を中止する必要がある。再びスクリーニングを行って機能的な動作能力を示すことができれば、代償を助長していた活動を再開したり、よりリスクが少なくて効果が同等もしくはそれ以上得られる他の活動を行ったりしてもよい。

以下に示す身体活動リストは、効率的かつ効果的

な動作へと改善するのに逆効果となる身体活動を示したもので，これらの身体活動を行っても動作は改善しないため，一時的に行わないようにする必要がある。身体活動を修正してリスクと代償動作を減少させればうまく行える場合でも，ある程度の代償は生じてしまうので，身体活動の修正は動作を改善させる最も効率的な方法とはいえない。

　上記のアドバイスが当てはまるのは，非対称性がみられる場合とFMSのスコアが1点の場合である。スコアが2点以上であれば，リストの身体活動やエクササイズを開始する必要がある。

基本的な可動性
アクティブ・ストレートレッグレイズ：閉鎖性運動連鎖での激しい活動，ランニング，プライオメトリクス

ショルダーモビリティリーチング：強く押したり引いたりする上肢動作，頭上への持ち上げ動作や頭上からの引き下げ動作

最大下の安定性
ロータリースタビリティ：標準的なコアトレーニング，高閾値のコアコントロールが求められるトレーニング

高閾値の安定性
トランクスタビリティプッシュアップ：上半身や下半身への強い負荷，高強度のプライオメトリクス

ファンクショナルムーブメントパターン
インラインランジ：ランジパターンを伴うエクササイズや身体活動

ハードルステップ：片脚立位を伴うエクササイズや身体活動

ディープスクワット：スクワットパターンやその一部を含むエクササイズや身体活動

FMSの修正

　FMSは活動的な人の全体像を把握し，すべての運動面において機能的な動作能力や耐久力を充分に発揮させたい場合に用いるのがよい。バランス，協調性，柔軟性が必要な活動をする人や，重いものを持ち上げる動作をする人にも適している。身体への負担が中程度から大きい仕事をしている人，上級のエクササイズプログラムに参加している人，競技として運動をしている人など，体力を要する活動を行っている人に向いている。また，筋骨格系の傷害リスクを予測するのに有用な方法でもある。

　身体的な問題，障害や医学的制約などにより制限を受ける人もいる。このような制限がある場合には，FMSを完全に行うことができないので，FMSに対して大きな期待を抱くべきではない。それでも，スクリーニングによって有益な情報が得られ，リスクを評価できるので，効果的なエクササイズプログラムをデザインするために必要である。

　完全なスクリーニングを行うことができなくても，スクリーンを修正することでベースラインを定めることは可能である。スクリーンのすべてを行う身体能力を有していないクライアントもいるが，すべてを行うことが目的ではない。スクリーンは機能的動作を観察するためのツールであり，機能的動作を改善し，それを維持することを目的としている。修正したスクリーンの評価能力が立証できれば，目的を達成したことになる。つまり，修正したツールも実用的で目的にかなうものになるだろう。

　このような人の例をいくつか挙げる。

- 心疾患のリハビリテーションを行っている患者など，医学的制約がある人
- 健康だが内科的疾患や恒久的な医学的制約がある人
- エクササイズを行う場合に制限が必要となる病的な肥満者
- 活動的な高齢者は退行変性によりFMSを完全に行えない可能性があるが，修正スクリーニングでも機能的エクササイズの選択や改善に有用である。

　エクササイズや競技を行う子供のためにFMSを修正すべきだと考える人もいるが，その考えはまちがっている。子供は成長の途中で体力が向上し，ま

たそれぞれ異なる年齢で機能的に成熟する。FMSを全部行うことは子供の成長途上の身体にとっては難しいかもしれないが、全体像を得るためには最もよい方法なのである。完全なFMSはリスク評価に優れ、エクササイズや競技に必要なものをより正確に示してくれるだろう。

　子供が競技団体に所属していたり、正式な組織の監視下でエクササイズを行っていたりするのであれば、完全なFMSを行うことは適切で賢明な選択である。スクリーニングによりリスクに関連する欠点が明らかとなり、身体的な準備が充分となる。FMSのすべてをうまく行うことができなくても、他に制限がなければ、子供は発達途上であり、成長に伴いスクリーンのスコアも向上するだろう。

　修正とは、スクリーンテストを変更することや動作の基準を下げることではなく、注意を払って安全を期すためにテストを限定することを意味する。これは、視力検査や血圧検査の基準を変更しないことと同じように、生涯を通じて動作を評価するためには重要なことである。テストの基準が一貫しているからこそ、生涯にわたって進歩や後退を観察することができるようになる。一生のなかで受け入れる価値は変わっていくが、それでもテストは同じものを使用するのである。

■ 修正の優先順位

　FMSの修正は身体的制約、安全性のための制限、専門家の忠告による制限などによって必要な場合にのみ、個別的に行う。動作のスクリーニングを行う際には、個人に合わせた専門的な判断が求められる。動作の修正には優先順位があるので、スクリーンを修正する場合には修正アプローチが変更になる可能性がある。

　スクリーニングには運動発達や修正方法の原則に基づいてスコアを判断するための優先順位がある。修正が必要であれば、この優先順位から修正の方針を立てることができる。可動性のスクリーンを修正し、テストを最も限定して行う場合は、ショルダーモビリティリーチングとクリアリングテスト、アクティブストレートレッグレイズを行うようにする。

　採点基準は変更しない。スコアが左右で異なる、あるいはスコアが1点の場合は、両側ともスコアが2〜3点になるまで、これらの動作パターンを最優先する。可動性の目標を達成したら、医学的制約や禁忌がなければ、ローターリースタビリティとクリアリングテストを行う。何か問題が生じれば、テストは行わないようにする。

　クライアントに高閾値のコアの活動が適していないと思えば、トランクスタビリティプッシュアップは行わなくてもよい。これは主に、力仕事や高閾値のコアの活動を行わない場合であり、それ以外の場合にはテストを行う。腹臥位での他動的伸展が禁忌でなければ、トランクスタビリティプッシュアップ・クリアリングテストを行うことをすすめる。クリアリングテストは可動性の評価には使用しない。このテストの目的は、医療の専門家が脊椎の機能不全を評価するための誘発徴候として、伸展時に痛みが生じるかどうかを確認することである。

　修正スクリーンで次に検討するテストは、ハードルステップである。可動性の問題が改善した時点で、バランスとモーターコントロールが動作能力を改善するための次のステップとなる。

　クライアントが行うエクササイズや活動にランジやスクワットの動作パターンが含まれないのであれば、インラインランジとディープスクワットは行わなくてもよい。

■ 修正の要約

　FMSを修正する場合、系統的な過程に従う必要がある。やみくもにテストを行い、そのテスト結果のみに基づいて動作を修正しようとすると、たいていは発達過程が損なわれてしまい、修正させるつもりであっても不適切なエクササイズを課してしまうだろう。

　FMSの修正は、以下の過程に従うようにする。この過程に従うことで、ウィーケストリンクに対して修正ストラテジーを推し進められるようになり、また修正ストラテジーを発展させる場合のエラーが減少する。

- ●アクティブ・ストレートレッグレイズ
- ●ショルダーモビリティリーチング

6. ファンクショナルムーブメントスクリーンの詳細

- ショルダーモビリティリーチング・クリアリングテスト

次に適応をすべて考慮して行うものは，

- ロータリースタビリティ
- ロータリースタビリティ・クリアリングテスト
- トランクスタビリティプッシュアップ・クリアリングテスト

次に検討するものは，

- 適応ならば，トランクスタビリティプッシュアップ

その次に考慮するものは，

- ハードルステップ

最後に考えるものが，

- インラインランジ
- ディープスクワット

下のホームページでさらに詳細な情報，動画，アップデートが入手可能である（英文のみ）。
www.movementbook.com/chapter6

7
SFMAの概要とトップティアーテスト

　リハビリテーションの専門家と研究者は皆，ヒトの姿勢や運動，機能だけでなく，これらが関与する複雑な疼痛症候群を評価する能力を持っている。彼らは構造や運動機能の検査方法を示し，その発展に貢献してきたが，痛みや運動機能障害の原因となる身体構造のアライメントや不安定性，制限に対しても取り組んできた。

　旧世代の人々は，今日と比べて基本的な手段しか持ち合わせていなかったが，それでも論理的思考の持ち主はその能力を発揮してきた。現代の臨床家は多種多様のモダリティや診断ツールに頼りすぎている。つまり，現代の臨床家の脳は様々な運動障害に対して素早く推論し，問題を解決する能力を失ってしまい，その手は軟弱になってしまったのである。しかし，先人の手技と演繹的スキルを身につけることができれば，過去から現在までにあるなかから最も良い方法を享受し，最新のテスト法や治療手技による診療を補完することができるようになる。

　初期の医学は運動に対して病理解剖学的にアプローチし，運動に関連した痛みや機能不全は，常に解剖学的構造の制限，退行変性，損傷によって説明されてきた。現代の医学は，生体力学，神経筋コントロール，機能的対称性を，同じように考慮する要素として，評価尺度のバランスをとる努力をしている。この両方のアプローチを適用することは，バランスのとれた視点を生み出し，痛みや機能不全などの臨床症状を充分に説明することに役立つ。

　解剖学は構造，組織，骨格を網羅しており，一方生理学は機能，作用，相互関係を統合したものである。我々リハビリテーションの専門家は，両方の視点を同等に重視することで，筋と関節を単独で評価するだけの偏った考えから，運動を可能にする複雑な関連性を正しく認識できる考え方へと進歩できたのである。

　この広い見方では，痛みを伴う動作や動作機能不全を，力学的かつ行動学的なものとして考える。運動系がどのように関連しているかを正しく評価することは，現代の医学におけるアウトカムに基づいた運動リハビリテーションへの転換の原動力となっている。

　「動作パターンのわずかな変化によって特定の筋力が低下する様々な状況がある。変化した動作パターンと特定の筋力低下が関連しているのであれば，変化した動作パターンの修正が必要となる。つまり，筋力を強化するエクササイズだけでは，機能的動作中の筋収縮のタイミングや筋の動員様式には影響を及ぼさないのである。」

Dr. Shirley Sahrmann

■ 臨床的な動作パターンの考察

　我々の身体は，傷害，筋力低下，タイトネス，構造的な異常などにより，ある一定の動作パターンを呈するようになる。偏ったアプローチによる評価や治療では機能を完全に回復させることはできないだろう。痛みのない動作を取り戻すには，正しい動作パターンの実用的な知識と，機能不全パターンを位置づけることが必要なのである。何が良いかを知るためには，何が悪いのかを知る必要があり，また機能不全パターンを位置づけるためには，標準作業手順を構築しなければならない。

　セレクティブ・ファンクショナルムーブメントアセスメント（SFMA®）の目的は，ベースラインと比較するための姿勢と機能のパターンを得ることである。SFMAは，機能的動作の質をランクづけするために体系化された方法で，動作が最適でない場合に症状が誘発される。

　「筋と関節の機能不全は密接に関連していることが認識されてきており，この2つは切り離せない1つの機能的なユニットとして考えるべきである。」

Dr. Vladimir Janda

Jandaが実践してきた医療や著書が示していることは明確である。彼は動作を系統的に分析する必要性を認めている一方，全体として切り離すことができないものを臨床的に分けて考える視点も失わないように警告している。

同時期に影響力の強かった人々は，ヒトの評価とリハビリテーションが常に改善し続けるモデルになるように医療の専門家を導いてきたが，この広範な知識は系統的に用いなければ混乱を招くことになる。時代を超えて臨床システムの方向性を示したDr. James Cyriaxは，多くの人から非観血的整形外科学の生みの親として尊敬されている。

「身体的検査の目的は，患者が気づかない不明瞭な症状を見つけることよりも，患者の訴える痛みを引き起こす動作を見つけることであることを肝に銘じるべきである。」
「医師は，基本的な手順を守ることによってのみ見落としがないことを確信でき，見落としがなくなることによってのみ真の所見を得ることができる。痛みが生じる1つの動作からではなく，一貫したパターンを注意深く検出することによって診断に至るのである。」

Dr. James Cyriax

Cyriaxは，一貫したパターンを見つけることを教示する際に注意深く言葉を選んでいることから，解剖学的構造を考慮するだけでなく，問題の性質と核心を正しく理解していることがわかる。

彼は緊張と被刺激性に基づいて収縮性組織の質を分類する系統的な方法を開発し，軟部組織病変の系統的な診断に関するガイドラインを示した。

CyriaxのSelective Muscle Tension Testingは以下の4つのカテゴリーに簡略化されることが多い。

筋力低下なし，痛みなし：正常
筋力低下なし，痛みあり：筋または腱の微細損傷
筋力低下あり，痛みあり：筋または腱の深刻な損傷
筋力低下あり，痛みなし：神経学的問題

このシステムは，収縮性組織の問題を分類するために利用されたが，全体的に分類した後で客観性や定量化のレベルを向上させる特異的な検査や機能不全の測定など，より詳細な評価を行うこともできる。Cyriaxによって，軟部組織の分類システム，とりわけ痛みや機能に関する臨床的検査ツールを発展させるための扱いやすいテンプレートがもたらされた。

問題に対する効率的で信頼性のある視点は治療において最も重要であり，評価プロセスの純度を治療オプションによって曇らせてはならない。診断プロセスに対してしかるべき配慮がなされた後で，治療プランを検討して開始すべきである。Cyriaxは問題を確認・特定するために最適なテストに加えて，少数の質的テストが検査から得た情報をランク付けできることを示した。

Cyriaxの質的テストは，今日においても重要で必要なものであるが，それは測定精度や技術的な洗練度からではない。このテストの価値は，疑わしい構造や数値を正確に測定することに的を絞る前に，全体像を捉えてカテゴリー化することにある。

特殊な測定に先立って全体を視野に入れた見方をすることは，臨床における専門的な技能を証明するものである。

組織を評価するためにCyriaxの分類を見直したことが，SFMAの枠組みを構築するのに役立った。このように分類して系統立てることの有用性は，厳選された少ない選択肢を提示することにある。我々は，Cyriaxの分類法の「筋力低下なし」と「筋力低下あり」を「機能的」と「機能不全」に置き換えることで，動作パターンを下の4種類にグループ分けする評価システムを作り出した。

機能的，痛みなし（functional and non-painful：FN）
機能的，痛みあり（functional and painful：FP）
機能不全，痛みなし（dysfunctional and non-painful：DN）
機能不全，痛みあり（dysfunctional and painful：DP）

「**機能的（functional）**」とは，制限のない動作を表わす言葉である。しかし，動作が機能的であると

判断する前に，患者の呼吸サイクルが動作パターンを終えるまで乱れていないかを確認する必要がある．患者の呼吸が努力性である場合や，動作パターンの変化の原因が呼吸にある場合は，機能不全であると判断する．

「機能不全（dysfunctional）」とは，可動性や安定性の低下，動作の対称性を保持できないなど，制限のある状態を示している．「かなり」や「わずかに」などの修飾語を使う必要がある場合など，機能的であるかが疑わしいときは，常に機能不全であると考える．

「痛みあり（painful）」は，SFMAの動作が主症状を再現したり，悪化させたり，2次的な症状を引き起こす状態を意味する．

毎回，このような方法で機能的動作にグレードをつけ，認められた異常の原因や重症度も補足として記載しておくとよい．この分類は評価プロセスの第1歩で，それから患者のニーズと関連のあるテストや測定を行うことに評価の焦点を当てるようにする．

治療目的で臨床家の元を訪れる人は，まず痛みが解消できるかどうかを心配している．患者は痛みにスポットを当てるが，臨床家は痛みや機能不全の原因と性質を説明するのに役立つ一貫したパターンを見つけることに集中すべきである．痛みが生じるすべての動作が必ずしも機能不全パターンではないこと，またすべての機能不全のある動きに痛みがあるわけではないことを理解しておくことが重要である．臨床家はその両方を識別しなければならない．

我々は，そこに痛みがあることを知っている．それは見ることができ，または患者がその部位を簡単に示すことができる．しかし，我々が見つける必要があるのは，痛みの原因である．痛みを誘発する動作や機能不全のある動作を位置づけるが痛みは悪化させないことで，痛みの知覚と機能不全の動作を示す無駄のない道筋をデザインする．

■ 徴候と症状

検査を進めるうえで，患者の徴候と症状のバランスをとらなければならない．つまり，患者は症状を伝え，臨床家は徴候を観察するのである．患者の症状は不快な感情を表わし，ライフスタイルや活動を妨げる事柄，悩みなども伴っており，これらは痛みと関連していることが多い．

徴候は症状に伴うことが多いわずかな指標の一部であり，通常，症状と徴候は密接に関連している．例えば，打撲による皮膚の変色は外傷の徴候であり，圧痛は外傷による炎症症状を示している．

対照的に慢性腰痛では，徴候と症状の関係はより複雑化する．患者が前屈動作で腰痛を訴える場合，前屈動作は症状を誘発するが，これは動作機能不全の重要な徴候ではないかもしれない．前屈動作で痛みが生じても，機能不全なしに爪先を触って立位に戻ることができる患者の場合，不快感があっても，動きの変化を示す徴候がないこともある．

患者が痛みを訴えなければ，臨床家はその良好な前屈動作に対して何か疑いを抱くだろうか．臨床家も人間であることから思い違いや感情移入をしてしまいがちなので，前屈動作時に患者が痛みを訴えると，前屈動作が正確に行えていないのではないかと思ってしまう．前屈動作で痛みは生じるが，基本的な観察からは機能不全が認められない場合，動作パターンに問題がなくても前屈動作の一部を修正しようとするかもしれない．

他の動作パターンでは腰痛は生じないかもしれないが，動作全体を評価すると動作機能不全の徴候が認められることがある．例えば，脊柱の伸展で痛みがなくても，その患者の年齢やフィットネスレベルからすると伸展可動域が正常値の50％以下に制限されていることに気付くことがある．これは基本的な動作パターンにおける著しい制限を示している．この制限を身体が知覚し，反応することによって他の部位に補償と代償が生じる．

同じように前屈動作で痛みは生じるが機能不全はなく，すべての動作の可動性は非常に大きいが，片脚立位が数秒しかできない，バランスが非常に悪い別の患者の例を挙げる．この患者には片脚立位バランス，身体認識，筋のコントロール，安定性などが低下している徴候があり，さらに検査を行う必要があるが，症状の訴えは同じであっても全く異なるパターンの機能不全を示している．

2人の患者は，最初の腰痛の訴えに関しては同じであるが，動作パターンに関連した臨床徴候には大

きな違い（対照的な機能不全）がみられた．1人は可動性の低下や制限を示し，もう1人は安定性やコントロールの低下を示している．

残念ながら，この2人の腰痛患者は医師やセラピスト，カイロプラクターから同じような治療を受け，同じようなエクササイズやライフスタイルの指導を受けることが多い．動作への対処は打撲の治療のように簡単ではないにもかかわらず，いまだに原始的な方法で治療されている．痛みの部位にのみ注目し，その部位に対する治療やエクササイズだけで症状を軽減させようとしている．

腰痛はアメリカの成人において最も多い筋骨格系の訴えであり，4人中1人以上が最近の3ヵ月間に少なくとも1日以上続く腰痛を経験したと報告されている．

この報告は次のような疑問を投げかけている．これは腰痛の異常発生なのか，それとも腰痛の管理の問題なのか？

■ SFMAの特徴

SFMAは，リスクを予測するものとしてデザインされたのではない．痛みや機能不全に関連する動作パターンの状態を評価するためにSFMAを使用するのである．SFMAでは，症状を誘発し，制限や機能不全を示す動作を用いる．つまり，動作パターンの問題に内包された情報は，患者の主訴と関連している．SFMAは，問題を障害ごとに分けたり，測定や他のテストを行ったりする前に，動作パターンによる反応を観察する機会を与えてくれる．まずSFMAによる検査から始めることによって，すべての機能的な特徴が明らかになるのである．SFMAによって迅速かつ容易に動作のテストが実施できるので，スポーツや整形外科の外来リハビリテーションに今までなかった系統的な評価ができるようになる．

FMSとSFMAには以下のような違いがある．FMSは，健康関連やフィットネスの専門家が健康な人を対象に行うもので，SFMAは医療やリハビリテーションの専門家が問題のある状態だとわかっている人に対して行うものである．痛みが主訴であることが多いが，これには動作機能不全を伴う場合と伴わない場合がある．痛みがある，またはFMSの結果から医療の専門家に紹介された場合，あるいは直接医学的アドバイスを求めて受診した場合など，いずれにおいても動作に関連した痛みを系統的に分類することを最初に行う．

■ 動作パターンの位置づけ

これから紹介するSFMAでは，FMSの基本的パターンの一部も用いることから，動作のスクリーニングとアセスメントを初めて行う専門家は両者を混同してしまうことが多い．この2つのツールを混同しないようにしなければならない．すなわち，この2つは全く異なったことをするためにデザインされているのである．類似点を受け入れ，違いを理解すること．これらのツールは入口（SFMA：診断）と出口（FMS：予後予測）において動作の見方を教えてくれるものとなる．

FMSもSFMAも，扱うのはヒトの基本的動作なので，第三者からはその動作パターンは似たようなものにみえる．SFMAは，痛み，制限，非対称性にフィルターをかけ，意図的な検査の反復を行う．動作パターンに様々な程度の荷重や負荷の非対称性のバイアスをかけて観察できるので「セレクティブ（選択的）」なのである．また，姿勢発達の段階を逆戻りする．例えば右の片脚立位バランスの問題がある場合に，90秒後に行うローリングパターンのモーターコントロールにその問題の本質があるなどということは，驚くべきことではない．

SFMAにおける情報は，FMSとは全く異なった方法で評価，ランクづけされる．通常のスクリーニングで用いる3, 2, 1, 0のようなスケールによって動作をランクづけするのではない．SFMAは痛みについての評価法なので，結果が機能的パターンでも機能不全パターンでも，潜在的に痛みが存在していることを考慮しなければならない．

動作は，その質だけに基づいてグループ化するのではなく，痛みの変化と動作の質の2つを併用することによってグループ化する．このグループ化からは，主に2つの疑問が生じる．

1. その動作パターンの質は，正常で機能的なものか，あるいは制限されている機能不全なのか．

2. その動作によって痛みは生じるか否か。

このシステムに慣れていない人は，まるで情報を集める唯一のチャンスであるかのように，SFMA のささいな点について詳細に調べたり，議論したりすることが多い．我々は彼らに，手順に従ってから他の検査を行うように指示している．いったん情報が集まれば，脳は点と点を結び全体像を描き始める．

結局のところ，SFMA は患者に診断をつけることはない．動作パターンの位置付けをするだけである．しかし，動作パターンをトップティアーテストによって機能レベル，ブレイクアウトテスト（第 8 章参照）によって発達レベルにおいて位置づけることによって，動作が変化した問題のあるパターンに対する治療やエクササイズなどの適切な介入を正確に特定することができる．

▍SFMA の基準

複数の動作パターンを検査し，それぞれのアウトカムを観察する．動作パターンを評価することで，下の 4 種類の回答が得られる．

FN：機能的すなわち正常な動作パターン，痛みなし
FP：機能的すなわち正常な動作パターン，痛みあり
DP：機能不全すなわち制限された動作パターン，痛みあり
DN：機能不全すなわち制限された動作パターン，痛みなし

分類のために 7 つの基本的な動作が標準化され，いくつかのパターンはわかりやすいように分解されている．正しい機能の分析はこのレベルから始めなければならず，少なくとも 1 つの異常が認められればより詳細な検査を実施する．

SFMA によって 4 つのシナリオが浮かび上がってくる．それぞれのシナリオはもちろん重要ではあるが，なかでも特に 2 つは臨床的により詳細な検査を行う必要がある．

その 2 つのパターンとは，FP（機能的，痛みあり）と DN（機能不全，痛みなし）で，これらはコレクティブエクササイズを適応するための明確な指針である．また，マニュアルセラピーが成功するかどうかを最も簡単に確認することができる指針でもある．カテゴリー化を怠るとまちがった方向に進んでしまう．つまり，誤った方法で観察やテスト，測定をすることは時間の浪費であり，下手をすると危険を伴う．

SFMA の第 1 歩は，様々な動作パターンのなかからできるだけ機能不全と痛みを区別することである．この過程で，痛みのある動作がすべて機能不全であるとは限らないということ，機能的な動作のすべてに痛みがないとは限らないということを発見するだろう．これはわかりきったことのように聞こえるかもしれないが，脳は痛みのある動作に注目しやすく，それを機能不全と思い込みやすい．また，明らかに機能不全であるにもかかわらず，痛みがないためにすべてをみようとしない傾向があることを覚えておかなければならない．このシステムは我々を守ってくれるのである．

このシンプルな分類によって，特定のパターンにおける可動性と安定性の問題を明らかにするための 2 次的な動作分析が始められる．そして，SFMA の所見に従った検査を行い，動作に基づく障害を具体的に調べることができる．

痛みを追いかけて誤った方向を選んでしまうことは，臨床上よくあることである．これは，新人やインターンが患者の症状だけに気をとられたり，他の重要な客観的徴候や臨床所見を無視したり軽視したりするのを指摘するような経験を積んだ専門家にもみられる．

4 つの回答について考えよう．各回答は，臨床における動作の道筋を示してくれる．

▍機能的，痛みなし（FN）

FN は，痛みのない正常な動作パターンを意味する．つまり，**行き止まり（終了）**である．

この経路に従うと，すべてが正常ということになる．パンクしたタイヤに例えると，空気圧が低くなっているわずかな異常はあるが，完全に空気が抜けて平らになっているわけではない．Cyriax の言葉を思い出してみよう．

「身体的検査の目的は，患者が気づかない不明瞭な

症状を見つけることよりも，患者の訴える痛みを引き起こす動作を見つけることであることを肝に銘じるべきである。」

ここでやるべきことは，タイヤがパンクしていることを見つけることである．すなわち，動作が機能的で痛みがないということは，そこで終わりということである．

我々は，動作が完璧であることを立証するためではなく，動作パターンという鎖におけるウィーケストリンクを見つけるためにここにいるのである．FNは完全であることを意味しているのではない．単にウィーケストリンクがないということを示しただけに過ぎない．SFMAは，生体力学や関節可動域測定，専門家としての多くの経験に基づいてつくられ，動作パターンの基準として許容できるものである．各トップティアーテストの基準は，意思決定をするのに充分な情報を与えてくれるはずである．

■ 機能的，痛みあり（FP）

FPは，痛みを伴う正常な動作パターンを示しており，これは**指標**となる．

動作が痛みに全く影響を及ぼさない場合は，患者の主訴は動作を評価する範疇から外れているかもしれない．動作や肢位の影響を受けず，変化しない持続的な痛みは，整形外科リハビリテーションにおいては良い徴候ではない．筋骨格系の傷害と関連のある急性炎症や筋スパスム以外で，変化しない持続的な痛みがある場合は，全身性の問題，整形外科疾患ではない問題，深刻な心理的問題が示唆される．この場合は原因にかかわらず，動作に基づく評価ではそれ以上の進展がないので，他で医学的診断を受けるのが適切である．

しかし，動作に伴う痛みがある場合は，症状を誘発するパターンの情報が得られる．これにより，臨床家は痛みを伴う動作に対する一貫性のある指標を得たことになり，評価を進めても，必要があれば痛みの変化を確認するためにその指標を再確認することができる．患者が症状の変化を報告するよりもずっと前に，指標はプラスにもマイナスにも変化しうることから，治療中に指標を定めることは有用である．

痛みを誘発する動作パターンであることから，このパターンは役に立つ．検者からすれば動作には明らかな問題はないが，患者は痛みを訴えている．これは，動作と痛みが確かに関連していることを意味している．

FPの動作パターンは，症状を誘発する動作と誘発しない動作を調べるために下位分類することもできる．

この動作パターンは機能的であることから，このケースに対してコレクティブエクササイズを行うことは有効でないので，必要ない．動作自体は機能的なので，動作の一部を繰り返し練習したりエクササイズを行ったりする必要はない．しかし，この動作には痛みが伴うことから，症状が悪化して治療に悪影響を及ぼす恐れがあるので，必要以上に繰り返し行うべきではない．このFPパターンは，指標となるのである．

■ 機能不全，痛みあり（DP）

DPは，痛みを伴う制限された動作パターンを示している．

このパターンでは非常に多くのことが生じているので，動作を分類しなければ信頼性のある指標は得られない．分類したパターンで得られる所見はそれぞれ異なっており，FPまたはDNのパターンを示すこともありうる．

忘れてはならないのは，**痛みによって動きが悪くなるのか，または悪い動作が痛みを引き起こすのか**，ということである．観察した所見を記録し思い出すことで，この質問に対する答えを見つけるべきであるが，コレクティブエクササイズはそれ以外の方法がない場合以外行ってはならない．エクササイズを処方しようとする場合，DPでは考慮することが非常に多くなる．熟練した臨床家であれば，この予測不能な状況をうまく乗り越えられるが，エクササイズは第1選択とはならない．

DPは外科手術後や外傷後の患者にもよくみられるが，この状態は化学作用の痛みによって複雑なものとなっている．このパターンは，一般的なエクササイズを行うよりも，徒手的に対処するのが最もよい．炎症を抑えるための治療やマニュアルセラピー，

ファンクショナルテーピングを行うことで，DPを他のカテゴリーに移行させることができるが，DPの状態が変わるまではコレクティブエクササイズは行わないようにすべきである。

外傷や外科手術などが原因の化学作用の痛みがある場合は，この状態が改善するまではSFMAは見合わせたほうがよい。

このパターンに対するエクササイズの役割の大部分は，血液循環や関節，組織の可動性を維持あるいは改善することにある。運動量や代謝を維持・改善するためであり，パターンの質を改善するためではない。

最後に，痛みにかかわる精神的な要素を無視しないようにすべきである。精神的な要素は，拒否から極端な症状の誇張まで，あらゆる範囲に及ぶ可能性がある。

■ 機能不全，痛みなし（DN）

最後に，痛みがなく動作が制限されているパターンをみていくが，このパターンには**コレクティブエクササイズが適用**となる。

このパターンでは，動作と動作機能不全を理解することが重要であり，FMSで用いたフィルターで考えることが可能となる。痛みがないので，痛みやその周囲の反応によって複雑化していない動作を観察することができる。これは，熟練した臨床家であれば，治療の正しい方向性を確かめるために症状が軽減するのを待つ必要がなくなることを意味している。症状が軽減するよりも前に，動作に好ましい変化が現れることで，臨床的に強力な確証となる。

3つのフィルターが，情報を絞り込む助けになる。それは制限，非対称性，意図的な反復である。

最も制限のあるパターンすなわち正常から最もかけ離れているパターンを選ぶようにする。

もし他にも機能不全で痛みのないパターンがある場合は，そのなかで最も単純なパターンもしくは最も身体に負荷のかからないパターンを選ぶようにする。

非対称性の機能不全は，対称性の機能不全よりも優先する。

最初の制限が改善すれば，2番目に制限や非対称性が大きいパターンに戻る。

最後に，意図的な反復もSFMAに組み込まれている。動作は一貫性を観察するために繰り返しチェックされる。結果に一貫性がある場合は**可動性**に機能不全がある可能性が示唆され，結果に矛盾がある場合は**安定性**に機能不全がある可能性が示唆される。

このパターンにコレクティブエクササイズを実施するには，このシステムに対する信頼が必要となるだろう。患者の症状と，痛みのない制限された動作との間に相互関係を見出すことは難しく，また患者にこのことを説明することはさらに難しい。

以下のような会話に対応できるように準備しておこう。

患者：肩じゃなくて，首です。もちろん肩も多少は硬いですが，首を治してもらいたくてここに来たんです。先生は肩のエクササイズをさせようとしていますが，肩はまったく問題ないんです。どうして肩が問題なんですか？

—ここで必要なのは，頸部の動作パターンで痛みは生じるが，機能不全はないことを，静かに落ち着いて説明することである—

臨床家：たしかに，首を動かすと痛みは出ますが，首の動きは制限されていません。力学的あるいは機能的な観点からは，首に対して行うことがないんです。もちろん，痛みや炎症に対する治療は行いますが，首のエクササイズを行うことはありません。首の動きは正常で，単に動く際に痛みが出ているだけなんです。首の痛みの変化に対しては観察を続けるつもりです。

肩の動作パターンには機能不全がみられました。肩に痛みがないことは，無意識に他のところで補っていることを意味します。肩の可動性や安定性が低下している可能性があり，また肩を助けるために，首や背中が必要のない不自然なことをしているのです。このちょっとしたことをそのままにしていると，わずかですが首にストレスや負担がかかってきます。我々はこれを代償と呼んでいます。

そうしているうちに，首を支えて動かしている関節や筋肉に，ストレスによって炎症が起きたと

思われます。関節や筋肉が働きすぎている状態です。

労働問題を解決しようと残業をしても，長続きしません。人や身体の一部は，時には過剰に働くことがあるかもしれませんが，それが毎日のことになると壊れてしまいます。

首は充分に働いており，それが問題ではありません。つまり，問題は肩です。肩は要求される仕事以下でしか働いていない状態です。首が余計な仕事を引き受けたおかげで壊れ始めています。異常な状況に対して首が対応するのは普通のことですが，限界がきて，症状を訴えるのも当然のことなのです。

私が行った評価で，肩に問題があることが判明しました。これでもう少しはっきりと詳しく調べることができます。首は痛みが問題でしたが，肩には機能や力学的な問題があり，この問題は雪だるま式に大きくなり始めています。

SFMAの構成要素

以下はSFMAで提案している構成要素の説明であるが，まず機能的動作の全般的な7つのカテゴリーについて，次に各カテゴリーの手順や追加的な評価についての詳細を示す。このシステムでは，FMSで用いた4つのフィルターを用いる。

痛み：動作パターンで誘発される
制限：動作パターンで認められる
非対称性：動作パターンのなかに認められる
意図的な反復：一貫性をみるための動作の重複

SFMAトップティアーテスト

1. サービカルスパイン
2. アッパーエクストレミティ
3. マルチセグメンタルフレクション
4. マルチセグメンタルエクステンション
5. マルチセグメンタルローテーション
6. シングルレッグスタンス
7. オーバーヘッドディープスクワット

それぞれを，FN，FP，DN，DPにランクづけする。FN以外は，動作の情報を絞り込むため，あるいは後で行う機能障害テストのために，さらに分類することができる。最もはっきりしているDNとFPを最初に分類することは，最も良い選択である。

最初に行った動作とさらに分類してから行った動作を比較して，各動作の結論を得るために一貫性，矛盾の有無，機能不全のレベルを調べる。

SFMAの結果の優先順位

痛みを伴う動作と機能不全のある動作を分けることは，治療戦略を立てる際に明確性と論理性を生み出す。そしてほとんどの場合に，前述した4つのカテゴリーに分類することができる。**DNの動作パターンが重要である**。このパターンでは，スクリーニングモデルとアセスメントモデルにおける真の相乗効果がみられる。

複数のDNの所見がある場合は，SFMAのトップティアーテストの優先順位に基づいて考慮する必要がある。これは，頸椎（サービカルスパイン）のDNは肩（アッパーエクストレミティ）のDNより先に対処しなければならないことを意味する。同様に，肩のDNは前後屈（マルチセグメンタルフレクション/エクステンション）のDNよりも先に，前後屈のDNは回旋（マルチセグメンタルローテーション）のDNよりも先に，回旋のDNはシングルレッグスタンスのDNよりも先に対処する。最後に，すべてのDNは，スクワットのDNよりも先に対処する必要がある。この優先順位によって，動作パターンの再獲得に最良の状況となる。それぞれの動作レベルは，次のパターンの機能やコレクティブエクササイズの選択に影響するので，可能な限り優先順位に従うようにすべきである。

明らかに，固定化した制限，長期にわたる障害，広範囲の瘢痕化，外科的な固定，関節置換術などによるDNは，管理の範囲外となる可能性もある。しかし，慢性的な制限のある部位には，改善の可能性があることも忘れてはならない。臨床的な判断が常に最高の指針となる。

機能不全を呈した動作に対するFMSとSFMAのコレクティブエクササイズはよく似ており，全く同じ場合もあるが，スクリーニングとアセスメントは，

異なる理由，異なる状況下で行っているのである。

　修正ストラテジーは，痛みに対してではなく，動作機能不全に対して用いる。FMSでは痛みには対処せず，その場合はSFMAを行い，痛みを生じさせるエクササイズは行わない。痛みは記録し，それに対する治療も行うが，痛みをなくすためにエクササイズを行うことはない。可能な時には，痛みによって複雑化していない機能不全に対してエクササイズを実施する。痛みの化学的，力学的な原因に対しての治療は行うが，コレクティブエクササイズと運動学習は，痛みのない機能不全パターンに対して実施する。こういうと，あえて痛みや不快感を生じさせる徒手的テクニックを学んだ臨床家は混乱するかもしれないが，徒手的治療に患者自身のモーターコントロールは必要ないのである。治療中は痛みに対処しなければならないが，患者に痛みがある場合，高いレベルのモーターコントロールや運動学習ができると期待すべきではない。コレクティブエクササイズの大部分は，痛みが効果的に管理されているDNパターンに対して行うようにすべきである。

　教育レベルの高い人ほど，この動作の管理モデルの単純さに困惑する。FMSもSFMAも，管理の方程式から痛みを除くように決められている。痛みは当然考慮するが，できる限り一貫性と明確性を生み出すために機能不全から分離させる。たとえ痛みが機能を変えたり影響を与えたりしても，それは**症状**であって機能の本質ではない。

　仮にすべての機能が回復し痛みだけが持続した場合，当然問題は存在しているが，それは機能的な問題ではない。この問題は他の専門家が取り扱うべきものである。つまり，修正ストラテジーの理論や試みが適さない問題である。癌や全身性疾患，生理学的・心理学的疾患は，機能的動作とは関連のない所で痛みを起こす可能性がある。問題が動作に基づかない場合は，他の医療専門職への紹介をすすめる。

　このシステムは，最大の機能制限に対してコレクティブエクササイズを行い，自動運動に混在する場合に痛みを追求すると必ず生じる矛盾を取り除くようにつくられている。加えて，非機能的問題を即座に浮き彫りにして，痛みが機能と関連していない場合には他の専門家に紹介するという結論へと導く。

　FMSとSFMAの哲学は，真の動作の恒常性を保つことができる程度に，機能的な動作のパターンを回復させなければならないということである。

　パーソナルトレーニングのクライアントやアスリート，肉体労働者，痛みを訴える患者など，FMSとSFMAの対象が誰であっても，最終的なゴールは正常な動作パターンとして許容できるレベルに回復させることである。アセスメントとスクリーニングはリハビリテーションの最も優れた方法であり，リスクを軽減し再発の可能性を最小限に抑えてくれる。逆にいえば，最低基準以上まで動作パターンが改善しなければ，機能的な介入をしたことにはならないのである。

　本当に客観的な専門家とは，自分が客観的ではないと知っている人間である。そのような人は，先入観や偏見，主観性の落とし穴を避けるようにシステムや方法を使用している。

　このシステムを要約すると，次のようになる。

1. 動作パターンの基準（ベースライン）を決める。
2. 動作の問題を観察し，その部位を見つける。
3. その問題に対する修正を行う。
4. 基準を確認する。

　この全体的な仕組みを維持すれば，ファンクショナルムーブメントシステムは正常に機能するだろう。すべての人が完全に痛みを解消し，正常な機能を獲得することは不可能だろう。しかし，その時点での機能と痛みの基準に対する目標を設定すべきである。結局のところ，全く改善しないよりは，部分的にでも目標が達成できたほうがはるかによいのである。

SFMAの有用性

　この章では，SFMAの実施方法を示す。そのコンセプトを概説し，情報の分析の意味を考察する。SFMAは2つのステップからなる。この2つのステップにより，「ファンクショナルムーブメントアセスメント」の前に「セレクティブ（選択的）」をつけて呼ぶようになった。

　ステップ1では，基本的な動作パターンの状態を，痛みの有無と，機能的か否かについて確認し，分類

する．これには，前述した4つのフィルターを用いる．

ステップ2では，問題となっている動作パターンを単純化するシステムを取り入れる．この単純化は，系統的な負荷の除去と，運動発達過程における姿勢やパターンの後戻りから構成される．

SFMAは臨床的ツールであるが，他のスクリーニングと同様に測定の前に段階付けをすることが必要とされる．異常なパターンをそれぞれ，戦略的にDP，DN，FPに分類することによって，分析を行うことができる．

また，動作パターンの単純化により，機能不全と運動由来の痛みの特徴がより明確になる．分類の過程において，動作とその構成要素の対称性や制限，負荷の有無での変化が明らかになるだろう．

SFMAには，以下のような有用性もある．

- より包括的かつ機能的な診断のために，患者の情報を洗練し，段階付けする助けとなる．
- 構造を分解するために必要な力学的分析と動作パターンのバランスをとる視点を与えてくれる．
- 最も有益な治療エクササイズ，コレクティブエクササイズを動作機能不全に基づいて選択する助けとなる．
- 症状のある部位から離れた構造や機能が，どのようにして痛みや治療の有用性に影響を与えるかという，局所の相互依存関係をとらえる方法が得られる．エクササイズは，痛みのある部位やその近辺の部位での単一運動，あるいは患者を基本的な診断で分類した一般的なプロトコルに基づいて誤って実施されることが多いために，このことは重要である．
- モーターコントロールと代償に悪影響を及ぼさないために，エクササイズに伴う症状の誘発を意図的に避ける系統的なプロセスを用いる．

SFMAとFMS

SFMAの効果と有用性について，患者と健康なクライアント両方を対象としてトレーニングなどを行う専門家のなかでは，混乱が生じる可能性がある．FMSとSFMAは互換性があり，両者ともに臨床場面で使われるべきだという人もいるが，実際には両者は取替可能ではない．**両者を分ける境界線は痛みである．**

SFMAは，患者の最初の診断において，簡単な分類によって痛みと機能不全のある動作パターンを導き出すのに役立つ．

一方FMSは，動きに関連した痛みのない活動的な人を対象に，問題が解決できたかどうかを確認できる優れた評価法である．FMSは診断ツールではなく予後予測ツールなので，将来的なリスク評価により適している．SFMAに合格しても，FMSでは多くの問題がある人もいるが，頸椎の評価を除けばFMSのスコアが優れている人は，SFMAでの良好なパフォーマンスがほぼ保証される．

ほとんどの臨床家は，両者を適用して初めてこのことを理解し，どのようにして互いが補完し合っているのかを容易に理解できる．2つのうちどちらかのほうがより複雑というわけでも，完全でも正確でもない．つまり，状況に応じた正確性を考慮しなければならない．診断と予後予測の比較はわかりやすい例の1つである．

医療現場以外で，SFMAをFMSの代わりとして日常的に用いるべきではない．SFMAは予測的な情報を提供するためにデザインされてはいない．FMSで動作に伴う痛みが認められた場合に有用で，その場合はただちに他の専門家へ紹介したり，評価や治療法の変更を行ったりする．

SFMAは感度が高く，痛みがない人では，ウィーケストリンクとは関係ない不必要な動作を分析してしまうので，その時点で分析されていないインラインランジやトランクスタビリティプッシュアップのような中等度から高負荷の多くの動作を放置してしまうことになる．シングルレッグスタンスではハードルステップの正確性や再現性は評価できないし，ロータリースタビリティにおける対称的な体幹のコントロールは他の動作では観察できない．SFMAは，痛みがある場合の低負荷の動作のフィルター，一方FMSは，痛みがなく，活動的なライフスタイルに復帰する計画がある場合の中等度から高負荷の動作のフィルターとして考えるべきである．

FMSの動きは，トレーニング，活動，試合などでの基本的機能や傷害のリスクを予測するためのものである。これはリスクマネジメントやパフォーマンス向上のためのツールであり，身体的発達やトレーニング，コンディショニングにおけるファーストステップである。活動的になりたい，あるいはそうあり続けたい人，パフォーマンスの向上を目的とする人に実施されるのであり，痛みを訴えている人は対象としていない。

FMSは，パフォーマンス向上やコンディショニングに取り組もうとする健康な人の動作の評価ツールとしては無類の存在であり，シーズン前に行うパフォーマンステストやスポーツ特有のテストに先立って行う評価方法となりうる。また，警察官や消防士など，高負荷の職業のトレーニング前の潜在的リスクを評価する役目を果たすことができる。

痛みとモーターコントロール

ほとんどの患者が治療を求める理由は，筋骨格系由来の痛みである。痛みについての理解は，伝統的な組織の損傷モデルから，認知や行動を含む段階へと移行している。痛みがモーターコントロールを変容させるということは，ほとんどの科学者に受け入れられているが，この変化のメカニズムは明らかになっていない。

痛みは機能的動作中の協調性の変化を生じさせる。つまり，痛みとモーターコントロールの間の相互作用は，運動課題に依存する。現在，研究者はどのようにして痛みが筋活動のタイミングや動作パターンを変化させるのかに焦点を当てている。

例えばZedkaら[41]は，痛みを誘発した前後に，体幹の自然な屈曲運動中の腰部の傍脊柱筋群の反応を研究した。それによると，痛みが生じている状態では傍脊柱筋群の活動が変化し，可動域が10～40％減少した。興味深いことに，片側性に高張食塩水を注射すると，両側で筋電図（EMG）の変化が認められた。これは，痛みが運動のストラテジー全体を変化させたことを示唆している。

Lundらの疼痛適応モデル[42]によると，痛みは運動をコントロールする主動筋や拮抗筋のような特定の筋の役割に依存して筋活動を変化させるという。

このモデルは，痛みがどのようにして筋の活動性を増加させたり減少させたりするのかを説明する初めての試みであった。その後の研究では，この理論がすべての状況下には当てはまらないことが示され，いくつかの運動では特定の筋の役割をはっきりさせることが困難であった。疼痛適応モデルは，従来から信じられていた単純な末梢反応を超えた変化を説明し，今後の研究へとつながるメカニズムを示した。

疼痛刺激に対する中枢神経系（CNS）の反応は複雑であるが，運動の変化は常に存在しており，運動指令の伝達の変化と一致したより高度な中枢の影響を受けているようである。Richardsonら[43]は，痛みがこれまで考えられていたよりも高次の中枢神経系においてモーターコントロールを変容させるというエビデンスを示している。

「モータープランニングの変化と同様に，痛みが脊髄より上位に強い影響を及ぼすという説得力のあるエビデンスが存在する。大脳皮質を含む脊髄より上位の活動における短・長期的な変化が，痛みと同時に生じると考えられている。常に影響を受けるとみられる領域は，運動野と補足運動野への運動反応の直接投射において長らく重要であると考えられていた前帯状皮質である。」

Richardson, Hodges, Hides

痛みは中枢神経系のモータープランニングと同じレベルにある高次のモーターコントロールを変容させることが示されているので，最新の研究では痛みの存在下で異なった課題に対して筋がどのように反応するかに焦点が当てられている。例えば，Kieselら[44]は，痛みの存在下で腕を持ち上げる課題では腰部多裂筋の活動が増加し，重心を移動させる課題では多裂筋の活動が減少したことを明らかにした。これらのデータは，運動課題によって中枢神経系が瞬時に筋活動を変化させうることを示唆している。腰痛患者において，痛みがどのようにモーターコントロールを変容させるかについては，van Dieenら[45]が最もうまく捉えている。彼らは「腰痛患者におけるモーターコントロールの変化は，脊柱の安定性を高めるという点において機能的で，その課題に依存

しているようだ。」と述べている。

　痛みは運動課題に左右されるが，おそらくプランニングレベルでモーターコントロールを変化させるというエビデンスが示されており，機能的動作パターンの評価ではこのことを考慮しなければならない。痛みで減弱した運動パターンによって，不動や動くことへの不安が生じ，関節可動域の減少，筋長の変化，筋力低下などの機能障害が臨床で認められるようになり，最終的に能力障害につながる可能性がある。

　仕事や日常生活で必要とされる痛みのない機能的動作には多くの要素があり，これらの要素に機能障害が起こることで痛みが生じたり，痛みによって動きが変化したりする可能性がある。SFMAを行った後，機能不全のある動作パターンと関連した機能障害を特定する補助として，伝統的な筋長テストや筋力テストなどの測定を行う。

　SFMAアプローチは，現行の検査や介入の代わりに行うものではなく，姿勢や筋のバランス，基本的な動作パターンの概念を，現代の医学やリハビリテーションに統合するモデルである。このアプローチでは，臨床家がマニュアルセラピーや治療エクササイズの適応を忠実に守り，神経学的徴候が存在する場合には中枢神経系の病変，進行性の神経根圧迫，末梢神経の問題などを除外することを，このモデルを適用する前提としている。

筋骨格系に対する臨床検査の機能的視点

　質的なテストや評価から量的な測定へと効率的・効果的に進めることは，筋骨格系に対する徒手的な検査の根本的な原則となる。この手順に従うことで，質的なテストとスクリーンにより検査の方向性をコントロールし，量的な測定により解剖学的構造，力学的・生理学的機能，実用性，症状の重症度などを明らかにし，定量化できるようになる。

　SFMAは，旅行者を目的地に導くコンパスの針のように，筋骨格系の検査で用いられる問題解決過程の方向性を示してくれる。正しい方向に向かっていれば，時間，速度，距離などの量的データは妥当なものとなるが，まちがった方向に向かっていると，これらのデータはほとんど役に立たなくなる。経験の浅い臨床家は，問題の本質の方向性を確認せずに多くの定量的データを無駄に集めてしまうが，これはすばらしい時を過ごしながらまちがった経路をたどる旅行者のようなものである。論理的なシステムでこの根本的な問題を解決するのがこの章の目的である。

情報のレベル

　3つのレベルで動作に関する情報を集めるようにする。

　実用的レベルは，能力障害を示すものである。病歴の聴取や日常生活動作に加えて，スポーツ，レジャー，仕事上での動作などを観察することにより，情報を集める。

　機能的レベルの情報は，スポーツでの機能的動作のような基本的動作パターンにおける機能不全を示し，SFMAによって確認する。

　臨床的レベルでは，特定の臨床的観察や検査・測定で定量化した結果として，機能障害を確認する。

　能力障害（disabilities）は，日常生活の制限によって生じた問題で，詳しい病歴の聴取によって確認する。日常生活活動は，他の変化した行動とともに，その人の機能的状態や動作能力を構成する。能力障害は，SF-36 self-administered pain testのような全般的な健康状態を測定するものや，Modified Low Back Pain Disability QuestionnaireやDisabilities of the Arm, Shoulder and Hand (DASH) のような疾患特異的なツールなど，様々な自己記入式の質問票によって評価できる。また，Patient Specific Functional Scaleのような簡単で患者特有の能力障害を評価するツールもある。これらのテストの例を付録12に掲載した。

　ここで推奨した自己記入式の能力障害の評価方法は，機能の客観的な評価方法だと考えるべきである。各ツールの特性は科学的な研究によって検証されているので，これらの特性を理解して活用することが重要である。

　機能不全（dysfunctions）は非対称性や制限を明らかにする，あるいは症状を誘発するために機能的・基本的な動作を用いて確認する。機能不全を確

認することは，それ以前に得られた日常生活上の実際の動きの情報と，機能的かつ基本的な動作パターンとを関連付ける機会となる．SFMAは機能不全を確認する方法の1つである．

機能障害（impairments）は，身体の特定の部位における異常や制限を示す．筋力，可動域，被刺激性，サイズ，形態，対称性に関連する制限を測定する．それから，これらの情報を標準的なデータと比較したり，適切であれば左右で比較したりする．

例

60歳の女性で，仕事はデスクワークが中心である．右膝にケガをしたことはないが，ちょっとした動きで右膝が痛くなると訴えている．

能力障害：特に階段を降りるときに右膝が痛くなる．LEFSのスコアは62％であった．

機能不全：スクワット動作で右膝の痛みが出現するが，可動域は正常で制限はない．片脚立位は，左側（15秒以上）に比べて右側での静的コントロールが不良（5秒未満）．

機能障害：角度計による測定では右股関節の内旋と外転の可動域が減少しており，等尺性の筋力測定では右股関節外転の筋力低下が認められた．

情報の要約

- 関節の浸出液や組織の腫脹はなく，靱帯のテストも正常の範囲内であった．
- 股関節外転と内旋の可動域制限，股関節外転筋力の低下，安定性の低下が，大腿四頭筋に遠心性の負荷がかかる際に大腿骨のアライメントが障害される原因である．
- 膝蓋大腿関節と脛骨大腿関節への繰り返しのストレスが，炎症と筋の機能不全の原因となっている．
- 炎症によってスクワット動作のパターンは制限されていないが，股関節の動的不安定性によって痛みが生じた．

治療プラン

筋と関節の可動性を改善するテクニックで股関節の可動性を正常化し，股関節外転筋の機能を正常化するために静的安定性から動的安定性へと発展させるスタビリティエクササイズを行う．

再診時に機能状態をチェックするために片脚立位とスクワットを行い，階段を降りる際の膝の症状を評価する．

まず股関節の可動性を改善するために徒手的なテクニックを考慮し，次にこれを補完する目的でコントロールを確立するためのエクササイズを行う．

リハビリテーションの初期過程では，膝を保護し，症状を管理するためにテーピングを考慮する．3つの各機能レベルでの改善度をみるために再評価を行う．

評価の優先順位

評価の優先順位としては，問題の見直しと主訴に関連した症状を誘発する具体的な活動についての病歴を聞くことから始めるべきである．ほとんどの症状が動作に伴って生じるならば，機能的な可動性と安定性についての結論を出すために，いくつかのパターンにおいて痛みを伴う動作を再現しなければならない．

しかし，長時間の立位や座位のような静的姿勢において症状が引き起こされるならば，この姿勢によって構造に負荷がかかっていると考える．病歴は最初の指標となり，次に取り組む問題や評価方法を示してくれる．主訴が静的な問題か動的な問題か，またはその両方であるかが明らかになれば，症状が出現する姿勢での機能的動作を考えるようにする．このことにより，機能的診断を裏付け，治療の正当性を立証するためのフィードバックシステムができあがる．

患者の上下肢と脊柱の可動性を迅速に評価することは，機能評価の出発点である．

例えば，動作の制限，症状の誘発，不安定性の有無を記録するために，①前屈，②後屈，③スクワット，④シングルレッグスタンスの4つの動作を，痛みで制限される範囲まで行う．これらの動作は，①長座位でのリーチ動作，②腹臥位での上半身の押し上げ（プレスアップ），③四つ這い位からの殿部の後方移動，④背臥位で左右の膝を胸につける動作などのかたちで，非荷重位での再現が可能である．

このようにすると，荷重位と非荷重位の両方において，患者の可動性と安定性との相互作用を推測することができる。初めに行う荷重位での4つの動作で痛みが生じ，可動域が制限されて最終域に達しない場合，機能的動作についての情報が明確になる。

非荷重位での動作が症状を誘発したり動作を制限したりしないならば，可動性に問題がないことを確認するために，関節可動域と筋の柔軟性のテストを実施しなければならない。非荷重位での動作が簡単にできる場合，安定性に問題があるために荷重位での動作ができなかった可能性もある。特定の診断がつくわけではないが，全体的な動作の流れや一貫したパターンが浮かび上がってくる。患者は課題を行うのに必要な可動域を通じて求められる生体力学的能力は持っているが，動的アライメントや姿勢を維持するための安定性に必要とされる神経筋のコントロールや反応性を持ち合わせていない。

別のシナリオとして，荷重位と非荷重位の両方で制限や痛みのある患者を考えてみる。患者は1つ以上の運動分節に一貫して生体力学的な異常を示す。この場合は，動作を制限しているバリアや痛みの原因を確認するために，各関節や筋，それらに関連する組織に対する特定の臨床的評価が必要となる。

これら4つの動作は，すべての患者に適切ではないかもしれないが，大部分の筋骨格系疾患において荷重位と非荷重位の状態での相互作用を評価することができる。

適切な方法で評価を行うことができるようにするために，特定の分節に対する臨床的評価や機能障害の測定を行う前に，これらの方法を試すようにすべきである。つまり，特定部位を評価する前に，全体的な動作パターンの評価から始めるべきである。経験の少ない臨床家が診断できない理由は，医学的診断を確認するために機能障害を測定することに焦点を当てすぎることから，機能的パラメーターの定量化や改善に失敗するためである。

治療プランは，評価の最初に症状や制限をすべて再現することから始めなければならない。機能的診断は医学的診断のつく問題を起因とする姿勢や動作パターンを明らかにし，静的な問題か動的な問題かを明確にすべきである。

診断は，安定性や可動性の問題があるかも明らかにしなければならない。そうしてから初めて，動作の制限の原因となる構造や機能を推測するために，機能障害のテストや特定の筋骨格系に対する評価テクニックなどの臨床的テストを用いることが可能となる。

機能と姿勢が最初の主な問題であるときに，筋骨格系の評価において注意すべき具体的なキーポイントを以下に挙げる。

- アライメント不良
- 脊柱の不安定性
- 持続的な筋緊張や同時収縮の不足，またはその両方を示す指標
- 症状の誘発
- 機能的非対称性
- 機能的な可動域の著しい制限，荷重位と非荷重位で制限が変化するか否か

SFMAのデザインの特徴は，患者の自然な反応を引き出すために，シンプルで基本的な動作を用いていることである。これらの動きは，可能な限り荷重位と非荷重位で行い，また機能的対称性を明らかにするために両側を調べるようにする。

ファンクショナルパターンと姿勢

ヒトのバランスストラテジーの優先順位は，動作だけでなく機能的姿勢においても低下を示すことが多い。自動的な反応は，系統的な課題を遂行する能力よりも，患者の機能を示す客観的な指標である。例えば，人が後方から軽く押された時，バランスをとるためにとる最初の主なストラテジーは，底屈筋の求心性収縮による閉鎖性運動連鎖での足関節背屈の素早い反応である。

しかし，脊柱や股関節の安定性やアライメントを保つ必要があるので，股関節の屈曲は起こらない。つまり，完璧なタイミングで収縮を調整して身体を立て直すために，底屈筋を反射的に硬く緊張させることで身体を直立位に保っている。

より強いストレスによって大きな動揺が起こった場合は，上半身と下半身の間に角度をつける股関節

ストラテジーを用いて，同じようにバランスを制御する。つまり，股関節伸筋群の求心力を用いて，脊柱の安定性を維持するのである。この反応は，矢状面において体重の一部を足部後方に移動し，他の一部を前方にシフトさせることで生じ，繊細な調整のバランスが生み出される。より大きな動揺では，最初の2つのストラテジーは無視され，前方へ転倒する勢いを止めるために，支持基底面を著しく広げるステップストラテジーが起こる。

これらの例は，単純なバランスストラテジーのように思われるかもしれないが，機能的な視点で評価をすれば，基本的な動作パターンの一部が明らかになる。

スクワット，前屈，片脚への体重移動の部分的なパターンについて考えてみよう。このなかで，視覚化するのが最も難しいのはスクワットである。背屈と底屈のバランスの反応は，スクワットのメカニクスとどのように一致しているのだろうか。スクワットがすでに評価プロセスの一部となっていれば，これを観察することは容易である。

著しい制限や困難がないにもかかわらずスクワットができない人は，股関節と足関節を協調させた動きができていない。このような人は，膝の屈曲からスクワットを開始し，体重を足部後方に移動させている。つまり，脛骨が自然と前方に動き，足部の上で体重のバランスをとるようなスクワットではない。この肢位では，大腿四頭筋が非常に強く活動し，コントロールメカニズムとして底屈筋や股関節伸筋群の活動が変化する。

対照的に，フルスクワットが可能な人は，適切な足関節のストラテジーを用い，足関節を背屈し，コアを安定させることからスクワットを開始する。続いて膝と股関節が屈曲し，体幹の安定化と閉鎖性運動連鎖での足関節の底屈によってアライメントを保持しながら，大腿を水平よりも低い位置まで容易に下げることができる。足関節におけるバランスストラテジーの主な2つの要素である。

次に，前屈と股関節の屈曲をみる。正しくできていれば，前屈は股関節の屈曲と脊柱を安定させることから開始する。股関節屈曲が最終域まで達した後，脊椎分節が屈曲する。通常，前屈が著しく制限され

て，つま先に手が触れない人は，股関節ではなく胸椎の動きから前屈動作を開始する。このような人は，前屈動作に必要不可欠なコアの安定性と脊柱の安定性が低下しており，動作初期には安定し硬くなる必要がある部位を動かして屈曲してしまう。この場合，脊柱が制限まで屈曲していても脊椎屈曲は不完全な動作となり，誤ったメカニクスによる無理な屈曲を保護するために脊柱とハムストリングスの緊張が強くなる。後方への体重移動が効果的に行われない状態でさらに屈曲すると，バランスを失う結果となる。

前屈の制限がハムストリングスの硬さを示すという一般的な仮説は症状の訴えのみに基づいているが，それはハムストリングスの機能的な筋長の評価に基づくべきである。ハムストリングスはフィードバックや知覚のために緊張の変化量を測る直接的な位置にあることから，前屈動作が正しいか否かにかかわらず最も緊張が高くなる構造となっている。

最後に，片脚への体重移動やバランスをとるためのステップストラテジーは，ランジパターンであり，対称的なスタンスからシングルレッグスタンスになり，次に非対称的なランジスタンスをとる。ステップとシングルレッグスタンス・パターンの初期動作には，脊柱の安定性やコアの安定性，股関節内転筋と外転筋のバランスが必要となる。また，バランスをとるために反対側の下肢が接地する前に，準備の筋活動が適切に働き，安定化させなければならない。

■ コレクティブエクササイズにつながる3つの例

これらの3つの自動的なバランス反応を考えると，スクワット，デッドリフト，ランジの構成要素は，スポーツや競技向けの単純なエクササイズではないということは明らかである。この動作を，各患者の年齢や活動レベルに基づいて適切に修正することにより，重要なリハビリテーションテクニックとなるだろう。

スクワットやデッドリフト，ランジエクササイズは，高齢者やアスリート以外の人に適応することを考慮していないので，大部分の臨床家はこのようなエクササイズをリハビリテーションから除外してしまっている。しかし，これら3つのバランスストラ

テジーがなければ，高齢者は転倒や機能障害，代償による微細損傷のリスクが高まり，一般の人では失った動作パターンの完全なコントロールを取り戻すことはできないだろう。これらの動作は，適切に修正して適応されるのではなく，リハビリテーションプログラムから取り除かれることが多いため，結果として治療プロセスに大きなコストがかかる。

整形外科領域の筋骨格系に問題を抱える歩行可能な患者に対するリハビリテーションでは，活動レベルにかかわらず同じ一連の流れに従うべきである。活動レベルは，どの程度までリハビリテーションを進めるかだけを決定する因子となる。

■ 症状の誘発

残念なことに，整形外科疾患に対する機能的評価は，症状の誘発を伴う。姿勢や動作を観察する検査で症状を誘発することが多い。このように症状を誘発することは，より特定した診断を下すための指針となる。ていねいかつ論理的に説明すれば，痛みを誘発することを患者が受け入れてくれることが多い。

- 症状を誘発したら，その動作の構成部分をより細かく分析するために運動発達の前段階に戻る。
- 症状を誘発する検査の間で矛盾が認められるならば，安定性に問題があることが示唆される。
- 症状を誘発する検査の間で一貫した制限や症状の誘発が認められるならば，可動性に問題があることが示唆される。

SFMAの立位でのマルチセグメンタルローテーション（回旋）テストを例に説明する。患者は立位で両足を揃えて静止し，身体全体を右側に最後まで回旋させる。腕は体側でリラックスさせ，右肩の後方をみるようにできる限り捻る。反対方向も同様に行う。

立位での左回旋時に胸椎の左側に一貫して痛みが出現した場合，座位で同じ方法を繰り返し行ってみる。脊柱を回旋することは同じであるが，座位では股関節と下肢が固定されているという点で立位とは大きく異なっている。つまり，股関節と下肢は動作から除外され，全く異なるレベルの姿勢制御が起こるだろう。

立位と座位での左回旋を行って，症状の誘発や制限が同じように認められる場合は，脊椎のいずれかに可動性の問題があることが原因かもしれない。この可動性の問題は，トリガーポイントや筋緊張の亢進または低下，関節可動域の制限，アライメント不良，あるいはこれらが組み合わさっていることが原因となっている可能性がある。

また，座位で回旋を行うと，立位でみられた回旋方向と角度での制限がなく，症状も誘発しない場合は，安定性に問題があることが示唆される。

姿勢が変わることで，アライメント，筋緊張，固有感覚，筋の活性化や抑制，反射的な安定化などが変化する。このような場合は，下半身の構成要素に対して検査を行うようにする。動作の制限や症状の誘発において一貫性または矛盾が観察されれば，この反応を支持する他の事実を探し続けなければならない。

経験則として，筋骨格系の機能評価においては，症状の誘発を理にかなった範囲で用いるべきである。症状を誘発するときには，その程度と頻度をコントロールしながら，充分に時間をかけて準備し，患者が望ましいアウトカムに到達するように指示する。

同時に，検者は過度の症状の誘発を避けるために細心の注意を払わなければならない。再評価やテスト以外に，機能的動作や他の自動運動によって症状を誘発しないようにすべきである。必要ならば痛みを誘発することもあるが，段階的なコレクティブエクササイズによるリハビリテーションプログラムを開始した場合，それらのエクササイズが痛みなどの症状を誘発しないようにしなければならない。

SFMA トップティアーテスト

- サービカルスパイン
- アッパーエクストレミティ
- マルチセグメンタルフレクション
- マルチセグメンタルエクステンション
- マルチセグメンタルローテーション

- シングルレッグスタンス
- オーバーヘッドディープスクワット

サービカルスパイン

■ 目的

パターン1：顎を胸に付ける動作で，環椎後頭関節を含む頸椎の屈曲可動域を評価する。

パターン2：顔を天井と平行にする動作で，頸椎の伸展可動域を評価する。

パターン3：顎を左右の肩に近づける動作で，頸椎の回旋と側屈可動域を評価する。これは側屈と回旋の組み合わせパターンである。

■ 方法の解説

パターン1：患者はまっすぐに立ち，両足を揃えてつま先を前に向ける。次に，体幹を直立位に保持しながら，顎を胸骨につけるようにする。

パターン2：開始肢位はパターン1と同じ。顔が天井と平行になるように上をみる。

パターン3：開始肢位はパターン1と同じ。頭部をできるだけ右へ回旋してから頸部を屈曲し，顎を鎖骨に近づけるようにする。反対側でも行う

■ テストのポイント

- 動作中，患者の口が閉じていることを確認する。
- 肩甲骨を挙上させたり，前方突出させないようにする。
- 正面と側面から観察する。
- 動作を指導しない。必要な場合は，単に指示を繰り返すだけにする。
- 痛みがあるかどうか確認する。
- 動作ができたかどうか確認する。できなければ，適したブレイクアウト(第8章参照)を行う。

■ 付加情報

パターン1：動作中，患者の口が閉じているかどうか確認する。患者は痛みなく顎を胸骨に付けることできなければならない。

パターン2：患者は痛みなく顔が水平面から10°以

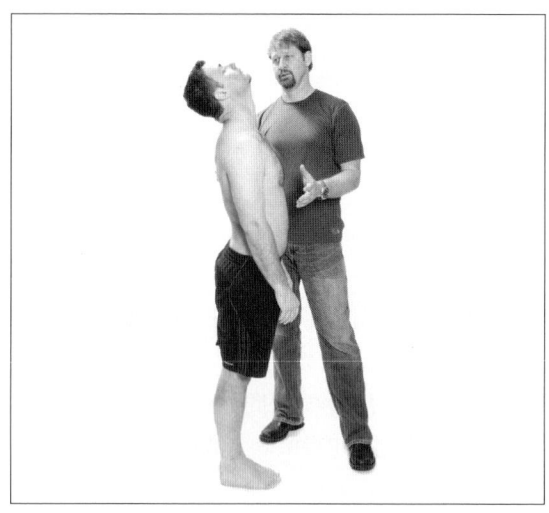

サービカルスパイン　パターン2

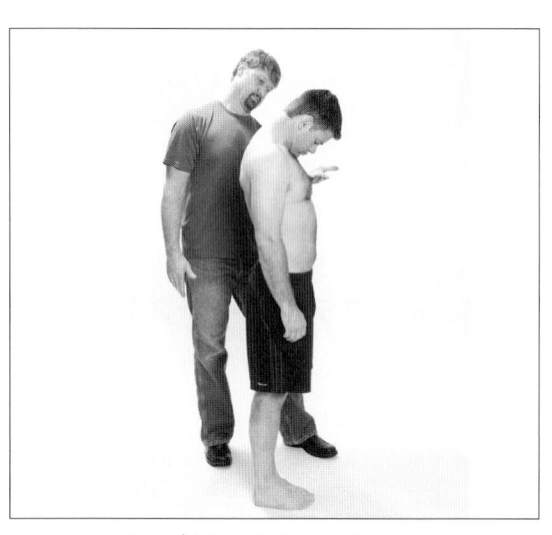

サービカルスパイン　パターン1

サービカルスパイン　パターン3

内になるまで頸椎を伸展できなければならない。
パターン3：正常な可動域では，両側で痛みなく顎が鎖骨の中央につく。

アッパーエクストレミティ

■ 目的
肩の総合的な可動域を検査する。
パターン1：肩の内旋・伸展・内転を評価する。
パターン2：肩の外旋・屈曲・外転を評価する。

■ 方法の解説
パターン1：患者はまっすぐに立ち，両足を揃えてつま先を前に向ける。次に，右腕を背中へ伸ばし，右手で左側の肩甲骨下角を触るようにする。患者の指が背中に触れた位置に検者の指を置き，反対側のテスト結果と比較する。動きに制限があれば，肩甲骨からの距離を記録する。
パターン2：開始肢位はパターン1と同じ。右腕を頭上から伸ばし，右手で左の肩甲棘を触るようにする。患者の指が背中に触れた位置に検者の指を置き，反対側のテスト結果と比較する。動きに制限があれば，肩甲棘からの距離を記録する。

■ テストのポイント
- 後面と側面から観察する。
- 動作を指導しない。必要な場合は，単に指示を繰り返すだけにする。
- 痛みがあるかどうか確認する。
- 動作ができたかどうか確認する。できなければ，適したブレイクアウトを行う。

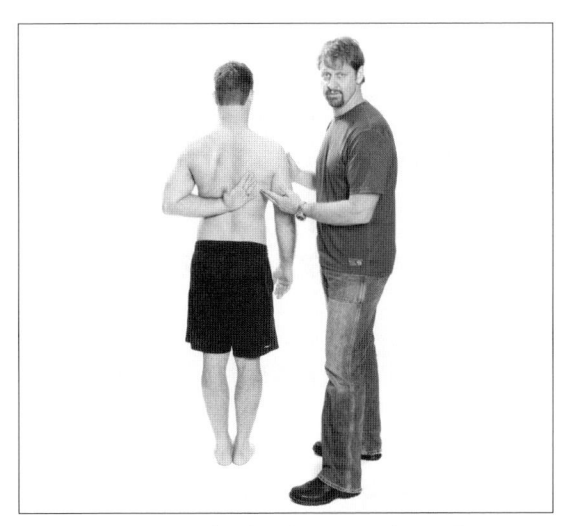

アッパーエクストレミティ　パターン2

アッパーエクストレミティ　パターン1

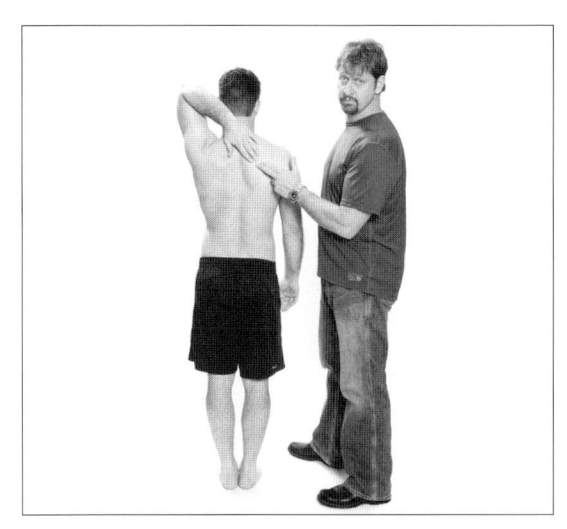

アッパーエクストレミティ・ペインプロボケーションテスト

■ 目的
パターン1（Yocum's impingement test）：ローテーターカフのインピンジメントを確認する。
パターン2（shoulder crossover maneuver）：肩鎖関節の病変を確認する。

■ 方法の解説
パターン1：患者はまっすぐに立ち，両足を揃えてつま先を前に向ける。次に，右の手のひらを左の肩に置く。検者が自分の手を使って，患者の手を肩に固定する。患者はゆっくりと肘を上に持ち上げる。反対側も同様に行う。
パターン2：開始肢位はパターン1と同じ。右腕を伸ばし，胸の前を横切るようにする。右腕ができるだけ他動的に水平内転するように，左手で補助する。反対側も同様に行う。

■ テストのポイント
- 正面と側面から観察する。

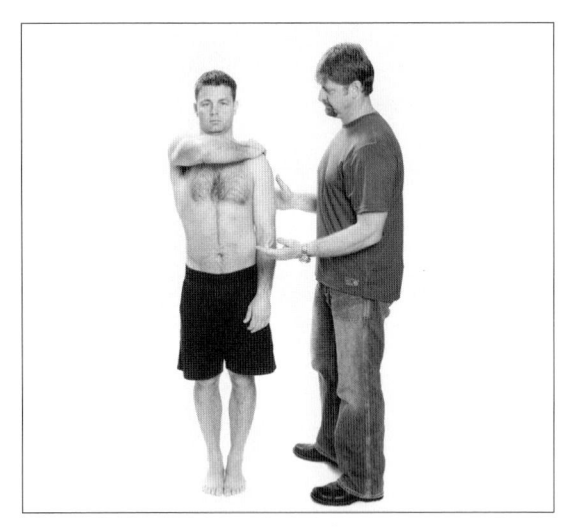

アッパーエクストレミティ・プロボケーション　パターン1

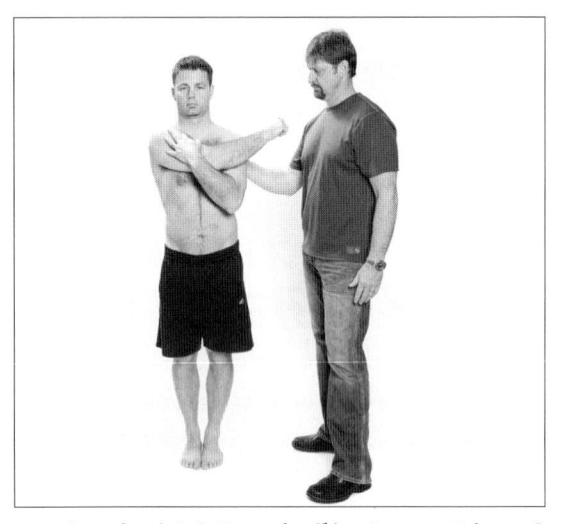

マルチセグメンタルフレクション

アッパーエクストレミティ・プロボケーション　パターン2

- 動作を指導しない。必要な場合は単に指示を繰り返すだけにする。
- 痛みがあるかどうか確認する。
- 動作ができたかどうか確認する。できなければ，適したブレイクアウトを行う。

マルチセグメンタルフレクション

■ 目的
股関節と脊柱の正常な屈曲をテストするためのものである。

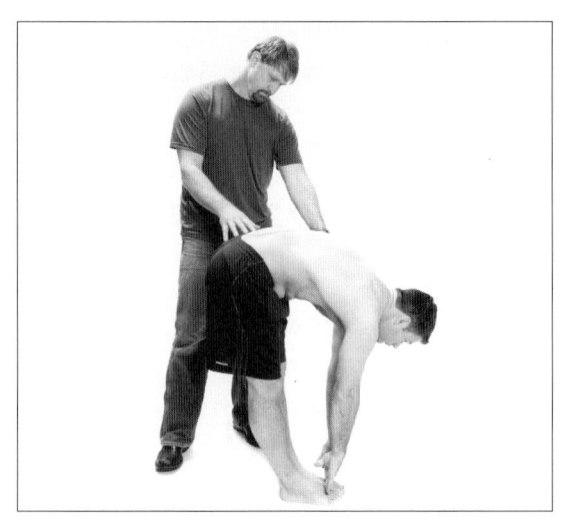

■ 方法の解説
患者はまっすぐに立ち，両足を揃えてつま先を前に向ける。股関節から前屈し，つま先を触るようにするが，膝は曲げないようにする。

■ テストのポイント
- 後面と側面から観察する。
- 動作中，足部の位置を変えないようにする。
- 膝は伸展位を保持する。
- 動作を指導しない。必要な場合は単に指示を繰り返すだけにする。
- 痛みがあるかどうか確認する。
- 動作ができたかどうか確認する。できなければ，適したブレイクアウトを行う。

■ 付加情報
つま先を触るために前屈する際に，殿部が後方へ移動するかどうか確認する。

マルチセグメンタルエクステンション

■ 目的
肩関節と股関節，脊柱における正常な伸展をテストする。

■ 方法の解説
患者はまっすぐに立ち，両足を揃えてつま先を前

7. SFMAの概要とトップティアーテスト

マルチセグメンタルエクステンション

に向ける。肘を伸ばして手を頭上に上げ，肘が耳の位置に来るようにする。殿部が前方へ，両腕が後方へ同時に移動するようにしながら，可能な範囲で後屈する。

■ テストのポイント
- 正面と側面から観察する。
- 動作中，足部の位置を変えないようにする。
- 動作を指導しない。必要な場合は単に指示を繰り返すだけにする。
- 肩甲棘が踵を越え，肩甲骨が踵よりも後方に位置するべきである。
- 後屈時，肘は伸展位で耳と同じ位置，手の中央線は肩よりも後方に位置するべきである。
- 骨盤はつま先の前に位置するべきである。
- 痛みがあるかどうか確認する。
- 動作ができたかどうか確認する。できなければ，適したブレイクアウトを行う。

■ 付加情報
伸展パターンの最終域では，手の中央線が肩よりも後方になければならない。
両側のASISはつま先よりも前方へ動き，両側の肩甲棘は踵よりも後方になければならない。

マルチセグメンタルローテーション

■ 目的
頸部，体幹，骨盤，股関節，膝関節，足関節の正常な回旋可動域をテストする。

■ 方法の解説
患者はまっすぐに立ち，両足を揃えてつま先を前へ向け，腕は体側に下げる。次に，足部の位置を変えないようにしながら，全身（股関節，肩，頭部）を可能な限り右へ回旋させる。開始肢位に戻し，反対側へも行う。

■ テストのポイント
- 後面と側面から観察する。
- 動作中，足部の位置を変えないようにする。
- ローワークオーター（付録8参照）では左右とも50°以上の回旋可動域がなくてはならない。
- 胸椎では左右とも50°以上の回旋可動域がなくてはならない。

■ 付加情報
両足を揃えた状態で両側を同時にテストしているので，股関節外旋に伸展が伴い，これにより回旋が制限される。股関節や体幹，頭部など身体の各分節に細心の注意を払うこと。隣接する分節に制限があ

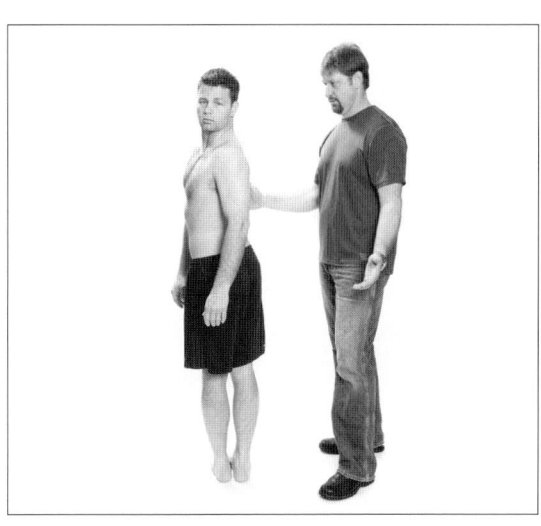

マルチセグメンタルローテーション

ることによって，可動性が過剰になっている部位がある可能性がある。

シングルレッグスタンス

■ 目的

静的または動的姿勢における左右各下肢の安定性を評価する。また，ダイナミックレッグスイングの評価も行う。

■ 方法の解説

患者はまっすぐに立ち，両足を揃えてつま先を前に向け，腕は大腿の横に伸ばす。右脚を持ち上げて，股関節と膝関節が90°屈曲位になるようにする。この姿勢を少なくとも10秒保持する。次に閉眼で10秒行い，左脚でも同じように行う。

動的姿勢におけるシングルレッグスタンスを評価するために，ダイナミックレッグスイングを行う。患者はつま先を前へ向け両足を揃えて立ち，両腕を身体に触れないように体側に下げる。右の股関節を屈曲し，姿勢を保持しながら下肢を前後にスイングして股関節を屈曲・伸展させることを少なくとも10秒間行う。左脚でも同じように行う。

■ テストのポイント

- 正面と側面から観察する。
- 動作中に足部の位置を変えないようにする。
- 両脚支持から片脚支持に移行する際に背が低くならないかを観察する。
- 両腕が大きく動いていないかを観察する。

■ 付加情報

テストの前にまっすぐ立つように指示する。姿勢の崩れや足部の位置の移動，足部が床につくこと，腕が大きく動くことなどがみられれば，テスト結果は機能不全である。このテストでは，良好な固有感覚や筋の安定性，股関節と足関節のストラテジーが必要とされる。静的バランスは保持できても，動的状態ではバランスを保持できない人がいる。ダイナミックレッグスイングにおける矢状面上の前後の動きによって，動的安定性の問題が明らかになる。

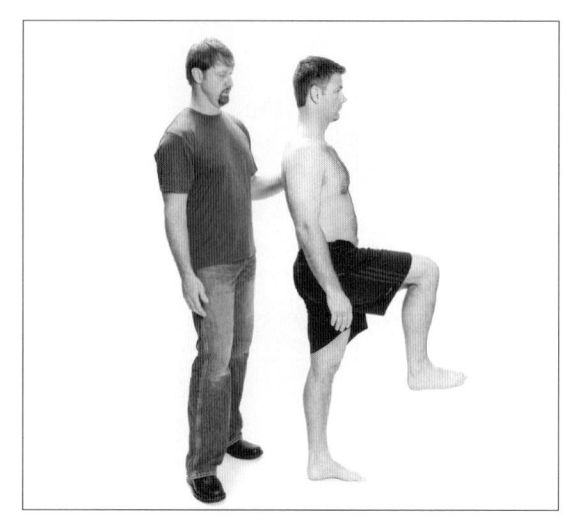

シングルレッグスタンス

このパターンでFNと判定するには，シングルレッグスタンスが開眼で10秒，閉眼で10秒，両側のダイナミックレッグスイングのすべてをクリアしなければならない。

■ 視覚についての特記

視覚はバランスにとってハンディキャップになることはなく，常に助けとなる。どのような視覚でも，ないよりはあったほうがよい。つまり，重度の白内障患者であっても，閉眼よりも開眼のほうが良いパフォーマンスを発揮できるだろう。

オーバーヘッドディープスクワット

■ 目的

股関節，膝関節，足関節における両側の対称的な可動性をテストする。また，両手を頭上に保持することによって，両肩の対称的な可動性と胸椎伸展の可動性も評価することができる。

■ 方法の解説

患者は，肩関節の外側を通る垂線上に足の甲が位置するように開始肢位をとる。足部は矢状面上に位置し，つま先が外側を向かないようにする。次に，肩関節を屈曲・外転，肘関節を完全伸展させて両腕を頭上に挙げる。ゆっくりと身体を下げてできるだけ深いスクワットポジションをとる。スクワットポ

7. SFMAの概要とトップティアーテスト ▌115

オーバーヘッドディープスクワット（開始肢位）

オーバーヘッドディープスクワット

ジションでは，踵を床につけたまま，頭部と胸をまっすぐ前に向け，両手は頭上に保持する。膝は，外反させずに足部の上方に位置させる。

■ テストのポイント

- 正面と側面から観察する。
- 身体を下げてスクワットポジションになるにつれて，手の幅が広がってはいけない。テストの再現性を高めるために，頭上にある手の幅は常に同じにする。以下の2つの方法が推奨される。
  1) 患者に頭上で1.2 mバーを持たせ，両肘が90°屈曲位になるように手の位置を調整する。次に肩を屈曲・外転，肘を完全伸展させてバーを頭上に押し上げる。
  2) 肘を90°屈曲（肩90°外転・外旋位，肘90°屈曲位）してから，同じ手の幅を保持しながら手を頭上に伸ばす。
- 動作を指導しない。必要な場合は単に指示を繰り返すだけにする。
- 動作ができたかどうか確認する。できなければ，適したブレイクアウトを行う。

■ 付加情報

このテストを行うには，閉鎖性運動連鎖での足関節背屈，膝関節・股関節の屈曲，胸椎伸展，肩関節の屈曲と外転などが必要となる。

動作と疼痛情報のバランスをとる方法

トップティアーテストは，痛みと動作を実用的かつ効率的に捉える方法を示している。この情報を理解し精緻化するには，ベストセラーとなった『The Seven Habits of Highly Effective People』の著者Stephen Coveyのアドバイスに従うとよい。Coveyのいう最初の3つの習慣に注目し，SFMAのトップティアーテストを正しく行えるように当てはめてみよう。

1) 主体性を発揮する。
2) 目的を持って始める。
3) 重要事項を優先する。

これらの習慣を，どのようにしてSFMAに適用するかを以下に述べる。

■ SFMAにおける第1の習慣

動作パターンに機能不全と痛みがあるかを検討しているならば，主体性があるといえる。あなたは機能障害のある解剖学的部位や一般的な医学的診断だけに基づくエクササイズではなく，動作パターンをガイドとして用いて各患者に特有の知覚や動作を考慮したエクササイズを処方することを自ら決定した。この主体性のある専門的行動によって，プロト

コルベースのエクササイズではなく，痛みを誘発して問題が複雑化するのを避けながら動作機能不全を修正するアプローチを行えるようになる。

■ SFMAにおける第2の習慣

あなたは目的を持って始めることを選択した。痛みのない動作がすべて機能的であると考えず，同様に痛みのある動作すべてに機能不全があるとも考えなかった。活動的な人における動作パターンの最低限度の基準を設定し，機能的動作パターンに基づく目標を設定した。

動作パターンの機能不全がリスク要因になることが示されている。患者の状態を改善するために機能不全のある動作パターンに対処すること，あるいは将来的なリスクを減少させることなど，あなたはすでに目的を持っている。SFMAによって機能の臨床的な視点と活動的ライフスタイルを再開することを結びつけることができる。

■ SFMAにおける第3の習慣

2つの優先順位を考える必要がある。これはSFMAが適応でない場合と適応である場合の優先順位である。

● 優先順位1

自動運動によるコレクティブエクササイズが適応ではない。

すべてのリハビリテーションにSFMAが適用できるわけではない。急性外傷や外科手術後は，化学作用による痛みのために状態が複雑化している。この化学作用による痛みは，炎症や腫脹，浸出液，斑状出血，防御的な筋収縮の結果である。同様に，亜急性期や慢性期でも自動運動によるコレクティブエクササイズよりも先に管理しなければならない化学作用による痛みがみられることもある。神経学的検査やデルマトーム，ミオトーム，深部腱反射の検査などのテストによって，診断に含まれない神経学的損傷が明らかになれば，SFMAは適応とならない。

化学作用による痛みや神経学的損傷がある状態では，適切な治療とより詳細な評価が，SFMAによる情報よりも重要である。その情報は当然ながら不完全で，被刺激性ではない可動性やモーターコントロールの制限以外の臨床的問題によって引き起こされる動作機能不全も含んでいるだろう。このような問題が効果的に管理されれば，どのように動作パターンが影響されたかをよりよく理解するためにSFMAを実施することが可能となる。

通常の評価でSFMAが実施できない場合，臨床家のなかにはしばしば混乱する者もいるが，時には単に適応でない場合もある。コレクティブエクササイズを臨床で用いる場合は，SFMAによって進めるべきである。SFMAはコレクティブエクササイズの適応や量を決定する前に行い，化学作用による痛みや神経学的損傷のような深刻な医学的問題が効果的に管理されていることを前提としている。

● 優先順位2

自動運動によるコレクティブエクササイズが適応となる。

SFMAは，各動作パターンの発達過程に基づいた優先順位を用いる。動作パターンのレベルはより複雑になり，含まれる解剖学的部位が増え，高いレベルのモーターコントロールを含むように発展していく。

SFMAがヒトの発達過程を完全に反映しているわけでないことは明らかであるが，その本質の多くを反映したものとなっている。SFMAでは頸椎の動作パターンから始めて肩の動作パターンへと移る。これは，両方がDNパターンであれば，頸椎を最初に考慮すべきであるということを示唆している。例え肩のパターンがより顕著な機能不全を示したとしても，頸椎を管理することによる肩の動作パターンへの影響を理解するために頸椎をできるだけ管理すべきである。これはけっして，肩のパターンを分類，管理すべきでないということではない。ただ，頸椎と肩を同時に治療したり，エクササイズを行ったりした場合，介入によってアウトカムが影響を受けたかどうかがわからなくなるだろう，ということである。

同様に，肩の動作パターンがDNであれば，おそらく回旋パターンにおけるアウトカムやブレイクアウトテストの情報に影響を及ぼすだろう。肩のパ

ターンに対処する前に回旋パターンの分類や修正を進めることは不適切である。しかし，肩のDNを完全に改善させなければならないといっているわけではない。全体的な動作パターンに関連する1つの分節が改善すると，全体的なパターンに影響を与える，ということを示しているにすぎない。

この優先順位は，局所の相互関係に対する臨床的検査を改善するシステムの一部である。最初に複数の領域を同時に管理してしまうと，それらの相互関係はうまく観察できないだろう。そのために，トップティアーテストを実施し，すべてのDNを見つけ，機能不全の程度を把握することが必要となる。優先順位や時間と治療の制約の範囲内で機能不全に対処すること。優先順位に従わなければ，すべての情報を考慮しなければならなくなり，制限されているもののすべてに対処することになる。

例

前屈パターンに最も顕著な機能不全のDN制限がみられ，頸椎の屈曲パターンも制限されている場合を考えてみよう。優先順位からすると，可能であればまず頸椎に対処することになる。そのため，頸椎のパターンを先に分類する。その結果，上位頸椎の軟部組織と関節構造に制限が認められ，3分間のモビライゼーションと軟部組織への治療後，頸椎のパターンはFNとなった。トップティアーテストの前屈の再評価を行った場合，3つの結果が考えられる。

FN：頸椎の状態が前屈パターンを制限する原因となっていた。これはよくみられる所見であり，前屈パターンに頸椎の屈曲パターンが組み込まれていることを示している。したがって，頸椎の問題が認められれば，その影響を取り除くために管理する必要がある。

DN（部分的な改善）：頸椎の状態が部分的に影響していたが，管理されたため，前屈パターンは頸椎の複雑な要因を考慮せずに分類することができる。これもよくみられる所見である。

DN：頸椎のDNは前屈パターンとは関連がなかった。頸椎のDNは取り除かれているので，前屈パターンは頸椎を考慮せずに分類することができる。

頸椎のDNが改善せずに管理できない場合は，頸椎を除外することができないので関与要因として考慮しなければならない。この場合は前屈パターンを分類することが適切であるが，リハビリテーションの過程において，患者の状態やライフスタイルの範囲で頸椎もモニターしながら管理する必要がある。

この優先順位は，促通や抑制などの徒手的テクニックによって，DNを効率的かつ効果的に管理する臨床的スキルを持ち合わせていることを前提としている。さもなければ，複数のDNを管理することは難しくなるだろう。基本的な論理が正しければ，制限は技術的な問題かもしれない。

下のホームページでさらに詳細な情報，動画，アップデートが入手可能である（英文のみ）。
www.movementbook.com/chapter7

8
SFMA ブレイクアウトの詳細とフローチャート

　セレクティブ・ファンクショナルムーブメントアセスメント（SFMA®）ブレイクアウトは，前章で示した主な機能不全パターンを系統的に分析するものである。これによって DN（機能不全，痛みなし），FP（機能的，痛みあり），DP（機能不全，痛みあり）に分けたトップティアーテストの結果を決定づける。FP と DP をテストする前にすべての DN を分類することが最も効率がよい。DP のテストは，組織の炎症や症状を悪化させる可能性があるので，最後に行うようにする。DP を分類することで，次のテストができなくなったり，患者が非常に不快な思いをしたりする可能性がある。

　ブレイクアウトでは，制限を特定するためにすべての部位をテストするか，あるいは消去法によって機能不全を見つけ出す。これには，自動・他動運動，荷重位・非荷重位，多関節・単関節における機能的動作の評価，一側・両側によるテストが含まれる。

　SFMA は，うまく行えば，自動運動能力と他動運動能力の大きな違いを明らかにする使いやすいテストである。ブレイクアウトは，SFMA フローチャートの効率を上げるためにも使用される。これらの評価は，大部分が計測を行わない全般的なもので，より詳細な臨床検査の必要性を示すために使用され，機能的動作と障害測定との論理的な関連性を証明するものである。否定的な情報や他のリスク要因が認められないのであれば，ブレイクアウトを終点として考えてはいけない。

　一般的に，他動運動が制限されていれば，可動性の問題である可能性が高いが，局所の特異的テストによって確認すべきである。それに対して，他動運動が正常であれば，可動性の問題である可能性は低いといえる。この場合も，局所の特異的テストを行わなければ確認できない。他動運動が正常で，荷重位あるいは非荷重位での自動運動に制限がある場合には，安定性に問題がある可能性がある。

　いかなる場合においても，SFMA は可動域が正常であるかを確認する局所の生体力学的テストや，可動性の問題レベルを調べる臨床検査を行うことを示唆する。生体力学的テストとは，構造の完全性や神経筋の統合性，モーターコントロールなどの評価である。これらのテストは障害の有無を判定し，また機能的診断を下すことにも役立つ。

■ 専門用語

　SFMA ブレイクアウトは，トップティアーテストと同じ分類法を用いて，痛みや機能不全のある動作パターンそれぞれに個別の焦点を当てる。このことは，全般的な可動性と安定性の問題を見つけるのに役立つ。

　しかし，「可動性」と「安定性」という言葉は定義が曖昧で，この言葉を使用する人の資格や受けた教育の違いによって意味が異なっている。このことから，ブレイクアウトテストを検討する場合，「可動性」と「安定性」の意味する内容を明らかにするために，SFMA ではサブカテゴリーを使う。

■ 可動性の問題

　可動性の問題は，さらに下の２つに分類する。

TED（tissue extensibility dysfunction）：組織の伸張性機能不全

JMD（joint mobility dysfunction）：関節の可動性機能不全

◆ TED：組織の伸張性機能不全

　TED は，多関節性の組織で認められる。この組織は複数の関節にまたがっていることから，関連する関節に影響を及ぼす。

　TED の例としては，以下のようなものがある。

- 自動運動や他動運動における筋機能低下
- 神経の緊張
- 筋膜の緊張
- 筋の短縮
- 筋肥大

- トリガーポイント
- 瘢痕化，線維化

🔹 JMD：関節の可動性機能不全

　JMD は，可動性の低下した分節に認められる。分節のテストや観察によって，分節をつなぐ関節面，収縮・非収縮組織の可動性低下が示される。

　JMD の例としては，以下のようなものがある。

- 骨関節炎
- 変形性関節症
- 単関節筋のスパズムと防御性筋収縮
- 癒合
- 亜脱臼
- 癒着性関節包炎
- 脱臼

■ 安定性の問題

　安定性の問題は単なる筋力の問題であるとの思い込みを変えるために，新たな名前を考えて検討し直した。安定性の問題は，上記の意味では筋力低下のことであるが，総合的にはより複雑で多系統におよぶモーターコントロールの問題といえる。複雑な安定性の問題を明らかにするために，安定性/モーターコントロール機能不全（stability or motor control dysfunction：SMCD）という言葉を使用する。

🔹 SMCD：安定性/モーターコントロール機能不全

　SMCD は，動作パターンにおける安定性の問題をより正確に表わすものである。従来，安定性が低下している場合には，スタビライザー（安定筋）といわれる筋群を強化することが行われてきた。しかしこのアプローチでは，真の安定性とは固有感覚による反射性のもので，全体的な筋力よりもタイミングが重要であるとの考えが欠落している。

　SMCD という言葉を用いることで，安定性の問題を識別し，スタビライザーの強化だけでなく中枢神経系，末梢神経系，モータープログラム，運動の組織化，タイミング，協調性，固有感覚，関節と姿勢のアライメント，構造的不安定性，筋の抑制，スタビライザーの真の強さなどを考慮するようになる。

　この新しい言葉からは，痛みによる高閾値ストラテジー【訳注：中枢神経系の反応によって表層にあるコアの筋群（脊柱起立筋，ハムストリングス，殿筋群，広背筋，腹直筋，外腹斜筋，大腿筋膜張筋，腸脛靱帯，大腿直筋）の活動が増大した状態】や，過去の傷害，慢性的な機能不全，ローカル筋が行う役割をグローバル筋が代わりに担ってしまうなどの状態も連想することができる。SMCD の概念では，安定性やモーターコントロールを改善するためのエクササイズやテクニックを用いる前に，機能不全パターンを分類し管理することが必要だと考える。

　また，SMCD の種類とレベルを特定する必要もある。SMCD の下位分類は 2 つのレベル（静的・動的）で構成されている。これは静的姿勢コントロールから動的姿勢コントロールに発展するモーターコントロールの優先順位を示している。

　機能的なモーターコントロールを発揮するためには，静的・動的安定性を構築しなければならない。しかし，さらに重要なことは偽安定性（pseudo-stabilization）をもたらす代償動作を見つけることである。表面上は機能的にみえても実際には代償動作である例として，効率の悪い呼吸，不安呼吸，高閾値ストラテジーなどが挙げられる。グローバル筋の過活動や緊張も，ローカル筋の機能不全を示していることがある。筋の緊張亢進や短縮はないが，トリガーポイントが認められる場合，タイミングや協調性に問題のある安定性の低下が影響している可能性がある。

　SMCD の例としては，以下のようなものがある。

- モーターコントロール機能不全
- 力学的な呼吸機能不全
- 高閾値ストラテジー
- 主動筋やグローバル筋の代償動作や非対称性
- ローカル筋の機能不全や非対称性
- 静的安定性，アライメント，姿勢コントロール，非対称性，構造的完全性の問題
- 動的安定性，アライメント，姿勢コントロール，非対称性，構造的完全性の問題

■ フローチャート

　付録3にあるSFMAブレイクアウト・フローチャートは，Dr. Greg Roseが痛みと機能不全を分類するために作成したものである。これによって，エクササイズを行ってもよい動作パターンと，エクササイズが禁忌となる動作パターンを特定することができる。

　特定されていない可動性の問題は，SMCDの原因として除外する必要がある。このことで，1つの分節に運動制限が生じると，隣接する分節のモーターコントロールに影響が及ぶという，局所の相互関係モデルを常に考慮するようになる。そのため，すべてのSMCDの状態において，機能不全とともに代償動作を見つけることが非常に重要である。

　関節のスティフネス，筋の緊張亢進，トリガーポイント，その他すべての可動性機能不全は，不良なモーターコントロールがある場合には，それに対する自然な反応や代償である可能性がある。これは，鶏が先か卵が先かという問題であり，混乱を生じやすいが，SFMAによって論理的なマネジメントができるようになる。

　最初に行うことは，代償動作を取り除き，可動性の制限に対処することである。初期の段階で可動性に制限があれば，これを改善させる。それから，SFMAの機能状態に一致したレベルのモーターコントロールを再構築させるエクササイズや身体活動を行う。このことは，SFMAブレイクアウトテストの機能レベル，あるいはそれ以下のレベルでエクササイズを行うことを意味する。痛みが生じるパターンは，徒手療法テクニックによって治療するが，このパターンでのエクササイズは，動作による痛みがなくなるまで行ってはならない。

　一部の特殊な状況では，エクササイズを行うこともあるが，ほとんどの場合には，痛みがある状態でエクササイズを行うと，モーターコントロールが影響され，アウトカムに一貫性がなくなってしまうことが示されている。各フローチャートには下位分類が示されており，それぞれに適したテストがわかるようになっている。これらのテストは，筋骨格系の評価や治療の範疇であるが，SFMAフローチャートの範囲外である。

　これらのテストの例としては，以下のようなものがある。

- 感覚運動の統合性を調べる神経学的検査
- 筋力検査
- 関節の安定性検査
- 関節の可動性検査
- 神経構造，筋膜構造などの組織伸張性検査
- 神経筋のトリガーポイント検査
- ゴニオメーターによる測定，周径計測

■ SFMAブレイクアウト

　最初にブレイクアウトに関する理論的根拠，次にアセスメントのリスト，最後に各ブレイクアウトの詳細を示す。以下の内容は，付録3のフローチャートを適時参照しながら読み進めていただきたい。

サービカルスパイン・ブレイクアウトの理論的根拠

　サービカルスパイン・ブレイクアウト・フローチャートを参照。

■ 頸椎屈曲のSMCD

　トップティアーテストは3つの運動面で行ったが，ブレイクアウトは各運動面で行う。これにより頸椎の主な機能不全を特定できる。トップティアーテストで機能不全が認められた患者に対してだけ，ブレイクアウトを行う。

　患者が治療台の上で背臥位になることによって，姿勢を安定させる必要性が減少する。この肢位では，頸椎，胸椎，肩甲帯を安定させる必要性が最小となる。患者に頸椎を自動的に屈曲するように指示する。立位の頸椎屈曲では痛みや機能不全がみられたが，背臥位での自動的な頸椎屈曲が正常である場合，姿勢・モーターコントロール機能不全かSMCD，あるいはその両方が頸椎屈曲に影響を及ぼしている。

　背臥位での自動的な頸椎屈曲がDN，DPあるいはFPであった場合には，他動的に頸椎を屈曲してチェックする。背臥位での他動的な頸椎屈曲がFNであるならば，自動的な頸椎屈曲におけるSMCDで

表8-1 SFMA ブレイクアウト

サービカルスパイン (Cervical Spine)		アクティブ・スーパイン・サービカルフレクション	p.123
		パッシブ・スーパイン・サービカルフレクション	p.124
		アクティブ・スーパイン・OA サービカルフレクション	p.124
		アクティブ・スーパイン・サービカルローテーション	p.125
		パッシブ・サービカルローテーション	p.125
		C1-C2 サービカルローテーション	p.126
		スーパイン・サービカルエクステンション	p.126
アッパーエクストレミティ (Upper Extremity)		アクティブ・プローン・アッパーエクストレミティ	p.127
		パッシブ・プローン・アッパーエクストレミティ	p.128
		スーパイン・レシプロカル・アッパーエクストレミティ	p.129
マルチセグメンタルフレクション (Multi-Segmental Flexion)		シングルレッグ・フォワードベンド	p.131
		ロングシッティング・トウタッチ	p.131
		アクティブ・ストレートレッグレイズ	p.132
		パッシブ・ストレートレッグレイズ	p.132
		プローン・ロッキング	p.133
		スーパイン・ニートゥチェスト・ホールディングタイズ	p.134
マルチセグメンタルエクステンション (Multi-Segmental Extension)	スパインエクステンション (Spine Extension)	バックワードベンド・ウィザウト・アッパーエクストレミティ	p.138
		シングルレッグ・バックワードベンド	p.139
		プローン・プレスアップ	p.139
		ランバーロックト (IR) アクティブ・ローテーション/エクステンション	p.140
		ランバーロックト (IR) パッシブ・ローテーション/エクステンション	p.140
		プローンオンエルボー・ローテーション/エクステンション	p.141
	ローワーボディエクステンション (Lower Body Extension)	スタンディング・ヒップエクステンション	p.142
		プローン・アクティブ・ヒップエクステンション	p.142
		プローン・パッシブ・ヒップエクステンション	p.143
		FABER テスト	p.144
		修正トーマステスト	p.144
	アッパーボディエクステンション (Upper Body Extension)	ユニラテラルショルダーバックワードベンド	p.146
		スーパイン・ラットストレッチ・ヒップフレクスト	p.146
		スーパイン・ラットストレッチ・ヒップエクステンデッド	p.147
		ランバーロックト (ER) ローテーション/エクステンション	p.147
		ランバーロックト (IR) アクティブ・ローテーション/エクステンション	p.140
		ランバーロックト (IR) パッシブ・ローテーション/エクステンション	p.140
マルチセグメンタルローテーション (Multi-Segmental Rotation)	リミテッド・マルチセグメンタルローテーション (Limited Multi-Segmental Rotation)	シーテッド・ローテーション	p.152
		ランバーロックト (ER) ローテーション/エクステンション	p.147
		ランバーロックト (IR) アクティブ・ローテーション/エクステンション	p.140
		ランバーロックト (IR) パッシブ・ローテーション/エクステンション	p.140
		プローンオンエルボー・ローテーション/エクステンション	p.141
	ヒップローテーション (Hip Rotation)	シーテッド・アクティブ・エクスターナルヒップローテーション	p.153
		シーテッド・パッシブ・エクスターナルヒップローテーション	p.154
		プローン・アクティブ・エクスターナルヒップローテーション	p.154

マルチセグメンタルローテーション (Multi-Segmental Rotation)	ヒップローテーション (Hip Rotation)	プローン・パッシブ・エクスターナルヒップローテーション	p.155
		シーテッド・アクティブ・インターナルヒップローテーション	p.156
		シーテッド・パッシブ・インターナルヒップローテーション	p.156
		プローン・アクティブ・インターナルヒップローテーション	p.157
		プローン・パッシブ・インターナルヒップローテーション	p.158
	ティビアルローテーション (Tibial Rotation)	シーテッド・アクティブ・インターナルティビアルローテーション	p.158
		シーテッド・パッシブ・インターナルティビアルローテーション	p.159
		シーテッド・アクティブ・エクスターナルティビアルローテーション	p.160
		シーテッド・パッシブ・エクスターナルティビアルローテーション	p.160
シングルレッグスタンス (Single-Leg Stance)	前庭とコア (Vestibular and Core)	CTSIB（バランスにおける感覚相互作用の臨床テスト）	p.162
		ハーフニーリング・ナロウベース	p.163
		クワドラプト・ダイアゴナルズ	p.164
	アンクル (Ankle)	ヒールウォーク	p.165
		プローン・パッシブ・ドルシフレクション	p.165
		トウウォーク	p.166
		プローン・パッシブ・プランタフレクション	p.166
		シーテッド・アンクルインバージョン/イバージョン	p.167
オーバーヘッドディープスクワット (Overhead Deep Squat)		インターロックトフィンガーズビハインドネック・ディープスクワット	p.169
		アシステッド・ディープスクワット	p.169
		ハーフニーリング・ドルシフレクション	p.170
		スーパイン・ニートゥチェスト・ホールディングシンズ	p.170
		スーパイン・ニートゥチェスト・ホールディングタイズ	p.171
ローリング (Rolling)		プローン・トゥ・スーパインローリング・アッパーボディ	p.173
		プローン・トゥ・スーパインローリング・ローワーボディ	p.174
		スーパイン・トゥ・プローンローリング・アッパーボディ	p.174
		スーパイン・トゥ・プローンローリング・ローワーボディ	p.175

ある。他動的な頸椎屈曲に制限や痛みがあるならば、頸椎屈曲の可動性に機能不全があるかチェックする。

■ 環椎後頭関節屈曲の TED・JMD

続いて環椎後頭（OA）関節を評価し、頸椎屈曲の可動性機能不全を分類する。屈曲機能不全は後頭骨と環椎の間で認められることが多く、ここに問題があると頸椎のみに機能不全がある患者と類似した症状を呈する。背臥位での OA 関節の自動的な屈曲を行い、この部位の可動域テストを行う。OA 屈曲が FN である患者は、頸椎屈曲の JMD か TED、あるいはその両方の問題がある。OA 屈曲に機能不全が認められれば、OA 関節の JMD か TED であるが、頸椎屈曲の可動性の問題を合併している可能性がある。

他のブレイクアウトと同様に、OA 屈曲で痛みがあれば分類を止め、この問題に対する治療を行う。

■ 頸椎回旋の SMCD

頸椎回旋の自動・他動運動をチェックしてブレイクアウトを進める。ここでも、姿勢を安定させる負担を減らすために、患者を治療台の上で背臥位にさせ、頭部を自動的に回旋するよう指示する。頸椎回旋の自動運動が正常である場合、姿勢・モーターコントロール機能不全か SMCD、あるいはその両方が頸椎回旋に影響を及ぼしている。

背臥位での自動的な頸椎回旋が DN、DP あるいは FP であった場合には、頸椎を他動的に回旋してチェックする。背臥位での頸椎回旋の他動運動が FN

であるならば，自動的な頸椎回旋における SMCD である．他動的な頸椎回旋に制限や痛みがあるならば，頸椎回旋の可動性に機能不全があるかチェックする．

■ 環軸関節・下位頸椎回旋の TED・JMD

環軸関節を評価し，頸椎回旋の可動性に機能不全があるかをみる．頸椎回旋可動域の半分は環軸関節が担っているので，この動きを単独で評価するために C1-C2 サービカルローテーションを用いる．環軸関節の回旋が FN である患者は，下位頸椎（C3-C7）回旋の JMD か TED，あるいはその両方の問題がある．

環軸関節の回旋が DN である場合は環軸関節の JMD か TED であるが，下位頸椎回旋の可動性不全も併発している可能性がある．

環軸関節の回旋で痛みがあれば分類を止め，この問題に対する治療を行う．

■ 頸椎伸展の SMCD

頸椎伸展は，このブレイクアウトの最後のパートとなる．この評価では，患者の姿勢を安定させる必要性を減少させる肢位を2種類使う．1つは，背臥位で，治療台の端から頭部を出す肢位，もう1つは，側臥位で，検者が頭部を支える肢位である．いずれの肢位でも頸椎，胸椎，肩甲帯を安定させる必要性が最小となる．

患者に，頸椎を最後まで伸展するよう指示する．スーパイン・サービカルエクステンションが正常で，立位での頸椎伸展に問題がある場合，姿勢/モーターコントロール機能不全か SMCD，あるいはその両方が頸椎伸展に影響を及ぼしている．

背臥位での頸椎伸展が DN の場合には，頸椎伸展の JMD か TED がある．頸椎伸展で痛みがあれば分類を止め，この問題に対する治療を行う．

頸椎伸展のテストは重力の影響で実質的に他動的な評価になっているため，自動運動と他動運動を分けて行う必要はない．

サービカルスパイン・ブレイクアウト

トップティアーテストのサービカルスパインに制限が認められた場合，以下のブレイクアウトを行う．

- アクティブ・スーパイン・サービカルフレクション
- パッシブ・スーパイン・サービカルフレクション
- アクティブ・スーパイン・OA サービカルフレクション
- アクティブ・スーパイン・サービカルローテーション
- パッシブ・サービカルローテーション
- C1-C2 サービカルローテーション
- スーパイン・サービカルエクステンション

■ アクティブ・スーパイン・サービカルフレクション

● 目　的
頸椎の可動性や安定性の評価

● 方　法
患者は背臥位で両腕を体側に置く．検者は，顎を胸骨につけるよう指示する．

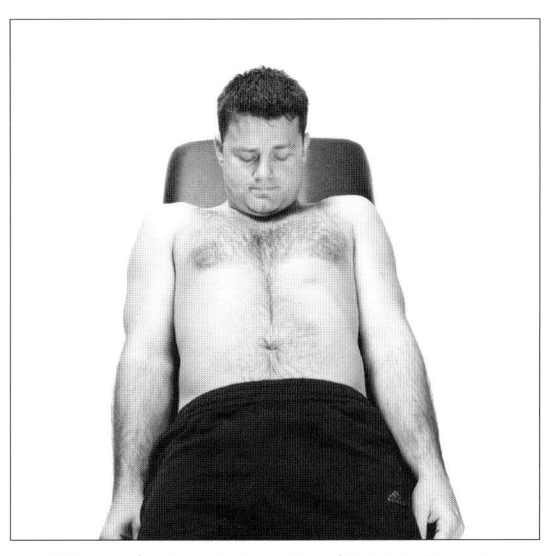

アクティブ・スーパイン・サービカルフレクション

🔹 付加情報
動作中は口を閉じたままで，肩甲骨を挙上あるいは前方突出させないようにする。

🔹 結　果
- この動作を行うことができる（顎が胸骨につく）（FN）
- この動作ができない，あるいはできるが痛みを伴う（DN, DP, FP）

結果が FN で立位での頸椎屈曲に制限がある場合：姿勢・モーターコントロール機能不全か SMCD，あるいはその両方が頸椎屈曲に影響している。これは頸椎，胸椎，肩甲帯の姿勢機能不全を含む。

結果が DN, DP, FP の場合：パッシブ・スーパイン・サービカルフレクションに進む。

■ パッシブ・スーパイン・サービカルフレクション

🔹 目　的
負荷のかからない肢位での頸椎の可動性や安定性の評価

🔹 方　法
患者は背臥位で両腕を体側に置く。検者が患者の頭部を動かし，顎を胸骨に近づけるように頸椎を屈曲させる。

🔹 付加情報
動作中は口を閉じたままで，肩甲骨を挙上あるいは前方突出させないようにする。

🔹 結　果
- この動作を行うことができる（顎が胸骨につく）（FN）
- この動作ができない，あるいはできるが痛みを伴う（DN, DP, FP）

結果が FN の場合：自動的な頸椎屈曲に SMCD がある。

結果が DN, DP, FP の場合：アクティブ・スーパイン・OA サービカルフレクションに進む。

■ アクティブ・スーパイン・OA サービカルフレクション

🔹 目　的
負荷がかからない肢位での環椎後頭（OA）関節の可動性や安定性の評価

🔹 方　法
患者は背臥位で両腕を体側に置く。頭部をできるだけ右側に回旋してから顎を引く。左側も同様に行う。

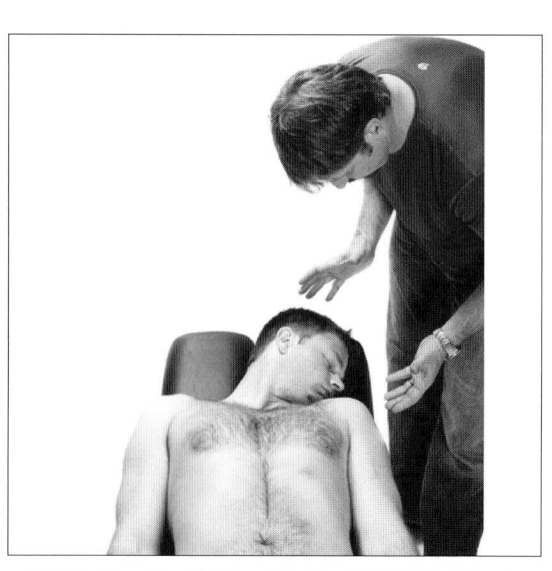

パッシブ・スーパイン・サービカルフレクション

アクティブ・スーパイン・OA サービカルフレクション

付加情報
左右両側において OA 関節が少なくとも 20°屈曲できるか確認する。

結 果
- 左右両側で OA 関節が 20°屈曲する（FN）
- OA 関節が 20°まで屈曲できない（DN）
- OA 関節を 20°まで屈曲する間に痛みが生じる（DP，FP）

結果が左右両側とも FN の場合：頚椎屈曲の JMD か TED，あるいはその両方である。

結果が DN の場合：OA 関節の JMD か TED であるが，頚椎屈曲の可動性の問題も併発している可能性がある。

結果が DP か FP の場合：分類を止め，この問題に対する治療を行う。

■ アクティブ・スーパイン・サービカルローテーション
目 的
自動的な頚椎回旋の評価

方 法
患者は背臥位で両腕を体側に置く。頭部を可能な限り右側に回旋する。左側も同様に行う。

アクティブ・スーパイン・サービカルローテーション

付加情報
左右両側において少なくとも 80°回旋できるか確認する。

結 果
- 左右両側で 80°回旋できる（FN）
- 左右両側で 80°回旋できない，あるいは 80°まで回旋する間に痛みが生じる（DN，DP，FP）

結果が FN の場合：姿勢・モーターコントロール機能不全か SMCD，あるいはその両方が頚椎回旋に影響している。これは頚椎・胸椎・肩甲帯の姿勢機能不全を含む。

結果が DN，DP，FP の場合：パッシブ・サービカルローテーションの評価に進む。

■ パッシブ・サービカルローテーション
目 的
他動的な頚椎回旋の評価

方 法
患者は背臥位で両腕を体側に置く。検者が患者の頭部を右側に回旋させる。左側も同様に行う。

付加情報
左右両側において少なくとも 80°回旋できるか確

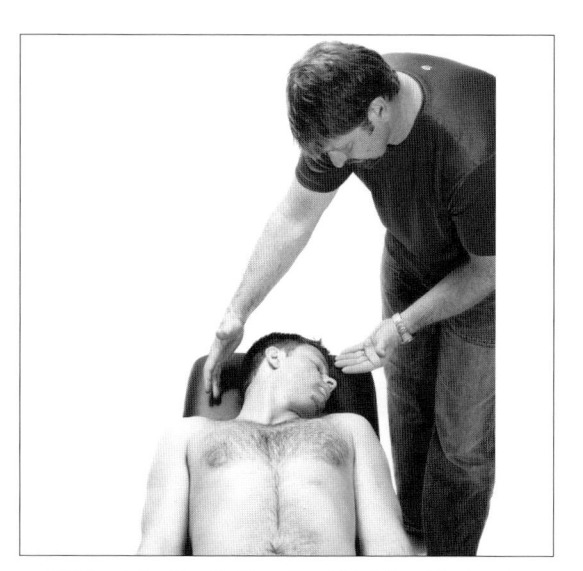

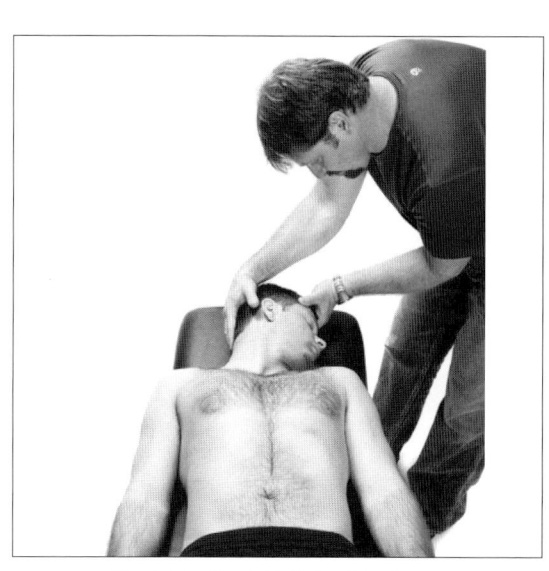

パッシブ・サービカルローテーション

認する。

🔶 結 果
- 左右両側とも 80° 回旋できる（FN）
- 左右両側とも 80° 回旋できない，あるいは 80° まで回旋する間に痛みが生じる（DN, DP, FP）

結果が FN の場合：自動的な頸椎回旋の SMCD である。

結果が DN, DP, FP の場合：C1-C2 サービカルローテーションに進む。

■ C1-C2 サービカルローテーション
🔶 目 的
C1-C2 における回旋の評価

🔶 方 法
患者は背臥位で両腕を体側に置く。頸椎を屈曲し，顎が胸骨に近づいた状態で右側にできるだけ回旋する。左側も同様に行う。

🔶 付加情報
回旋する前に最終域まで頸椎を屈曲させておく。屈曲位から少なくとも 40° 回旋できるか確認する。

🔶 結 果
- 左右両側において少なくとも 40° 回旋できる（FN）
- 左右両側とも 40° まで回旋できない（DN）
- 動作中に痛みが生じる（DP, FP）

結果が FN の場合：下位頸椎（C3-C7）回旋の JMD か TED，あるいはその両方である。

結果が DN の場合：C1-C2 の JMD か TED であるが，下位頸椎回旋の可動性の問題も併発している可能性がある。

結果が DP, FP の場合：分類を止め，この問題に対する治療を行う。

■ スーパイン・サービカルエクステンション
🔶 目 的
負荷がかからない肢位での頸椎伸展の評価

🔶 方 法
患者は背臥位で治療台の端から頭部を出す。検者は，頸椎を最後まで伸展するよう指示する。

🔶 付加情報
顔が床に対して垂直になっているか確認する。

🔶 結 果
- 顔が床に対して垂直になるまで頸椎を伸展できる（FN）

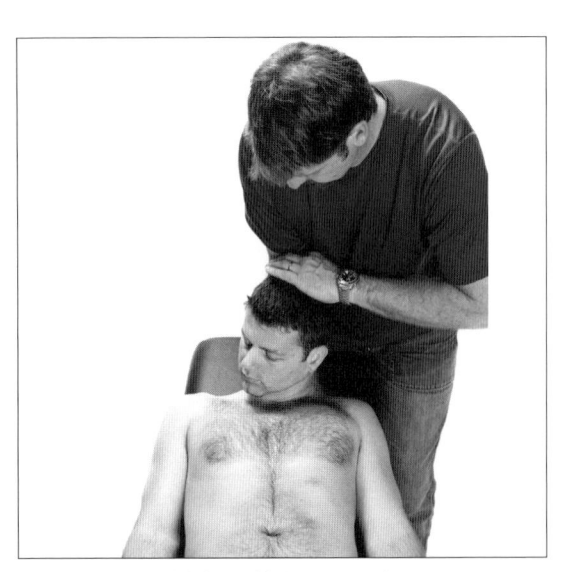

C1-C2 サービカルローテーション

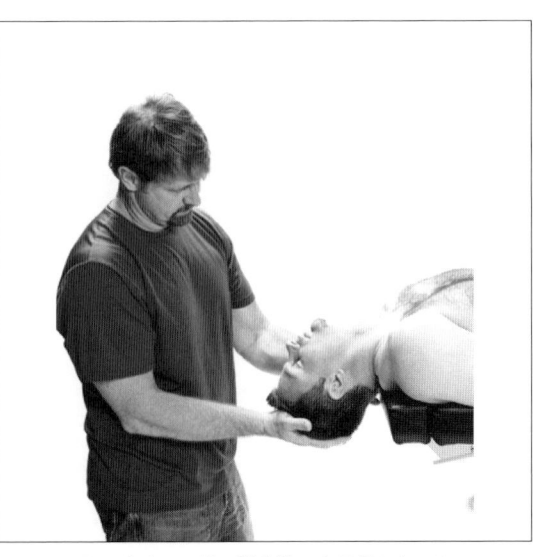

スーパイン・サービカルエクステンション

- 顔が床に対して垂直になるまで頸椎を伸展できない（DN）
- 頸椎伸展で痛みが生じる（DP，FP）

結果が FN で立位での頸椎伸展に問題がある場合：
姿勢・モーターコントロール機能不全か SMCD，あるいはその両方が頸椎伸展に影響を及ぼしている。

結果が DN の場合： 頸椎伸展の JMD か TED，あるいはその両方である。

結果が DP，FP の場合： 分類を止め，この問題に対する治療を行う。

アッパーエクストレミティ・ブレイクアウトの理論的根拠

アッパーエクストレミティ・ブレイクアウト・フローチャートを参照。

上肢帯 SMCD と JMD・TED

肩の機能不全を把握しやすくするために，患者を治療台の上で腹臥位にし，姿勢を安定させる必要性を減少させる。この肢位では頸椎，胸椎，肩甲帯を安定させる必要性が最小となる。次に，トップティアーテスト（第 7 章）のアッパーエクストレミティと同じ動作を行うように指示する。

腹臥位での自動的上肢パターン（アクティブ・プローン・アッパーエクストレミティ）が正常の場合，姿勢・モーターコントロール機能不全か肩甲帯の SMCD，あるいはその両方が機能的上肢パターンに影響している。DN，DP，FP の場合，同じ動作を他動的にチェックする。

腹臥位での他動的上肢パターン（パッシブ・プローン・アッパーエクストレミティ）が FN の場合，SMCD がある。他動運動が制限されている場合，肩関節の局所的な可動性機能不全があると考えるべきで，肩甲帯に対する局所の生体力学的テストを行う。

上肢パターン SMCD と肩甲上腕関節/肩甲骨における SMCD

全体的な上肢パターンであるスーパイン・レシプロカル・アッパーエクストレミティをテストすることで，肩甲帯の安定性機能不全をさらに分類することができる。このテストは，安定性機能不全が一側だけの肩関節の問題であるのか，あるいは対側パターン（reciprocal pattern）における両上肢の複合的な動作の問題であるのかを判断するのに役立つ。

両肩の動作が主に最終可動域で行われるこの対側パターンに機能不全が認められる場合，肩の SMCD があると判断する。

この機能不全に対するエクササイズとしては，一側だけの肩のエクササイズよりも，両側同時の肩関節パターンによる再トレーニングを中心に行う。テストの結果が FN の場合，肩甲上腕関節か肩甲骨の中間域における SMCD があると思われる。この場合には，肩関節に的を絞ったエクササイズを行う。

アッパーエクストレミティ・ブレイクアウト

トップティアーテストのアッパーエクストレミティパターンに問題があれば，以下のブレイクアウトを行う。

- アクティブ・プローン・アッパーエクストレミティ
- パッシブ・プローン・アッパーエクストレミティ
- スーパイン・レシプロカル・アッパーエクストレミティ

アクティブ・プローン・アッパーエクストレミティ

目 的
負荷がかからない肢位での肩の可動性や安定性の評価

方 法
患者は腹臥位で両腕を体側に置く。トップティアーテスト（第 7 章）のアッパーエクストレミティ・パターン 1，2 を行う。

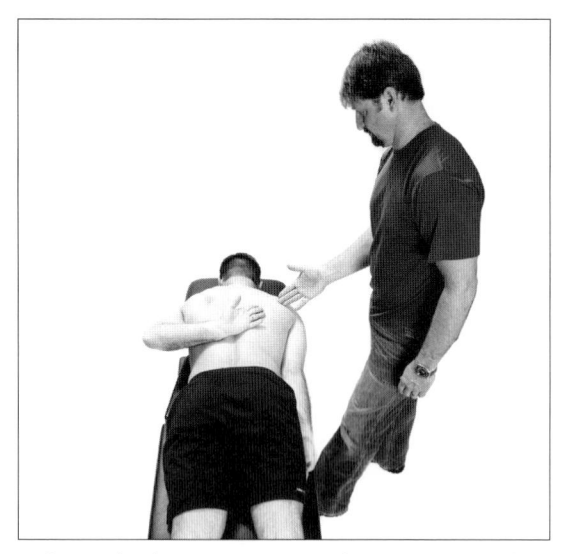

アクティブ・プローン・アッパーエクストレミティ パターン1

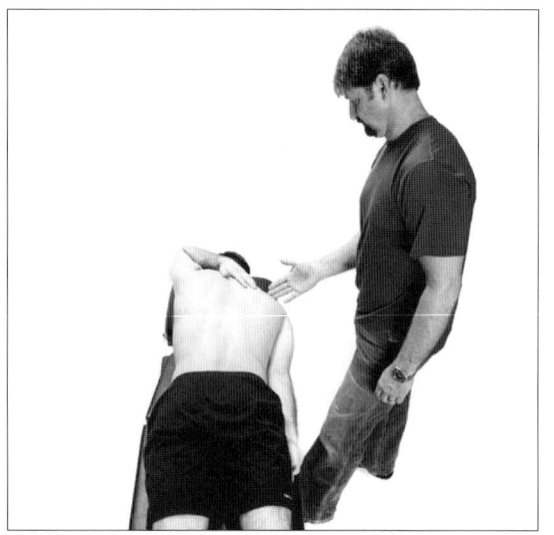

アクティブ・プローン・アッパーエクストレミティ パターン2

付加情報
この肢位では，頸椎，胸椎，肩甲帯を安定させるために必要な負荷が最小となる。

結　果
- トップティアーテストのアッパーエクストレミティパターン1，2ができる（FN）
- トップティアーテストのアッパーエクストレミティパターン1，2ができない，あるいは動作中に痛みが生じる（DN，DP，FP）

結果がFNの場合：姿勢・モーターコントロール機能不全か肩甲帯のSMCD，あるいはその両方が機能的な上肢パターンに影響している。

結果がDN，DP，FPの場合：パッシブ・プローン・アッパーエクストレミティに進む。

■ パッシブ・プローン・アッパーエクストレミティ

目　的
負荷がかからない肢位での肩の可動性や安定性の評価

方　法
患者は腹臥位で両腕を体側に置く。トップティアーテスト（第7章）のアッパーエクストレミティ・パターン1，2を，検者が他動的に行う。

付加情報
この肢位では，頸椎，胸椎，肩甲帯を安定させるために必要な負荷が最小となる。

結　果
- トップティアーテストのアッパーエクストレミティ・パターン1，2ができる（FN）
- トップティアーテストのアッパーエクストレミ

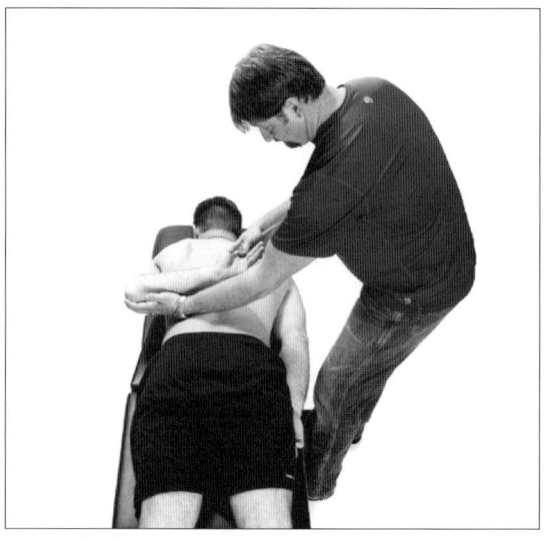

パッシブ・プローン・アッパーエクストレミティ パターン1

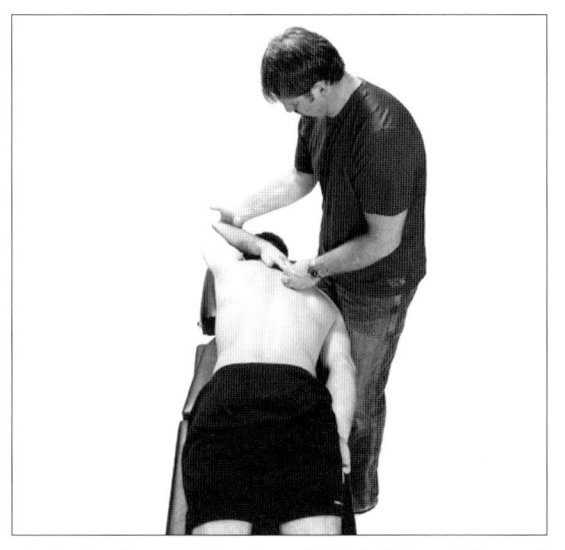

パッシブ・プローン・アッパーエクストレミティ パターン 2

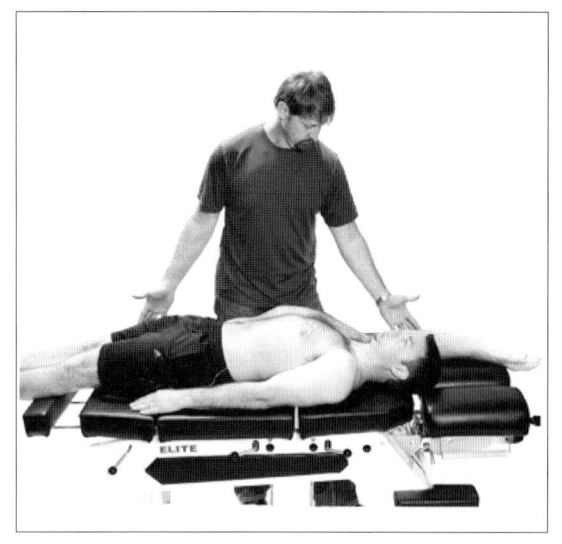

スーパイン・レシプロカル・アッパーエクストレミティ

ティ・パターン 1，2 ができない（DN）
- 動作中に痛みが生じる（DP，FP）

結果が FN の場合：スーパイン・レシプロカル・アッパーエクストレミティに進む。

結果が DN の場合：肩甲帯の JMD か TED あるいはその両方である。局所の生体力学的テストを行う。

結果が DP，FP の場合：分類を止め，この問題に対する治療を行う。

スーパイン・レシプロカル・アッパーエクストレミティ

目 的
負荷がかからない肢位での肩甲帯の可動性や安定性の評価

方 法
患者は背臥位で，一側の腕は体側に置き，もう一方の腕は伸ばして頭上に挙げておく。検者は両側の前腕遠位部に手を置き，患者に，腕を持ち上げる力に抵抗するように指示する。検者は，患者の両腕を同時に台から持ち上げるように，軽い力を加える。

付加情報
この肢位では，頸椎，胸椎，肩甲帯を安定させるために必要な負荷が最小となる。

結 果
- 両腕とも力に抵抗することができる（FN）
- どちらかの腕が力に抵抗することができない（DN）
- 抵抗しようとすると痛みが生じる（DP，FP）

結果が FN の場合：肩甲上腕関節か肩甲骨に中間域における SMCD がある。

結果が DN の場合：両肩の対側パターンの最終可動域における肩の SMCD がある。

結果が DP，FP の場合：分類を止め，この問題に対する治療を行う。

マルチセグメンタルフレクション・ブレイクアウトの理論的根拠

両側あるいは一側での屈曲機能不全

一側での屈曲を評価するためにシングルレッグ・フォワードベンドを最初に行う。一側での動作パターンが両側でのパターンと一致するかに注意する。つま先に触ることができないのは両側の問題であると考えられることが多いが，実際には一側の機能不全であることが多いので，この評価を行う必要がある。

荷重位での姿勢安定性あるいは非荷重位での機能不全

次のステップでは，姿勢を安定させる必要性を減少させるため，長座位でつま先を触らせる（ロングシッティング・トウタッチ）。この肢位によって，荷重位と非荷重位での股関節屈曲パターンを比較することができる。結果が荷重位でのパターンと一致するか確認する。この肢位での評価から，患者の機能不全や痛みの原因が股関節屈曲の問題によるものなのか，あるいは脊椎屈曲の問題であるのかを判断できる。

股関節屈曲の問題

長座位での仙骨角をみることで，股関節の問題と脊椎の問題を区別することができる。仙骨角の制限や痛みがある場合，股関節屈曲を検査する必要がある。自動的な下肢伸展挙上（アクティブ・ストレートレッグレイズ）によって明確な所見が得られるだろう。

股関節屈曲が機能的な場合，長座位では脊椎に荷重がかかっているため，荷重位での脊椎屈曲に機能不全があると思われる。脊椎屈曲の機能不全を分類するためにプローン・ロッキングへと進む。

自動的な下肢伸展挙上に機能不全がある場合，股関節屈曲に制限があると判断して他動的な下肢伸展挙上（パッシブ・ストレートレッグレイズ）を行い，股関節の自動屈曲と他動屈曲とを比較する。このテストが機能的で痛みがない場合，コアか自動的な股関節屈曲のSMCDである。股関節他動屈曲が自動屈曲よりも10°以上改善しても，臨床的な正常値である80°まで達していなければ，コアの潜在的なSMCDを示す徴候である。

股関節他動屈曲でも機能不全がみられる場合，スーパイン・ニートゥチェストによってさらに分類することができる。この評価は，股関節自動屈曲のSMCD，あるいは股関節の可動域制限だけの問題であるかを判別するために行う。

脊椎屈曲の問題

長座位で仙骨角が正常でも，機能不全や痛みがある場合は，プローン・ロッキングによって非荷重位での脊椎屈曲を評価する。このテストは，荷重位での脊椎屈曲のSMCDと，脊椎の可動域制限だけの問題とを識別するために行う。プローン・ロッキングの最終域において脊椎のカーブが均一であれば，荷重位での脊椎のSMCDである。最終域での脊椎のカーブが不充分であれば，脊椎関節のJMDかTEDである。

ローリング

可動域制限がみられなければ，他のブレイクアウトと同様に，基礎的なモーターコントロールの安定性機能不全についてテストする。ローリングは，モーターコントロールと基礎的な分節的安定性をテストする低負荷の動作パターンである。

ロングシッティング・トウタッチかパッシブ・ストレートレッグレイズで痛みや機能不全がない場合にだけ，ローリングを評価する。このようにしないと，可動域制限がモーターコントロールや安定性に影響し，モーターコントロールや安定性のテストにおいて結果が偽陽性になる可能性がある。

マルチセグメンタルフレクション・ブレイクアウト

マルチセグメンタルフレクション・ブレイクアウト・フローチャートを参照。

トップティアーテストのマルチセグメンタルフレクションで制限が認められた場合，以下のブレイクアウトを行う。

- シングルレッグ・フォワードベンド
- ロングシッティング・トウタッチ
- ローリング（後述）
- アクティブ・ストレートレッグレイズ
- パッシブ・ストレートレッグレイズ
- プローン・ロッキング
- スーパイン・ニートゥチェスト・ホールディングタイズ

■ シングルレッグ・フォワードベンド
● 目 的
前屈が対称的か，あるいは非対称的な機能不全か，また痛みを誘発するかをみる。

● 方 法
患者は左下肢を台にのせ，右下肢はまっすぐに伸ばす。両方の手のひらを重ね，肘を伸ばす。右膝を曲げないようにして両手で右のつま先を触るように前屈する。反対側も同様に行う。

● 付加情報
結果を記録し，そのままブレイクアウトを続ける。この片脚での方法からは，前屈パターンの非対称性について付加的な情報を得るだけである。前屈が制限されている場合には，両側のパターンであると考えることが多い。このテストからは，前屈の問題が一側性のものであるかどうかということだけがわかる。

● 結 果
- 両側とも機能的で痛みなし（両側 FN）。
- 両側に機能不全か痛みが認められる（両側 DN, DP, FP）。
- 一側に機能不全か痛みが認められる（一側 DN, DP, FP）。

ロングシッティング・トウタッチのブレイクアウトに進む。

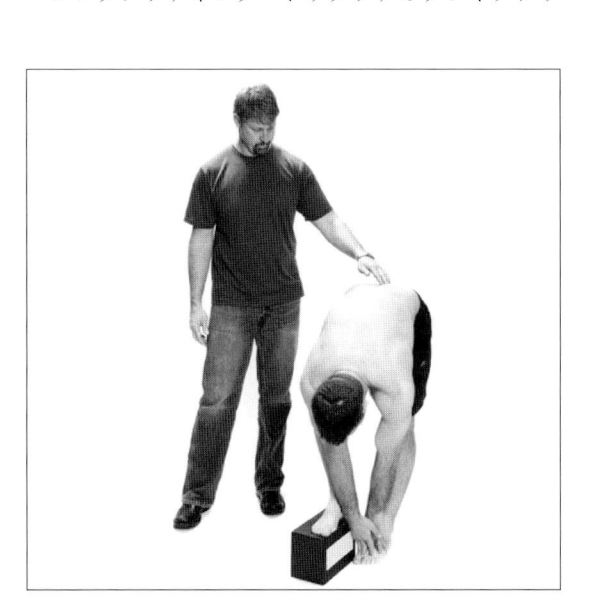

■ ロングシッティング・トウタッチ
● 目 的
非荷重位で行うことで，ハムストリングスのタイトネスと脊椎の屈曲制限とを鑑別する。

● 方 法
患者は長座位になり，下肢を伸展する。検者は，前屈してつま先に触るように指示する。

● 付加情報
最終域での仙骨の角度に注意する。専門家の大部分は，仙骨底の角度が80°以上である場合を正常としている。

● 結 果
- つま先に触ることができ，仙骨角が80°以上ある（FN）：荷重位での股関節安定性の問題，つま先に触る動作の協調性低下か連動性の不良を示している。
- つま先に触ることができ，仙骨角が80°以下である（仙骨角の制限を伴う DN）：股関節屈曲制限か脊椎の過可動性あるいはその両方を示している。
- つま先に触ることができるが痛みがある，ある

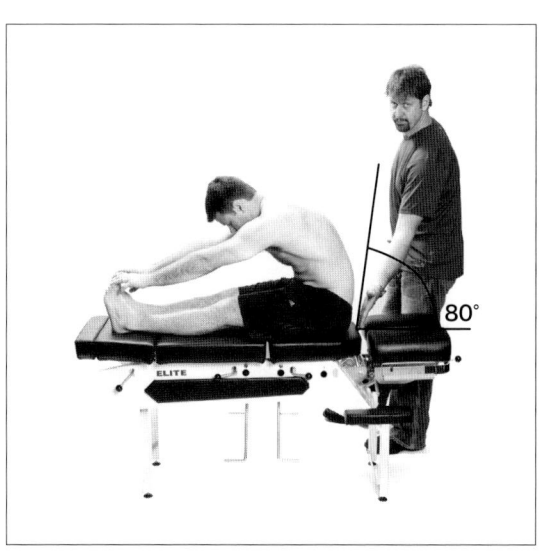

シングルレッグ・フォワードベンド

ロングシッティング・トウタッチ

いは触ることができない。仙骨角が80°以上ある（正常な仙骨角のDN，DP，FP）：荷重位での脊椎安定性の機能不全か脊椎単独の可動性低下を示している。
- つま先に触ることができず，仙骨角が80°以下である（仙骨角の制限を伴うDN，DP，FP）：股関節の屈曲制限か脊椎の屈曲制限あるいはその両方を示している。

結果がFNの場合：ローリング・ブレイクアウトに進む。

仙骨角が正常で結果がDN，DP，FPの場合：プローンロッキングに進む。

仙骨角の制限があり結果がDN，DP，FPの場合：アクティブ・ストレートレッグレイズに進む。

アクティブ・ストレートレッグレイズ

目的
膝伸展位での自動的な股関節屈曲の能力をテストする。

方法
患者は背臥位で，上肢は手のひらを上に向けて体側に置く。両足は中間位とし，足底が治療台に対して垂直になるようにする。足首の角度を保持したまま，テストする下肢を挙上する。

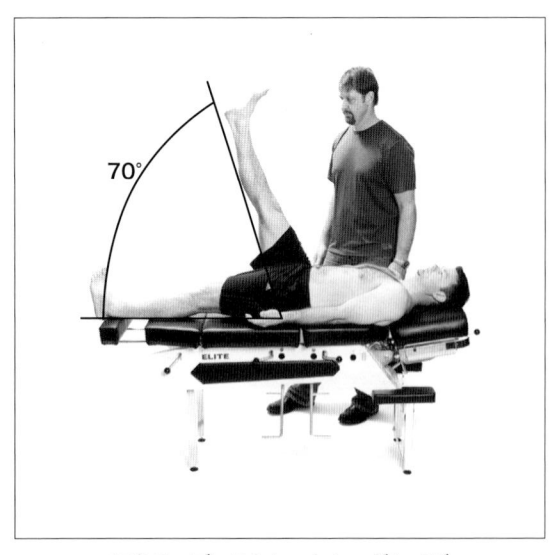

テスト中，反対側の膝の後部が治療台から離れないようにする。また，つま先の角度を変えずに下肢は中間位を保ち，後頭部が治療台から離れないようにする。

テスト側の下肢が最終域まで達したら，テスト側の足首と反対側の下肢との角度をみる。機能不全がなければ，挙上した下肢の角度は70°以上で，他動的な下肢伸展挙上との角度の差が10°以内になるべきである。反対側も同様に測定する。

付加情報
パッシブ・ストレートレッグレイズ（他動的な下肢伸展挙上）と組み合わせて行い，後部連鎖（posterior chain）【訳注：広背筋と連結する胸腰筋膜，大殿筋】のTEDや股関節のJMDと，股関節の自動運動の安定性低下や筋力低下を鑑別するために用いる。また，非荷重位で対称性，非対称性にみられる制限を確認することにも役立つ。

結果
- 下肢を自動的に70°以上挙上できる（FN）
- 下肢を自動的に70°以上挙上できない，または動作中に痛みが生じる（DN，DP，FP）

結果がFNの場合：プローン・ロッキングに進む。

結果がDN，DP，FPの場合：パッシブ・ストレートレッグレイズに進む。

パッシブ・ストレートレッグレイズ

目的
後部連鎖のTEDや股関節のJMDと，股関節の自動運動の安定性低下や筋力低下との鑑別。非荷重位で対称性，非対称性にみられる制限を確認する。

方法
患者は背臥位になり，上肢を体側に置く。右下肢は伸展位で治療台から離れないようにしながら，検者が左下肢をゆっくりと他動的に持ち上げる。左膝が屈曲したり，骨盤が動いたりしない範囲でできるだけ高く挙上し，下肢伸展挙上角度を測定する。正常であれば，角度は80°以上になる。反対側も同様に測定する。

アクティブ・ストレートレッグレイズ

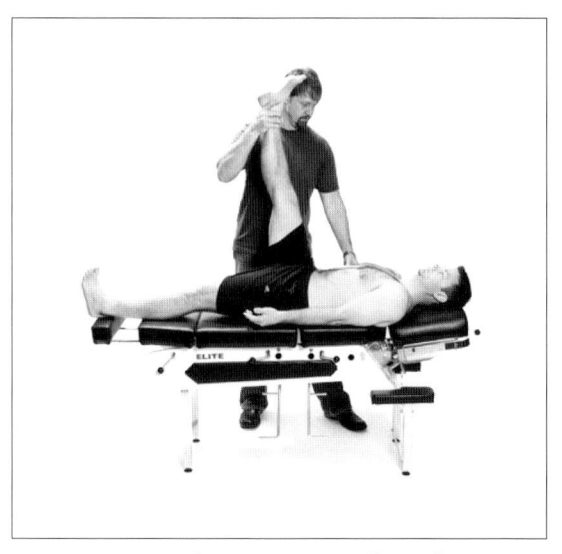

8. SFMAブレイクアウトの詳細とフローチャート 133

である（DN）

結果がFNの場合：ローリング・ブレイクアウトに進む。

結果がDN，DP，FPの場合：スーパイン・ニートゥチェスト・ホールディングタイズに進む。

■ プローン・ロッキング

◆ 目　的
非荷重位か無負荷での脊椎屈曲制限を識別する。

◆ 方　法
患者は四つ這い位になる。殿部を踵につけるように後方移動させていき，股関節を完全屈曲する。この動作の最終域では，胸郭下部が大腿部に接触する。

◆ 付加情報
このテストでは膝の傷害が悪化する可能性があるので，患者が膝に違和感を訴えたらスーパイン・ニートゥチェストの評価を行うようにする。テストの最終域で，胸郭下部が大腿部を圧迫しているか確認する。

◆ 結　果
- 完全に後方移動できる（FN）
- 後方移動で脊椎屈曲が制限されている（DN）
- 適切な肢位まで後方移動できるが痛みを伴う，

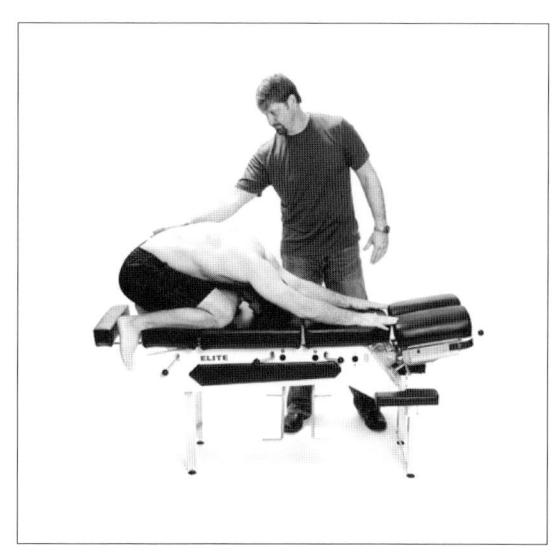

パッシブ・ストレートレッグレイズ

◆ 付加情報
パッシブ・ストレートレッグレイズの結果が80°未満で，アクティブ・ストレートレッグレイズの結果との差が10°以上であれば，コアスタビリティか股関節屈曲の筋力の問題，ハムストリングスの高緊張による制限，防御性筋収縮，股関節のJMDなどの可能性がある。

パッシブ・ストレートレッグレイズの結果が80°以上の場合，コアスタビリティか股関節屈曲の筋力に問題がある可能性が考えられる。

パッシブ・ストレートレッグレイズの結果がアクティブ・ストレートレッグレイズの結果と同じかそれ以下の場合，スーパイン・ニートゥチェスト・ホールディングタイズに進む。これはハムストリングスの高緊張か股関節の可動性低下の可能性を示している。

◆ 結　果
- 下肢を80°以上挙上することができる（FN）
- アクティブ・ストレートレッグレイズと比較して10°以上挙上することができるが，全体の角度は80°未満となる（FN）。この場合，コアのSMCDであり，スーパイン・ニートゥチェスト・ホールディングタイズに進む。
- 動作中に痛みが生じる（FPかDP）
- 下肢を80°以上挙上できず，角度がアクティブ・ストレートレッグレイズと同じかそれ以下

プローン・ロッキング

あるいは後方移動できずに痛みも伴う（DP，FP）．

結果がFNの場合：荷重位での脊椎のSMCDである．

結果がDNの場合：脊椎関節のJMDかTEDである．

結果がDP，FPの場合：分類を止め，この問題に対する治療を行う．

■ スーパイン・ニートゥチェスト・ホールディングタイズ

◎ 目　的
非荷重位における股関節の可動性をチェックする．

◎ 方　法
患者は背臥位になり，膝を立てる．次に両大腿部を抱え，両膝を胸のほうに引きつける．

◎ 付加情報
この動作は股関節とハムストリングスの問題を鑑別するのに役立つ．患者は両大腿部で胸を圧迫できるはずである．

◎ 結　果
- 両大腿部を充分に引きつけることができる（FN）
- 両大腿部を充分に引きつけることはでききるが痛みを伴う，あるいは大腿部を充分に引きつけ

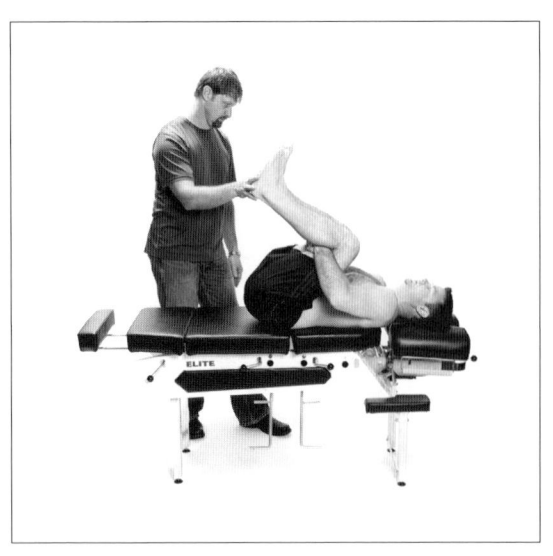

ることができずに痛みも伴う（FP，DP）
- 両大腿部を引きつけることができない（DN）

結果がFNの場合：後部連鎖のTEDか，股関節自動屈曲のSMCD，あるいはその両方である．

結果がDNの場合：股関節のJMDか，後部連鎖のTED，あるいはその両方である．

結果がFP，DPの場合：分類を止め，この問題に対する治療を行う．

マルチセグメンタルエクステンション・ブレイクアウトの理論的根拠

■ 脊椎・股関節伸展の問題
脊椎と股関節の伸展を評価することから始める（スパインエクステンション・ブレイクアウト）．伸展の機能不全や痛みが脊椎由来か股関節由来かを判断するために，上肢の動きを伴わない後屈を行わせる（バックワードベンド・ウィザウト・アッパーエクストレミティ）．伸展パターンが機能的で痛みがない場合，問題は脊椎や股関節に由来するものではないので，アッパーボディエクステンション・ブレイクアウトに進む．伸展パターンに機能不全や痛みがみられる場合，脊椎か股関節またはその両方に機能不全がある．

◎ 両側性，一側性の脊椎・股関節伸展の問題
次に，一側性の伸展を評価するためにシングルレッグ・バックワードベンドを行う．

両側とも機能的で痛みがない場合，対称的な姿勢におけるコアのSMCDである．つまり，同時性・両側性の伸展だけに機能不全があるといえる．上肢伸展に機能不全がある可能性を否定できていないので，アッパーボディエクステンション・ブレイクアウトに進む．

シングルレッグ・バックワードベンドで機能不全や痛みがみられる場合，問題が股関節由来か脊椎由来かを判定する．プローン・プレスアップによって股関節伸展を関与させないで脊椎伸展を評価することから始める．

スーパイン・ニートゥチェスト・ホールディングタイズ

◆ 荷重位，非荷重位の問題

次のステップでは，姿勢を安定させる必要性を減少させるために腹臥位をとり，プレスアップを行う。この姿勢によって，非荷重位と荷重位での伸展パターンを比較することができる。

プローン・プレスアップの開始肢位では脊椎は非荷重位であるが，テストの動作中には多少なりとも荷重がかかるために完全な非荷重位の評価ではない。プローン・プレスアップで機能不全や痛みがみられる場合，脊椎の評価を継続する。

プローン・プレスアップが機能的で痛みがない場合，荷重位における脊椎伸展の SMCD と考えられるが，股関節伸展や肩関節屈曲にも問題がある可能性があるので，ローワーボディエクステンションとアッパーボディエクステンションのブレイクアウトに進む。

◆ 胸郭伸展の問題

ランバーロックト（IR）アクティブ/パッシブ・ローテーション/エクステンションを行うことで，胸郭の組織伸張性，関節の可動性と安定性，モーターコントロールを評価する。このテストは対称性と非対称性の問題を分類することもできる。この問題には胸郭伸展を制限する胸椎や軟部組織が含まれる。

腰椎を固定するランバーロックトの肢位をとらせることで，腰椎の影響を減らし胸郭だけを評価することが可能となる。上肢を内旋させて背部に置くことで肩甲骨の影響が少なくなり，肩前部と胸部の機能不全の影響も最少限に抑えられる。

胸郭の可動性が機能的で（50°以上）痛みがない場合，腰椎を評価する。プローンオンエルボーの評価に進む。

テストで機能不全や痛みが認められる場合，胸郭伸展の可動性か安定性に問題がある。同じ動作を他動的に行い，機能不全を判別する。他動運動でも可動性が低下している場合は，一側性か両側性の胸郭伸展における TED か JMD，あるいはその両方である。

他動運動が機能的で痛みがない場合，胸郭伸展の SMCD である。上・下肢伸展の可動性に制限がある可能性を完全には否定できていないので，脊椎安定性の機能不全の程度を評価するローリングを行う必要はない。

他動運動で痛みが生じる場合，分類を止めて，この問題に対する治療を行う。

股関節伸展と肩関節屈曲に機能不全がある可能性を除外していないので，さらに詳細な伸展の評価を行うためにアッパーボディエクステンションとローワーボディエクステンションのブレイクアウトに進む。

◆ 腰椎伸展の問題

胸郭伸展のテストが正常であれば，次に腰椎を評価するためにプローンオンエルボー・ローテーション/エクステンションを行う。この肢位では，胸椎がストレッチされていることから，腰椎にストレスがかかる。この肢位から伸展することで痛みが生じる場合，分類を止めて腰椎の治療を行う。

左右とも機能的で痛みがない場合，両側の脊椎伸展における SMCD である。機能不全が認められれば，腰椎の一側/両側の TED，JMD か SMCD あるいはその3つである。

股関節と肩関節の機能不全を評価するために，アッパーボディエクステンションとローワーボディエクステンションのブレイクアウトに進む。

■ 荷重位での股関節・ローワークオーター（腰椎・骨盤・下肢）伸展の問題

スタンディング・ヒップエクステンションから始める。このテストでは，脊椎に荷重が充分にかかっている状態で，股関節の非荷重位における伸展を評価する。股関節伸展が 10°以上の場合，荷重位でのローワークオーターの SMCD である。

注意事項として，この結果は足関節背屈の制限を示す徴候でもあるので，オーバーヘッドディープスクワットとシングルレッグスタンスを再確認する。

機能不全が認められる場合，脊椎の非荷重位での股関節機能を評価するためにプローン・アクティブ・ヒップエクステンションを行う。

◆ 荷重位での脊椎 SMCD

プローン・アクティブ・ヒップエクステンション

では，腹臥位になることで姿勢を安定させる必要性を減少させ，股関節を自動的に伸展させる。この肢位によって脊椎の非荷重位が股関節伸展パターンにどのように影響するかを評価することができる。股関節が機能的で痛みがない場合，安定性の問題である。

分節的な安定性とモーターコントロールの問題の程度を評価するために，ローリングを調べる。ローリングが正常であれば，脊椎の荷重位におけるSMCDである。ローリングで機能不全が認められる場合，基礎的な伸展パターンにおけるSMCDである。ローリングで痛みが生じる場合，分類を止め，この問題に対する治療を行う。

● コアSMCDと股関節自動伸展SMCD

プローン・アクティブ・ヒップエクステンションでも股関節の機能不全や痛みが認められる場合，他動的に股関節伸展を評価する。他動的な股関節伸展が機能的で痛みがない場合，安定性に問題がある。

分節の安定性やモーターコントロールの問題の程度を評価するために，ローリングを行う。ローリングが正常である場合，コアか股関節自動伸展におけるSMCDである。ローリングに機能不全がある場合，基礎的な伸展パターンの機能不全である。ローリングで痛みが生じる場合，分類を止め，痛みに対する治療を行う。

他動的な股関節伸展に機能不全や痛みがある場合，股関節の可動性に問題があると思われる。さらに詳しく評価するために修正トーマステストを行う。

● 股関節におけるJMD・TED

最初にFABERテストを行い，股関節と仙腸関節の構造的可動性を評価する。

FABERテストで機能不全が認められる場合，股関節と仙腸関節におけるJMD，TEDまたはコアのSMCD，あるいはこれらが組み合わさった機能不全であるといえる。

股関節と骨盤をさらに詳しく評価するために局所的な生体力学的テストを行い，また修正トーマステストによって筋による制限があるかを調べる。

FABERテストが機能的で痛みがない場合，TEDがあると思われることから，修正トーマステストを行う。

FABERテストで痛みが生じる場合，分類を止め，治療を行う。

股関節伸展の可動性に影響している筋や軟部組織を正確に判断するため，修正トーマステストを用いる。このテストによって，股関節伸展を制限する可能性のある各筋群を系統的に分析する。

膝伸展位でのみ股関節が伸展する場合，前部連鎖のTEDである。この原因となる可能性が最も高い筋は大腿直筋である。股関節外転位でのみ股関節が伸展する場合，外側部連鎖のTEDである。この場合には，大腿筋膜張筋（tensor fasciae late：TFL）が原因である可能性が最も高い。膝伸展位・股関節外転位でのみ股関節が伸展する場合，前部・外側部連鎖のTEDである。

股関節が伸展しない場合，股関節の可動性の問題，前部連鎖のTED，コアのSMCD，あるいはこれらが組み合わさった機能不全であるといえる。機能不全をさらに詳しく評価するため，股関節と骨盤に対する局所の生体力学的テストを行う。

両側とも機能的で痛みがない場合，可動性の問題と類似した症状を呈するコアのSMCDが内在していると思われる。このテストでは一側の股関節を屈曲していることで人為的にコアを安定させていることになり，トーマステストが陰性になることがある。

修正トーマステストで痛みが生じる場合には，分類を止め，問題に対する治療を行う。

■ 両側，一側における上肢伸展の問題

アッパーボディエクステンション・ブレイクアウトは，ユニラテラルショルダーバックワードベンドから始める。一側の動作パターンが両側パターンと一致するか否かを確認することが重要である。

左右とも機能的で痛みがなく，両側でのテストに問題があった場合，スパインエクステンション・ブレイクアウトへ戻り，両側の胸椎伸展制限を再確認する。

このテスト結果は頸椎が原因となっていることもあるので，頸椎に機能不全がないことも確認しなければならない。

ユニラテラルショルダーバックワードベンドで機能不全や痛みが認められる場合，股関節屈曲位でのスーパイン・ラットストレッチを行う。

荷重位でのアッパークオーター（頸椎・胸椎・肩甲帯・上肢）におけるSMCD

股関節屈曲位でのスーパイン・ラットストレッチでは，非荷重位で肩関節を最終域まで屈曲させるので，姿勢を安定させる必要性が減少する。この肢位によって，全荷重位での伸展パターンと非荷重位でのアッパークオーターの伸展を比較することができる。

このテストが機能的で痛みがない場合，安定性に問題があるといえる。分節の安定性とモーターコントロールの問題の程度を評価するために，ローリングを行う。

ローリングが正常の場合，荷重位でのアッパークオーターの伸展におけるSMCDがある。ローリングで機能不全が認められる場合，基礎的な伸展パターンの機能不全である。ローリングで痛みが生じる場合，分類を止め，痛みに対する治療を行う。

スーパイン・ラットストレッチでも機能不全や痛みが認められる場合，フローチャートに従ってテストを進める。

広背筋と後部連鎖の問題

股関節を伸展させてスーパインラットストレッチを行うことで広背筋と胸腰筋膜の緊張を軽減させる。この肢位で上肢が治療台に触れてアッパークオーターの伸展（肩関節屈曲）が機能的であることが示される場合，広背筋か後部連鎖のTEDがあると判断する。

しかし，以下のような特別な場合があるので注意が必要である。股関節に伸展制限があり，股関節を伸展させると腰椎前彎が過剰になる場合，実際には広背筋と後部連鎖が短縮している可能性がある。この状態により偽陽性を示すことがあるため，ローワーボディエクステンション・ブレイクアウトを行うようにする。

上肢の位置が改善しても，完全には治療台に触れない場合，広背筋か後部連鎖のTEDが問題の一部になっていると思われる。しかしながら，アッパークオーターの完全な伸展を制限する機能不全は他にも存在する。

股関節伸展位でのスーパイン・ラットストレッチで全く改善しない，あるいは改善がわずかである場合，胸郭と肩甲帯の評価を行う。

胸郭と肩甲帯の問題

ランバーロックトの肢位で手を後頭部に置き，一側を伸展させて外旋させること〔ランバーロックト（ER）ローテーション/エクステンション〕には，2つの利点がある。1つは胸郭の対称性と非対称性の機能不全を識別できること，もう1つはアッパークオーターを伸展させる際に肩甲骨を安定させる必要性が減少することである。

ランバーロックト（ER）ローテーション/エクステンションが機能的で痛みがない場合，肩甲骨あるいは肩甲上腕関節のSMCDである。

このテストで機能不全や痛みが認められる場合，胸郭の伸展に必要な肩前部と胸部の可動域を減少させるため，手を背中においた内旋位をとり，肩甲骨を安定させる必要性を減少させる〔ランバーロックト（IR）アクティブ・ローテーション/エクステンション〕。

このテストが機能的で痛みがない場合，肩甲帯におけるJMDかTEDであると判断する。このテストでも機能不全や痛みがみられる場合，機能不全を見つけるために同じ動作を他動的に行う〔ランバーロックト（IR）パッシブ・ローテーション/エクステンション〕。

他動運動でも可動域制限が認められる場合，一側または両側の胸椎におけるTEDかJMD，あるいはその両方である。他動運動が機能的で痛みがない場合，両側の胸椎伸展/回旋におけるSMCDである。

マルチセグメンタルエクステンション・ブレイクアウト

トップティアーテストのマルチセグメンタルエクステンションにおいて制限が認められた場合に，以下のブレイクアウトを行う。

■ スパインエクステンション・ブレイクアウト

- バックワードベンド・ウィザウト・アッパーエクストレミティ
- シングルレッグ・バックワードベンド
- プローン・プレスアップ
- ランバーロック（IR）アクティブ・ローテーション/エクステンション
- ランバーロック（IR）パッシブ・ローテーション/エクステンション
- プローンオンエルボー・ローテーション/エクステンション

■ ローワーボディエクステンション・ブレイクアウト

- スタンディング・ヒップエクステンション
- プローン・アクティブ・ヒップエクステンション
- プローン・パッシブ・ヒップエクステンション
- ローリング（後述）
- FABER テスト
- 修正トーマステスト

■ アッパーボディ・エクステンション・ブレイクアウト

- ユニラテラルショルダーバックワードベンド
- スーパイン・ラットストレッチ・ヒップフレクスト
- スーパイン・ラットストレッチ・ヒップエクステンデッド
- ランバーロック（ER）ローテーション/エクステンション
- ランバーロック（IR）ローテーション/エクステンション

スパインエクステンション・ブレイクアウト

スパインエクステンション・ブレイクアウト・フローチャートを参照。

■ バックワードベンド・ウィザウト・アッパーエクストレミティ

◆ 目的
後屈への肩関節と筋による関与を排除する。

◆ 方法
患者は，腰に手を当ててまっすぐ立ち，可能な限り後屈する。正常であれば，肩が踵よりも後方，ASIS がつま先より前方へ容易に移動し，また開始肢位に戻ることができ，痛みもない。

◆ 付加情報
正確な結果を得るため，膝関節の屈曲を制限しなければならない。この修正したテスト方法は，後屈における上肢を原因とする機能不全や痛みを除外するのに役立つ。

◆ 結果
- テスト動作を行うことができる（FN）
- テスト動作を行うことはできるが痛みを伴う，あるいはテスト動作を行えずに痛みを伴う(FP, DP)
- テスト動作を行うことはできないが，痛みはない（DN）

結果が FN の場合：アッパーボディエクステンショ

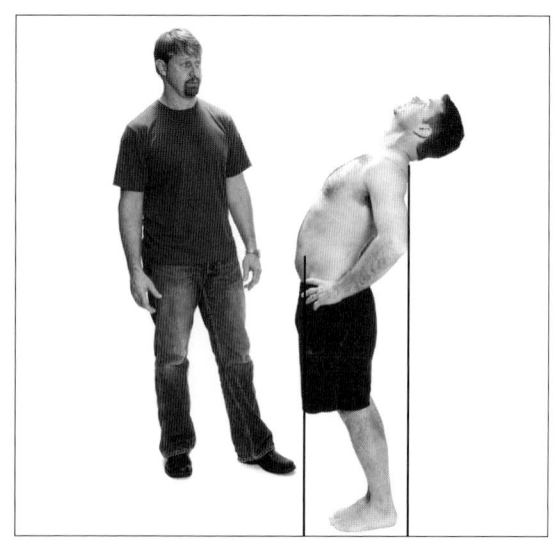

バックワードベンド・ウィザウト・アッパーエクストレミティ

ン・ブレイクアウトに進む。
結果が DN, DP, FP の場合：シングルレッグ・バックワードベンドに進む。

■ シングルレッグ・バックワードベンド

◆ 目　的
対称性・非対称性の機能不全の問題や，痛みを誘発する動きの分類

◆ 方　法
患者は，片足を台に乗せ，手を腰に当てる。可能な限り後屈する。正常であれば，肩が伸ばした下肢の踵より後方，ASIS が伸ばした下肢のつま先より前方へ容易に移動し，また開始肢位に戻ることができ，痛みもない。反対側の足を台に乗せて同じ動作を行い，左右を比較する。

◆ 付加情報
このテストでは股関節に焦点を当てるが，一側の椎間関節における制限がテストに影響する可能性がある。

◆ 結　果
- テスト動作を行うことができる（FN）
- テスト動作を行うことができない，あるいはテスト動作を行うことはできるが痛みを伴う（DN, DP, FP）

結果が FN の場合：反対側の下肢で対称性をチェックする。両側とも機能的で痛みがない場合，対称姿勢におけるコアの SMCD である。アッパーボディエクステンション・ブレイクアウトに進む。
結果が DN, DP, FP の場合：プローン・プレスアップに進む。

■ プローン・プレスアップ

◆ 目　的
非荷重位での後屈の評価

◆ 方　法
患者は，顔を下に向けて腹臥位になる。手は手のひらを下に向けて腋窩の下に置き，肘は屈曲位で上腕を体側につける。次に，上肢を使って体幹を上に起こし，可能な限り伸展させる。動作の最終域では，ASIS が治療台に接した状態で，肘を完全に伸展する。

◆ 付加情報
肘を完全に伸展すると ASIS が治療台から離れる場合，骨盤の下に 1～1.5 cm のパッドを置き，テスト動作を行ってみる。パッドを置けば ASIS が治療台に接したままで肘を完全に伸展できる場合，テスト動作は正常である。

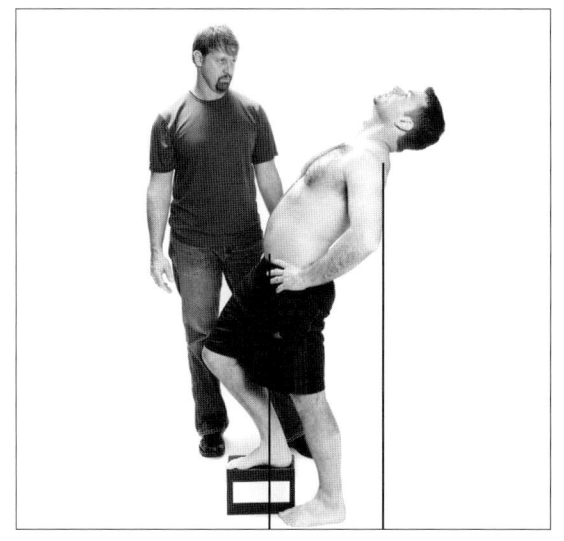

シングルレッグ・バックワードベンド

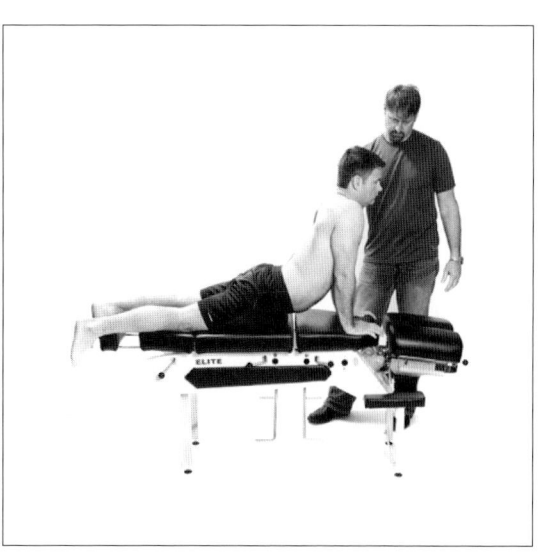

プローン・プレスアップ

手の位置が正しい場合，腕は治療台に対して垂直になる。このテストによって伸展制限と荷重位での安定性機能不全を鑑別することもできる。

◆ 結　果

- パッドの有無にかかわらず，動作を完全に行うことができる（FN）
- 動作中に痛みが生じる（FP, DP）
- 動作はできないが，痛みはない（DN）

結果が FN の場合（腹臥位では完全に伸展できるが，立位ではできない）：荷重位での脊椎伸展の SMCD の可能性が考えられる。また，股関節伸展か肩関節屈曲にも問題がある可能性が考えられる。ローワーボディエクステンションとアッパーボディエクステンション・ブレイクアウトに進む。

結果が DN, DP, FP の場合：ランバーロック（IR）アクティブ・ローテーション/エクステンションを行う。

■ ランバーロック（IR）アクティブ・ローテーション/エクステンション

◆ 目　的

非荷重位における肩関節内旋を伴った胸椎伸展と回旋の複合動作の評価

ランバーロック（IR）アクティブ・ローテーション/エクステンション

◆ 方　法

患者は，プローン・ロッキングの最終肢位になり（踵を殿部につける），右の手背を腰に当て，左の手と前腕は治療台の中央で膝の前に置く。プローン・ロッキングの肢位を保持しながら，右肩を可能な限り上後方に回旋する。反対側も行い，左右を比較する。

◆ 付加情報

肩を治療台に対して 50° 以上は挙上できなければならない。プローン・ロッキングの肢位では，腰椎伸展の要素を除外することができる。このテストによって，上位胸椎の制限による左右差も鑑別することができる。

◆ 結　果

- 動作を完全に行うことができる（FN）
- 動作はできるが痛みを伴う，動作ができずに痛みも伴う（FP, DP）
- 動作はできないが痛みはない（DN）

結果が FN の場合：プローンオンエルボー・ローテーション/エクステンションに進む。

結果が DN, DP, FP の場合：ランバーロック（IR）パッシブ・ローテーション/エクステンションに進む。

■ ランバーロック（IR）パッシブ・ローテーション/エクステンション

◆ 目　的

非荷重位における肩関節内旋を伴った胸椎伸展と回旋の複合動作の評価

◆ 方　法

患者は，プローン・ロッキングの最終肢位になり（踵を殿部につける），右の手背を腰に当て，左の手と前腕は治療台の中央で膝の前に置く。左の手と前腕を治療台から離さず，プローン・ロッキングの肢位を保持しながら，検者が患者の右肩を可能な限り上後方に回旋させる。反対側も行い，左右を比較する。

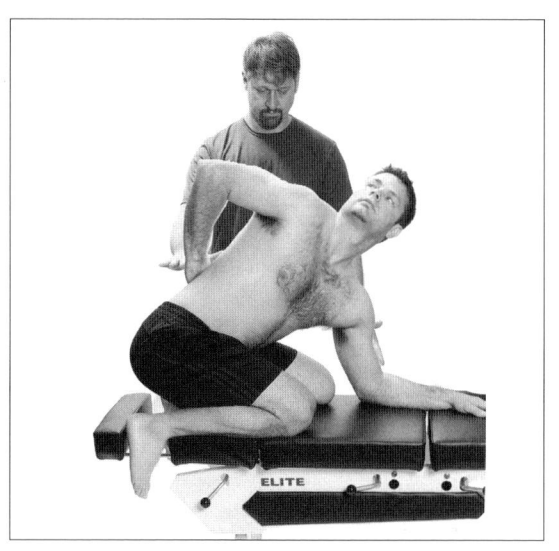

ランバーロックト（IR）パッシブ・ローテーション/エクステンション

付加情報
肩を治療台に対して50°以上は挙上できなければならない。プローン・ロッキングの肢位では，腰椎伸展の要素を除外することができる。このテストによって，上位胸椎の制限による左右差も鑑別することができる。

結 果
- 動作を完全に行うことができる（FN）
- 動作中に痛みが生じる（FP，DP）
- どちらか一側において動作はできないが痛みはない（一側DN），あるいは両側において動作はできないが痛みはない（両側DN）

結果がFPかDPの場合：分類を止め，痛みに対する治療を行う。
結果がFNの場合：両側の胸椎伸展/回旋におけるSMCDである。
結果が一側DNの場合：一側の胸椎伸展/回旋におけるTEDかJMD，あるいはその両方である。
結果が両側DNの場合：両側の胸椎伸展/回旋におけるTEDかJMD，あるいはその両方である。

プローンオンエルボー・ローテーション/エクステンション

目 的
腰椎のクリアリングテストや疼痛誘発テストとして行う。

方 法
患者は腹臥位で，右手を腰，左前腕を治療台に置いて身体を支える。右肩複合体を可能な限り上後方に回旋する。反対側も行い，左右を比較する。

付加情報
この動作に制限がある，あるいは痛みが誘発されたり悪化する場合，腰椎の機能不全が原因である。また，このテストでは対称性と非対称性の機能不全を分類することもできる。正常な可動域は少なくとも30°である。

結 果
- 両側ともテスト動作を完全に行うことができる（FN）
- 両側ともテスト動作で痛みが生じる（FP，DP）
- いずれか一側でテスト動作ができない（一側DN），または両側ともテスト動作ができない（両側DN）

結果がFNの場合：両側の脊椎伸展におけるSMCD

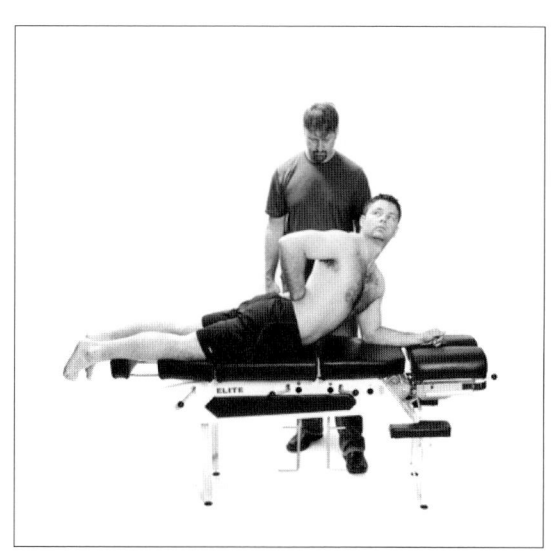

プローンオンエルボー・ローテーション/エクステンション

の可能性がある．アッパーおよびローワーボディエクステンション・ブレイクアウトを続けて行う．

結果が両側 DN の場合：両側の腰椎伸展における JMD か TED，または SMCD，あるいはこれら3つである．アッパーおよびローワーボディエクステンション・ブレイクアウトに進む．

結果が一側 DN の場合：一側の腰椎伸展における JMD か TED，または SMCD，あるいはこれら3つの機能不全である．アッパーおよびローワーボディエクステンション・ブレイクアウトに進む．

結果が DP，FP の場合：分類を止め，問題に対する治療を行う．

ローワーボディエクステンション・ブレイクアウト

ローワーボディエクステンション・ブレイクアウトのフローチャートを参照．

■ スタンディング・ヒップエクステンション

◆ 目 的
機能不全が対称性か非対称性かを分類する．また，下方からの伸展を観察し，痛みが誘発されるかを確認する．

◆ 方 法
患者は立位で，両手を体側に置き，右股関節をゆっくりと可能な限り伸展する．右下肢を伸展位で保持できるか，膝を屈曲せずに右股関節を伸展できるかを確認する．開始肢位に戻り，左下肢も同様に行う．

◆ 付加情報
下を向いたり，顔を前に出したりせずに，頭部を同じ位置に保持するよう指示する．ここでは股関節に焦点を当てる．このテストは股関節を伸展するので，股関節の機能不全と脊椎伸展の問題を鑑別するのに役立つ．

◆ 結 果
- 両側とも支持脚に対して10°以上の伸展ができる（FN）
- 一側あるいは両側とも支持脚に対して10°以上の伸展はできるが，痛みを伴う（FP）
- 一側あるいは両側とも支持脚に対して10°以上の伸展ができない（DN，DP）

結果が FN の場合：荷重位におけるローワークオーターの SMCD，足関節背屈の制限，あるいはその両方であると思われる．オーバーヘッドディープスクワットとシングルレッグスタンスを再評価する．

結果が DN，DP，FP の場合：プローン・アクティブ・ヒップエクステンションに進む．

■ プローン・アクティブ・ヒップエクステンション

◆ 目 的
機能不全が対称性か非対称性かを分類する．また，非荷重位での股関節自動運動で痛みが生じるかを確認する．

◆ 方 法
患者は腹臥位になり，手は治療台の横に下げるか前頭部の下に置く．次に，右股関節を自動的に可能な限り伸展する．開始肢位に戻し，左下肢でも同じように行う．

スタンディング・ヒップエクステンション

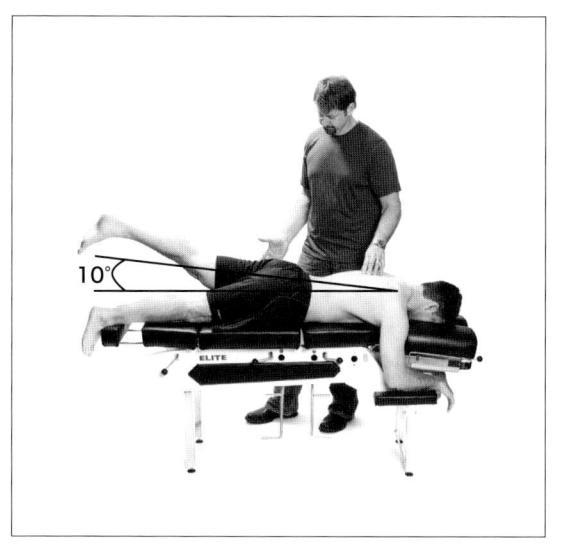

8. SFMAブレイクアウトの詳細とフローチャート **143**

プローン・アクティブ・ヒップエクステンション

プローン・パッシブ・ヒップエクステンション

付加情報
股関節を10°以上伸展する。骨盤の前傾，足部の外旋，外転に注意する。

結　果
- 両下肢とも治療台に対して10°以上の伸展ができる（FN）
- 一側あるいは両側とも10°以上の伸展はできるが，痛みを伴う（FP）
- 一側あるいは両側とも10°以上の伸展ができない（DN，DP）

結果がFNの場合：ローリング・ブレイクアウトに進む。**ローリングがFPかDPの場合**：分類を止めて問題に対する治療を行う。**ローリングがFNの場合**：脊椎の荷重位における股関節のSMCDである。**ローリングがDNの場合**：基礎的な伸展パターンにおけるSMCDである。

結果がDN，DP，FPの場合：プローン・パッシブ・ヒップエクステンションに進む。

■ プローン・パッシブ・ヒップエクステンション
目　的
自動的な股関節伸展と他動的な股関節伸展との比較

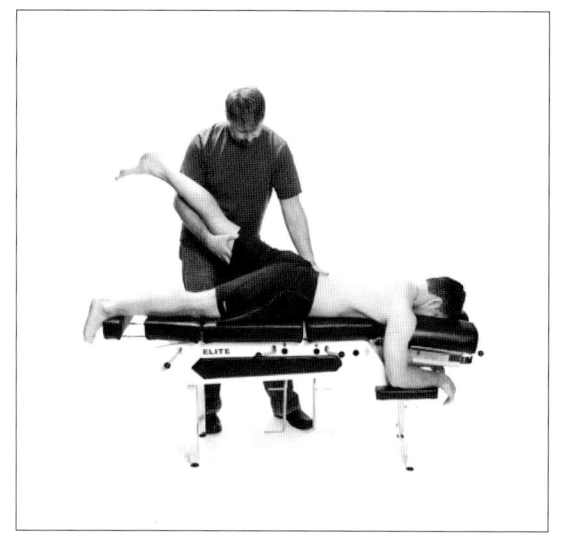

方　法
患者は腹臥位になり，手は治療台の横に下げるか前頭部の下に置く。次に検者が，右股関節を他動的に可能な限り伸展させる。この可動域を，プローン・アクティブ・ヒップエクステンションの可動域と比較する。開始肢位に戻し，左下肢でも同じように行う。

付加情報
自動運動と他動運動との差は10°以内のはずであり，差が大きければ機能不全と判断する。自動運動と他動運動での股関節伸展の角度の差が10°以上あれば，腰椎・骨盤・股関節の安定性機能不全か，股関節伸展の筋力低下が疑われる。

結　果
- 他動的伸展が10°未満，または痛みが伴う（DN，DP，FP）。FABERテストに進む。
- 他動的伸展の角度が自動的伸展の角度より25％以上大きくなる（FN）。この場合，ローリング・ブレイクアウトに進む。**ローリングで痛みが生じる場合**：分類を止めて問題に対する治療を行う。**ローリングの結果がFNの場合**：コアスタビリティとモーターコントロールの機能不全か，自動的な股関節伸展のSMCD，あるいはその両方である。**ローリングの結果がDNの場**

合：基礎的な伸展パターンにおける安定性か，モーターコントロールの機能不全，あるいはその両方である。

■ FABER テスト
◆ 目 的
股関節屈曲・外転・外旋位で力を加えることによる股関節と腰椎への影響を評価する。

◆ 方 法
患者は背臥位になり，右足を左の大腿か膝の上に置いて，右股関節を屈曲・外転・外旋位にする。右膝を治療台に向かってゆっくりと下げるように力を加える。制限や痛みが認められるか確認する。反対側も同様に行う。

◆ 付加情報
このテストの名前「FABER」は，股関節の屈曲(Flexion)，外転(Abduction)，外旋(External Rotation)を意味している。股関節前部の痛みや関節の違和感，可動域制限などが認められる場合，変性関節疾患（degenerative joint disease：DJD）や股関節前部にある関節包のタイトネス，関節唇の問題などの病態が疑われる。痛みが股関節後部から腰椎または仙腸関節に生じる場合，腰椎・骨盤部の不安定性によって股関節の可動性が制限されている可能性がある。

◆ 結 果
- テスト動作を行うことができる（FN）
- テスト動作を行うことができない（DN）
- テスト動作中に痛みが生じる，あるいはテスト動作開始時に痛みが生じる（FP，DP）

結果が FN の場合：修正トーマステストによってさらに詳しく調べる。

結果が DN の場合：股関節・仙腸関節の JMD か TED，コアの SMCD，あるいはこれら3つすべてである。股関節に対して局所の生体力学的テストを行い，さらに詳しく調べるために修正トーマステストに進む。

結果が FP，DP の場合：分類を止めて問題に対する治療を行う。

■ 修正トーマステスト
◆ 目 的
股関節屈筋と股関節前部の関節包の全体的な可動性を評価する。

◆ 方 法
患者は治療台の端に座り，両膝を抱えながら背臥位になる。下位胸椎と仙骨が平坦な状態で一側の膝を両手で抱え，腰椎が治療台に対して平坦になるま

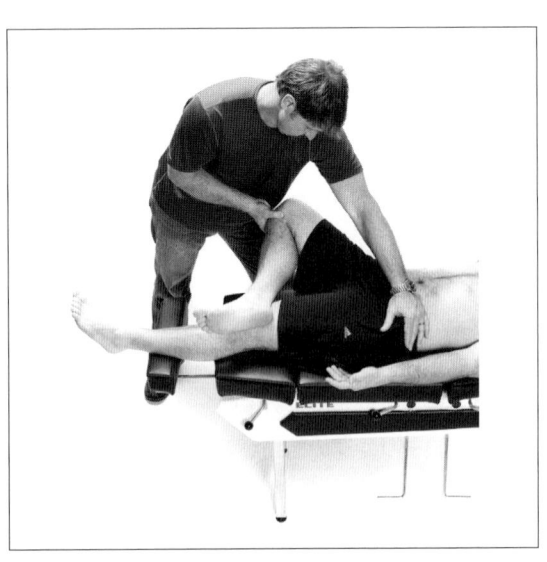

FABER テスト

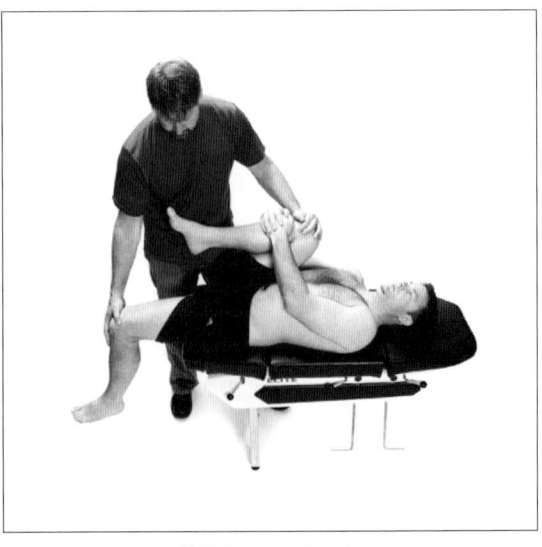

修正トーマステスト

で膝を引き付ける。仙骨が治療台に接していることと，腰椎が平坦なままで殿部が治療台から浮かない程度に膝を引き付けていることを確認する。

検者は，患者が抱えていないほうの下肢を持ち，股関節と膝関節を屈曲90°にし，抱えている下肢のほうに内転させる。

その下肢を他動的に下げ，患者にその下肢から力を抜くようにいう。またその時に，背中が反らないようにすることと，反対側の下肢をしっかり抱えていることを確認する。

膝伸展や股関節外転をせずに大腿部を治療台につけることができない場合は，以下のテストを追加する。

- 追加1：下肢を開始肢位に戻し，膝を伸展させる。大腿部を治療台のほうに下げ，治療台からの高さの違いを確認する。
- 追加2：下肢を開始肢位に戻し，大腿部を外転させる。大腿部を治療台のほうに下げ，治療台からの高さの違いを確認する。
- 追加3：下肢を開始肢位に戻し，膝を伸展，大腿部を外転させる。大腿部を治療台のほうに下げ，治療台からの高さの違いを確認する。

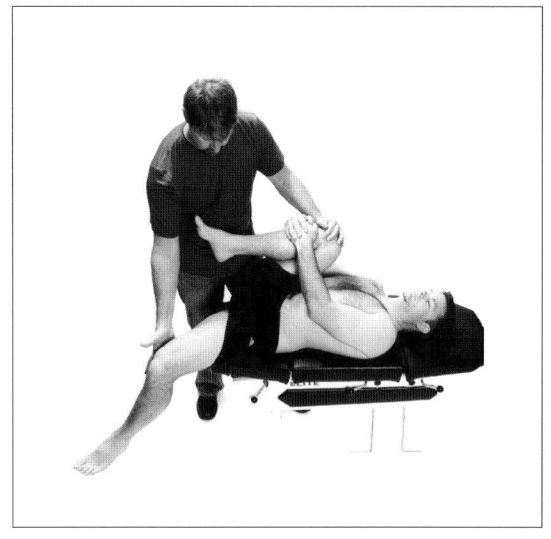

修正トーマステスト（股関節外転）

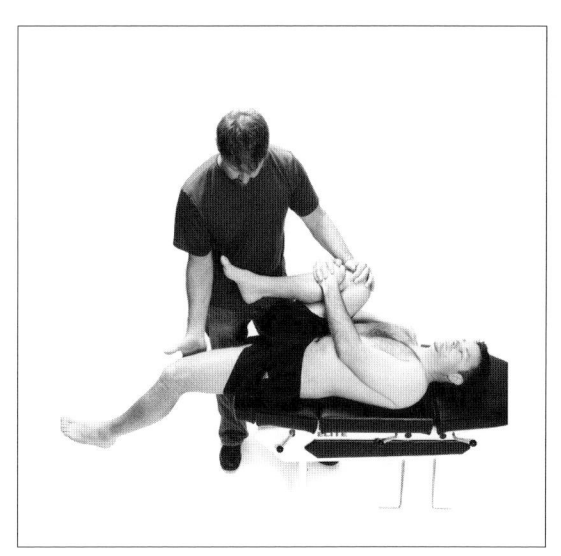

修正トーマステスト（膝伸展）

付加情報

このテストは腸骨筋，大腿直筋，大腿筋膜張筋（tensor fasciae latae：TFL）における筋緊張亢進や可動性機能不全を鑑別するのに役立つ。

結 果

- 痛みなく大腿部を治療台につけることができない（DP，FP）
- 膝を伸展すれば，大腿部を治療台につけることができる（FN）
- 股関節を外転すれば，大腿部を治療台につけることができる（FN）
- 膝を伸展，股関節を外転すれば，大腿部を治療台につけることができる（FN）
- 痛みなく治療台につく（FN）

膝を伸展すれば大腿部が治療台につくFNの場合：前部連鎖のTEDである。

股関節を外転すれば大腿部が治療台につくFNの場合：外側部連鎖のTEDである。

膝を伸展，股関節を外転すれば大腿部が治療台につくFNの場合：前部・外側部連鎖のTEDである。

修正トーマステストで問題がないFNの場合：コアのSMCDである。

痛みはないが，追加テストを行っても大腿部が治療台につかない場合（DN）：股関節のJMDかTED，またはコアのSMCD，あるいはそのすべてである。股関節に対する局所の生体力学的テストを行う。

痛みが生じる場合（DP，FP）：分類を止め，痛みに対する治療を行う。

アッパーボディエクステンション・ブレイクアウト

アッパーボディ・エクステンション・ブレイクアウトのフローチャートを参照。

■ ユニラテラルショルダーバックワードベンド

◆ 目　的
後屈において一側の肩の影響を取り除く。

◆ 方　法
患者は，直立姿勢で右腕を頭上に伸ばし，左手は体側に下げる。右腕は耳の横につける。この姿勢から可能な限り後屈する。

◆ 付加情報
この動作は，機能不全が対称性か非対称性かを識別することに役立つ。また，上肢に痛みが誘発されるかを確認するためにも利用できる。後屈時には，肩は踵より後方，上腕骨は耳の横，ASIS はつま先より前に位置し，また痛みなく元の姿勢に戻ることができなければならない。

◆ 結　果
● テスト動作ができない，あるいは痛みが生じる（DN, DP, FP）
● 両側でテスト動作を行うことができる（FN）

結果が DN，DP，FP の場合：スーパイン・ラットストレッチ・ヒップフレクストに進む。

結果が FN の場合：胸椎に問題がないか確認するために，スパインエクステンション・ブレイクアウトのプレスアップを行う。また，頸椎の影響を除外するために，サービカルスパイン・パターンも再確認する。

■ スーパイン・ラットストレッチ・ヒップフレクスト

◆ 目　的
広背筋の筋長を評価する。

◆ 方　法
患者は背臥位で，胸部に対して直角になるように両腕を上に伸ばし，手のひらを足のほうに向ける。次に，両膝を胸部のほうに引き寄せ，腰部を平坦にする。検者は，患者が頭上に挙げた両腕を伸ばしたまま治療台につけることができるか確認する。

◆ 付加情報
股関節を屈曲することで，広背筋と後部連鎖の間にある胸腰筋膜を伸張する。患者は，腕を伸ばした状態で楽に治療台につけることができなければなら

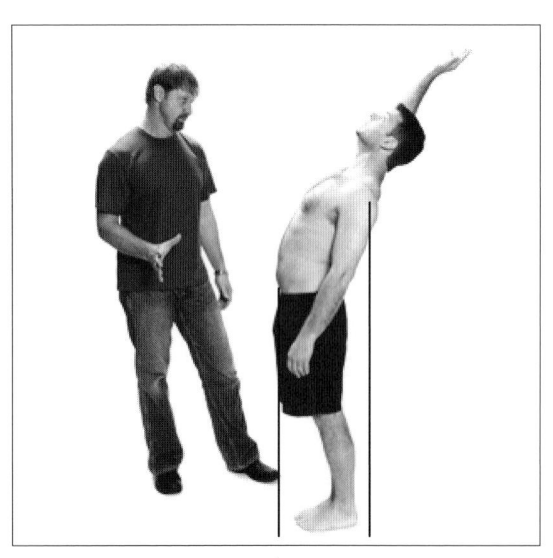

ユニラテラルショルダーバックワードベンド

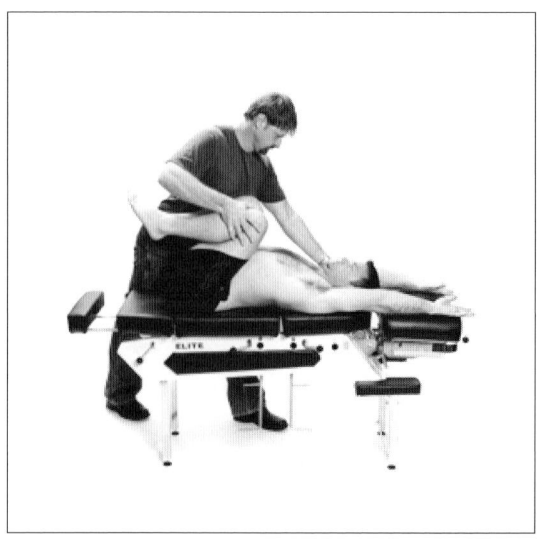

スーパイン・ラットストレッチ・ヒップフレクスト

ない。

◆ 結　果
- 両腕を治療台につけることができる（FN）
- 両腕を治療台につけることができない，あるいは痛みを伴う（DN，DP，FP）

結果がFNの場合：ローリングに進む。**ローリングの結果がFNの場合**：荷重位でのアッパークオーターにおける伸展のSMCDである。**ローリングがDPかFPの場合**：分類を止めて問題に対する治療を行う。**ローリングがDNの場合**：基礎的な伸展パターンのSMCDである。

結果がDN，DP，FPの場合：スーパイン・ラットストレッチ・ヒップエクステンデッドの評価に進む。

■ スーパイン・ラットストレッチ・ヒップエクステンデッド

◆ 目　的
問題が広背筋だけにあるのか，あるいは他に肩屈曲を制限する問題があるのかを判断する。

◆ 方　法
患者は背臥位で，胸部に対して直角になるように両腕を上に伸ばし，手のひらを足のほうに向ける。下肢を伸ばした状態で，両腕を頭上へ挙げ，治療台につける。腕と治療台との距離を確認する。

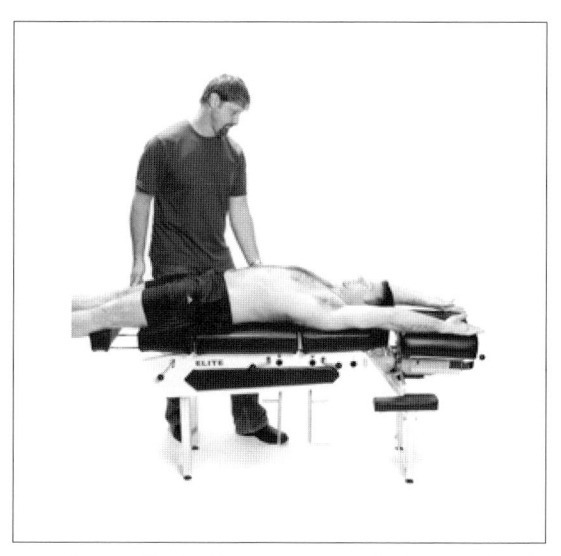

◆ 付加情報
このテストは，股関節屈曲位でのテスト（スーパイン・ラットストレッチ・ヒップフレクスト）で機能不全や痛みが認められた場合にのみ行う。広背筋か後部連鎖だけの問題であれば，このテストで腕を伸ばしたまま治療台につけることができる。

◆ 結　果
- 治療台に腕をつけることができる（FN）
- 股関節屈曲位でのテスト結果と変わらない，あるいは痛みを伴う（DN，DP，FP）
- 肩関節屈曲がわずかに改善する

肩関節屈曲がわずかに改善した場合：広背筋か後部連鎖におけるTEDが問題の一部となっている。股関節の機能不全の可能性がある。ローワーボディエクステンション・ブレイクアウトを確認し，ランバーロックト（ER）ローテーション/エクステンションに進む。

結果がDN，DP，FPの場合：ランバーロックト（ER）ローテーション/エクステンションを行う。

結果がFNの場合：広背筋か後部連鎖におけるTEDである。股関節伸展に制限があり，股関節を伸展すると腰椎前彎が過剰になる場合，実際には広背筋と後部連鎖が短縮している可能性があり，誤ったテスト結果となる。ローワーボディエクステンション・ブレイクアウトを行うようにする。

■ ランバーロックト（ER）ローテーション/エクステンション

◆ 目　的
非荷重位での胸椎伸展・回旋に肩関節外旋・肩甲帯後退を組み合わせる。

◆ 方　法
患者は，プローンロッキングの最終肢位（踵を殿部につける）をとる。右の手のひらを後頭部に置き，左の手と前腕は両膝の前で治療台につける。プローンロッキングの肢位を保持しながら，右肘を可能な限り上後方に回旋するが，体重を移動したり身体を

スーパイン・ラットストレッチ・ヒップエクステンデッド

ランバーロックト (ER) ローテーション/エクステンション

傾斜させてはいけない。開始肢位に戻り，反対側も同様に行う。

🔹 付加情報

プローンロッキングの肢位をとることで，腰椎を伸展に関与させないようにする。またこのテストによって，上位胸椎の制限の左右差も識別することができる。肘は胸郭から離した状態で，肩は上方に50°以上挙げる。

🔹 結　果

- 痛みなく両側でテスト動作を行うことができる（FN）
- テスト動作が行えない，あるいは痛みを伴う（DN，DP，FP）

結果が DN，DP，FP の場合：ランバーロックト（IR）アクティブ・ローテーション/エクステンションに進む。

結果が FN の場合：肩甲帯または肩甲上腕関節の SMCD である。

◼ ランバーロックト（IR）アクティブ・ローテーション/エクステンション

方法はスパインエクステンション・ブレイクアウトの項を参照。

◼ ランバーロックト（IR）パッシブ・ローテーション/エクステンション

方法はスパインエクステンション・ブレイクアウトの項を参照。

マルチセグメンタルローテーション・ブレイクアウトの理論的根拠

◼ 胸椎回旋の可動性と安定性の問題

マルチセグメンタルローテーションの機能不全は，脊椎，股関節，膝下の問題，あるいはこれら3つすべての問題が原因で生じる。この機能不全の分類は脊椎のブレイクアウトから始めて下肢へと進めていく。

最初のテストはシーテッド・ローテーションである。このテストで患者の可動域が正常である場合，脊椎には問題がないと判断し，ヒップローテーションへと進む。シーテッド・ローテーションで機能不全や痛みが認められる場合，ランバーロックト（ER）・（IR）アクティブ・ローテーション/エクステンションを行う。

◼ 荷重位，非荷重位の問題

ランバーロックト（ER）・（IR）アクティブ・ローテーション/エクステンションでは，胸椎と肩関節における組織伸張性，関節の可動性と安定性，モーターコントロールについて評価する。この評価によって，対称性と非対称性の機能不全，肩甲帯と胸椎の機能不全を鑑別することもできる。

ランバーロックトの肢位をとることで腰椎の影響を減らし，胸椎だけを評価する。手を後頭部に置くこと（ER）は，肩甲帯に負荷をかけることになり，また手を腰部に置くこと（IR）は，肩甲骨の影響を減らして肩前部と胸部の関与を最小限にする。

ランバーロックト（ER）ローテーション/エクステンションの評価で胸椎回旋の可動性機能不全がシーテッド・ローテーションと反対方向に認められる場合，安定性に問題があると判断し，重症度を評価するためにローリングを行う。

ローリングで問題がない場合，荷重位における胸椎回旋の SMCD である。ローリングに機能不全がみ

られる場合は，基礎的な脊椎回旋のSMCDである。ローリングで痛みが生じる場合，分類を止め，痛みに対する治療を行う。

　ランバーロックト（ER）ローテーション/エクステンションが機能的で痛みがない場合，プローンオンエルボー・ローテーション/エクステンションを行うことで腰椎を評価する。

　ランバーロックト（ER）ローテーション/エクステンションで機能不全や痛みが認められる場合，ランバーロックト（IR）アクティブ・ローテーション/エクステンションに進む。

　ランバーロックト（IR）アクティブ・ローテーション/エクステンションが機能的で痛みがない場合，肩甲帯のTEDかJMDであると判断する。

　ランバーロックト（IR）アクティブ・ローテーション/エクステンションで機能不全や痛みが認められる場合，胸椎か脊椎の回旋可動性または安定性に問題がある。この場合には他動的にテスト動作を行い，機能不全を確認する。他動的に行っても可動性が低下している場合，一側あるいは両側における胸椎回旋のTEDかJMD，またはその両方である。他動運動が機能的で痛みがない場合，胸椎回旋のSMCDである。

　胸椎回旋の安定性やモーターコントロールの問題の重症度を評価するために，ローリングを行う。ローリングに問題がない場合，胸椎回旋のSMCDである。ローリングで機能不全が認められる場合，基礎的な脊椎回旋のSMCDである。ローリングで痛みが生じる場合，分類を止め，痛みに対する治療を行う。

▍腰椎伸展の問題

　通常，腰椎の回旋はわずか10°であるが，胸椎回旋のテストが正常な場合，プローンオンエルボー・ローテーション/エクステンションを行って腰椎を評価する必要がある。この肢位では胸椎がすでに伸展位になっているので，負荷がすべて腰椎にかかることになる。

　この肢位での回旋・伸展で痛みが生じる場合，分類を止め，腰椎に対する治療を行う。

　左右とも機能的で痛みがない場合，脊椎回旋のSMCDである。重症度を評価するためにローリングを行う。ローリングが正常な場合，荷重位における脊椎回旋のSMCDである。ローリングで機能不全がみられる場合，基礎的な脊椎回旋のSMCDである。ローリングで痛みが生じる場合，分類を止め，痛みに対する治療を行う。

　プローンオンエルボー・ローテーション/エクステンションで機能不全が認められる場合，一側か両側におけるTED，JMD，あるいはその両方，または腰椎におけるSMCDである。さらに詳しく調べるために，腰椎に対する局所の生体力学的テストを行う。

　注意：股関節伸展に制限があると，プローンオンエルボーの肢位でのテストが偽陽性になる可能性がある。他の問題を合併しているかもしれないので，ローワーボディエクステンション・ブレイクアウトを再確認してからヒップローテーション・ブレイクアウトに進む。

▍股関節内旋と外旋の問題

　ヒップローテーション・ブレイクアウト・フローチャートは2つに分かれている。1つ目のフローチャートは股関節外旋の機能不全，2つ目が股関節内旋の機能不全を評価する。この2つとも同じ論理に従っている。股関節回旋の評価はヒップローテーション・ブレイクアウト（パート1）から始める。

　安定性の診断を明確に下す前に，座位と腹臥位の両方でテストを行うことが重要である。股関節の機能は屈曲位と伸展位とでは非常に異なっているが，これは股関節と骨盤における軟部組織の走行のためである。SFMAでは，全体を通じて可動性に問題があっても肢位を変えると問題がなくなる場合は安定性に問題がある徴候であるとしているが，ここでは当てはまらない。股関節伸展位で可動性に機能不全があっても，股関節屈曲位では認められないことが多い。股関節を屈曲することで機能不全が消失しても腹臥位になると機能不全がみられる場合は，やはり可動性の機能不全である。このような可動性の機能不全は，安定性エクササイズを行う前に対処しておかなければならない。座位と股関節伸展位の両方において，股関節の可動性が機能的で痛みがない場合にのみ，股関節に安定性の機能不全があるという

診断を下すことができる。

■ 股関節外旋における自動運動と他動運動の問題

最初に行うテストは，シーテッド・アクティブ・エクスターナルヒップローテーションである。このテストによって，非荷重位における股関節屈曲位での股関節外旋を評価し，また問題が一側性のものか両側性のものかの判断も行う。

テストの結果が機能的で痛みがなければ，股関節伸展位で制限がみられるかを確認するために，プローン・アクティブ・エクスターナルヒップローテーションに進む。このテストで機能不全や痛みがみられる場合，ただちにシーテッド・パッシブ・エクスターナルヒップローテーションを行い，自動運動と他動運動を比較する。他動的なテストが機能的で痛みがなければ，股関節屈曲位での安定性に問題があると考えるが，安定性の機能不全に分類する前に必ず股関節伸展位でのテストを行う。他動的なテストで機能不全がある場合，股関節におけるJMDかTED，あるいはその両方である。シーテッド・アクティブ・エクスターナルヒップローテーションの結果にかかわらず，伸展位での股関節の機能を評価するためにプローン・アクティブ・エクスターナルヒップローテーションを行うようにする。

次に股関節を伸展位にして同じテストを行う。まずプローン・アクティブ・エクスターナルヒップローテーションのテストを行い，自動運動を確認する。このテストが機能的で痛みがなく，また座位での股関節外旋の自動運動と他動運動も機能的で痛みがなければ，SMCDがあるといえる。ローリングを行って安定性の問題の程度を判断する。ローリングが機能的で痛みがなければ，荷重位における股関節外旋のSMCDである。ローリングに機能不全はあるが痛みがない場合，基礎的な股関節外旋のSMCDである。

プローン・アクティブ・エクスターナルヒップローテーションは機能的で痛みはないが，シーテッド・パッシブ・エクスターナルヒップローテーションで機能不全がみられる場合，最初に股関節屈曲位における可動性の問題に対処する必要がある。この時点ではまだ可動性の問題を考慮しておく。

プローン・アクティブ・エクスターナルヒップローテーションで機能不全や痛みがみられる場合，プローン・パッシブ・エクスターナルヒップローテーションを行い，自動運動と他動運動を比較する。他動的な可動性に機能不全がある場合，股関節伸展位での股関節外旋にJMDかTED，あるいはその両方があると判断する。ここから，ローワークオーターの回旋を制限する可能性のある，膝より遠位を確認するために，ティビアルローテーション・ブレイクアウトへと進む。プローン・アクティブ・エクスターナルヒップローテーションは股関節伸展位で行うことから，このテスト結果には股関節伸展の問題が影響する可能性がある。このような理由から，股関節伸展を再確認するためにローワーボディエクステンション・ブレイクアウトを行う。

プローン・パッシブ・エクスターナルヒップローテーションが機能的で痛みがなく，また座位での股関節外旋の自動運動と他動運動も機能的で痛みがなければ，SMCDがあるといえる。ローリングを行って安定性の問題の程度を判断する。ローリングが機能的で痛みがなければ，荷重位における股関節外旋のSMCDがある。ローリングに機能不全はあるが痛みがない場合，基礎的な股関節外旋の安定性とモーターコントロールに機能不全がある。

プローン・パッシブ・エクスターナルヒップローテーションは機能的で痛みはないが，シーテッド・パッシブ・エクスターナルヒップローテーションで機能不全がみられる場合，最初に股関節屈曲位における可動性の問題に対処する必要がある。この時点ではまだ可動性の問題を考慮しておく。

■ 股関節内旋における自動運動と他動運動の問題

ヒップローテーション・ブレイクアウト（パート2）は，ヒップローテーション・ブレイクアウト（パート1）の結果に関係なく必ず行うようにする。

最初に行うテストは，シーテッド・アクティブ・インターナルヒップローテーションである。このテストによって，非荷重位における股関節屈曲位での股関節内旋を評価する。結果が機能的で痛みがない

場合，股関節伸展位で制限がみられるかを確認するために，プローン・アクティブ・インターナルヒップローテーションに進む。このテストで機能不全や痛みがみられる場合，ただちにシーテッド・パッシブ・インターナルヒップローテーションを行い，自動運動と他動運動を比較する。他動的なテストが機能的で痛みがなければ，股関節屈曲位での安定性に問題があると考えるが，安定性の機能不全に分類する前に必ず股関節伸展位でのテストを行う。他動的な可動性に機能不全がある場合，股関節JMDかTED，あるいはその両方である。シーテッド・アクティブ・インターナルヒップローテーションの結果にかかわらず，伸展位での股関節の機能を評価するためにプローン・アクティブ・インターナルヒップローテーションを行う。

次に，股関節伸展位で同じテストを行う。まずプローン・アクティブ・インターナルヒップローテーションを行い，自動運動を確認する。このテストが機能的で痛みがなく，また座位での股関節内旋の自動運動と他動運動も機能的で痛みがない場合，SMCDがあるといえる。ローリングを行って安定性の問題の程度を判断する。ローリングが機能的で痛みがない場合，荷重位における股関節内旋のSMCDがある。ローリングに機能不全はあるが痛みがない場合，基礎的な股関節内旋のSMCDがある。

プローン・アクティブ・インターナルヒップローテーションは機能的で痛みがないが，シーテッド・パッシブ・インターナルヒップローテーションで機能不全がみられる場合，最初に股関節屈曲位における可動性の問題に対処する必要がある。この時点ではまだ可動性の問題を考慮しておく。

プローン・アクティブ・インターナルヒップローテーションで機能不全や痛みがみられる場合，プローン・パッシブ・インターナルヒップローテーションを行って自動運動と他動運動を比較する。他動的な可動性に機能不全がある場合，股関節伸展位での股関節内旋にJMDかTED，あるいはその両方があると判断する。ここから，ローワークオーターの回旋を制限する可能性のある膝より遠位を確認するために，ティビアルローテーション・ブレイクアウトへと進む。プローン・アクティブ・インターナ

ルヒップローテーションは股関節伸展位で行うことから，このテスト結果には股関節伸展の問題が影響する可能性がある。このような理由から，股関節伸展を再確認するために，ローワーボディエクステンション・ブレイクアウトを行う。

プローン・パッシブ・インターナルヒップローテーションが機能的で痛みがなく，また股関節屈曲位での股関節内旋の自動運動と他動運動も機能的で痛みがない場合，SMCDがあるといえる。ローリングを行って安定性の問題の程度を判断する。ローリングが機能的で痛みがない場合，荷重位における股関節内旋のSMCDである。ローリングに機能不全はあるが痛みがない場合，基礎的な股関節内旋のSMCDである。

プローン・パッシブ・インターナルヒップローテーションは機能的で痛みはないが，シーテッド・パッシブ・インターナルヒップローテーションで機能不全がみられる場合，最初に股関節屈曲位における可動性の問題に対処する必要がある。この時点ではまだ可動性の問題を考慮しておく。

脛骨回旋の問題

マルチセグメンタルローテーションの最終段階として，膝より遠位の動きを評価するが，脛骨の回旋が回旋全体の20％を占めていることはあまり知られていない。ティビアルローテーション・ブレイクアウトは，まずシーテッド・アクティブ・インターナル/エクスターナルティビアルローテーションの評価から始める。この動作が機能的で痛みがない場合，脛骨の回旋は正常である。

先に述べたように，トップティアーテストのマルチセグメンタルローテーションで患者が右回旋した場合，左股関節を伸展できないことによる機能不全を有する可能性がある。このため，シーテッド・アクティブ・インターナル/エクスターナルティビアルローテーションの評価が機能的で痛みがなくても，念のためにローワーボディエクステンション・ブレイクアウトを確認する。

シーテッド・アクティブ・インターナル/エクスターナルティビアルローテーションで機能不全や痛みが認められる場合，シーテッド・パッシブ・イン

ターナル/エクスターナルティビアルローテーションを行って自動運動と他動運動を比較する．他動運動が機能的で痛みがない場合，脛骨回旋のSMCDである．他動運動で機能不全がみられる場合，脛骨回旋のJMDかTED，あるいはその両方である．痛みが生じる場合，分類を止め，痛みに対する治療を行う．

　脊椎，股関節，脛骨のすべてが機能的で痛みがない場合，ローリングとローワーボディエクステンションのブレイクアウトを再確認する．また，足部構造の問題もマルチセグメンタルローテーションの制限の原因となることから，その関与を確認するためにシングルレッグスタンス・ブレイクアウトを再確認する．

マルチセグメンタルローテーション・ブレイクアウト

　トップティアーテストのマルチセグメンタルローテーションに制限がある場合，以下のブレイクアウトを行う．

リミテッド・マルチセグメンタルローテーション・ブレイクアウト

- シーテッド・ローテーション
- ランバーロックト（ER）ローテーション/エクステンション
- ランバーロックト（IR）アクティブ・ローテーション/エクステンション
- ローリング（後述）
- ランバーロックト（IR）パッシブ・ローテーション/エクステンション
- プローンオンエルボー・ローテーション/エクステンション

ヒップローテーション・ブレイクアウト

- シーテッド・アクティブ・エクスターナルヒップローテーション
- シーテッド・パッシブ・エクスターナルヒップローテーション
- プローン・アクティブ・エクスターナルヒップローテーション
- プローン・パッシブ・エクスターナルヒップローテーション
- シーテッド・アクティブ・インターナルヒップローテーション
- シーテッド・パッシブ・インターナルヒップローテーション
- プローン・アクティブ・インターナルヒップローテーション
- プローン・パッシブ・インターナルヒップローテーション

ティビアルローテーション・ブレイクアウト

- シーテッド・アクティブ・インターナルティビアルローテーション
- シーテッド・パッシブ・インターナルティビアルローテーション
- シーテッド・アクティブ・エクスターナルティビアルローテーション
- シーテッド・パッシブ・エクスターナルティビアルローテーション

リミテッド・マルチセグメンタルローテーション・ブレイクアウト

　リミテッド・マルチセグメンタルローテーション・ブレイクアウト・フローチャートを参照．

シーテッド・ローテーション

目　的
脊椎の回旋が両側で充分にあるか確認する．

方　法
　患者は座位で，大腿部と膝を肩幅に開き，背中をまっすぐにする．首の後ろでバーを肩に担ぎ，バーの端を両手で下から支える．体幹を左右に可能な限り回旋する．回旋の最終域に達したら，ゴニオメーターで角度を測定する．

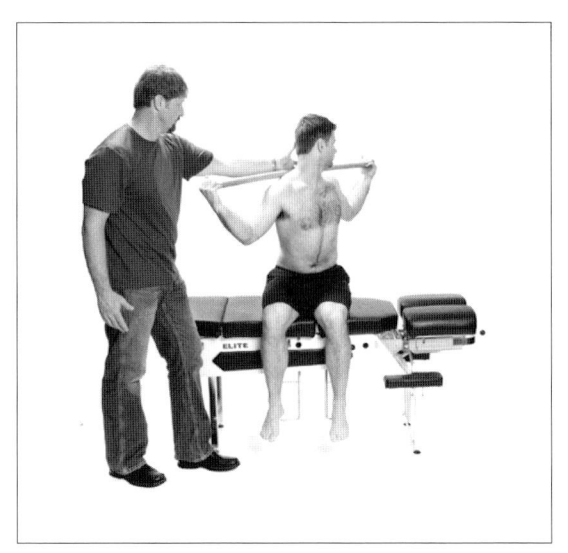

8. SFMAブレイクアウトの詳細とフローチャート

シーテッド・ローテーション

🔷 付加情報

この評価は，下半身の関節の影響を取り除いた状態で回旋のテストを行う。左右とも痛みなく50°回旋できるか確認する。バーは肩甲骨の働きを制限するために用いる。

🔷 結　果

- 両側で50°以上回旋することができる（FN）
- 両側で50°以上回旋できないが痛みはない，あるいは動作中に痛みが生じる（DN, DP, FP）

結果がFNの場合：ヒップローテーション・ブレイクアウトに進む。

結果がDN, DP, FPの場合：ランバーロック（ER）・ローテーション/エクステンションに進む。

▎ランバーロック（ER）・ローテーション/エクステンション

方法はアッパーボディエクステンション・ブレイクアウトの項を参照。

▎ランバーロック（IR）アクティブ・ローテーション/エクステンション

方法はスパインエクステンション・ブレイクアウトの項を参照。

▎ランバーロック（IR）パッシブ・ローテーション/エクステンション

方法はスパインエクステンション・ブレイクアウトの項を参照。

▎プローンオンエルボー・ローテーション/エクステンション

方法はスパインエクステンション・ブレイクアウトの項を参照。

ヒップローテーション・ブレイクアウト

ヒップローテーション・ブレイクアウト・フローチャートを参照。

▎シーテッド・アクティブ・エクスターナルヒップローテーション

🔷 目　的

非荷重位において，股関節屈曲位での自動的な股関節外旋に機能不全や痛みが認められるか評価する。

🔷 方　法

患者は座位で，両膝と両足をつけ，背中をまっすぐにする。テスト中に骨盤を挙上していないかモニ

シーテッド・アクティブ・エクスターナルヒップローテーション

ターするため、両手はそれぞれ腸骨上部に置く。膝屈曲位を保持して骨盤を動かさないようにしながら、片側の股関節を外旋する。外旋の最終域に達したら、ゴニオメーターで角度を測定する。反対側も同様に行う。

付加情報
左右とも痛みなく40°外旋できるかをみる。

結　果
- 40°以上外旋することができる（FN）
- 40°以上外旋することができない、あるいは痛みが生じる（DN, DP, FP）

結果がFNの場合：プローン・アクティブ・エクスターナルヒップローテーションに進む。

結果がDN, DP, FPの場合：シーテッド・パッシブ・エクスターナルヒップローテーションに進む。

■ シーテッド・パッシブ・エクスターナルヒップローテーション

目　的
非荷重位において、他動的な股関節外旋に機能不全や痛みが認められるかを評価する。

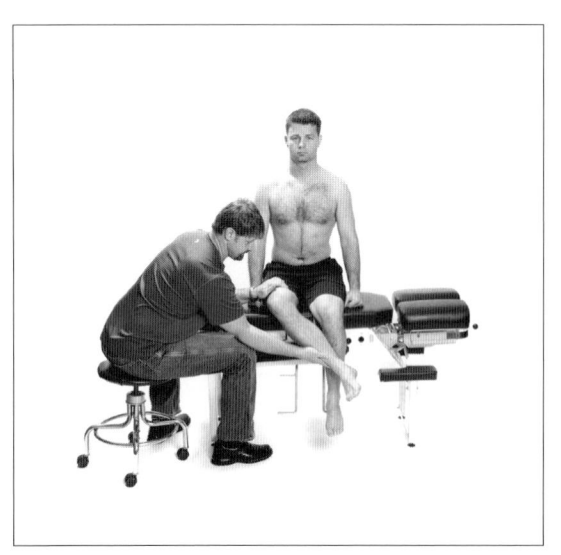

方　法
患者は座位で、両膝と両足をつけ、背中をまっすぐにする。テスト中に骨盤を挙上していないかモニターするため、両手はそれぞれ腸骨上部に置く。膝を屈曲位に保ちながら、検者が片側の股関節を他動的に外旋させる。外旋の最終域に達したら、ゴニオメーターで角度を測定する。反対側も同様に行い、自動的な外旋と他動的な外旋を比較する。

付加情報
左右とも痛みなく40°回旋できるかをみる。自動運動と他動運動の差は10°以内である。

結　果
- テスト動作を行うことができる（FN）
- テスト動作中に痛みが生じる（FP, DP）
- テスト動作を行うことはできないが、痛みはない（DN）

結果がFNの場合：プローン・アクティブ・エクスターナルヒップローテーションに進む。

結果がDNの場合：股関節屈曲位における股関節外旋のJMDかTEDである。プローン・アクティブ・エクスターナルヒップローテーションに進む。

結果がFP, DPの場合：分類を止め、問題に対する治療を行う。

■ プローン・アクティブ・エクスターナルヒップローテーション

目　的
非荷重位において、股関節伸展位での自動的な股関節外旋に機能不全や痛みが認められるか評価する。

方　法
患者は腹臥位で片側の膝を屈曲する。膝屈曲位を保持して骨盤を動かさないようにしながら、片側の股関節を外旋する。外旋の最終域に達したら、ゴニオメーターで角度を測定する。角度を記録し、反対側も同様に行う。

付加情報
股関節を伸展することで、軟部組織や関節包が強

シーテッド・パッシブ・エクスターナルヒップローテーション

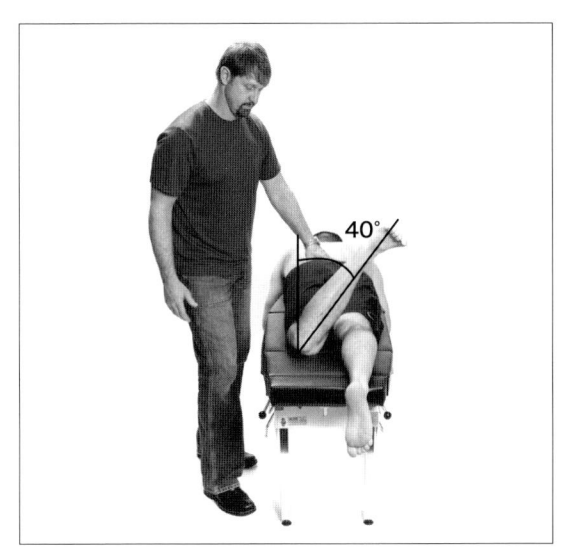

プローン・アクティブ・エクスターナルヒップローテーション

くストレッチされる。この肢位は，股関節周囲筋や股関節を支持する軟部組織の可動性を調べるのに適している。左右とも痛みなく40°回旋できるかみる。

結　果
- 40°以上回旋することができる（FN）
- テスト動作を行うことができない，あるいは動作中に痛みが生じる（DN，DP，FP）

結果が FN でシーテッド・パッシブエクスターナルヒップローテーションが DN の場合：分類を止めて DN に対する治療を行う。

結果が FN でシーテッド・アクティブ・エクスターナルヒップローテーションかシーテッド・パッシブ・エクスターナルヒップローテーションが FN の場合：ローリングを続けて行う。**ローリングの結果が DP か FP の場合**：分類を止め，問題に対する治療を行う。**ローリングの結果が FN の場合**：荷重位における股関節外旋の SMCD である。ティビアルローテーション・ブレイクアウトとローワーボディエクステンション・ブレイクアウトに進む。**ローリングの結果が DN の場合**：基礎的な股関節外旋の SMCD である。ティビアルローテーション・ブレイクアウトとローワーボディエクステンション・ブレイクアウトに進む。

結果が DN，DP，FP の場合：プローン・パッシブ・エクスターナルヒップローテーションに進む。

■ プローン・パッシブ・エクスターナルヒップローテーション

目　的
非荷重位において，股関節伸展位での他動的な股関節外旋に機能不全や痛みが認められるか評価する。

方　法
患者は腹臥位で膝を屈曲する。膝屈曲位を保持して骨盤を動かさないようにしながら，検者が片側の股関節を他動的に外旋させる。外旋の最終域に達したら，ゴニオメーターで角度を測定する。角度を記録し，反対側も同様に行う。

付加情報
股関節を伸展することで，軟部組織や関節包が強くストレッチされる。この肢位は股関節周囲筋や股関節を支持する軟部組織の可動性を調べるのに適している。

結　果
- テスト動作を行うことができる（FN）
- テスト動作を行うことができない（DN）
- テスト動作時に痛みが生じる（FP，DP）

結果が FN でシーテッド・パッシブローテーション

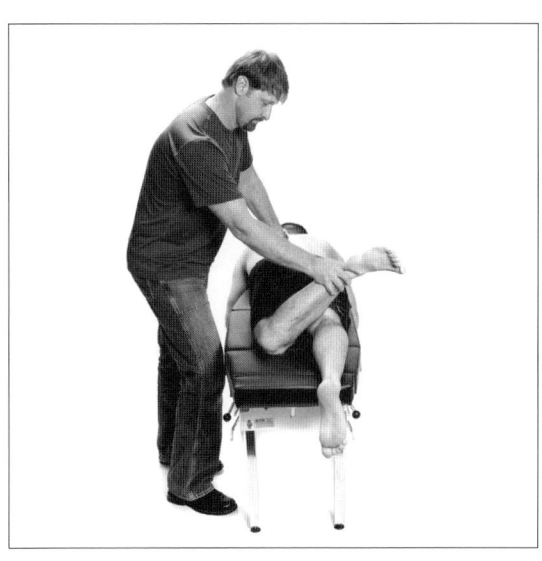

プローン・パッシブエクスターナルヒップローテーション

がDNの場合：分類を止めてDNに対する治療を行う。

結果がFNでシーテッド・アクティブローテーションかシーテッド・パッシブローテーションがFNの場合：ローリングを続けて行う。**ローリングの結果がFP, DPの場合**：分類を止め，問題に対する治療を行う。**ローリングの結果がFNの場合**：荷重位における股関節外旋のSMCDである。ティビアルローテーション・ブレイクアウトとローワーボディエクステンション・ブレイクアウトに進む。**ローリングの結果がDNの場合**：基礎的な股関節外旋のSMCDである。ティビアルローテーション・ブレイクアウトとローワーボディエクステンション・ブレイクアウトに進む。

結果がFP, DPの場合：分類を止め，問題に対する治療を行う。

結果がDNの場合：股関節伸展位での股関節外旋のJMDかTED，あるいはその両方である。ティビアルローテーション・ブレイクアウトとローワーボディエクステンション・ブレイクアウトに進む。

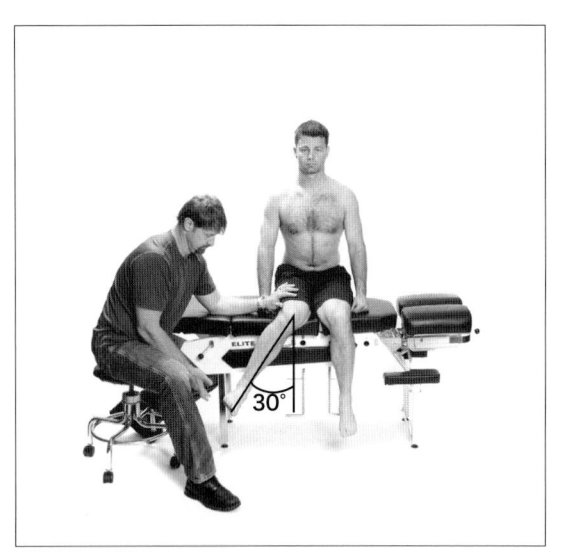

■ シーテッド・アクティブ・インターナルヒップローテーション

● 目 的
非荷重位において，股関節屈曲位での自動的な股関節内旋に機能不全や痛みが認められるか評価する。

● 方 法
患者は座位で，両膝と両足をつけ，背中をまっすぐにする。テスト中に骨盤を挙上していないかモニターするために，両手はそれぞれ腸骨上部に置く。膝屈曲位を保持して骨盤を動かさないようにしながら，片側の股関節を内旋する。内旋の最終域に達したら，ゴニオメーターで角度を測定する。反対側も同様に行う。

● 付加情報
左右とも痛みなく30°内旋できるかみる。股関節が90°屈曲位になっているので，全般的な股関節の関節可動性を確認することができる。

● 結 果
- 30°以上内旋することができる（FN）
- 股関節を充分に内旋することができない，あるいはテスト動作で痛みが生じる（DN, DP, FP）

結果がFNの場合：プローン・アクティブ・インターナルヒップローテーションに進む。

結果がDN, DP, FPの場合：シーテッド・パッシブ・インターナルヒップローテーションに進む。

■ シーテッド・パッシブ・インターナルヒップローテーション

● 目 的
非荷重位において，他動的な股関節内旋に機能不全や痛みが認められるか評価する。

● 方 法
患者は座位で，両膝と両足をつけ，背中をまっすぐにする。テスト中に骨盤を挙上していないかモニターするために，両手はそれぞれ腸骨上部に置く。膝屈曲位を保持しながら，検者が股関節を内旋させる。内旋の最終域に達したら，ゴニオメーターで角度を測定する。反対側も同様に行う。

● 付加情報
股関節が90°屈曲位になっているので，全般的な

シーテッド・アクティブ・インターナルヒップローテーション

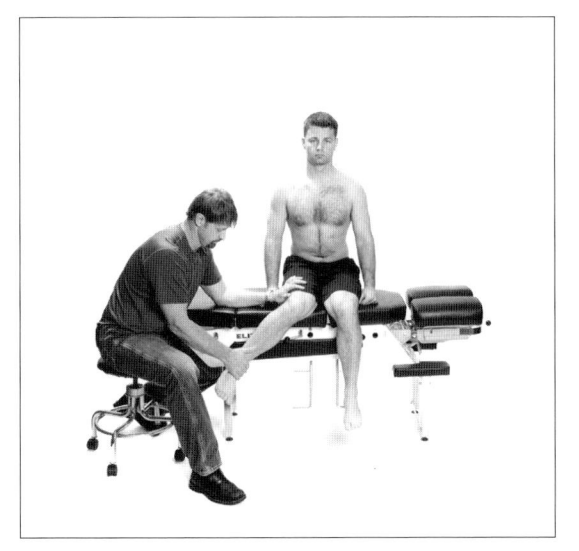

シーテッド・パッシブ・インターナルヒップローテーション

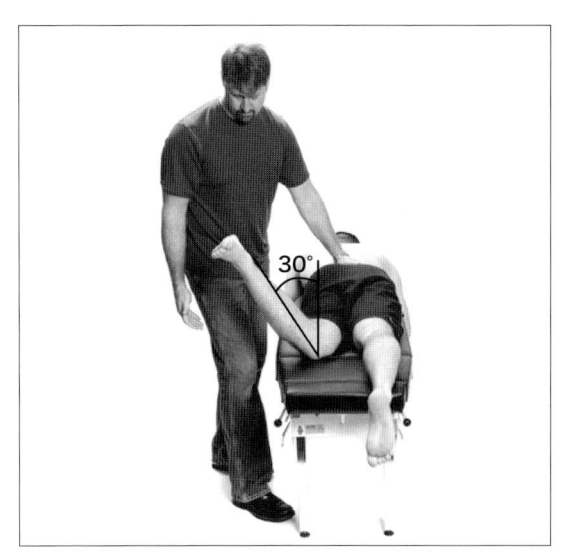

プローン・アクティブ・インターナルヒップローテーション

股関節の関節可動性を確認することができる。左右とも痛みなく30°内旋できるかみる。他動的回旋と自動的回旋を比較するが，両者の差は10°以内になるはずである。

◆結　果
- 痛みなく股関節を内旋することができる（FN）
- 股関節を充分に内旋できない，あるいはテスト動作で痛みが生じる（DN, DP, FP）

結果がFNの場合：プローン・アクティブ・インターナルヒップローテーションに進む。

結果がFP, DPの場合：分類を止めて問題に対する治療を行う。

結果がDNの場合：股関節屈曲位での股関節内旋に限局されたJMD/TEDである。プローン・アクティブ・インターナルヒップローテーションに進む。

■ プローン・アクティブ・インターナルヒップローテーション
◆目　的
非荷重位において，股関節伸展位での自動的な股関節内旋に機能不全や痛みが認められるか評価する。

◆方　法
患者は腹臥位で片側の膝を屈曲する。膝屈曲位を保持して骨盤を動かさないようにしながら，片側の股関節を内旋する。内旋の最終域に達したら，ゴニオメーターで角度を測定する。反対側も同様に行う。

◆付加情報
股関節を伸展させることで，軟部組織や関節包が強くストレッチされる。この肢位は，股関節周囲筋や股関節を支持する軟部組織の可動性を調べるのに適している。左右とも痛みなく30°回旋できるかみる。

◆結　果
- 左右とも30°以上内旋することができる（FN）
- 動作中に痛みが生じる，あるいは30°以上内旋することができない（DN, DP, FP）

結果がFNでシーテッド・パッシブ・インターナルヒップローテーションがDNの場合：分類を止めてDNに対する治療を行う。

結果がFNでシーテッド・アクティブ・インターナルヒップローテーションかシーテッド・パッシブ・インターナルヒップローテーションがFNの場合：ローリングに進む。ローリングの結果がFP, DPの場合：分類を止めて問題に対する治療

を行う。**ローリングの結果が FN の場合**：荷重位における股関節内旋の SMCD である。ティビアルローテーション・ブレイクアウトとローワーボディエクステンション・ブレイクアウトに進む。

ローリングの結果が DN の場合：基礎的な股関節内旋の SMCD である。ティビアルローテーション・ブレイクアウトとローワーボディエクステンション・ブレイクアウトに進む。

結果が DN，DP，FP の場合：プローン・パッシブ・インターナルヒップローテーションに進む。

■ プローン・パッシブ・インターナルヒップローテーション

🔷 目 的
非荷重位において，股関節伸展位での他動的な股関節内旋に機能不全や痛みが認められるか評価する。

🔷 方 法
患者は腹臥位で片側の膝を屈曲する。膝屈曲位を保持して骨盤を動かさないようにしながら，検者が片側の股関節を他動的に内旋させる。内旋の最終域に達したら，ゴニオメーターで角度を測定する。反対側も同様に行う。

🔷 付加情報
股関節を伸展させることで，軟部組織や関節包が強くストレッチされる。この肢位は股関節周囲筋や股関節を支持する軟部組織の可動性を調べるのに適している。左右とも痛みなく 30°回旋できるかみる。

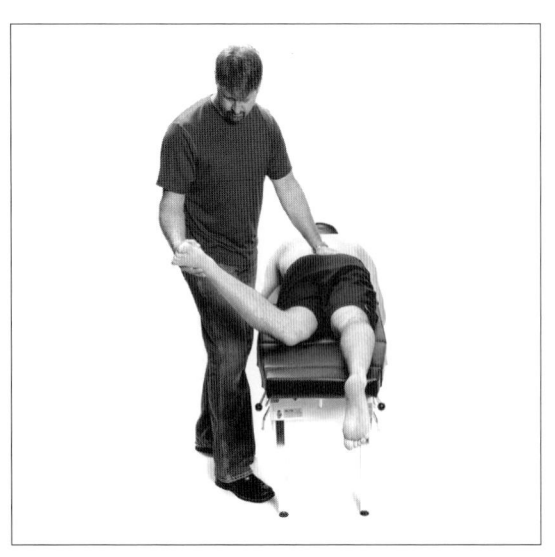

🔷 結 果
- テスト動作を行うことができる（FN）
- テスト動作を行うことができない（DN）
- テスト動作時に痛みが生じる（DP，FP）

結果が FN でシーテッド・パッシブ・インターナルヒップローテーションが DN の場合：分類を止めて DN に対する治療を行う。

結果が FN でシーテッド・アクティブ・インターナルヒップローテーションかシーテッド・パッシブ・インターナルヒップローテーションが FN の場合：ローリングに進む。**ローリングの結果が FP，DP の場合**：分類を止めて問題に対する治療を行う。**ローリングの結果が FN の場合**：荷重位における股関節内旋の SMCD である。ティビアルローテーション・ブレイクアウトとローワーボディエクステンション・ブレイクアウトに進む。

ローリングの結果が DN の場合：基礎的な股関節内旋の SMCD である。ティビアルローテーション・ブレイクアウトとローワーボディエクステンション・ブレイクアウトに進む。

結果が DN の場合：股関節伸展位における股関節内旋の JMD か TED である。ティビアルローテーション・ブレイクアウトとローワーボディエクステンション・ブレイクアウトに進む。

結果が FP，DP の場合：分類を止めて問題に対する治療を行う。

ティビアルローテーション・ブレイクアウト

ティビアルローテーション・ブレイクアウト・フローチャートを参照。

■ シーテッド・アクティブ・インターナルティビアルローテーション

🔷 目 的
非荷重位において，自動的な脛骨内旋に機能不全

プローン・パッシブ・インターナルヒップローテーション

や痛みが認められるか評価する。

◆方　法
患者は座位で，膝関節を90°屈曲位にする。腕は体側に下げ，背中をまっすぐに伸ばす。膝屈曲位を保持しながら，片側の足部を内旋する。内旋の最終域に達したら，ゴニオメーターで角度を測定する。反対側も同様に行う。

◆付加情報
膝関節が90°屈曲位であることから，全体的な脛骨回旋をみるのに適している。両側とも痛みなく20°回旋できるかみる。

◆結　果
- 両側で20°以上内旋することができる（FN）
- 充分に内旋することができない，あるいはテスト動作で痛みが生じる（DN，DP，FP）

結果がFNの場合：脛骨内旋の可動性は正常である。ローワーボディーエクステンション・ブレイクアウトを再検査する。

結果がDN，DP，FPの場合：シーテッド・パッシブ・インターナルティビアルローテーションに進む。

■ シーテッド・パッシブ・インターナルティビアルローテーション

◆目　的
非荷重位において，他動的な脛骨内旋に機能不全や痛みが認められるか評価する。

◆方　法
患者は座位で，膝関節を90°屈曲位にする。腕は体側に下げ，背中をまっすぐに伸ばす。膝屈曲位を保持しながら，検者が片側の足部を他動的に内旋させる。内旋の最終域に達したら，ゴニオメーターで角度を測定する。反対側も同様に行う。

◆付加情報
膝関節が90°屈曲位であることから，全体的な脛骨回旋をみるのに適している。両側とも痛みなく20°回旋できるかみる。

◆結　果
- 痛みなく内旋させることができる（FN）
- 充分に内旋させることができない，あるいはテスト動作で痛みが生じる（DN，DP，FP）

結果がFNの場合：脛骨回旋のSMCDである。

結果がDNの場合：脛骨内旋のTEDかJMD，あるいはその両方である。

シーテッド・アクティブ・インターナルティビアルローテーション

シーテッド・パッシブ・インターナルティビアルローテーション

結果がFP，DPの場合：分類を止めて，問題に対する治療を行う。

■ シーテッド・アクティブ・エクスターナルティビアルローテーション

◆ 目 的
非荷重位において，自動的な脛骨外旋に機能不全や痛みが認められるかを評価する。

◆ 方 法
患者は座位で，膝関節を90°屈曲位にする。腕は体側に下げ，背中をまっすぐに伸ばす。膝屈曲位を保持しながら，片側の足部を外旋する。最終域に達したら，ゴニオメーターで角度を測定する。反対側も同様に行う。

◆ 付加情報
膝関節が90°屈曲位であることから，全体的な脛骨回旋をみるのに適している。両側とも痛みなく20°回旋できるかみる。

◆ 結 果
- 両側で少なくとも20°外旋することができる（FN）
- 充分に外旋することができない，あるいはテスト動作で痛みが生じる（DN，DP，FP）

結果がFNの場合：脛骨外旋の可動性は正常である。ローワーボディエクステンション・ブレイクアウトを再検査する。

結果がDN，DP，FPの場合：シーテッド・パッシブ・エクスターナルティビアルローテーションに進む。

■ シーテッド・パッシブ・エクスターナルティビアルローテーション

◆ 目 的
非荷重位において，他動的な脛骨外旋に機能不全や痛みが認められるか評価する。

◆ 方 法
患者は座位で，膝関節を90°屈曲位にする。腕は体側に下げ，背中をまっすぐに伸ばす。膝屈曲位を保持しながら，検者が片側の足部を他動的に外旋させる。最終域に達したら，ゴニオメーターで角度を測定する。反対側も同様に行う。

◆ 付加情報
膝関節が90°屈曲位であることから，全体的な脛骨回旋をみるのに適している。両側とも痛みなく20°回旋できるかみる。

シーテッド・アクティブ・エクスターナルティビアルローテーション

シーテッド・パッシブ・エクスターナルティビアルローテーション

◎ 結 果

- 痛みなく外旋させることができる（FN）
- 充分に外旋させることができない，あるいはテスト動作で痛みが生じる（DN，DP，FP）

結果がFNの場合：脛骨回旋のSMCDである。

結果がDNの場合：脛骨外旋のTEDかJMD，あるいはその両方である。

結果がFP，DPの場合：分類を止めて，問題に対する治療を行う。

シングルレッグスタンス・ブレイクアウトの理論的根拠

■ 前庭の問題

トップティアーテストのシングルレッグスタンスにおいて，両側とも閉眼で行った場合に機能不全が認められるならば，前庭に問題がある可能性が考えられる。前庭の一側か両側に問題があると，常に両側のシングルレッグスタンスに機能不全が出現する。他に前庭の問題を示す所見が認められなければ，この部分のブレイクアウトは行わずに直接ハーフニーリング・ナロウベースに進む。

他の場合には，CTSIB（Clinical Test for Sensory Interaction on Balance：バランスにおける感覚相互作用の臨床テスト）を用いて前庭系の検査を行う。CTSIBによって前庭，体性感覚，視覚入力が姿勢コントロールに影響しているかを評価する。CTSIBで機能不全が認められる場合には，前庭の問題がシングルレッグスタンスに影響を及ぼしている。この場合，分類を止めて問題に対する治療を行うか，他の医療施設に紹介する。

CTSIBが機能的で痛みがなければ，前庭系の問題ではないので，ハーフニーリング・ナロウベースの評価に進む。

■ 脊椎，股関節，コアの安定性の問題

前庭系を評価した後，シングルレッグスタンスに必要な可動性と安定性の要求を減少させて検査を行う。ハーフニーリング・ナロウベースの肢位で，安定性の能力を再確認する。ハーフニーリング・ナロウベースが機能的で痛みがなく，ダイナミックレッグスイングも正常であれば，足関節か固有感覚の問題であると思われるので，シングルレッグスタンス・ブレイクアウトのアンクル・ブレイクアウトに進む。

ハーフニーリング・ナロウベースは機能的で痛みもないが，ダイナミックレッグスイングで機能不全や痛みが認められる場合，股関節に不安定性があるかを評価する。股関節や殿筋群に対して徒手筋力検査などの局所の生体力学的検査を行い，アンクル・ブレイクアウトに進む。

ハーフニーリング・ナロウベースで機能不全や痛みが認められるならば，安定性の機能不全に対処する必要がある。さらに，腹臥位や背臥位といった非荷重位をとらせ，安定性の要求を減少させてローリングを評価する。ローリングに機能不全がみられる場合，基礎的な股関節かコアのSMCDである。ローリングが機能的であれば，荷重位における安定性の問題である。クワドラプト・ダイアゴナルズに進む。

四つ這い位でテストすることで，荷重位における股関節やコアの安定性の機能不全から，荷重位における脊椎の機能不全を区別する。クワドラプト・ダイアゴナルズに機能不全が認められれば，荷重位の股関節かコアのSMCDである。

クワドラプト・ダイアゴナルズがFNであれば，荷重位での脊椎か股関節，またはコアのSMCDである。股関節伸展がDNならば，この問題に対する治療を最初に行う。

ローリングや四つ這い位でのテストで痛みが生じるならば，分類を止めて痛みに対する治療を行う。

テストの結果にかかわらず，さらに詳しく機能不全を評価するために，アンクル・ブレイクアウトを続けて行う。

■ 足関節背屈と底屈の問題

アンクル・ブレイクアウトでは背屈と底屈の自動・他動運動を検査する。ヒールウォークとトウウォークを行う。いずれか，あるいは両方の動作で機能不全や痛みがみられる場合，可動性と安定性の問題を鑑別するために，腹臥位で他動的な可動域テストを行う。

自動運動では機能不全や痛みが生じるが，他動運

動は機能的で痛みがない場合，背屈か底屈のSMCDである。自動運動と他動運動の両方に機能不全が認められる場合，背屈や底屈を制限するJMDかTED，あるいはその両方である。

■ 足関節内がえしと外がえしの問題

背屈と底屈の両方が機能的で痛みがないならば，シーテッド・アンクルインバージョンとイバージョンを行って足関節の内がえしと外がえしを評価する。このテストは自動運動であることから，内がえしや外がえしで機能不全や痛みが認められる場合，可動性か安定性のいずれかの問題である。さらに詳しく機能不全を評価するために，局所の生体力学的検査を行う。

■ 固有感覚の問題

固有感覚の機能不全であるという確定診断を下すための唯一の方法は，シングルレッグ・バランスが不良になる他の原因を除外することである。そのために，アンクルインバージョンやイバージョンがFNで，シングルレッグスタンス・ブレイクアウトにおける他のすべての評価がFNならば，主な問題は固有感覚の機能不全であると判断する。

シングルレッグスタンス・ブレイクアウト

トップティアーテストのシングルレッグスタンスに制限がある場合に，以下のブレイクアウトを行う。

■ 前庭とコアのブレイクアウト
- CTSIB
- ハーフニーリング・ナロウベース
- ローリング（後述）
- クワドラプト・ダイアゴナルズ

■ アンクル・ブレイクアウト
- ヒールウォーク
- プローン・パッシブ・ドルシフレクション
- トウウォーク
- プローン・パッシブ・プランタフレクション
- シーテッド・アンクルインバージョン/イバージョン

前庭とコアのブレイクアウト

前庭とコアのブレイクアウト・フローチャートを参照。

■ CTSIB（Clinical Test for Sensory Interaction on Balance：バランスにおける感覚相互作用の臨床テスト）

このテストは，トップティアーテストにおいて，閉眼でのシングルレッグスタンスに両側で障害がある場合にのみ行う。

● 目　的

CTSIBは，複合的な感覚戦略による平衡検査である。前庭，体性感覚，視覚入力が姿勢コントロールに影響しているか評価する。

● 方　法

患者は，支持面（堅い支持面とフォームの支持面）と視覚条件（開眼と閉眼）を変えながら，立位バランスを維持する。

徐々に難しくなる4種類の条件下で，直立姿勢を

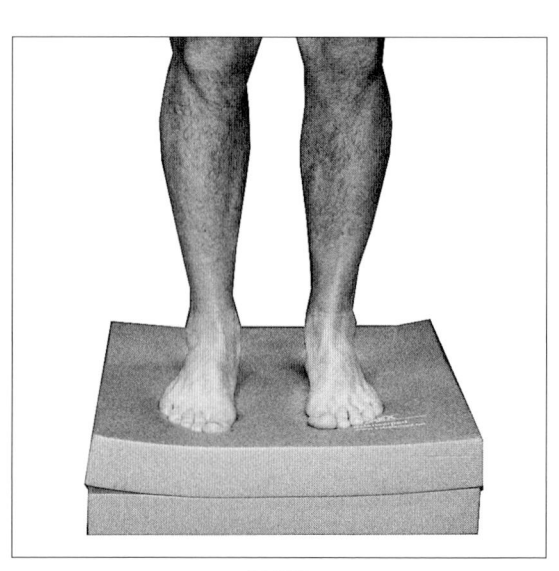

CTSIB

保持する能力を評価する。各テストを20秒行い，過剰な傾きやバランスの乱れを観察する。

条件1：堅い支持面，開眼，通常の支持基底面
条件2：堅い支持面，閉眼，通常の支持基底面
条件3：Airexパッドを2つ重ねたフォームの支持面，開眼，通常の支持基底面
条件4：Airexパッドを2つ重ねたフォームの支持面，閉眼，通常の支持基底面

条件1は，他の3つの条件と比較するための参照基準となる。

条件2は，視覚を除去することで，直立姿勢を保持するために体性感覚入力を用いる能力をみる。

条件3は，体性感覚入力に不利な状態で，直立姿勢を保持するために視覚入力を用いる能力をみる。

条件4は，体性感覚に不利な状態で視覚を除去し，直立姿勢を保持するために前庭入力を用いる能力をみる。

条件4に合格した患者には，頭部を傾斜させる修正プロトコルを行うことで，CTSIBの臨床的感度を高めることができる。直立姿勢から頭部を自動的に回旋，屈曲，伸展，側屈すると，姿勢動揺による感覚入力だけでなく視覚と前庭にも刺激が加わる。複数の感覚情報の変化によって直立姿勢の保持に対する要求が増加する。このような理由から，頭部を傾斜させることでバランスを保持することがより難しくなり，わずかなバランス障害でもみつけることができるようになる。

患者はフォーム上で立位になり，通常の支持基底面をとって眼を閉じる。検者は以下のような指示を出す。

- 左耳を左肩につけるように傾けてください。
- 頭をまっすぐに戻してください。
- 右耳を右肩につけるように傾けてください。
- 頭をまっすぐに戻してください。
- 頭を前に傾けてください。
- 頭をまっすぐに戻してください。
- 頭を後ろに傾けてください。
- 頭をまっすぐに戻してください。

これらの頭部の動きを1秒間隔で行う。つまり，この一連の動作を8秒で行うようにする。メトロノームをセットして行ってもよい。

付加情報

平衡機能障害の多くは，前庭器管のバランス不良が原因である。前庭器管には，回転加速度を感知する内耳の三半規管と，直線加速度を感知する耳石膜がある。

前庭器管からの信号は，主に眼球運動をコントロールする神経構造や姿勢を保持する筋に伝わる。眼球運動をコントロールする神経への投射は，視線を保つために必要な前庭眼反射の解剖学的根拠となっており，また姿勢をコントロールする筋への投射は直立位の保持に必要なものである。

注意事項

CTSIBと頭部を傾斜させる修正法は，姿勢コントロールに関連する前庭機能を検査するものであり，注視安定性や前庭眼反射の機能不全を検査するものではない。

結　果

- 開眼，閉眼とも安定した支持面と不安定な支持面の両方で安定を保つことができる（FN）
- 開眼，閉眼とも安定した支持面あるいは不安定な支持面で安定を保つことができない（DN）

結果がFNの場合：ハーフニーリング・ナロウベースに進む。
結果がDNの場合：前庭機能不全があるので，専門家の診断を受けさせる。

■ ハーフニーリング・ナロウベース
目　的

シングルレッグスタンスに必要な可動性と安定性の要求を減少させる。

方　法

患者は片膝立ち位をとり，両足と両膝が一直線に並ぶようにする。

付加情報

膝をつくのがつらい場合には，フォームパッドを膝の下に置く。

患者の呼吸パターンを注意深くモニターし，横隔膜での自然な呼吸パターンを維持できない場合，機能不全があると判断する。

結　果

- バランスを保持することができる（FN）
- バランスを保持できない，あるいはバランスを保持しようとすると痛みが生じる（DN, DP, FP）

結果が FN でダイナミックレッグスイングが DN か痛みが認められる場合：股関節安定性に対する局所の生体力学的検査を行い，アンクル・ブレイクアウトに進む。

結果が FN でダイナミックレッグスイングも FN の場合：アンクル・ブレイクアウトに進む。

結果が DN, DP, FP の場合：ローリング・ブレイクアウトに進む。**ローリングの結果が FN の場合**：クワドラプト・ダイアゴナルズに進む。**ローリングの結果が DN の場合**：基礎的な股関節かコアの SMCD である。**ローリングの結果が FP, DP の場合**：分類を止めて問題に対する治療を行う。

■ クワドラプト・ダイアゴナルズ

目　的

荷重位において，股関節やコアスタビリティの機能不全と，脊椎の機能不全を区別する。

方　法

患者は四つ這い位になり，腕と大腿部が体幹に対して90°になるようにする。右上肢と左下肢を伸ばし，右下肢と左上肢でバランスを保持する。反対側も同様に行う。

結　果

- 痛みなくバランスを保持することができる（FN）
- テスト動作を行うことができない，あるいは動作を行うと痛みが生じる（DN, DP, FP）

結果が FN の場合：荷重位における脊椎か股関節，またはコアの SMCD である。股関節伸展が DN の場合，この問題に対する治療を最初に行う。シングルレッグスタンス・アンクル・ブレイクアウトに進む。

結果が DN の場合：荷重位における股関節かコアの SMCD である。股関節伸展か肩関節屈曲，またはその両方が DN の場合，この問題に対する治療を最初に行う。シングルレッグスタンス・アンクル・ブレイクアウトに進む。

ハーフニーリング・ナロウベース

クワドラプト・ダイアゴナルズ

結果が FP，DP の場合：分類を止めて問題に対する治療を行う。

アンクル・ブレイクアウト

アンクル・ブレイクアウト・フローチャートを参照。

■ ヒールウォーク
◉ 目　的
矢状面上の運動である背屈に全般的な制限があるか確認する。

◉ 方　法
患者は，背屈の最終域まで足先を挙げて，前に 10 歩進む。

◉ 付加情報
身体のバランス戦略で最初に用いられるものは，底屈筋の求心性収縮を伴った背屈の閉鎖性運動連鎖である。左右それぞれの足で背屈を保持できるかみる。

◉ 結　果
- 痛みなく足先を挙上し続けることができる（FN）
- テスト動作を行うことができない，あるいはテスト動作を行うと痛みが生じる（DN，DP，FP）

結果が FN の場合：トウウォークに進む。
結果が DN，DP，FP の場合：プローン・パッシブ・ドルシフレクションに進む。

■ プローン・パッシブ・ドルシフレクション
◉ 目　的
背屈の安定性に問題があるのか，足関節の可動性に制限があるのかを鑑別する。

◉ 方　法
患者は腹臥位で膝を伸展する。その状態で，検者が他動的な足関節背屈の可動域を測定する。次に，膝を 45° 屈曲し，同様に他動的な足関節背屈の可動域を測定する。この 2 つの測定値の平均を，背屈の可動域とする。

◉ 付加情報
正常な背屈の可能域は 20〜30° である。

◉ 結　果
- 正常な可能域まで背屈できる（FN）
- 背屈動作時あるいは最終域で痛みが生じる（FP，DP）

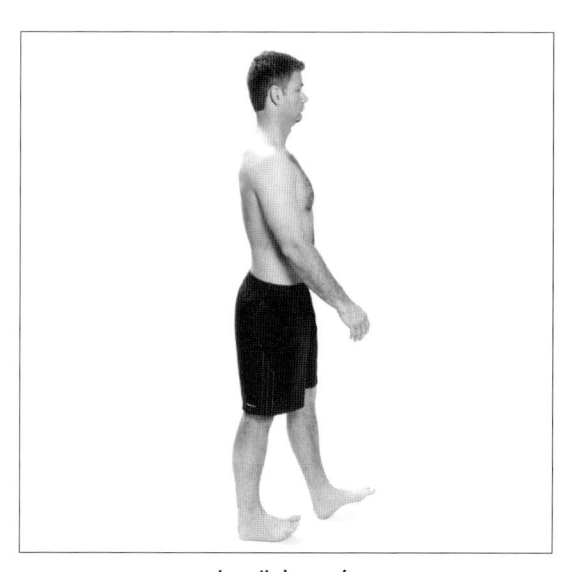

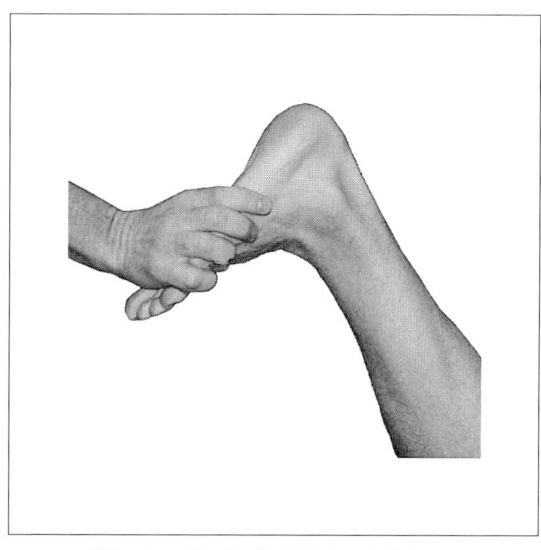

ヒールウォーク

プローン・パッシブ・ドルシフレクション

- 正常な可動域まで背屈することができない（DN）

結果が FN の場合：背屈の SMCD である。トウウォークに進む。

結果が DN の場合：下後部連鎖における TED か JMD，あるいはその両方である。トウウォークに進む。

結果が FP, DP の場合：分類を止めて問題に対する治療を行う。

■ トウウォーク

◆ 目 的
矢状面上の運動である底屈に全般的な制限があるか確認する。

◆ 方 法
患者は，底屈の最終域まで踵を挙げ，前に 10 歩進む。

◆ 付加情報
左右それぞれの足で底屈を保持できるかみる。

◆ 結 果
- 踵を挙げたままで痛みなくテスト動作を行うことができる（FN）
- テスト動作を行うことができない，あるいはテスト動作を行うと痛みが生じる（DN, DP, FP）

結果が FN の場合：シーテッド・アンクルインバージョン/イバージョンに進む。

結果が DN, DP, FP の場合：プローン・パッシブ・プランタフレクションに進む。

■ プローン・パッシブ・プランタフレクション

◆ 目 的
底屈の安定性に問題があるのか，足関節の可動性に制限があるのかを鑑別する。

◆ 方 法
患者は腹臥位で膝を伸展する。その状態で，検者が他動的な足関節底屈の可動域を測定する。次に膝を 45° 屈曲し，同様に他動的な足関節底屈の可動域を測定する。この 2 つの測定値の平均を底屈の可動域とする。

◆ 付加情報
正常な底屈の可動域は 30〜40° である。

◆ 結 果
- 正常な可能域まで底屈できる（FN）
- 底屈動作時あるいは最終域で痛みが生じる（FP, DP）

トウウォーク

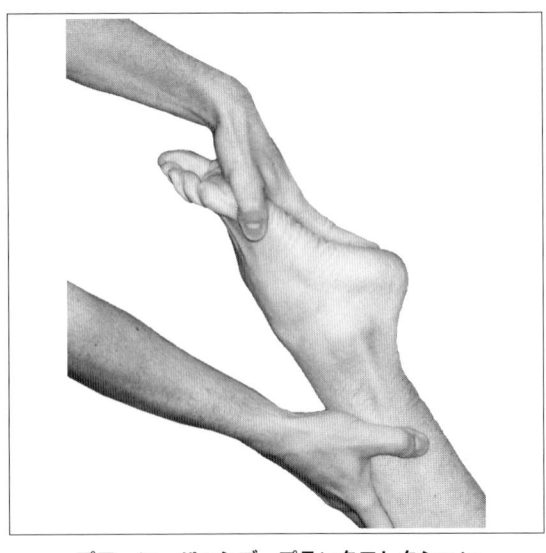

プローン・パッシブ・プランタフレクション

- 正常な可動域まで底屈することができない（DN）

結果が FN の場合：底屈の SMCD である。シーテッド・アンクルインバージョン/イバージョンに進む。

結果が DN の場合：下前部連鎖における TED か JMD，あるいはその両方である。シーテッド・アンクルインバージョン/イバージョンに進む。

結果が FP，DP の場合：分類を止めて問題に対する治療を行う。

■ シーテッド・アンクルインバージョン/イバージョン

◆ 目 的
前額面上の運動である足関節の外がえしと内がえしに全般的な制限があるか確認する。

◆ 方 法
患者は椅子に座り，膝を腰幅に開いて足底を床につけ，つま先は前に向ける。次に，足部の外がえしと内がえしを交互に 10 秒行う。

◆ 付加情報
足関節に制限があると，この動作を股関節で行ってしまう人が多い。股関節や膝関節を動かさずにテスト動作を行うようにする。

◆ 結 果
- 外がえしを行うことができない
- 内がえしを行うことができない
- テスト動作を行うと痛みが生じる（FP，DP）
- 痛みなくテスト動作を行うことができる（FN）
- 両方の動作を行うことができない（DN）

外がえしができない場合：足関節外がえしの JMD か TED，SMCD，あるいはこの3つすべてである。足部と足関節に対する局所の生体力学的検査を行う。

内がえしができない場合：足関節内がえしの JMD か TED，SMCD，あるいはこの3つすべてである。足部と足関節に対する局所の生体力学的検査を行う。

結果が FN で他に制限や痛みが認められない場合：固有感覚の機能不全に対する治療を行う。

結果が FP，DP の場合：分類を止めて問題に対する治療を行う。

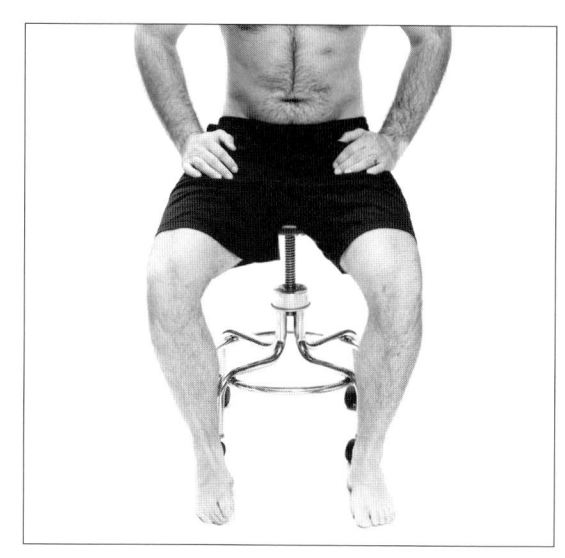

外がえしと内がえしの両方に機能不全がみられる場合：足関節の JMD か TED，SMCD，あるいはこの3つすべてである。足部と足関節に対する局所の生体力学的検査を行う。

シーテッド・アンクルインバージョン

シーテッド・アンクルイバージョン

オーバーヘッドディープスクワット・ブレイクアウトの理論的根拠

■ 体幹伸展と肩関節屈曲の問題

オーバーヘッドディープスクワット・ブレイクアウトの第1段階は，体幹伸展や肩関節屈曲の機能不

全を除外することである。首の後ろで手を組んだ状態でのディープスクワットを評価する。この動作が機能的で痛みがなければ、体幹と肩の機能不全を詳しく調べるためにすべてのエクステンション・ブレイクアウトを行う。

このスクワットができない場合は、下部連鎖の機能不全なので、アシステッド・ディープスクワットに進む。

コアスタビリティとローワークオーターの問題

次にアシステッド・ディープスクワットを行う。スクワット動作を補助することで、足・膝・股・肩関節、脊椎に、オーバーヘッドディープスクワットを行うために必要な可動性と対称性があるか確認できる。補助しても完全なディープスクワットができない場合は、足・膝・股関節に機能不全があると判断し、ブレイクアウトを継続する。

アシステッド・ディープスクワットが機能的で痛みがない場合、コアのSMCDである。この場合、スクワットに必要な可動性はあるが、スクワット動作中の安定性が低下している。まだ自動的な胸椎伸展と肩関節屈曲の問題が除外されていないので、マルチセグメンタルエクステンション・ブレイクアウトを再確認する。

足関節における可動性の問題

機能的なスクワットを行えない場合に最もよくみられる問題の1つに、足関節の可動制限がある。片膝立ち位か立位での背屈を評価することによって、足関節の可動性を確認する。背屈の可動性に問題がなければ、膝か股関節、あるいはコアに問題がある。背屈の可動性に制限がみられるならば、下後部連鎖のTEDか足関節のJMD、あるいはその両方と判断する。しかし、胸椎伸展と肩関節屈曲に機能不全を有する可能性があるので、マルチセグメンタルエクステンション・ブレイクアウトとシングルレッグスタンス・ブレイクアウトを確認する。

背屈のテスト結果にかかわらず、膝関節、股関節、コアをさらに分類するためにスーパイン・ニートゥチェストを行う。

膝関節，股関節，コアの問題

オーバーヘッドディープスクワット・ブレイクアウトの最終段階として、スーパイン・ニートゥチェストを行う。このテストは、非荷重位で膝関節と股関節を評価するために用いる。患者が脛骨を抱えて膝・股関節を充分に屈曲することができ、また足関節背屈も正常ならば、荷重位におけるコア、膝関節、股関節のSMCDである。

脛骨を抱えて膝・股関節を充分に屈曲することはできるが、足関節背屈で痛みが生じるならば、分類を止めて足関節の痛みに対する治療を行う。

脛骨を抱えて膝・股関節を充分に屈曲することはできるが、足関節背屈がDNの場合、膝・股関節、コアは正常なので背屈の機能不全に取り組むようにする。

脛骨を抱えた際に膝関節か股関節の屈曲に制限がある場合、大腿部を抱えるように手の位置を変える。このことで、テスト動作から膝関節屈曲の関与を除外することができる。大腿部を抱えることで股関節を充分に屈曲することができるならば、膝関節屈曲のJMDか下前部連鎖のTED、あるいはその両方が主な機能不全であると判断する。

大腿部を抱えても股関節を充分に屈曲することができない場合は、股関節のJMDか後部連鎖のTED、あるいはその両方が主な機能不全であると考える。この結果からは膝関節の関与を否定することはできないが、治療プロトコルは股関節の機能不全に対処することから始める必要があることを示している。股関節を確認するために、マルチセグメンタルフレクション・ブレイクアウトに進む。この評価で痛みが生じるならば、分類を止めて痛みに対する治療を行う。

これらの評価結果にかかわらず、胸椎伸展と肩関節屈曲に機能不全を有する可能性があるので、マルチセグメンタルエクステンション・ブレイクアウトを確認する。

オーバーヘッドディープスクワット・ブレイクアウト

オーバーヘッドディープスクワット・ブレイクア

8. SFMAブレイクアウトの詳細とフローチャート 169

ウト・フローチャートを参照。
　トップティアーテストのオーバーヘッドディープスクワットに制限がある場合に，以下のブレイクアウトを行う。
- インターロックトフィンガーズビハインドネック・ディープスクワット
- アシステッド・ディープスクワット
- ハーフニーリング・ドルシフレクション
- スーパイン・ニートゥチェスト・ホールディングシンズ
- スーパイン・ニートゥチェスト・ホールディングタイズ

インターロックトフィンガーズビハインドネック・ディープスクワット

目　的
　上半身の関与を排除し，スクワットに必要な動的安定性のレベルを減少させる。

方　法
　患者は首の後ろで両手を組み，肘を前方に向ける。ディープスクワットを繰り返し行う。検者は，踵が床から離れずにつま先が前を向いているかを確認する。

付加情報
　この肢位では，肩関節を垂直に屈曲させたり胸椎を伸展させる必要がないため，難度が低下する。

結　果
- 痛みなくフルスクワットを行うことができる（FN）
- フルスクワットを行うことができない，あるいはスクワットを行うと痛みが生じる（DN, DP, FP）

結果がFNの場合：マルチセグメンタルエクステンション・ブレイクアウトを再確認する。
結果がDN, DP, FPの場合：アシステッド・ディープスクワットを行う。

アシステッド・ディープスクワット

目　的
　動的安定性の要求がない状態で，下肢関節の対称的な可動性を確認する。また，スクワット動作をより大きく行うことで，痛みが誘発されるか調べる。

方　法
　患者は両手を前に伸ばし，検者がその手を持って補助する。ディープスクワットを繰り返し行う。最後まで身体を降ろしたところで両手が頭上にあるか

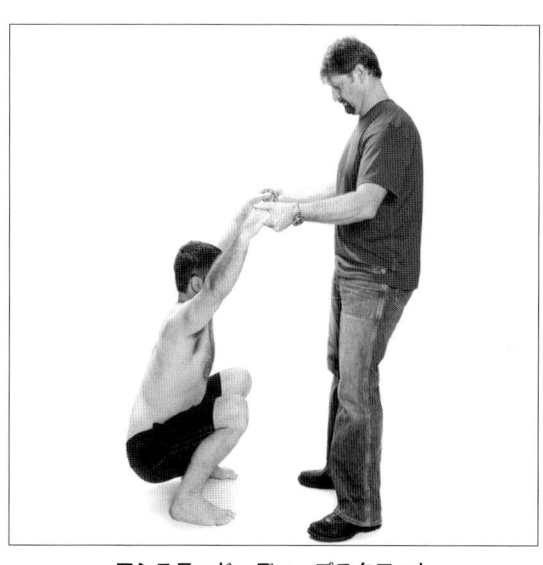

インターロックトフィンガーズビハインドネック・ディープスクワット

アシステッド・ディープスクワット

評価し，持っていた手を離す。踵を床につけたままで動作を行えるか確認する。

付加情報
正常な動きでスクワットを行っているか，また足関節は充分に背屈できているか確認する。

結　果
- 痛みなくスクワットを行うことができる（FN）
- スクワットを行うことができない，あるいはスクワットを行うと痛みが生じる（DN，DP，FP）

結果が FN の場合：コアの SMCD である。マルチセグメンタルエクステンション・ブレイクアウトを確認する。

結果が DN，DP，FP の場合：ハーフニーリング・ドルシフレクションに進む。

ハーフニーリング・ドルシフレクション

目　的
足関節の可動性を評価する。

方　法
患者は，片足をベンチ台か椅子に乗せるか，片膝立ちになる。前にある足の方向に身体を可能な限り傾けるようにするが，ベンチ台や床上にある足の踵が浮かないようにする。膝を足先よりも前に 10 cm 以上出すことができるか確認する。反対側も同様に行う。

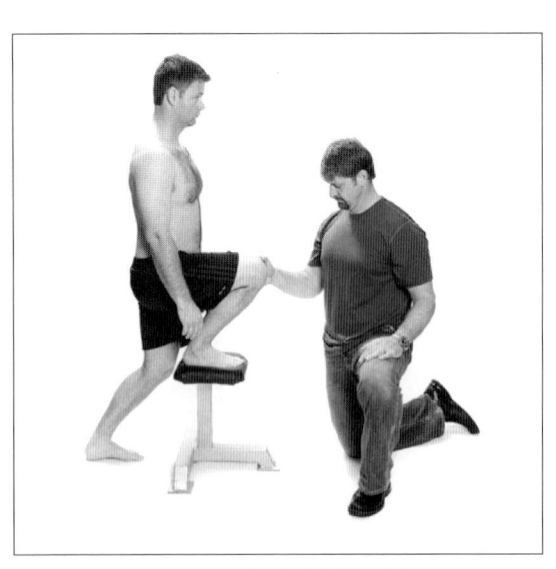

付加情報
下腿や足関節の可動性に問題があることによって，ディープスクワットが制限されている人が多くみられる。下後部連鎖のいずれかに制限があると，背屈の閉鎖性運動連鎖に制限が生じ，その結果としてディープスクワットが制限されてしまう。背屈の正常な可動域は 20～30°である。

結　果
- 膝を足先よりも前に 10 cm 以上出すことができる，あるいは 10 cm 以上出すことはできるが痛みを伴う，あるいは痛みのために 10 cm 以上出すことができない（FN，FP，DP）
- 膝を足先よりも前に 10 cm 以上出すことができない（DN）

結果が FN，FP，DP の場合：スーパイン・ニートゥチェスト・ホールディングシンズを行う。

結果が DN の場合：下後部連鎖の TED か足関節の JMD，あるいはその両方である。マルチセグメンタルエクステンション・ブレイクアウトとシングルレッグスタンス・ブレイクアウトに問題がないか確認する。

スーパイン・ニートゥチェスト・ホールディングシンズ

目　的
非荷重位における股関節，膝関節，脊椎の可動性を素早くチェックする。

方　法
患者は背臥位で両膝を胸のほうに持ち上げる。次に，両脛骨部を抱えて大腿部が胸郭下部に，下腿部がハムストリングスに触れるように引きつける。膝のタイトネスが原因で下腿部をハムストリングスにつけることができない場合，脛骨部ではなく大腿部を抱えて引きつける（スーパイン・ニートゥチェスト・ホールディングタイズ）。

ハーフニーリング・ドルシフレクション

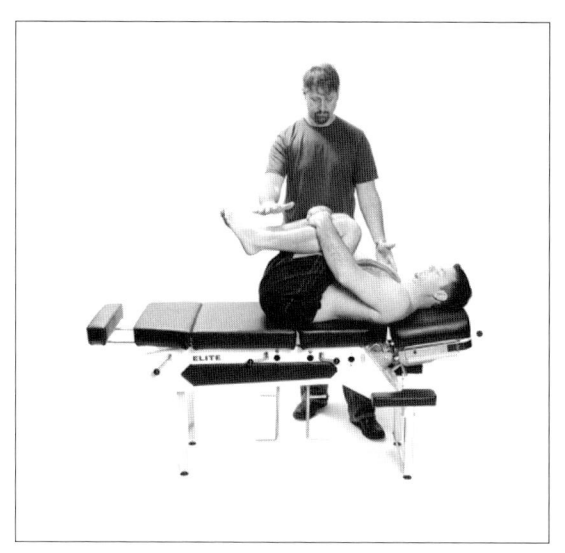

8. SFMAブレイクアウトの詳細とフローチャート **171**

スーパイン・ニートゥチェスト・ホールディングシンズ

付加情報
このテストでチェックしていないのは足関節だけである。テスト結果が機能的で立位でのスクワット動作に問題がある場合，荷重位における安定性に問題がある可能性が考えられる。このテスト動作は股関節と膝関節のどちらに可動性の問題があるかを鑑別するのに役立つ。

結 果
- 痛みなく膝を胸に引きつけることができる（FN）
- 膝を胸に引きつけることができない，あるいは膝を胸に引きつけることはできるが痛みを伴う（DN，DP，FP）

結果が DN，DP，FP の場合：スーパイン・ニートゥチェスト・ホールディングタイズを行う。

結果が FN でハーフニーリング・ドルシフレクションが DN の場合：膝と股関節，コアは正常であると判断する。マルチセグメンタルエクステンション・ブレイクアウトを確認する。

結果が FN でハーフニーリング・ドルシフレクションが FP，DP の場合：背屈に対する治療を行う。マルチセグメンタルエクステンション・ブレイクアウトを確認する。

結果が FN でハーフニーリング・ドルシフレクションも FN の場合：荷重位におけるコア，膝か股関節屈曲の SMCD である。マルチセグメンタルエクステンション・ブレイクアウトを確認する。

■ スーパイン・ニートゥチェスト・ホールディングタイズ

脛骨部を抱えてテストができない場合に，このテストを行う。

目 的
スクワットにおける可動性制限の原因となる機能不全が股関節と膝関節のどちらにあるかを素早く判断する。

方 法
患者は背臥位で両膝を胸のほうに持ち上げる。大腿部を抱えて胸郭下部に引きつける。

付加情報
大腿部が胸郭につかない場合は，股関節における機能不全の可能性がある。

結 果
- 痛みなく膝を胸に引きつけることができる（FN）
- 膝を胸に引きつけることができない（DN）
- 膝を胸に引きつけようとすると痛みが生じる

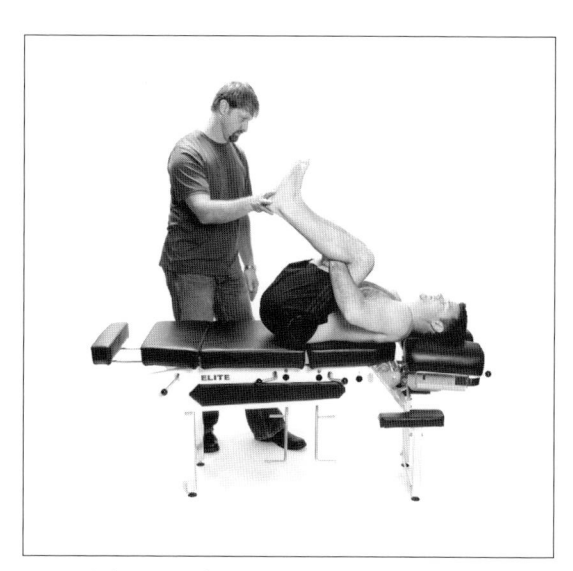

スーパイン・ニートゥチェスト・ホールディングタイズ

（FP，DP）

結果が FN の場合：膝関節屈曲の JMD か，下前部連鎖の TED，あるいはその両方である。マルチセグメンタルエクステンション・ブレイクアウトを確認する。

結果が DN の場合：股関節の JMD か，後部連鎖の TED である。股関節を確認するためにマルチセグメンタルフレクション・ブレイクアウトへ進む。膝関節の可動性はまだ確認していないので，マルチセグメンタルエクステンション・ブレイクアウトを行うようにする。

結果が FP，DP の場合：分類を止めて痛みに対する治療を行う。

ローリング・ブレイクアウトの理論的根拠

　ローリングはブレイクアウトの最終段階として行うもので，詳細はコレクティブエクササイズについての章で述べるが，ここでも少し説明を加えておく。ローリングに関する内容を正しく理解するにはいくらか時間がかかるかもしれないが，新しい視点を与えてくれるだろう。

　第1に，ローリングを行う前にブレイクアウトで可動性に制限がある可能性を排除する必要がある。可動性の問題にうまく対処できた場合にのみ，ローリングを詳しく調べることができる。ローリング・ブレイクアウトに求められる肢位，可動性，動作は基礎的なものであり，これらに問題があると意図した情報をローリングから得ることができなくなる。

　第2に，ローリングはモーターコントロールの基礎を示すもので，ボトムアップやトップダウンでモーターコントロールを観察するために用いる。対象者が腹臥位から背臥位，背臥位から腹臥位になる動作パターンをみるが，これは左右の対称性を観察するのに有効な方法である。

　第3に，ローリングは一見すると安定性を示していないようにみえるが，よくみると安定性が組み込まれた地盤のようなもので，モーターコントロールと分節的な連鎖の基礎を示している。この連鎖は静的や動的な安定性が求められる状況で働くタイミングや協調性を表わしている。

　ブリッジ，サイドプランク，クワドラプト・ダイアゴナルズなどのエクササイズでは筋による強固な安定性がみられるが，人間の発達過程ではローリングが最も初期の段階となる。ローリングは身体を移動させる他のすべての動作よりも先に起こる動作である。

　ローリングを観察している時は，動作を妨げる問題に対して細心の注意を払うようにする。例として，代償動作や反動を利用しなければローリングを行えないことが挙げられる。この問題は，モーターコントロールの連鎖が自然の流れとして生じないことにある。筋力が低下している部位を探してトレーニングしたり活性化させたりしてはならない。もし行えば正しいパターンが乱れるだろう。

　可動域制限の問題が見落とされていないことを確認する必要がある。見落としがなければ，ローリングで上半身か下半身，あるいは全身に問題がないか確認する。ローリング・ブレイクアウトが終わったら，ローリングを修正することになるが，これについては後述する。

　ローリングができない原因についてコメントしなければならないと感じるかもしれないが，これについてはいくつも考えられる。原因について検討し終わる頃には，悪いパターンをリセットしてコレクティブエクササイズを始めることができる。習慣的な姿勢や動作パターンの機能不全によって，ローリングパターンにおけるモーターコントロールの経路が失われてしまったので，この脳と身体の間の経路が再びつながるようにしなければならないが，それは脳と身体の仕事である（臨床家の仕事ではない）。臨床家が行うべきことは，この経路を再構築するためのプログラミングを提供することだけである。

　第4に，ローリングは普段から練習するものではなく，またローリングの世界チャンピオンは存在しない。ローリングを行おうとすると，まちがいなくブレイクアウトで示されたように身体を動かすことはできないだろう。患者にとって難しい状態にすることで，機能不全を特定することを意図しているのである。大部分の人はローリングができるかできないかに分かれる。

ローリングでは大きくて強い筋は役立たず，フィットネスレベルによって有利になるわけでもない。高閾値ストラテジーによってローリングを行うと，床に張り付いているように感じるだろう。スタビライザーの自動的な協調運動が重要となる。残念ながら，ローリングを力ずくで行うことはできない。

呼吸とリラクセーションがローリングを開始するきっかけとして重要であり，また力を入れている感覚も指標になる。ローリングができる人でも，無理やり行って本来のローリングとはかなり異なる動きになっている場合があるが，これも機能不全の指標となる。完全な動きを期待してはいけない。ローリングができないか，あるいは無理やり行っているかということで判断し，各パターンにおける対をなす動きを反対側と比較する。

第5に，アッパーボディローリングはローワーボディローリングよりも求められるものが多いということである。アッパーボディローリングでは，下肢は安定のために働くだけであるが，頭部と頸部の動作パターンを利用することから頭部と頸部を含む姿勢の問題が潜在的に上半身におけるローリングを難しくしている。

ローリングは指導してはいけない。ローワーボディローリングパターンでは，下肢が可能な限り正中線を越えるように指示するだけにする。アッパーボディパターンでは，目・頭部・頸部を最初に動かして上肢が中央線を越えるように指示する。

最後に，ローリングパターンでは動いている分節に注目する人が多いが，実際には動いていない分節が重要である。動いていない反対側は必ず引き伸ばされたままで安定していなければならないが，これを指導してはいけない。最初は1つの分節だけ伸ばして，他の分節は動かさないように指導する。

動いている1つの分節と動かない3つの分節における協調性こそが，観察しようとしている基礎的なモーターコントロールである。協調性が認められないとき，トップティアーテストがDNとなるモーターコントロール機能不全の根源を発見したことになる。

ローリングパターンをリセットするために必要なことを行い，トップティアーテストを確認する。改善方法がうまくいけば，このパターンは即座にリセットされるだろう。

忘れてはならないことは，ローリングを指導しないということである。ローリングは基礎的なパターンであり，すでに脳のハードドライブに組み込まれている。臨床家が行うべきなのは，プログラムについたほこりを払うことだけである。

ローリング・ブレイクアウト

ローリング・ブレイクアウト・フローチャートを参照。
- プローン・トゥ・スーパインローリング・アッパーボディ
- プローン・トゥ・スーパインローリング・ローワーボディ
- スーパイン・トゥ・プローンローリング・アッパーボディ
- スーパイン・トゥ・プローンローリング・ローワーボディ

■ プローン・トゥ・スーパインローリング・アッパーボディ

◆ 目 的

腹臥位から背臥位へのローリングを行う際の，上半身，頭部，頸椎の協調的な動きを観察する。主にモーターコントロールと対称性を観察するために用いる。

プローン・トゥ・スーパインローリング・アッパーボディ

🔷 方 法

患者は広い場所で腹臥位になる。下肢を伸展し，上肢は頭上へ伸ばす。右上肢から動かしてローリングを行い，背臥位になる。評価後，反対側へも行う。

🔷 付加情報

ローリングパターンでは，伸展動作を伴う全体的な安定性機能不全が認められることが多い。このテストをうまく行うためには，コアの安定性と身体分節に加わる負荷が適切に連動する必要がある。

🔷 結 果

- 腹臥位から背臥位へのローリングを行うことができる，あるいはできない（FN，DN）
- 腹臥位から背臥位へのローリングを行うことはできるが痛みを伴う，あるいはできずに痛みを伴う（FP，DP）

結果が FN，DN の場合：プローン・トゥ・スーパインローリング・ローワーボディに進む。

結果が FP，DP の場合：DP か FP を，この評価に進むことを示唆したフローチャートにおけるローリングのアウトカムとして使用する。

■ プローン・トゥ・スーパインローリング・ローワーボディ

🔷 目 的

腹臥位から背臥位へのローリングを行う際の，下半身と骨盤の協調的な動きを観察する。主にモーターコントロールと対称性を観察するために用いる。

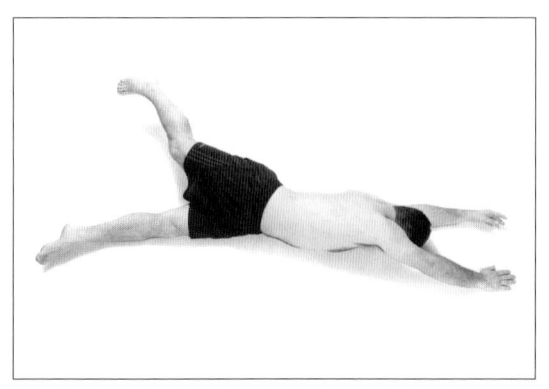

🔷 方 法

患者は腹臥位になる。下肢を伸展し，上肢は頭上へ伸ばす。右下肢から動かしてローリングを行い，背臥位になる。評価後，反対側へも行う。

🔷 付加情報

自動的な回旋において協調的な動きの連動性に機能不全がある患者が多く，ローリングを行うことでこの機能不全を容易に確認することができる。このテストをうまく行うためには，コアの安定性と身体分節に加わる負荷が適切に連動する必要がある。

🔷 結 果

- 腹臥位から背臥位へのローリングを行うことができる，あるいはできない（FN，DN）
- 腹臥位から背臥位へのローリングを行うことはできるが痛みを伴う，あるいはできずに痛みを伴う（FP，DP）

結果が FN，DN の場合：スーパイン・トゥ・プローンローリング・アッパーボディに進む。

結果が FP，DP の場合：DP か FP を，この評価に進むことを示唆したフローチャートにおけるローリングのアウトカムとして使用する。

■ スーパイン・トゥ・プローンローリング・アッパーボディ

🔷 目 的

背臥位から腹臥位へのローリングを行う際の，上半身，頭部，頸椎の協調的な動きを観察する。主にモーターコントロールと対称性を観察するために用

プローン・トゥ・スーパインローリング・ローワーボディ

スーパイン・トゥ・プローンローリング・アッパーボディ

いる。

🔷 方　法
患者は背臥位になる。下肢を伸展し，上肢は頭上へ伸ばす。右上肢から動かしてローリングを行い，腹臥位になる。評価後，反対側へも行う。

🔷 付加情報
ローリングパターンでは，屈曲動作を伴う全体的な安定性機能不全が認められることが多い。このテストをうまく行うためには，コアの安定性と身体分節に加わる負荷が適切に連動する必要がある。

🔷 結　果
- 背臥位から腹臥位へのローリングを行うことができる，あるいはできない（FN，DN）
- 背臥位から腹臥位へのローリングを行うことはできるが痛みを伴う，あるいはできずに痛みを伴う（FP，DP）

結果が FN，DN の場合：スーパイン・トゥ・プローンローリング・ローワーボディに進む。

結果が FP，DP の場合：DP か FP を，この評価に進むことを示唆したフローチャートにおけるローリングのアウトカムとして使用する。

■ スーパイン・トゥ・プローンローリング・ローワーボディ

🔷 目　的
背臥位から腹臥位へのローリングを行う際の，下半身と骨盤の協調的な動きを観察する。主にモーターコントロールと対称性を観察するために用いる。

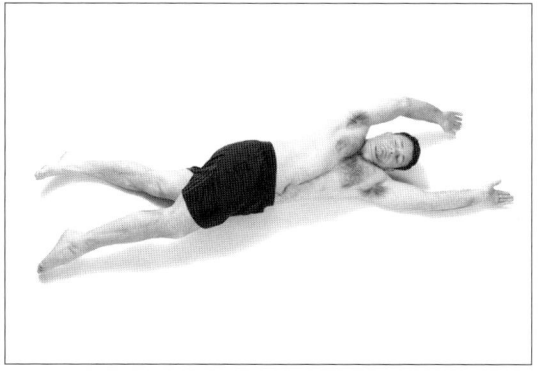

🔷 方　法
患者は背臥位になる。下肢を伸展し，上肢は頭上へ伸ばす。右下肢から動かしてローリングを行い，腹臥位になる。評価後，反対側へも行う。

🔷 付加情報
ローリングパターンでは，屈曲動作を伴う全体的な安定性機能不全が認められることが多い。このテストをうまく行うためには，コアの安定性と身体分節に加わる負荷が適切に連動する必要がある。

🔷 結　果
- 背臥位から腹臥位へのローリングを行うことができる，あるいはできない（FN，DN）
- 背臥位から腹臥位へのローリングを行うことはできるが痛みを伴う，あるいはできずに痛みを伴う（FP，DP）

結果が FN，DN の場合：4つすべてのローリングブレイクアウトに DN がなければ FN を，1つでも DN があれば DN を，この評価に進むことを示唆したフローチャートにおけるローリングのアウトカムとして使用する。

結果が FP，DP の場合：DP か FP を，この評価に進むことを示唆したフローチャートにおけるローリングのアウトカムとして使用する。

臨床家への重要な注意

本書で提供する SFMA には，目標がある。1つの目標は，痛みのある動作と痛みのない動作を区別し，また機能不全のある動作と機能的動作を区別することである。もう1つの目標は，コレクティブエクササイズを処方するための系統的な仕組みを提供することである。より具体的にいうと，機能不全，痛みなしの動作パターン（DN）に対するエクササイズの基盤を提供することである。

機能障害のベースラインをより明確で一貫したものにするために，可能であれば，各 DN パターンにおける機能障害のデータを収集することがすすめら

スーパイン・トゥ・プローンローリング・ローワーボディ

れる。機能障害を測定する方法の例としては，関節可動域，筋力，靭帯の完全性，分節の可動性などのテストが挙げられる。痛みを伴わない動作パターンの場合には，可動性と安定性に問題があると考えて，マニュアルセラピーやエクササイズを改善方法として選択し，再テストを行って動作や機能障害のベースラインと比較する。

このシステムでは，通常，痛みを伴うパターン（DPとFP）に対するコレクティブエクササイズは推奨していない。最新の最も信頼できるエビデンスによると，痛みがモーターコントロールに影響を及ぼし，アウトカムは一貫性がなく予測不可能なものになることが示唆されている。痛みを伴うパターンに対するエクササイズは，臨床家の専門的な判断によって，各状況に合わせたものを行うことがすすめられる。さらに，SFMAの理論や意思決定のフローチャートよりもさらに詳しく，痛みを伴う動作パターン（DPとFP）を合理的かつ責任を持って評価することがすすめられる。

付録3のフローチャートを使用する前に，これらは明確に限定するものではなく，方向性を表わすものであり，可能性のある道筋を示すために作られていることを理解していただきたい。SFMAのフローチャートは，コレクティブエクササイズやマニュアルセラピーについてDNパターンのアウトカムを提示するものである。このことは，SFMAのフローチャートは痛みのある動作パターン（DPとFP）の終点ではないことを意味する。SFMAのフローチャートにおける痛みのあるパターンに対する示唆は，方向性を示すだけなので，各患者について個別に必要なテストを行い，適切な専門的判断によって検証する必要がある。

痛みのある動作パターンで痛みが生じる部位，あるいは痛みに関与する部位における特定の障害所見を測定し，説明することは，臨床家の責務である。

下のホームページでさらに詳細な情報，動画，アップデートが入手可能である（英文のみ）。
www.movementbook.com/chapter8

9
FMSとSFMAにおける動作分析

　ファンクショナルムーブメントスクリーン（FMS®）とセレクティブ・ファンクショナルムーブメントアセスメント（SFMA®）において重要な動作について議論する前に，この2つは常に包括的な検査として用いられるべきであることに注意しなければならない。特定のテストを選び出し，その1つだけに着目したり，余計な重みや大きな価値を与えてはならない。また，ただ時間を節約するためにFMSとSFMAを変更することも不適切である。前述したように，FMSの変法は，身体的制限，安全のための制限，専門的な注意が必要とされた場合に限り，個人レベルで行うべきである。FMSおよびSFMAでは，個別性のある専門的な裁量が期待されており，それが前提となっている。

　ファンクショナルムーブメントシステムは，複数の動作テストを組み合わせて使用し，その結果を一緒に考察することで，基本的な動作を位置づけるようにデザインされた。システムは意図されたように用いるべきであり，毎回完全に正しく実施するべきである。数名の人にかける時間しかなければ，グループ全体に部分的なスクリーニングを実施するよりも，その半数に正しく行うほうがよいだろう。

　FMSやSFMAを行った後に起こることは，その人の信用に影響を与えると同時に，究極的にはその人の使命となる。今までFMSを用いて統計データを改善したり，出版したり，個人やグループに広範囲の影響を及ぼした人のなかで，FMSを短縮する必要性を感じた人は誰もいない。実際にこれらのことをやった人間だけに，FMSの短縮を提案する資格はあるのだが，誰もそうしようとはしなかった。FMSを修正し簡潔にすることを提案する人は皆，FMSの専門知識を獲得しないで提案や質問をする。これは新人同様のミスであり，新人は評価する能力を得たときにのみ提案や質問をすることが許される。

　本章では，FMSとSFMAの各テストにおいて起こる可能性のある結果を分析し，そこから何がみえるかを議論する。スクワットパターンについての項では，FMSの適用について多くの考え方を展開するが，これはスクワットだけではなく他のテストについても同様にいえることである。ディープスクワットが興味を引かないとしても，このスクワットの考察については注意深く検討していただきたい。

ディープスクワット

　オリンピックウエイトリフティングのスナッチでは，選手がバーベルを床面から引き上げ，身体の正面で垂直に加速させる。まさにその瞬間に，選手は素早くバーベルの真下で沈み込み，オーバーヘッドスクワットポジションをとる。バーベルの運動量は垂直方向への上昇と下降の後，良好に配置された身体の上で止まる。両肩は屈曲・外転位となり，股関節，膝関節，足関節はスクワット動作のなかでバーベルを受け止めるように位置している。選手はディープスクワットポジションから立ち上がるとともに，バーベルを頭上に挙げるのだ。

　このバーベルを受け止めるのは，効率的な動作パターンであり，筋群ではない。この驚くべき力技とスキルは，完璧に近い柔軟性，協調性，クイックネス，パワーを用いなければ，成し遂げることはできない。これは，スクワット動作の背後で機能する優れた可動性と安定性を示しており，通常は主動筋がその役割を独占している。

　エクササイズやリハビリテーションの専門家であれば，これまでいろいろな形態のスクワット動作を見続けてきただろう。ヒトの神経-発育過程には，初期の立位を獲得するために，どのようにスクワット動作を用いているかが示されている。これこそが，ヒトが初めて動きを学習する方法だというのに，なぜそのモデルをスポーツリハビリテーションや整形外科疾患に適応しないのだろうか。

　親になったばかりの人は，子供が基本的動作である寝返り，腹這い，スクワット，最終的には立位になることを繰り返し，可動性と安定性，バランス力

を発達させていくのをみて驚く。身体を適切に配置し，安定した床からスクワットを行うことは，歩き始めの幼児が最も重心の高い位置において身体を数秒間コントロールすることに役立つだろう。そこには，筋力を強化するためのセット数や反復回数といったものは存在しない。その代わりに，乳幼児が運動の探索や表出における目標を達成したとき，正のフィードバックが完璧な動作を強化するのである。

私が父親になったばかりの頃，長女が部屋を見回し，バランスを失ってすぐに転び，また活動を再開して，自分の使命を繰り返しながら立てるようになるのを観察した。仮に，適切なアライメントでスクワットポジションから立ち上がることができなければ，あるいは動作が性急になったり，重心を支持基底面の中心に位置させることができなかったりすれば転倒してしまうことから，発達過程の脳は，彼女の求めていることに役立たないその効率の悪いパターンを無視するだろう。

抗重力下でのトライアンドエラーは，バランス，協調性，可動性，安定性を通じて，いかにして身体を操るのかを教えてくれた。長女の意識下の注意と反射的行動は，調和のとれた役割を果たす。その時私は教師であり，著作家であり，理学療法士であり，ストレングスコーチだったが，私の資質と知識のすべてをもってしても，追加するものがない。取り除いたり，改良したり，修正するものが何もなかった。ただ座って奇跡を目撃する以外に，することが何もなかったのだ。

様々な文化において，スクワットポジションは一瞬休むための姿勢と考えられており，機能的筋力を発達させるために様々な異なる方法で用いられている。上半身のトレーニングを全く行わなくても，スクワットプログラムを忠実に行えば上半身も発達するだろう。しかし，上半身のトレーニングプログラムに集中しても，下半身に同様の効果は得られない。これ自体が，発達過程の基盤としてスクワットがいかに強力であるかを示している。

ウエイトトレーニングの草創期では，トレーニングを行う人はバランスのよいコントロールされたフルスクワットを正しく学ぶことに時間をかけた。彼らは良好なスクワットのパターンの上に筋力の基盤を発達させたが，近年の考え方では，ゆっくりと着実に発達することや一貫したスクワット技術を獲得することの利益が無視されている。我々はこのことにおいて，動作のスクリーニングを必要とするような状況をつくり出すという誤りを犯した。我々は動作についてよりもエクササイズについて考えることが多くなった。

混乱させているように思われるかもしれないが，それがまさに我々のしたことなのだ。我々はスクワット動作による下半身トレーニングが非常に効果的なことを目の当たりにし，新しいスクワットエクササイズを開発し続けた。これらのエクササイズができない人のために，本来のスクワットを修正した。トレーニングを行う人の動作パターンの欠点を正すよりも，一般的なエクササイズを修正した。ウエイトを動かすことが動きそのものより重要になった。

「踵を挙げるために板を使用しなさい」
「深くしゃがめなければ，床と平行になるまでしゃがみなさい」
「フロントスクワットよりもバックスクワットのほうが重いウエイトを挙げられるならば，バックスクワットをすればいい」

そしてさらに重要なことは

「スクワットで痛みが出るなら，レッグプレスをしなさい」

さらに多くの人がウエイトを使用したトレーニングを行うようになるにつれて，ジムでは不良な動作パターンがみられるようになった。彼らはトレーニングを望んでいたが，ウエイトを用いたエクササイズを行うには良好な動作が必須であることに気がつかなかった。その結果，ますます大きくなる問題に対して，現在行われている典型的な解決策を当てはめた。エクササイズを本来のフォームで実施できない場合は，制限に見合うようにエクササイズを修正するという解決策である。これらの修正されたエクササイズは，動作パターンを部分的に行うものから，完全に筋を単独で鍛えるものへと変化した。結果として，筋は肥大し動作は萎縮した。近代的な機器の科学技術は，実際には制限を強化し不良動作を強化する方法を発見したのだ。

一部の古い習慣を守るコーチはこのことに気づ

き，同時にウエイトトレーニングに対して警鐘を鳴らすようになった。彼らは，ウエイトトレーニングを行っている子供がうまく動けないことに着目し，ウエイトトレーニングが選手の動きを遅くこわばったものにすると考え，ウエイトトレーニングに反対した。このような事例を数多く目撃したが，コーチ達が問題点に注意を向けるまでの間にウエイトトレーニングの人気は高まり続けた。気付くのがあまりにも遅すぎたのだ。ウエイトトレーニングは人々の生活に浸透してしまった。

このような観察の鋭いコーチは，ウエイトトレーニングが問題ではないことを理解していなかった。プログラムが単に不完全だったのだ。部分的な動作パターンでトレーニングを行うと，その部分的なパターンが強化される。ウエイトはその下に置かれたものを何でも強化してしまう。例えばウエイトを用いて不良なスクワットを行うと，その悪いスクワットを強化してしまう。トレーニングを行えば最初は強くなるが，次第に問題を抱えるようになる。

ジムの器具を提供する産業は，次なる解決策を求めてきた。スクワットはできないが下肢の筋力を強化したいと望んでいる人のために，レッグプレス，レッグエクステンション，レッグカールのマシーンが登場した。これらの器具を使えば，機能的な動作パターンを行わずに下肢筋群を強化することができる。

こうすると，スタビライザー（安定筋）が弱っている状態で主動筋が常に強化されるため，大きな問題となる。スタビライザーは，部分的な動作パターンでのトレーニングや分離されたエクササイズでは，ほとんどのウエイトマシーンで強化されることはない。

エクササイズを行う前に，動き方を身につけなければならないのである。

スクワットのパターンを基礎からすべて再獲得するためのワークアウトプログラムをつくる代わりに，スクワットの構成要素に働く器具が作られた。スクワットで働く主動筋ごとに分析が行われていたが，今日でも未だに同様の方法でエクササイズの評価が行われている。スタビライザーはエクササイズと評価において忘れられたが，精査すると動作パターンが真実を語るのだ。

クライアントがスクワットを正しい動作パターンで行えない場合，これが修正されるまでトレーニングを行ってはいけない。分離された，部分的パターンでのエクササイズは，問題を複雑にするだけである。

スクワットのスクリーニング実施時の誤り

我々は，FMSを紹介した後，オーバーヘッドスクワットを組み込んだ別の評価法を目撃した[46]。オーバーヘッドスクワットはFMSの一部分として普及した後，便利な評価法の1つになってしまった。動作パターンのスクリーニングにおける原則が，前の章で議論した還元主義者的な傾向を示す検査方法へと変更されたことは残念である。さらなる議論については付録11を参照のこと。

スクワットを基礎とした他の動作パターンテストの開発者は，FMSにおけるディープスクワットパターンを高く評価しているが，多くの人がこの動作ができないことを知っていた。真のスクリーニングが提示する現実的な全体像，すなわち健康な人でもうまく行えないということを避けるために，フルスクワットの深さまで行わなかったのだ。

関節可動域，安定性，コントロールの限界まで行わずに，勝手にスクワット動作を止めるポイントを設け，あたかも医学的な診断をするかのようにこの曖昧な肢位でのアライメント不良を議論したのだ。

膝の外反があることがわかっても，その原因が特定されない限り何の意味もない。足部の回内が指摘されても，それを避けるために股関節において何が可能かを考えない限り，何の意味もない。骨盤の傾斜は，実際には安定性と可動性の問題の結果である。

このことは，おそらく動作パターンの評価の所有権を得るためになされたことであり，複雑で綿密にみえるが，実際にはそうではなく，機能的動作パターンとモーターコントロールの理解が不充分で解剖学的知識が豊富であることを示しているのである。動作を真に理解しているなら，多関節パターンにおける動作の複雑な連鎖が1つの解剖学的な構造

の良し悪しによるものではないことを理解できるだろう。

第1の誤り：スクリーニングを行う前に，スクワットのアセスメントを実施した。

第2の誤り：他の基本的動作パターンを調べることなく，特定のパターンの部分のみを原因とした。

第3の誤り：その特定のパターンとの関連性だけに焦点をあてたシステムをつくるため，ウィーケストリンクパターンを特定しなかった。

第4の誤り：機能的パターンを回復させようとせず，機能障害に働きかける分離的アプローチを導入した。

第5の誤り：全可動域でのパターンをみることなく，各個人のスクワットにおける制限を明らかにしなかった。勝手に制限を設け，その1点における不完全度について議論した。

結論をいうと，スクワットをより詳細な評価法で分析したければ，SFMAを使うべきである。スクワット動作パターンにおける問題点の原因と性質に興味があるなら，SFMAを用いることで動作を分析することができる。しかし，SFMAはFMSと同様の基本的原則に従っていることを忘れてはならない。最初に基本的パターンの修正と非対称性に取り組むべきである。

スクワットパターンを考える前にこれら2つのことを行えば，スクワットの最適な機能を妨げるほとんどの問題に対処できるだろう。SFMAはスクワット動作における分節ごとの系統的な分類を示すことができるが，これは他の動作パターンの機能性を確立した場合に限ってのことである。スクワット動作で機能不全のある分節があれば，可動性の問題があると考えられ，そのような分節がなければ，動作パターンやモーターコントロールの問題だと考えられる。注意してみれば，FMSはこのことを語りかけるだろう。

SFMAは痛みを伴う動作パターンに対する臨床的評価法である。痛みが問題でなければ，SFMAは動作の評価における合否を示すだけである。その結果，SFMAにおける分類方法は，FMSの修正方法と平行してデザインされている。このことは，FMSにおけるコレクティブエクササイズは，各動作パターンを分解したものであることを意味する。

スクワット動作を臨床の目的以外で分類すると混乱が生じ，限定的なアプローチにつながるだろう。

対称性と非対称性

ディープスクワットは，FMSおいて対称性パターンと呼ばれる，系統的に身体を左右に分けない2つのテストのうちの1つである。対称性パターンのもう1つはプッシュアップである。これは，身体の両側が均等に床面を押すことによる運動である。

FMSの他のテストで非対称性が出現した場合には，ディープスクワットとプッシュアップの修正には取り組まないようにする。その非対称性によっておそらく制限が生じ，またモーターコントロールに障害があることが考えられる。身体の一側における可動性と安定性の低下は，不適切な筋収縮や体重移動，身体の回旋までも引き起こし，すべての対称性パターンに対して確実に悪影響を及ぼしている。

まず非対称性に着目し，観察した動作パターンへの影響を減少させ，ディープスクワットやプッシュアップパターンの対称性を再確認すべきである。非対称性がなくなることで対称性パターンが完全に変化するかもしれないし，しないかもしれないが，対称性パターンのエクササイズを進めていくことは非対称性に対して効果的ではないので，これが最も重要で論理的なアプローチである。

身体の片側が可動性や安定性の問題により制限されている場合は，特別に注意をはらうべきである。問題が観察された動作パターンは，制限が改善したか再確認するための基準として継続的に用いる。非対称性を確認したら，身体の反対側で逆のパターンと比較し，コレクティブエクササイズを進めていくための系統的な基準を作る。

スクリーンに対して忠実になる

FMSは，FMS自身にまかせておけばその役割を果たすだろう。スクワットパターンを修正する必要があれば，FMSがスクワットへと導くだろう。しかし，スクワットパターンが不良だったとしても，基本的な，つまり非対称性パターンにおいて同等以上の制限があることに気付いたのであれば，スクワットの

パターンは問題ではなく，ウィーケストリンクでもない。それはスクワット・パターンの中にウィーケストリンクが現れているのである。修正するための介入としてスクワットを行うことが望ましいのは，スクワットがFMSにおいて最低点を示し，非対称性が認められない場合だけである。

スクワットをテストのためだけのものとして解釈してはならない。FMSにおけるすべてのテストのなかで，スクワットはコントロール（安定性）と可動域（可動性）を同時に最もよく示すものである。このため，我々はスクワットを単純な診断ツールとしては使用しない。スクワットは潜在的な問題の指標となる可能性がある。だからといって，完璧なスクリーンあるいはアセスメントにはならない。FMSにおける他の6つのテストは，最初の段階でスクワットにおける問題の原因を示すという基本的な目的を果たすのに役立つことが多い。

我々は，スクワットができないことの原因を，硬くなった筋群，関節の硬さや筋力低下であるというように，1つの問題まで引き下げることはしない。重度の足関節制限は最も確実にディープスクワットを妨げるが，それは例外であり法則ではない。制限されたスクワット動作パターンでは，脳と身体が食い違っているのである。スクワットを管理する運動プログラムが何かの理由，おそらく過去か現在の可動性か安定性の問題によって変化したのだろう。問題点を明らかにして修正したとしても，元の基本的なパターンを強化するためのコレクティブエクササイズを行わなければ，運動プログラムが恒久的に変化するという根拠は何もない。

可動性と安定性の問題は頻繁に認められ，それぞれが制御できない領域から逃れようと反応している。タイトネスは過剰な緊張による不適切な筋活動と受け取られることが多いが，それはある1つの筋群が制御不良の他の筋群とともに過剰に収縮している場合である。

スクワットにおける問題の原因が1つの解剖学的構造の制限や筋力低下にあるということは，目先のことしかみておらず，他のすべてを正常とみなしていることになる。スクワットの問題を引き起こす明らかな問題点に対応し，状況に応じて各解剖学的構造の制限に対処するべきであるが，常に動作パターンにもできる限り対応しなければならない。

ディープスクワットは，初めてFMSで紹介して以来，非常に注目されて議論を引き起こしてきた。主な理由は，自分自身を健康で，強く，運動神経が発達していると考える人が，ディープスクワットの動作パターンに難しさを感じることが多いことである。このことで，その人たちのフィットネスや競技における成績の価値が下がるわけではない。動作パターンが衰えていることを示唆しているのである。

この動作パターンの衰退は，筋が痩せて働かない筋萎縮のように表面上では観察できず，健康な人が基本的な動作パターンにおいてコントロールを失う場面で認められる。過剰なトレーニング，不適切なトレーニング，完治していない傷害，代償動作，筋のアンバランス，これらの組み合わせなどが，動作パターンの衰退を引き起こす背景となっていることが多い。

スクワットパターンの主な目的は，身体重心をできる限り低い位置へ移動させることである。エクササイズとしてではなく，動作パターンとして考えること。繰り返し練習することを選択すればエクササイズとなるが，エクササイズの前にまず動作パターンなのである。

以下に2つの例を示す。

◆例1

ディープスクワットが制限されて最後まで行えないが，中等度から重度の代償動作はみられない人の場合，足関節の背屈制限がよく認められる。この制限されたスクワットの1番深い位置でスナップ写真を撮り，足関節の背屈角度が10〜12°しかなければ，制限が足関節にあると考えるかもしれない。

しかし，対象者の片側の足を小さな台に載せ，体重の大部分を後ろ足にかけ，身体を前傾させて，閉鎖性運動連鎖における背屈角度を測定すると，閉鎖性運動連鎖の状態では背屈が制限されていないことが示される。この肢位では，ディープスクワット実施時よりも有意に大きな背屈角度を示す人が多い。この例では，足背屈制限がスクワット動作パターンを制限する原因ではない。

1つまたは複数のパターンに制限を見つけたら，最も点数の低いパターンを特定することでウィーケストリンクを選び出し，同程度の低い点数のなかから選ぶには，運動発達と非対称性の原則を用いる。最も制限のある動作パターンを発見したら，第1の問題点をとらえたことになる。次にその動作に対する修正ストラテジーを用いて，発見した安定性および可動性の問題のうち最も重要なものに対応することになる。

我々は，パターンまたはパターンの一部に取り組むことで問題点に対応するように，FMSを改善した。レーザーのように身体のある一部分に焦点を当てることは，コレクティブエクササイズにおいて大きな効果をもたらさない。背屈は問題ではないかもしれないし，数ある問題のうちの1つかもしれない。問題を明確にすることで餌にひっかからないように気をつけなければならない。各パターンに対してコレクティブエクササイズを行い，それを発展させることで，対象とするパターンにおける主要な可動性の問題に対応できるだろう。

● 例2

ディープスクワット中に上肢を頭上で垂直に保持できない場合，広背筋が硬いことを指摘する専門家が多い。ディープスクワットテストにおいて，上肢が前方に傾くことがよくみられる。スクワットで上肢を頭上で垂直に保持できることは，制限がなく補正する必要がないことを示している。上肢が前方に傾くことを広背筋が硬いためであると考えるのは簡単だが，単純すぎるだろう。

同じ対象者を背臥位にして，両上肢を頭上へ挙上させることで広背筋のテストを実施し，肩関節屈曲には可動域制限がなく，床に上肢がつくことが示された。それから，骨盤と腰椎を床面につけた状態で，股関節と膝関節を胸部へ向かって最大屈曲させる。これによって，広背筋の停止部の逆側，つまり近位の起始部にある非常に大きな深部腰筋膜のゆるみが取り除かれる。対象者の上肢が最大屈曲位で床面についた状態ならば，広背筋による屈曲制限はないと判断できるだろう。

● 結果としての代償

対象者の肩関節や足関節が全可動域を有していたら，なぜディープスクワットパターンで関節の可動域制限がみられるのだろうか。コアのスタビライザーが効果的に働かない人は，2次的な筋群が姿勢およびバランスの安定と維持を行っているというのが私の仮説である。この代償は動作パターンを可能にするが，最適なものではない。効果的な安定性が得られないと，主動筋によって関節のアライメントが損なわれる。この不均衡が関節の硬さやインピンジメントさえも生み出す。

動作の連動性にも問題が生じることがあり，さらにパターンの全可動域にわたる問題が合併してしまう。主動筋をストレッチしてもこのシステムをリセットすることはできず，ストレッチング後に改善が認められたとしても，それは大抵一時的なものである。体幹と骨盤帯における良好なコントロールが欠如している状態でスクワットを行うと，広背筋，大腿四頭筋，下腿三頭筋などが身体の屈曲に対抗して収縮するために，さらに2次的な活動が大きくなる。

広背筋に柔軟性の問題があったとしても，FMSによって他の部位により重大な障害や非対称性があることがわかるかもしれないので，最初に広背筋の硬さに対処する根拠にはならない。広背筋は他の部位における不良な動作パターンや不安定性に反応している可能性がある。

動作の問題を1つの筋に押し付けてはいけない。硬い筋が原因であると考えることで，筋力低下や不安定性を示す反応を見逃し，筋力低下や不安定性が原因であると考えてしまうと，硬い筋や代償的に働いている筋を見逃してしまうだろう。

■ ディープスクワットにおける可動性と安定性

型にはまらず，非常に変わったスクワットパターンを行う人を見かけることがある。例えば，信じられないほどのウエイトを持ち上げる強靭な人でも，自重だけのオーバーヘッドディープスクワットができないこともある。一方，明らかにウエイトを上げる力が弱い人でも，完璧に近いオーバーヘッド

ディープスクワットができる人もいる。

　これは，最初の人が有する筋力をないがしろにしているわけではない。単にその人が，コアや体幹の筋群による安定性の能力を超えるほどに四肢の筋力を発達させたことを意味しているのである。この場合，全可動域で行わなければ極めて強力なスクワットになる。大腿部が床と平行または上方にとどまっていれば，不適切な筋収縮でも動作を実行するために使われることがあるが，平行な位置よりも大腿部を下げると，大腿四頭筋が優位に働いている人はバランスを保つことができない。殿筋群，骨盤底筋群，コアの筋群を優位に働かせて安定性を得るために大腿四頭筋の緊張をゆるめることができないので，後方に転倒するだろう。

　スクワットの最も深い位置からは，深部コア筋群により安定化された殿筋群が最初に働いて身体を上方に持ち上げ，大腿部が床と平行な位置からは大腿四頭筋とハムストリングスが補助として働くようになる。しかし，コアを強化することが答えではない。様々なコアを鍛えるエクササイズが行われるが，コアの安定性が向上し，スクワットパターンにおける動作パターンのコントロールが改善された場合にのみ，ディープスクワットが改善するだろう。

　安定性と筋力を同じ概念だと考えている人が多いが，実際は違っている。それは，特に負荷のかかった状態で，関節を動かす力よりも関節を安定させる力のほうがずっと少ないことを意味する。実際には，より強い筋力を得るためにはより効果的な安定性が必要となる。しかし，動くための運動プログラム（筋力）と動きに抵抗するためのプログラム（安定性）は，完全に異なった2つのソフトウェアなのである。これらは全く異なったプログラムである。

　多くの人がハードウェア，つまり筋に注目するため混乱するが，コンピュータと同様に動作をコントロールするのはソフトウェアなのである。ノートパソコンは音楽プレイヤーにもなるし，写真編集機や進化した会計プログラムにもなりうる。同じハードウェアだが，異なるソフトウェアを使っている。同様に，可動域を通じて1つの筋だけを働かせながら身体の保持・安定化を学習させようとするのは，バネ式グリップトレーナーを使って彫刻家，芸術家や音楽家の手を鍛えようとすることと同じである。

　固有感覚とアライメントは単に筋力を高めるよりも重要であるため，でたらめな筋力増強エクササイズは安定化に大きな影響を及ぼさないだろう。安定化の秘訣はタイミングであり，広義のモーターコントロールである。スタビライザーは主動筋よりも小さく弱い。スタビライザーは全体的な緊張を産み出すことができないため，影響を及ぼす唯一の機会は，安定化のために最初に発火することである。最初に発火することで，スタビライザーは関節を圧縮，固定し，瞬間的に軸をつくることで実際に主動筋の効果を高める。軸とアライメントを維持することは，主動筋の性能を高める。

　安定化のために筋力を強化することは無駄である。スタビライザーは関節軸の近くに位置することでコントロールと安定性にとって力学的に優位となっているが，最初に発火しなければその力学的優位性は役に立たない。

　最良の動作パターンから逸脱した筋力トレーニングは，スタビライザーの働きが目立たずに主動筋のみによる活動を生み出すだろう。筋力は増大すると思われるが，動作パターンのスクリーニングでは質が低下するだろう。実際，真の機能的な力も同様に減少するが，機能的でない方法でトレーニングをしている人は，機能的でない方法で筋力をテストしている。彼らは局所的な改善を経験し，それを全体的な改善と思い込む。

　FMSにおける質の高い動作パターンは，スタビライザーが活動し続けていることを示している。分離して安定性を検査したいのは人間の性質であり，2次的に確認することも可能である。

　しかし，巧みなスクワットパターンは，例えばサイドプランク（サイドブリッジ）よりも，スクワットのためのスタビライザーの活動を表わすのに優れている。サイドプランクは静的安定性を表わすには極めて優れているが，ディープスクワットのように完全な動作パターンに要求される動的安定性を示すことはできない。

■ スクワット：パターンとエクササイズ

スクワットは単なるエクササイズではなく，動作パターンである。その動作は，床面から立位へ移行する運動発達の一部である。スクワットはエクササイズとして用いることもできるが，何よりもまず，動作パターンである。

ヒトが生まれて初めてスクワットを行う時，トップダウン（上から下へ）ではなくボトムアップ（下から上へ）で行う。皮肉なことに，ウエイトを用いてスクワットパターンを行うとき，トップの位置にある負荷を下げていくのである。このことは，自然のなりゆきでは絶対に起こらないが，デッドリフトのような動作では実際にこうした現象が自然と起こる。要するに，スクワットにおいて，我々は自然な動作パターンをそうではない方法でトレーニングしているのである。本来，床面に近いところで負荷を受け取るために身体を落とすべきであり，便宜的に肩の高さで負荷をかついでからスクワットをするべきではない。

同様に，FMSでディープスクワットテストを行う場合，ウエイトトレーニングで行うスクワットを真似することは意図していない。例えば，ディープスクワットテストにおける足部の向きはまっすぐだが，重量を用いたスクワットでは一般的に外向きが最も効率的な足部の位置であると考えられている。

FMSの目的は，スクワットテストにおける対象者のパフォーマンスを次の3つに分類することである。

- 制限なし（3点）
- 中等度の制限（2点）
- 有意な，重度の制限（1点）

中等度の制限のある人が足部を外側に向ける代償を行えば，スコアは制限なしの3点を得ることができてしまうので，3つの分類を正確に区別することが重要である。このことでウィークリンクを特定し，効果的なトレーニングによって対処できるようになる。

肩幅よりもわずかに広い平行なラインに足部を置くことで，ディープスクワットはより難しい動きとなる。この動きは，クライアントのスクワットパターンにおいて可動性と安定性の問題がわずかか全くない場合にのみ可能となる。これは，可動性および安定性の問題が全くないという意味ではない。そのスクワットパターンに問題が現れないだけである。

足部を外転することで力学的に有利になる。より広い支持面をつくり出し，骨盤のコントロールや股関節内旋を最大に要求されることはない。

スクワットや部分的なスクワット動作を行うエクササイズや活動においては足部を外転させることをすすめるが，これはテストとトレーニングが異なることを意味する。テストは制限の輪郭を描き，効果的に能力を評価すべきである。トレーニングでは，利用できる能力の効率を強化する必要がある。

スティフネスは安定性の問題を覆い隠し，可動性の問題を引き起こす。3点のスクワットに求められる可動域が不足している人では，おそらく支持，コントロール，安定性を得るためにスティフネスを作り出したのだろう。ディープスクワットなどの機能的動作パターンにおいてみられるスティフネスは，個人の正常な機能における活性部分なのである。

明らかな可動性の問題に対応しても，おそらくすべての問題に対応したことにはならない。可動性の失われた領域や部分で可動性が改善すれば，そこで動作パターンをもう一度見直す必要が出てくる。可動性が改善していなければ，神経筋の安定性を得ることはできないので，まず可動性に対応しなければならない。このスクリーンは，完全な動作パターンが回復したときにだけ，適切な安定性の確証を示すのだ。

■ 全体的パターントレーニング

FMSを初めて紹介して以来，ディープスクワットパターンに制限や問題があるクライアントから学んできた。初めの頃，私と同僚はスクワットパターンに重要なすべての筋を体系的にストレッチあるいは強化することによる分離的アプローチを試みたが，これは成功しなかった。

我々は，スクワットを改善するためにあらかじめ用意された無数のプロトコルを用いた。これが効果的でないと判明した時，スクワットの仕組に関する

すべての先入観を捨て，スクワットを1つの行動，1つの運動行動パターンとしてみるようになった。スクワットを各部分で認識せず，全体に問題がある不良パターンとして観察した。

トレーニングやリハビリテーションにおいて，パターンだけに取り組んでいたわけではなかった。我々はスティフネスや柔軟性低下も，一度に1領域ずつ扱ったが，それでは何も解決しなかった。一時的にはハードウェアは変化するが，ソフトウェアの再設定をしなければ効果は持続しなかった。

動作パターンや運動プログラムを「生み出す」必要がないことに気づいたときの安心感は大きなものだった。必要なことは，システムをリセットすることだけである。すべてのパターンは大部分の人が持ち合わせていた能力だった。以前のレベルを取り戻すことができない人もいるが，驚くほど多くの人が予想以上の回復を示す。

FMSを初めて紹介した時，クライアントによっては難しすぎるようだと批判を受けた。通常，観客はバーの高さを下げろと要求するが，1ついえることがある。FMSは皆が満点を達成しなければならないというような絶対的なものではない。目標はすべてのテストで3点をとることではなく，1点や非対称性を発見することでもない。単に主な欠陥を測定しようとしているのであって，すべての人にコレクティブエクササイズを強要するような非現実的な基準をつくろうとしているのではない。

我々はトレーニングを愛しており，すべての人が動作を活性化，再形成し，エネルギーを取り戻すような身体活動を発見してほしい。エクササイズと身体活動はこのような方法で管理されないことが多い。量をこなすために痛みをこらえて運動し，継続するために抗炎症剤を使用し，改善することを望みながら質の伴わないエクササイズを行うが，目標は決して達成されることはない。エクササイズや競技スポーツは問題を引き起こしたり，不良な動作パターンを強化したりしてはならないものだが，FMSで非対称性を示し，またスコアが1点であるすべての人がこれを行っているのである。

FMSの経験者はスクリーンの底辺からアプローチする一方，初心者はスクリーンの頂点に焦点をあてるが，それは多くの場合到達できない頂上のようにみえる。3点のスコアには到底達しないと考え，スクリーンを行わないこともある。このように仮定すべきではないが，それが正しかったとしても3点をとることは目標ではない。

目標は1点のスコアをなくし，非対称性を解決することである。

これらの目標を達成した後は，高水準のパフォーマンスに応じて，より質の高い動きに時間をかけて系統的に取り組むことが，最も重要なトレーニングである。優秀なトレーナーは本能的にこのことを実行するが，それ以外の人にはコンパスと地図が必要である。この方法論はパラダイムシフトのようにみえるが，動作のスクリーニングとアセスメントをツールとした，新しい視点にすぎない。この新たな見解は，我々のチームにとって啓発的にも苛立たしいものにもなっていたが，進むべき正しい道であった。

「可能な場合は必ずパターン全体を扱う」というのがルールである。それはスクワットを初めて学ぶ基本的な方法であり，スクワットのやり方を失い再学習するときに最も効率的な道筋である。このことを絶対視したがる人もいるが，それは明らかに不可能である。実際，この世界に絶対的なものが存在することは稀であり，スクリーニングやアセスメントのテキストの中にそのような極めて重要な何かを発見することはないだろう。「可能な場合は必ずパターン全体を扱う」というルールは，どうしてもする必要がなければ分離するな，ということを意味しているにすぎない。

全く同様に，全体的パターントレーニングの前に不適切な筋緊張やタイトネスに対応すれば，ことはスムーズに進む。明らかに制限を受けている関節は不安定性を示す関節と同様に修正しなければならないが，これらは極端な問題であり，スクワットができない人の中でこのような問題を示す割合は多くない。

グループとしては，原因を調べる前に何が問題であるかについて意見が一致している必要がある。スクワットが制限されていると考えられる時に，観察された制限が主な問題であることに同意する必要が

ある。そうすればスクリーンの残りからは，原因についての見通しが得られるだろう。

　FMS を実施する時は，スクワットを調べたり，分析するために中断してはいけない。とにかく FMS を完了させること。他のパターンの中から非対称性や大きな制限が発見されるかもしれない。そうすれば，なぜクライアントがスクワットを実施できないのかという質問には，すでに答えが出ている。クライアントはスクワットができないが，スクワットをすることが主要な問題ではない。左右の非対称性が原因でスクワットができないのだ。FMS にはスクワットの制限よりも基礎的な制限がある。FMS の基準はこのことに対応しろという。そうすることで，スクワットが劇的に改善することもあるだろうし，ほとんど改善しないこともあるだろう。ポイントは，スクワットを正すのではなく，スクワットの背景にある問題を正すということである。

　このようにすれば，スクワットのためにデザインされた修正ストラテジーは多くの場合機能する。ファンクショナルムーブメントシステムにおけるより高度な戦略は，それに先立つ基礎的な修正に依存している。

　我々はスクリーニングの知識を発展させ，動作における新たな視点を得るうえで，可能な限りパターン全体を使うという基準に従おうとした。パターン全体のエクササイズやトレーニングを作るためのユニークな方法の 1 つに，無負荷あるいは介助下でエクササイズやトレーニングを行うことがある。介助下でのエクササイズは，パターンをトレーニングする時に，基本的には対象者が自重以下の重さで動けるようにする。一般的に介助下でのトレーニングは，より多くの回数，より大きい可動域，またはその両方を可能にする。これにより，自重でのスクワットができるようになる前に，自重よりも少ない負荷でスクワットパターンを練習できるようになり，その後レジスタンストレーニングに移行していく。

■ ディープスクワットに対するリバースパターニング

　我々は，スクワットをボトムアップでトレーニングする，リバースパターニングと呼ばれる非常に強力なテクニックも導入した。この詳細は第 14 章に示した。このテクニックは，2 つの理由から機能すると考えている。

　1 つ目は，どのような方法で実施するのかという先入観がなく，そのため運動学習はほとんど白紙の状態に近いということである。

　ディープスクワットができない人は，スクワットの深い位置で両上肢が頭上にあって踵が接地している状態がどのような感じなのかがわからない。目的地がわからなければ，たどり着くことはできない。スクワットでしゃがむ時に最初に起こる無意識の傾向は，コア筋群を使って骨盤帯を安定化できずに，大腿四頭筋を使って減速しながらしゃがんでしまうことである。このように行うことで誤った筋を余計に緊張させ，可動域を制限している。

　2 つ目の理由は，リバースパターニングの機能は運動発達の初期にみられるということである。ヒトは，腹這いをして，低い位置で膝立ちや片膝立ちになり，スクワット姿勢をとって立ち上がる。

　私の著書『Athletic Body in Balance』では，ディープスクワットのトレーニングの進め方に関して，前屈してつま先を触ったまま深いスクワット姿勢になるようにしゃがむことについて検討している。前屈してつま先に触ると，腰背部の筋群がリラックスし，コアが活動しなくなる。過度なコアの活動は，コアの活動が不充分な状態と同じように悪影響を及ぼすという報告がある[26, 47〜49]。背部を丸めて股関節を屈曲することで，コアと大腿の過剰な活動をその方程式から一時的に除去した。大腿四頭筋と硬くなった広背筋では，この姿勢で骨盤をコントロールすることはできない。混在した状態からの過度な影響を取り除くことで，骨盤は他からの干渉なしにニュートラルな位置になる。前屈してつま先に触り，その状態を保持したまま膝関節，股関節，足関節を屈曲してスクワット姿勢までしゃがむように指示する（わずかなヒールリフトを使っていたとしても，踵は地面につけたままにする）。このようにすることで，ほとんどのクライアントは大腿が床と平行な位置よりもずっと下までしゃがむことができる。この後必要なことは，両腕を前に伸ばすか，できれば頭上に持ち上げて，立位になることである。

制限の大きい人では，スクワットが停止する位置は大腿が床面と平行な位置であるが，このリバースパターニングではそれよりも床面に近い位置まで行くことになる。このリバースパターニングを用いて古い運動プログラムを破壊するだけで，数週間から数ヵ月間は続くと思われたフラストレーションを一瞬にしてなくしたのだ。もちろん，行動を変化させるためには，他のエクササイズと同様，リバースパターニングを繰り返す必要がある。

このエクササイズを指導する時に最も多い質問が，ファンクショナルムーブメントシステムの哲学を強めてくれる。「クライアントがつま先に触ることができない場合はどうすればよいのか？」その答えは，「そのクライアントのスクワットには介入すべきではない」。

つま先に触ることができない人のほとんどは，アクティブ・ストレートレッグレイズに問題があるだろう。常にアクティブ・ストレートレッグレイズを最初に改善させるのである。アクティブ・ストレートレッグレイズは問題なくても，つま先に触ることができない場合には，つま先に触るパターンを行うようにする。

ディープスクワットに対する反応性神経筋トレーニング

ディープスクワットに対して，反応性神経筋トレーニング（reactive neuromuscular training：RNT）を導入することもできる。このトレーニングは，神経系に働きかけるためのもう1つの方法で（詳細は第14章参照），固有感覚によるバランス反応，すなわち立ち直り反射を引き起こすために，スクワットのわずかな欠点が誇張される。弾性チューブを使用して不良なアライメントやバランス戦略を誇張させることを正しく行えば，自動的な反射に基づく可動性や安定性の反応によって問題が修正される。

これらの問題は意識的あるいは意図的レベルにはないので，口頭指示による修正テクニックの指導はほとんど役に立たない。口頭指示をすれば一時的にフォームが良くなるかもしれないが，効果は続かない。ヒトは，口頭指示では動くことを学習しない。動作は言葉や画像では記録されない。動作は感覚である。変化を指導するのではなく，変化を引き起こさなければならない。

チューブを使用することで，誤りが少し大きくなる。これは，動作に負荷を加えるための弾性抵抗ではない。ある筋群に対するトレーニング効果を期待したり，筋力を増大させようとしたりしてはいけない。モーターコントロールと効率を改善するために，意識下の刺激をつくり出そうとしているのだ。誤りを強調することで，動作パターンにおけるスタビライザーと主動筋の活動順序を変化させようとしているのである。

これをスクワットで行う場合の一般的な例は，片側か両側の膝を内側に向け，足部を外側に向ける。これを口頭指示する代わりに，安定性が保てる程度の力でクライアントの膝を内側に押す。立位の状態のときに膝を内側に押して，この状態を保持しながらできるだけ深くスクワットを行うように指示する。

クライアントは，深くしゃがむにつれて，外側へより強く押さなければならないことを無意識に感じる。実際に，スタビライザーが充分に働いていないことを観察できるだろう。欠点を強調することで，実際にはそれを修正しているのである。このテクニックが機能したら，チューブを膝のまわりに巻き付けて，安定化の連続性が改善するまで徐々に抵抗を少なくしながら行う。

スクワットで肩甲骨が前傾し，両上肢が前方に下がる場合にも，同じことを行う。クライアントの正面に立ち，肩甲骨にチューブを巻き付け，上体におけるコアの安定性をより活性化させる程度の力で前方へ引っ張る。この場合も，立位での安定性を得てからスクワットを行わせる。

これらのテクニックは，専門的なトレーニングを受けた人の指導下で練習することが望ましい。また，ビデオ教材*でテクニックを復習し，パートナーと練習することも可能である。RNTを必要としている人に対して，新しいテクニックを試してはいけない。テクニックに充分に習熟してから，仕事の中で使用するようにしなければならない。

ディープスクワットが示唆するもの

ディープスクワットは，FMSの他のテストに大き

な影響を及ぼす。ディープスクワットが3点の場合，その人はスクワットパターンにおいて良好な安定性と可動性を有しており，FMSの他のテストでも同様に高得点をとる可能性がある。ディープスクワットは正しく機能している身体のバイオマーカーのようであるが，単なるバイオマーカーではなく，単独で考えるべきものではない。同様に，FMSにおけるディープスクワットのスコアが1点の場合は熟考を要する。1点のスコアは重大な影響を及ぼす可能性があり，通常は他のテストでもスコアが低くなり，また非対称性を伴うことが多い。

　FMSには，傷害リスクの増大が懸念される境界点がある。これは合計スコアで考える場合もあるが，すべてのテストで非対称性が認められず，スコアが2点以上であることが，最低ラインであると考えるのがよいだろう。

　コレクティブエクササイズだけでは効果が低くなる境界点もあり，スコアが境界点よりも少し高い場合と同じ程度にはエクササイズ単独での効果は得られないと考えられる。この境界点はスクワットに集中しているようである。予備調査では，スクワットのスコアが1点の場合，従来のコレクティブエクササイズを用いてもスコアが2点以上の場合のようには効果的な反応がみられない[50]。それでも改善する可能性はあるが，さらに集中的な介入が必要となるだろう。

　このようなケースでは，エクササイズ単独よりも資格のある専門家による軟部組織への高度なアプローチのほうが効果的だろう。理学療法士，カイロプラクター，またはアスレティックトレーナーなどに相談することも，改善を促すだろう。ディープスクワットに重度の制限がある場合には，従来のエクササイズプログラムを行うことによって状態を悪化させる可能性のある，多くの予期しない問題が隠れている可能性がある。

　繰り返しになるが，これはディープスクワットだけに焦点を合わせているのではない。最初に，スコアが1点である他の項目すべてに対処すべきである。ディープスクワットが1点であることは，危険な徴候としてとらえるようにすべきである。コレクティブエクササイズによるアプローチでは，改善に長期間を要する可能性があるので，他の専門家に評価してもらうことが役に立ち，高度なテクニックによる治療が改善を加速させることもある。

　突き詰めていくと，ディープスクワットはFMSにおける7つのテストの一部分に過ぎないのである。ディープスクワットのスコアを速やかに改善する方法は，スクリーンの他の部分に集中することである。常に心を開いて，ツールが導くことに任せるべきである。このシステムは，機能的動作パターンを再開発するための順次的モデルに従うことを求めているのだ。

　ルールに従えば，ウィーケストリンク，最も重度の制限，最も難しいパターンなどを発見できるだろう。初めにウィーケストリンクを特定し，それから系統的および安全に克服することが最も重要である。他の問題が持ち上がったら，後で対応すること。最低限の動作パターンを確立できたら，さらに動作の質を高めながらコンディショニングを再開することができる。究極の目標は，コレクティブエクササイズを実施することではなく，継続的に行っている修正のための努力に悪影響を与えるようなエクササイズ，身体活動，ライフスタイルを回避することである。基本的に我々は体力と動作パターンを平行して維持するような方法でトレーニングに励まなければならない。

*ビデオ (DVD) 教材には以下のようなものがあり，Perform Better から入手することができる。『The Corrective Exercise and Movement Preparation』はチューブを用いたチューブドリルアシステッドやRNT抵抗パターンなど，『Secrets of the Hip and Knee』はスクワット，ハードルステップ，ランジテスト，『Cable Bar』は介助エクササイズ，RNTエクササイズ，チョッピングとリフティングの様々な例，『Secrets of the Core, the Backside』はアクティブ・ストレートレッグレイズ，『Secrets of the Shoulder』はショルダーモビリティテスト，『Secrets of Primitive Patterns』はプッシュアップ，ロータリースタビリティを取り上げており，またローリングについても考察している。

ハードルステップとシングルレッグスタンス

　FMSにおけるハードルステップとSFMAのシングルレッグスタンスは，各システムにおける7つの動作パターンのうちの1つである。ハードルステップは，狭い支持基底面で課題を行うFMSの3つのテストのうちの1つで，他にはインラインランジとロータリースタビリティがあり，より難度の高いものとなっている。

　ハードルステップとシングルスレッグスタンスは，可動性と安定性の両方を同時に調べるものである。我々はどちらか一方だけについて検討することはしない。その代わりに，主要な問題と2次的な問題について論じる。非荷重側の股関節における屈曲可動域に明らかな制限があると，自動的に立脚側の安定性に代償が生じ，コアの安定性が低下すると考えられる。

　非荷重側の股関節が85〜90°屈曲したところにバリアがあることをイメージすることで，この問題を思い描くことができる。瞬間的に脳がバリアを認知し，ハードルを乗り越えるために安定性を変化させ始めるだろう。運動の量を得るために，運動の質が低下する。非荷重側の下肢，荷重側の下肢，体幹，肩における代償が，無意識に出現するだろう。反対に，安定性の問題は，可動性の問題のようにみえる動作の変化や制限を生じるが，実際の問題点は不良なモーターコントロールなのである。

　身体は，おそらく生存のための緩衝剤として，常に運動の量のために質を犠牲にすると考えられる。これは，我々が安定性の問題を初めに治療しない1つの理由である。フィットネスとリハビリテーションにおける近年の方法論では，分離して安定性をテストする優れた方法があるが，我々は基礎的な可動性を得るまでは安定性を解決しないことにしている。

　大多数のトレーナーは，安定性の欠如が不健康を示唆するもので，より多くのエクササイズが必要だと考えてしまうが，反対のことが正しいこともある。代償を伴う未熟なテクニックによる過剰なエクササイズや身体活動が，実際には不良な安定性につながる要因となりうる。明確な方向性がないと，身体活動やエクササイズを行うほど非効果的になるだけにとどまらず，さらに進んだ問題さえも引き起こす可能性がある。すぐに安定化エクササイズを用いて介入するよりも，犠牲にされた安定性の原因を探ることが重要である。

　実際に，高閾値ストラテジーが不良なモーターコントロールを引き起こしていることが，研究で示されている[26, 47, 49]。高閾値ストラテジーは，傷害後や不適切なトレーニングを長期間行った場合に生じる，コアの筋群における過剰な防御反応である。

　最近はコアを強化することにとらわれ過ぎる風潮があり，これが機能不全の火に油を注ぐようなものとなっている。コアは常に固めている必要はなく，時にはゆるめて伸ばし，リセットする必要がある。ヨガにおける運動の半分は，コアの可動性が求められる運動を行い，もう半分は安定性とコントロールが求められる運動を行う。このバランスは偶然ではなく，最も確実なものである。人類は4000年以上にわたり，脊柱の可動性と安定性が同等であることを理解し，それを実践してきており，問題は可動性と安定性の間のバランスが欠如していることであると本能的に示してきた。

　1つの面の改善によって，別のものの発達を妨害すべきではない。現代のトレーニングでは，レジスタンストレーニングプログラムが筋力強化の目標を満たす一方で，柔軟性と可動性を低下させていることが多い。可動性と安定性を中心としたプログラムでは，力の産生，負荷操作や急激に力を加える時の能力が低下することがある。1つの筋群の筋力や，特定の関節の可動性を分離して向上させても，運動能力を発揮することはできない。身体における究極の調和を示すものは，対称的で制限のない動作パターンである。

　1970年代中盤に，Vladimir Jandaは，姿勢筋群の活動を観察する効果的な方法としてシングルレッグスタンスを推奨しており，安定性の機能的な評価方法として使用することを提案していた。彼の基本的な主張は，姿勢を静的なものとして観察するべきではないということであった。当事の研究者の多くが，格子線や測鉛線を使って姿勢を観察・評価し，アライメント不良と非対称性を立証することによ

り，姿勢コントロールと筋の役割についての仮説を立てた。

この考え方を無視してはならない。実際，多くの熟練したエクササイズの専門家や臨床家は，静止立位を評価してその見識を発展させてきた。Jandaが提案したのはこの考え方からの転換ではなく，対比だった。彼は，歩行周期の大部分がシングルレッグスタンスであることに言及し，人間は本質的に動くようにつくられているのだと強く主張した。

シングルレッグスタンスでは，狭い支持基底面と初期の体重移動に続いて静的コントロールが生じる。この状況は，肩幅に足を広げた静止立位よりも機能的で動的なものである。

それでは次に2つの視点の違いをみてみよう。

シナリオ1：静止立位では，格子線から外れたアライメント不良を認めたが，左右のシングルレッグスタンスを行うと，観察した機能不全のほとんどが正常化する場合，完全な機能不全があるとは判断できないだろう。これは，機能にはほとんど影響しない姿勢の悪い習慣である。

シナリオ2：静止立位のアライメントは完璧に近いが，シングルレッグスタンスでは3〜5秒でバランスを崩す制限が認められる場合，ここでも系統的な不一致がみられる。静止立位姿勢では隠されていた潜在的な問題が，シングルレッグスタンスの機能不全によって示された。

シナリオ3：これは矛盾を示さないシナリオである。両方のテスト結果が一致する。それぞれのテストで機能的か機能不全のどちらかを示す。

正常な立位姿勢は，動くことで自然に消失する単なる習慣的なアライメント不良を示すことがある。どのように，そしてなぜシナリオ1と2には違いがあるのか考えてみよう。

エネルギー消費量を限りなく低くした効率的な立位姿勢は，量的には容認されるが質を犠牲にしている。長時間継続して立つ場合にはこの立位が効率的であるが，素早く反応し動的状態になる能力が欠如している。シングルレッグスタンスには機能が求められる。常にバランスが崩れる前にアライメントが乱れる。バランスを崩すことを避けるために代償動作で身体をねじ曲げるが，簡単にいうとここがポイントになる。

正常な歩行周期では，シングルレッグスタンスは3〜5秒も必要としないが，非対称性，アライメント不良，シングルレッグスタンスの能力制限によって，歩行の効率は大幅に低下する。先行研究では，シングルレッグスタンスは10〜20秒が正常としている。いうまでもないが，その観察された10〜20秒にはある程度の質がなければならない。ぎこちない動きや元に戻ろうとする試み，正中位からの変位などによって姿勢が乱れてはいけない。

エクササイズやリハビリテーションの専門家のほとんどが，格子線による静的な姿勢をみることから，動的あるいは機能的な動きをみることに移行している。そして実際に，静的な測定よりも動作パターンのほうが，機能の予測因子として信頼性があることが研究により示されている。このことは，FMSやSFMAにおいて格子線や静的立位姿勢を評価する指標を用いない理由の1つである。動的な動作に基づいて判断を下せば，格子線による静的な評価は省略する，あるいは2次的な評価としてのみ使用することができる。

■ パターンのエクササイズ

FMSとSFMAは，対照的なレベルの動作パターンと安定性を提供する。シングルレッグスタンスのような1つの方法だけで安定性を評価することは望ましくない。クライアントが特定のテストを練習することで，そのエクササイズでの改善はみられると思われるが，機能に対する効果は何もないと思われるからである。

複数の動作パターンにおける対照的な視点は，FMSとSFMAのキーポイントとなっている。安定性プログラムが機能を改善したと思ったら，不確定な結果について疑問を抱いたり，期待したり，議論したり，主張したりせずに，FMSとSFMAを行い，複数の機能的パターンについて客観的に評価すればよい。

特定のエクササイズやプログラムを追加しても，基本的・機能的な動作パターンが変化しない場合は，機能的には効果がほとんどなかったといってまちがいなく，モーターコントロールが影響を受けていな

いか改善されていないといえる。そのエクササイズで練習した動作以外には，パターンにおける動作の質や効率を改善するという目的を達成できなかったのである。

最適なエクササイズでは，効果が持ち越される。その効果は，直接練習していない動作パターンにおける動作の能力と質を改善する。

我々のチームがFMSとSFMAにより提供された視点で自分たち自身の考え方をチェックするため，トレーニングプログラムを検討し始めた時，常に思ったようにプログラムが変化したわけではなかった。この時点で，我々は選択を迫られた。FMSとSFMAを捨てるのか，コレクティブエクササイズに対する古い見方を捨てるのか，という選択である。

我々はFMSとSFMAを継続し，古いプロトコルを捨て，異なるエクササイズストラテジーを用いて進歩を確認するためにスクリーンとアセスメントを使い始めた。これが，我々の仕事で最初に行ったパターン特異的な安定性アプローチである。自分たちの方法に疑問をもってから，すべてが変わった。自然と運動が起こる方法で可動性と安定性に同時に取り組む全体的パターンアプローチをできるだけ利用したのである。

しかし，我々はウィーケストリンクの能力を強化するために特別な安全措置と固有感覚の介入を用いた。可動性と安定性の問題を見つけるだけでは充分ではない。可能であればいつでも，動作パターンを分類することが必要である。それは，機能不全が最も著しいもので，最も明らかな非対称性や最も制限されたパターンである必要がある。複数の機能不全や非対称性が認められれば，初めに最も原始的または基礎的なパターンに対応しなければならない。ウィーケストリンクを見つけたら，可動性，静的安定性，動的安定性，そして機能的パターンの再教育に働きかけることでその状況に対処する。

初心者は，FMSにおけるハードルステップやSFMAのシングルレッグスタンスの観察において，実際にはパターンそのものが問題であっても，動いている下肢の可動性の問題，静止している下肢の安定性の問題に関係しているとみなそうとする。

ハードルステップやシングルレッグスタンスが困難であったり，制限が認められたりした場合，ハードルステップやシングルレッグスタンスのパターンが制限されている，あるいは機能不全があるということ以外に言及することは不適切である。身体の一面だけを取り上げることは，機能不全のパターンにおける他の要素に対するトレーニングを無視することにつながる。

繰り返しになるが，修正ストラテジーはパターン全体に焦点を当てるべきである。ハードルステップやシングルレッグスタンスに問題があったとしても，依然としてその他に6つの考慮すべきパターンが存在する。FMSやSFMAの指導者ワークショップで，初心者がハードルステップやシングルレッグスタンスの詳細を注意深く調べるのに10分も費やしていることがある。これは必要なことではない。基準に基づいて観察したら，そこまでにして次に進むべきである。

ハードルステップとシングルレッグスタンスにおける代償動作

ハードルステップとシングルレッグスタンスのパターンは，ステッピング，ランニング，クライミングに必要不可欠な可動性と安定性を示している。難度の高いクライミング，技術的に正しいランニング，短距離走などでみられる脚を高く持ち上げるストライド肢位はハードルステップで示され，機能的なステッピングや体重移動はシングルレッグスタンスで検討される。

わずかな代償，バランスの欠如や可動性の制限は，おそらく日常の機能において代償が必要であることの現れである。ステップ動作の幅や歩幅を広くし，脚を高く持ち上げるためには，身体の他の部位による不適切な動きが必要とされる。

ハードルステップとシングルレッグスタンスのパターンからは，動的な動きについての洞察が得られるが，また，両脚支持から片脚支持へ移行する際に身長が低くなる場合には，姿勢についての暗示もみることができる。両脚から片脚へ移行する際のわずかな身長の減少は，姿勢の質が低下していることと関連している。Jandaは，両脚支持では誤ったあるいは最適でない方法で姿勢を安定・維持するので，

シングルレッグスタンスのほうがより効果的に姿勢を観察することができると述べている。シングルレッグスタンスが不安定な場合は，両脚支持から片脚支持に移行する瞬間にアライメントが不良になり，代償が生じることが多い。

両脚から片脚に変わる間に生じる反射的な安定性が低下している場合は，腹横筋やコアスタビライザーが適切に発火していないということがわかっている。腹横筋は腹部を取り囲む主要なコルセットであり，最適に働くと，安定化が必要とされるどんな状況でも主動筋より先に発火することが知られている。

先行研究では，上肢を挙上する際には三角筋よりも先に，また下肢の股関節屈曲運動よりも前に，腹横筋が発火することが示されている。この筋活動は，腰痛や長期にわたる鼠径部痛（グローインペイン）症候群などの患者で遅延している[51〜55]。身長が減少するのは，不適切な可動性または安定性が原因で腹横筋が一時的に過活動になるか抑制されて，代償的な姿勢をとっていることを暗示している。

コアスタビライザーは，姿勢の切り替えや身体のバランスを保つ助けをするために反射的に働く。意識的な思考は，反射的な安定化の一部ではない。両脚支持から片脚支持へ移行する場合，多くは考えることなく実行される。これは良いことであり，この例では反射的な安定化の効率性と能力を素早くみることができる。

身長の減少，側方への傾斜，わずかな回旋または動揺は，理想的な安定性や最適なモーターコントロールが欠如していることを示している。このことは，シングルレッグスタンスにおいて誤った姿勢や機能があることを示しているが，必ずしも支持脚のことではなく，パターンにおけるモーターコントロールの問題の一部を指している。

可動性の制限があると安定性が低下するので安定性に問題があるようにみえ，安定性の低下があると可動性が制限されるので可動性に問題があるようにみえる。

観察したら，そこで切り上げること。ハードルステップやシングルレッグスタンスにスコアをつけ，次に進むべきである。シングルレッグスタンスが完璧ではなく，他の6つのテストに問題がなければ，片脚でのモーターコントロールと両脚支持から片脚支持に体重移動する際の安定性の問題である可能性が高い。他の6つのテストに問題がないことで可動性が充分にあることが証明され，残された動作パターンに安定性の問題があるという単純な結論になることは当然なことと思われる。この状況は稀だが，他の部位にも全く同じことが起こる可能性もある。他の動作パターンにおいて一貫して股関節屈曲や伸展に制限がみられる場合は，可動性の問題を示唆していることが多い。

ハードルステップとシングルレッグスタンスに対する修正ストラテジーでは，まず可動性に対処するのでこの議論の大半は必要なく，適切な可動性があることを確認した後でのみ静的・動的安定性へと進めていくことができる。その修正ストラテジーは，主要な問題と2番目の問題の両方を対象にしている。ハードルステップとシングルレッグスタンスの修正ストラテジーは，可動性，安定性，モーターコントロールなど，改善すべき問題のすべてに対処するものとなるだろう。

このストラテジーは，ハードルステップかシングルレッグスタンスのパターンに問題がある場合に，これらを修正する場合にだけ機能する。より基礎的なパターンのスコアが低いか同じであれば，最初にハードルステップやシングルレッグスタンスに働きかけるのは不適切である。

ハードルステップとシングルレッグスタンスでは，両脚支持から片脚支持になる時に，反射的な安定性と非効率的な代償のどちらを用いているかを即座に見極めることができる。ハードルをまたいだり，脛骨の高さ近くまで下肢を挙げて保持したりする手順により，シングルレッグスタンスにおいて反射的な安定性が欠如していることを示す代償動作を観察するのに充分な時間が保証される。

■ ランナーとシングルレッグスタンス

我々は，スポーツ理学療法やスポーツ医学の臨床において，スポーツによって引き起こされる様々な問題や傷害をもった多くのランナーやトライアスロン選手に対応している。かなり傑出したランナーの

多くが，シングルレッグスタンスで片側あるいは両側とも反射的な安定性がほとんどみられない，または欠如していることにはいつも驚かされる。

このことによって，ランニングやトライアスロンにおける選手の功績が傷つくことはない。しかしそのことは，エネルギーの浪費があることを示唆しており，エネルギーの浪費は結果として効率の低下につながる。ランニングにおいて効率は最も重要だが，効率を強化するのにシングルレッグスタンスのような基礎的動作を改善せずに，ダイエット，心肺機能のパフォーマンス，ランニングのテクニックなどを指導していることが多い。

ランナーの中には，自分のメカニクスは悪くないと思っている人もいるが，おそらく基本的な可動性と安定性を考慮せずに，ランニングに特異的なメカニクスだけに着目していると思われる。彼らは，ランニングを充分に行うことで，可動性と安定性の問題から自分を守れると思い込んでいる。一方，可動性と安定性の重要性を理解している人は，補助的な練習や分離されたエクササイズに取り付かれるようになる。これらの両極端な例は，どちらも根拠に基づくものではない。

中立的な考え方として，ランニングを含めて，限度を超えれば得るものは何もなくなるということがある。ランニングの世界ではこの言葉は冒涜ともいえるが，真実なのである。中立的な考えでは，エネルギーシステムの能力を高めるための適切なランニングの量は，筋骨格系に過剰なストレスをかけることはないとされている。

ランニングには，レースの戦略やウエイトトレーニング，柔軟性のトレーニングを取り入れた新しいテクニックなどを充分に行うバランスのとれたアプローチが必要である。ランナーは走ることが必要であるだけでなく，基礎的な筋力やバランスのとれた許容できる範囲のFMSのスコアなども維持すべきである。基礎的な筋力やFMSのスコアが低下し始めたとき，ランニングだけに集中してしまうと，ランニングを支える基本的なシステムが無視されることになる。

活動特異的なパフォーマンスの指標に加え，基礎的な筋力と機能的動作パターンのような指標を観察することは，トレーニングの基盤を維持する最も優れた方法である。これは実際にランニングやトレーニングの量を決定するのに完璧な方法となる。

FMSの質を低下させることのない強度を模索し，筋力トレーニングの挙上重量を決定する場合にもFMSを利用する。ウエイトトレーニングを行う人のほとんどは，自分の好きな方法で強化することを望んでいるが，これによって機能効率の低下や傷害リスクの増大といった代償を払う。FMSは適切なトレーニング，過度なトレーニング，誤ったトレーニングの微妙な境界線を理解するためのシンプルな方法である。

誤った基盤のままで過度なランニングを行うことは，ハードルステップの基礎レベルにおいて観察する反射的な安定性の低下を引き起こす可能性がある。過度な，または不適切なウエイトトレーニングなどの様々な原因による不適切な筋のタイトネスによって，ある筋群が過剰に活動することもある。四肢の筋のスティフネスは，非効率的なコアの反応により起こる。繰り返される活動が筋のスティフネスを強化するのは，それが代償的だからであり，ストレッチングはコンディショニングによって強化された問題を修正しないだろう。ハードルステップがうまく行えない，あるいは非対称性がみられることは，反射的な安定性と筋のスティフネスの問題を示唆している。

不適切な主動筋の活動とスタビライザーの不良な反射的活動は，全体の効率を低下させる。ランニングではスピードと持久力が最も優先され，効率が絶対的に重要であるので，ステップとストライドのパターンにおける可動性と安定性を示すベースラインのゴールドスタンダードとしてハードルステップを用いることは当然のことである。

適切なハードルステップパターンができない状態でランニングを行うことは，代償を強化し，最適ではないストライドを強化するだけで，効率性を奪う。ランナーは，持久力が低下するので，これらのパターンへの対応を行うためにランニングを休止することはできないと主張するが，実際には最適でないパターンで多くのトレーニングや練習を続けることで，効率が低下するのである。ウィーケストリンク

を対象とした可動性・安定性を改善するためのコレクティブエクササイズを2週間行うことによる効率性の向上は，代謝効率のわずかな低下をはるかに上回るだろう。

クライアントや患者が反対した場合の対応は難しく，リハビリテーション，トレーニング，コーチングにおいてコンプライアンスを得ることも難しい。依然として，レクリエーションレベルのランナーは，一時的だとしてもランニングを休止することを理解できないようだが，休むことで実際にスピードを改善することができる。

ランニングとの類似性がハードルステップの項目で最も重要である。このことは，すべての活動において全体の基盤を維持することがいかに重要であるかを示している。初めに動作の基盤を築き，次にそれを支えるエネルギー系を発達させた後でなければ，完成された基盤の上に特異的なスキルを築くことはできない。

インラインランジ

FMSの7種類のテストのなかで，インラインランジは3番目に行う。臨床では大きな負担となりうるため，SFMAではランジは行わない。SFMAでは痛みや機能不全を示すほどの要求の高い動作パターンは求められていない。ランジパターンは重要であり，活動に復帰する前のスクリーニングには最良だが，症状を誘発するのには適していない。

ランジは，次の2点においてハードルステップとシングルレッグスタンスに類似している。①狭い支持基底面での活動であり，②非対称性の活動である。ランジパターンでは，上半身と下半身で最大限の相対する動きを行うことで非対称性の要求が大きくなるが，ハードルステップでは下半身の分節でだけ非対称性パターンを行う。

腹這い，歩行，走行のような活動における上下肢の非対称的な運動をイメージしてみよう。あらゆるものが正しく働いている時は，上下肢が完全に釣り合って機能する。各分節が動くことで，動的安定性のポイントを生み出す。すべての動的安定性と平衡機能はコアに集中し，エネルギーを保存して移動を補完するために転嫁させられる。

これは，すべてが正しく働いていれば話である。インラインランジにおける上半身と下半身の異なる動作パターンは，可動性，安定性，モーターコントロール，動的バランスなどの制限を顕在化させることに役立つ。ここでは，個人の非対称的な運動を垣間見ることになる。

インラインランジでは，狭い支持基底面上のスプリット肢位やまたぎ肢位における股関節と下肢を検査する。支持基底面が狭いことが難しさの一因となり，ランジに割り当てた潜在的なスコアがより適切な分布になる。

ワークショップの参加者は，ランジは難しすぎると不満をいい，変更するように求めてくることが多い。これは，全員に満点をとらせようとする優しさからだが，実際には基準を下げようとしている。我々は，難しい基準を下げることで，助けることはしない。FMSでは，非対称性がない場合の2点は悪くない。FMSの目的は，できるだけ多くの人が1点以上をとることや非対称性をなくすことであり，すべての人がランジで3点満点を示すことではない。

アスリートがFMSのインラインランジにおいて明らかな非対称性や制限を示す場合，インラインランジパターンにおける可動性や安定性を最初に改善せずに，スピード，アジリティ，クイックネス，パワーなどのパラメーターに取り組むのは不適切である。爆発的な動きが求められるアスリートをトレーニングする場合や，減速や方向転換時の安全性と効率を重視する場合には，左右のランジにおいて3点のスコアを獲得することを目標にしている。

■ パターン特異的なコアスタビリティ

スクワットパターンは不良でも，ランジパターンは非常にうまくできる人がいることから，インラインランジを行う際に混乱することがある。反対に，スクワットパターンは機能的であるが，ランジパターンの片側または両側が不良な人もいる。

このことは，可動性の問題が機能不全の原因であると仮定した場合にのみ混乱を生じる。スクワットの質を低下させる多くの制限は，ランジにおける前脚にも影響を及ぼす。しかし，ランジパターンは適

切だが，スクワットパターンは不適切だということはありうるし，逆の場合もありうる。これは，パターン特異的なモーターコントロールとコアの安定性に関係があり，これが第2の混乱を生み出す。

コアの安定性を有しているクライアントが，なぜ1つのテストに合格しもう1つを失敗するのか，不思議に思うかもしれない。最も適切な答えは，安定性が解剖学よりも動作パターンと密接に関連しているということである。股関節が非対称な位置にあればコアの筋群は完全に機能するが，対称的な位置では機能しないということがある。

逆もまた真である。エクササイズやリハビリテーションでは，このことをあまり考えないか完全に見逃してしまうことが多い。1つのパターンで筋のコントロールによる安定性が得られれば，他のすべてのパターンにおいても同様に安定性が得られるという仮説は，矛盾しているか信頼性のないものである。

動的安定性と制御された可動性は，パターン特異的なものである。その能力はそれぞれのパターン内で自然と身につき，特異的な制限がなければ変化しないようである。

そのため我々は，コアの安定性を，疑う余地のない多次元の神経筋機能を完全に示すものとしてではなく，あるパターンにおける特異的な作用とみなしている。1つの動作パターンで6ヵ月のコアトレーニングプログラムを組むこともできるが，それは制限のある別の動作パターンには効果がない可能性がある。何らかの原因で制限があるか充分に発達していない動作パターンは，そのパターンの可動性と安定性のトレーニングを行わないかぎり発達しないだろう。

ここでの要点は，**コアの安定性はパターン特異的である**ということである。協調した動きの中で適切に筋を発火させる能力は，ほとんどが各パターンに個別的なものとなっている。各パターンが確立されれば，1つのパターンに働きかけることが他のパターンを補完することになる。1つのパターンに働きかけることは，他のパターンのコンディショニングやトレーニングとしては有益となるが，パターンとしてトレーニングしない限り，完全なパターンにはならない。

幼児はエクササイズを行わない。彼らはパターンを模索し基礎的な能力を確立する。成人には習慣的に行う動作や行いやすい動きがあり，また行わなかったり回避したりする動作もあるので，失ってしまうパターンがある。成人はまた，自然と代償動作を引き起こしてしまう治癒していない傷害や慢性的な問題を抱えていることもある。ストレスは自然で滑らかな動きを阻害する神経筋の緊張を生み出す。平均的な成人が1つ以上の制限された基本的パターンを有したままエクササイズを開始すると，そのエクササイズプログラムは潜在的な問題のある基盤に対してほとんど対応できない。潜在的な傷害をないがしろにすると，増加した筋活動によって代償動作を悪化させてしまう。

基本的なパターンを確立してからエクササイズを行い，そのうえで身体活動を最上位に据えるべきである。

スクワットの項で議論したことと同じであるが，片側のランジパターンでの失敗を，1つの構造に原因があると考えるのは適切ではない。1つの誤ったパターンの中に複数の問題が存在し，基本的な柔軟性と可動性が求められるパターンにおいて，これらの問題を同時にかつ最適にトレーニングすることができると考えるほうがより適切である。可能な限りパターンに焦点を合わせることで，真に統合されたアプローチとなる。

動作パターンとしてのランジ

FMSのインラインランジは，そもそもランジではない。実際にはスプリットスクワットであり，それは，開始肢位に戻るステップを格付けしないからである。ステップはテストを始める前から位置が決まっており，テストを行うために前後に脚を開いた姿勢から身体を下げて上げるだけである。インラインランジは，支持基底面がきわめて狭いために非常に難しい動作である。四肢の対側動作（reciprocal action）を再現するために上肢と下肢が互い違いになる肢位であることも動作を難しくしている。このテストによって可動性の問題が浮き彫りになるだろう。

安定性が低下していると，広背筋，大腿四頭筋，

股関節屈筋群，腸脛靭帯に付着している筋群が，動作筋とスタビライザーの両方の機能を果たすために過剰に活動することがよくみられる。この場合は完全なパターンに及ばず，スコアは良くても2点に留まり，代償が明らかとなり，適切な身体の角度を保持できなくなるだろう。

ここで示した制限は，ランジパターンにおいても力学的な問題となる根拠を表わしており，ランジパターンは低い位置で質量中心をコントロールする減速動作と方向転換に不可欠なものである。

ランジについて，減速と方向転換に関する活動に関連してのみ議論してきたが，ランジはスローイング動作，打撃動作，スイング動作を伴う状況でも重要となる。

効率的なスローイング，打撃，スイングは，後足から前足への適切なタイミングでの体重移動によって生じることがほとんどである。このように直線的にパワーが移動し，下半身で産出されたエネルギーが上半身に伝わって回旋力に変化することで，スローイングやパンチ動作が行われる。このことは，片手あるいは両手でスティックやラケットを持ち，股関節や足を交互に動かしてスイング動作を行うスポーツにも生じている。他のスイング動作，例えばゴルフのスイング動作は股関節と足がより静的な肢位で行われ，これはスクワットのスタンスに類似している。野球のバッティング動作では，時折スクワットやランジに似た肢位でのスイング動作がみられる。

スクワットとランジは，パワーがボトムアップ（下から上）やトップダウン（上から下）で生み出される動きについての洞察を与えてくれる。トップダウンの動きの例としては，下半身の動きに先行して上半身がカウンターバランスをとり，勢いをつけることから開始されるランニングやジャンプなどがある。打撃，スローイング，スイング動作のようなボトムアップによる活動は，動きを生み出し，安定性を高め，上半身の動きにパワーを加えるために下半身の動きから開始される。

ランジやスクワットのような動作パターンを，下半身における基礎，機能，メカニクスに関する示唆を与えるだけのものだと思い込んではいけない。これらはコアスタビリティや下半身によるパワーの産生に依存した上半身の運動にも多大な影響を及ぼしているのである。

ランジにおけるコアスタビリティ

インラインランジは，肩甲帯，股関節複合体，コアなどのスタビライザーが働くよりも先に，上半身や下半身の主動筋が実際どのように関与しているかを示すのに優れたテストである。この自重によるランジは，筋力よりもコントロールをより必要とする。可動性と安定性が充分でないとき，主動筋は安定性を補助するために活動するが，結果としては全く安定させることができない。ランジは，充分な可動性と安定性が欠如している人にとっては不安定でぎこちなく，行うことが難しい負荷が大きいものになる。

我々は，このテストを効率性の程度を示すために使用する。ランジはより強い力で行うほど難しくなるだろう。可動性と安定性が充分なときにだけランジは簡単なものとなり，最初にスタビライザーが活動しなければ最適なランジにはなりえない。インラインランジができないということは，スタビライザーがその役割を果たす前に主動筋が収縮した結果である。

一度自然な活動が抑制されてしまったら，何らかの形で促通する必要がある。スタビライザーの活動が必要とされるパターンを繰り返し行うことによって，従来の役割を回復しなければならない。可動性と安定性の個別のテストは必要なく，無理に行えば代償をつくり出すだけだろう。動作パターンが改善しなければ，可動性と安定性の相互作用により協調的な機能を維持することはできない。

スタビライザーが適切に機能するには，主動筋の力を上回る必要はなく，最初に発火し，それを持続する必要があるだけである。これは，真の安定化に関与する複雑なタイミングが自動的にリセットされることを前提とし，スタビライザーを強化しようとするトレーニングとは正反対のものである。人間の動きは驚くほど回復力に富んでおり，リハビリテーションやエクササイズに関係なくしばしば動きはリセットされる。

スタビライザーは関節を中心に保ち，関節の動き

を誘導し，運動と協調してアライメントを保持する役割がある．スタビライザーの基本的な役割は，瞬時に関節周囲をコントロールすることであり，関節は運動中のいかなる角度においても適切な軸を見つけることができる．

主動筋の多くは安定性に依存する解剖学的部位に付着しているので，充分な力を発揮してこの効果的な作用を生み出す．安定性が不充分なとき，この利点を維持できなくなるか最適な関節軸を保てなくなる．この例では，主動筋の筋力は全く低下していなくても，主動筋が弱化しているようにみえる．しかし実際には，スタビライザーが自然に行うべき協調的な役割を果たしていないだけなのである．筋力低下に対する典型的な対応は筋力強化だが，この場合に伝統的な筋力強化エクササイズを行っても，この問題を強化するだけである．

スタビライザーのタイミングを変化させることがより重要である．コントロールやアライメントに作用することが難しい主動筋よりも，スタビライザーが強くなることは絶対にないため，スタビライザーの筋力を強化することはほとんど役に立たない．スタビライザーには主動筋よりも高い持久力，良好なタイミング，素早い作用が必要となる．こうして，スタビライザーは瞬時に関節を安定させ，動作パターンを行う大筋群のための土台を生み出す．

ランジパターンの改善に取り組むことで得られた可動性と安定性によって，身体への意識が高まり，非対称的な肢位におけるパワー，スピード，アジリティを向上させる運動学習が促進される．ほとんどの方向転換，スローイング，打撃，スイング，減速動作などでは，インラインランジテストで検査するような極端な能力は使わない．この緩衝ゾーンをもつことが，より高いレベルのトレーニングを行える充分な可動性と安定性を有しているという最大の保証となる．

ショルダーモビリティリーチング

FMSにおけるショルダーモビリティリーチングでは，片側上肢の伸展・内旋と他方の屈曲・外旋を交互に行う．これはランジテストの上半身の肢位に類似しているが，両肩関節と胸椎の可動性がより多く求められる．反対方向への運動には他の分節の可動性と安定性がさらに必要となるため，対側パターン（reciprocal pattern）は難しいものになっている．

対側パターンは，FMSの他のテストにもみられる．ハードルステップ，インラインランジ，アクティブ・ストレートレッグレイズなどである．SFMAで肩関節の可動性を検査する場合には，左右の肩関節における痛みや機能不全の原因を特定するために，左右を別々に評価する．

リーチングパターンでは胸椎，肩甲帯，肩および肘関節を最大に曲げ伸ばすことが求められる．この動きには，関節の可動性，筋の柔軟性，筋膜，血管および神経の伸張性も必要となる．同じような上半身の肢位がFMSのインラインランジで用いられているが，最終可動域まで行うことはなく，また可動性をチェックするためにはあまり使用されず，ランジ動作では見つけにくい上半身の代償や不良姿勢を取り除くために使用されている．

FMSとSFMAでは全体的な制限と非対称性を発見・立証するために上半身の動作パターンを使用する．FMSのショルダーモビリティリーチングは，左右を別々に行うSFMAよりも難度は高いが，それぞれの検査は必要な情報を得るために適切なものである．

この両側のショルダーモビリティリーチングでは，動作パターンが最大限の状態になるように行う．肩甲上腕関節の可動性テストにようにみえるが，それは表面的なものに過ぎない．このテストの意味合いは，肩関節における柔軟性の基本的な評価を大きく超えたものである．

自動的なパターンとして，上肢のリーチングパターンに先行して胸椎の可動性と肩甲骨の安定性の両方が生じる．この自動的パターンがみられない場合，動作パターンが衰えている代表的な例となる．この動きを見抜くのは難しいが，完全な機能的動作パターンにとっては極めて重要である．

FMSで手を上下から背中に伸ばす動きを行う際に身体が前かがみになり，SFMAでも程度は軽いが同様の姿勢になる人が多い．これは皮肉なもので，なぜならば直立姿勢と軽度の胸椎伸展は両方のリーチ

ングパターンにとって最適な肢位だからである。直立姿勢と胸椎伸展の両者とも反射的なもので，パターンで意識できる部分ではないが，完全なパターンを行うのに必須なものである。

■ ショルダーモビリティにおける補完的な動き

　可動性の低下と不良姿勢は胸椎伸展を制限し，パターンの質を低下させることがある。インナーコアの機能低下によって，肩関節の最適な運動と効率的な呼吸に不可欠である自然な直立姿勢をとれなくなる。

　肩甲帯のモーターコントロールも重要である。脊柱を伸ばせずに胸椎の可動性が低下していると，身体が自動的に代償しようとして肩甲帯のモーターコントロールが低下することがよくみられる。肩甲帯における肩甲骨の安定性は，静的なものではなく，肩甲上腕リズムとして機能する。これは肩甲骨と上腕の両方が動くことを意味するが，肩甲骨は肩甲上腕関節を動かす筋群に安定性を与えるためにゆっくりと動く。

　正常に機能している肩関節では，肩甲骨は上肢の挙上を補完するために自動的に後退し回旋する。過度な肩甲骨の運動は肩甲骨の代償と呼ばれ，肩のリハビリテーションにおいてよくみられる問題である。肩甲骨の運動制限も機能不全の原因となる。多くの筋の問題と同様に，肩甲骨をコントロールしている筋群が問題ではなく，問題を表わしているにすぎない。通常，この問題には制限と不良なモーターコントロールが交互に組み合わさり，それぞれが強化し合っていることが多い

　肩甲骨の安定性低下や肩甲骨による代償の明らかな原因は，胸椎と肩甲上腕関節における可動性の制限である。肩甲骨のスタビライザーは目的とする上肢の運動に対する動的安定化という主要な役割を果たせなくなり，肩は生体力学的に不利な状況に陥る。肩はこの問題の最も明らかな例であるが，身体の様々な部分がこの現象の犠牲となる。

　一時的に，または即時的に量を得るために運動の質を犠牲にするのは，人間の本能の一部である。脳はすべての課題を最も重要なものであるとみなし，課題を完了させるために各部位における要因を認識するが，この課題が保護，効率，コントロールなどをある程度犠牲にする場合でもそのようにしてしまうだろう。

　胸椎の可動性と肩甲骨の安定性は，ショルダーモビリティテストにおいて非対称性と明らかな制限を示す人の根本的な問題となっていることが多い。このことに対応するために初めに用いる修正ストラテジーのほとんどは，肩甲上腕関節の可動性よりも胸椎の可動性と肩甲骨の安定性を目標としている。これは胸椎の可動性と肩甲骨の安定性がより重要だからではなく，それらが正常な肩甲上腕関節の運動のための基盤となるからである。

　肩を動かすすべての筋は，遠位の運動を生み出すための近位のてこなる点をつくるために，肩甲骨の安定性に依存している。肩甲骨のスタビライザーは胸椎の可動性に依存し，上位胸椎の伸展と回旋は過度な肩甲骨の前方突出や挙上の必要性を減少させる。

　このことは，肩甲骨の可動性には問題がないという意味ではなく，実際に問題は存在している。胸椎と肩甲上腕関節の可動制限は，座位が多い人や運動不足の人によくみられる傾向であるというだけである。

　SFMAは正常な関節可動域のパラメーターとして解剖学的な指標を提供する。FMSのショルダーモビリティリーチングは，親指を中に入れた握り拳の間の最も接近した点の距離を段階づけるものであるが，テスト中は特に左右を比較して一方に生じる可能性のある不必要な代償に注意すべきである。場合によっては，体幹の屈曲，頭部を前方へ突き出すこと，頸椎の屈曲などがみられることがある。また，両手を近づけようとして頭部を前方に突出し，肩を丸め，胸椎を屈曲した姿勢をとることもある。

■ 自然なパターンの指導と再トレーニング

　後方へのリーチ動作の自然なパターンは，脊柱がまっすぐで頸椎は中間位，胸郭におけるすべての分節の動きを伴った軽度の胸椎伸展などの状態を維持し，瞬時に肩甲骨を安定させることである。同時に，

それぞれが肩甲上腕筋群に影響を及ぼし，肩関節を最適な位置へ動かす部分的な貢献をする。最適なアライメントによって，重要なスタビライザーがより固定性を発揮できるようになる。

クライアントや患者と，観察された問題点について議論してはいけない。また，「まっすぐ立って」「腕を動かす前に肩を後ろに引いて」「下をみないで」「顎を上げて引いたままにして」などのように，修正を促す口頭指示によりテストの得点を改善させようとしてはいけない。

スクリーンやアセスメントに仕事をさせよう。このテストは，基本的な運動課題に対して対象者が自動的な反応を示すようにデザインされており，いずれのテストにおいても可動域の最大限まで示すことになる。対象者は自動的に特定の経路やパターンを選択し，検者に質を採点する機会を与えるだろう。スコアを良くするための指導は問題の助けとならないどころか，根本的な問題を修正する機会を失わせる。口頭指示や指導によってテストの結果はわずかに改善するかもしれないが，実生活での自動的な反応は変化しないだろう。

基本的な動作における真の変化は，自動的で適切な姿勢から生じなければならず，その後に自動的で適切な動作パターンが続くのである。このことは，分離された部分的アプローチではパターンの変化に対する機能的な影響が制限されてしまう理由となる。自動的な姿勢や動作パターンの反応を得るために，適切な可動性を伴う発達学的運動パターンを再獲得し，それに習熟する必要がある。

SFMAでは肩関節の可動性を単独で調べており，また胸椎や頸椎についても考慮している。SFMAは立位での回旋テストを頸椎と股関節の回旋運動パターンをみるために用いている。充分な可動性やアライメントが認められなければ，回旋の全構成要素を調べるためにブレイクアウトを行う。

胸椎の回旋は，一側の伸展と他方の屈曲の組み合わせである。胸椎の可動性に明らかな問題があれば，SFMAのブレイクアウトが検査の補助となるだろう。座位が中心の生活は胸椎の可動性を制限するが，この状態は多くの対象者にみられる。

同様に，SFMAでは頸椎も検討している。頸椎の動作パターンを行い，制限が認められたら，頸椎と肩関節における機能不全の関連性をみるために，別の肢位で頸椎を肩甲帯とともに調べるようにする。

アクティブ・ストレートレッグレイズ

アクティブ・ストレートレッグレイズは，ハムストリングスの長さを調べるためだけのものではなく，FMSの中で最も誤解されているテストの1つである。これを理解した人でさえもハムストリングスの硬さに注目し，両下肢とコアのコントロールの水準を含めたパターンを格付けすることを忘れてしまう。我々はアクティブ・ストレートレッグレイズの制限は，パターンの問題としてだけ考える。

以下に示した3つの要素が同等に，このパターンの正常な機能に必要となる。

- 下にある下肢が適切に伸展していること
- 挙上した下肢の充分な可動性と柔軟性
- 挙上前と挙上中の骨盤の適切な安定性

SFMAでもアクティブ・ストレートレッグレイズを使用するが，これは機能不全のある前屈またはトウタッチムーブメントパターンを系統的に分類するために用いる。トウタッチ，シットアンドリーチ，アクティブ・ストレートレッグレイズは，それぞれ独立しているが，相互に関連した動作パターンでもある。このことは，1つのテストで機能不全が認められても，他のテストでは同じ程度の機能不全がない，あるいは全く機能不全がない場合もあることを意味している。負荷の量，対称性と非対称性，動作がトップダウンあるいはボトムアップで開始されているのかなどの違いがある。同じ身体でも姿勢や肢位が変化すれば曲がる方向や伸ばされる方向が変化する。

股関節とアクティブレッグレイズ

多くの単一要素や問題の組み合わせによって，このパターンに制限が生じる。初めに，非挙上側の股関節伸展に制限がある場合を考えてみる。非挙上側の股関節伸展が制限されると，下肢を床につけておくためには骨盤を前方に回旋する必要がある。これ

は腰椎を前彎位にし，誤ったアライメントを生じさせる。

この例では，挙上側の下肢を高く持ち上げる際に，骨盤が前傾位にあることからハムストリングスがあらかじめ伸張されているので，この筋の緊張が高くなる。ハムストリングスに硬さがあったとしても，これはハムストリングスの問題ではない可能性がある。

股関節はコアを観察するための窓である。通常，脊椎の不安定性が認められる方向と同じ方向に股関節筋力の低下がみられる。股関節屈曲の筋力が低下している場合，前方つまり屈曲の安定性低下に関連した脊椎の問題が観察される。股関節伸展の筋力が低下している場合には，後方つまり伸展の安定性低下に関連した問題が認められるだろう。股関節内外旋の問題は体幹の回旋における安定性と関連しており，股関節内外転の問題は体幹の側屈（側方屈曲）に関連している。

腰背部の機能不全は，股関節の非対称性に関係している。筋力テスト，可動域検査，動作パターンテストによっても非対称性を特定することができるが，アクティブ・ストレートレッグレイズもこのようなテストの1つである。非対称性は，代償や不良な腰背部のメカニクスを引き起こし，痛みの原因となる可能性もあるが，コアや脊椎の機能不全の結果である可能性もある。解釈にかかわらず，その関連性を無視することはできない。

非対称性に対処することを目的としたモビライゼーション，筋力トレーニング，コレクティブエクササイズを用いることで，すでに認められていた腰背部の機能不全が改善する。屈曲が制限されていたのであれば，脊椎の屈曲を直接治療しなくても改善するだろう。回旋や伸展が制限されている場合には，同じよう結果は得られない。対称的な状態にすることですべての脊椎の問題を解決あるいは修正することはできないが，まちがいなく機能の再獲得と痛みの軽減に大きな影響を及ぼす。

レッグレイズテストは坐骨神経痛の診断に用いられることが多いが，実際には対称性をみることと機能のスクリーンとしての役割があるだけである。アクティブ・ストレートレッグレイズに制限や非対称があれば，可動性や安定性の改善を促進する修正ストラテジーを用いて対応すべきである。

■ 修正の進展

アクティブ・ストレートレッグレイズは，修正の進展について新しい観点を示すのに最も適した例の1つである。FMSの他のテストでも新しい観点を示すことはできるが，このテストが最もよくみられる例を提示してくれる。

クライアントの初期評価のスコアが片側で2点，反対側で3点であった場合に，コレクティブエクササイズを2週間行った後の再評価で両側ともスコアが2点だったとする。両側とも3点になることを期待すると思われるが，ゴールは何よりもまず対称性なのである。

初期評価での3点は，代償の見落とし，あるいは代償を検出できなかったために誤って3点を記録したと考えられ，このことにより非対称性が示された。片側に頼ったり，過剰に動かしたり，また骨盤や脊椎によって非対称性をかばうことは，すべて誤って3点をつける要因となる。この3点は，コレクティブエクササイズによる効果をみるテストでは有効でない。なぜならば，効果的なコレクティブエクササイズを行うことで，スコアが3点から2点に低下するからである。

骨盤は，片側の股関節や下肢の可動性が大きくなるように向きを変えることがよくある。これは，ショルダーモビリティリーチングにおける胸椎でも観察されることである。この3点のスコアは，適切な可動性と安定性によってではなく，むしろ姿勢によるバイアスや片側への適応によってもたらされる。習慣的な動作パターン，片側を優位に動かすスポーツ，代償などはすべてこのような作用を生み出す可能性がある。

実用的で簡便なアクティブ・ストレートレッグレイズを批判する人は，ハードル競技やラスベガスショーのダンスのような活動以外には必要ないのではないかと疑問を呈している。ここでのポイントは，アクティブ・ストレートレッグレイズは，運動の自由度を示すということである。

■ 安定性の前に可動性

　最も原始的で基礎的なパターンは，ショルダーモビリティパターンとアクティブ・ストレートレッグレイズパターンである．発達過程において可動性は安定性の前に出現するので，これらは原始的なパターンとなる．この2つのパターンは，多少の安定性を必要とするとしても，機能的な可動性と左右の対称性を表わすものである．

　FMSの優先順位には，安定性の前に可動性という原則がある．多くの人は，FMSのテストが一部の人にとって難しすぎると感じるが，このように考える人はスクリーンの意味合いを見直す必要がある．FMSにおけるすべてのスコアが1点であれば，その人はアクティブ・ストレートレッグレイズとショルダーモビリティリーチングだけに取り組み，改善が認められるまでこのレベルのコレクティブエクササイズを続ける必要がある．このことは，安定性を改善するコレクティブエクササイズを行う前に可動性を改善することになる．

　FMSと体力テストのスコアが低い高齢者がショルダーモビリティリーチングとアクティブ・ストレートレッグレイズに対する修正ストラテジーを開始する場合，前者に対しては胸椎の可動性と肩甲骨の安定性エクササイズ，後者に対しては股関節の可動性とコアの安定性エクササイズを，シンプルでコントロールされた状況で行うことを提案する．その人は適切な体力および機能レベルでエクササイズを行うことができるだろう．

　Yamamotoら[56]の研究によると，40歳以上の人におけるシットアンドリーチテストの能力は，動脈の柔軟性を評価できることが明らかとなっている．動脈硬化はしばしば心臓血管系の疾患を引き起こすものであり，研究結果から簡易的な運動テストによって心臓発作や脳卒中による早期の死のリスクを素早く評価できる可能性があることが示唆されている．この研究は「体幹の柔軟性低下は動脈硬化と関連がある」という題名で，問題を予測するために動作パターンを用いている．

　アクティブ・ストレートレッグレイズの目的は，動作の情報以上の何かを提供することではないけれども，別の情報がテーマとして持ち上がっている．使用方法を知っていれば，パターンから予測を立てられる．筋，関節，動作パターンなどが硬く機能不全に陥ると，他の身体構造における機能的な容量も同じように減少する．ここで取り上げていることは，単純なパターンによって予測が立てられるということである．これらは診断ではない．機能は障害されている可能性があり，より詳細な検査を行うことが賢明で予防的だという指標となる．

　可動性と安定性の問題は共存している．1つの領域に集中することは，意図的ではないが他の部分を無視してしまうことにつながる．リハビリテーションとファンクショナルエクササイズにおける主な誤りは，可動性が適切でないまま安定化させようとすることである．

　可能な場合にはいつでも，可動性を最大限に高めるようにすべきである．真の機能的安定性は，不適当な可動性のもとでは起こりえない．なぜならば，可動性に制限が生じるとすぐに反射的な安定化が抑制されて障害が起こり，機能的に役立たないものになってしまうからである．

　可動性を最大限に高めた後で，安定性は次の機能における目標となる．可動性が大きくなれば，より安定性が必要となる．充分な可動性を得るのに時間がかかり過ぎると考える人が多いため，安定化を最優先してしまい，安定化するためのエクササイズやプログラムを実行し，自動的な安定化に必要不可欠な可動性を無視してしまう．

　FMSのテストのすべてに制限が認められる場合は，ショルダーモビリティリーチングとアクティブ・ストレートレッグレイズに取り組むことから始めるようにする．これは安全で効果的な方法であり，これら2つのパターンが改善することで最適な機能を回復するための良い土台が築かれるだろう．

トランクスタビリティプッシュアップ

　次の2つのテストに移る前に，アクティブ・ストレートレッグレイズとショルダーモビリティリーチングにみられる問題に対応する必要がある．これらを管理すれば，トランクスタビリティプッシュアップとロータリースタビリティが次の優先事項となる．

トランクスタビリティプッシュアップのスコアが低い場合，FMSにおけるビッグスリーのテストの改善に取り組むことは不適切である。これは，3種類の主な足部の位置における機能的安定性が最適でないようにみえても，発達レベルにおける基礎的なコアの反射的安定性が顕著に低下していることを示している。

トランクスタビリティプッシュアップは，押す動きの筋力を測定しているのではなく，反射的なコアの安定性をみているのである。腹筋群は体幹を屈曲させず，不必要な体幹の伸展も行わないように働く。そうすることで，腹筋群は下半身から上半身へ，あるいは上半身から下半身へのエネルギーの伝達を補助する。

トランクスタビリティプッシュアップは，腰部を下げたり揺らしたり，あるいは捻ったりせず，また安定性の低下を示す骨盤の回旋などを生じさせずに，床面からプッシュアップのトップポジションまで身体を1つの塊として動かすことが求められる。股関節と肩関節が同一面上に位置しない場合には，機能不全がある。

プッシュアップにおいて代償や機能不全が認められたら，各問題に対してその発達レベルで対応しなければならない。これは筋力強化に取り組むことだけを意味しているのではない。他の原始的な姿勢における問題を探すことを指している。プッシュアップが思っていたほど素早く改善しないならば，アクティブ・ストレートレッグレイズ，ショルダーモビリティリーチング，あるいはロータリースタビリティに戻ってスコアが3点に達していないものに取り組むようにする。これら3つのテストは，プッシュアップのスコアを向上させる補助として，タイミングとアライメントが改善するように働く。

修正する場合の他の選択肢として，体重移動と反射的な安定性を生じさせる肘立て腹臥位，プッシュアップポジション，プランクポジションからのリーチ動作がある。肘立て腹臥位からプッシュアップの開始肢位まで動くことも，感覚の観点からすると発達上のルーツとなる。

もう1つの選択肢は，ヨガにおける下向きの犬のポーズ【訳注：四つ這い位から殿部を天井に向かって持ちあげるポーズ】をとることや，下向きの犬のポーズになる間にプッシュアップまたはハーフプッシュアップの肢位を加えることがある。これによって，コアと肩甲帯をより意識することで，自然に安定させる効果がある。

このようなアドバイスはすべて，体幹の反射的な安定化を向上させるために対称的な肢位を保つように，また発達過程に準じたものになっている。難度を高くするための例としては，遠心性収縮のプッシュアップ，膝立ち位でのチョップアンドリフト，サイドプランクなどを対称的に行うことがあり，これらを行うことで問題がより明らかになり，最適なコレクティブエクササイズの選択についての洞察を与えてくれる。

FMSにあるプッシュアップは，以下の理由によりSFMAでは行わない。

- SFMAは痛みのある状況を想定しており，プッシュアップは他のSFMAのパターンよりも筋に大きな負荷がかかる。
- プッシュアップのポジションは，リスクと利益を考えると割に合わないため，臨床的な評価として使用するのは実用的ではない。
- プッシュアップは安定化の機能や能力を示すが，同程度には動作パターンを示していない。
- プッシュアップは多くのエクササイズやスポーツ活動に必要な安定性を示すことから，痛みのない活動的なクライアントに対するスクリーンとしては有益である。このレベルの安定性はSFMAには必要ない。

プッシュアップは，FMSのすべてのテストの中で，男女の筋力の差を反映して基準を変更した唯一のテストである。男女では除脂肪体重の分布が異なるため，両方の性別に対して同じ基準にするために修正が必要となる。

■ プッシングにおける対称性の習得

Pavel Tsatsoulineの著書『The Naked Warrior』は，FMSでプッシュアップを行うことへの確信を充分に高めてくれる。この本では，シングルアーム

プッシュアップと，ピストルとも呼ばれるシングルレッグスクワットについてだけ議論することで，エクササイズに関する他の書籍に対して異論を唱えている．この2つの動作は大部分の人が行えないので応用的なエクササイズの本であると考えてしまうが，対称的な自重による動作能力を重要な前提としているので，これらのエクササイズにはスクリーンとしての役割がある．

私は，FMSを全く知らないTsatsoulineにFMSを行う機会を得たが，彼の得点は満点に近かった．彼によって良好な動作パターンは充分な筋力を発揮する先駆けになることが示された．

プッシュアップやピストルを左右のどちらかで実施するのが難しい場合があるが，これが重要となる．対称性を得る最も良い方法は，対称的でない方法で行うことである．動作は，このように身につけるのに努力が必要な場合がある一方，自然に身につく場合もある．

ロータリースタビリティ

FMSをよく知らない人は，健康な人がロータリースタビリティを行うことが難しいことを目の当たりにすると困惑し，その価値と有効性について疑問を呈する．ロータリースタビリティはスクワット，ランジ，ハードルステップのような，他のあまり原始的でない機能的動作における機能不全を明確にする助けとなる．原始的な動作パターンの1つであるプッシュアップでは前額面と水平面での安定性をみるが，ロータリースタビリティでは矢状面と水平面での安定性をみる．

ロータリースタビリティは，発達過程の初期にみられる腹這いや四つ這いパターンのような，人間にとって最初の効果的な移動形態を表わしている．これらのパターンは，クライミング，歩行，ランニングと同様の上下肢の対側運動を示している．クライアントにロータリースタビリティを行わせることで多くを学ぶことができるのに，このパターンが評価よりもエクササイズとして頻繁に用いられていることは残念である．

安定性と運動能力を観察するために四つ這い位での異なる2つの動作パターンを使用するが，1つ目は片側性の動作パターンで，2つ目は対角線の動作パターンを用いる．片側性の運動は，固有感覚と反射的安定化が非常に求められるので難しくなる．コアの安定性がより効率的かつ効果的に働かなければならない時に，四肢の筋力に頼ってしまう人には中等度の難しさとなる．

課題を説明した後は，口頭指示を与えないようにするほうがよい．なぜならば，四つ這い位での片側性パターンには不慣れなため，運動を効果的に実行するために必要な体重移動や協調性に対処する身体認識が求められるからである．

これはエクササイズではない．運動課題のテストである．課題を行えるか否かのいずれかである．片側性パターンを行えない場合，協調性とモーターコントロールをテストする次の段階として，あまり複雑でない方法として，四つ這い位での対角線パターンを行う．いずれのパターンにおいても，非対称性を問題となる機能不全と考えるべきである．

我々がワークショップで教える時に，動作のスクリーニングの初心者に対して，この動作パターンは完璧に行う必要がないことを伝えている．片側で完璧な運動ができて，他方で明らかに制限が認められることが，問題の徴候となる．これはきわめて原始的で基礎的なレベルでの非対称性を示している．この動作パターンのスコアが最も低く，顕著な非対称性が認められる，あるいはショルダーモビリティリーチングとアクティブ・ストレートレッグレイズ以外のテストの中で最も低くなる場合には，できる限りロータリースタビリティを修正すべきである．

四つ這い位での対角線運動は，腰痛のリハビリテーションやコアの安定化トレーニングおいて一般的なものである．四つ這い位から片側上肢を挙上し，対側の下肢を伸展する．局所を細かく調べるのではなく，動作をパターンとして観察することを忘れないようにする．このことは，左下肢を持ち上げて伸展するのが難しい場合，単なる左下肢の伸筋群の筋力が低下している結果であるとみなしてはいけないことを意味している．右股関節における荷重の支持性低下が原因となっている可能性があり，同様にぎこちない動作の原因となりうる．また，それぞれの

パターンにおけるコアの安定性は非常に異なっている。

四つ這い位の姿勢，肢位，パターンをとることは，歩行と比べて頻度としては少ない。歩行可能な成人で，四つ這い位の対角線運動において股関節の完全伸展が困難な場合，問題は協調的な動作にある。この肢位では，股関節伸展に対する負荷は歩行や階段昇降時よりも極めて少ない。このことから，股関節の伸筋群の筋力を強化するためにブリッジを行う必要があるという議論は誤りであることがわかる。問題はモーターコントロール，タイミング，そして適切な反射的安定化にある。問題は筋力ではないので，基本的な筋力強化によってパターンが変化することはほとんどない。

成人の歩行パターンは，何年も積み重ねてきた様々な代償，習慣的パターン，独特のリズムなどによって複雑なものになっている。歩行では非常に多くのことが起こっているので，歩行者の傾向からメカニクス，安定性，可動性だけをそれぞれ分解することはできない。四つ這い位に戻ることによって，原始的な移動手段として歩行に先行するパターンに対する洞察が得られる。その関連性は発達過程の肢位によって示される。関節に対する負荷，上下肢の対側運動，頭頸部のコントロール，体幹の反射的安定化のすべてが，歩行と走行に必要な特性の練習となる。四つ這い位では非対称性，制限，代償などがより明確で単純なものとなる。

ローリング

SFMAにおいて，ローリングを回旋，屈曲，伸展のブレイクアウトとして使用する。ローリングは，四つ這い位での運動よりも負荷が小さく，対称性とモーターコントロールを見直すのに適している。

「Description of Adult Rolling Movements and Hypothesis of Developmental Sequences」[57]という題の成人における寝返りパターンの研究では，神経学的・身体機能的に問題のない成人は，背臥位から腹臥位への寝返り動作において決まった方法がないことを示している。

このことは，ローリングを一般に認められる1つの動作パターンとして規定することの難しさを示唆している。頭頸部の動きからローリングを開始する人もいれば，上肢または下肢の運動から開始する人もいる。

基準がないことは残念であったが，実際にはあまりにも多くの変数がコントロールされていなかった。私はしばらくの間，スポーツ選手や整形外科疾患の治療にローリングを用い，最も正確で使用可能なフィードバックを得ようとしてコントロールするための特定の基準を使用した。

第1に，可動域制限による代償動作のために信頼性のないローリングパターンになると考えられることから，明らかな可動域制限や柔軟性の問題のある人に対してはローリングをテストしなかった。

第2に，アッパークオーターとローワークオーターに分けて観察した。各患者には背臥位から腹臥位への寝返りを頭頸部と上肢だけを使って行ってもらった。左右とも行ってもらった後に，下半身だけを使ってローリングパターンを行ってもらった。このように選択肢を制限することで，欠点が明らかとなった。左右の違いや上半身と下半身の違いに注意することで，わずかな非対称性を観察することができる。

第3に，さらに多くの情報を集めるために，腹臥位から背臥位へと寝返りをする逆のローリングパターンも観察した。非対称がみられた患者の多くは，より複雑な動作パターンにおいて非対称性が観察された患者であった。ローリングでは，機能不全の原因から可動性を除外することによって，基礎的なレベルでモーターコントロールと安定性を観察できる。

同様に，上半身と下半身を分離したクワドラプト・ダイアゴナルズも用いる。四つ這い位で，左右それぞれの上肢を挙上するのを観察し，次いでそれぞれの下肢を伸展するのを確認する。最後に対側動作をテストする。

通常，ローリングとクワドラプト・ダイアゴナルズの動作パターンはあまり行われることがないので，これらの動作から独特の視点が得られる。さらにいえば，これらのパターンは主動筋の筋力を必要としない。実際，力任せにローリングパターンを行うことは非効率的であり，非常に努力が必要な動き

になる。

　ローリングと四つ這い位での動作パターンでは，独特の基礎的な反射的安定化を観察することができる。この問題を修正する場合には，セット数と反復回数がこれらに作用する練習方法であると考えてはいけない。繰り返しと練習は重要なことだが，このケースでは筋力強化やコンディショニングは必要ない。問題は連動性，タイミング，高閾値ストラテジー，不良な呼吸パターン，そしてモーターコントロールである。臨床家の役割は，第1にパターンを行えるようになることを助け，それからリラクセーションと力まずにコントロールすることを促すようにすることである。これらは呼吸ドリル，介助，動作パターンの形成，促通手技などを用いて行うことができる。

　ローリングと四つ這い位での動作において観察される原始的なパターンは，動作の直感に語りかける。人が床から立ち上がる動作を観察することで，動作能力を究明することができる。

　これが，トルコ式ゲットアップ（Turkish get-up）としても知られるケトルベル・ゲットアップ（kettlebell get-up）やヨガの太陽礼拝（sun salutation）が，他のエクササイズに先立って行うべき基本的なエクササイズであるといわれる理由である。これらの動きは，生涯にわたって基本的な運動スキルを構築・維持し続けるためのエクササイズとして役立つ。

　Ed Thomasによると，バスケットボールが誕生する前には，アメリカの一般的なエクササイズやトレーニングの形態としてクライミングを行っていたということである。今日では登山者だけがクライミングを行う。時々，子どもたちが遊び場でクライミングを自由に楽しんでいる様子をみかけるが，そのマイナス面を考えすぎることで，すぐに危険なものにされてしまう。クライミングは常に身体発達の構成要素として大きな割合を占めている。クライミングパターンは，寝返りや腹這いのパターンを最もシンプルな形態として再現・強化する。

　本章では，FMSとSFMAで用いられる動作パターンについて詳しく述べてきた。それぞれのパターンに関する解剖学についてはあまり議論しなかった。パターンの価値を，関連する解剖だけで論じてはいけない。完全な機能的基盤に欠かせないものの1つとして議論すべきである。

下のホームページでさらに詳細な情報，動画，アップデートが入手可能である（英文のみ）。
www.movementbook.com/chapter9

10 修正ストラテジーの理解

コレクティブエクササイズによくみられるまちがい

コレクティブ（修正）エクササイズはコンディショニングやリハビリテーションのプログラムに取り入れられることが多いが，所定のルールもなく体系化されていないことがある。これは残念なことであり，構造や論理的な思考過程が欠如していることで逆効果となってしまう可能性もあるだろう。エクササイズやリハビリテーションのプログラムを吟味する際には，有用な動作の基準がない状態で行われている以下の例について考えていただきたい。

よくみられるまちがいは，下の4つに分類することができる。

- プロトコルアプローチ
- 基礎運動学的アプローチ
- 見かけ上の機能的アプローチ
- プリハビリテーションアプローチ

プロトコルアプローチとは，一般的な分類に基づいてエクササイズを行うことや，個別的な動作機能不全の評価を行わずにエクササイズを指導することである。このアプローチの例として，一般的な減量プログラム，スポーツの動きに特化したトレーニング，腰痛に対する医学的プロトコルなどの画一的なプログラムが挙げられる。

このようなプログラムでは，個人レベルでの動作能力で分類するのではなく，グループや活動内容によって分類している。肥満の人が2人いる場合，それぞれの動作能力は同じではなく，またエクササイズによるリスクのレベルも異なっている可能性がある。2人のサッカー選手では，サッカーに求められる各自の機能的動作に最適なエクササイズプログラムは，全く異なるものとなるだろう。2人は同じサッカーの試合に参加するが，動作パターンの評価結果は異なっているのである。

2名の腰痛患者では必要な可動性や安定性は異なっていると思われるが，各自の動作パターンを認識せずに一般的な腰痛に対するプロトコルを処方してしまうと，リスクが増大する可能性がある。腰痛とは症状のことなので，どの部位に機能不全があるかまでは示していない。動作機能不全は痛みの部位から考えるのではなく，専門家が見つけるべきものである。

基礎運動学的アプローチも動作パターンやモーターコントロールをほとんど考慮しておらず，主動筋やよく知られているいくつかのスタビライザー（安定筋）を主な標的にしている。下肢の筋力が低下しているようであれば殿筋，ハムストリングス，大腿四頭筋，下腿三頭筋に対する筋力強化のエクササイズを行い，コアが弱化していると考えられる場合にはサイドプランク，クランチ，バックエクステンション，レッグリフトなどが適切な改善方法であると判断している。

このアプローチによって全般的な基礎的筋力は築くことができるかもしれないが，運動のタイミング，モーターコントロール，安定性，正しい順序で動作パターンを行うことなどは組み込まれていない。基礎運動学的アプローチにはチェックするシステムがない。弱点を推測して筋力強化を行い，動作やパフォーマンスが勝手に改善してくれることを望んでいるだけである。

見かけ上の機能的アプローチは，真剣に取り組んでいるストレングスコーチが機能的エクササイズに対して批判的である理由の1つになっている。このアプローチの何が悪いかは，あまり明白にはわからないかもしれない。見かけ上の機能的アプローチでは動作に目を向けてはいるが，軽い負荷をかけることで動作の質と量を改善しようとして，バンドや他の器具を使って抵抗をかけたり，難しい動作パターンを行わせて負荷をかけたりしているだけなのである。

この誤りの例として，野球のボールにバンドを付

けて投球動作の練習をすることや，バットの先に負荷をかけてスイングの練習をすることなどが挙げられる。片脚立位が不安定な場合，ワブルボードなどの不安定な支持面上でエクササイズを行うことが多くみられるが，安定した支持面上ですでに不安定であることがわかっている動作パターンを不安定な支持面上で行えば，より大きな代償動作を引き起こす可能性がある。不安定な支持面上での片脚立位は機能的にみえるが，このシナリオでは代償が生じるだろう。

　この誤りの特徴は，標準化されたテストをエクササイズの前後に行っていないことにある。動作の基準がなければ，つじつまの合わないエクササイズを押し付けることになる。行ったエクササイズが難しくなければ，エクササイズは必要ないと見なされ，難しければ，必要であると見なされる。すなわち，エクササイズ自体が効果を確認するものになってしまう。この状況は論理性が乏しく，無責任な行為といえるだろう。

　臨床家は，治療によって診断を確定するのではなく，治療法を示す前に確かな診断を下さなければならない。同様に，エクササイズの専門家は，機能的動作パターンを再獲得する際に，難しいエクササイズができたかどうかで改善を確認すべきではない。様々な要因が関与するため，エクササイズによるバイアスのないベースラインを基準として用いるべきである。専門家による診断テストが最良の治療に結びつくように，標準的なベースラインがあることで最良のアプローチが可能となるのである。

　プリハビリテーションアプローチとは，リハビリテーション用のエクササイズをまとめ直し，傷害リスクを減らす予防的手段としてコンディショニングプログラムに組み入れたものである。このアプローチにおけるエクササイズは，実際の動作リスクの要因に基づいたものではない。それぞれの活動で生じやすい傷害に基づいたエクササイズになっている。

　このアプローチの例としては，スローイングスポーツにおける肩の腱板に対するリハビリテーションエクササイズがある。スローイングスポーツにおける肩関節の損傷は，力学的な問題とともに可動性や安定性の問題によって生じ，これらはオーバーユースや不適切なテクニックが原因となっている。腱板は犯人ではなく，被害者であることが多いのである。腱板の筋力が少しぐらい向上しても，投球動作の悪い癖やエクササイズの習慣，股関節の可動性低下，動作スクリーニングの悪い結果は改善しないだろう。腱板の筋力が本当に低下しているかを確認せずに根拠のない筋力強化を行っても，問題の修正や予防は期待できない。このようなアプローチでは，検証作業を行わずに根拠のない予防方法を継続していることが多い。肩関節の問題には，頸椎や胸椎，肩鎖関節，胸鎖関節，肩甲骨の安定性など，他の多くの部位における機能不全が関連している。

■ 何もせずに何かを得る：動作の錬金術

　コレクティブエクササイズを適切に用いることには，何もせずに何かを得るという錬金術のヒントがある。ある動作パターンに対処することで，優先度が低く，特に対処していない他の動作パターンが変化することに気づくだろう。このことから，修正しようとした動作パターンが充分に改善した場合には，スクリーニングを再度行って再評価する必要がある。脳や身体は，必要な手順を踏んで直接修正してはいない他の動作パターンを，修復あるいは再獲得しているようである。

　このような結果を得る秘訣は，最も基礎的な問題に取り組むことである。FMSやSFMAの優先順位のルールを用いれば，この基礎的な問題を容易に特定することができる。多くの場合，適切な修正の枠組みを使用すれば，基本的な問題を修正できるのである。次項で，修正の優先度と枠組みについて述べる。

■ スクリーンとアセスメントの正確性

　最低限の効果を得るためには，スクリーニングとアセスメントを正しく行わなければならない。スクリーニングやアセスメントでの観察を簡略化したり，注意が散漫になったりすると，コレクティブエクササイズを選択するために必要な信頼性のある結果が得られないだろう。FMSとSFMAに単に賛同し，支持するだけではなく，自分の物にしなければならない。そのためには，練習に練習を重ねるだけ

である。

　できるだけ多くの動作をみるようにすることが重要である。専門資格や仕事の範囲にもよるが，実際にFMSとSFMAをクライアントや患者に使用する前に，少なくとも20回は練習することをすすめる。この回数に限らず，スムースに行えるまで練習すべきである。練習相手の問題点を修正しなくても，ただ練習するだけでよい。FMSやSFMAを行う場合の最初の目標は，一貫した検査を行えるようになることである。

　FMSとSFMAにおいて最も頻繁にみられる3つの最大のまちがいは，以下の通りである。

- 動作機能不全を個別の筋の筋力低下やタイトネスのような単一の解剖学的問題に置き換える。
- 最も重大な制限や非対称性を特定するためにテストを使用せず，各テストが完全に行えるかにこだわってしまう。
- 基本的なデータを収集している間に，動作の問題と修正方法を早々に結び付けようとする。

　最初の目標は，何かを変えることなしに対象者の動作の輪郭をとらえることである。動作のスクリーニングやアセスメントを学ぶ際に問題を修正する責任があると，技術の習得に影響が出てしまう。この責任は，動作テストを一貫して行い，信頼性のあるデータを収集できるようになってから生じるべきものである。熟練者になろうとする前に，有能な技術者になる必要がある。スクリーニングやアセスメントで動作パターンを分類する方法を理解するまでは，コレクティブエクササイズが成功するか否かの判断はできないだろう。

　急いで修正しようとすると，コレクティブエクササイズによくみられる別のミスが生じる原因となる。これは初心者に多い誤りで，まちがったスコアを付けた動作パターンや誤って機能不全があると見なした動作パターンを修正しようとしてしまう。

　FMSやSFMAを開発した我々のチームでさえ，コレクティブエクササイズを行った場合に起こりうる結果のすべてを知ることはできなかった。効果のあるエクササイズもあったが，効果のないものもあった。コレクティブエクササイズのルールは，動作の基準に対して改良していく必要があった。動作の基準が定まったら，フィードバックを得るようにした。

　目標を定め，それに集中して計画を立てることを学ばなければならない。このことを何度も繰り返してから，コレクティブエクササイズを処方する。やみくもにコレクティブエクササイズを処方して，目標は正しかったと思うべきではない。確信を持って目標を定めてほしい。これは専門家としての責務である。FMSやSFMAをスムースに行い，正確に自信を持って情報を収集すべきである。

　あらかじめ決まっているプログラムを利用してエクササイズを行う「考える前に動け（ready—shoot—aim）」というようなアプローチの犠牲になってはいけない。このアプローチは，解剖学的な部位や領域に基づくものである。これからは，解剖学的構造とともに動作パターンに基づいてエクササイズやリハビリテーションを検討し，また解剖学的構造と同じように動作パターンに対しても指示を与える必要がある。

エクササイズの基本から始める

　動作パターンのテストによって機能不全を特定し，動作を位置付けた後は，効果的な修正ストラテジーを立てることになる。

　FMSやSFMAを用いることで，これまで行ってきたエクササイズの選択方法との間にジレンマを感じる人もいるだろう。スクリーニングやアセスメントによって動作パターンに機能不全があることが明らかになったときに，そのパターンを繰り返し練習したりエクササイズを行ったりすべきではない。特に負荷や抵抗を加えてはいけない。まず動作を分解し，完全な動作パターンに必要な可動性や安定性に取り組むようにデザインされたコレクティブエクササイズによって，動作の再構築を行う。

　このことでエクササイズプログラムやリハビリテーションプロトコルに遅れが生じるかもしれないが，この方法でなければ機能不全のある動作パターンの基盤に対する効果を充分に得ることはできないだろう。一時的に遠回りすることは，フィットネス

やパフォーマンスの目標を達成しようとしている人に抵抗感やフラストレーションを感じさせてしまうかもしれないが，機能不全のある動作パターンのほとんどが1～2週間で改善する。さらに時間がかかる場合もあるが，必要であればそれだけ時間がかかるものなのである。

このような動作の問題は自然に解決するものではないことを明確に説明することは，専門家にとって努力を要するものである。ただ単にエクササイズを行うだけでは不充分なのである。以前はそうであったが，我々の世代はケガなく活動負荷の増大や傷害リスクの増大に対処できるライフスタイルや動作の基礎を失ってしまった。

コレクティブエクササイズのコンセプトでは，エクササイズの選択はすべて基礎的な動作パターンに従って行う。最も問題のある基礎的な動作パターンをスクリーニングすることで，選択した修正方法が正しいと確認できるかもしれないし，また否定されるかもしれない。これは，そのプログラムを破棄すべきだといっているのではなく，その代わりに新しいアイデアを既存のプログラムに組み込むことを示唆している。

行って欲しくないことの1つに，機能不全に対して筋力強化や体力向上を図ることが挙げられる。これを行うと，筋力トレーニングやコンディショニングを一時中断してコレクティブエクササイズを行うよりも，実際には時間がかかってしまう。機能不全のある状態で体力を向上させることは，傷害発生のリスクを高める可能性がある。また，傷害の重症度にも関連し，問題の修正プロセスを遅らせることになるだろう。

通常のトレーニングプログラムは，トレーニングを行う人すべてに一般的な運動学的原則を当てはめている。これらは，一般的に共通している動作の基礎が課題を行うのに充分であると仮定し，特定の運動やフィットネスの特性に的を絞ってトレーニングするが，実際にはうまくいかない。最初に各動作のスクリーニングやアセスメントを行わなければ，同じエクササイズを行っても，全く異なる予測不可能なストレスが生じる可能性がある。

この章では，まずエクササイズを行う個人やグループが抱えている問題を明確にしてから，エクササイズの効果を考えることの根拠を示す。これは動作の習熟度，リスク要因，パフォーマンスのベースラインを特定するためにデータを用いることを意味している。

問題が明確になれば，すべてのエクササイズは次の3つのカテゴリーに分類される。

- 動作パターンを修正し，動作に関連したリスクを取り除くためのエクササイズ
- 体力やパフォーマンスを向上させるためのエクササイズ
- スキルを向上させるためのエクササイズ

これらのカテゴリーは，相互に関連している。つまり，それぞれが他のカテゴリーに影響を与えているのである。例えば，ゴルフのスイングを練習することで，柔軟性や握力，スイングスピードを向上させることができると仮定する。ゴルフクラブのスイングは特異的なスキルトレーニングと考えられているが，動作やパフォーマンスにも良い変化をもたらす。しかし残念ながら，同時に代償が生じる状況を生み出し，問題を引き起こしてしまうのである。

機能の各レベルにベースラインを設けることで，すべてのエクササイズをより客観的に選択できるようになる。これは動作パターン，パフォーマンス，スキルのすべてに対して同時に取り組むことができるが，常に問題点や機能不全に注意を払っておく必要があることを意味する。簡単にいうと，次の基本的なルールを当てはめるだけである。「機能不全や制限のない動作パターンを用いたパフォーマンスやスキルにだけ取り組むようにする」ということである。

次に，これらのカテゴリーをどのようにしてトレーニングプログラムに組み入れていくかについて述べる。

パフォーマンスピラミッド

パフォーマンスピラミッド（図10-1）は，人の動作や動作パターンをイメージし，理解するために作成された略図である。このピラミッドは，大きさ

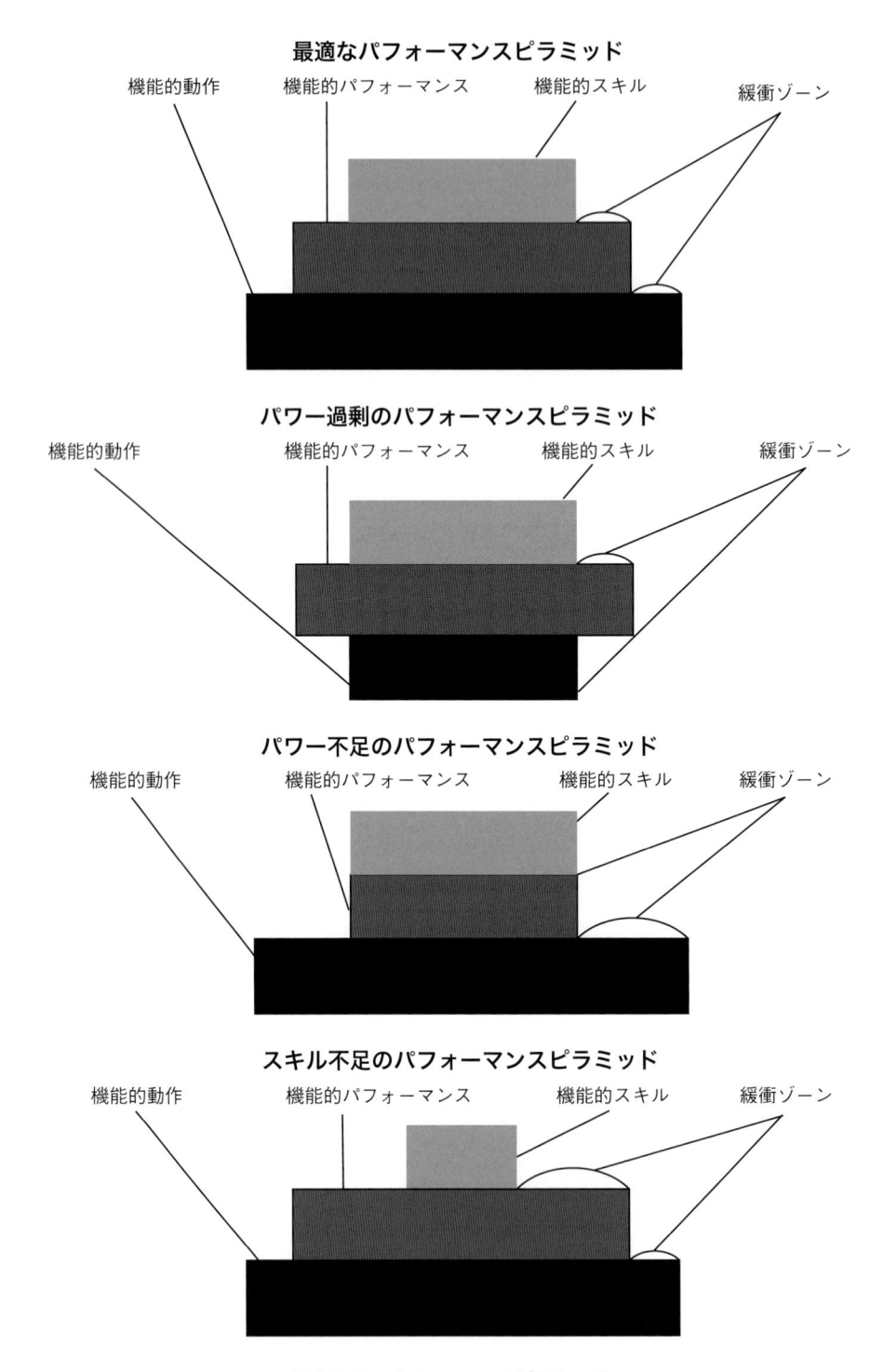

最適なパフォーマンスピラミッド

機能的動作　機能的パフォーマンス　機能的スキル　緩衝ゾーン

パワー過剰のパフォーマンスピラミッド

機能的動作　機能的パフォーマンス　機能的スキル　緩衝ゾーン

パワー不足のパフォーマンスピラミッド

機能的動作　機能的パフォーマンス　機能的スキル　緩衝ゾーン

スキル不足のパフォーマンスピラミッド

機能的動作　機能的パフォーマンス　機能的スキル　緩衝ゾーン

図10-1　パフォーマンスピラミッド

の異なる3つの長方形で成り立っており，1つの長方形の上に別の長方形が構築され，各長方形が特定の動作タイプを表わしている。優良なピラミッドは，常に底部から構築され，徐々に大きさが小さくなる形，つまり底部が広く，最上部が小さい形になる必要がある。

1段目は基礎部分で，パフォーマンスや体力とは関係なく，スクワットやランジ，ステップなどの基本的動作パターンを行う能力を表わしている。ここでは動作の質にだけ焦点を当てている。

2段目は機能的なパフォーマンスを表わしている。クライアントやアスリートの基本的動作パターンが構築されたら、動作の効率を検討する。ここでの効率とは、パワーを意味する。

活動的なグループでは、プッシュアップやシットアップ、垂直跳びなどによってこの種のパワーを計測することが可能であり、またランニング効率やウエイトリフティングなども基準になる。このテストでは、活動や仕事、スポーツに必要な体力のベースラインを設定できる。

これらのテストは、過去のテストで確立されている標準値と比較することで、全般的な身体パフォーマンスのレベルを評価する。特定のスキルを評価するのではなく、同じグループや活動性が同レベルの人と比較した身体能力だけを評価する。例として、持久力や筋力、スピード、パワー、クイックネス、アジリティ、協調性などのテストがある。

トレーニングの観点からすれば、パフォーマンスの領域が異なる人を共通の形式で比較できることは非常に重要である。ピラミッドにおける最初の2つの長方形では機能的動作能力とパワーを比較することができるため、領域が異なる人の間で互いにトレーニング方法を学ぶことができる。また、パフォーマンスピラミッドのこのレベルでは、各領域に特異的な課題をテストすることはない。この段階で特異的な課題をテストしてしまうと、異なる領域間で比較したり、この比較から学ぶことができなくなる。

この段階ではあまり多くのテストを行わないことも重要である。この概念は統計学的に、「Law of At Least One」として知られている。これは、同じ標的疾患を調べるために多くの診断学的テストを行うほど、偽陽性の確立が高くなるという統計学的事実を指している。各カテゴリーに対して数を限って適切なテストをシンプルに行うべきである。テストを多く行うほど分析が過剰になり、いずれにせよ人が行うことなのでバイアスが生じる可能性がある。

ここでの目的は、個々の能力を全体的に評価することである。パワーやスピード、筋力、持久力、敏捷性など、調べる必要があるカテゴリーの効率性や体力を明らかにするために、少数のシンプルな動作を利用する。

ピラミッドの最上部は、機能的スキルを表わしている。この部分は特定の機能的スキルの遂行能力を評価するバッテリーテストによって構成されている。

これには産業における作業特異的な課題のパフォーマンス、あるいはスポーツにおける特定のポジションに求められる特質を検討することなどが当てはまるだろう。特異的なスキルテストに関連した基準データと比較するという考え方である。

パフォーマンスピラミッドは不充分な領域を特定・分類する方向性を得るために位置づけをするためのものにすぎない。ピラミッドの4つの基本形をよくみてほしい。これらはシンプルに一般化したものであるが、各ピラミッドがどのようにして全体的な評価やコンディショニングプログラムの指針となるかを表わしている。

最適なパフォーマンスピラミッド

最初のピラミッドは最適なピラミッドで、機能的動作パターン（FMSの結果）、機能的パフォーマンス（パフォーマンステストの結果）、機能的スキル（機能的スキルのテストや各スポーツに特異的なテストの結果、統計学的な結果）のバランスがとれていて適切な状態にあることを示している。

各部分を向上させることはできるが、このことによってパフォーマンスピラミッドのバランスを崩してはいけない。基盤が広いことは、妥当で最適な機能的動作や可動域全体を使った動作が可能であることを示しており、また様々な肢位での身体コントロールや動作認識があることを証明している。機能の1段目である動作は、他の機能段階を支えるのに見合った状態にある。

最適なピラミッドの2段目は、必要とされる身体能力を示している。基準値と比較して、平均または平均以上の全般的なパフォーマンス能力が求められる。これは充分に調整された運動連鎖を意味しており、例えば垂直跳びのテストでは、しゃがんだ姿勢で体重を支えてから腕を振り、体幹をわずかに伸展させて、最後に両方の下肢がタイミングよく充分に調整された最も効率的な力を爆発的に発揮する。

このような状態は、良いタイミングで練習や分析

を行うことにより，他の運動連鎖やパワーを発揮する動作を習得できる可能性を示している。あまりパワーを必要としない持久力を重視する活動では，効率性も同じように考慮する。

3段目は機能的スキルの部分で，課題や身体活動に特異的なスキルが平均あるいは最適なレベルにあることを示している。

1段目，2段目がそれぞれ上の段の緩衝ゾーンを作り出している。緩衝ゾーンは非常に重要なもので，特定の課題を行うために必要とされる以上の可動性や安定性を有していることを意味する。緩衝ゾーンがなければ，傷害の危険性が生じ，パワーや効率性が低下する可能性がある。緩衝ゾーンは，機能的動作が生み出されたパワーを扱うのに適したレベル以上のものであることを示している。ピラミッドの中間部分と最上部の間では，その人が有しているスキルを充分にコントロールできるパワーがあることがわかる。

■ パワー過剰のパフォーマンスピラミッド

2番目のピラミッドは，過剰なパワーを持つ人を示している。この人は強すぎるのではなく，パワーを発揮する能力が基本的な動作パターンを自由に行う能力を超えてしまっている。

このパフォーマンスピラミッドは，可動性や安定性のテストのスコアは低いが，2段目のパワー出力が優れ，3段目のスキルが適切である人を示している。この問題を修正するためには，現時点でのパワーを維持しながら動作パターンを改善する必要がある。

このような特徴がある人は，一部の動作パターンで柔軟性や安定性が低下しており，自由に動く能力が不足している。このことで機能的動作のテストが最適なスコアにならず，ピラミッドの1段目が小さくなる。

このピラミッドは本来の形ではなく，1段目の機能的動作と2段目のパワーの部分が入れ替わってしまっている。このような人は非常に大きなパワーを有してはいるが，機能的動作に大きな制限がある。この特徴から，身体の硬さや柔軟性の低下を補うために多くのエネルギーを浪費して効率性が低下していることが容易にわかる。

スキルが高く，充分なトレーニングを積んだ人を評価すると，このような形のパフォーマンスピラミッドになることが多い。この例として，ベンチプレスやスクワットのような伝統的なウエイトトレーニングでは非常に強い筋力やパワーを発揮するが，機能的動作では代償が生じてしまう人がいる。このような人は，ケガの経験がなく，パフォーマンスのレベルが非常に高いかもしれないが，トレーニングで最も重点的に取り組むべきことは機能的動作パターンである。機能的動作パターンの制限を取り除くことで，ピラミッドの1段目が広くなり，より大きな緩衝ゾーンが作り出される。パフォーマンスには，すぐに明らかな改善は認められないかもしれない。実際には，可動性や安定性が改善する際に，課題特異的なパフォーマンスやパワーは変化しないか多少低下する可能性もある。しかし，最初に全般的な基本的動作パターンを改善させなければ，全体的なパワーや課題特異的なスキルを向上させることはできないのである。機能的動作に取り組む目的が傷害予防であろうと，効率を高めて今まで以上のパフォーマンスを達成することであろうと，最終的には改善を示すことになるだろう。

■ パワー不足のパフォーマンスピラミッド

3番目のピラミッドは，機能的動作パターンは優れているが，体力が乏しく改善の必要があるパワー不足の人を示している。このような場合のトレーニングやコンディショニングのプログラムでは，動作パターンに悪影響を及ぼさずに効率性や持久力，パワーを改善することに取り組む必要がある。

このピラミッドを示す人は，1段目が広い最適な動作パターンを有しており，また特異的な動作のスキルも最適か平均以上であるが，2段目のパワーが不足している。様々な課題や身体活動，スキルを行うために不可欠な動作パターンを持ち合わせてはいるが，シンプルな動作パターンを行うパワーが不足している。これに分類された人には，パワートレーニングやプライオメトリック，ウエイトトレーニン

グなどのプログラムが最も有効である。

　筋力やパワー，持久力，スピードの向上に取り組みながら，機能的動作パターンを維持することが非常に大切である。このパワーが向上することで，課題特異的なスキルのための緩衝ゾーンが作られ，効率性も改善する。

　可動性や安定性が非常に優れており，練習や専門家による指導によって磨き上げられた作業スキルを身につけている消防士の例を考えてみよう。この消防士は，負荷の大きい作業を短時間で行うために非常に多くのエネルギーを消費してしまうが，可動性や安定性のプログラムは必要ない状態である。また，消防活動に特異的な課題を行うためのスキルを改善する必要もないが，筋力やパワー，持久力を向上させて，全体的な身体能力を改善すべきである。

　このような取り組みを行うことで，ピラミッドの2段目と3段目の間に緩衝ゾーンが作られる。緩衝ゾーンが作られることによって，同程度のパフォーマンスをより低いエネルギー消費で効率よく行うことができる。つまり，特異的な課題のパフォーマンスにおける効率性や持久力が向上するのである。

　パワー不足のパフォーマンスピラミッドを示す人には，別の傷害リスクがあるだろう。FMSのスコアがカットポイント以下であれば傷害リスクの増大につながるが，FMSのスコアが高ければ高いほど，リスクがより少なくなるわけではない。これは，望ましい動作の質を得たら，体力や技術的な熟練度もリスク要因になりうることを示している。

　また，動作の質に問題がある場合には，体力や技術的な熟練度はあまり影響しないことを示している。このことは，パフォーマンスは必ず基礎から築き上げていくべきであることを示唆している。

スキル不足のパフォーマンスピラミッド

　最後のピラミッドは，スキル不足の人を示している。1段目の動作パターンと2段目の効率やパワーは最適な状態であるが，スキルを分析すると概して望ましい結果が得られず，課題遂行に必要なスキルの習熟ができていない。これに分類された人は，コンディショニングは良いがスキルが不足した状態にある。

　このような場合，基本的なスキルやテクニックを身につけるためのトレーニングに最も時間をかけるべきである。基本的動作は確立されているので，より効率的にスキルに必要な動作に対する認識が深まるだろう。

パフォーマンスピラミッドの利用方法

　トレーニング期間中にパフォーマンスピラミッドが変化する人もいれば，変わらない人もいる。パワーを発揮する能力を生まれながらに有している人もいるが，制限のない最適な動作を維持するためにも機能的動作パターンのトレーニングを続ける必要がある。一方，非常に優れた動作や動作パターンを自然に身につけている人には，パワーを発揮する能力を維持するためのトレーニングを追加する必要があるだろう。基礎的なスキルや課題特異的なスキルを継続的にトレーニングする必要がある人もいる一方，正確なスキルを生まれながらに備えている人は別のタイプのコンディショニングに時間を割くべきである。

　本書で提案しているテストは，このパフォーマンスピラミッドを構築するための情報を収集する方法の1つである。このピラミッドの図を覚えておくことで，集中してトレーニングする必要がある弱い部分を特定するのに役立つ。

　他の人のプログラムを真似て同じことを行うだけでは，必ずしも同じ結果が得られない理由を，パフォーマンスピラミッドが示している。多くの理学療法士，アスレティックトレーナー，コーチ，アスリートが，最も弱いパフォーマンスの領域を特定するために，このアプローチを直感的に用いている。この直観力がない人にとって，パフォーマンスピラミッドはシンプルで，身体バランスの評価やその結果の説明をするのに有用だろう。また，この思考過程についてクライアントや患者に伝える際にも役立つだろう。

短期的反応と長期的適応

　1回のエクササイズで生理学的機能や運動機能が一時的に変化することを「反応」という。

　生理学的機能における反応の例としては，全身的なウォームアップによって心肺機能の活動が増加することがある。運動機能における反応の例としては，可動性や安定性，動作パターンなどのエクササイズを行った後に動作パターンが改善することが挙げられる。

　「適応」とは，環境の変化に対して生体が適合することである。これは，エクササイズやトレーニング，リハビリテーションを繰り返し行うことで生じる構造や機能の持続的な変化を意味する。

　大部分の人がエクササイズの量に注目し，時間や距離，重量について考え，反応や適応の違いについてはほとんど考えない。トレーニングをすることで適応（身体の変化）が自然に生じるのを期待し，短期的な反応（とくに，動作の質における反応）を見逃してしまっている。反応は一時的なものなので，反応に目を向けようとはしないのである。この反応がみられるのは短時間で，トレーニング終了後すぐに消失してしまう。

　我々は，柔軟性の改善や筋肥大，最大酸素摂取量の改善，安静時心拍数の減少などの適応に非常に関心がある。これらの適応は重要であり，常に監視しながら再計測する必要があるが，反応を軽視してはいけない。反応は一時的な代謝性のものと考えられているが，神経学的には重要なものであり，動作パターンが改善するという反応は運動学習の良い指標になる。悪い動作パターンの反応が生じるエクササイズは，悪い動作パターンの適応を強化してしまう。

　テクニックの質に重点的に取り組むことは，神経学的な要求を高めることになる。このことにより，反応と適応のより良い関連性をより早く作り出すことができる。最低限の質を保ちながらエクササイズを行い，パフォーマンスの量を増やす場合には，毎回のトレーニングで改善した動作の反応を確認すべきである。このことが，改善した効率の良い動作パターンの適応を生み出す基礎となるだろう。

　好ましくない反応によって生じる適応は好ましいものにはならないだろう。実際，適応は良好な反応の繰り返しによって成り立つものである。これこそがコレクティブエクササイズの特徴である。好ましい動作の反応が繰り返し生じなければ，適応は起こらない。

　運動科学はこのことを無視しており，これは運動による生理学的な反応や適応を強調しすぎているためである。エクササイズを繰り返し行えば，全般的な生理学的能力は自然な反応として向上するだろう。動作パターンの改善には多少の技術が必要であり，動作の潜在能力を超えるトレーニングを行うと代償が生じることから，動作の基準がなければ実際に動作パターンが改善したかどうかはわからない。

　スクリーニングによって，すべてのエクササイズが機能的動作パターンに良い影響を及ぼすわけではないことがわかる。また，バランス，可動性，安定性，動作パターンなどがトレーニング後に変化せず，悪化する可能性も示される。

　このことから，機能不全がある状態でトレーニングを行うとどうなるかわかるだろう。また，生理学的な能力が向上しても，機能的動作パターンが悪くなることの説明にもなる。

　このような実態が明らかになったことで，私がどのようにして機能的動作パターンの修正に関する考えを再構築したのかを理解してもらいたい。私は，従来のエクササイズにおける悪い動作パターンを明らかにしてから，基礎運動学に基づいて動作を分解し，それらを通常は別々に強化するために動作に関与する主要な筋を特定することを行っていた。

　例えば，片脚立位の質が低下している場合，中殿筋の機能が低下していると判断して初期対応を行った。側臥位での抗重力位，あるいは弾性バンドを用いて股関節外転のトレーニングを行っていたのである。

　当時は，筋力を強化すれば運動プログラムも自然と回復し，それに従ってタイミングや協調性も改善すると思っていた。理学療法士の養成校に在籍していた頃，深部にあるスタビライザーの活動のタイミングが遅れることで表層の主動筋が過剰に活動するようになり，筋緊張の亢進が不自然に生じてしまうと教えられていたが，明言されていたわけではな

かった。この緊張がタイトネスであるならば，静的あるいは動的なストレッチを数分間行えば消失するだろう。

可動性や柔軟性に取り組むことは悪い動作パターンを直すために必要であるが，繰り返し可動性と柔軟性に対処しなければ，すぐに元の状態に戻ってしまう。可動性や柔軟性に改善を認めたら，新たに獲得した可動範囲を用いるような難しい状況を作り出すことが必要である。これは，効果がある場合とない場合があるので，難しい方法であった。

エクササイズやリハビリテーションを行った後に毎回動作パターンをチェックすることで，用いた修正ストラテジーの効果が一貫していないことが明らかになった。これは，新たなシステムを考案したのではなく，フィードバックを得たのであった。

動作パターンが改善した人としなかった人との比較から，課題の難度についてのモニタリングの必要性が示唆された。難しすぎるエクササイズを行うと，代償的なパターンに戻ってしまう。努力を必要とするができる，という程度のエクササイズでは，段違いに良い結果が得られた。

コレクティブエクササイズの進め方

可動性が改善した後に行う最初のエクササイズには3種類の反応があり，これによって我々が知るべきことがすべてわかる。

簡単すぎる：正しい動作で30回以上行える。

努力を必要とするができる：ストレス呼吸の徴候がなく，正しい動作で8〜15回行える。しかし，5〜15回の間に可動域の減少，バランスや安定性，協調性の低下，精神的・身体的な疲労などにより，動作の質が急激に低下する。

難しすぎる：最初から動作の乱れや高い緊張，協調性の低下がみられ，次第に状態が悪くなる。動作がほとんどできず，呼吸やリラックスすることもできない。

これをコレクティブエクササイズの基盤とすることで，反応を観察し，それに応じた行動を取ることができる。最初に選択したエクササイズが簡単すぎた場合は，難度を上げて次のセットでの反応を観察し，反応に応じてこの作業を繰り返す。

最初のエクササイズが難しすぎた場合には，難度を下げて次のセットでの反応を観察し，反応に応じてこの作業を繰り返す。

最初に選択したエクササイズが努力を必要とするができる場合には，そのままでよい。

■ 難度を上げる

コレクティブエクササイズの難度を上げるということは，抵抗力を強くすることではないことがほとんどである。通常，難度を上げるということは，難しい肢位や小さい支持面，複雑な動作パターンで行うことを指す。典型的な例では，寝返り動作パターンから四つ這い位でのエクササイズへと進めて，片膝立ちや最終的には片脚立位での動作を行う。

人間のパフォーマンスや技能を考えると，最良の仕事をする人の違いがわかるだろう。彼らは計画的な練習をする機会を生み出すことができる。Geoff Colvinは，著書「Talent is Overrated」の中で，単なる反復やリハーサルよりも計画的な練習を行うことが非常に重要であると述べている。計画的な練習とは，特異的で一貫性のある活動を客観的なフィードバックを得ながら繰り返すことである。

才能があると思われている人には，生まれながらに才能があったわけではないことを，Colvinは証明している。彼らの本当の才能とは，正しい練習方法を意識的に行う能力である。外見上の才能についてはよく知られているが，最も重要な側面であるユニークな準備方法については見落とされている。彼らは優れたフィードバックを得る機会を容易に作り出し，大部分の人が注意を払わないようなわずかなミスも見逃さないのである。

人間の中枢神経系には，意図的な練習が必要である。狭い支持面での片膝立ちにみられる動揺には，意図と反射活動の両方が働いている。前庭，視覚，固有感覚などのシステムは，バランスの喪失を避けるために素早く働く。バランスが保たれている場合は，明確かつ即時的な正のフィードバックとなり，バランスが保たれない場合には，これまでの連動性

や安定化戦略が修正される。

中枢神経系は意図的な練習を好み，模範としてはコーチやトレーナー，リハビリテーションの専門家よりも，乳幼児のほうが優れている。乳幼児は単に動作を繰り返すようなことはせずに，望ましい結果が得られるまで色々と手直しを加えるのである。

■ 的確な質問をする

「スピードを高めるためにはどのようなトレーニングをしますか？」

「腰痛に対してよく行うエクササイズは何ですか？」

専門家同士の意見の相違や混乱の多くは，あまり系統立っていない質問に答えようとすることから生じる。エクササイズを行うのが誰かわからないのに，このような質問に対して有効な回答をすることができるだろうか？　結局，様々な要因がスピードを制限しているので，一般的にスピードを向上させるエクササイズを行うよりも，まずスピードを妨げる阻害要因を排除することが重要となる。3人のアスリートに対して行ったスクリーニングのデータからは，スピードを向上させる方法はそれぞれ別のものになることが示されるだろう。

同様に，腰痛は単なる筋力低下や腰の硬さよりもさらに複雑な問題によって生じる症状である。すべての腰痛患者に有効なプログラムがあるならば，そのようなプログラムはすでに見つかっていて，腰痛はほとんどなくなっているはずである。

このような質問をする人は，焦点が誤っていることが問題であるとわかるだろう。スピードの不足や腰痛の存在は単なる状態にすぎない。この状態に焦点を当てるべきではない。焦点を当てるべきなのは，この状態にある人である。上記の2つの質問は，一般的な状態に関連したものであり，すべての人が1つのカテゴリーに該当することを前提としている。

この2つの状態に対しては，一般的なエクササイズでは直接的あるいは正確な治療をすることはできないが，スクリーニングやアセスメント，その他の測定を行うことで原因や発生源，関与因子などが明らかとなるだろう。関与因子が特定できれば，解決に向けて取り組むことが可能になる。エクササイズの中に答えがあるわけではない。答えは，個々のニーズに見合ったエクササイズをいくつか選択し，それ以外を除外するシステムにある。

これがFMSやSFMAの基本的なコンセプトであり，初期段階で見逃されやすいものである。FMSやSFMAの役割は，1つのコレクティブエクササイズを特定することではない。すべての潜在的な修正事項を取り除き，選択枝を少なくすることである。選択されたものは，特定の動作パターンに関連した様々なレベルの課題になるだろう。

経験の浅い専門家にとっては，このシステムは良き指導者であり，熟練するにつれてエクササイズの選択が身についてくる。このシステムは我々の取り組みをチェックするためのものであるが，効果的な修正アプローチは多数あるため，答えは1つではない。アプローチは技術的に異なるかもしれないが，カテゴリーとしては同じである。

エクササイズを行う各個人ごとの質問にすべて答えることは不可能である。疑問は永遠に続くだろうが，問題は答えがないことよりも，質問自体にある。エクササイズについて検討するために，責任ある専門家としては，各個人の状態や目標，問題点に加えて，現在の機能性も知る必要がある。

本書では，各個人の個別な質問にすべて回答するという不可能なことに挑む代わりに，すべてのエクササイズやリハビリテーション，身体的なトレーニングで身につけるべき共通した基礎を示すようにする。これらの基礎や原則は，専門的なスキルに取り組む前に自然に身につけておくべきものである。

どのエクササイズをプログラムから外すべきか

すべてのケースにおいて，FMSやSFMAの結果から提案できることが2つある。1つ目の提案は，現在のエクササイズプログラムや活動リストから何を外すべきかということである。プログラムから外す必要があるエクササイズや活動は，動作機能不全に対して逆効果となる可能性があり，また機能不全の原因にもなりうるからである。2つ目の提案は，プログラムにどのようなコレクティブエクササイズを追

加するかということである。

　スクリーニングやアセスメントによって動作パターンの機能不全を特定できたのであれば，これらの機能不全は何らかの理由でつくられた，あるいは徐々に生じる過程を見過ごされたと考えるべきである。どのような原因であっても，おそらく5〜10歳，あるいは20歳の頃にはなかった機能不全が今あることは事実なので，今こそこれに対処しなければならない。

　最初のステップは，機能不全のあるパターンに最も関連する活動を中止することである。例えば，シングルレッグスタンスやハードルステップに機能不全があれば，これらが改善するまではランニングやジョギング，片脚立位での活動を行わないようにする。このメッセージを誤解しないでもらいたい。これらの活動が悪いのではなく，機能不全の原因になったというわけでもない。コンディショニングのために機能不全パターンを伴ったエクササイズを行ってしまうと，正しい動作パターンを取り戻すのに逆効果となり，また傷害リスクの増大にもつながるためである。

　不運にも，クライアントや患者が好んで行う活動やエクササイズを一時的に中止しなければならないこともある。動作パターンが許容できるレベルになれば，お気に入りの活動やエクササイズをすぐに再開することができるだろう。

　どのくらいで機能不全のある動作パターンが改善するかは，その人次第である。クライアントはパターンの改善にどの程度取り組みたいのか？　どれくらい熱心に，集中して取り組めるのか？　自宅でのエクササイズに意欲的だろうか？　我々が好みの活動をいつまで禁止するかということではなく，クライアントや患者自身がどれほど熱心にウィーケストリンクに対して取り組み，再開できるようにするかということなのである。

　どの活動を中止するかを判断するために，FMSやSFMAのデータを用いる。ショルダーモビリティリーチングの制限が大きく，非対称性がある場合には，肩や上肢に荷重や強い抵抗が加わるすべての活動を中止する。ディープスクワットが制限されている場合には，負荷を加えたスクワットは行わないようにする。これは部分的なスクワット動作やレッグプレスも行ってはいけないことを意味する。シンプルで簡単なことのように思われるが，クライアントや患者の多くは痛みに耐えながら機能不全パターンを伴うエクササイズを継続し，新たなケガを招く結果となる。

　コーチやトレーナーは細かい技術的な忠告が常に有効であると考えることが多いが，良いコーチングを行っても基本的動作の機能不全を改善させることはできない。エクササイズやウエイトトレーニングに対する技術的な指導は，基本的な可動性や安定性が認められる場合に限って行うべきである。基本的な可動性や安定性が確立されていれば，これらに関連した新たな動作やエクササイズを行ったり指導したりできるが，基本的な動作においてこれらが認められないのであれば，複雑な動作において自然に認められるようになることはないだろう。

　これが，FMSとSFMAにおいて，動作を再構築するために「発達過程の後戻り」を使う理由である。FMSの修正ストラテジーでは，基本的な可動性を確立した後に，無負荷での動作や介助動作を行い，それから静的・動的安定性に取り組む。このような方法によって，身体の動作システムで機能していない，あるいは失われた関連性を再構築することができる。

　FMSとSFMAによる提案は，2本の柱で成り立っている。機能不全があり痛みのない動作パターンに対する修正ストラテジーを提案することと，痛みや機能不全によって複雑化していない動作パターンを含む活動を特定して継続させることである。

　最優先事項は，回避すべき動作パターンエクササイズである。機能不全パターンを再構築する際には，コンディショニングプログラムから機能不全パターンに関連するすべてのエクササイズを一時的に取り除くようにする。完全な修正ストラテジーには，エクササイズやテクニックを加えることと，問題のあるパターンを行わないようにすることの両方が求められる。

　ほとんどの場合，初回のエクササイズ後に機能不全のある動作パターンにある程度の改善がみられるはずである。機能が完全にならない場合や全く変化しない場合もあるかもしれないが，時間がかかって

も改善しているならば，継続して行うようにすべきである。動作機能不全の多くは，長い期間をかけて徐々に生じるため，これらを改善させるには時間をかける必要がある。

■ コレクティブエクササイズは補助的なものである

コレクティブエクササイズは，補助的かつ一時的なものであることを常に考慮しておく必要がある。最終的な目標は，動作を許容レベルまで回復させ，修正ストラテジーを継続する必要なしに，パフォーマンスレベルを向上させながら動作の質を維持するエクササイズプログラムをデザインすることである。もちろん，慢性的な問題がある場合や，問題が持続している場合にはコレクティブエクササイズを行うことが望ましいが，これらのエクササイズはほとんど補助的なものとなるべきである。コレクティブエクササイズは動作パターンを改善すべきであるが，動作パターンを維持するために継続してコレクティブエクササイズを用いる必要があるならば，機能不全の予防について考慮すべきである。Ben Franklinの「1 gの予防は1 kgの治療に匹敵する」という言葉を考えてほしい。

適切なアプローチによって修正を継続する必要性が完全になくなれば，コレクティブエクササイズを1 kgの治療にしてはならない。エクササイズの選択や方法の悪さが，動作機能不全の初期段階における主な要因となりうる。

ヨガやケトルベルトレーニングは，専門家による指導や継続的な練習，個人的な対応が必要となる動作形式の例である。この2つのトレーニングや，他の動作を意識する必要があるトレーニングは，単純な有酸素運動のサーキットや8分間の腹筋運動などとは対極にあるものである。一見，これらの高いテクニックを要する動作形式のトレーニングは，動作がゆっくりであると思われるかもしれない。強度の高いエクササイズクラスやフィットネスブートキャンプのような活気がなく，つまらなく感じるかもしれないが，高いテクニックを要する動作形式のトレーニングに時間を費やせば，結果的にはその分だけ利益が得られるのである。

精神的・身体的な要求が高い動作スキルを学ぶことで，質の高い運動学習による副産物として健康が得られる。エクササイズの時間帯が頭から離れないというようなこともなく，やる気を出すための大音量の音楽や鏡を必要としない非常に健康な人もいるのである。彼らは完全に身につけることはできないことを理解していながらも，動作スキルをひたすら練習する。エクササイズを正しく用いて，常に動作を意識しているのである。エクササイズの正しさについてはあまり話題にならないが，非常に重要な観点である。

エクササイズ：コレクト（正しい）とコレクティブ（修正）

コレクティブエクササイズは，動作パターンの機能不全を改善する最も有効な方法であると思われるが，予防法として最も有効とはいえない。今あるよりもっと良いエクササイズのテクニックを構築し指導できれば，コレクティブエクササイズを行う必要性はほとんどなくなり，リハビリテーションやリハビリテーション後にコレクティブエクササイズが必要な状況になったときにとっておくことができるだろう。

コレクティブエクササイズは，エクササイズの悪い選択，身体活動の不足や過剰による身体能力の低下などによる影響を取り除くためにも用いられる。傷害やバランス不良はなくなることはないだろうが，身体的なトレーニングでコレクティブエクササイズを行う必要性を最小限に抑えることは可能である。パフォーマンスを向上させ，適切な機能的動作パターンを獲得させるエクササイズをデザインすることで，より高い機能が得られるだけでなく，同時に傷害リスクを減少させることもできる。

そのためには，リスク管理をしながらパフォーマンスの目標を達成できるエクササイズや競技のためのコンディショニングのガイドラインをまず最初に作り上げる必要がある。これによってFMSやSFMAからの情報が得られ，最初のプログラムをうまくデザインすることで今後のスクリーンの結果を改善する積極的な取り組みができるようになる。

動作パターンの問題を解決するためのコレクティブエクササイズの方法を検討する前に，まず動作の問題を生じさせない優れたエクササイズモデルについて述べる。

■ 正しいエクササイズ

フィットネスを素早く改善する方法を検索すると，戦略的な高額商品やブーム，一時的な流行などが見つかるだろう。それがばかげたものであることは皆知っているが，残念ながらそれらを支持するものがいる。優れた競技能力を得ようとすると，プロ選手やエリートアスリートが行っている練習やトレーニングにたどり着くと思われるが，クライアントが同じ方法を行う場合には，プロ選手が行っている練習以外もすべて同じようにすることが求められるのである。

正しいエクササイズとは，パフォーマンスと耐久力の向上という目標達成に悪影響を及ぼすエクササイズを除外するという考え方のことである。これは最近参加した学会やコンベンション，インターネットなどで見つけたハイテクなエクササイズだけを行うことではない。正しいエクササイズを見つけ出すには，まず不必要なエクササイズを取り除くことである。正しいエクササイズの選択をすれば，エクササイズを追加する必要はない。リスクを軽減し，パフォーマンスを高めるために，弱点に的を絞ってデザインされているのが正しいエクササイズである。

歴史的にみると，エクササイズには攻撃や防御，危機的状況に対処するため行われてきた背景がある。このような活動からエクササイズやトレーニングが必要となるスポーツや趣味に発展してきた。今日ではエクササイズ自体が習慣的なものとなり，単なる競技力向上や身体鍛錬のためだけではなくなってきている。目標のない気分転換として，また座っていることが多いライフスタイルを補うためにエクササイズを行っている。目標があったとしても，それは生理学的あるいは競技能力の1つの側面に基づいたものが多い。エクササイズをスポーツや娯楽として行う場合には，エクササイズの種類やレベルでしかパフォーマンスを評価することができない。

トレーニングやエクササイズには，有形と無形の両方の効果がある。身体トレーニングは，古くから身体的なスキルを向上させるために用いられてきた。また昔から通過儀礼や瞑想を目的としてヨガやダンス，長距離走などが行われてきた。

今日では，速く走るというような特定の結果を望んでエクササイズに打ち込む場合がある。エクササイズを行ってもスピードが充分に改善しない場合は，行っていたエクササイズを止めて新たに良いトレーニングを探す。また別の場合には，エクササイズの効用には，個人の価値観が非常に反映される。しかし，それらは身体的な基準に対して定量化することはできない。つまりエクササイズは，身体能力と耐久性の向上，あるいは健康増進（幸福）と，身体的な回復の効果がなければならない。

古代の戦士は，最良のトレーニング法を素早く選択し，戦いの準備として親善試合を生み出した。昔のヨガの実践者は，ヨガを行うことで柔軟性の向上や痩せる効果などは求めていなかった。呼吸に集中し，日常的に行う動きながらの瞑想としての効果を享受していた。走る時には，目標を達成したか確認するためのストップウォッチは不要であった。彼らは争い，生き残るため，あるいは心と身体を再び結びつけるために走ったのである。

今日，我々は常に心と身体を再び結びつけることと，優れた結果，健全な競争を同時に期待している。我々は健康，体力，競技などの目標達成に必要な最良のトレーニングの選択方法や，結果を効率的に評価する方法がわからない。また，心と身体の結びつきや幸福のためにエクササイズを行う方法を知らないのである。ふつう1つの活動しか行う時間がないので，時間を節約しようとして，楽しみや様々な成果が得られることを忘れてしまっている。我々は有形と無形の性質を組み合わせて究極の複合的な活動を作り出そうとして，両方に悪影響が出てしまった。

この罠に陥らない方法は，まず身体面の目標を設定し，その目標に向けたトレーニングを計画してから，次に，我々を再び活気づけ，結び付けてくれる健全な動作を得るために時間を割くようにすることである。効果を最大にするために，有形・無形の性質を分ける必要があるが，それぞれを充分に理解できれば，2つを組み合わせることが可能になること

が多い。

　目的のために，まずパフォーマンスや耐久性を高めるという身体的な目標に向けてデザインされた客観的なエクササイズの基準に注目する。エクササイズやトレーニングにおける次の段階は，回復の領域になる。最も有効な回復と組み合わせなければ，最良の選択をしたエクササイズの効果を最大限に得ることはできない。動作スクリーニングの知識とエクササイズの目標を考慮してプログラムを見直すと，最良の回復方法は生理学的なパラメーターと動作パターンを正常化させることだとわかる。

　ハードなトレーニングや競技を行って限界まで追い込むと，FMSのスコアが一時的に低くなることがある。動作をリセットしなければ，動作パターンの質の低下に気づかずにハードなトレーニングや競技による悪影響が出てしまう。適切な回復によって，モーターコントロール，可動性，姿勢，筋や組織の伸張性などを早く元の状態に戻すことができる。

セルフリミティングエクササイズ：自然で正しいエクササイズ

　セルフリミティング（自己制限式）エクササイズ（**表10-1**）は，我々がエクササイズや動作と結びついていることを感じさせてくれるもので，しっかりと取り組むことで身体認識（awareness）を高めてくれる。このエクササイズは，フィットネスマシーンによるエクササイズのように簡単に取り組めて，すぐに方法を覚えられるようなものではない。

　最も古い形式のエクササイズは，セルフリミティングであり，注意深さやテクニックが必要なものであった。簡単に操作できる器具やトレーニング用の自転車などによるコンディショニングは存在しなかった。偉大な重量挙げの選手はリフティング方法をよく学び，偉大な格闘家やランナーは戦い方や走り方をそれぞれよく学んでいた。エクササイズの質と量が結びついていたのである。

　セルフリミティングエクササイズでは，動作，アライメント，バランス，コントロールに対する注意深さや意識が求められるので，ヘッドフォンをつけてトレッドミルの上を歩いたり走ったりしながら，モニターを操作したりニュースをみたりすることはできない。セルフリミティングエクササイズ自体に没頭しなければならないのである。

　最もわかりやすいセルフリミティングエクササイズの例には，ベアフット（裸足）ランニングがある。裸足で走ると，ランナーは足底からの感覚情報と結びつくことになる。これは足底の感覚神経が他にみられないほど密に分布しているためである。この感覚神経は，手や目，耳にある神経と同じように周囲の状況に対応することができる。足底の感覚神経からの情報は，地形の変化に合わせた動作や歩幅，リズム，姿勢，呼吸などを常に調節することに役立っている。

　最新のランニングシューズは，視覚に次ぐものと考えられている足底の感覚を無視しており，ランニングシューズの開発と平行してランニングに関連したケガが増加していることはよく知られている。裸足で走れば，大きなストライドや踵から地面につくようなことはみられない。このような動きは本来の走り方ではないので，衝撃が加わり，違和感や痛みが出てしまうからである。裸足のランナーが走ることによるケガを避けるために痛みを感じたら素早くストライドを変化させることは普通のことであり，一方，最新の快適なシューズを履いているランナーが足底からの痛みの感覚と引き換えに走れなくなるような痛みを後で感じることは特に珍しいことではない。

　現代のランナーは，弱い部分を補うためブレースを使うが，多くはリハビリテーションを行う責任を放棄したり，リハビリテーションの過程と途中経過に不満を抱いたりしている。Christopher McDougallは，著書『Born to Run：A Hidden Tribe, Superathletes, and the Greatest Race the World Has Never Seen』の中でこのコンセプトについて述べており，科学技術の進歩よりも歴史的な事実や長年かけて実証されてきた原則を取り入れるべきであることを気付かせてくれる。また，医学的および生体力学的問題，先住民やエクササイズコンセプトの問題，さらに我々が表面的な結果と引き換えに動くことの楽しみを失ってしまったことなどにも言及している。

表 10-1　セルフリミティングエクササイズの例

痛みや違和感による ボディマネージメントの習得	バランスビームウォーキング
	クライミング
	ベアフットランニングなど（ポーズランニング，チーランニング，エボリューションランニング）
	ファーマーズキャリー
呼　吸	クロコダイル呼吸（ヨガ）
	ローリングパターン
	古典的ヨガの呼吸法
	伝統武術の呼吸法
	パワーを出すための加圧呼吸法
	シーソー呼吸（フェルデンクライスメソッド）
グリップ/肩/コア/コントロール	ゴブレットスクワットからオーバーヘッドリフト
	ボトムアップクリーン，ボトムアッププレス
	トールニーリングでのボトムアップクリーンアンドプレス
	トールニーリングでのボトムアッププレス
	クライミング
	ヘビーロープ（ブルックフィールド）
バランス，狭い支持面上でのコントロール	トレイルランニング
	ハーフニーリングでのボトムアッププレス
	シングルレッグデッドリフト
	シングルレッグ・メディシンボールキャッチ
	ハーフニーリング・ケトルベルハロ
	トールニーリング・ケトルベルハロ
	ゴブレットスクワットからハロ
	ハーフニーリング，トールニーリングでのメディシンボールスロー
	シングル/オルタネートレッグジャンプロープ
姿勢と協調性	ジャンプロープ
	インディアンクラブスイング
	トルコ式ゲットアップ
	ケトルベルオーバーヘッドウォーキング
	ファーマーズキャリー
	サーフィンとスタンドアップパドルボード
コンビネーション	クロスカントリースキー
	トレイルランニング
	シングルレッグスクワット
	シングルアームプッシュアップ
	ハーフニーリング，トールニーリングでのチョップアンドリフト
	ハーフニーリングでのボトムアッププレス
	トールニーリングでのダブルプレス
	シングルボトムアップ，クリーン/スクワット/プレス
	ダブルボトムアップ，クリーン/スクワット/プレス

コンビネーション	ヨガ
	ピラティスマットワーク
	武術の動作
	クライミング
	サーフィンとスタンドアップパドルボード
	障害物走
	スパーリング
	ランニング・アップヒル
	ランニング・ダウンヒル
	圧縮された競技活動：より狭い場所，素早いプレー，1対1や不利な状況などで行うこと

注1：これらは，想像力をかき立てるための提案にすぎない。各活動は正しいテクニックで行う必要があり，まちがった方法で行ったり，ただ疲労するため（体を動かすため）に行ってはいけない。

注2：これらは魔法の活動ではないので，動作の質が自動的にインストールされることはない。単にチャレンジする機会を与えてくれるだけである。各活動には自然の障害物が立ちふさがり，技術的な注意が必要となる。バランスと筋力，あるいは俊敏性とアライメントなど，同時に用いられることが少ない性質のものが調和よく組み合わさっている。通常，これらの活動を安全に行い，最大限の効果を得るためには，指導を受ける必要がある。このことを遵守しなければ，リスクが生じる可能性がある。

　　専門家からの指導を受け，辛抱強く，細かい点に注意することで，動作能力の自然なバランスがとれるようになる。これらの活動ですべてのエクササイズプログラムを作成する必要はないが，その一部を取り入れることで自然な制限や技術的なスタンダードに対する心と身体の能力を試すことができる。これらの活動からは多様性が得られるだけでなく，最終的には身体バランス，自信，高いレベルの動作能力を獲得することができるだろう。

　この本は，探究心のある故障が多いランナーの視点を通じて，トレーナーやコーチ，リハビリテーションの専門家が，それぞれの専門性について考える手助けとなる。その調査内容やストーリーは，我々すべてが充分に理解できる重要な点と点をつなげている。McDougallは旅の中で，リハビリテーションやコーチングに関する論理的でシンプルな知恵を発見した。問題は，それを見つけるために詳しく調べる必要があったということである。彼が調べなければならなかった原因の一部は，我々が行っている動作の評価，エクササイズ，リハビリテーションが不充分なためであった。

　セルフリミティングエクササイズに分類されるものは，呼吸，グリップ，バランス，正しい姿勢，協調性と関係するものである。エクササイズの中には2つ以上のセルフリミティングエクササイズが結びついているものもあり，それぞれが自然に組み合わさったもので発達の助けになる。このようなエクササイズは，様々な効果を得るために全体の動作を調整しながら基準にかなった形と機能を生み出すのである。我々が動作をトレーニングする際には，解剖学的構造に自然なストレスがかかっている。

　セルフリミティングエクササイズは，予防的なメンテナンスやリスク管理としてではなく，本来の動作を失わずに維持しているかを確認するものとして，トレーニングプログラムの要になるべきである。このエクササイズによる制限は，我々を本来の状態に保ち，ウィーケストリンクに我々を引き戻させる（本来そうあるべきなのだ）。

　正しく用いれば，セルフリミティングエクササイズは悪い動作を改善し，機能的動作の質を維持してくれる。このエクササイズは能力が試される難しいものであり，エクササイズ自体に没頭することで神経系に高い負荷がかかり，意識レベルや反射レベルでのモーターコントロールを高めてくれる。

　我々はいつも自分のウィーケストリンクを認めず，またトレーニングでウィーケストリンクに取り組もうとせずに，最初の段階で正しい機能的動作パターンを損なう原因となる行動をとってしまう。トレーニングにセルフリミティングエクササイズを組み込むと，ウィーケストリンク以上には強くなれないというメッセージを絶えず受け取ることになる。

課題と困難

我々はエクササイズを課題として用いるが，課題は量とともに質に取り組むことが重要である。レクリエーションレベルの重量挙げ選手やランナーは，より重いウエイトを持ち上げることやタイムを短縮することと同程度に，テクニックや動作の質を重視することは稀である。しかし，記録保持者のようなエリートアスリートは，質と量の絶妙なバランスが基本であり，これを常にモニターする必要があることを知っている。

パフォーマンスを向上させるには，身体を痛めつけて限界まで行うような高い強度のエクササイズを自分に課すことが必要だと考えている人が多い。これが誤りであることを説明するには，車のテストドライブとチューンナップを例に考えてみるのがよいだろう。

テストドライブは，限界まで行って体力を調べるエクササイズと同じである。パフォーマンスを改善する際に，時間を記録して目標を設定するために必要な手段である。

対照的に，チューンナップは最適あるいは正常に機能していない身体システムに対して意図的に注意を向けるエクササイズと同じである。FMS や SFMA から，チューンナップするための情報の一部を得ることができる。このチューンナップの過程によって動作パターンを最適化・正常化させるのである。「新たに，何度も，完璧に」行うという考え方を用いて選択することが，動作のパフォーマンスをチューンナップする場合の方法である。

高い強度のエクササイズは，動作パターンを強化する。動作パターンが最適であれば，強度の高いエクササイズはその動作パターンをサポートするが，パターンに制限がある場合には制限を強化してしまうだろう。

強度の高いエクササイズを行う際には，準備と保護にも同程度の時間をかけながら取り組むようにする必要がある。プロスポーツ選手にかかわっているストレングスコーチはこのことを知っており，古代の戦士も理解していたのである。強度の高いエクササイズで限界までテストするのもよいが，通常は余力を残しておく必要がある。テストドライブとしてのエクササイズは改善度を測定し，新たな目標を設定するために用いられるが，この目標はテストドライブによっては達成できず，戦略的なチューンナップを何度も繰り返すことで達成される。テストドライブで良い結果を出すには，チューンナップが重要となる。

エクササイズを行う場合，ほぼすべてのエクササイズをテストドライブのように行っていることが多い。このように強度の高いエクササイズを中心に行っていることが，多くのトレーニングに関連した傷害の原因となっている可能性がある。エクササイズを競うことは今に始まったことではなく，その日のエクササイズをインターネット上に公開する人も多い。これは常にテストドライブを行っているようなものであり，エクササイズが競争やエンターテイメント，公開試合などに変わってしまっている。エクササイズの専門家であれば，適切で合理的なエクササイズを計画することと，エクササイズ界における社会的ニーズは異なることを認識するべきである。

例え高い強度のエクササイズを行っても，手当たり次第にエクササイズを選んで行うような方法では，最良の結果は決して得られないということを，知らせなければならない。エクササイズで競争する場合には，必ず合理的かつ客観的な原則に基づいて個別に目標を設定し，その目標と現在の状態とを比較するようにする必要がある。

正しいトレーニングやコンディショニングのためには，エネルギー消費について以外にも学ぶことが多くある。より良いメカニクスや協調性，呼吸，ストラテジー，感情マネージメント，アライメント，回復など，エクササイズで学ぶ機会はいくらでもある。

思いつきで強度の高いエクササイズを行うことから，修正やコンディショニングを合理的に構成するものへと変わって行かなければならない。これは，知識のある専門家が原則を踏まえて，安全で効果的な結果を一貫して生み出すシステムを利用することによって可能となる。

コレクティブエクササイズの目標

コレクティブエクササイズの目標は，基本的・機能的な動作パターンにみられる測定可能な機能不全を解決もしくは軽減することである．これには，パターンをサポートしている可動性や安定性を分解してから，パターンを再構築することが必要になることもある．充分な可動性と安定性を有している場合には，動作パターンやモーターコントロールに対するコレクティブエクササイズに焦点を当てることができる．

個人やグループにおいて求められる改善方法はそれぞれ特異的なものであるが，ファンクショナルムーブメントシステムで行うすべてのコレクティブエクササイズは，シンプルだが非常に特異的な過程をたどる．

第1段階

コレクティブエクササイズは，FMSとSFMAによって定められた動作のベースラインに基づいて行われる．スクリーニングやアセスメントのなかで動作パターンのランクづけを行う．これにより，非対称性や動作困難，痛みのような動作パターンの機能不全に関する有用な情報が得られる．スクリーニングやアセスメントによって問題のある動作パターンが特定されたならば，問題が修正されるまではこの動作パターンに関連したエクササイズやトレーニングは行わないようにする．スクリーニングやアセスメントで痛みを生じる動作パターンが示されたら，医療の専門家による検査を受けなければならない．

第2段階

コレクティブエクササイズの枠組みによって，最適な修正カテゴリーやコレクティブエクササイズを選択する．動作の問題に対する最良のエクササイズは1つだけではないが，この中から選択すべきというカテゴリーがある．FMSやSFMAを，1つの最良の修正ストラテジーやコレクティブエクササイズを選び出すためのものとしてみてはいけない．最初にすべきことは，悪影響を及ぼすすべてのエクササイズを排除することと，有益なエクササイズの方向性を選択することである．

第3段階

コレクティブエクササイズの最初のセッションを行った後，ベースラインからの変化をみるために動作パターンを再度チェックする．改善と悪化の両方を確認する．この情報を用いて次回のセッションで用いるアプローチを修正する．

第4段階

問題となっている動作パターンが明らかに変化したら，他の動作パターンの変化を確認し次に優先すべき動作パターンを決定するために，FMSやSFMAを再度行う．問題のある基礎的動作パターンをリセットすることにより，焦点を当てていなかった他の動作パターンが改善することがある．他の動作パターンに明らかな改善がみられなかった場合でも，少なくとも基礎が好ましい状態から次の修正アプローチを行えることになる．

これらの4つのステップによって，このシステムにおけるコレクティブエクササイズを成功させるための枠組みが得られる．

- FMSとSFMAのルールに従うことで，最も基礎的な動作の機能不全を見つける．
- 適切なカテゴリーから最も実用的なコレクティブエクササイズを1つか2つ選択して行う．
- コレクティブエクササイズを指導し，正しくできているのを確認したら，FMSとSFMAの中から該当するテストを行うことで，基礎的な動作パターンの機能不全が改善しているかをチェックする．
- 改善がみられない場合には，FMS・SFMAの手順や選択したコレクティブエクササイズ，エクササイズの指導内容や実施方法などを再確認する．このように再確認することで，効果のない誤ったエクササイズを選択した場合に費やしてしまう時間を最小限にすることができる．

■ 進歩するために

このスクリーニングシステムは，エクササイズとリハビリテーションの専門家の仕事を手助けするようにデザインされている。コレクティブエクササイズの量やプログラムを策定する専門的なスキルを発揮することが1番であり，計画的にエクササイズを行うという定義に合致する。ベースラインと何度も比較してすぐにフィードバックを受けることで，コレクティブエクササイズの選択が正しいか誤っているかを確かめることができる。これが専門家として進歩している証であり，コレクティブエクササイズを効果的に用いることに習熟する一番の方法である。

このシステムの構造が示すフィードバックに基づいて，次の行動をとるようにする。このシステムでは，スクリーニングやアセスメントのプロトコルを順守することが求められるが，修正ストラテジーは系統的で個別的なアプローチとなる。

「系統的」で「個別的」なアプローチという言葉は矛盾しているようにみえるが，システムが生み出すものを正確に表わしている。このシステムは，特定した機能不全に対処するために最も適したエクササイズのカテゴリーを示し，機能不全を改善する最良のエクササイズを選び出してくれるだろう。

これらのエクササイズは，まず可動性や安定性のおおまかなカテゴリーを示す。可動性や安定性のカテゴリーの中で用いるすべてのエクササイズをグループ化したら，動作パターンに基づいてサブカテゴリーを作ることができる。大部分のエクササイズは，主要な動作パターンか2つの動作パターンを組み合わせて行うことになるだろう。新たなエクササイズを探す前に，現在用いている指導しやすいエクササイズをカテゴリー化する時間をとるようにする。

このように行った後は，最初に選択したコレクティブエクササイズの結果に基づいて適切な対策を立てることができるだろう。コレクティブエクササイズの最初の反応を確認するまでは，台本が用意されているのである。その反応をもとにして次のステップを決定する。

我々は特別なエクササイズの方法を使いこなせるようになった。この方法は，可動性と安定性をターゲットにしたエクササイズとなるべきである。まずは自分の専門範囲内でできることを行い，効果のある方法とない方法を見極める。その後で，問題のある方法を変えたり，立て直したりする別の方法を見つけるようにすべきである。

下のホームページでさらに詳細な情報，動画，アップデートが入手可能である（英文のみ）。
www.movementbook.com/chapter10

11
修正ストラテジーの進め方

　主なまちがいの大部分は修正ストラテジーを進める際に生じるので，本章はとくに重要である。我々が指導していて非常に残念に思うことは，コレクティブ（修正）エクササイズの情報を急いで得ようとして，スクリーニングやアセスメントの情報を充分に把握しないことである。このような人は，誰でも簡単に改善するエクササイズを期待していることが多いが，コレクティブエクササイズはそのような簡単なものではないのである。

　コレクティブエクササイズを成功させるためには，知識と専門性が必要となる。最初に動作パターンのスクリーニングやアセスメントを行うことで，従来のエクササイズに対する思考過程からのパラダイムシフトが可能となる。基礎運動学の講義からは，各筋群に対してエクササイズを行えば，自然にすべての筋が機能的・効率的に作用するような印象を受けるかもしれない。エクササイズ理論のほとんどが力学的な反応をみる基礎運動学と生理学に基づいており，モーターコントロールの複雑なシステムや反応が見落とされてしまっている。

　力学的な制限が同じ人でも動作パターンは非常に異なる場合や，違った制限のある人でも動作パターンが同じになる場合があり，動作パターンと力学的な制限の間には一貫性がみられない。動作パターンは運動系全体を表わしているので，エクササイズの選択は常に動作パターンに基づいて行うべきである。

　スクリーニングやアセスメントによって機能不全パターンが明らかになり，この機能不全パターンが改善することで，エクササイズの選択やプログレッション（エクササイズの難度を徐々に上げること）が正しいかを確認することができる。的確なパターンに取り組んでいることがわかれば，パターンの分析に基づいて次の意思決定を行えるようになる。

　ファンクショナルムーブメントスクリーン（FMS®）とセレクティブ・ファンクショナルムーブメントアセスメント（SFMA®）は，両方とも動作パターンを系統的に分析するものであるが，分析方法と特異性が異なっている。FMSは問題を分類するために，動作パターンのランク付けとコレクティブエクササイズのカテゴリーを用いる。FMSで得られた情報は，最も実用的で適切な修正カテゴリーに直接結びついており，このカテゴリーはパターンに影響を及ぼす問題の概要を示している。

　FMSは診断ツールではないため，他のテストを行わずに動作機能不全の原因を特定することはできない。このスクリーンの役割は，活動に伴うリスクを最小限に抑え，コレクティブエクササイズの進行を補助することである。リスク管理や適切なコレクティブエクササイズの選択と比べれば，明確な診断を下すことはそれほど重要ではない。

　SFMAでは，トップティアーテストで痛みや機能不全がみられた場合，その結果に応じたブレイクアウトテストを行う。このテストは機能的な診断を下す補助となり，機能不全をテストする部位を示してくれる。この情報は臨床におけるコレクティブエクササイズの立案にも役立つ。

　いずれにしても，FMSとSFMAでは動作パターンを分析し，その分析結果に基づいた意思決定を行うことになる。

筋のテンションとトーンがすべてである

　ヒトの姿勢や動作は，骨格や筋膜，関節を支持し，てこを働かせる筋系の意識的あるいは無意識的なテンション（張力）によって生み出されている。神経からのインパルスにより筋が部分的に収縮することで筋トーン（緊張）が引き起こされ，テンションが生じる。この部分的に収縮した状態が，姿勢や動作の基礎となる。

　筋は脳からの指令を待っている弛緩状態でも活動が停止しているのではなく，1日を通して様々なレベルで部分的に活動しているのである。姿勢やポジション（肢位）を変えたり動いたりすると，ある筋

はリラックスして伸張し，またある筋は収縮したり短縮し，その他の筋の長さは変化しないが，支持や安定化の役割を果たすためにテンションが亢進したり低下したりする．意識的あるいは反射的な活動は，ともに神経インパルスを増減させ，動作パターンや姿勢を司る筋活動の枠組みを生み出している．

ヒトは，ある動作パターンや姿勢を繰り返すことで，筋系における血液の循環やグリコーゲンの貯蔵，組織の収縮力などを改善するのと同時に，モーターコントロールに関与する神経系の構成要素も改善している．ハードウェアである身体とソフトウェアである精神のモデリングやリモデリングを効果的に行っているのである．

最も基礎的なレベルでは，すべてのエクササイズが筋のトーンやテンションに良い影響を与え，動作やモーターコントロールが効率的に作用するようにデザインされている．的確な筋トーンとテンションにより，適切なアライメントを維持しながら立ったり動いたりすることが可能となり，効率の悪い筋活動によるエネルギー損失がない効果的な動作や素早い反応が行えるのである．

運動科学において，筋は大きな肉のかまどのように扱われてきた．ヒトはカロリーを消費し，呼吸循環器系に負荷を与えるために筋を活動させる．筋活動はカロリーを効果的に消費し，循環器系の機能を向上させる可能性はあるが，我々をうまく動かしてはくれない．我々は動作の質を目標にせずに，動作の量に焦点を当ててきた．座位の多い生活と不完全なエクササイズの基盤が組み合わされることで，非常に悪い動作パターンが身についてしまっている．

動作パターンの機能不全は筋骨格系の退行変性よりも先に生じることについても議論が必要である．痛みがあることで，筋のトーンやテンションが亢進し，モーターコントロールが変化する問題も同時に起こる．うまく動けないのは関節炎のためなのか，あるいは長年にわたる動作機能不全やアライメント不良，剪断力などによる退行変性のためなのか，完璧には答えられなくても，この疑問について考えることが重要である．

身体的，心理的なストレスも筋トーンやテンションの問題の原因になりうる．可動性や柔軟性に制限がある場合，ある肢位や動作で筋トーンは必要以上に亢進することが多い．これにより関節の動きが制限されたり，関節のアライメントが悪くなることで動作が制限されることになる．

バランスや安定性，モーターコントロールが制限されると，筋トーンとテンションが低下する可能性があり，反応の遅延やタイミングの悪さ，協調性の低下へとつながる．動作を観察する際には，交感神経系と副交感神経系を司る自律神経系を常に考慮しなければならない．

エクササイズの主要な点は，一般的および個別的状況下での神経筋系のトーンとテンションを改善することであり，基本的な目標は動作の効率化にある．効率化という言葉は，活動における持久性，競技スピードや敏捷性の向上，筋力とパワーの向上，失われた機能レベルを回復させることなど，様々な意味で用いられている．しかし，全体的な目標は常に効率化することである．

エクササイズの目的が，リラクセーションやパフォーマンスの向上ということもある．どのような活動であっても，エクササイズは全体的な動作パターンや特異的な動作パターンにおけるコントロールや効率性を向上させるためにデザインされた動作を繰り返し行うこととして定義できる．

コレクティブエクササイズを検討する際には，筋トーンとテンションに関する神経筋の基礎を忘れてはいけない．筋トーンやテンションは，スクリーニングやアセスメントにより明らかとなった動作パターンの機能不全の根本的な原因である可能性があり，また解決策にもなる．筋トーンとテンションは，自律神経系のサバイバルモードによってシステム自体を保護しているのか，あるいは効率性を高めるための活動や修復を行っているのか？　この質問に答える唯一の方法は，動作パターンの質の改善と低下をチェックし続けることである．

■ 機能不全パターン

簡単にいえば，機能的なパターンを回復させようとする前に機能不全パターンを分析することが最良の方法である．FMSでは動作パターンを分類するのに漸進的なエクササイズモデルを利用し，SFMAで

は痛みについても考慮が必要なので分類システムを用いる。

　特定した機能不全パターンは，目的としての役割もあることを認識する必要がある。痛みや代償，治癒していない傷害，コンディショニングの低下，不良なライフスタイル，自律神経系へのストレス，不良な動作や姿勢の癖などはすべて機能不全パターンの要因となるが，ほとんどの人は他の機能を維持するために機能不全パターンを悪化させている。動作の量を維持するために，動作の質が犠牲となっている。

　このことは，跛行はあるが痛みはない人の場合を考えると理解しやすい。歩行の専門家が，バイオフィードバックやフォースプレート，ビデオなどを用いて歩行の指導やトレーニングを行うこともできるだろうが，簡単なFMSの動作分析で片脚立位でのコントロール不良が明らかになるかもしれない。歩行に必要な基礎的要素があっても，歩行に問題があれば，トレーニングを行うべきである。基礎が不充分であれば，問題は歩行ではなく，その基礎をトレーニングすべきである。

　エクササイズやテストに系統的にアプローチすることによって，主な問題部位も明らかにできる。足部や足関節，膝関節，股関節，コアなどの身体部位にかかわらず，可動性や安定性に問題のある部位を特定して管理する。コレクティブエクササイズは，問題となっている部位を正しくトレーニングすることを目標にすべきである。

　しかし，これは別々に行うものではない。可動性に対する効果的なエクササイズを行い，安定性に対しては寝返り，四つ這い，膝立ち，片膝立ちといった発達段階に沿って進めていくようにする。適切な可動性があれば発達学的にアプローチすることが効果的であり，片脚立位を再確認することでフィードバックが得られる。歩行を再評価することで改善を確認できるが，改善が不充分であれば詳細な検査や他のトレーニング，あるいはより多くのトレーニングが必要となる。

　このアプローチは我々が知る中で最も効果的なストラテジーであり，脳に刷り込まれているものである。アプローチ自体はシンプルで，支持基底面をよ
り狭くしていくことで，姿勢を安定させる難度を上げていく。すべてのシステムに必要なものは，適切な可動性や知覚を発達させる多くの感覚入力，そして適切な行動様式である。直立位でのスムースかつリズミカルな歩行は我々に刷り込まれているが，一時的にその歩行が失われた時は無理やり矯正すべきではない。自然に回復させるようにしなければならない。

　科学的な進歩は自然のシステムを促すものでなければならない，無理に力で従わせるものであってはならない。機能不全のあるシステムの基礎が不充分な状態で，歩行を無理やり正しいパターンに修正しようとするのは，怒った犬のしっぽを手で掴んで振ることで喜ばせようとするようなものである。犬が喜んで自然にしっぽを振るように働きかけるべきである。基礎が改善するまでは，歩行や他の機能的パターンに直接働きかけてはいけない。

　機能不全を取り除き，機能的なものに置き換える努力とともに，変化を生み出した方法と生み出さなかった方法を認識しておかなければならない。機能不全を充分に置き換えることができなければ，基礎の埋め合わせをするためにまちがったオペレーティングシステムに戻ってしまう。

　コレクティブエクササイズは，アートであり科学でもある。ここでは効率的かつ効果的なコレクティブエクササイズストラテジーの理論，基礎的な科学，実践方法について説明する。トレーニングや実践方法の専門的な視点からアートやスキルを進歩させるのは，個々の専門家の裁量次第である。

　しばらくの間，専門性や専門家としての先入観を捨ててほしい。新鮮な気持ちでスタートし，ここで述べるストラテジーが，これまでの知識を異なる視点で考えるという目的でデザインされていることを確かめてほしい。現在行わせているエクササイズを改善したり，別の新しいエクササイズに変えたりする必要はない。今行っていることに客観的な価値があれば，このストラテジーの中でも使うことができるだろう。

　しかし，明らかなメリットが見つからなければ，それを捨てて次に移るようにすべきである。Seth Godinは『The Dip』という著書の中で，勝者は常

に断念していると述べている。多くの人は成功を断念する。しかし，非生産的なことをすぐにやめて，別の良いものに取り掛かることが成功者の特徴である。スクリーニングやアセスメントを正確に行い，最良と思われる改善策を行っても動作パターンが変化しなければ，その方法をやめるべきである。

FMSとコレクティブエクササイズ

　FMSはコレクティブエクササイズのプログレッションにより洗練されたり分解されたりする。これはFMSの各動作パターンに関連したエクササイズは，実際にはスクリーンの続きであることを意味する。エクササイズに点数をつける必要はないが，細心の注意を払う必要がある。コレクティブエクササイズをただ盲目的に行うのではなく，各エクササイズ課題における熟練度や不足度を確認する基準として用いるべきである。

　FMSのコレクティブエクササイズでは，2つの異なる方法でグループ分けを行う。まずFMSの7つの動作パターンテストにより，エクササイズをグループ分けする。次に，基本的な可動性から基本的な安定性へ，さらに動作パターンの再トレーニングへと進める手順に従う。

　具体的には，7つの動作パターンは以下のエクササイズと関連している。

1. **可動性エクササイズ**：関節可動域，組織の伸張性，筋の柔軟性に焦点を当てる。これは特定の動作パターンの各分節に必要となる基礎的な可動性のことである。可動性のカテゴリーには，各動作パターンでのストレッチングや関節の可動性を改善させるエクササイズが含まれる。このカテゴリーのエクササイズには，各動作パターンに必要な可動性を探求し，最終的にはすべての獲得を示すことが求められる。

2. **安定性エクササイズ**：動作の基本的な連動性に焦点を当てる。このエクササイズは，各動作パターンにおける開始肢位と終了肢位のコントロールを目標としている。安定性のカテゴリーには，開始肢位と終了肢位のコントロールに特に焦点を当てた，あらゆる姿勢コントロールが含まれる。筋力ではなく，タイミングに焦点を当てることが重要である。タイミングとはブレーキを素早く軽く踏むことであり，筋力はタイヤをロックする力のことである。安定性とは力ではなく，微妙なコントロールである。このエクササイズでは，口頭指示や視覚刺激を用いずに，適切に姿勢をコントロールできるようになる必要がある。

3. **動作パターンの再トレーニング**：協調性とタイミングを強化するために，基本的な可動性と安定性を各動作パターンに組み込む。

　これらのエクササイズは，反復練習や反応性ドリルによって自信を強化し，改善した可動性と安定性が相互に作用し協調するように，動作パターン全体を探求する。

　コレクティブエクササイズのプログレッションは，常に可動性エクササイズから始める。エクササイズは，可動性の制限や非対称性を確かめるために両側で行う。可動性の制限のある部位や，左右のどちらに可動性の制限があるかを知ったつもりにならないように気をつけなければならない。常に両側をチェックし，すべての可動性のエクササイズを行うことで可動性の問題を解決する。

　可動性エクササイズで制限や非対称性が明らかになった場合，そのパターンにおける可動性の問題を突き止めたことになるので，これがコレクティブエクササイズセッションの主な焦点となる。可動性が変化していないのに，安定性を高めるエクササイズを行ってはいけない。可動性が変化して改善したことを確認できるまでは，可動性に焦点を当てたエクササイズを続けるようにする。可動性を完全に正常化する必要はないが，改善が認められなければならない。可動性が改善して適切なエクササイズの姿勢やポジションをとれるようになってから初めて，安定性に対するコレクティブエクササイズに進むことができる。

　可動性の問題が少しでも疑われる場合には，安定性エクササイズを開始する前に必ず可動性エクササイズを毎回のエクササイズの最初に行うようにする。これにより，安定性エクササイズに必要となる

適切な組織の長さや関節のアライメントを確保できる。可動性のエクササイズは，安定させるために亢進した筋トーンやスティフネスを軽減させる。最適な可動性が得られれば安定性のエクササイズに移行すべきであるが，それでも定期的に可動性を再確認することを忘れてはならない。

安定性エクササイズでは，新たに獲得した可動範囲内で，代償的なスティフネスや筋トーンを用いない姿勢やアライメント，バランス，力のコントロールなどが求められる。このエクササイズは，従来の筋力強化エクササイズではなく，姿勢やポジションに対するエクササイズとして捉えるべきである。

可動性のコレクティブエクササイズで制限や非対称性がなくなれば，安定性のコレクティブエクササイズへと進む。制限や非対称性がみられないことは，動作パターンに必要な可動性を有していることになるが，モーターコントロールが効率的であることにはならない。

モーターコントロールの理論は，安定性の低下が筋力低下だけではないことを説明する際に役立つだろう。モーターコントロールとは，可動性，アライメント，バランス，タイミング，筋の最大下のクイックネス，協調性，効果的な同時収縮などを含む広範囲のカテゴリーである。モーターコントロールの効率が低下していると筋力が低下したようにみえるが，これに対してスタビライザー（安定筋）の筋力強化トレーニングを行っても解決策にはならない。

安定性とは筋力ではなく，最終域でも崩れない優れたモーターコントロールのことである。多くの安定性エクササイズが，軽い負荷，良い姿勢，最終域での保持や動作を用いる理由はこのためである。力を発揮するよりも，負荷の変化に素早く対応し，安定させることが重要である。

中間位での安定性も重要であるが，最終域での機能に特に注意を払うようにする必要がある。最終域での機能が充分であれば通常は中間域の機能も良好であるが，この逆が当てはまるとは限らない。中間域での良好なテンションは筋力で，最終域での良好なテンションは安定性，タイミング，統合性であると考えるべきである。可動性が重要だという主な理由はこのためである。最終域でのモーターコントロールをテストしていることを確認する必要がある。

安定性が改善したら，動作パターンの再トレーニングに進むことができる。動作パターンの再トレーニングは，コレクティブエクササイズによって適切な可動性と安定性を獲得した後に行うべきである。完璧な可動性や安定性は必要としないし，完璧になることもほとんどないが，パターンを行えるだけの可動性と安定性が得られるまでは，動作パターンの再トレーニングを行ってはいけない。

様々な促通法によって動作パターンの代償が減少し，質の高い練習を行えるようになる。原則は，動作のフォームや質を改善させるテクニックだけを用いるということである。このレベルのトレーニングに過負荷の原則を適応することは，効果的な修正方法ではない。

負荷や強度を急激に増やして難度を高めることは，制限や動作パターンの機能不全の原因となりやすい。動作パターンの再トレーニングの定義や解説については第12章で述べる。

SFMAとコレクティブエクササイズ

SFMAでは，機能不全のある動作パターンを分析するためにコレクティブエクササイズを利用するだけではない。SFMAのトップティアーテストは，論理的かつ系統的なブレイクアウトによってサポートされており，これらのブレイクアウトでは様々な方法で各動作パターンの動きを分析する。荷重位，非荷重位，対称あるいは非対称の肢位などで検査を行い，また他動的にも検査する。

SFMAでは分析の経過で動作の分類が変わる可能性があるため，系統的な分析が欠かせない。痛みを伴う動作によって生じた合併症が考慮の対象である。

SFMAによってコレクティブエクササイズを選択する場合，その責任の度合いはより高いものになる。リハビリテーションでは詳細な評価が必要となる痛みや機能不全の問題に対応しなければならない。FMSは機能不全だけを考慮するのに対し，SFMAでは痛みと機能不全の両方を考慮しなければならない。

SFMAのトップティアーテストではDN（機能不

全，痛みなし）であっても，ブレイクアウトで動作を分解して検査すると痛みが認められることがある．例えば，右のシングルレッグスタンスとオーバーヘッドディープスクワットがDNパターンであったが，ブレイクアウトで分析を進めていくと足関節の背屈動作にFP（機能的，痛みあり）パターンが認められることなどである．このような潜在的な問題があることから，痛みがなく機能不全だけがみられるからといって，単純にスクワットやシングルレッグスタンスのエクササイズを行うというように考えてはいけない．可動性を修正することで問題が見つかることが多いが，医療現場ではコレクティブエクササイズを処方する前に痛みを誘発する可能性があるすべての動作を検査する必要がある．

SFMAでは可動性，安定性，動作の再トレーニングという順番に従う必要はない．SFMAによって問題が可動性にあるのか，安定性にあるのかを予測し，この予測した問題を適切な機能障害の評価によって確認する必要がある．問題を確認したら，アセスメントと機能障害の情報によって示されたように，可動性の治療とコレクティブエクササイズを行うか，あるいは安定性の治療とコレクティブエクササイズを行うようにする．

医療現場では，可動性か安定性のいずれかを改善させる治療によってコレクティブエクササイズを行える状態にする必要があることが多い．治療とは患者に対して行うものであり，この基準からすると患者の役割は主に受動的なものである．しかし，患者はコレクティブエクササイズを自分で行う必要があり，この場合における患者の役割は主に能動的なものとなる．

可動性を向上させる治療には，軟部組織モビライゼーションや関節モビライゼーション，マニピュレーションなどのマニュアルセラピーを用いることができる．また，組織の柔軟性や動きを改善させる様々な物理療法も含まれる．これらのテクニックによって可動性に対するコレクティブエクササイズを補完することができ，コレクティブエクササイズを単独で行った場合よりも効果が得られることが多い．

安定性を向上させる治療には，促通あるいは抑制を目的としたテーピング，機能的なブレースや装具などのサポート用品といった様々なものがある．また，エクササイズを行う前にモーターコントロールを改善・促通するための様々な方法もある．

指導している個人やグループの特質，制約などの情報も関与してくるだろう．これは，SFMAによって必要な治療やコレクティブエクササイズが示されるが，場合によっては状況に見合った判断を臨床家自身が下さなければならないことを意味している．

治療やコレクティブエクササイズを行う際には，標準化されたシステムに従うのがよいが，様々な状況に合わせた独自の判断を下さなければならない場合もある．適切なファンクショナルムーブメントシステムの基準に従って各個人をカテゴリー化するが，その分類やカテゴリーの中では特殊事項や個別性も認めているのである．

このシステムでは問題のあるパターン，さらに可動性や安定性の機能的なレベルが示されるが，最終的には学習し習得したものの中から，最善の治療法やエクササイズ，プログラムを臨床家が選択しなければならない．

これこそがシステムを有効に作用させる最善の方法である．この構造によって専門的な整合性の基礎が得られるが，フィードバックループによって自立性や専門性の向上にも役立つ．これは，専門的な判断による標準作業手順（SOP）である．最初はカテゴリーの中で考えるが，情報を精密化することで一定の構造範囲内で自立して考えるようになる．最初にまちがったエクササイズや治療を選択しても，システムに再評価が組み込まれているのですぐに気づくことができる．

SFMAのコレクティブエクササイズは，FMSで用いるコレクティブエクササイズとよく似ており，また同じエクササイズも多数ある．コレクティブエクササイズは，動作の質の低下に着目したエクササイズと定義される．

動作の質の低下は，患者だけでなく，痛みのない人でも問題となることから，コレクティブエクササイズは医療現場でも，それ以外の状況においても使用できるツールとなっている．SFMAとFMSの目的は，異なる専門領域においてコレクティブエクササイズの使用を規定することである．SFMAとFMSの

両方にコレクティブエクササイズの使用に関するルール，指針，優先順位があり，これに関しては後で述べる。

エクササイズとリハビリテーションの専門家は，最も基本的な動作の問題を特定する基準がないまま，いずれのコレクティブエクササイズが有用であるかについて長期にわたって議論してきた。基準がないのに，どちらが優れているかどうしてわかるだろうか。

この新たな観点は，コレクティブエクササイズや一般的なエクササイズについての従来の議論とは非常に異なるものである。従来のエクササイズにおける観点は，運動学の用語による分類に基づいているが，このシステムは動作パターンによる分類に基づいている。

古いパラダイムでは，解剖学的な構造が改善することを意図していた。新しいパラダイムでは，解剖学的に変化しなくても動作の特性は変化するとして，解剖に加えて動作パターンとモーターコントロールを考慮している。

機能的な基準に従ってエクササイズを選ぶべきなのである。

コレクティブエクササイズとファンクショナルエクササイズとの違い

コレクティブエクササイズは3つの基本的なカテゴリーに分類される。

可動性エクササイズ：動作の基礎に制限がないことを目標としたもの
安定性エクササイズ：基本的なモーターコントロールを目標としたもの
動作パターンの再トレーニング：可動性と安定性を伴った機能的な動作パターンを目標としたもの

ファンクショナルエクササイズは通常，2つの基本的なカテゴリーに分類される。

一般的なファンクショナルエクササイズ：人の基礎的な動作パターンを補うエクササイズ
特異的なファンクショナルエクササイズ：特定のスキルや専門的な活動や競技を補うエクササイズ

コレクティブエクササイズとファンクショナルエクササイズは非常に誤解されている。理学療法におけるコレクティブエクササイズは治療用のエクササイズとみなされており，特に機能の回復や維持を目的としたエクササイズであると考えられている。フィットネスや競技において，「ファンクショナル（機能的）」とは実際の動きを意図したものや身体的な準備を意味することが多い。

ファンクショナルエクササイズは，単純に，他の動作にもある程度の影響を与える目的のあるエクササイズのことである。ファンクショナルエクササイズは，そのエクササイズ自体の動作能力だけでなく，直接は練習していない他の動作も改善しなければならない。負荷を加えたスクワットを行うことでスクワット自体の能力やパフォーマンスが改善しただけでなく，練習していない垂直跳びも改善した場合は，スクワットはジャンプ動作に対して機能したことになる。スクワットの能力が改善しても，垂直跳びが向上しなかった場合，スクワットはジャンプ動作に対して機能しなかったことになる。

このことを試してみると，一部の人には当てはまるが，他の人には当てはまらないことがわかるだろう。重要なことは，スクワットが垂直跳びを改善するファンクショナルトレーニングであるかどうかではなく，スクワットが垂直跳びに負の影響を与える身体的要素を改善したかどうかである。

要約すると，コレクティブエクササイズは機能不全や制限，非対称性がある場合に機能的な基礎を得るために行うエクササイズであり，ファンクショナルエクササイズは身体能力を高めながらその基礎を維持するためのものである。

ファンクショナルエクササイズを機能させる

「ファンクショナル」という言葉は，痛み，制限，非対称性や他の機能不全のない状態のことであり，動作本来の基本的側面を有していることを意味して

いる。ストレングスコーチの中には，この基礎的な能力をターザンストレングスと呼ぶ人がいる。ターザンは走り，登り，泳ぎ，戦うなど，様々な動きができる。それぞれの動作は特別優れたものではないが，すべてが良好な状態にある。走ることだけに集中してしまうと，泳ぐことや登ることのために必要な可動性を失ってしまうことを彼は知っている。泳ぐことや登ることのみに集中した場合，走ることや戦いにより得られる耐久性や俊敏性が得られなくなる。ターザンは常に様々な動作を組み合わせて活動しているために，補助的なエクササイズを行う必要がない。彼は身体で理解しているのである。

他のトレーナーの中には，これらの能力を農場の少年やレスラーのストレングスとして重視する人もいる。このようなプロフィールをもつ典型的なアスリートは，ウエイトルームでは特別目立つわけでないが，課題を行うためのてこの原理や角度，全身の使い方を直感的に知っているのである。

「ファンクショナルエクササイズとは何か」という疑問に答える際に，機器を使用することについて議論する人が多い。日常的な活動，仕事，競技などの動作に類似した動きで行うエクササイズであると考える人や，マシーンや複雑なトレーニング機器を用いない自然なエクササイズであるという人もいる。

これらのエクササイズを行えばすべて機能的な結果が得られることから，我々はこれらの説明を充分に理解することができる。しかし，これらの説明からは最良の定義が得られない。ファンクショナルエクササイズの定義は，実践的かつ明確なものである。つまり，基準に対して許容できるレベルまで機能を向上させるものがファンクショナルエクササイズであり，向上させることができないのであれば，それはファンクショナルエクササイズではない。

今度はパフォーマンスピラミッド（第10章参照）を考えることで，容認できる機能を定義しなければならない。まず，ファンクショナルエクササイズは基本的な動作パターンを改善・維持するものでなければならない。次に，基本的な身体能力を改善・維持するものでなければならない。最後に，競技や活動にかかわるスキルを改善・維持するものでなければならない。ある機能レベルを改善・維持し，他の機能を低下させないようにファンクショナルエクササイズを選択する必要があるので，この順番が重要となる。

歴史的にみると，ファンクショナルエクササイズには3種類の方法がみられる。

- 機能的動作の質の改善：これは実質的にはコレクティブエクササイズや機能的動作を維持するエクササイズである。
- 機能的動作の量の改善：これは通常の機能的なコンディショニングである。
- 特異的な機能的動作の質と量，つまり特定のスキルや活動，競技における量と能力の改善：活動やスポーツに特異的なコンディショニング

コレクティブエクササイズを単なる動作の質に対するファンクショナルエクササイズの下位分類であると考えている人もいる。コレクティブエクササイズ自体をカテゴリー化してほしいと考える人もいる。コレクティブエクササイズが動作の質の低下に対処するために用いられ，ファンクショナルエクササイズが機能的動作の量と能力を改善するために用いられている限り，ファンクショナルエクササイズとは何であるかについて議論することは無駄なことである。

やはり，ファンクショナルエクササイズに対する認識は依然として混乱している。人は常に自分の興味や考えるイメージによってファンクショナルエクササイズを定義してしまうのである。一般的な動作における機能とは，機能的なパフォーマンスや能力の強固な基礎である。機能的な能力は，特異的な機能的スキルを練習して完璧にするための強固な基礎となる。

機能的動作の基礎を築くための基本原理と実践方法について考慮していることが本書の利点である。我々はコレクティブエクササイズに関する考えを，同じ基準を用いて綿密に調査し続けることで洗練させてきた。

FMSとSFMAは，個人的な意見や好みのエクササイズを証明するためではなく，ファンクショナルエクササイズあるいはコレクティブエクササイズと呼

ばれる数多くのエクササイズの効果を信頼性をもって確認あるいは否認するためにデザインされたものである。本書で紹介したことの多くは，実際にFMSとSFMAによって明らかになったものであり，その意味でこのファンクショナルムーブメントシステムは，我々がここで紹介する修正ストラテジーを保証するに値するといえるだろう。我々はこのシステムの一貫した基準をもとに，コレクティブエクササイズなどの案をチェックし続けて来たのである。

コンディショニングエクササイズ，コレクティブエクササイズ，ムーブメントプリパレーション

コンディショニングエクササイズ

コンディショニングエクササイズは，1回のセッションではなく，より長期的に構造の統合性やパフォーマンスに神経生理学的な正の適応を生じさせることに焦点を当てている。効果的な目標を設定するには，適応を実証するための事前テストが必要となる。目標の例としては，骨格筋の肥大，筋力強化，除脂肪体重の増加，持久力や作業能力の改善などが挙げられる。

通常，コンディショニングエクササイズは周期化されている。ピリオダイゼーション（期分け）モデルは，アスリートの身体能力やパフォーマンスのピークを重要な試合の時期に合わせるのに役立つ。身体能力の向上は，神経筋の効率と代謝効率とが一致した結果である。どのような場合でも，1つのシステムに負荷がかかることで無理を強いられるようになる。神経筋の効率が最適な場合には，代謝系に負荷がかかる。このことにより，酸素や栄養，老廃物の輸送を適切な方向と割合で維持するためにストレスが生じる。代謝効率が適切である場合は，神経筋系に負荷がかかる。この負荷によって，姿勢や動作パターンを意識的あるいは意識下で調整することに加えて，身体分節の安定化や運動，感覚入力などの調整を絶えず行うことでストレスが生じる。どのような場合でも，この負荷は自然と入れ替わっている。

新たな活動を行う際には神経筋系に負荷がかかるが，これを高い技術量もしくは高い神経筋負荷と呼ぶことができる。活動が習慣となって楽に行えるようになれば，代謝システムに負荷がかかるようになる。これを高い代謝量もしくは高い生理学的負荷と呼ぶことができる。

どちらかの負荷が大きくなりすぎると代償が起こりやすくなり，代償が起こると動作パターンが低下する原因となる。これがトレーニングの負荷が高い場合に動作のスクリーニングを定期的に行うことが役立つ理由である。定期的にスクリーニングを行うことで，動作の質を低下させずに量を増加させるコンディショニングが可能となる。

コレクティブエクササイズ

コレクティブエクササイズは，1回のセッションで可動性や安定性，動作パターンの質に神経生理学的な正の反応を生じさせることに焦点を当てている。目標は構造的な変化やパフォーマンスではなく，筋のトーンや長さ，張力を正常化し，自由度の高い動作を獲得することである。これは安定性，固有感覚，タイミングやモーターコントロールが基盤となっており，基本的かつ機能的な動作パターンにおける制限や非対称性を正常化させることに基づいている。

効果的な目標を設定するには，1回のセッションでの陽性反応を実証するための事前テストが必要となる。最終的な目標は，動作のスクリーニングやアセスメントでの問題を正常化することであるが，動作パターンに対処する前に可動性や安定性に関する細かい目標設定が必要である。

目標設定はすべて動作機能不全の程度や複雑さに左右される。目標は完璧になることではなく，対称性や適切な機能を得ることが目標となる。

コレクティブエクササイズは柔軟かつダイナミックでなければならない。このことは，決まりきったプログラムでは進歩を制限する可能性があることを意味している。1回のセッション中に変化が生じることが多いので，その場で運動やエクササイズのレベルを上げるための準備が必要となる。

プログラムに固執せずに，ダイナミックであるべきである。変化を予測し，その変化をすぐ使わなければ消えてしまうという心構えをしておく必要があ

る。もし可動性が改善したら，その可動性を使うように静的安定性のドリルを行う。静的安定性のドリルが対称的にうまくできるようになった場合は，より動的なエクササイズを行うように進めていく。しかし，その変化が次のセッションまで持続すると思ってはいけない。ゆっくりと確実に進歩するようにと考えて，同じ過程を繰り返す必要がある。

　クライアントや患者にホームエクササイズを行わせることは良いが，大きな変化を期待してはいけない。自宅ではセッションで得た効果を維持してもらうようにする。すなわち，ホームエクササイズは得られた効果をできるだけ維持するためのものである。適切な変化が生じるようにコレクティブエクササイズをダイナミックに進めたり後退させたりすることで，大きな改善が得られるだろう。

■ ムーブメントプリパレーション（動作の準備）

　運動前に行う循環器系の準備に重点を置いた生理学的なウォーミングアップとは異なり，ムーブメントプリパレーションでは身体活動やスポーツ，トレーニングで用いられるパターンを重視する。また，ムーブメントプリパレーションにはまずコレクティブエクササイズが必要な動作が含まれていることもある。動作パターンを正常化するために用いるコレクティブエクササイズと同じように行うこともあるが，何かを修正するためにムーブメントプリパレーションを行うことはない。動作パターンの対称性や機能を補強し維持するために用いられるのである。

　ムーブメントプリパレーションでは，新たに得た機能的パターンを準備運動として最初に取り組むようにする。各個人に必要な動作パターンを行ってから，競技種目や活動に特異的な動作を行うようにする。これは動作に関連するニーズに取り組む最良のシステムとなる。

　まず個々に必要な動作を重点的に行い，次に活動に特異的な動作を行うようにすることで，修正した動作パターンが維持されているかを定期的に評価していることにもなる。

　ムーブメントプリパレーションは回復のためにも行われ，試合期や身体を追い込む時期のようにストレスが高くなる場合にはさらに何度も行うべきである。また，すべてのエクササイズを行う時間がないときには，ムーブメントプリパレーションで代用することもできる。

　ムーブメントプリパレーションによって活動に特異的な準備が促されるのである。

スキルトレーニング，コンディショニング，コレクティブエクササイズ

　専門家のコミュニケーションや問題解決能力を向上させるために，エクササイズを3つのグループに分けてトレーニングの基礎知識を理解することから始める。本書ではコレクティブエクササイズについて述べるが，コンディショニングエクササイズについても少しだけ説明し，スキルトレーニングについては各専門家に委任する。

スキルトレーニング：スポーツや活動に特異的なスキルを改善するためにデザインされたドリルやエクササイズ

コンディショニングエクササイズ：パフォーマンスや身体能力を向上させるために動作をトレーニングして強化し，順化させるエクササイズ

コレクティブエクササイズ：基本的かつ機能的な動作パターンの質を改善するために行う，可動性や安定性に特化したエクササイズ

　動作を修正することはコンディショニングよりも複雑であると考えられているが，コンディショニングエクササイズは機能的な動作パターンをターゲットにすべきである。機能的な動作パターンはコンディショニングに良い反応をもたらすが，機能不全のある動作パターンにはコレクティブエクササイズが必要である。同様に，まちがったコンディショニングエクササイズによって機能的な動作パターンに問題が生じることがある。

　機能的な観点からコンディショニングにアプローチする理由を，基本的なコンディショニングエクササイズの例としてフロントスクワットを用いて説明

ポイントを明らかにするため，3人のアスリートについて考えよう．この3人は同じスポーツの同じポジションでプレーしており，スクワットパターンの下肢筋力を最適化するという同じパフォーマンスの目標を掲げている．FMS のディープスクワットの結果は，アスリート1は1点，アスリート2は2点，アスリート3は3点であったと仮定する．

　どの程度の重さでスクワットができるかをテストした後，全員にエクササイズとして大腿部が床と平行になるまでスクワットを行ってもらうことにした．この情報のみで3人全員にフロントスクワットを行わせるのはコンディショニングとして適切だろうか？　必ずしも適切であるとは限らないので，より詳細に評価してみよう．

　アスリート1は，ウエイトを持たない時よりもウエイトを持った時のほうがスクワットをより深く行えるが，負荷を加えることでスクワットのメカニクスが強化されることはない．腱や筋膜，関節，靱帯に偏った負荷がかかり，適切なアライメントが崩れて問題が生じている．FMS によってアスリート1のスクワットにおける実際のモーターコントロール能力が明らかとなった．より深いスクワットを行うことは非収縮性組織に負荷やストレスが加わるので，適切な方法ではない．このアスリートは，ある基準からすれば良いスクワットを行っているようにみえるし，一見すれば他の2人のアスリートよりも強くみえる．最初のセット終了後，他の2人よりも疲労を感じていないようにみえるかもしれない．これは非収縮性組織の弾力性や統合性によって負荷のコントロールを補助しているためである．

　ウエイトトレーニングに共通するポイントは，機能的な動作パターン中にコントロールできるレベルの負荷をかけて，神経筋系にストレスを加えることである．神経筋系にストレスを加えるには，高度な協調性やタイミングが求められる．強度の高い筋力トレーニングを始めてから最初の2〜4週間は，筋肥大を伴わずに筋力の向上が認められる．この筋力の改善は，神経因子やモーターコントロールの改善，つまりモーターコントロールが最適になったことによるものと考えられる．モーターコントロールが最適化されると，モーターコントロールはこれ以上改善することができないために筋肥大が促進される．

　しかしながら，この自然なプロセスはアスリート1では生じない．なぜなら，自分でコントロールできる範囲を超えた負荷をかけているため，モーターコントロールを最適化できないからである．硬い股関節と足関節を圧迫し，足部を過度に回内させてスクワットをコントロールしている．また，膝は外反して足部は過度な外転位になっている．背中を丸めて重心が支持基底面から外れるのを防いでいる．

　丸まった背中や外反した膝をみて良いフォームを指導したとしても，それだけでは不充分である．負荷のかかっている各関節のアライメントの角度がわずか3〜4°だけ崩れていたとしたらどうだろうか？すべての角度を正確にみることは誰にもできないだろう．

　アスリート1は例えその能力があったとしても，負荷をかけたフロントスクワットを大腿部が床と平行になるまで行った場合に必ずアライメントの乱れが起こるため，それを避けるように指導することはできないだろう．このアスリートは240gのバーを頭上で保持しながら大腿部が床と平行になるまでスクワットすることができない．腕を下げたフロントスクワットの肢位で行えば脊柱が屈曲して肩が前方に突出する代償によって深くスクワットすることができるようになるが，このような負荷をかけた悪い動作パターンを強化することが本当の目的ではない．

　FMS のディープスクワットが2点のアスリート2は，コレクティブエクササイズを行うことで動作パターンを改善できるだろう．重い負荷をかける前に動作パターンを改善することが最善であるが，アスリート自身が筋力強化のためにフロントスクワットを行いたいという場合，動作パターンの機能不全が悪化しないことを確認するために FMS のディープスクワットを用いてチェックすることが必要である．

　FMS のスクワットテストが3点のアスリート3は，スクワットの動作パターンが充分な機能的動作能力を示しているので，筋力やパフォーマンスの改善のために筋力トレーニングでスクワットパターンを行うことができるだろう．しかし，FMS の点数が高い場合でも，高強度のトレーニングを行う期間は

定期的にFMSをチェックすることが望ましい。

これらの3人を信号機に例えて説明することができる。

- アスリート1は，動作パターンが最低でも2点に改善するまでは，スクワットを用いたコンディショニングエクササイズは赤信号である。**赤信号**は止まれを意味し，許容範囲まで改善しなければ進んではいけない。
- アスリート2は，最適な状態ではないため，スクワットを用いたコンディショニングエクササイズは**黄信号**であり，注意しながら進める必要がある。監視と定期的なスクリーニングを行うことが適切である。
- アスリート3は**青信号**であり，スクワットを用いたコンディショニングに進んでよい。青信号はあらゆる形式でのリフティング動作が優れていてうまくできるということではない。この青信号は単にスクワットの基本的動作に問題がないという意味である。テクニックやパフォーマンスに問題が生じるかもしれないが，可動性や安定性の低下などの基本的な問題はない。

この信号機の例えは，ケトルベルやフリーウエイトでのトレーニングで特に有用である。この例えを用いることによって，フィットネスや筋力トレーニングを行う際にFMSを利用することが容易になる。熱心すぎるクライアントが赤信号になって動揺した場合，コレクティブエクササイズによって動作パターンが容認できるレベルになったことをFMSで確認できれば先に進めることを強調しておくとよい。

このシステムが効果的な理由は，フィットネスやパフォーマンスの目標を目指しながら動作の質を向上させることである。また，ウエイトトレーニングによる正しいエクササイズは，動作能力があることによって可能となることも示している。

■ ムーブメントプリパレーションと動作の修正

ムーブメントプリパレーションはコレクティブエクササイズの概念に基づいているが，コレクティブエクササイズではない。ムーブメントプリパレーションとして行うエクササイズは，コレクティブエクササイズで行う動作と全く同じ場合があるが，意図する結果は異なっている。

可動性，安定性，動作パターンが改善しているならば，そのエクササイズはコレクティブエクササイズである。修正の目標を達成すれば，目標はその状態を維持することに移行する。エクササイズプログラムだけで維持することが難しい場合，維持する最良の方法はムーブメントプリパレーションを行うことである。

ムーブメントプリパレーションは，まずFMSに問題がない場合にのみ行うという特徴があり，機能的動作パターンを許容レベルにするために用いた可動性や安定性，動作パターンなどのコレクティブエクササイズの動きを繰り返すことであると定義できる。

ムーブメントプリパレーションの目的は，機能的動作のレベルを向上させることではなく，エクササイズや活動を行う前に機能的動作を練習して許容レベルにすることである。このようなリハーサルを行うことで，動作パターンの能力や質を素早くチェックすることができ，よりレベルの高いエクササイズや活動を行う前の可動性やモーターコントロールの試運転となるので，適切なトレーニングには重要なものである。

大部分の人は，最初からスクリーニングを行うことを求めているわけではなく，フィットネス，コンディショニング，スポーツパフォーマンスなどのレベルの向上を望んでいる。同じように，患者はアセスメントを行ってもらいたいとは思っておらず，痛みを取り除いてほしいのである。最初に評価を行うときは，筋骨格系の問題に対する最適なリハビリテーションを行うためには，機能不全のある動作と痛みのある動作の両方を考慮する必要があることを患者に教える良い機会である。スクリーニングやアセスメントによって動作パターンを位置づけることが，フットネスやコンディショニング，耐久性やリハビリテーションを構築するための基盤となるのである。

問題のある動作パターンを再構築するためにはコレクティブエクササイズが用いられるが，許容範囲

にある動作の補強や維持も必要である。より高いレベルのフィットネスやコンディショニングを目指したり，受傷後に活動的なライフスタイルに復帰しようとする場合，新たに獲得した動作パターンを損なう悪いトレーニング法や生活習慣に戻りやすい。これこそがムーブメントプリパレーションが重要となる理由である。ムーブメントプリパレーションは，ウィーケストリンクに目を向ける方法であり，これによって獲得した動作パターンを失うことがなくなるだろう。

FMSにおける修正の優先順位

FMSのディープスクワット，ハードルステップ，インラインランジは，視覚的にいかにも「機能的なものの代表」のようにみえる。それに対して，残りの4つのテストは補助的なものと考えられることが多いが，実際には「基礎的」なものである。確かにスクリーンの中でもスクワット，ハードルステップ，ランジは，上半身と下半身の動作パターンを組み合わせた最も機能的な動作パターンであるが，残りの4つのテストは可動性と安定性をテストする基礎的な土台であり，必ず最初に再構築すべきものである。

修正ストラテジーに取り組む場合，1つのテストのスコアが2点になってから次のテストの修正に移行する。より高度な動作パターンのテストで3点を目指す前に，基礎的なテストで3点を獲得できるようにする。スコアが2点のものが明らかにプラトーに達したら，この動作パターンに関連するムーブメントプリパレーションを頻回に行うよう指導する。

ショルダーモビリティリーチングとアクティブストレートレッグレイズは，必ず最初に対応すべきものである。どちらかのテストのスコアが1点，あるいは非対称性がみられる場合，スクリーニングでは赤信号となり，これを最優先事項としなければならない。

次に取り組むパターンは，ロータリースタビリティである。これをトランクスタビリティプッシュアップよりも先に行う理由が2つある。このテストでは左右を評価することと，低閾値あるいはソフトなコア（soft core）の安定性が必要となることであり，これは自然で基礎的なものなので高閾値あるいはハードなコア（hard core）の安定性よりも優先的に取り組まなければならない。

次に検討するプッシュアップは基礎的なテストの最後に取り組むもので，高閾値の安定性が求められる。プッシュアップでは，負荷が大きい状況下での適切な反射性ブレーシング【訳注：体幹筋群を全体的に収縮させること】や統合性が明らかとなる。

次に行うパターンはランジであり，非対称のスタンスでの安定性が求められる。支持基底面が広いことからハードルステップよりも先に取り組む。

次に取り組むパターンは，ハードルステップである。このパターンは，FMSの中で最も支持基底面が狭く，FMSの修正の優先順位ではランジの後に行う。

スクワットはFMSの修正の優先順位の中で最後に行われるパターンである。非対称性があるとスクワットの機能不全が悪化することが多い。また，スクワットは7つのテストの中で最も大きな関節可動域が求められる。これら2つの理由から，他のテストでみられたすべての問題に対処してからアプローチするために，修正の優先順位の最後に位置づけられている。

他のすべてのテストが3点には達していなくても，ディープスクワットが3点になることもあるが，他のテストが3点になる前にスクワットを3点にするための修正を行うのはすすめられない。この理由は，他のすべてのテストは，安全な本来のスクワットパターンを完全に回復させるために不可欠な基礎的要素となるからである。

他のテスト動作に対処した結果として自然にスクワットが3点になればすばらしいが，基礎がしっかりしていない場合にはスクワットで3点をとるための修正を積極的に進めるべきではない。FMSにおける他のすべての動作パターンは，スクワットパターンの一部分となっている。

可動性，安定性，動作パターンの再トレーニングという順序のルールに基づいた修正の優先順位に従って，それぞれのパターンに対処する。安定性のトレーニングを中心とする前に，適切な可動性と対称性を得る必要がある。動作パターンの再トレーニ

ングに集中する前に，静的・動的安定性を獲得しなければならない。

SFMAにおける修正の優先順位

　SFMAは1つのテスト動作から次のテスト動作へ容易に移行できるように構成されている。また，このテストの順番は修正の優先順位でもある。

- 最初に頸椎（サービカルスパイン）のDN（機能不全，痛みなし）パターンに対処する。
- 次に肩（アッパーエクストレミティ）のDNパターンに対処する。
- 次に前屈と後屈（マルチセグメンタルフレクション・エクステンション）のDNパターンに対処する。
- 次に回旋（マルチセグメンタルローテーション）のDNパターンに対処する。
- 次にシングルレッグスタンスパターンに対処する。
- 最後にオーバーヘッドディープスクワットパターンに対処する。

　この順番は，すべての動作に同じような制限や機能不全があるならば，自然な発達過程に従って修正すべきであることを意味している。またこのモデルは，優先順位に従ったマネージメントをうまく行うことができれば，複数のレベルの機能不全を減少させることができるので，効率が良い。
　頸椎の機能不全を取り除くことで前・後屈が改善するということは，逆に前・後屈の機能不全を取り除くことで頸椎が改善するということよりも起こりやすい。また，肩の動作機能不全パターンを取り除くと回旋のパターンが改善しやすく，これは逆の場合よりも起こりやすい。
　このルールは絶対的なものではなく，単に可能性が高く，実用的ということである。頸椎と肩は他の修正ストラテジーにも含めることが多いため，エクササイズを組み合わせる前に優先して管理しなければならない。これらにうまく対処することで，次のレベルを支持する動作の質が向上する。

　前屈と後屈では前後方向への体重移動に注目し，回旋は片側から反対側へのわずかな側方への体重移動，シングルレッグスタンスでは片側への急激な体重移動をみる。最も目立つ問題ではなく，最も基礎的なレベルの問題を管理することが常に有効となる。
　最終的には，治療と修正ストラテジーに臨床家自身が優先順位をつけなければならないが，系統的で論理的なアプローチをスタートポイントとするのが賢明である。主訴として示されることが少ないDNパターンを見つけ出すことは可能である。主訴の部位を軽視することなく，DNパターンのある部位の治療や管理，エクササイズなどを行うこともできる。
　SFMAストラテジーは，痛みのある部位は治療できないという意味ではない。痛みを誘発する動作パターンに対して，修正を目的としたエクササイズによる管理を積極的に行うべきではないことを主張しているだけである。特殊なケースとして，受傷後や手術後に疼痛部位を積極的に動かさなければならない場合もあるが，これは炎症期にある程度の関節可動域や基本的機能を維持するために行われるのであり，モーターコントロールやタイミング，協調性を向上させるためのものではない。このような方法は一時的なものであり，炎症や痛みをうまく管理すれば痛みのないエクササイズを補完する最良の方法である。
　SFMAによる分類への対処法は，下記の方法で行う。

DNパターン：マニュアルセラピーとコレクティブエクササイズ
DPパターン：マニュアルセラピーと物理療法
FPパターン：物理療法とマニュアルセラピー
FNパターン：代謝や循環などの改善を目的とした一般的なエクササイズ

　重要なことは，最初はDNパターンにだけ取り組むことで症状を管理することである。この方法により，DNパターンと痛みのあるパターンとの直接的な関連性を評価することができる。影響の程度にかかわらず，DNは可能な限り効率的かつ効果的に管理すべきである。当然，痛みが変わらなければ痛み

の治療を行うようにする。

コレクティブエクササイズのツールボックス

　全く新しいコレクティブエクササイズを性急に導入するようなまちがいをしてはいけない。コレクティブエクササイズを系統的に用いていないならば、問題はエクササイズ自体ではないのかもしれない。指導やトレーニング、リハビリテーションですでに用いているエクササイズを、一般的なカテゴリーに組織化してみよう。

　まず、エクササイズをコレクティブエクササイズとコンディショニングエクササイズの2つに大きく分類する。

　コレクティブエクササイズとは、動作の質を向上させるために用いるエクササイズのことである。これらのエクササイズは、1回のセッションで動作の質を変化させる可能性があり、可動性や安定性を改善し、動作パターンの問題を解消するために用いる。

　コンディショニングエクササイズとは、充分な動作の基礎の上に高い身体能力を構築するものである。

　まず、コレクティブエクササイズに分類するものを見つけるために、エクササイズリストを見直して、他の目的は考慮せずに動作の質を向上させるためだけに用いるエクササイズを見つけ出そう。1回のセッションでFMSやSFMAの動作が改善した場合にだけ料金を受け取れると仮定したらどうだろう。フィットネスや減量、筋力強化やスポーツパフォーマンスに対する責任はない。動作パターンに機能不全のある人に対して、1回のセッションで動作パターンを改善させることだけが求められる。

　エクササイズの選択は、可動性と安定性のエクササイズが同じ割合になるように行う。そして、これらのエクササイズをコレクティブエクササイズのツールボックス（道具箱）に入れておく。これらのツールを使用し、必要に応じて追加する。例えば、シングルレッグスタンスの安定性を改善させるストラテジーを持っているが、ショルダーモビリティリーチングの制限にはうまく対処できない場合、ショルダーモビリティリーチングに対する効果的なエクササイズを学ぶ努力が必要となる。

　次に、FMSのスコアが非常に高い人が新たなパフォーマンスのゴールを達成するために行うエクササイズをすべて選んでみよう。これらは、コンディショニング用のツールボックスに入れる。驚くほど多くのエクササイズが、コンディショニングのカテゴリーに分類される。

　コレクティブエクササイズのツールボックスに入れるものを決める時に、思い込みをしてはいけない。コレクティブエクササイズの、動作パターンを改善する効果を常にチェックすることが必要である。コレクティブエクササイズのスキルが向上するにつれて、追加するエクササイズより取り除くエクササイズのほうが多くなる可能性がある。

　我々のFMSのチームメンバーは、1回のセッションで動作を変化させる戦略的な方法で用いる中心的なエクササイズをいくつか持っている。もちろん、この変化を補強して効果的に向上させることも必要であるが、それと同時に逆効果となる活動を取り除かなければならない。コンディショニングが悪く、健康的ではないライフスタイルの癖がある人に、1つのコレクティブエクササイズだけを行っても、うまくいくことはないだろう。

　コレクティブエクササイズをマスターした人は、このエクササイズのトリックの使い方を知っている。患者やクライアントが硬さを感じていなくても、可動性が制限因子である場合には、可動性のエクササイズを行う。力が入りにくい感じがなくても、安定性が制限因子となっている時には、安定性のエクササイズを行う。動作パターンの質の向上に取り組み、基本を常にチェックする。彼らは即座にフィードバックするが、これこそ彼らが素晴しい所以である。

　我々はそれぞれ、好みのコレクティブエクササイズがほんの少しだけ異なるプレーブックを持っている。しかしこのプレーブックは、特別な枠組みによって整理し、組織化することができる。この枠組みは、運動学習、モーターコントロール、動作獲得の自然な順序によって構築されており、動作パターンの質を機能的な動作の基礎であるとみなすことで洗練させることができる。

11．修正ストラテジーの進め方 **241**

下のホームページでさらに詳細な情報，動画，アップデートが入手可能である（英文のみ）。
www.movementbook.com/chapter11

12 修正の枠組みを構築する

コレクティブエクササイズにおける6つのP

　私が初めてコレクティブエクササイズに関して執筆した文章（Essentials of functional exercise: a four-step clinical model for therapeutic exercise prescription. In: Michael Voit, et. al, Musculoskeletal Interventions: Technique in Therapeutic Exercise）の中で，コレクティブエクササイズを正しくデザインするために役立つPで始まる4つの言葉を提案した。

　本書では，コレクティブエクササイズの選択を洗練・改善し，動作の原則を強化するために，さらに2つの言葉を追加する。これらの言葉を利用することによって，個々のクライアントや患者に対するコレクティブエクササイズの決定の際に，考慮すべきポイントが明確になり，優先順位をつけることができる。これを専門的能力のチェックリストとみなし，基本的なミスを防ぐための枠組みとして用いることで，たいていのアウトカムが改善するだろう。

- 痛み（Pain）：動作に伴う痛みはあるか。
- 目的（Purpose）：どの動作パターンがコレクティブエクササイズの対象となるか。また，そのパターンの問題は何か（可動性，基礎的安定性，動的なモーターコントロールなど）。
- 姿勢（Posture）：コレクティブエクササイズを開始する際に最も適した難度となる姿勢はどれか。
- ポジション（Position）：可動性あるいは安定性の問題や代償が出現するのはどのような肢位か。
- パターン（Pattern）：コレクティブエクササイズによって動作パターンはどのような影響を受けるか。
- プラン（Plan）：スクリーニングやアセスメント，初回のコレクティブエクササイズなどの情報から，どのようにコレクティブエクササイズのプランをデザインするか。

　これらのPで始まる言葉をチェックリストとして使用し，それぞれの疑問に明確な答えが出てから，動作パターンの問題を解決すべきである。

　以下にそれぞれのポイントについて詳しく説明する。

痛み

　人生において痛みから学ぶことが非常に多いことから，アリストテレスは「痛みを伴わずに学ぶことはできない」と述べている。しかし，痛みは傷害や機能不全，急性あるいは持続的なダメージにより生じる正常な神経学的信号に対する脳の解釈に過ぎないのである。

　セレクティブ・ファンクショナルムーブメントアセスメント（SFMA®）によってわかったのは，我々臨床家が動作パターンの機能不全よりもはるかに効果的かつ一貫して動作による痛みを見つけてきたことである。痛みを誘発しない動作パターンの機能不全は，従来のリハビリテーションでは扱われないことが多い。この両方に取り組むことで，治療とコレクティブエクササイズについてより広い視野でみることができるようになる。

　これまでのモデルでは，痛みや各部位の機能障害に焦点を当てており，有効とされるリハビリテーションによる解決方法の効果がなかった場合には，痛みを伴う動作に耐えられるように薬物治療を再開して活動に復帰することが見受けられた。

　痛みとエクササイズに関する論点は明らかであるべきだが，常に疑問や議論が生じている。これは単に健康かフィットネスかということである。エクササイズによるトレーニングのアドバイスを求めている人が動作で痛みを訴えた場合，ファンクショナルムーブメントスクリーン（FMS®）を行う必要はない。そのような人に対する最も適切なアドバイスは，パフォーマンスの向上を考える前に，まず健康にな

る必要があるということである。このことを説明できるように準備しておかなければならない。

診断されていない痛みや筋骨格系の問題を解決する方法として，フィットネスやエクササイズを無意識のうちに探し求める人が多い。エクササイズや活動量の不足は，身体機能の低下や痛みの原因となるかもしれないが，単に活動量を増やすだけでは問題は解決しない。

活動性の高い人やアスリートの多くは，ある程度の痛みは我慢しなければならないといわれたり，トレーニングや競技を続けるために鎮痛剤を処方されて痛みをごまかしたりしている。ある状況においては痛みがなくならないという見通しになる場合もあるが，多くは単に医学的管理が失敗したモデルである。この便利な説明を頻繁に行うリハビリテーションの専門家は，翌年に良い報酬を得ることはないだろう。消費者は賢くなってきており，単に症状をごまかすのではなく，治療の選択肢があることを知っている。

整形外科や筋骨格系の問題から生じる動作に伴う痛みは，健康の問題であることを理解しておかなければならない。このような場合は，エクササイズに関連したリスク要因も増加するだろう。痛みがあるならば，適切な安静期間を設けて正しい回復方法を行うか，あるいは専門家による評価を受けるべきである。

痛みがある時にエクササイズや身体活動を行うと，効果よりもリスクが高くなる。FMSで痛みが出現したら，検査や診断を行える医療の専門家を受診するようにクライアントに指示するが，できればSFMAを行える専門家を紹介することが望ましい。SFMAは，痛みと機能不全がある動作パターンの補足的なアウトラインを示し，FMSの結果に関する洞察も与えてくれる。

痛みはモーターコントロールのルールを変化させ，最適な選択であるはずのコレクティブエクササイズの効果やコンディショニングの効果を著しく減少させる。

適切で効果的なリハビリテーションを行っても，動作に関連するすべての痛みを修正することはできないかもしれない。慢性的なダメージや構造的な問題が原因で，残念ながら動作に伴う痛みが持続する人もいるだろう。そのような人は，リスクマネージメントのために，リハビリテーションとエクササイズの専門家が協力して作成した特別なガイドラインに沿ってエクササイズを行うべきである。SFMAを定期的に行ってチェックすることでエクササイズプログラムの変更を必要とするような継時的な改善や悪化が明らかとなり，これによりコンディションの改善，さらなる合併症の予防が可能となる。

■ 目 的

FMSは機能不全のある動作パターンを特定し，SFMAでは痛みと関連のない機能不全パターンを特定する。それぞれのシステムには，これらのパターンにおける優先順位のヒエラルキーがある。コレクティブエクササイズの目的は，最優先となる機能不全のある動作パターンに対処することである。

動作パターンに優先順位をつけたら，FMSでは最初に基礎的な可動性や対称性に取り組むコレクティブエクササイズのプログレッションに従う。基礎的な可動性・対称性の問題が管理できれば，プログレッションは安定性や基礎的なコントロール・対称性に移行する。

次のプログレッションでは，動作パターンの再トレーニングを行う。SFMAではブレイクアウトテストを通してプログレッションをあらかじめ管理する。ブレイクアウトは可動性と安定性の問題を区別し，痛みを悪化させることなく優先すべき機能不全に対処するための特異的な評価を示してくれる。

■ 姿 勢

姿勢はコレクティブエクササイズにおいて重要な問題である。背臥位から立位へと姿勢が変わることで，求められるモーターコントロールやバランスが増加する。コレクティブエクササイズでよく用いられる姿勢には以下のものがある。

- 背臥位（スーパイン），腹臥位（プローン）
- 肘立て腹臥位（プローンオンエルボー）
- 四つ這い位（クワドラプト）
- 座位（シッティング）と不安定な座位（アンス

テーブルシッティング）
- 膝立ち位（ニーリング），片膝立ち位（ハーフニーリング）
- 対称的足位（シンメトリカルスタンス），非対称的足位（アシンメトリカルスタンス）
- 片脚立位（シングルレッグスタンス）

各姿勢のエクササイズは，適度な難度でうまく行えるもの，また呼吸が行えて代償のないものを選択するのがよい。肘立て腹臥位，四つ這い位，座位，膝立ち位，片膝立ち位などの各姿勢では，それぞれ特有な負荷がスタビライザー（安定筋）にかかる。また，これらの姿勢によってモーターコントロールに漸進的な負荷が加わった場合の反応を観察する機会が得られる。静的な負荷を加えたり，ダイナミックな動作を行ったりすることで，プログレッションの各レベルにおける非対称性を観察することもできる。

各姿勢は，その姿勢で行う動作と同様に重要である。コレクティブエクササイズを選択する際には，動作パターンだけでなく，神経筋の基礎的な土台として姿勢についても考慮すべきである。姿勢が土壌で動作パターンは種である。上肢のチョップパターンは，背臥位や座位，片膝立ち位，膝立ち位，立位で行われるが，各姿勢によってそれぞれ異なるレベルの安定性やモーターコントロールが必要となる。

安定性とモーターコントロールが主な問題だと思われる場合，コレクティブエクササイズを開始するには姿勢を選択することから考えなければならない。

シングルレッグスタンスパターンは腹這いよりも早期に発達が始まり，実際にはローリングパターンと同時期に発達する。左右への寝返りにおける身体軸は，最終的にはシングルレッグスタンスの基礎となる。

腹臥位から背臥位への寝返りに問題がなければ，四つ這い位のようなより複雑な姿勢を選択する。四つ這い位から対角の上下肢を伸ばすことや，そこから上下肢を抱え込むようにして肘と膝をつけることも行える。この動作は4点での安定性から2点での安定性へと変化させることで，モーターコントロールに充分な負荷をかけることになる。

四肢の動作に伴って重心が移動し，これを持続的にコントロールする必要があるために負荷が大きくなる。ここで重要なことは脊柱を完全にまっすぐにすることではなく，全体的なバランスの崩れ，特に左右差をみることである。この動作に問題がなければ，狭い支持面での片膝立ち位へと進める。この狭い支持面での片膝立ち位に非対称性や機能不全が認められれば，この姿勢がコレクティブエクササイズを行うべき姿勢となる。支持面をわずかに広くしてコントロールを改善するように行い，充分にコントロールできるようになったら支持面を狭くしてモーターコントロールの難度を高めるようにする。

この簡単なテストの繰り返しがコレクティブエクササイズとなる。クライアントや患者に筋や特定の力を働かせるような指示を与えてはいけない。片膝立ち位は筋力ではなく，コアのコントロールが必要となる。この姿勢では無意識に転倒を避けてバランスを崩さないようにすることで，反射的な安定性が鍛えられる。このエクササイズには特に決められた時間や回数はなく，立ち直り反射によるバランスの保持は許容する。

この機能に特に問題のない人は，この姿勢を保持するのに全く努力を要さない。しかし，股関節やコアのコントロールが不充分でシングルレッグスタンスに問題がある人には，この姿勢は重大な課題となる。彼らは生理学的な負荷からではなく，モーターコントロールによる負荷と不慣れな知覚入力によって汗をかくかもしれない。

エクササイズの種類（可動性や安定性，動作パターンのトレーニングなど）にかかわらず，コレクティブエクササイズ中に呼吸が浅くなっていないか，あるいは息を止めていないか注意が必要である。呼吸が乱れると，脳はサバイバルモードへとスイッチが入る。この場合，クライアントや患者はコレクティブエクササイズに耐えるだけで，効果を得ることができない。

リラックスした状態を保つ必要がある。緊張やストレスの多い呼吸は，実際に動作の問題を引き起こすことが多い。交感神経や副交感神経が強く作用した眠気や退屈，努力，あるいはパニックや恐怖などではなく，その中間のリラックスした状態が目標と

ポジション

可動性や安定性に問題のある特定のポジションを認識し、特にアライメントと最終域に注意を払うようにする。股関節伸展や肩関節屈曲、胸椎回旋に問題があることに気づくかもしれない。他動的および自動的なテクニックを用いて可動性の問題に対処し、コレクティブエクササイズを行う前に少しでも可動性を改善しておく必要がある。可動性を改善したら、その可動域におけるモーターコントロールをコレクティブエクササイズによって促通・改善しなければならない。

姿勢や動作パターンには直接関連していない身体分節のポジションに注意が必要である。頸部の筋は安定性を補助することが多いので、頸部の前方にある筋が重要である。ストレスがかかる状況で肩は挙上して丸くなるが、手もエクササイズでは意図していないストレスがかかっている指標となる。

最も代償が起こりやすい部位に目を向けるべきである。片膝立ち位を上述の例に当てはめると、静的な股関節のポジションを適切に保持することが重要となる。

膝立ち位で股関節が屈曲位あるいは伸展位になっていないことを確認する。中間位（0°）が目標となる。骨盤も同様に中間位のポジションが目標である。

- 腹筋をあまり働かせずに骨盤をわずかに後傾させると、股関節は0°まで伸展する。股関節のアライメントを自然に中間位にする他の方法は、クライアントや患者の両肩を押し下げることである。本来の姿勢保持筋が活動・機能すれば、クライアントや患者は押しつぶされたような姿勢にはならない。

スポンジのようにつぶされた感じになる場合は、力に抵抗してアライメントを保つように指示する。この時に肩をすくめたりせず、肩がリラックスした状態であることを確認する。深部のコアによる反射的な安定性によって姿勢を保持することが望ましい。ここではブレーシングではなく、自然な最大下の反射的な安定性が求められる。

- クライアントや患者が開始肢位をとれるようになったら、両腕を頭上へ挙げるよう指示する。次に体幹を左右に回旋させる。また、手に持ったウエイトボールを動かしたり、検者の手を色々と動かしてそれに触れさせたりする。これがうまく行えるようになれば、支持面を狭くして同じように行う。
- 代償動作を防ぐために、可動性や安定性に問題のあるポジションは避けるようにする。開始肢位がとれないのに無理に動作を行っても、何も改善することはできないだろう。コンピュータ用語では、このことを「ゴミを入れればゴミしか出てこない」という。

スタート時に正しい姿勢とアライメントをとることは、良好なモーターコントロールにとって最適なスタートポイントである。開始肢位に問題があれば、パターン全体に問題が生じる。

テストを思いつきで行ってはいけない。問題を正しく修正するためには段階を踏むべきである。修正すべき問題を見つけ出したら、トレーニングの難度を設定する必要がある。ハードルステップでは、股関節の充分な伸展と脊柱をまっすぐに保持することが困難な人が、片膝立ち位では簡単にできることがある。これは、姿勢に求められる安定性の程度が少なくなればうまく安定させることができるためである。

可動性や安定性に問題のあるポジションでコレクティブエクササイズを無理に行ってはいけない。適切なポジションで行えば、動作の質が低下することはない。

パターン

クライアントや患者に試験的なエクササイズを行わせ、機能不全のある動作パターンへの影響を確認する。動作パターンが改善していればエクササイズの選択が正しかったことの裏付けとなり、動作パターンがあまり変化していなければ別のエクササイズを行うことになる。最初に選択したコレクティブエクササイズよりも難しいエクササイズや姿勢で行

うように変更することも，簡単なものへと変更することもある。

改善が確認できれば，反対側と比較する。左右対称であれば，問題のあったテストを再チェックする。作業量が多いように思えるが，すべて数分で実施可能である。

この修正モデルで練習を開始したら，ビデオを使用してセッションを記録するとよい。これにより，セッション中には気づかなかった不必要な頑張りや問題を後で見つけることができるだろう。気づいたことを記録しておくと，新たに行うことに対する自信が得られる。建設的に用いるならば，多様なフィードバックを行うことは非常に良いことである。

■ プラン

機能不全パターンに対するエクササイズの結果をチェックすれば，リアルタイムでフィードバックすることができる。これには改善，悪化，変化なしの3つの可能性があるが，結果がどうであれ何かが得られるだろう。このように確認することは，使いやすいフィードバックループを生み出すことになる。可動性，安定性，あるいは動作パターンの再トレーニングによって，動作パターンが改善するかしないかのいずれかの結果となる。完璧に改善する必要はなく，はっきりと認識できる改善があればよい。このフィードバックにより，コレクティブエクササイズのプランを発展させるか，または他の方法を用いることになる。

FMSとSFMAのヒエラルキーと組み合わせた6つのPの枠組みは，系統的な修正の道筋を示してくれる。この枠組みについて検討したすべての内容は，専門的能力を発展させるために欠かせないものである。明確な定義や系統的な構造，動作パターンのヒエラルキーがない状態で特定のコレクティブエクササイズを提示しても，批判的思考や専門的な問題解決能力の向上につながることはない。

一般的な枠組みについて述べてきたが，その他のことについてもいくつか考察する。

■ 修正ストラテジーを使いこなす

特定の動作の問題に対応するコレクティブエクササイズは多数ある。設備の問題や個人的なニーズによりエクササイズの選択肢が限られてしまうこともあるので，エクササイズの選択肢をさらに見直すべきである。エクササイズの選択肢を再考することで，状況に最も適したコレクティブエクササイズを見つけられるだろう。

我々は最良の選択肢について議論するが，真実は結果でしかわからない。修正ストラテジーに従って効果的なコレクティブエクササイズを選択したのであれば，あまり考え過ぎずにシステムに任せておけば自ずと答えは出る。クライアントや患者の動作が改善，あるいは変化しないなど，何らかの答えを得ることになる。

コレクティブエクササイズのストラテジーにおける2つの大きなまちがいは，6つのPのうちのどれかを行わないことと，修正の優先順位を無視することである。最も重要なことは，選択したことが修正の枠組み全体の基準に合っているかどうか確認することである。

コレクティブエクササイズは発展するものであり，また設備も進歩していくので，分類や優先順位，効果的なプランについて学ばなければならない。専門家としての技能は系統的なアプローチに基づくべきであり，テクニックが優れているだけでは不充分である。

Palm Pilot®やTreo SmartPhone®などの携帯端末の考案者であるJeff Hawkinsは，著書『On Intelligence』の中で，共著者のSandra Blakesleeとともに，コンピュータ科学者がヒトの知能の定義を明確にせずに人工知能を創造しようとしてきたことについて議論している。脳は計算能力のある素晴らしい記憶装置であると考える人が多かったので，処理速度の速いコンピュータはヒトの脳に限りなく近いと考えられていた。確かに脳は記憶力があり計算もできるが，情報が不充分でも学習や適応を行い，効率的に働く。ヒトの脳は抽象的な概念の処理やパターンから情報を引き出すことができる。また明確にプログラミングされたわけではないことを予測することもできる。Hawkinsはヒトの脳とコンピュータの

基本的な違いをはっきりと理解しており，最もすばらしいコンピュータであるヒトの脳から学ぼうとしない現代のテクノロジーを批判している。

運動科学においても，脳とコンピュータとの関係と類似したまちがいが生じやすい。我々は運動学とバイオメカニクスの知識によって解剖と動作を対応させた地図を持っており，この地図を利用して動作の観察と研究を行っているのである。これ自体には問題はないが，問題のある動作パターンを修正する場合，この地図を用いてエクササイズをデザインすることで問題が生じ始める。あいにくこの地図は我々の専門範囲ではない。脳はどのように学習するかを知っているが，コンピュータにはプログラムが必要である。上述の例では脳をコンピュータのように扱っているのである。我々は，単一平面上での部分的なレジスタンスエクササイズを行うことで動作パターンをプログラムしようとするが，これは各筋群のエクササイズによって脳をプログラムしようとしていることになる。

長い間我々は，運動学とバイオメカニクスのモデルに基づいたエクササイズが動作の質をプログラムしてくれると考えていた。本来，脳と身体はエクササイズの効果，個々の筋の働き，運動学のテキスト，生体力学的な分析などに頼らずに動きを学習していたのである。我々はこのモデルに目を向けるべきではないのか？

6つのPはこのモデルに従っている。痛みを避ける，パターンを構築する，自由に動く，快適な動作になる，課題を提供する，というシンプルなモデルである。それから，ベースラインをチェックするために，ポジションの最終肢位を繰り返し行う。

このモデルは，感覚入力を運動出力と同等に重視したコレクティブエクササイズを生み出す。運動学・生体力学的なモデルでは，ほぼすべてが運動出力に重点を置いており，自然に改善することを期待している。最善のコレクティブエクササイズでは，豊富な感覚入力を経験することができる。何らかの機能不全がある場合，感覚と運動のシステムをつなぐ何かが欠けているのである。

脳は古典的なエクササイズによるランダムな動作情報を受け入れないことが多い。そのような情報は，運動は多いが感覚入力に乏しい。確かに脂肪は減少し，筋は強化されるが，動作の質は改善しない。身体は活動に適合しなければならないが，従来のエクササイズでは感覚の学習をせず，知覚の向上がないため，脳はより良く動くことを学習することはない。アライメントや姿勢，バランス，意識が改善すると動作も改善する。

すべてのエクササイズが学習を阻害するわけではなく，良いものもあるが，多くはない。これは動作の質をトレーニングせずに，やみくもにエクササイズを行っているためである。

質の低下は複合的なもので，古典的なエクササイズでは簡単に修正することはできない。動作のスクリーニングとアセスメントによって，適している場合と適していない場合の違いがわかる。この主な原因は，多くの場合，脳には繰り返され習慣化した活動や行動を捨て去ることが期待されるからである。動作パターンに問題があれば，基本的に行動にも問題がある。行動の修正には，古いパターンを壊して新しいパターンを生み出すことが必要となり，これにより効果的な学習が可能となる。

我々は動作を強化するが，これはトレーニングではない。格闘技のトレーニングを行うならば，攻撃と防御の方法，反応時間，バランス，スタミナなど，格闘技のあらゆる側面を改善させる必要性があると考えるだろう。動作のトレーニングを行う場合に1つの目標を設定することが多いが，主要な問題や動作システムにおけるウィーケストリンクとはあまり関連していないことがある。

動作を学習するのか，動作を行うだけなのか

エクササイズが筋の分布図に基づいたものである場合には，脳は質の高い動作を自然に学習する機会を得ることができない。動作を学習することと，ただ動作を行うことには，本質的な違いがある。両方とも生理学的な負荷はかかるが，学習する機会がある場合にのみ，脳と身体は効率的な機能的動作パターンを生み出すことができる。このストラテジーに従うことで，動作学習の障害を取り除くことができるだろう。代償により障害されることがない感覚

を豊富に脳に経験させることが重要である。

- エクササイズで痛みを生じさせないようにすることで，モーターコントロールを損なわないようにする。
- 目的を確認し，可動性，安定性，動作という自然な順序に従うようにし，また基本的な動作パターンからより複雑な動作パターンへと進めることで，基礎的な土台を作る。
- 難度が高い姿勢を確認し，感覚・運動の相互作用を必要とする反射的，反応的な状況を利用する。動作パターンを構築する初期に脳が好んで用いる発達学的体系を利用する。
- 関節のポジションや姿勢のアライメントに注意を払い，代償動作を防ぎながら難度を高める。
- 修正する必要があるパターンを再評価することで，ストラテジーを進めるか否かの有用なフィードバックが迅速に得られる。
- 修正プランはバインダーから取り出して簡単に使える万能なプロトコルではない。修正プランはユニークかつダイナミックで効果的なものである。

　このシステムは，クライアントや患者が動作を加速的に学習することだけでなく，エクササイズやリハビリテーションの専門家がスクリーニングやアセスメントを行った後にコレクティブエクササイズのプランへと移行することにも役立つ。もちろん，最初は容易ではないだろう。エクササイズを行う前に解決しなければならない問題が今まで以上に多くなるため，このルールが嫌になるかもしれない。最初はストレスとなるかも知れないが，多少の建設的なストレスは我々を鍛えてくれる。このシステムを直感的に行えるようになれば，自動的にこれらの問題もすぐに解決できるようになるだろう。

様々な対象者に対する特別な考慮

　特別な状況や事態は常に起こりうる。状況によって異なることもあるが，それぞれの状況に対して基本的な枠組みではどのように対処するかについて述べる。

■ 医学的な治療を受けている人のリハビリテーションの目標

　リハビリテーションを受けている患者に対してはSFMAを行い，動作パターンを分類する。痛みや機能不全を引き起こすようなエクササイズや動作の繰り返しは行うべきではない。DNパターンに対する修正ストラテジーを行い，またリハビリテーションの目標に悪影響を及ぼさない場合にはFNパターンを利用したエクササイズを行う。

　機能的動作や痛みの誘発の変化を確認するために，問題のあったパターンに対するコレクティブエクササイズの効果を確認する。コレクティブエクササイズとともに，適切なマニュアルセラピーや物理療法などの治療を併用することで，可動性や安定性を素早く変化させる必要がある。素早く変化させるという考え方は，機能不全のあるパターンやその一部を定期的にチェックする必要性を示している。再チェックしなければ，リハビリテーションを進めるか，同じ治療やエクササイズを継続するか，あるいは再評価すべき状況にあるか知るための適切なフィードバックは得られない。

　痛みの問題がなくなった後，患者が活動的な生活様式に戻る際に，治療終了時の評価の一部としてFMSを使用する。可能性のある問題やリスクをマッピングし，修正プランをデザインする。他の選択肢としては，スクリーニングとコレクティブエクササイズを行えるエクササイズの専門家に患者を紹介することがある。

■ 重度のコンディション低下がある人の移行トレーニングの目標

　不活動な状態から活動的な状態に移行する人は，コンディションの低下が問題となる。これには長期間の入院後の回復過程にある人や，座位の多いライフスタイルの人，低下した運動能力を改善させようと決心した人などが当てはまるだろう。FMSのウィーケストリンク，つまりスコアが1点であるか非対称性のあるパターンに集中してトレーニングする必要がある。修正ストラテジーは，最も問題のあ

る動作パターンの回復を促すエクササイズを行い，エネルギー消費を再起動して回復システムを立て直す代謝性負荷を加えることである．

運動能力を高めるため，修正ストラテジーに積極的休息や回復を組み込むインターバルトレーニングを用いるが，ここでは軽い柔軟体操や呼吸練習などを行う．動作パターンの改善に伴い，2つの要素が改善する必要がある．1つは機能不全のある動作パターンが減少することによる力学的効率の向上，もう1つは動作パターンに対するエクササイズによる代謝の改善である．

このような新たな取り組みを行った人は，力学的効率の向上や代謝の改善によって，運動能力が向上したことを感じるようになるだろう．基本的なルールは，すべてのエネルギーを修正ストラテジーのために温存し，修正ストラテジーによって代謝負荷を加えることである．これが活動性を高め，リスクを最小限にとどめる最も効果的な方法である．

■ 代謝と体重減少を目的とした目標

体重を減らすことを主な目的としている人の多くは，動作パターンが最適でないことが多い．FMSで動作機能不全を示すことは効率が悪いことを意味し，エクササイズや活動によって早期に疲労する可能性がある．この非効率的な動作と易疲労性の悪循環は，代謝を改善するには不利な状況となる．

体重減少に興味のあるクライアントにとって，このパラドックスは大きな問題となる．活動量を増加させるだけでは望む結果が得られないことを教育する必要がある．一般的な身体活動では最良の結果を生むことはまれであり，これを目標にしてはいけない．このようなクライアントには，有酸素性エクササイズと，FMSのスコアが2点か3点で非対称性のない機能的動作パターンでのレジスタンスエクササイズを選択する．

機能不全のある動作パターンには修正ストラテジーが必要となる．コレクティブエクササイズは，ムーブメントプリパレーションやウォームアップとして，あるいはレジスタンスエクササイズや有酸素性エクササイズ中に積極的休息として行うのが最も良い．過体重の人の多くはコンディションが不良であり，このようなクライアントは筋骨格系の傷害リスクを最小限にしながら，体重減少の基礎となるコンディションや基本的な動作を最も良い状態に構築することから開始する．

■ 身体能力や競技力の向上のための目標

身体能力や競技力向上のための目標に対するパフォーマンスプログラムには，傷害予防や耐久性の向上に関するものがほとんど組み込まれていない．より高い身体能力レベルを望むアスリートは，パフォーマンスのプログラムを行っても耐久性が向上するとは限らないことを理解するべきである．パフォーマンスプログラムによって耐久性が向上するという誤った考えは広く浸透しているが，動作機能不全があることで傷害リスクが増加し，パフォーマンスが低下する可能性があることをFMSによって示すことで，この誤った考えを是正する必要がある．機能不全や非対称性のある動作パターンによって効率が低下し代償が生じることでも，トレーニングの効果は低下する．

警察官や消防士，救急隊員，軍人などは，一定レベルの身体能力を維持しなければならない．工場などで働く人も耐久性や一定のパフォーマンスが求められ，アスリートと同等のエネルギーを日常的に消費している．傷害はアスリートだけでなく労働者にとっても厄介者なのである．

我々は予防プログラムによって競技や職業による傷害を管理しようと試みたが，競技や仕事を始める前にリスクを効果的に測定するためのシステムがなかった．研究によってFMSのスコアが1点あるいは非対称性がある場合には，耐久性に問題があることが示された．つまり，機能的動作に問題のある人は傷害リスクが非常に高いのである．

ここでのゴールはFMSで満点を獲得することではなく，各テストで非対称性をなくしてスコアを2点以上にすることによってリスクを制限し，安全性を確保することである．リスクがある場合は，パフォーマンスのゴールよりもFMSのゴールを優先しなければならない．

若年者と高齢者

　フィットネスやヘルスケアの専門家は，若年のアスリートや活動的な高齢者を動作スクリーニングについての議論から除外することが多い。このようなクライアントのスコアは低く，また時間をかけて嫌な思いをさせる価値はないと考えているからである。しかし，若年者や高齢者を対象から外してはいけない。他の人々と同様，活動前に動作のスクリーニングを行う価値はある。

　スクリーニングはリスク管理のために最も重要であり，FMSで痛みが生じるかを確認することは，機能不全を見つけることよりも重要である。動作に伴う痛みは，急性または慢性の問題や傷害があることを意味し，エクササイズや活動によって複雑化した潜在的問題も明らかにする。また，FMSで機能不全を見つけ出すことができることはいうまでもない。若年者や高齢者に動作のスクリーニングを行えば，年齢による相違は大きくなるが，方法を修正する必要がある場合でも常にスクリーニングを行うことは可能である。

　すでに述べたことであるが，このようなグループには予測可能な問題がある可能性が考えられ，グループ全体に対する修正の必要性が示唆される。ディープスクワットやショルダーモビリティリーチングのような最終可動域まで行うパターンでは，高齢者のスコアが低くなる傾向があるのは確かである。また，バランスに問題があることで，ハードルステップも困難となる可能性がある。同じように，8歳の健康なサッカー選手はコアが未発達であるため，トランクスタビリティプッシュアップが困難かもしれない。

　スコアに関係なく，FMSによって安全性に関する追加情報が得られ，ベースラインを設定することができる。このベースラインがあることで，エクササイズプログラムの効果を確認できるようになり，パフォーマンスの一般的なパラメーターとともに改善のための追加的な測定を行えるようになる。FMSで示された最も制限が大きい動作パターンを管理・観察するとよい。

とにかくやってみよう

　最終的にエクササイズに関していえば，ほとんどの人がエクササイズに取り組みたいだけなのである。スクリーニングはやり過ぎではないかと考える人も多いかもしれない。「とにかくやってみよう（Just do it®）」これはナイキの古いスローガンに由来したエクササイズに対する決まり文句である。これは良いスローガンだが，いったい何をするのだろうか。単に動くことが良いことであるととらえられてしまうこともあるだろう。本書の前書きで，「まずはうまく動けるように，次に何度も動けるように」という言葉を紹介したが，これは本書のすべての参考文献が支持するものである。「とにかくやってみる」の教えは今でも使われているが，「何度も動くこと」の意味で用いる前に，「うまく動くこと」の意味で使うように変えていかなければならない。

　エクササイズが循環器や認知，感情，心理社会的な面に対して影響を及ぼすというエビデンスには説得力がある。我々は皆，身体的な，あるいは筋骨格系に対する理由以上に動く必要がある。クライアントや患者にもっと動いてもらうようにするべきであるが，Ed Thomasは「うまく動けるならば，もっと頻繁に動くようになるだろう」と述べている。

　実際に，筋骨格系の問題や動作パターンの問題は，エクササイズに対して意欲的でより活動的になりたいと思う人の制限因子となることが多い。そのような人は，辛抱強く運動を継続することの優れた効用や自信を得ることは決してないだろう。本書で示した動作（ムーブメント）についての考え方は，活動的なライフスタイルや競技を長く続けることを制限する動作の問題やリスク，外傷・障害などを取り除くようにデザインされている。

　我々は動きたいし，動かなければならないと思っているが，実際には，うまく動く能力の程度によって選択肢が制限されることになる。動作の問題や受傷，再発などによって試合に出場できない場合，ほとんど効果のないトレーニングをして傷害を長引かせ，時間を持て余すようになってしまう。質の高いエクササイズを行うには，最低限の時間と努力が求められるが，最低限必要な頻度や強度，期間に身体が耐えられない場合，下肢のトレーニングやマシー

ントレーニングだけを行うような不完全な動作パターンの練習や，習慣となっている悪い動作パターンでの練習に戻ってしまうのである。

　動作の選択肢が限られると，技術の改善や活性化をしようとするのではなく，動作能力や優れたテクニックを用いる必要のないエアロバイクやトレッドミルのような安全でつまらない決まりきったことを行う。この方法でも動いていることにはなるが，ハムスターのように車輪を20分回すだけで健康になり，身体のバランスがとれるだろうか。多くの人が現在の動作パターンに縛られたり，過去の傷害を充分に管理できなかったりすることで，動作の経験が制限されていることが問題なのかもしれない。ほとんどの人が本来の動作を取り戻すことができずにいるが，それは本来の動作を取り戻す方法を知らないからである。

　エクササイズが認知と感情面にもたらす恩恵については，医師であるJohn Rateyの著書『Spark』に示されている。これはエクササイズやリハビリテーションの専門家全員が本棚に置いておくべき本である。ここでは，よく知られている身体的・有酸素的効果をはるかに超えるような人間の脳に対するエクササイズの効果が示されており，これはエクササイズの専門家がエクササイズを処方する際にも役立つ内容である。

　特に若年者や高齢者を対象として仕事をしている人は，この本を読むとよいだろう。Rateyは測定可能な様々な方法で，エクササイズがどのようにして脳を活性化させるかについて議論している。また，技術的な正確さが求められるエクササイズが，認知能力に影響を及ぼすことについても示唆している。これを読むことで，本書で示したセルフリミティングエクササイズが，有酸素運動やウエイトトレーニングを完全に補完する活動であることが理解できるだろう。セルフリミティングエクササイズは，動作の正確性，プログレッション，多様な経験の3つを，エクササイズプログラムに提供する。

運動心理学の理論

　本書では，動作能力ではなく，代謝負荷能力に応じたエクササイズを行った場合，どのようにして生存本能による代償が生じるかについて述べた。運動系に対するこのような過負荷は，代償動作や不良なテクニックの原因となる。テクニック不足を補うエクササイズ機器，安定性を得るためのブレース，悪い走り方を補うクッション性の高いシューズ，抗炎症剤などの文明の利器によって，ヒトは身体が教えてくれることを聞く必要がなくなった。このような進歩により，自然な状態では制限されたりできなくなったりするような活動を行えるようになってしまった。

　改善する場合に，2つの要因が複合することで問題が難しくなる。つまり，生存本能は強く，過去の傷害による痛みの記憶は残る。痛みの記憶は恐怖心を引き起こし，この記憶は他の記憶よりも強く残る。これら痛みと恐怖心の2つの記憶は組み合わさって結びつく。傷害の既往があることで，傷害とそれに関連した痛みによる運動感覚を覚えてしまっている。このことにより，痛みがなくなっても跛行が持続するのである。

　生体力学的な観点から考えたり，可動性・安定性のドリルを追加したりするだけではなく，悪い動作パターンを行動として再構築する必要があることを充分に理解して対処しなければならない。動作パターンを修正することのエビデンスがなければ，可動性・安定性のエクササイズは修正する可能性があるだけで何の保障にもならない。信頼できる動作を得るためには，補足的なエクササイズによってではなく，正しい動作パターンを繰り返し行って様々な状況に対応できるようにするしかないのである。

　解決すべき最大の問題は，傷害などの過去の経験に関連した身体知覚と，それに頼った動作であることが多い。その行動は傷害によるものではなく，代償動作や，傷害が回復した後でも残存する恐怖の記憶からの逃避など，生存本能が原因となっていることがある。

　負荷をかけたスクワットをまちがった方法で長期間行ってきた人のスクワットパターンを修正する場合，身体にこれ以上の負荷をかけないようにするために身についてしまった動作パターンに直面することになるだろう。この人はスクワットをトレーニ

グしてきたのではなく，生存本能によるスクワットを行い続けてきたことになり，その証拠として動作パターンに問題が生じているのである。

同様に，腰痛の既往のある患者やクライアントは，痛みの記憶の結果として，完全に回復するための動作パターンを無意識に避けている可能性がある。このようなときにFMSとSFMAが重要な役割を果たす。パターンを修正すれば，デッドリフトやその変法，負荷をかけた股関節の屈曲・伸展動作（ヒップヒンジ）のバリエーションなどの動作が確かなものとなり，長期間持続している腰部の機能不全を除去することができる。このことが，FMSとSFMAの結果から特定の活動を中止してもらう理由であり，これによって本来の動作パターンを再構築することができるようになる。発達に沿った動作パターンを用いることで，高いレベルの機能的動作を行うことで生じうる恐怖の記憶や代償の誘発をせずに，動作パターンの再構築を促進できる。

トライアスロン選手が管理されていない腰部の問題を抱えた状態でラン，バイク，スイムの練習を行ったとしたら，そのテクニックは充分に信頼のおけるものにはならない。この選手は，最も効果的な代謝ストラテジーと，各パターンで最もダメージを少なくする動作を組み合わせていることになる。急性期の炎症に関連した痛みが生じる動作を避けるために，股関節と腰椎が伸展しないように股関節屈筋の筋緊張を高めて走っているかもしれない。炎症が治まった後でも，トレーニングを続けることによって，生存本能に記憶されたものが残存してしまうのである。股関節屈筋の過活動は問題の一部であり，このようにして構築された記憶は，股関節を充分に伸展することを認識する技術的な記憶よりも強力である。

このような状態でトレーニングを行っても，問題を取り除くことはできない。まちがった動作を繰り返すトレーニングを一時的に行わないようにし，発達学的モデルによって問題のあるパターンを再構築する必要がある。この場合，ランニングを中止することでなぜランニングが改善するのかをうまく説明しなければならない。アスリートのトレーニングを継続したいという強迫的なこだわりや要求に負けない専門家としての自信を持たなければならない。うまく成し遂げることができれば，最終的には感謝されることになるだろう。

呼吸のスクリーニング

ファンクショナルムーブメントシステムは，非常に興味深い人間の現象を説明することができる。同レベルの代謝と力学が必要となるパターンでも，各個人によりその能力や効率は様々である。このことは，力学と代謝は絶対的なものではなく，個々により非常に多様性があることを意味している。感情，不安，呼吸パターン，効率的なタイミング，効果的なモーターコントロール，熟練度などのすべてが，効率的に働くための役割を担っている。

機能不全のある動作パターンを見つけた場合，呼吸パターンの変化も確認する。優れたヨガの実践者は，まず効率的・効果的な呼吸が重要で，それから動作を行うことを主張している。エクササイズやリハビリテーションの専門家である我々も，呼吸が効率的でなければ効率的な動作を行うことは不可能であることを知っている。機能不全のある呼吸は，機能不全のある動作と同様に，いくつかのパターンあるいはすべてのパターンにおいて認められる可能性があることを認識しておかなければならない。

最初は，これを説明するよりも見極めることが重要である。呼吸の機能不全は，以前は病気や重篤な障害と関連づけられていたが，現在では，臨床家やエクササイズの専門家によって，効率的な呼吸パターンからのわずかな逸脱について検討され始めている。武道の達人やヨガの実践者は，呼吸が質の高い安定した動作の鍵となることを知っており，我々もこれを理解し始めている。

呼吸が重要であるのは，これが代謝効率や生理学的耐用能を示し，神経筋の緊張やトーンに影響を及ぼすからである。コレクティブエクササイズを処方する際に2つの基本的な呼吸のテスト法がある。

- **1つ目の方法**は，正しい呼吸であるか否かの微妙な違いを評価するためのスキルを身につけることである。これには，肺尖部での呼吸（上部

胸式呼吸）と，横隔膜による呼吸（腹式呼吸）との違いを理解して評価できる必要があり，過呼吸などの概念を学ばなければならない。これは技術を要するが，基本的な機能不全を見分けるのに役立つシンプルな観察方法がいくつかある。
- **2つ目の方法**は，より客観的なもので，カプノグラフィという機器が必要となる。これは呼気中の二酸化炭素濃度を測定するもので，正常な呼吸効率からの逸脱を正確に示すことができる。呼吸に関する詳細は，付録4を参照していただきたい。カプノグラフィについても記載してある。

FMSとSFMAのすべての動作パターンで呼吸の質が低下している場合があることは興味深い。また，ある動作パターンにだけ呼吸の質の低下がみられる場合もある。このケースは，呼吸の質の低下が視覚的に認められる場合と認められない場合があることを示している。これは，ある動作パターンに関連した知覚や行動に対する自律神経系の反応である可能性が高い。脳は動作パターンに関連する様々なレベルのストレスを認識する。SFMAの上級レベルの教育では，トップティアーの各動作パターンにおける最終肢位での呼吸周期について議論する。動作パターンの最終肢位での呼吸周期全体が許容できるものでなければ，そのパターンは機能的であるとはみなされない。

この呼吸と動作の関連性からは，動作パターンの質の低下が悪い呼吸パターンの原因であるのか，あるいは悪い呼吸パターンが動作パターンの質の低下を招くのかという疑問が浮かび上がる。

鶏が先か卵が先かという議論をするよりも，呼吸と動作パターンの両方に影響を与える修正ストラテジーをデザインすることで，本来の機能を回復させなければならない。適切なコレクティブエクササイズを選択することが重要である。コレクティブエクササイズを処方することで，適切な呼吸が強化され，質の低下を防ぐことができる。また，呼吸を難度や不必要なストレスの指標として利用することもできる。

本書では，動作のスクリーニングやアセスメント，コレクティブエクササイズについて述べてきたが，機能不全のある動作を見つけた場合には，呼吸にも機能不全があるかを確認する必要がある。コレクティブエクササイズでは，必ず呼吸を考慮することが基本となる。

今後はフィットネスやコンディショニング，リハビリテーション全体が，動作スクリーンとともに呼吸と心拍数を質的基準として客観的にスクリーニングするようになることが予想される。この内容に関する詳細は，付録4を参照していただきたい。

下のホームページでさらに詳細な情報，動画，アップデートが入手可能である（英文のみ）。
www.movementbook.com/chapter12

13
動作パターンの修正

■ 修 正

　動作パターンの修正方法のカテゴリーについて話をするにあたり，まずはいくつかの注意事項とガイドラインを示してから，理解を深めるために各方法のカテゴリーとその実例を紹介する．身近な例から，脳が動作を学習する特定の方法がわかるだろう．どの修正カテゴリーを使用し，現在のレベルから次のレベルへいつ進めるのかについての判断は，以下の2つの評価法に基づく．

- FMS と FMS ヒエラルキー，6P チェックリスト
- SFMA と SFMA ヒエラルキー，6P チェックリスト

　それぞれの主要なカテゴリーは，下位カテゴリーによるプログレッションのレベル別に細分化されている．最初の下位カテゴリーは最も基礎的なレベルの修正で，最後の下位カテゴリーは最も高度なレベルの修正である．第14章では，脳についてより詳細にまとめて脳がどのように動作を学習するかについて検討する．

　動作パターン修正の3つの主要なカテゴリーは，

- 基礎的な可動性の修正
- 基礎的な安定性の修正
- 動作パターンの再トレーニング（第14章）

である．

■ 修正の目標について

　本章で述べる内容は理論であるが，これを実践レベルまで習熟してからクライアントや患者に適応すべきである．一般的な概念は網羅しているが，これを臨床に応用する方法を各テクニックやケースごとに練習しながら学ぶ必要がある．

　解説するエクササイズはあくまで基本的かつ一般的なエクササイズの1例であり，基本理念に精通すればどのようにでも変更・応用することができる．各カテゴリーの修正に関する概念や応用テクニックについて一通り学んだ後は，自分で学習を進めて専門性を発展させてほしい．

基礎的な可動性の修正

　クライアントや患者には可動性を修正する理論的根拠を理解してもらう必要があり，そのためには検者自身が可動性についての理解を深めなくてはならない．医学的に可動性とは，運動の本質的な自由度のことであり，適切な組織の伸張性と関節の可動域を意味するが，機能的な動作を必ずしも保証するものではない．わかりやすくいえば，可動性とは壁を構成する最初のレンガのようなものである．

　全体としてみると，身体構造は健常な組織と関節の可動性により成り立っている．ある関節の可動性が低下すると，他の部位や分節レベルに何らかの系統的な問題が生じる．代償や代用，非対称性，効率性の低下，アライメント不良，不良姿勢などは，いずれも可動性の問題による影響を受けている可能性がある．

　皮肉なことに，我々もクライアントや患者と同様に自分自身のタイトネスやスティフネスに気づかないことがある．クライアントや患者は，股関節の可動性が著明に制限されていることよりも，腰部の硬さや痛みを訴えることが多い．しかし，実際に股関節と脊椎の可動性を評価してみると，脊椎の可動性は股関節よりも正常に近い．

　このよく見受けられる例では，腰部は過負荷にさらされた被害者であって，主な問題を引き起こした怠け者ではない．腰部よりも股関節のほうが正常な可動性からは程遠い状態であることが大きな問題となっている．股関節の問題により，腰部は通常よりも大きな屈伸や回旋を強いられ，姿勢コントロールや各動作パターンに必要となる反射的な安定性を少なからず放棄せざるをえなくなっている．また，腰

部は正常な構造や動作パターン，総合的な機能に反した動きや非対称性を代償しなければならない。このような背景があって，ほとんどの活動において腰部が最初に疲労してしまうのである。結果として弱化し，硬くなり，機能不全を呈しているのである。

　このような場合，脊椎の安定化プログラムを行うよりも股関節の可動性を改善させるほうが，コアの安定化に有益な効果を及ぼし，脊椎機能を正常に回復させることが期待できる。これは安定化エクササイズを行ってもコアの機能は向上しないといっているわけではない。コアの安定性が向上しても機能に良い影響を及ぼさないことを示しているだけである。

　この例に対して体幹安定化プログラムを行うと，コアのエクササイズへの耐久力は向上するが，機能を評価すれば依然として安定性の問題が認められることになる。これは，コアの安定性の問題と股関節の硬さが混在している場合，必ず後者の影響が勝ってしまうからである。コアの安定性が向上しても，機能（質的な機能ではなく量的な機能ではあるが）の面では硬い股関節に屈してしまうことになるだろう。これこそが生存本能によるものである。

　他章の生存本能に関する考察で述べたとおり，代償は一時的には好ましい特性である。物事が完全ではないときに問題から逃れることができるため，短期間の生存にとっては好都合である。しかし，長期間にわたって本来の動作パターンの代わりに代償動作を続けることにより効率が損なわれ，微細損傷や固有受容機能の低下が引き起こされる。成長に伴って脳や身体が発達させてきた感覚と運動の微妙なバランスも代償によって阻害されるため，長期的には機能に悪影響が及ぶことになる。

　安定化トレーニングはまず可動性を改善することから始める。可動性が改善するごとに，新たな感覚入力と運動適応が生じる。安定性を生み出すのは，トレーナーやコーチ，セラピストではなく，脳である。トレーナーやコーチ，セラピストは，安定性の構成要素について学ぶ必要があるが，脳はすでにそのことを知っているのである。

　安定性の構成要素は以下の通りシンプルなものである。

健全な組織構造：重大な損傷や欠損，変形を伴わない，痛みのない組織構造
健全な感覚：感覚入力の受容と統合に問題のない状態
健全な運動：運動出力の活性化と微調整に問題のない状態
運動の自由度：機能的範囲内で適切な最終域とアライメントを得るために充分な可動性

　これらの基本的な要素が揃えば，脳は安定性を生み出すことができる。プログレッションの各姿勢レベルで得られる様々な機会を通じて，脳は安定性を生み出すのである。このことは，後の項でさらに詳しく述べる。

　可動性に問題がある場合は，常に安定性ではなく可動性を先に改善させる。この方針に従えば，同じセッション中に可動性の改善を補強するために安定性の修正を行うこともできる。もしくは可動性を目的としたセッションを何回か行ってもよいだろう。改善を確認する場合は，コレクティブエクササイズを行った後にテストを行う。これにより，どの方法が最善かを見極めることができる。スクリーニングやアセスメントを繰り返し行って可動性の修正方法を判断し，修正プログラムのデザインが妥当であるかを確認する。

　これは実にシンプルなことである。可動性がある程度改善したのであれば，その方法を用いればよい。股関節の伸展が改善したのなら，その方法を用いればよい。もし肩関節の屈曲が改善したのなら，その方法を用いればよい。

　安定化エクササイズを行うことで，新たに得た可動性が補強され，さらに改善した可動性によって新たな感覚情報が得られるために安定性も改善することになる。新たな感覚情報は，さらなる安定性を得るために不可欠である。安定性のコレクティブエクササイズの下位カテゴリーは，新たな感覚情報を得るための最善な方法を示すが，上記の考え方に従うことが重要である。この考え方に従わなければ，必要な段階を省くことになり，良い結果を得ることができなくなるだろう。

　基礎的な可動性の修正の3つの下位カテゴリーは

以下の通りである。

- 他動的な方法による可動性の修正
- 自動的な方法による可動性の修正
- 介助的な方法による可動性の修正

他動的な方法による可動性の修正

他動的な方法による可動性の修正は，正常な他動運動における自由度の質に影響を及ぼす制限に対して行う。

自分で行う他動的な可動性の修正

この修正方法は，静的ストレッチングやセルフモビライゼーション，スティックローラーを使ったセルフマッサージ，フォームローラーなど，自分自身で行うものである。これらは組織を伸張したり，マニピュレーションを行ったりすることによって，可動性や柔軟性を改善するもので，自分で身体を動かすエクササイズとはみなされない。

注意点：硬くなった部位に対する伸張や圧迫，フォームローラーなどを行う際，呼吸が浅くなることがよくみられる。緊張のために呼吸が浅くなり，時に速くなることもある。ストレスが呼吸に反映されることによって緊張が高まり，可動性が改善しないどころか悪化することもあるので，呼吸には充分注意が必要である。このことを理解している我々専門家でさえこの過ちを犯してしまう。クライアントや患者がストレスによる呼吸をしていないかを常に観察し，注意を促すことが重要である。

呼気と吸気の比率が3：1となるような，ゆっくりと安定した呼吸が望ましい。エクササイズの負荷が増加するにつれて1：1の比率になる人が多いが，幸いにもコレクティブエクササイズや可動性の修正における代謝要求は高くはない。

呼吸が速くなりすぎる人もいれば，呼吸を止める人もいる。リラクセーションのために呼気を長くするように指導する必要がある。可動性を改善するテクニックだけではなく，修正を行える状態に整える方法も指導することによって，効果的で再現性の高い修正方法となる。呼気と吸気の正確な比率を気にする人もいるかもしれないが，ポイントは吸気よりも安定した呼気を長く行うことである。各人のやりやすい修正方法で行えばよいが，常に呼吸を観察することが重要である。

徒手による他動的な可動性の修正

この修正方法は広い意味での徒手療法に分類されるもので，専門家が徒手による手技などの他動的な方法を用いて行うものである。これらのテクニックは，手や器具などによる力学的な手段によって，組織の状態を改善することを目的としている。典型的な例としては，一般的なマッサージや深部軟部組織モビライゼーション，器具を用いた軟部組織モビライゼーション，モビライゼーション，マニピュレーション，カイロプラクティック手技，鍼治療，その他の軟部組織を対象としたドライニードルなどが挙げられる。

繰り返しになるが，常に呼吸を観察することが重要である。

自動的な方法による可動性の修正

自動的な方法による可動性の修正は，正常な自動運動における自由度の質に影響を及ぼす制限に対して行う。可動性改善に焦点を当てたあらゆる自動運動がこれに該当し，動的ストレッチングや相反抑制を利用した手技などがその1例である。

ある筋が硬くなっている場合，その拮抗筋は通常弱化しているという，確かな経験則がある。これは，筋のタイトネスや筋力低下のような単純な話ではなく，主動筋の活動が増加することによって拮抗筋の緊張や活動，収縮が低下する相反抑制と呼ばれる現象を指している。したがって，弱化した拮抗筋のエクササイズと硬くなった主動筋の伸張を行う運動は，自動的な可動性の修正法ととらえることができる。

固有受容性神経筋促通法（PNF）として知られる治療手技では，「コントラクト–リラックス」や「ホールド–リラックス」などの他動運動と自動運動を組み合わせた手法が用いられるが，クライアントは手技中に動きをある程度自分でコントロールしながら筋を収縮させることがあるために，自動運動とみなされている。本書で紹介するコレクティブエクササ

イズの理論的核心の大部分はPNFと非常に関連しているので，その価値ある多くの研究を是非とも参照されたい。

自動的な可動性の修正を行う前に，他動的な可動性の修正を行うようにする。これにより，力学的抵抗や防御性筋収縮の軽減，感覚入力の改善，新たなポジションの習熟，ストレスによる呼吸の解消をはかる。

■ 介助的な方法による可動性の修正

介助的な方法による可動性の修正は，正常な自動運動における自由度の質と量に影響を及ぼす制限に対して行う。介助的な方法とは自動運動と他動運動の組み合わせによって，動作や動作パターンの修正と完遂に寄与するものである。コンディショニングではなく修正として行う場合，補助してもらいながら行うものは介助的な方法とみなすことができる。

- **質に対する介助**：アライメントの改善，運動の支持，バランス，連動性の形成や促通などをはかるために，徒手や器具によって介助する方法
- **量に対する介助**：エクササイズの量を増やしたり，全関節可動域にわたる運動を行うために，徒手や器具によって介助する方法

介助的な方法による可動性の修正とは，クライアントや患者が行う自動的な修正方法を補助したり，本来の運動方向とは反対の方向に抵抗を加える器具を用いたりして行うテクニックである。つまり，力を加えることによって動作パターンを補助し，姿勢コントロールを改善させることを意図している。介助的な方法による修正では，エクササイズを行う人が自分の体重より少ない負荷のもとで全体的な動作パターンを行うことになる。水中運動も介助的なエクササイズとみなされるが，適切なポジションで行えば抵抗器具による補助も用いることができる。これは簡便かつ実践的で，力の調整も可能な方法である。

動作パターンを介助することで，全体重を負荷せずに済むため，動作パターンをより多くの回数行えるようになり，また関節をより大きな可動域まで動かすことができるようになる。加えて，エネルギー消費も軽減することにより，繰り返しの回数を増やすことができ，姿勢改善と運動学習の機会を増やすことができる。

介助的な方法による修正は，他動的な方法による可動性修正から自動的な方法による可動性修正への移行期とすることもできる。また，この修正方法は，自動運動と他動運動に大きな違いがみられるが，実際には他動運動には制限がなく，モーターコントロールや安定性に問題があるケースに有用である。この場合の問題は，最終可動域に近づくにつれて協調性が低下することである。

他動的な介助により可動域を拡大する場合には伸張感を感じるほど行ってはいけない。自動運動と他動的に介助をして負荷を少なくすることを組み合わせながら，可能な範囲まで愛護的に誘導する。

アウトプットよりもインプットのほうが重要であるため，介助量は少ないに越したことはない。介助的な方法での可動性修正は，単に動作を完遂するために行うのではなく，動作を自動的に行うためには何が必要かを感じてもらうために行う。

クライアントや患者が正しい呼吸をしていることと，動作を無理やり行っていないことを確認する必要がある。

介助的な修正方法は，新たに獲得した自動運動の可動域で行うエクササイズの量を増やすためにも用いられ，疲労によってエクササイズの量や運動学習の機会が減少することを避けながら，感覚と運動の相互関係を得る機会を増やすことができる。

■ 可動性修正のまとめ

多くの不完全な動作パターンは筋のトーンと協調性の異常に関連していることから，前述の3つの方法は可動性の改善において重要な役割を果たす。これらのごく単純な方法は基本事項かもしれないが，単に硬い筋を伸張したり，硬い関節を動かしたりすることで動作パターンを改善させたなどと思ってはいけない。動作パターンにおける可動性低下についての幅広い，深い知識が必要である。

ある筋の緊張が亢進していると，別の筋の緊張は抑制されている。この現象は身体のあらゆる部位で

同時に起こるものである。モーターコントロールや動作パターンの改善に着手する前に，可動性と筋のトーンを効果的に正常化しなければならない。

通常この方法は，変化を起こすために最も効率がよく有効なものであるが，しばしば見落とされている。この視点を持ち続けるためにも，スクリーニングとアセスメントが有用となる。機能的パターンの学習の前に機能不全を解消することが修正の第1歩である。この方法は無計画なものでもなければ，非実践的なものでもない。可動性に問題がない，もしくは最小限の努力で可動性が改善した場合は，次のステージに進むようにする。可動性に問題がなければ可動性に対する修正を行う必要はなく，モーターコントロールや安定性の向上をはかる。

制限やスティフネス，柔軟性の低下は，2つの異なる原因によって生じる可動性の問題を引き起こす。その2つとは傷害と機能不全である。

● 管理されなかった傷害による問題

傷害後の疼痛や代償，不完全な回復は，可動性の主要な制限因子と考えられる慢性的なスティフネスやタイトネスが形成される原因となる。これによって他動・自動運動の自由度が制限される。傷害には，外傷性のものもあれば，微細損傷による障害性のものもある。本質的には，正常な機能レベルにまで回復しなかった傷害による問題といえる。

単純なケースでは可動性の低下は1つのできごとに由来するが，多くの場合は既往歴が複雑に絡み合っている。瘢痕組織や筋膜および結合組織による制限，トリガーポイント，関節包性制限，術後の合併症，退行性病変などは，いずれも可動性を減少させる。

筋緊張の亢進は主要な制限因子であり，局所的あるいは分節的な機能不全の結果である。局所的な機能不全とは，主動筋の機能低下や隣接する関節の機能不全によるものを指す。一方，分節的な機能不全とは，筋の支配神経と関連した脊髄分節での問題によるものを指す。

● 機能不全

代償はある程度の機能不全に対処する杖のようなもので，脳によって自然と形成される。代償により，静的・動的な環境下で良好かつ再現性の高いモーターコントロールが発揮できなくなってしまう。このような場合，スティフネスとタイトネスが残された選択肢となる。ローカル筋による安定性が必要な場面でグローバル筋が活動してしまうケースは，まさにその好例である。

この場合，スティフネスとタイトネスは傷害の結果ではない。習慣や誤った動作パターン，フォームやアライメント，姿勢，協調性が悪い状態で繰り返し行った活動の結果であると考えたほうが妥当だろう。基本的あるいは機能的なモーターコントロールが働かないと，身体はスティフネスやタイトネスに頼るようになり，スティフネスがその人の動作特性の一部となる。

組織伸張性の低下や筋緊張の増加，関節の退行変性，全身的なスティフネスは，安定性低下の副産物である。これらによって自然と制限が形成され，正常な感覚と運動の相互関係の必要性が減少する。この状態での力学的な健全性は高まるが，これには限界がある。つまり，スティフネスは安定性ではないからである。スティフネスは本物の安定性ではないため，環境への適応能力が欠けている。したがって，可動性の問題はその裏に潜んだ安定性の問題の結果といえる。可動性の問題を修正すると，安定性の問題が姿を現すだろう。

可動性の改善と安定性の修正に対する反応を観察するとよい。

可動性の問題の根本的な原因を見つけることは不可能かもしれない。したがって，原因が何であれ，可動性の制限を可能な限り解消することが必要である。その後に安定性を再学習するための環境を用意する。その過程には数日から数ヵ月を要するが，手順通りに可動性を改善させてから安定性のトレーニングに移行することを常に正しく行うことにより，可動性修正の効果や感覚入力が改善する。

他動的および自動的な可動性と柔軟性を改善させる一般的な方法は，可動性修正のカテゴリーに含めることができる。このカテゴリーに含めるべきもう1つの有用な方法は，リバースパターニングである。この手法により，可動性がさらに改善され，新たな

動作学習の機会が得られる。このことについては，第14章で，動作パターンの再トレーニングとして詳しく述べる。

基礎的な安定性/モーターコントロールの修正

可動性を獲得したら，次に行うべきはそのコントロールである。クライアントや患者の可動性が改善したら，それを維持させなくてはならない。新たに獲得した可動性に必要なのは，エクササイズではなく適切な負荷である。あいにくエクササイズは，効果が持続することを前提として何も考えずに運動を練習しているだけのものになっていることが多い。この項を読むにあたり，安定性の修正に関する以下の2つのルールを覚えておいてほしい。

1. 充分な可動性があることを確認しておく。可動性が低下している場合には改善させる。
2. 豊富な感覚体験を与え，感覚-運動記憶を刺激し，姿勢コントロールと動作パターンを再構築する。

これから，基礎的な安定性修正の3つの下位カテゴリーについて解説する。また，各下位カテゴリーに含まれる促通手技についても提示する。

基礎的な安定性/モーターコントロールの修正
- 介助エクササイズ
- 自動エクササイズ
- 反応性神経筋トレーニング（RNT）-促通

静的安定性/モーターコントロールの修正
- 介助エクササイズ
- 自動エクササイズ
- RNT-促通または外乱

動的安定性/モーターコントロールの修正
- 介助エクササイズ
- 自動エクササイズ
- RNT-促通または外乱

これらの理論的根拠をクライアントと患者に理解してもらう必要があるため，安定性についての理解を深めなくてはならない。安定性とはモーターコントロールに関するすべてのことである。なお，モーターコントロールとは運動出力や単なる動作の練習のことではなく，知覚と行動における相互作用の最適化と改善のことを指す。

各修正テクニックはいずれも難度のレベルが高い。介助エクササイズは感覚入力量の加減と安全性への配慮を要する。自動エクササイズでは，学習と記憶を進め，モーターコントロールを改善させる。また，負荷を増加させることで疲労の管理法も学習する。

RNTでは独特な方法で抵抗を加えるが，これは筋力増加や筋肥大を促すためのものではない。動作パターンを促通・改善させるために軽い抵抗を加えるのである。関節が適切なアライメントを保てず望ましい動作パターンを遂行できなかった場合に，抵抗を与えることでまちがいをフィードバックする。RNTについては，第14章と付録7で詳しく解説する。

安定性の修正について簡単に述べる。安定性の修正とは安定性の漸進的なコントロールと修正のステップであり，いわゆるエクササイズではなく体験である。ここでいう体験とは，難しい姿勢や動作パターンを学習する機会のことである。安定性を改善することは可能であると感じるかもしれないが，本当の安定性の問題とは意識下のものである。すなわち，我々が気付く前に脳の意識下で安定性の低下が起こっているのである。

これは，活動していない筋を強制的に働かせることによって解決できるような，筋力の問題ではない。本当の安定性の問題には，代償が最小限となる安全な難度の負荷をかけなければいけない。安定性の修正では，感覚と運動の相互関係を最大化するよう仕向ける必要がある。ミスは許可しても，代償は回避する。コントロールできるぎりぎりの環境に脳をさらすような体験をデザインしなければならない。

身体ではなく，脳に負荷をかけるのである。脳はすでに誤った動作パターンを生み出し，記憶し，反復しているため，正しい動作パターンを行えると感

じるまで同じ動作を繰り返すことが望ましい。脳が新たな動作パターンを生み出さずにはいられないようにコレクティブエクササイズをデザインすれば，以下の2つの理由により学習過程が加速するはずである。

- 脳に負荷がかかっている。
- 代償動作が取り除かれたので，新しい動作パターンを構築しなくてはならない。

正の体験を積み重ねることがエクササイズとなるが，それが本当に正の体験であり，負荷がかかることをまず確認する。これは，ミスがないという意味ではなく，代償を伴わないという意味である。

安定性向上のための体験とは，以下に示したような機会を指す。

- 姿勢による負荷を伴わず，関節運動を調節する
- 姿勢による負荷を伴わず，関節運動を分離する
- 姿勢による負荷を加えて転倒しないようにする
- 様々な姿勢でバランスを崩さない
- 支持基底面を狭くしてコントロールを保持する
- 転倒することなく，体重移動する
- 転倒することなく，いくつかの関節を動かす
- 転倒することなく，外的負荷に抵抗する
- 転倒することなく，外的負荷を操作する
- 転倒することなく，姿勢を変える
- 転倒することなく，機能的肢位をとる
- 動作パターンを逆の順序で行う
- アライメントと協調性を適切に保持したまま，機能的動作パターンを行う
- 外的負荷を加えて，アライメントと協調性を崩さずに機能的動作パターンを行う
- アライメントや姿勢，協調性のミスを誘発するような負荷を加えて，機能的動作パターンを行う
- 可能であれば，感覚入力を減らした状況で動作を行う

上記のリストは，生誕後2，3年で経験することを列挙したものである。この重要な数年間で，他の時期とは比べものにならないほどモーターコントロールが向上する。誰もがこのうえない動作学習をすでに行っていたのである。これ以外のものは，コーチや教師，トレーナー，セラピストらの指導を受けずに学習し，洗練・発達させてきたこれらの動作パターンの変化型または応用型なのである。

脳は物事をみて，聞いて，感じることを好んでおり，それを滞りなく行うためには身体を可能なかぎり最善の環境とポジションに置くことが必要である。人は知覚しようとする。運動とは，置かれた環境での感覚の探索の結果である。感覚体験の積み重ねにより，動作パターンが構築，改善される。動けば動くほど，感覚体験が混じり合う。脳と身体が自ら運動を学習するようなシステムにおいて必要なことは，豊富な感覚体験とその探索を行う安全な環境という2つの因子である。

この考えをさらに進めてみよう。

視覚や前庭，固有受容器の感覚体験が頭の中で融合する。感覚入力と情報の洪水を脳が受け入れ，知覚を生み出す。体験は入力データとして蓄積され，知覚と行動または行動と知覚を繋ぐ体験の鎖としてパターンが出力される。これらすべてが感覚-運動記憶となる。

ある動作パターンが既存の動作パターンに類似していると，感覚-運動記憶が呼び起こされる。新たな動作をうまく行えた場合，得た体験が既存の記憶に関連していたとみなされる。反対に，新たな動作をうまく行えなかった場合，これらの似通った動作パターンの相違点に基づいて新たな感覚-運動記憶が形成される。

水たまりとプールに入るときの比較が良い例だろう。それぞれの体験の第1段階は，光る水面に足先が入ることなので，同じである。しかし，最初は似ていた体験も，最終段階では全く異なったものとなる。これが新たな感覚-運動記憶を形成する理由であり，このようにして脳は学習を始める。

体験により，感覚-運動記憶を生み出す感覚-運動パターンが生じる。すべての新たな体験は過去のパターンと比較され，類似点と相違点が明らかにされる。脳は新たな感覚-運動パターンを形成するか，既存のパターンを適応する。当然，すべての状況には

何かしらの違いはあるので脳はそれに応じた調整を行うが，新たな動作パターンは既存の記憶に基づくものである。

安定性に対するコレクティブエクササイズの姿勢

　安定性の修正に用いられる姿勢の3つのカテゴリーは，適切な感覚体験の形成と機能的安定性の向上に不可欠なものである。その手法についてはすでに述べたが，単に成長の各段階で取り入れるべき感覚-運動体験の量の増加にすぎなかったため，まだ充分ではない。

　安定性に対するコレクティブエクササイズの本質は，成長・発達の各段階にある。多くの姿勢や肢位は，臥位から立位へ移行するためにある。各段階は安定性の距離標のようなもので，それぞれの姿勢や肢位は次の段階の土台となる。難度が高くなるにつれて感覚と運動の統合が必要となる。これは，新たな行動を喚起する新たな知覚によって規定される。新たな行動は新たな知覚を引き起こす。このプロセスは，モーターコントロールを習得して効率的に再現できるようになるまで継続される。

　安定性を回復させるための姿勢コントロールと運動調節の3つのレベルは以下の通りである。

基礎レベル：基礎的姿勢はシンプルなものである。腹臥位と背臥位，そしてこの2つの姿勢の転換であるローリング（寝返り）を指す。特にローリングは，正しく用いれば評価や体験として非常に有用である。

移行レベル：移行的姿勢は臥位と立位の間にあるすべての姿勢を指す。具体的には，肘立ち腹臥位（プローンオンエルボー）や四つ這い位（クワドラプト），座位（シッティング），膝立ち位（ニーリング），片膝立ち位（ハーフニーリング），そしてこれらの間にあるあらゆる姿勢が該当する。これらはローリングと同様にエクササイズにはみえないが，感覚-運動コントロールが損なわれた際に最も有用なものである。

機能レベル：機能的姿勢は立位の応用的な姿勢を指す。立位における3つの基本的な足部肢位は，対称的足位（シンメトリカルスタンス）と非対称的足位（アシンメトリカルスタンス），片脚立位（シングルレッグスタンス）である。特定の活動ではより応用的な機能的姿勢をとることもあるが，機能的活動の礎となるのは非特異的な機能的姿勢の能力である。

　基礎的安定性の修正は，可動性の制限が解消されても安定性に機能不全が認められた場合に行われる。すなわち，充分な可動性を有している一方で，3つのレベル（基礎，移行，機能）での安定性が損なわれている場合である。機能的安定性の問題は，片脚立位やスクワットのような機能的肢位において認められる。同様に，移行的安定性の問題は，膝立ち位や片膝立ち位，四つ這い位のような姿勢において認められる。

　したがって，姿勢コントロールを要するすべての肢位において安定性の問題が一貫して認められる場合，基礎的安定性の修正が必要となる。基礎的安定性の修正には，姿勢コントロールを要さない活動が用いられる。

　腹臥位と背臥位以外のあらゆる活動は姿勢コントロールを要する。裏を返せば，腹臥位と背臥位はすべての動作の土台となる。ローリングはその土台に限りなく近い動作であるため，基礎的プログラミングをリセットするために用いる。これにより，より高い姿勢コントロールと機能を要するモーターコントロールが改善する。

　補助的なエクササイズを背臥位や腹臥位で行うこともできるが，通常これらは部分的なパターンに過ぎない。ブリッジやレッグレイズ，レッグエクステンション，PNFパターンは，背臥位や腹臥位，側臥位で実施可能だが，ほとんどの場合は補足的な理由で行われる。すなわち，これらは動作パターン全体の練習の前に，個々の身体部位や部分的な動作パターンをトレーニングするために用いられることを意味する。仮にこれらをローリングの練習の前に行う必要があるのであれば，行うべきだろう。ローリングが困難な場合には，これらはローリングパターンを促進させるための一時的な選択肢となる。

ローリング

可動性の問題によってリラックスした腹臥位や背臥位をとることができない場合，ローリングパターンの練習を行うことは適切ではない。ローリングを評価として，あるいは修正ストラテジーとして考える場合であっても，制限のない腹臥位と背臥位は不可欠である。また，ローリングのテストが妥当であるためには，開放性運動連鎖（open kinetic chain）での肩関節と股関節の完全またはほぼ完全に近い可動性が求められる。ローリングは最も基礎的なモーターコントロールと身体分節の連動の観察・修正に用いられる。

成長・発達の過程において，頭部と頸部，肩関節，胸郭，骨盤，股関節を連動させる能力は，負荷下での姿勢コントロールの前に獲得される。ローリングは基礎レベルにおける唯一のコレクティブエクササイズであるにもかかわらず，フィットネスやコンディショニング，整形外科リハビリテーションではしばしば見過ごされている。ローリングは神経学的問題のリハビリテーションにおいてよく用いられるが，どういうわけかその他のリハビリテーションにおける従来のコレクティブエクササイズには組み込まれていない。

通常，ローリングは自動的動作パターンとして行われることが多い。RNTによってローリングを促通させる必要はほとんどないが，その方法は考案されており，ときに有用なものとなる。

ローリングが非常に困難な場合，何かしらの介助を行うべきである。徒手的介助でもよいが，ウェッジの挿入や身体の一側を挙上することであれば，一貫性もあり実践的である。ハーフカットのフォームロールや厚いマット，丸めたタオルを殿部から肩にかけて差し込む。少しでも身体を挙上すれば，ローリングが行いやすくなる。下り坂を転がるようなイメージである。介助により脳がローリングの記憶を呼び起こしやすくなるため，運動の調節と連動が可能となる。多くの場合，1回のセッションで介助をなくすことができるだろう。

特に困難なまたは誤った動作パターンの克服のためのエクササイズとして，ローリングを反復してもよい。1週間ローリングの練習を行うことも効果的だろう。慢性的な問題に対しては，活動を始める際に行う基礎的能力のチェックとして，あるいはムーブメントプリパレーションとしてローリングを行うこともできる。

ローリングが正しく行えて，制限や非対称性が認められない場合には，移行的姿勢へと進むのがよいだろう。エクササイズとして繰り返し行ったりコンディショニングとして行う必要はない。ローリングはあくまでも基礎なのである。行えるのであれば，次に進めばよい。行えないのであれば，修正しなくてはならないし，修正したのであれば，次に進まなくてはならない。ローリングの金メダルはないので，修正して次に進むのみである。

最初のうちは，ローリング体験を複雑にしすぎてはいけない。次に示すのは，ローリングを評価し，修正ストラテジーとして用いる際に，混乱をなくして効率を高めるためのステップである。

FMSにおけるローリング

FMSでは，ローリングはロータリースタビリティテストの機能不全に対するコレクティブエクササイズとして用いられる。ここでは，交叉性屈曲によるローリングパターンだけが用いられる。背臥位で頭上に上肢を伸ばした状態を開始肢位とする。屈曲した肘を同じく屈曲した対側の股関節と膝関節の方向へ近づけることでローリングパターンを行う。

ローリングパターンの間，肘と膝が接触している必要がある。ローリングは常に屈曲していない肘の方向へ行う。頸部は屈曲せず，頭部を床につけ，脊椎に沿ったライン上に位置させる。頭部と頸部を回旋させることでローリングを開始する。

- 頸部のスティフネスなどの問題がローリングの制限因子になっていないことを確認しておく。
- 呼吸を観察し，息が止まったり不必要に力んだりしていないか注意する。ローリングは力を入れて無理やり行ってはいけない。
- 必要であれば介助を用いる。介助には徒手的介助やくさびなどを使用する。くさびとは，ローリングを行いやすくするために身体の片側を持

ち上げるもので，ローリングを行う方向とは反対側の肩から殿部にかけてパッドやマット，ハーフカットのフォームロールなどを差し込むようにする。
- ローリングの難度を低くする別の方法として，ローリングを交叉性パターンから片側性パターンに変えるというものがある。片側性パターンであれば，比較的容易にローリングの動作に慣れることができる。このパターンでは，同側の肘と膝を接触させた状態で対側へローリングを行う。ロータリースタビリティの修正には，最終的に交叉性パターンによる負荷が必要であるため，片側性パターンをローリングエクササイズとみなすべきではない。あくまでも移行的なエクササイズとして行う。
- 難しい動作であるが，正しいスクリーニングを行って禁忌事項を確認すれば，有用なコレクティブエクササイズである。

FMSにおけるローリングのコレクティブエクササイズは交叉性パターンであり，これを行うのは非常に難しい。試しにエクササイズを行っても，うまく行えずに苛立つこともある。この場合，修正すべきものがローリングではない可能性もある。ローリングパターンに問題を生じさせる基礎的な可動性の問題，アクティブ・ストレートレッグレイズやショルダーモビリティリーチングに非対称性を有していることなどが考えられる。この例からも，「安定性の修正よりも可動性の修正を優先する」というルールが支持される。

好きなエクササイズを試してもよいが，頭を使わなくてはならない。多くの場合，エクササイズが簡単すぎるか難しすぎると感じるだろう。無作為にコレクティブエクササイズを試すのは，診断や1回あたりの服用量を考えることなく無作為に投薬することと同じである。コレクティブエクササイズは特定の動作の問題に特異的なもので，無作為に試したところで必ずしも効果が得られるものではない。

適切に行えば全体の評価は30秒以内に終わるので，それほど難しく考えることはない。

SFMAにおけるローリング

SFMAでは，ローリングはブレイクアウトテストとして用いる。このテストは，可動性には問題がなく，荷重位や重力に抗して姿勢コントロールを行うテストでモーターコントロールに機能不全があると判断された場合に行う。SFMAにおけるローリングは，連動性のコントロールに対する基本的な評価としての役割を担う。

- FMSとは異なり，SFMAではアッパー・ローワークワドラント（上下四半分）によってローリングの機能不全を評価する。アッパークワドラント（上四半分）とは，上肢と肩甲帯，上部脊椎，頭部，頸部を指す。ローワークワドラント（下四半分）とは，下肢と骨盤帯，下部脊椎を指す。これらを観察することで動作のパターンや連動性，対称性，方向に関する情報が得られる。腹臥位から背臥位（プローントゥスーパイン），または背臥位から腹臥位（スーパイントゥプローン）へのローリング動作をアッパー・ローワークワドラントのそれぞれで4パターン行い，それを左右で比較するために合計8パターンのローリング動作を行う。
- 腹臥位から背臥位へのローリングパターンでは，全体的な安定性と，主に後部連鎖に関与する筋群によって動作が開始される連動性を観察する。
- 背臥位から腹臥位へのローリングパターンでは，全体的な安定性と，主に前部連鎖に関与する筋群によって動作が開始される連動性を観察する。

ローリングの8パターンは下記のとおりである。

1. 左側へのプローントゥスーパインローリング（右アッパークワドラントからの始動）

腹臥位から右上肢と頸部を動かして背臥位になるローリングパターン。下半身と左上肢は用いない。

2. 右側へのプロー ントゥスーパインローリング
（左アッパークワドラントからの始動）

腹臥位から左上肢と頸部を動かして背臥位になるローリングパターン。下半身と右上肢は用いない。

3. 左側へのプロー ントゥスーパインローリング
（右ローワークワドラントからの始動）

腹臥位から右下肢と下部脊椎を動かして背臥位になるローリングパターン。上半身と左下肢は用いない。

4. 右側へのプロー ントゥスーパインローリング
（左ローワークワドラントからの始動）

腹臥位から左下肢と下部脊椎を動かして背臥位になるローリングパターン。上半身と右下肢は用いない。

5. 左側へのスーパイントゥプローンローリング
（右アッパークワドラントからの始動）

背臥位から右上肢と頸部を動かして腹臥位になるローリングパターン。下半身と左上肢は用いない。

6. 右側へのスーパイントゥプローンローリング
（左アッパークワドラントからの始動）

背臥位から左上肢と頸部を動かして腹臥位になるローリングパターン。下半身と右上肢は用いない。

7. 左側へのスーパイントゥプローンローリング
（右ローワークワドラントからの始動）

背臥位から右下肢と下部脊椎を動かして腹臥位になるローリングパターン。上半身と左下肢は用いない。

8. 右側へのスーパイントゥプローンローリング
（左ローワークワドラントからの始動）

背臥位から左下肢と下部脊椎を動かして腹臥位になるローリングパターン。上半身と右下肢は用いない。

例えば，腹臥位からアッパークワドラントを動かして背臥位になるローリングパターンを左右で比較するように，あるローリングパターンとその対側のパターンとを比較する。4つのパターンの比較で左右差が認められなかった場合，最も大きい左右対称な問題を，潜在的な機能不全と考えて検討する。すべてのローリングパターンが正常であれば，安定性を根本的な問題とは考えず，移行的姿勢のエクササイズへと進む。

ローリングの体験を複雑にしすぎてはいけない。次に述べるのは，ローリング動作を評価し，コレクティブエクササイズとして用いる際に混乱をなくして効率を高めるためのいくつかのステップである。繰り返しになるが，できるかできないかだけを考えるようにする。ローリングはランク付けするものであって，測定するものではない。

- 無理なく開始肢位（背臥位または腹臥位で上肢を頭上に伸ばして軽度外転位にする）をとれることを確認する。
- ローリングのために必要な可動性があることを確認しておく。これには頸椎の可動性も含む。
- 完璧なローリングを考えるのではなく，動作パターンに関与しないクワドラントの代償を評価する。代償がみられないようであれば，ローリングを無理やり力任せに行っていないかを評価する。
- 呼吸を観察し，息が止まっていたり不必要に力んでいたりしていないかに注意する。ローリングが苦しいものであってはならない。
- 必要であれば介助を用いる。

適切に行えば全体の評価は2分以内に終えることができるだろう。機能不全が疑われるクワドラントが認められた場合は，そのローリングパターンが行えるように介助を用いる。多少の努力は許可してもよいが，呼吸を止めずにリラックスして行わせるようにする。

静的・動的安定性の修正

静的・動的安定性の修正は，移行的姿勢と機能的姿勢のいずれにおいても行うことができる。基礎的

安定化とローリングは運動系の知覚と機能が正常であることを確かめる方法として考える。ローリングでは不完全な回路をチェックしているのである。

静的・動的安定性の修正は，運動系に応用的な機能をもたらす。エクササイズのなかには，ある関節に静的安定性を求める一方で他の関節に運動を求めるものがある。このような動作パターンには，動的要素と静的要素の両方が含まれている。静的安定性の修正では静的要素の向上を，動的安定性の修正では動的要素の向上を目的としている。

■ 静的安定性の修正

静的安定性とは，負荷が一定または変化する状況下において身体が静止し続ける能力のことを指す。この安定性に対する修正は，可動性の制限がなく，安定性に機能不全はみられるが，基礎レベルの安定性は認められる場合に行われる。すなわち，充分な可動性を有している一方で，機能レベルまたは移行レベルの安定性に問題がみられる場合である。機能的安定性の問題は，片脚立位やスクワットのような機能的ポジションにおいて認められる。同様に，移行的安定性の問題は，膝立ち位や片膝立ち位，四つ這い位のようなポジションにおいて認められる。

安定性の問題が姿勢コントロールを要する特定のポジションにおいて一貫して認められるが，基礎的モーターコントロールの指標であるローリングに問題がない場合は，静的安定性の修正が必要となる。移行的姿勢および機能的姿勢では多くの修正法が存在するが，その焦点は常にバランスと姿勢コントロールに当てられるべきである。

静的安定性の修正では，重力や外力，外乱に対して姿勢や関節肢位を保持することが求められる。これらはバランスと姿勢コントロールが必要となる姿勢で行われ，外力や外乱は徒手やエクササイズ器具によって加えられる。

◆ 移行的姿勢-静的安定性修正の例

片膝立ち位は四つ這い位から立位へ移行するための姿勢であることから，ここでは片膝立ち位を例として各方法を解説する。片膝立ち位は四つ這い位と立位をつなぐ姿勢である。まずは，コレクティブエクササイズの姿勢として片膝立ち位を用いることについて取り上げてみる。

片膝立ち位とは，一側の膝を床につけた状態で，身体を支えるために反対側の足を前に出して股関節と膝関節を90°屈曲位にする姿勢である。一方，膝立ち位とは両方の股関節を伸展して両膝を床につけた姿勢である。矢状面上に前後の脚を揃えて片膝立ち位の支持基底面を狭めることで，より難しい状況を作り出すことができる。骨盤の位置を正すため，膝の下にクッションを敷くこともある。安定性に問題がある場合には狭い支持基底面での片膝立ち位は難しい可能性がある。

四つ這い位から片膝立ち位へ移行すると，支持基底面が大きく変化する。四つ這い位では4点の支持点と広い支持基底面があり，質量中心は支持基底面内にうまく収まる。ここから片膝立ち位へ移行すると，支持点が一側の足部と対側の膝から下腿にかけての2点に減少する。開始肢位の支持基底面を肩幅に広げることで，四つ這い位から片膝立ち位への移行が容易になる人が多いだろう。

真の安定性体験は，前脚の足部と後脚の膝が同一直線上になるまで支持基底面を徐々に狭めたときに得られる。この状態は支持基底面が狭くなるので，質量中心が支持基底面の左右に外れやすくなる。片膝立ち位では体重の大部分を後ろ脚の膝で支え，前脚は主にバランスとコントロールに使う。

片膝立ち位の利点は，荷重側の股関節に負荷を与えられることである。なお，股関節と骨盤は正中位にあることが望ましい。

大部分の人は最初に片膝立ち位のポジションをとると，股関節の可動域が狭すぎるか広すぎる。可動域が制限されたポジションは，股関節が軽度屈曲位で骨盤が前傾位になっている。この場合，骨盤を後傾するように指示すると股関節と骨盤が正中位になる。可動域が広すぎるポジションは，股関節屈筋をストレッチングする姿勢になる。これでは，モーターコントロールによって安定性を得るのではなく，股関節の靱帯と屈筋群の緊張に依存して姿勢を保持することになる。

●正しい片膝立ち位のポジションをとるための有

効な方法は，両肩を上から何度か押し下げることである。対象者は押し潰される感じがするか，あるいは硬く安定した感じがするだろう。容易に潰される場合は，身体を硬くするか姿勢を固めるように対象者に指示するが，肩をすくめないように注意する。股関節と骨盤が正中位で脊柱が伸びた状態が理想である。ただし，このことは対象者には伝えず，それに気づくまで肩を上から押し続ける。検者が肩に加えた外力が膝の下の床へ無駄なく伝わるような状態を目指す。

- 片膝立ち位のポジションがとれないために，この肢位を行わないか変更する必要に迫られることがある。最も良いポジションの変更方法は，床に置いたパッドに膝をつけて片膝立ち位をとることである。床上での片膝立ち位は，一側の股関節が屈曲0°，対側の股関節が屈曲90°の状態になる。一方，高い位置に膝をついた片膝立ち位では，荷重側の股関節は屈曲0°のままであるが，対側の股関節は屈曲45°のポジションになる。すべては股関節のポジション次第なのである。最も重要なことは，膝をつけた側の股関節を正中位に保持できるかどうかである。

- 片膝立ち位では足部と足関節，膝関節が荷重パターンから効果的に除外されている。主に一側の股関節と骨盤，そして脊椎が負荷を受ける。これにより，しばしば見過ごされてしまうコアスタビリティに関する独特な洞察が得られる。

- コアスタビリティが低下している人の多くは，足部や足関節，膝関節の活動を増加させて代償している。また，股関節や骨盤，脊椎，肩関節のポジションやアライメントの不良による代償もみられる。片膝立ち位ではこれらすべての代償を排除できるため，興味深い安定性体験を得ることができる。移行的姿勢におけるモーターコントロールの対称性についての洞察も得られるだろう。

- 一側性の問題であると考えたとしても，左右両方に目を向けるようにする。

介助エクササイズ

介助は支持基底面が狭くなったときに必要になることがある。検者が軽く支えることでバランス保持を助けたり，対象者自身が片手や両手を使って支持することでバランスを保持する。バランスをしっかり保持するのに必要な程度の介助から開始し，徐々にそれらを取り除いていく。多少の努力は許容することで，脳が安定性の限界を知ることができる。これは豊富な感覚体験であり，脳が使用されていないモーターコントロールにアクセスすることを促す。

この体験とエクササイズ自体は非常にシンプルで，セット数や反復回数についての理論や便利な器具，示唆に富む言語指示やコーチングなどは一切必要ない。ただ，「転ばないようにやってみよう」というだけである。

呼吸とリラックスすることを忘れないようにする必要がある。これは3歳児が楽に行えるものであり，この「楽に行う」ということが重要である。転ばずに，最小限の努力で行うようにする。

問題なのは，バランスを保持することで手一杯となり，何も感じることができない場合である。つまり，行為に夢中で知覚できない。自動的にバランスを保持できなければ意味がないので，呼吸をコントロールして頸部や肩，上肢をリラックスするように指導する。

自動エクササイズ

狭い支持基底面での片膝立ち位を保持するのに介助が不要となり，また非対称性もなくなった場合，上肢の位置を変えてみる。これにより体重移動が生じるため，より多くのバランス反応とモーターコントロールが必要となる。次に，上肢下垂位での体幹回旋を指示し，慣れてきたら上肢を頭上へ伸ばして体幹を回旋させる。体幹や上肢を動かすことで股関節や骨盤の位置が変化しないように注意が必要である。バランスを崩したり，荷重側の股関節や骨盤の位置が変化したりした場合には，最初からやり直すようにする。

RNT

上肢と体幹をコントロールしながらの自動エクササイズを左右とも対称的に行えるようになったら，RNTに移行する。このトレーニングでは，身体の一

部に外乱を加える。

RNTには2つのレベルがあり，1つ目は動かされないようにポジションを保つという「反応を促す」レベル，2つ目はポジションを保ちながら課題を行うという「反応して動く」レベルである。

- まずは，対象者に外乱を加え，動かないように姿勢を保持させる。これは筋力検査ではないので，力の強さは問題ではない。力の方向の変化に対応することが重要である。力の方向の変化に対する知覚に遅延が生じていないか観察する。遅延が長いほど問題も大きい。対象者の両肩をひねったり，身体の前に伸ばした上肢に対角線上（反対側の膝や肩の方向）の力を加えたりすることで外乱を与える。
- これは知覚のトレーニングであって力のトレーニングではない。知覚の遅延を力で埋め合わせようとする人もいるので，力の方向を変え続ける。対象者が押し返さないように注意し，「力比べではないので，押し返さないように」「ブレーキを軽く踏んでコントロールする感じです。強いブレーキではなく，少し踏むだけです」などの指示を与えるとよい。正しく行えば有用なコミュニケーション手段になるだろう。
- 次に，片膝立ち位での押し引き（プッシュ/プル）動作を一平面上で行わせる。リズミカルに負荷の強弱を入れ替える振幅動作や，チョップやリフティングのような多平面上での運動を行ってもよい。
- 最後に，メディシンボールスローやキャッチのような衝撃が加わる動きを行う。これは負荷がかかった状態からかかっていない状態へリズミカルに移行する必要があるので，非常に難しいものである。

機能的姿勢−静的安定性修正の例

支持下の片脚立位は，片膝立ち位と片脚立位の間にある姿勢のために見過ごされることが多い。ここでは，支持下の片脚立位の姿勢で行う各方法を解説する。最初にコレクティブエクササイズとして支持下の片脚立位を用いる有用性について触れたい。

支持下の片脚立位は，きわめて片脚立位に近い姿勢である。しかし，片脚への荷重は100％ではなく，15〜25 cmの高さの台を用いて荷重を80〜90％程度に調整する。台上の足はバランス保持のために置くだけで，ほとんど体重をかけない。バランスを崩さず安全を損なわない範囲であれば，外乱を加えてもよい。支持基底面は肩幅から開始し，正中線に達するまで徐々に狭くする。

介助エクササイズ

移行的姿勢（片膝立ち位）で用いた方法に準ずる。バランスを崩さずに台から短時間だけ足を離し，片脚立位を行う。

自動エクササイズ

移行的姿勢（片膝立ち位）で用いた方法に準ずる。介助エクササイズと同じように片脚立位を行ってもよい。

RNT

移行的姿勢（片膝立ち位）で用いた2つのレベルで行う。これはまだ静的安定性のトレーニングなので，姿勢やアライメント，コントロールを保持する。

動的安定性の修正

動的安定性とは，一定または不定の負荷下において，特定の身体部位をある方向へ動かすと同時に，別の身体部位を他の方向へ動かす能力のことを指す。動的安定性の修正は，負荷下での運動中に姿勢を保持する能力を強化する。したがって，負荷や力が加わった状態での運動中に，バランスを保ちながら正しい動作パターンやアライメントを保持することが求められる。動的安定性の修正は，静的安定性を有している場合に行う。

移行的姿勢−動的安定性修正の例

四つ這い位は移行的姿勢である。クワドラプト・ダイアゴナルズと呼ばれる一般的なエクササイズでは，四つ這い位で一側の肩関節屈曲と対側の股関節伸展を行う。つまり，右肩を屈曲する場合には，左股関節を伸展する。この動作中，支持側の肩関節と

股関節，そして脊椎は静止した状態となる．

このエクササイズでは，支持側の肩関節と股関節の静的安定性を観察することができる．屈曲する肩関節や伸展する股関節に異常な動きがみられることもあるが，通常は4点支持から2点支持への移行に問題がみられることが多い．

このパターンを左右交互に行うことで，動的なエクササイズとなる．肩関節と股関節は，静的支持と動的な動作を素早く繰り返すことになる．

介助エクササイズ

左右交互のエクササイズを介助するために，少し空気を抜いたバランスボール上に対象者の腹部を乗せる方法がある．ただし，バランスボールが完全に身体を支えるのではなく，あくまで介助とすべきである．体幹にボールがわずかに接触しているだけで充分な場合もある．

自動エクササイズ

支持基底面を狭めるだけで自動運動はより難しくなる．これは，支持側の上下肢が身体の正中線に近づいた状態である．丸めたタオルなどを脊柱上に置くこともエクササイズの負荷になる．左右への過度な体重移動や腰椎・骨盤部の動きを抑制するには，丸めたタオルを脊椎に対して平行または垂直に置くことで対処できる．

スライドボード上で上下肢を持ち上げずに一側の手と対側の膝をスムーズかつリズミカルに近づけたり遠ざけたりする動作を行ってもよい．

いずれのエクササイズも，動的安定性の評価や体験の機会となる．

RNT

繰り返しになるが，RNTには2つのレベルがある．1つ目は動かされないようにポジションを保つという「反応を促す」レベル，2つ目はポジションを保ちながら課題を行うという「反応して動く」レベルである．

- まずは，対象者に外乱を加え，動かないように姿勢を保持させる．これは筋力検査ではないので，力の強さは問題ではない．力の方向の変化に対応することが重要である．力の方向の変化に対する知覚に遅延が生じていないか観察する．

 対象者にクワドラプト・ダイアゴナルズを左右交互に行わせる．肩関節や股関節を左右に押して外乱を加える．また，対象者が前方に移動しようとする際に，検者が両肩を軽く押して前方移動を抑えるように抵抗を加えることもできる．なお，これは知覚のトレーニングであって力のトレーニングではないことを忘れてはならない．

- 次に，一側の屈曲した肩関節と対側の伸展した股関節に軽い抵抗を加える．持ち上げた上下肢には抵抗による負荷がかかった状態で，支持している上下肢には抵抗による負荷がかかっていない状態であるため，独特な動的安定性を体験することができる．この身体活動は動的安定性の評価や体験の機会となる．

 質と量の対称性に注意する．最初のうちは左右の質の違いがわからないかもしれないが，何回か行っているうちにどちらか一方の機能不全が露呈するだろう．

◆ 機能的姿勢-動的安定性修正の例

シングルレッグデッドリフトは機能的姿勢における動的安定性の良い例である．シングルレッグデッドリフトを行うには，静的な片脚立位の能力とデッドリフトの知識や動作能力がまず必要となる．当たり前のことだが，実際にはこれらを有していないことが多い．

動的安定性のトレーニングには，静的安定性と動作パターンを行う能力が求められる．動作パターンの質に問題があっても，学習するための基盤として動作パターンを行えることが必要となる．

シングルレッグデッドリフトは膝関節を約20°屈曲した状態から開始して膝関節を伸展するが，スクワットの類いではない．脛骨はほぼ垂直に保持した状態で，大腿骨を動かすのである．できるだけ後方に座るような感じで行うのがよい．上肢は脛骨の前に垂直に垂らしておく．

介助エクササイズ

　検者が片手か両手で支えることが，シングルレッグデッドリフトの介助となる。運動とは反対方向へ抵抗を加える器具を使用してエクササイズを行うこともできる。上方から抵抗をかけることで股関節を中心とした動作（ヒップヒンジ）が身につき，適切な脊椎のアライメントが促される。

自動エクササイズ

　抵抗や介助なしにシングルレッグデッドリフトを自動運動で行う。これは左右を比較するために行うということを忘れてはならない。自動運動によりパターン化が促進され，介助エクササイズよりも負荷が増加する。このエクササイズは，動作パターンを正しいフォームで行える限界まで可動域を最大化するために行う。

RNT

　シングルレッグデッドリフトは筋力トレーニングとして行われることが多いが，優れたRNTでもあり，片脚立位における動的安定性の対称性の評価やエクササイズとして役に立つ。

　シングルレッグデッドリフトは2つの異なる方法で行うことができる。両手にウエイトを持って行う場合，たとえ重くてもバランスはとれている。このエクササイズは，機能的活動として股関節とコアを結びつけるのに最適なものであり，またセルフリミティングエクササイズの定義にも合致する。

　片手にウエイトを持ってシングルレッグデッドリフトを行えばRNTになる。非支持側の手でウエイトを持つことにより対角線上の負荷が生じ，回旋をコントロールするコアの筋群を鍛えることができる。また，3平面から股関節に負荷をかけるとともに，足部アーチの安定化を強いる。股関節と足部が適切に機能しているのであれば，膝関節外反は問題ではない。

　繰り返しになるが，重要なテーマはパフォーマンスではなく，フォームや協調性が対称的であるかどうかを観察することである。ここでは可動範囲よりも対称性を重視する。バランスのとれた股関節と肩関節の機能を保持することで，コアを安定させることが目標となる。ウエイトを持った手を下腿の中央部まで下げれば，知覚と動作のための動的安定性を強化するのに充分な可動範囲となるだろう。

　シングルレッグデッドリフトを完遂することが重要である。つまり，ウエイトを引き上げて直立位になるまで行わなければならない。1回ごとにウエイトを下に置いて身体を起こし，それからまた次を行うので，10回1セットを実際には1回10セットのように行う。このエクササイズはモーターコントロールを標的にしているので，非対称性の評価と修正方法になる。

安定性修正のまとめ

　感覚によって時間と空間に関するすべての情報が得られるが，その情報はしばしば完全なものではない。問題は知覚である。これにより，動作を知覚できていないと思われるクライアントや患者に対してエクササイズやリハビリテーションの専門家が苛立つことになる。

　フィットネスやコンディショニング，スポーツ，整形外科リハビリテーションの分野で働く人は，神経系に対する思い込みがある。神経系の知覚や行動面に問題がある可能性を考慮せずに，身体のタイトネスや筋力低下を解消しようと躍起になる。感覚−運動系はどういうわけか，特定の動作パターンにおいて最適に知覚・機能しないことがある。従来のエクササイズによってこのパターンを改善しようとしても，問題が悪化することが多い。なぜなら，インプットを改善することなくアウトプットに対して負荷を与えるからである。すべてはインプット次第なのである。クライアントや患者には，知覚を再構成する時間が必要なのである。

　ストレングスコーチはアスリートに対して，筋力トレーニングやランニング，ジャンプ，身体作りを行わせたいと考える。パーソナルトレーナーはクライアントに対して，活力に満ちた，楽しく，人生を変えるようなエクササイズを体験してもらいたいと考える。リハビリテーションの専門家は，患者の複雑な問題を解き明かし，良い治療結果を出したいと考える。皆，それぞれが教え込まれたことを実践したがっている。問題は，それぞれの専攻分野につい

て勉強している傍らで，人間の動作パターンがかつてないほどの速さで蝕まれていることである。重要なことは，その劣化スピードを遅らせ，動作の質を改善させることである。

徒手療法に精通する人はマニピュレーションの技術に自信を持っているが，どうして筋や関節，筋膜に留まっているのだろう？　可動性を改善させるスキルを習得したにもかかわらず，モーターコントロールのシステムは自然に再構築されると考えている。仮にそうなったとしても，それは単なる偶然であり，常に問題が簡単に解決するとは考えないほうがよい。

我々は感覚について習熟する必要があり，これは単にエクササイズを学ぶだけで得ることはできない。学ぶべきことは，動作の学習に関する自然の教えである。人生には問題を起こす障害がつきものである。この問題によって外乱を生じる。外乱とは，姿勢やバランス，動作パターンを乱すもののことである。外乱は基礎的動作パターンを再活性化して安定性を向上させるために，身体システムに錯覚を生じさせる方法である。

外乱についても習熟しようではないか。外乱に習熟することは，バランス反応を円滑にするためにバランスボードやバランスマットを導入するだけの単純なものではない。適切な知覚を学習するために，バランスとコントロールに負荷がかかり，なおかつ促通のフィードバックが得られるような，最も基礎的な姿勢について詳細に検討することである。

ぎこちなく，協調性のない，非対称的な基礎的動作パターンを見つけ，それを改善するためにシンプルな感覚体験を与えることである。

下のホームページでさらに詳細な情報，動画，アップデートが入手可能である（英文のみ）。
www.movementbook.com/chapter13

14 応用的な修正ストラテジー

動作学習についての考察

　非常に重要な意味を持つ初回のコレクティブ（修正）エクササイズについて考えるにあたり，本章ではケーススタディを提示する。コレクティブエクササイズの焦点はアウトプットではない。コレクティブエクササイズの焦点は最適なインプットである。単にエネルギーを浪費するのではなく，動作を改善させることが重要である。現在の動作パターンとその機能不全という情報をもとに，最適な動作学習の環境を整えるのである。

　本章では，応用的な修正ストラテジーの背景にある概念を学び，いくつかの例について考察する。その後，動作修正の考え方の背後にある理論的根拠についても説明する。

　動作のスクリーニングとアセスメントは，問題のある動作パターンの識別と実証，コミュニケーションに役立つ。これらは実際には，知覚と行動の間の複雑な問題である。本書の冒頭では，動作について論じ，行動として紹介した。FMSとSFMAについての章では，動作パターンを明確に評価し，正常機能や機能不全としてランクづけする方法を提示した。そしてここでは，修正ストラテジーを検討するにあたり，知覚についてより多く考察していきたい。

　専門家として，感覚と知覚が同じではないことを理解する必要がある。感覚は情報を脳に提供するが，その情報は異なる意識レベルで扱われる。また，人は同じ情報を全く違ったかたちで解釈することもある。経験や記憶，習慣，外傷・障害の既往，生活様式は，知覚に大きな影響を及ぼす。知覚が行動を駆り立て，行動が知覚を変化させる。正確にいえば，知覚と行動は非常に密接に関連しあっており，切り離して論じることはできない。

　生徒があることを理解し始めた時，すなわち点と点を結びつけることができた時，教師の役割は完全に変わる。同じことが知覚についてもいえる。クライアントや患者が動作パターンの制限や著しい非対称性を可動性や安定性の問題として理解すると，より高いレベルで修正に臨むことができる。

修正のための体験と知覚

　修正は我々が施す単純な解決法ではない。また，誤った動作を正すための薬ではない。修正とは，クライアントや患者が動作パターンの問題の表層下にある真の状態を体感できる何よりも重要な機会なのである。これがコレクティブエクササイズを体験と呼ぶ理由である。

　まずは体験を与え，とにかく知覚させる。次に，反復できる程度の負荷を加えながら体験を繰り返す。動作の機能不全がわかったとしても，何がわかったのかを対象者が根本的に理解しないことには意味をなさない。対象者は多くの場合，スクリーニングとアセスメントによって明らかとなった動作の機能不全を完全に理解することはできない。その発見は体験することに価値があるのであって，説明だけでは意味がない。説明も有益ではあるが，学習と修正の基礎となるのは体験である。

　包括的な評価によってコレクティブエクササイズが適切であることがわかれば，長々とした説明は抜きにして，最も根本的な制限や非対称性を見つけ，その修正を行うに越したことはない。機能不全についての説明がどれほどすばらしいものであったとしても，よく考えられたコレクティブエクササイズによって与えられた多感覚的な体験ほど重要で啓発的なものはない。

　根本的な問題を修正する時，対象者は雑念の少ないより集中した体験をするだろう。特定の動作機能不全をより明確に知覚することで，動作機能不全と知覚が結びつく。この知覚の結びつきは体験のベースラインとなる。

　我々はこのことを「アハ（aha：なるほど）体験」と呼ぶ。スクリーニングやアセスメントから得られた情報をアハ体験に変えることができるようになれ

ばしめたものだ．動作修正時に動作の「なぜ」や「どうやって」に関する長々とした説明を勧めない理由がここにある．対象者の中には動作についての解剖学的考察を望む者もおり，彼らが興味を持っているのであればそれはそれでよいが，説明はアハ体験の後に行いたい．

コレクティブエクササイズを正しく行えば，対象者は身体的にも精神的にもアハ体験へと近づいている．アハ体験への近づきを後押ししているのは，説明ではなく感覚である．話し合いは休憩時間に行えばよい．

人には，問題やその解決法を言語化できなくても，自然とミスを知覚して修正できることがある．この時対象者は，「もうちょっとバランスをとる必要があるな」とか，「うまくできた．でも集中しなきゃ」などと思っていることだろう．

アハ体験へ近づいている時に邪魔をしてはいけない．

■ 修正可能なミス

修正可能なミスとは，安定性に対するコレクティブエクササイズを進めていく中でよくみられる，明確で知覚可能な，長い指示を要することなく即座に修正できるミスのことを指す．しがたって，対象者は動作ができるかできないかの瀬戸際にいるが，正しいエクササイズのイメージを把握しているのである．ここで重要なことは，代償をなくすために可動性を修正し，戦略的な肢位を選択することである．

もちろん，このような環境を設定することでミスが頻繁に起こるかもしれないが，それはかまわない．なぜなら，建設的な負荷が学習を加速させるからである．肢位を限定すると，ミスの種類を絞り込むことができる．スクワットやランジなどの機能的動作パターンでは，多様なミスが起こりうる．ミスは，下半身のアライメントや上半身の姿勢，代償，代用，協調性，またはこれらの組み合わせなど様々である．したがって，スクワットの難度を低くすることが最善の方法となる．

● スクワットの例

スクワットを膝立ち位（ニーリング）に変えて難度を低くし，骨盤と股関節を正中位にするように指導すれば，外乱を姿勢のコントロールと前後方向の安定性の制限に絞り込むことができる．

膝立ち位により，スクワットでみられるミスが以下のように限定される．

- 不良姿勢：静的または動的環境において骨盤と股関節を正中位に保持できない．
- バランス不良：前後方向におけるバランス能力の低下

立位に比べて膝立ち位では側方へのバランス制御の必要性が少なく，前後方向の制御能がより重要となる．

● ランジの例

ランジを支持基底面が狭い片膝立ち位（ハーフニーリング）に変えて難度を低くし，骨盤と荷重側の股関節を正中位にするように指導すれば，外乱を側方に限定した姿勢コントロールに絞り込むことができる．

片膝立ち位により，ランジでみられるミスが以下のように限定される．

- 不良姿勢：静的または動的環境において骨盤と荷重側の股関節を正中位に保持できない．
- バランス不良：荷重側へのバランス能力の低下
- バランス不良：非荷重側へのバランス能力の低下

片膝立ち位に変えることにより，前後方向のバランス制御の必要性が少なくなり，側方の制御能がより重要となる．

■ 修正体験のケーススタディ

痛みがなくなり，トライアスロン競技への復帰を望む患者に対し，動作スクリーニングを行う場合を考えてみよう．あるいは，トライアスロン競技への復帰に向けて体調を万全にしたいと申し出てきた初診患者でもよい．リハビリテーションの専門家であれエクササイズの専門家であれ，メモをとり，質問

に解答しながら読み進めるのがよいだろう。

以下の例は，我々が多少なりとも経験しうる内容である。対象者が患者やアスリート，フィットネスを目的としたクライアントのいずれにしろ，修正体験を与え，エクササイズのプログレッションについて判断する場面を想定できるだろう。

◆ 問　題

FMS を行ったところ，左脚を前，右脚を後ろにした左のインラインランジにおいて，最も主要な問題と大きな非対称性が観察された。ランジ以外のスコアは 2 点で，左ランジが 1 点，右ランジが 2 点であった。左ランジの問題は，一見，右股関節に集中しているようで，重心が最も低くなった時に右股関節が充分に伸展していなかった。正中位であるべき右股関節と体幹が屈曲しており，これが非対称性の原因と考えられた。右股関節の伸筋群と安定化機構に問題があることは明らかであった。

質問：これは殿筋の問題だろうか？　それとも左ランジパターンの問題だろうか？

これを左ランジパターンの問題だとすると，それは逃げで過度に単純化しすぎていると考える人もいるだろう。「殿筋の強化プログラムを行う必要がある」などといって，より特定の問題に着目するかもしれない。クライアントや患者がこのようにいわれたら，「わかりました。ありがとうございます」といって微笑むだろうし，「効果がありそうな気がするな」と感じることが多いだろう。

あいにく，これはまちがっている。

先の発言は知識こそ垣間見えても，賢明な判断ではない。なぜなら，強化しようとしている殿筋は，ハードルステップやディープスクワット，トランクスタビリティプッシュアップ，ロータリースタビリティといった股関節伸展を要する他のテストでは正常かつ対称的に活動していたからである。股関節伸展が問題になったのは，ランジパターンだけであった。また，他のテストでは股関節屈筋群の問題は認められなかった。殿筋についての長々しい考察こそ過度な単純化である。

思考力のある専門家であれば，他の動作パターンの結果とランジ動作との違いは，動作パターンそのものであることに気づくだろう。機能不全を呈し，活動していないと考えた解剖学的な部位の殿筋は，股関節伸展を要する他の 4 つのテストでは正常に活動していた。ランジパターン，すなわち左脚を前，右脚を後ろに開き，支持基底面を狭め，股関節に荷重した際に動作機能不全が露呈したことから，荷重位での非対称性スタンスに問題があると判断できる。

ただし，これでは長過ぎるので，単に左ランジ動作パターンの問題が疑われるといったほうがよいだろう。論理的に考えれば，これは殿筋の問題ではない。なぜなら，仮にそうだとしたら，殿筋の活動が必要となるすべての動作パターンに機能不全が認められるはずだからである。

- 動作パターンの話では，治療すべき解剖学的対象や特定の部位について述べられないため，しばしば疑問が呈される。頭を使っておらず，問題の特定を放棄していると思われることもある。しかし，これは単に基礎運動学の考え方に縛られているからに過ぎない。問題のある動作パターンの行動学的特徴について考えるほうがより論理的で有用である。
- 殿筋の筋力が向上しなくてもランジパターンは改善させることができるし，ランジパターンが改善しなくても殿筋の筋力は向上させることができる。ある 1 つの筋に問題があることが明確でわかりやすく，確実だと思われても，特定の動作における筋の機能を考えたほうがよい。仮に股関節伸展を要するすべての動作パターンに問題があれば，股関節伸展の問題に関与する神経や筋，関節などの組織を評価することが妥当となる。
- このケースでは，股関節伸展に機能不全と非対称性が認められたのはランジパターンだけであった。このことからモーターコントロールの問題が示唆され，左ランジパターンの知覚または行動面に何らかの問題があることが疑われる。

動作パターンを問わず股関節伸展が不充分であれ

ば，一貫した問題が存在するだろう。一貫した動作の問題は，可動性や筋力，身体部位の健全性などの局所の問題を示している。反対に，特定の動作にだけ認められる一貫性のない問題は，局所ではなく全体的な問題を示している。

他の評価項目では問題が認められなかったことを踏まえると，右股関節の伸展可動域には問題がないと考えられる。同様の理由から，殿筋の筋力の問題も除外される。

左ランジ動作の問題は，コアや右の膝関節，大腿直筋，左の股関節や膝関節，足関節，足部，そして脳によっても容易に起こることを理解しておく必要がある。

ここで特定の解剖学的部位について考察すらしない主な理由は，それが対象者の知覚体験を何ら向上させないからである。早期に明確な知覚をさせるための最善のアプローチは，可動性に問題がないか再確認することである。

充分な可動性が認められたのであれば，ただちに片膝立ち位の姿勢へと移行し，静的安定性と非対称性の有無を評価する。四つ這い位で行うロータリースタビリティに機能不全や非対称性がなければ，片膝立ち位が最も適切な移行的姿勢であると思われる。

ランジは動的なもので，高度な知覚とモーターコントロールを要する。片膝立ち位は静的活動であり，単にバランスをとることが目標であるため，動作の難度を低下させることができる。

質問：左ランジ動作に機能不全が認められたので，これを修正するために右膝を床につけた片膝立ち位でのエクササイズから始める。これは果たして正しいだろうか？

そこまで急いではならない。コレクティブエクササイズよりも初回の体験での発見とアウトカムのほうが重要である。上の質問の答えは「まちがい」である。

左膝を床につけた片膝立ち位を先にチェックすることが正しい選択である。これはインラインランジで問題が認められなかった側のパターンであるため，機能不全が認められることはほぼないと考えてよいだろう。

機能不全が認められない側からエクササイズを始めることには2つの利点がある。1つ目は，左膝をついた片膝立ち位にも問題がないかを確認することができることである。2つ目は，左膝をついた片膝立ち位に問題がなかった場合，対象者の知覚についての基準を設けることができることである。この基準があることにより，対象者は自身の動作の非対称性を認識することができる。

テストで正常であった側に問題はないと仮定すると，今回の例で機能不全が認められる可能性が高いのは，右膝をついた片膝立ち位である。右膝をついた片膝立ち位に移行し，支持基底面を徐々に狭めるなかで体験が生まれる。

支持基底面を狭めることにより，外乱が生じる。コントロールとバランスが低下し，代償動作が引き起こされる。頸部筋群の緊張増加や浅い呼吸，視線の固定，すくんだ肩，過度の骨盤前傾，股関節の屈曲や内転，不自然な上肢運動などは，いずれも姿勢制御が困難になっていることを物語っている。対象者はこの状態を知覚する必要がある。また，バランスをとろうと努力する必要もある。なぜなら，適度な努力は学習速度を増加させるからである。バランスをとろうと努力している間，対象者の安全を確保し，リラックスできるようにする。

介助は最小限にとどめ，集中してポジションを保つように指示するが，その具体的な方法は教えないようにする。もちろん，ブレーシングや特定の筋を収縮させるようなことは指示しない。**重要なのはアウトプットではなくインプットである**。正しい開始姿勢をとるために必要なことは行ってもよいが，支持基底面や負荷を変えて難度を高めた際に姿勢を保持する方法は，クライアントや患者自身に考えさせる。考えすぎたりパニックを起こしたりしないように注意するが，姿勢の安定性は我々ではなく，対象者自身が見つけ出すものである。

呼吸はゆっくりと深く行わせる。特に片膝立ち位では，頸部と肩をリラックスさせておき，骨盤を後傾させて股関節を垂直に保つ。

これは特定の筋を活動させるためではなく，骨盤の偏ったアライメントを元に戻し，過度に屈曲また

は伸展した荷重側の股関節を正中位にするために行う。代償を取り除いたことになるので，より難しい姿勢になったと最初は感じるだろう。何度も繰り返すが，この指示は特定の筋群を活動させるためのものではなく，正しいアライメントへ導くためのものである。そしてこの正中位のアライメントは，真の安定化機構によってのみ保持することができる。

このポジションでは，ごまかしや代償の余地がほとんどない。一方，仮に荷重側の股関節を伸展するように指示してしまうと，多くの場合で脊椎伸展による代償が観察されるだろう。正常な動作パターンが損なわれている対象者ができるのは，それを探して思い出すことだけである。したがって，不安定な姿勢をとらせ，一所懸命行わせる。正しいアライメントになることを指示し，それを目標とするが，その方法は対象者自身で習得させる。

質問：片膝立ち位のエクササイズには，休憩時間も含めて約10分かかった。傍目からはあまりわからないが，支持基底面を狭めた片膝立ち位は短時間でかなり改善した。対象者から，エクササイズの実施頻度について尋ねられた。どのように答えるだろうか？

ここでいったん読むのをやめて，答えをみる前に自分自身で答えを考えてみよう。本を置き，ノートに答えを書くのである。これまでの情報を元にしてコレクティブエクササイズをデザインしてみる。

答えは以下のようなものだろう。

「練習しなくていいですよ。ただ，できる限り頻繁にテストしてみてください。」

「このようにたった数分で片膝立ち位のバランスが良くなったので，今後は自分で行いながらバランスがとれるまでの時間を計ってみてください。次のセッションでまたテストしますが，できればレベルアップしたいですね。これはあくまで基本的な姿勢で，今回は片側で正しく行えました。これは新しい技術を学ぶのではなく，本来の姿勢やパターンを取り戻すことが必要なのです。」

「片膝立ち位が左右ともうまくできるようになったら，エクササイズの難度を上げていきます。これによって学習が加速します。片膝立ち位に問題があれば，脳がその解決法を見つけるまで繰り返し続ける必要があります。」

「エクササイズを10分間行う代わりに，2分間を5セット行ってみてください。頻繁に行うほど，脳が解決法を見つけるのも速くなります。解決法がわかれば，すぐに自動的に行えるようになります。どのくらいの時間がかかるかはわかりませんが，これは学習であり，弱く固くなった筋が変化するのを待っているわけではないということを忘れないでください。能力の限界付近で適切なエクササイズを行うことにより，学習も加速します。」

もちろん，クライアントや患者にテストを頻回に行わせることは丁寧なアプローチである。テストは疲れている時ではなく，元気な時に行ってもらう。テストの前に，ストレッチングや基礎的エクササイズ，深呼吸などの準備運動を行ってもよい。テストを行う度に改善が確認できることが理想的である。

『Naked Warrior』という書籍の中で，著者のPavel Tsatsoulineは「溝に油を塗る(greasing the groove)」という考え方を紹介し，疲れていない時に正しい方法で頻回に動作のトレーニングを行うことを推奨した。このことを覚え込ませるためには，「元気な時に」「完璧に」「頻回に」といった指示をするとよい。

テストを繰り返し行うことは，コレクティブエクササイズとしての効果もある。テストとして行うことにより，積極的にエクササイズに取り組むことができる。このテストドリルを通じて，対象者は元気な時に頻回にエクササイズを行うようになる。動作が完璧であることは少ないが，対象者が明確な目標のイメージを持っていることが重要である。また，テストはミスを知覚する機会でなければならない。コレクティブエクササイズでは，「元気な時に」「頻回に」「知覚と修正が可能なミス」というルールにすることがポイントである。

『The Talent Code』という書籍の中で，著者のDaniel Coyleはこのような学習を行う完璧な方法を提示した。Coyleは，ストレスや障害物，学習速度，そして学習の実践と促進に関する最高の方法について論じた。また，ある研究を紹介し，勉強時間を減

らして頻回にテストを行った群のほうが，勉強時間を増やしてテストを減らした群に比べ成績が良かったことを示した。

Coyleは，重要なことは練習の方法であると主張した。学習速度を増加させるこの方法を「深い練習（deep practice）」と呼び，観察ではなく体験が重要であると述べた。彼の弁を借りると，学習に際しては障害物と多くのミスが必要だそうだ。答えがないと，脳は解決法を探したがるのである。

我々がどれほどデモンストレーションによってエクササイズを教えているか考えてみよう。思わず，「まず，私がデモンストレーションしますからみてください。じゃあ，今度はあなたがやってみて」といってしまうことがある。これは誰しも経験があることだが，今後は同じ過ちをしてはならない。コレクティブエクササイズは基本的な動作であり，観察やデモンストレーションが頻回に必要な技術ではないのである。

知覚こそ重要な体験であるということを覚えておく必要がある。知覚は内面的かつ個人的で，標準化することはほぼ不可能である。しかし，動作と知覚は互いに依存し合っているので，動作の基準を設けることにより知覚の一部も把握することができる。知覚についてあれこれ推測することはできないが，動作を改善するうえでは知覚について常に検討しなければならない。

以降では，通常とは違うかたちで修正法について説明する。

疑い深い身体と鈍い身体

我々は情報をパターンとして考え，記憶する。これから解説する例は，問題を動作の知覚と行動の連続体として理解するうえで有用だろう。あまりにも過度な単純化と捉えられるかもしれないが，ご了承いただきたい。

ここでは，着目して修正するべき動作システムの対照的な問題を例にして説明する。なお，人や個々の特性ではなく，システムについて論じている点に注意されたい。誤った動作パターンに人格特性を割り当てることにより，その対照性が際立ち，本質的な理解につながる。

スクリーニングやアセスメントにより，問題のある動作パターンが検出され，そこから可動性と安定性の問題を推測する。ここで，可動性の問題を「疑い深い動作システム」，安定性の問題を「鈍い動作システム」として考える。どちらも印象があまり良くない言葉なので，バイアスが混入することもないだろう。

■ 可動性の問題

可動性の問題は，筋緊張や組織のスティフネスが運動自由度を制限している時にみられる。身体はすでに特定の制限された方法で行動している。また，知覚せずに行動している。どういうわけか，1つ以上の動作パターンの運動自由度が阻害されている。簡単にいうと，動作が減少した結果として，身体の知覚機能が部分的に損なわれてしまっている。これはいわば身体が「疑い深くなった」状態であり，知覚機能を疑い，身を守ろうと身構えている。

これが意図的でないことは明らかだが，重要なことは行動が知覚を誘発しているようであり，知覚は可動性の低下した動作によってすべての状況に対処しなければならないと示唆していることである。可動性が制限された状態での行動がどのような状況においても強いられてきたため，他のすべての知覚にも影響を及ぼす。可動性制限による影響を常に受けるため，知覚が損なわれてしまう。

知覚システムは，可動性に制限があることが正常であると認識し始める。このことを生物学的にはホメオスタシスと呼ぶ。つまり，スティフネスとタイトネスが新たな正常状態になってしまうのである。

◆ 問　題

まとめると，可動性の問題は「疑い深い動作の問題」であるということができる。過去の外傷・障害や動作の癖，特定の動作を行いすぎること，特定の動作を行わないことなどにより，可動性の低下が生じた。もしくは，身体が一時的に可動性を減少させることによって問題に対処したことで，その一時的な試みが慢性化してしまった場合もある。

🔷 解決法

可動性を改善することによって行動を変え，行動の悪循環を正常化させなくてはならない。この悪循環を断ち切ることができれば，新たな知覚を与えることが見込める。可動性が改善したら，ただちに安定性エクササイズを行って新たに獲得した可動性を使うようにする。

安定性エクササイズの例は以下のとおりである。

無負荷
ローカル：自動運動による関節可動域エクササイズ
グローバル：適切なローリングパターン

静的負荷
ローカル：アイソメトリック（等尺性収縮）による負荷
グローバル：移行的姿勢あるいは機能的姿勢でのエクササイズ（第13章参照）

動的負荷
ローカル：PNFパターン
グローバル：RNT

「ローカル」とは特定の身体部位の運動，「グローバル」とは全身の運動を意味する。

- エクササイズのレベルアップは同一セッション内で行うこともあれば，複数回のセッション後に行うこともある。
- 特定のレベルを飛ばしてもよい。
- 学習効果を最大化すべく，修正可能なミスを誘発することが重要である。
- ミスは修正可能な範囲に留めておく。

■ 安定性の問題

安定性の問題は，最も有効かつ効率的な姿勢やアライメント，協調性がモーターコントロールによって獲得できていない時にみられる。このような観点から考えるに，従来の動作評価やエクササイズはずさんなもので，問題を解消するものとはいいがたい。これまで，我々は単にスタビライザー（安定筋）が弱化していると捉え，その強化に取り組んできたが，身体はうまく反応してくれなかった。適切な安定化に必要なことは，素早い反応と適切なタイミングによる効率性であり，スタビライザーの耐久性ではないのである。

可動性の問題がないにもかかわらず不適切な動作パターンが認められる場合，単に筋に着目するのではなく，安定化機構全体の効率性を疑う必要がある。そして，効率的な安定化を考えるうえでは，知覚にも目を向けなければならない。我々はコレクティブエクササイズを考える際，知覚について考えることを怠ってきたのである。

この場合，身体が正しい行動をとれずにいるのである。行動が不適切で遅延しており，役に立たない状態となっている。これが「鈍い動作システム」の意味するところである。身体が適切な行動選択をできずにおり，1つ以上の動作パターンにおいて有効かつ効率的な静的・動的安定性を生み出せずにいる。これは意図的でもなければ意識的でもなく，知覚とそれに対応する行動のいずれか，または両者が損なわれていることがポイントである。

🔷 問　題

まとめると，安定性の問題は「鈍い動作知覚の問題」であるということができる。外傷・障害の既往や動作の癖，特定の動作を行いすぎること，特定の動作を行わないことなどにより，安定性の低下が生じる。もしくは，身体が一時的に安定性を減少させることによって何らかの問題に対処したことで，その一時的な試みが慢性化してしまった場合もある。

🔷 解決法

問題を即座に解決する方法はなく，知覚を向上させ，ミスを起こすことが重要となる。起こすべき行動はある。修正可能なミスを誘発する必要があるので，安定性エクササイズへと移行すればよい。

安定性エクササイズの例は以下のとおりである。

無負荷
ローカル：自動運動による関節可動域エクササイズ
グローバル：適切なローリングパターン

静的負荷

ローカル：アイソメトリック（等尺性収縮）による負荷

グローバル：移行的姿勢あるいは機能的姿勢でのエクササイズ

動的負荷

ローカル：PNFパターン

グローバル：RNT

　可動性の問題と同じ流れで行うことがわかっただろうか？　可動性の制限因子がなくなれば，疑い深いシステムと鈍いシステムへの対処方法は同じである．

- エクササイズのレベルアップは同一セッション内で行うこともあれば，複数回のセッション後に行うこともある．
- 特定のレベルを飛ばしてもよい．
- 学習効果を最大化すべく，修正可能なミスを誘発することが重要である．
- ミスは修正可能な範囲に留めておく．

　可動性の問題と安定性の問題の行き来はやっかいではあるが，ルールは簡単である．可動性を充分に改善させたら，安定性エクササイズを行う．安定性を次のレベルへ高めるためにより大きな可動性が必要であれば，高レベルの安定性エクササイズを行う前に可動性をさらに改善させておく．

　充分かつ明らかな可動性の改善がみられないうちに安定性の修正を考えてはならない．スティフネスやアライメント不良，タイトネス，高閾値ストラテジー，メカニカルロッキングなどが残存した状態で安定性のコレクティブエクササイズを行うと，身体に悪影響を及ぼすことになる．

- 姿勢とアライメントの制限を取り除いた後に，そのコントロールを行わせる．
- 能力の限界付近の姿勢やポジション，動作を取り入れる．
- 修正可能なミスを誘発する環境を設定する．
- エクササイズを漸進させ，負荷とミスによって学習を喚起する．

　可動性に問題がある人は新たな可動性を獲得すべきであって，既存の可動域に留まっていてはいけない．安定性のコレクティブエクササイズはミスを誘発するものなので，うまく安全にその難度を漸進させる．修正により脆弱性が明らかになるので，可動性の問題が再発しないようにする．頸部や肩，腰部，股関節屈筋群を固めてしまうことが多いので，決してそれを許さず，アライメントと呼吸に注意する．

　対象者の安全を確保し，リラックスさせるが，ミスは起こしやすくし，それを知覚し修正できるようにする．対象者には，少々のミスは大きな問題ではなく，多ければ多いほど学習も進むことを理解させる．

　わずかな改善すらみられないうちにエクササイズをレベルアップしてはいけない．少しでも改善すればレベルを上げてもよい．2つのレベルを行き来するとよい．一方のレベルを負荷として，もう一方のレベルは学習を定着させて確実なものにするために用いる．

　可動性と安定性の問題を有効かつ効率的に管理できるように，それぞれを簡単な言葉に置き換えて説明してきた．実際にはそれぞれの問題は言葉で述べる以上に複雑ではあるが，簡便な分類によって修正の枠組みがより理解しやすくなり，根本的な機能不全に目を向けるきっかけとなるだろう．

修正システムの概要

可動性修正の考え方

　可動性に問題がある場合，可動性が改善するまでは動作パターンが改善すると考えてはいけない．局所的および全身的な可動性の問題を突き止め，少しでも改善させることが第1歩となる．どのような理由であれ，身体は可動性が低下した状態の行動を受け入れてしまったので，「疑い深い動作特性」を解消するまでは動作パターンの改善は見込めないのである．

　まずは可動性の改善に集中すべきである．別の可

動性の問題に行き当たるか，別の動作パターンに移行するまでは，これを続けてよい．この判断はスクリーニングやアセスメントを通して決定した優先順位に依存する．

■ 安定性修正の考え方

安定性に問題がある場合，安定性の問題を取り除くことによって知覚が変化し，行動の変化として現れるまでは，動作パターンが改善すると考えてはいけない．安定性の問題がなくなることにより，ミスの管理と代償の抑制が可能となる．どのような理由であれ，身体は姿勢やアライメント，協調性を正しく知覚できなくなっている．仮に知覚しているとしても，修正しようとはせず，代償を行う．

知覚が改善して適切な安定性を発揮するまでは，何の変化も望めない．まずは知覚の促通と改善に集中するべきである．安定性の問題が正常化して他の動作パターンに移行するまでは，同じ方法を続けてよい．この判断はスクリーニングやアセスメントを通して決定した優先順位に依存する．

「疑い深い」または「鈍い」という分類は，多くの点で有用である．これにより，インプット戦略に集中することができる．可動性の問題が見つかれば，どうにかしてそれを解決する．安定性の問題が見つかれば，知覚や修正が可能なレベルにまで引き上げる．

これまでの一般的なコレクティブエクササイズは，動作学習を期待しながら適切な動作を繰り返すような内容であった．しかし，多くのコレクティブエクササイズに必要なものは，動作スキルではなく基礎的なものだったのである．過去には，反射レベルで行うような動作の微細な修正を行わせようとしたこともあった．

基礎的な動作には才能やスキルは必要なく，コレクティブエクササイズの指導法によってその改善を加速させることができる．言語指示やデモンストレーションを減らし，対象者に可能な限り「感じさせる」ことが重要である．

体験を与えるようにするのである．そして，与えたい体験をもとにコレクティブエクササイズを選択するのである．これにより，検者の指示以外のインプットが生み出されるだろう．

■ デッドリフト：修正体験の例

実例を通して共通認識を確認しておきたい．エクササイズやリハビリテーションの専門家が50人いれば，デッドリフトについても50通りの意見があるだろう．それだけに，誤解が非常に多いこの基本的なエクササイズは格好の議題である．

ウエイトトレーニングを行う人の多くが，デッドリフトをリフティングや動作の基本的なエクササイズとして理解または実施できていない．スクワットが混じった誤った方法で行うか，デッドリフトは腰背部を痛めるという誤った情報を鵜呑みにして行わないかのいずれかであろう．

そうではなく，重いものを安全かつ効率的に動かすための基本的かつ自然で確実な方法として，デッドリフトを行いたい．デッドリフトは有効な基本的エクササイズの基準をすべて満たしているので，ウエイトトレーニングに関心のある人には最初に教えたいものである．デッドリフトは加減が可能であり，コアの安定性や正しい姿勢，肩関節の安定性，股関節主動の動作を促進させる．

デッドリフトは，腰背部をうまく使っていなかったり痛めたりした人にとっては，保護的な効果もある．デッドリフトには治療や保護の効果があるため，腰背部に対する多くのリハビリテーションの一部となっている．もちろん，まずは腰背部の問題の原因を治療するが，その状態が安定してきたらデッドリフトを導入する．

腰背部を痛めたことのある患者の多くは，自身の腰背部を完全に信用することは決してない．一度でも重度の腰痛を患ったことがあればそのことが記憶に焼き付くので，想像に難くないだろう．自信を取り戻すための解決策としては，努力が必要な方法で積極的に腰背部を使うことが挙げられる．

対象者のこれまでのウエイトトレーニング歴は重要なことではない．デッドリフトは，自身の身体と回復に対して自信を持つためのいわば荒療治のようなものである．対象者は自身の腰背部を信用し，腰背部や股関節，下肢の組織に多くの負荷が分散して

いることを感じる必要がある．最も重要なことは，対象者が適切な力や安定性，アライメントで，リフト動作時の負荷に打ち勝つことなのである．

基本的に，対象者は負荷に打ち勝ってデッドリフトを行う必要がある．痛みはない一方で腰背部の筋力には未だに不安を抱えている多くの対象者では，このエクササイズにより学習が促進される．デッドリフトは，コレクティブエクササイズを終えた後に自信を取り戻すためのものである．

スクリーニングによりデッドリフトを行う妥当性が示されていれば，対象がエクササイズを希望するクライアントやアスリート，回復後の患者であっても，その指導方法は同じである．

■ デッドリフトの体験

デッドリフトの指導とは，指示のことではなく，学習と教育のことである．デッドリフト体験の学習と教育は，正しく行えば視覚的もしくは言語的なものではない．デッドリフトの方法をみせたり，「脚で持ち上げなさい」「背中をまっすぐに保ったまま行いなさい」「エクササイズの前には必ずストレッチングを行いなさい」などの指示を与えたりしてはいけない．そうしたところで，人はめったにそのとおりには行わないのである．

まずはデッドリフトの成否を決めるのは開始肢位であるということを，対象者に感じさせる．デッドリフトには多くの誤った肢位があるが，正しい開始肢位はただ1つである．一度その肢位をとれば正しいことは明らかなので，みたり聞いたりするのではなく，感じることが重要である．

開始肢位を重視し，その肢位での等尺性収縮に多くの時間を費やす．正しい開始肢位がとれれば，リフト動作はできたも同然である．

開始肢位までの動作を何度も繰り返し，リフト動作を行わずに筋張力を発揮させる．

良いリフト動作は適切な開始肢位の結果である．デッドリフトの目的はリフト動作ではなく，負荷を知覚し，力の入れ方やアライメントの正否を学習することである．対象者には，ウエイトを上方ではなく中心へと引き上げることを感じさせたい．また，身体の前方ではなく，足の甲の中心からウエイトを引き上げることもコツの1つである．

デッドリフトに取り組むことにより，基本的なリフト動作の知覚と行動が改善する．リフト動作の方法ではなく，持ち上げる重さと生み出す筋張力こそが知覚と行動の記憶をつくるのである．

デッドリフトでは，ウエイトの種類は問わない．バーベルやメディシンボール，サンドバッグ，ダンベル，ケトルベルのどれであろうとも関係ない．重要なことは，適切な開始肢位をとって筋張力を発揮し，肩関節と脊椎の安定した肢位を保持したまま股関節主動でのリフト動作を行うことである．デッドリフトによる学習体験の後にリフト動作の方法を再確認する必要はない．対象者が感じたことを聞くだけで充分である．対象者が「別のやり方を教えてあげようか？　殿部を後ろに突き出して座るような体勢をとって，大きな筋肉を働かせるほうがうまくいくよ」などと話しているのを聞けるのが理想的である．

すべてのコレクティブエクササイズに基本原則を適用させるべきである．コレクティブエクササイズが正しい方法で行うことの練習である必要はない．コレクティブエクササイズでは，目標を念頭に置いた状態でミスを知覚することが必要なのである．動作が複雑すぎれば，目標も多くなりすぎる．動作が簡単すぎれば，目標に達するために必要な知覚と行動の改善が得られない．

対象者に対して，あたかも教師やコーチのようにリフト動作について語ってはいけない．そんなことは必要とされていないのである．彼らに必要なことは，エクササイズに関する会話能力ではなく動作能力である．時に，相手の立場にならずに，自身が学んだ方法で物事を教えてしまうことがある．方法にばかり目を向けることを止め，動作学習に学習の基本原則を適用しよう．

これによって，以下のような利点がある．

- より有用な修正法を考案することができる．
- コレクティブエクササイズを導入する最適な時期を決定できる．
- エクササイズの難度の加減の必要性を判断できる．

- 本書で紹介した修正テクニックを洗練・発展させることができる。

　可動性の問題を見つけた場合，最も重要な目標は可動性を改善させることである。その後のすべての改善は，この時点での可動性の変化にかかっている。可動性には問題がなく，安定性に問題がある場合，最短時間で安定性を向上させるための姿勢やエクササイズについて検討する。目標に到達したのであれば，現時点での機能を評価し，新たな目標を設定する。

　対象者の身体が「疑い深い」状態であれば，「疑い深い」サイクルを遮断する方法を探るのである。これを行わなければ，何も根本的には解決しない。

　対象者の身体が「鈍い」状態であれば，違ったかたちで知覚できる方法を探るのである。これを行わなければ，何も根本的には解決しない。

　この分類は，可動性と安定性の問題の全体像を雄弁かつ学術的に捉えたものではないかもしれないが，根本的な問題や系統的な解決法から逸れずにいるうえで役立つものである。

補助輪はバランスを強化しない

　補助輪はバランスを強化しない。初めて乗る自転車が少し安全であることを学習させるだけである。この小さな用具がミスによる事故を防いでくれる。補助輪は手段であって，トレーニングではない。それどころか，不適切に使うことで知覚が妨げられ，バランス学習の過程が遅れることもある。

　子供が自転車で曲がろうとしている時に補助輪に頼っている場面をみたことはないだろうか？　これは学ぶ必要のない行動を学んだ最たる例である。適切なバランスを学習したのではなく，むしろそれを無視することを学んだのである。

　子供が初めて乗る自転車に補助輪をつけ，その役割を説明した後に練習させれば，学習は加速するだろう。「この小さな車輪は転ばないためについているけど，それに頼らずに乗ってごらん」といえば，より明確な学習が可能となり，学ぶ必要のない行動を学ぶこともなくなる。

　知覚と教育に最適な方法としては，補助輪の周りにテープを貼り，それを汚さずに短い距離を走ることが挙げられる。楽しんで自転車に乗らせながらテストができる。親がみていなくても，少しは練習するだろう。これは，「安全網はあるけど，それを使わずにやってごらん」という隠れたメッセージを送っていることになる。

　コレクティブエクササイズの開始時もこれと全く同じである。特に，エクササイズにもなる安定性体験を与えている時に重要である。介助や助言の与えすぎは，感覚-運動系が問題を知覚してコントロールを取り戻すための行動の探索を促進しない。

　例えば，支持基底面が狭い四つ這い位や片膝立ち位は時にエクササイズとなる。この姿勢でバランスをとろうと奮闘しても，「エクササイズの姿勢すらとれないよ」と漏らす人もいることだろう。

　そのような場合は，「うまくやれているよ。エクササイズの姿勢をとるまでが現時点でのエクササイズだ。君の能力の限界付近の難度で，脳も身体も頑張っているところだよ。姿勢を感じて実行することを学んでいる最中だから，もっと感じないといけない。そのことがわかってよかった」と返せばよい。

　フライトシミュレータは，パイロットが操縦を危険なく学習できるようにデザインされている。シミュレータによって指摘されたミスこそが，学習の素となるのである。安全な知覚と多くの動作上のミスの修正が運動学習の速度を向上させる。

　補助輪を外した後に，どうやって自転車に乗れたかを言語化することはできないだろう。その時にどう感じたかの説明はできても，どうやったかはいえないはずである。自転車に乗ることは，完全に言語化しにくい知覚・行動体験なのである。安定した片膝立ち位や片脚立位の姿勢をとることも同様である。これらを行える人がすぐにその方法を説明できないことからも，適切に与えられた体験の重要性が示唆される。

　ここでのポイントは，修正は適度に負荷をかけながらも，安全なものでなければならないということである。

　文明の利器は，動作についての多くの問題の原因の一部となっている。便利な器具が新たに導入され

るたびに，適応動作能が最小化する。適応性の低下は特殊化を表わし，その特殊化が過度になると，生物にとっては命取りとなる。文明の利器は有用であるが，エクササイズ器具までより便利になったらどうなってしまうのだろうか。

エクササイズが動作の質に負荷をかけるものであるのなら，動作パターンは維持されるだろう。しかし，近頃のエクササイズ器具は動作の質を問わず，量に重きを置いている。だからこそ，一般的なエクササイズの一部にセルフリミティングエクササイズを組み入れないといけないのである。

エクササイズは身体の適応性を保持するための最後の砦である。身体の適応性が損なわれた時は，コレクティブエクササイズによって改善する必要がある。一度修正できれば，より良いエクササイズでそれを維持しなくてはならない。コレクティブエクササイズと一般的エクササイズは動作の質と量のいずれにも適度な負荷を与える必要がある。そうでなければ，適切な動作を獲得することはできない。

応用的な修正ストラテジー

応用的な修正ストラテジーとは，可動性と安定性を動作パターンに落とし込むためのドリルである。充分な可動性と安定性を有していても，ある動作パターンを行えないことはよくある。身体機能が必ずしも行動に直結するわけではないのである。したがって，点と点を結び，能力を行動へと変換させる必要がある。

対象者は考えすぎたり悩みすぎたり，まちがったことに集中していることもある。もちろん，それとは反対に，鈍感で姿勢や動作に注意が向いていないこともある。そのような対象者は，自然で基本的で正しいものを加工しすぎているか，または反対にそれにまったくつながっていないのである。

応用的なコレクティブエクササイズでは，4つの異なる方法でこれらの悪循環を解消する。どの方法が最善であるということではなく，どれも機能を動作パターンへ落とし込むうえで有用である。いずれの方法も応用的と呼べるものであるが，実際には動作パターンの再トレーニングである。

問題や個人の特性によってそれぞれの方法への反応はまちまちである。第13章で紹介した基本的な修正法を軽視してはいけない。これらによって基礎が築かれ，場合によっては問題をすべて修正できることもある。

応用的な修正ストラテジーは，基本的な可動性と安定性を有していることが前提となっている。それぞれのドリルやテクニックには知覚と行動に作用するための手法が含まれているが，それが有効となるのは可動性と安定性の基準が満たされた時だけである。

動作パターンの再トレーニング

リバースパターニング（Reverse Patterning：RP）

手法：全く異なることを行うこと
実施基準：基本的な可動性と安定性を有していること

対象者の中には，特定の誤った動作パターンが深く根付いている人がいる。動作を行うのに必要な可動性と安定性は有しているにもかかわらず，行動には移せていない状態である。そのような人は，他の動作パターンを行うことができない。誤った動作パターンがいわば初期設定となっているため，それを忘れることができないのである。

このような場合，意識レベルでミスを修正するのではなく，「書き換える」必要がある。動作を反対に行えば，脳には決まった癖や好みがなくなる。脳にとっては，これは新しい活動となる。

すべての動作パターンには一定のサイクルがある。開始肢位から終了肢位へ動き，多くはまた開始肢位へと戻る。大きな問題は終了肢位にみられることが多い。対象者に適切な終了肢位をとらせ，その肢位を知覚させ記憶させることができれば，以前の知覚がリセットされて新たな知覚を与えることができる。

対象者に，自身では到達できない肢位をどのようにしてとらせるかが大きな課題ではある。終了肢位をとるのに充分な可動性と安定性を有しているにも

かかわらずそれができない場合は，意識的にしろ無意識的にしろ，どこかでブレーキがかかっていると考えられる。しかし，終了肢位をとれると錯覚させることができれば，終了肢位にも抵抗がなくなり，全体の動作パターンも改善するだろう。これがリバースパターニングの役割である。

拙著『Athletic Body in Balance』で紹介しているエクササイズの多くは，リバースパターニングに該当する。以下にいくつかの例を示す。

例1：アクティブ・ストレートレッグレイズ
問題点

左のアクティブ・ストレートレッグレイズに制限がある対象者がいたとしよう。これが唯一の非対称性で，最も大きな問題である。他動的な可動性も確認したが，制限には影響していなかった。筋機能の検査においても，ローカル筋やグローバル筋の機能不全は認められなかった。この動作に特異的な協調性の問題と考えられ，何を行っても効果がみられない。できることはすべて行ったが，左のアクティブ・ストレートレッグレイズは依然として困難で非対称性を呈している。新たにスクリーニングやアセスメントを行っても，左下肢の何が問題なのか悩むことになるだろう。

この場合，従来のスクリーニングやアセスメントの考え方によって下肢の問題にのみ着目した点がまちがいである。左下肢だけではなく右下肢や骨盤，コアの安定性なども問題となる。

リバースパターニングでは動作パターンに着目し，全体としての動作パターンの問題を認識させないように動作の一部を分離させる。左下肢にだけ着目していてはいけない。リバースパターニングにより，左下肢を意識させずに動作パターンを変化させることができる。

リバースパターニングによる解決法

対象者を背臥位にし，可能な範囲で両下肢を挙上するのを補助する。健側のアクティブ・ストレートレッグレイズよりやや高いくらいが望ましい。これは骨盤を後傾して代償するので可能なはずである。

対象者の両側の踵を把持し，下肢をリラックスさせる。対象者には，左下肢ではなく右下肢の運動を行うことを伝える。リバースパターニングは全体の動作パターンを改善させるものではあるが，対象者には右下肢だけ集中してもらう。

対象者には，右下肢を床に向けてゆっくりと下げさせる。動作をゆっくりとコントロールすることが重要である。当然のことだが，右下肢の踵が床に近づくにつれて右大腿前面か左大腿後面にタイトネスを感じるだろう。

右下肢を真上か左下肢より上に挙げ，床まで下げることを数回行わせる。下肢を床まで下げることが難しいようであれば，マットや厚いパッドを敷いてその上に踵を置くようにすればよい。右下肢の動作がうまくできるようであれば，下げた際に踵で床やパッドを押してもらう。これにより完全な動作パターンとなる。

このエクササイズを数回行う。動作がスムースになるにつれて左踵を把持する補助を減らしていく。最終的には，他動的に支えていた左下肢を，対象者自身の等尺性収縮によって挙上位に保持させるようにする。

難度を急いで上げてはいけないが，対象者の能力の限界付近での負荷をかけ続けるようにする。エクササイズを数回行った後にアクティブ・ストレートレッグレイズを再評価する。左下肢はエクササイズ中に挙上位を保持していただけであるが，FMSのアクティブ・ストレートレッグレイズをテストすれば，ほぼまちがいなく明らかな改善が確認できるはずである。

解 説

左下肢は動いていないが，左右の股関節にはわずかな分離が生じていたのである。対象者は動作を反対に行ったことで左下肢挙上の新たな最終域を学習した。右下肢を降ろすたびに左股関節は新たなポジションになり，そのポジションを知覚していたのである。

動作パターンの制限や協調性の低下は，左下肢の挙上制限の原因となる。リバースパターニングはこのような問題をリセットする素晴しい方法である。

例2：シングルレッグスタンス

問題点

対象者が右のシングルレッグスタンスに問題を有しているとする。片脚によるすべてのエクササイズとFMSのハードルステップテストに明らかな問題があった。股関節の可動性は充分で，片膝立ち位の安定性も対称的だったが，そこからシングルレッグスタンスに移行する際に隠れた問題があると考えられた。膝関節や足関節，足部にも可動性や安定性の問題はみられなかった。何をやってみても，右のシングルレッグスタンスは不安定であった。着眼点を変えて，シングルレッグスタンスの動作パターンの問題を解消するためにリバースパターニングを使ってみる。

リバースパターニングによる解決法

脛骨の半分の高さのステップ台を用意し，対象者に右足から上がってもらう。ステップ台の上に両足で乗ったら，今度は右足から降りる。右足が床にしっかりと着いたら，左足も降ろす。

このエクササイズを非常にゆっくり行わせる。可能であれば，台を徐々に高くしてもよい。動作の質を評価するために，左足からの昇降動作を行わせる。動作パターンが左右同等であれば，右のシングルレッグスタンスの問題は改善しているはずである。シングルレッグスタンスやハードルステップを再検査してみるとよいだろう。

エクササイズをゆっくり行うほど，シングルレッグスタンスのバランスとコントロールを強化する時間を増やすことができる。シングルレッグスタンスに時間を費やすほど，右足でのバランスに気をとられることなく能力の限界付近で知覚し，行動する時間を増やすこともできる。

解説

台やプラットフォームでの昇降動作により，対象者はシングルレッグスタンスを意識せずにシングルレッグスタンスの動作を行うことができる。

台への昇段の際には左のシングルレッグスタンスを使うが，右足での昇段により右方向への体重移動を促すことができる。左足が床から離れた瞬間，右のシングルレッグスタンスを行っていることになる。もちろん，右の股関節や膝関節は屈曲位で足関節は底屈位ではあるが，正中位へ移行している。

左足が台上に置かれると，最初の右シングルレッグスタンスが終了する。その後，右足を床へ降ろすことにより右下肢は正中位をとり，左足を台から挙げることで正中位での右シングルレッグスタンスとなる。動作をゆっくり行うことにより，自覚することなく右シングルレッグスタンスを数秒間行っていることになる。

多くの人は動くほうの足（この場合では左足）に注意を向けるが，動作をゆっくり行うには右のシングルレッグスタンスが重要である。注意を逸らすだけでなく，リバースパターニングによって右シングルレッグスタンスをとるのが特徴である。このエクササイズを練習することにより，右シングルレッグスタンスのパターンは改善するだろう。

対象者が上達するにしたがい，先に出す足を入れ替えて，右シングルレッグスタンスをとらせてみるとよい。難しいことはいわず，右のシングルレッグスタンスについても触れなくてよい。ただ，「足を入れ替えて昇降動作を行ってみよう」といえばよい。

リバースパターニングのまとめ

動作を反対に行うことは，問題のある動作パターンの改善や回復において有用である。問題のある動作を反対に行うことにより，身体に組み込まれたモーターコントロール不全と非効率な動作の癖を回避することができる。リバースパターニングが有効であることの理由としては，脳には動作を反対に行うことに関する既存のプランが存在しないことが考えられる。

『Athletic Body in Balance』では，この他にも多くの実例を取り上げている。また，本書第9章のディープスクワットの分析の項では，スクワットを改善させるリバースパターニングの例について解説している。

◆反応性神経筋トレーニング（Reactive Neuromuscular Training：RNT）

手法：何かをしないこと

実施基準：基本的な可動性と安定性を有していること

何かを始めることよりもやめることのほうが時として簡単である．何かをやめる時はただ反応していればよいが，何かを始める時はその課題について検討しなくてはならない．

人は往々にして，ある一定の方向へ動いていることに気づいていない．動作パターンを行うのに充分な可動性と安定性を有しているにもかかわらず，その動作パターンはいい加減で正しくない．自身の動作の何が変でまちがっているのかに気づいていない．我々が動作の改善を期待する前に，対象者に問題を知覚させる必要がある．

「知覚する」ことが重要である．考えることや検討することではなく，また問題を直すことでもなく，知覚することである．問題を知覚するのである．この例では，対象者に何かをさせるよりも何かをさせないことのほうがよい．そのほうが認知面での負担が少ないだろう．

このような場合，RNTによってミスを誘張し，エラーを明確に知覚できるレベルにする．誇張されたミスは，まちがった動作パターンをリセットするための自然なバランス反応を促す．RNTでは，あらかじめ有している外乱や障害物を自分で作り出していると理解できるのが良い点である．このトレーニングでは，姿勢とバランスを保持するための基礎的な立ち直り反応が必要とされる．

例
問題点

若い女性アスリートにFMSあるいはSFMAを行ったところ，股関節や膝関節，足関節の可動性に制限はなく，完全にディープスクワットを行うことができたが，上半身を過度に前傾しがちであった．スクワット動作で最も深くしゃがみ込んだ位置において，下肢には問題はなかったが，体幹が前に傾き，上肢は頭上ではなく身体の前方に下がっていた．

評価から，スクワットを適切に行えるだけの上半身・肩の可動性と安定性を有していることが示された．また，胸椎後彎や広背筋のタイトネス，僧帽筋下部線維・菱形筋の筋力低下など，スクワットの問題の原因となる因子は一切認められなかった．考えられる可動性と安定性の問題を排除できているので，動作パターンの問題と考えてよいだろう．対象者は，正しいスクワット動作ができずにイライラし始めていた．自分で意識して修正しようとすればするほど，それが裏目に出るようだ．この誤ったスクワットの悪循環を断ち切る必要がある．

RNTによる解決法

この症例の問題点は，スクワット動作の連動性と協調性である．上半身の前傾は明らかな誤りであり，また最大の問題点であるため，RNTによって知覚を改善し，姿勢とバランスに負荷をかける．

対象者を，肩幅よりやや広めに足を開き，上肢を頭上に挙げた肢位で，まっすぐに立たせる．輪状にした軽い負荷の弾性バンドを両手背にかけ，手を開いたままにしておくように指示する．

弾性バンドの中央を前方へ軽く引っ張りながら揺らし，対象者の肩関節屈筋と後部連鎖全体に負荷をかける．この際，「前に引っ張られないようにしてください」とだけいえばよい．

上肢が下がってきてしまうようであれば，弾性バンドを肘や肩にかけてもよい．目的は，肩ではなく体幹に負荷をかけることである．この例において，肩は最適なテコであった．

弾性バンドによって揺らすことにより，上半身と下半身の分離が生じる．これは，バランスを保持しようと股関節と脊椎が屈曲する「ジャックナイフ」と呼ばれる動きから観察できる．最初にジャックナイフを誘発し，次にジャックナイフが起こらないように指示する．

揺らしても姿勢が崩れなくなるまでは，エクササイズを立位で行う．エクササイズ中，定期的に頭部と頸部を動かさせることで，頸部や肩の筋で動作を代償していないことを確認する．

このエクササイズはかなり骨の折れる動作であるため，対象者の疲れがみえる前に休憩を挟む．

最終的には揺らすのをやめて，弾性バンドを急に下方へ引っ張ることで負荷を与える．それでも直立位の姿勢を保持していたら，可能な限り深くまでス

クワットを行わせる。身体を後方に傾けずに足部の方向にスクワットするように指示する。身体が後方に傾く場合には，壁に背中を向けて行うか，対象者の後方に人を立たせて行う。

バンドは支えではないので，これを使って傾いた背中を戻そうとしてはいけない。バンドは補助輪ではないのである。バンドは，スクワットを行う前に姿勢やコアの安定性をあらかじめ設定し，スクワットパターンを通じて身体の前面と後面の筋による安定性のバランスを保つためにある。

改善するにつれて，立位を保持できる範囲で揺らす力を徐々に弱くし，また引っ張る力も弱くしてスクワットを行わせる。バンドによる負荷を徐々に減らすことで，外乱や負荷なしに正しいスクワットを知覚できるようにする。

解　説

本症例は，適切なスクワットの動作パターンが損なわれて，ウエイトを肩に担いだバックスクワットのテクニックが悪くなっていることが考えられる。また，下肢を優位に使う競技特性のために，コアの安定性に機能不全が生じたと推測される。問題の原因が何であれ，対象者は腹側と背側の筋活動のバランスを失ったままスクワットを行っていた。

弾性バンドで軽く引っ張ることで，体重の前方移動が生じる。これには，前方に傾斜した床面でのスクワットや，踵の下に物を挟んだ状態でのスクワットと同様の作用がある。踵を挙上したスクワットは，足関節のスティフネスの影響を排除できるためよく用いられるが，後部連鎖に関与する筋群にあらかじめテンションや負荷をかける作用も期待できる。軽い負荷であっても，立位での外乱により後部のスタビライザーを促通し，運動の知覚を改善させることができる。重いウエイトを背負ってスクワットができるにもかかわらず，軽い負荷の弾性バンドによる外乱下では直立位を保つのに苦労するので，対象者は驚くことが多い。

この例は，筋力と安定性の違いを示している。ウエイトを持ち上げるのは筋力だが，アライメントや姿勢を保ち，滑らかに動くことを可能とするのは安定性なのである。

RNT のまとめ

RNT は，指示を簡単にし，誘発したミスを感じさせながら行わせることで最も有効となる。指示は，「私に引っ張られてバランスを崩さないように」「バンドの負荷に負けて膝が内側に入らないように」などで事足りる。対象者はバランスやアライメントを保持しようと奮闘するだろう。改善すれば抵抗を軽くして，より少ないインプットで知覚しながら適切に運動できるようにし，最終的には抵抗をなくして動作を行う。

RNT は，可動性と安定性を自然に向上させる反応や反射を促通するコレクティブエクササイズである。PNF の原理に基づき，外力によって動作のミスを誇張している。本質的には，手で触れない PNF アプローチである。

PNF は確固とした科学であり，またエクササイズやリハビリテーションの分野において長年にわたり証明されてきたものである。適切な身体部位に適切な量と方向の力を加えることにより，放散の結果として動作パターンは必ず改善する。健常な身体部位への負荷を通じて機能不全を呈した部位を促通し，各筋における活動のタイミングと協調性を改善させる。

RNT では，前述の概念をコレクティブエクササイズに応用している。正しい RNT により，無理なく量と質のいずれをも改善させることができる。抵抗は筋力強化のためでなく，動作パターンの質の改善を促す安定性や立ち直り反応を生じさせるために用いる。

この概念については，『Musculoskeletal Interventions：Techniques in Therapeutic Exercise』(Michael Voight, Barbara Hoogenboom, William Prentice 編) の第 11 章「Impaired Neuromuscular Control：Reactive Neuromuscular Training」(Michael Voight, Gray Cook 著) でリバースパターニングも含めて詳しく述べている。RNT については，付録 7 でも取り上げている。

◆ 意識的負荷（Conscious Loading：CL）

手法：連動性とタイミングをリセットするために

負荷を用いること

実施基準：基本的な可動性と安定性を有していること

　対象者のなかには，ほんの少し補助するだけで動作をうまく行える人もいる。そのような人は，動作パターンを行うのに充分な可動性と安定性を有しているにもかかわらず，正しい動作を行えずにいる。動作パターンがうまくできないのは，連動性に問題があることを知覚してもらう必要がある。このような体験を与えるには，前負荷（preload）が有効なことがある。

　具体的には，自動収縮による負荷や何らかの抵抗を加える。ここでは3つの例を紹介し，意識的負荷がどのようにして連動性を改善し，動作パターンの質を向上させるのかを解説する。

例1：自動収縮によるCL
問題点
　50歳の男性が上半身のトレーニングを行おうとしている。FMSは，ショルダーモビリティリーチングが左右とも3点，トランクスタビリティプッシュアップが2点であった。エクササイズや基礎的な筋力トレーニングを行うには充分な肩の可動性と安定性を有していると思われるが，右上肢による頭上へのプッシュとプル動作時にモーターコントロールの問題がみられる。右肩関節屈曲時に肩甲骨が下制・後退せずに挙上していた。左上肢では同様の運動を適切に行うことができた。

CLによる解決法
　安定性を向上させるために，対側動作（reciprocal action）による意識的負荷を行う。対側動作とは，左右の上肢や肩関節が反対に動く動作パターンのことを指す。肩関節の対側動作の例として，ランニングやウォーキング，水泳のストロークなどがあり，これらはバランスを取るためにそれぞれの上肢が反対方向に力を発揮している。一側の上肢でプッシュやプル動作を行う際，動作を行っていない反対側の上肢が固定として働いていることを見逃してしまっていることが多い。

　エクササイズとしては，背臥位でピロープレス（pillow press）を行わせる。左上肢を頭上に挙げ（完全屈曲・軽度外転位），右上肢を体側に置き（伸展・軽度外転位），両手で床を押すように指示する。エクササイズに先立ってベースラインを設定するために，対象者の両上肢を床から持ち上げて最終域の筋力をチェックしておく。最終域の筋力は，安定性や知覚，モーターコントロールの有用な指標である。

　次に，左右を逆にして同様の動作を行わせる。右上肢を屈曲位，左上肢を伸展位にして行う。この肢位がとれたとしても，対象者は動作を行った感覚に違いがあると訴えるかもしれない。これは，問題点が右肩ではないことを説明する絶好の機会である。問題点は全体的な動作パターンや右上肢を挙上した姿勢であり，左上肢や姿勢が右上肢の挙上動作を補っていないのである。一方，右上肢と姿勢は左上肢の挙上動作を補っている。

　繰り返しになるが，修正が必要なのは局所ではなく動作パターン全体である。安定性をテストすれば，右上肢の最終域での安定性は左上肢を挙上した場合と比べて半分以下であることがわかるだろう。対象者がうまくコントロールできるかを知覚させるために，両上肢を床から数センチメートル持ち上げてもよい。

　この場合には，どのくらい筋力があるかを調べるのではなく，上肢が床に張り付いている感じがあるかを確認する。また，徒手によるテストの際には，上肢を床に押し付けずに，抵抗に合わせて力を入れさせる。右上肢を挙上したポジションの時に，抵抗に合わせてうまく力を入れることができなければ，問題を見つけたことになる。

　ここからは実際のコレクティブエクササイズについて解説する。

　まず，両上肢の下に枕やパッド，タオルなどを置き，床から数センチメートル浮かせる。枕を使えば簡単なホームエクササイズとして行えるし，道具がないといういいわけができなくなるだろう。

　両上肢を床から少し浮かせることで，最終域よりもコントロールしやすく感じるだろう。まずは，左肩関節を伸展して枕を下方に押すことからエクササイズを始める。この時，左上肢には意識的負荷がか

かっており，これがエクササイズ全体を決定づける重要な部分である。

次に，右肩関節を屈曲して枕を下方に押させる。この順序でエクササイズを行いながら徐々に枕を外し，1回のセッション中，あるいは何回かセッションを行った後に，枕がない状態で行わせる。問題が重度の場合には，上肢の下に枕を何個か置く必要があり，枕をすべて取り除くまでには1週間から数週間を要するかもしれない。

背臥位で両方のパターンとも同じように行えるようになったら，立位で両上肢に弾性バンドやケーブルで抵抗をかけて同じパターンを行えるはずである。上肢運動を補助するために，足を前後に開いても良い。つまり，右上肢が屈曲位にある時に左足部を前に出したスタンスをとることである。もし難しすぎるようであれば，片膝立ち位で行ってもよい。

対象者には，すぐに効果が現れるとは限らないことを伝えるが，ほとんどの場合に有効なエクササイズである。

解　説

伸展した左上肢に意識的負荷が加わることで得られた安定性と姿勢が，右肩関節の屈曲を補助してくれる。胸椎伸展が改善し，右肩甲骨の後退・下制も完璧かつ自動的に行えるようになる。対処すべき問題によっては，このエクササイズに頸部の運動を加えてもよい。

- 頸部の可動性の問題は，対側動作の肩屈曲側に頸部を回旋させることにより対処できる。
- 頸部の安定性に問題がある場合は，対側動作中に頸部を正中位に保つ。この問題がある人は，上半身の運動時に頸部の主動筋を補助筋として活動させることがある。対側動作中に頸部をリラックスさせておくことにより代償が排除され，安定性のコレクティブエクササイズとなる。

例2：フリーウエイトによるCL

問題点

ヨガ教室に通う20歳の女性。スクワットの最も深い位置での問題がみられる。FMSやSFMAの結果，他の動作パターンは機能的で，基本的な可動性や安定性に問題はみられなかった。単にスクワットの動作パターンに問題があると考えられる。

CLによる解決法

スクワットのしゃがみ込みを利用して動作パターンの再獲得を図る。専門的には，このエクササイズのことを「ゴブレットスクワット・ライドダウン・デッドリフト・バックトゥスタート・コンビネーション（ゴブレットスクワットによるしゃがみ込みを行い，デッドリフトによって開始肢位に戻る）」と呼んでいる。

このエクササイズには，メディシンボールやダンベルを使う方法もあるが，最も一般的なのがケトルベルを用いた方法である。Dan Johnによってその効果が示されたゴブレットスクワットは，正しく行えばウォームアップやスクワット系のエクササイズの第1選択となりうる。

モーターコントロールや修正の効果を向上させるために，ここではこのエクササイズにちょっとした工夫を加える。どのような種類のウエイトでもかまわないが，パワーブロックやケトルベルのように垂直にした際に安定するダンベルが最も好ましい。

まず，胸の前までウエイトを持ち上げる。ケトルベルのホーン（ハンドルの縦の部分）やパワーブロックのレール，垂直にしたダンベルを手でしっかりと持つ。ウエイトを持ち，まっすぐ立った状態から，股関節を前に突き出すとともに骨盤を上へ引き上げる。

これにより，股関節に制限がないことが確認できる。股関節屈筋群を持続的に活動させた状態でスクワットを開始するのがよくみられる。股関節の屈筋群や外転筋群は，スクワットのしゃがみ込みの際に活動させるのが望ましく，最初から股関節屈筋群が活動している状態では，しゃがみ込みに作用しなくなってしまう。

股関節の状態を確認したら，脊柱をまっすぐにしたまま股関節を外転位にしてスクワットを行う。つまり，膝をつま先よりも外側に向けることが重要である。膝を外側に向けるように指導すると，つま先まで外側に向けてしまうことが多いが，この位置で

は効果が得られない．足部と膝を分離し，膝を足部よりも外側に位置させるようにする．しゃがみ込んだ時に肘で膝を外側に押し出せる程度に膝が外側にあることを確認する．最初は膝を外側に向けるために肘で補助する必要があるかもしれないが，上達するにつれてその量を減らしていく．

最も深い位置までしゃがみ込んだら，ウエイトを前後左右に動かして安定性の限界を探る．ここからが従来の方向とは異なっている．開始肢位に戻る代わりに，背中を丸めずに姿勢やバランスを保ちながらウエイトを床に置く．通常のゴブレットスクワットでは単に開始肢位に戻って動作を繰り返すが，ここで行う動作の再トレーニングでは，ウエイトを持ってしゃがみ込む意識的負荷によってスクワットの最も深い位置に達した後にウエイトを降ろす．これは，いわばエクササイズの補助輪を外すことと同じである．

身体の前にウエイトを持つことによって体重が前方に移動し，後部連鎖のスタビライザーが活性化する．これにより，スクワットを安定させながらコントロールするための力学的・知覚的なアドバンテージが得られる．

スクワットでしゃがみ込んだ位置から補助をなくすことは，自分自身ではスクワットの最下部まで到達できなかった対象者に，リバースパターニングを行わせていることになる．この肢位を数秒間保持して静的安定性を発揮した後，動的安定性によって開始肢位に戻る．

ここがミスの起こりやすい部分であり，学習が進む所でもある．対象者はウエイトを降ろそうとするたびに，後ろに転んでしまいそうな感じになる．ウエイトを降ろす際に何が変化するかを自分で観察するように，対象者に指示する．何回か行っているうちに，ウエイトを降ろした際に膝が内側に入り，背中が丸くなることに気がつくだろう．ここで，「それをしてはいけないよ」と声をかけるのである．

これらの問題の1つは主要なものであり，もう1つは2次的なものである．対象者にその答えを教えたり，一度に両方の問題に取り組ませたりはせずに，問題を1つだけ取り上げてもらい，その問題を行わないように指示する．対象者は両方の問題に取り組もうとするが，すぐにどちらが安定性に大きく影響しているかがわかるだろう．主要な問題というのは，常に同じなのである．

どちらが主要な問題かわかるだろうか？

膝関節が外反することが主要な問題点である．背中を丸めることは，後ろに転ばないようにバランスを保持するための自動的な対応である．

理論的根拠

膝を外側に開く，つまり股関節を外転することで，骨盤と殿部は前方へ移動する．後方への負荷をより中央に近づけておくことにより，胸部や肩，上部体幹にかかる前方への負荷をより垂直方向に保つことができる．別のアプローチもあるかもしれないが，まずはこの方法を何度も試してその効果を実感してもらいたい．

あるいは，筋と筋膜のラインという力学的観点から考えることもできる．股関節を外転することで後部連鎖の筋群が緊張し，上半身のアライメントが重心方向に引っ張られる．肩を後ろに引いて脊椎をまっすぐにしても，股関節を外転させることはできない．これはてこ作用と同じことである．

エクササイズの話に戻そう．解説したとおり，目標は我々が設定したが，動作のミスは対象者自身に探してもらった．一番下までしゃがんだ状態からすぐに開始肢位に戻らず，ウエイトを降ろして10秒数えるように指示する．必要であれば，ウエイトを再度持ってもかまわない．楽にウエイトを降ろすようにする．

疲れるようであれば，休憩をはさんでもよい．完全なスクワットの状態から少し戻ってもよいし，バランスを取り戻すために再度ウエイトを把持してもよい．最終的にディープスクワットの位置までしゃがみ込み，ウエイトを降ろしてバランスと姿勢を保ったまま立位へと戻る．

立位に戻ったら，デッドリフトによりウエイトを持ち上げ，次のゴブレットスクワットを行う準備をする．デッドリフトは動作の悪い癖を排除し，後部連鎖筋群にあらかじめ負荷をかけて安定させることから，エクササイズの重要な部分となる．

解　説

　このコレクティブエクササイズは，大腿四頭筋が優位に働く典型的なスクワットパターンの問題に対して最も効果的なドリルとなる。このエクササイズでは，股関節と後部連鎖筋群の活動が必要とされる。ウエイトによりコアの安定性が促通されるとともに誤った姿勢が顕著となり，ミスが明らかとなる。ウエイトはスクワットの最も深い位置に到達するための補助輪のようなものである。ウエイトを床に降ろすことは補助輪を外したことになるので，安定性を獲得できる。

　スクワットのボトムの位置からは介助や支持なしで開始肢位まで戻る。その後デッドリフトを行うことにより，大腿や肩ではなく股関節を主体とした動作を身につける。対象者が充分にしゃがみ込めず，ウエイトを降ろせない状態（スティッキングポイント）がみられる場合は，踵の下に約 1〜2.5 cm の高さのものを置いて行う。慣れてきたら 1/2 の高さ，次に 1/4 の高さになるように低くしていく。

　膝を外に開くことはこのエクササイズのポイントであるが，そのことを対象者には伝えないようにする。あえて膝が内側に入ることを見逃しておき，適切なタイミングでそれをやめるように指示する。スクワットのボトムの位置で膝を開いたままにしておくことにより，重心が中央に近づいて安定性を向上させることができる。

　Pavel Tsatsouline が考案した face the wall squat（壁に向かって行うウォールスクワット）でも，同様の効果が期待できる。

例 3：弾性抵抗による CL

問題点

　長期の病気から回復し，身体を鍛えようとしている年配の男性に対して FMS を行った。対象者は前屈して足のつま先を触ることができなかった。FMS のアクティブ・ストレートレッグレイズに非対称性が認められ，スコアは右が 1 点，左が 2 点であった。興味深いことに，股関節と下肢の他動的可動域と柔軟性は左右同等であった。また，痛みや制限なく膝を胸部の約 15 cm 前まで引きつけることもできた。

　筋力の著明な左右差もなかった。本人は年齢や活動レベルを踏まえ，単なる柔軟性の問題と思っていたが，協調性や動作パターンに問題があることが考えられる。

CL による解決法

　マット上で背臥位にし，アクティブ・ストレートレッグレイズを行わせて左に比べ右のほうがより困難で可動域にも左右差があることを自覚させる。次に，背臥位のまま上肢を目の高さまたは肩関節 90°屈曲位まで挙げさせる。指導者が両手を引っ張ることで肩関節伸展あるいは屈曲方向への抵抗を徐々に強くしながら加え，対象者には上肢の位置を保持するよう指示する。

　このエクササイズを行った後，左下肢と右下肢を順に挙上させる。両方の下肢の可動域が向上し，左右同等になるはずである。対象者は驚き，その理由を知りたがるだろう。すぐに説明してもかまわないが，エクササイズはまだ終わりではない。

　このような即時効果を得るのに人の手は必要ない。壁に弾性バンドを取り付け，その端を左右の手で持つ。バンドの適度な張力がかかるよう，壁から充分に離れておく。肘関節を伸展して上肢をまっすぐにしたまま，バンドをウエストから約 15 cm のところまで引っ張らせる。これで努力を要するが反復できるほどの張力に調整できただろう。それから手を頭上に挙げるように指示し，バンドを緩める。

　再びバンドを引っ張らせ，張力のかかる位置まで上肢を動かしたら，左下肢を可能な限り高く挙げ，床に戻す。左下肢を床に降ろしたら，バンドの張力を緩める。要するに，バンドに充分な張力がかかるまで牽引したのちに下肢を挙げ，挙げた下肢を床に降ろしてからバンドを緩めるだけである。

　この運動を左右交互に何回か行わせる。休憩後に再評価を行えば，アクティブ・ストレートレッグレイズの非対称性がほぼ解消していることがわかるだろう。より改善させるためにエクササイズを繰り返すことを指示するとともに，どのようにしてコアと右股関節との協調性を脳に取り入れたのかを説明しておく。

解説

このドリルは，正常な連動性を再現している。ほとんどの動作パターンに先立ってコアの安定性が高まる。コアの安定性の活性化は，すべての運動の最初に起こる。いったん動作が始まると，改善された安定化反応により様々な動作パターンにおける特定の要求が満たされる。安定性には随意的なものもあれば，反射的なコントロールの結果として生じるものもある。

弾性バンドを用いた意識的負荷により，先行的な負荷が加わる。これにより安定性を知覚し，アクティブ・ストレートレッグレイズは重力に抗して伸展した下肢を挙上する以上のものであることに気づくだろう。アクティブ・ストレートレッグレイズは，脊椎と骨盤を安定化させたのちに股関節屈筋群の収縮を行うという協調的な運動である。この時，安定した脊椎と骨盤が股関節屈筋群の強固な土台となる。

このドリルでは，まず連動性を修正・促通すれば動作パターンを正常化できることを理解させる。そして，改善した動作パターンを維持しながら，修正や促通を徐々に取り除いていく。

CLのまとめ

CLにより，コントロールを促進させることが可能となる。このエクササイズでは，自分でコントロールし，動作を改善させることがすぐにできることを学習できる。いくつかのステップに従うだけでタイミングと協調性が向上する。CLによって動作を行うことが可能となったら，その負荷を徐々に減らす一方で，動作パターンを単独またはより複雑な動作の一部として練習する。

意識的コントロールは，呼吸や姿勢，加圧，高い集中などによって行うが，CLもまた同様である。随意的または外的負荷に対する反射的な筋収縮により，動作の質やタイミング，協調性を改善させる。

◆ 抵抗エクササイズ（Resisted Exercise：RE）

手法：学習を加速させるために抵抗を用いること
実施基準：基本的な可動性と安定性を有していること

抵抗エクササイズは修正というよりも発展的なものであるが，適切に行えば，学習を強化するための応用的な修正ストラテジーであるとみなすことができる。修正直後に適切に行うことにより，感覚を刺激して新たな動作パターンを強化することができる。組織への負荷やバランスの必要性も大きくなる。不適切な抵抗エクササイズは動作を台無しにしてしまうが，正しい抵抗であれば我々が考えるような動作パターンの問題を引き起こしたりはしない。抵抗によって動作パターンの質が低下することが問題となる。

不適切な抵抗エクササイズは，修正が必要となる動作の問題を誘発する。抵抗は誤った動作パターンを助長することもあるが，良い動作パターンの構築に一役買うこともある。抵抗を加える前にコレクティブエクササイズによって動作パターンの質をいくらか改善しておくことが重要である。この改善により，動作と能力の範囲を拡大するための機会が得られる。抵抗は学習を加速させる建設的な負荷である。

コレクティブエクササイズにより，単一セッション内でアクティブ・ストレートレッグレイズを改善し，前屈を正常化させることができる。前屈を数回練習して正常化すれば，コレクティブエクササイズを続けることで新たな動作パターンを強化したり，負荷をかけることで動作パターンをより安定した持続的なものにしたりすることもできる。

デッドリフトは，前屈（トウタッチ）の動作パターンを改善するための有用な負荷である。ただし，トウタッチとデッドリフトを混同してはいけない。1つは動作パターンで，もう1つは負荷のかかったリフト動作である。トウタッチでは，脊椎を丸めてリラックスさせてもかまわない。一方，デッドリフトでは，脊椎は安全かつ安定した肢位を保持しなくてはならない。2つの運動の類似点は，最初に股関節が屈曲することと，体重が後方へ移動することである。

負荷により，基本的な動作が改善する。トウタッチに制限がある場合，指導なしで正しいデッドリフトを行うことはまず不可能である。したがって，デッドリフトを行うには適切なレッグレイズとトウタッチが不可欠である。レッグレイズとトウタッチ

の可動性が制限されている場合，可動性の修正だけでは明確で持続的な効果が得られることはほとんどない。改善したら，それを維持するために可動性のエクササイズを続けることがしばしば必要となる。

　望ましい解決法は，デッドリフトで抵抗エクササイズを行うことである。このエクササイズは症状ではなく問題を解決する。ハムストリングスや背部，股関節のタイトネスはめったに主要な問題とはならない。というのも，障害された前屈動作パターンに充分な安定性をもたらすための適応としてタイトネスやスティフネスが生じているからである。タイトネスに対するストレッチングやスティフネスに対する治療だけでは，一時的な変化しかもたらされない。制限された可動性は，2次的なサポートシステムとして機能しているからである。

　一時的に可動性が改善している間にデッドリフトを行えば，脳はタイトネス以外の選択肢を迫られることになる。細かい点に気を配りながら正しく行うことによって改善がもたらされる。これにより，本来のスピライザーが機能し，主動筋が効率的に力を生み出すことができる。

　負荷の大きさが重要である。負荷が大きすぎればタイトネスを招くことがあり，負荷が少なすぎればモーターコントロールを促通できない。正しく3～5回反復できるような負荷を選択することが望ましい。

　ほとんどすべての動作パターンは，補足的に負荷をかけることができる。動作パターンの質に改善が認められたら，負荷をかけるようにするとよいだろう。

例

　動作の質を改善し，強化するための抵抗エクササイズの例をいくつか挙げる。これらを試し，技術を磨く中で選択肢に加えるとよい。

　体幹・肩甲帯の姿勢やモーターコントロールを改善させるために以下のことを行う。

- ●片膝立ち位でのチョップ動作やリフト動作，ケトルベルかダンベルによるプレス，ケトルベルハロ（kettlebell halo）
- ●膝立ち位でのチョップ動作やリフト動作，ケトルベルかダンベルによるプレス，ケトルベルハロ
- ●ハーフゲットアップ

　股関節伸展とコアスタビリティの強化には，以下のことを行う。

- ●通常のデッドリフト，ケトルベルかダンベルによるシングルアームデッドリフト

　片脚立位の強化には，以下のことを行う。

- ●対側上肢でウエイトを持ったシングルレッグデッドリフト

　全体的なバランスや連動性の向上には，以下のことを行う。

- ●ボトムアップケトルベルクリーン/スクワット/プレス
- ●ゲットアップ

まとめ

　抵抗エクササイズは，機能的で適切な動作を強化するための最終的な方法である。正しいリフト動作を行うことができれば，動作の質はさらに向上する。上記の抵抗エクササイズの多くが，第10章で示したセルフリミティングエクササイズのリストにも含まれていることは興味深い。

■ セルフリミティングエクササイズの再考

　第10章のセルフリミティングエクササイズのリストを見直してみると，最初にみた時にはわからなかった新しいことに気がつくだろう。すべてのセルフリミティングエクササイズに共通することは，豊富な感覚体験と持続的なフィードバックである。それぞれのエクササイズの目標は明確で，ミスもわかりやすい。まちがった動きをすれば，すぐに気づくことができる。

　セルフリミティングエクササイズを普段のコン

ディショニングの一環として適切に行うことにより，動作の質を維持する優れた効果が得られる。

動作の学習

　脳についての基本的な理解により，なぜ運動学やバイオメカニクスに基づくエクササイズが機能的な動作パターンを獲得する最善策ではないかを説明しやすくなる。脳は動作パターンを記憶し，引き出すのである。脳には可塑性があり，適切な学習機会を与えることで変化させることができる。

　機能不全を呈した動作パターンを見つけた時は，このパターンは何らかの理由で身につき，強固なものになったと捉える。そうでなければ，存在するはずもない。また，その動作パターンは何らかの意図や実用性があるはずである。機能不全を呈した動作パターンは他の機能的な動作パターンと一緒に繰り返し使われており，脳には機能的ではない動作パターンの価値が植え付けられているのである。

　スクリーニングやアセスメントにより，動作パターンの修正に障害となるものをすでに取り除いていることになる。アセスメントにより痛みを検出し，それを他の問題から切り離したことで，修正しようとする動作は痛みのない機能不全を呈したパターンとなっている。また，ブレイクアウトによって機能不全を検出したので，これは最も基礎的な動作機能不全であるといえる。

　これで脳を変化させる準備は整ったことになる。まずはある動作パターンを止めさせ，その代わりに別の動作パターンを行わせる。すでに学んだように，動作パターンの修正を目標とするのであれば，いくつかの筋にストレッチングを行い，他のいくつかの筋を強化しても最善の結果を常に得ることはできないだろう。

　動作は繰り返し行う行動の一部として記憶されたパターンに基づいている。良い行動は意識下のコントロールによるものである。動作パターンを変えようとするのであれば，意識的および意識下の感覚–運動の相互関係を改善させるような環境を整える必要がある。コレクティブエクササイズを行う場合は，各カテゴリー，下位カテゴリーそれぞれが感覚系と運動系の両方を修正するためにデザインされたものであることを確認しておく。

　多くの場合，感覚入力は完璧な運動出力よりも重要である。そして，これこそがコレクティブエクササイズの本質である。

　各エクササイズで正しい技術と完璧なアウトプットを求めるがあまり，我々は時に動作を教えすぎてしまうことがある。教えすぎることにより，自然なインプットではないものによって引き起こされるアウトプットを強いることになる。乳幼児の動作は滑らかでコントロールされた正しい動きではないが，記憶を形成し洗練させることでモーターコントロールを日々上達させている。1回1回の成功が動作パターンを改善し，記憶を洗練させる。毎日記憶が引き出され，動作パターンが強化されていく。乳幼児に動作を指導すれば，感覚と運動の相互関係を阻害してしまうだろう。

　動作学習を促進させる最善の方法は，より建設的な感覚体験を与え，明確な目標を設定することである。そうでなければ，基礎的な動作パターンをコントロールするには細心の注意を払わなければならない。我々は専門家として，動作パターンを作ることはできないが，発達を促すことはできるという事実を認識する必要がある。

　基礎的な動作パターンの多くは記憶のどこかに存在するものの，何らかの理由で変化してしまっている。その理由を見つけることができる時もあれば，できない時もある。重要なことは，動作パターンに改善の余地があるかを判断することである。そして，まず目指すべきは1回のセッション内での改善である。

　そして，数回のセッションで改善を定着させることが長期的目標である。

個人的見解

　最後に，著者である私が普段どのようにコレクティブエクササイズを行っているかを紹介する。私はいつも段階をスキップする。熟練するにしたがって，より多くスキップするようになった。その際，どれほどスキップしたか常に気を配っている。わずかでも安定性が確認できたら，すぐに応用的エクサ

サイズへと進む。静的安定性がプラトーに達したとしても，ただ機械的に動的安定性エクササイズへと進むようなことはしない。可動性のコレクティブエクササイズに立ち戻り，可動性を少しでも改善させたほうがよい場合もある。可動性が改善することにより，知覚を改善するための機会が多く得られる。知覚の改善は動作を変化させるための青写真である。

　毎回，具体的なアウトカムを設定してコレクティブエクササイズを行うことにより，自分が犯したミスに素早く気づけるようにもなった。クライアントや患者の現時点での能力や目標値も判断できる。1回のセッションでの改善度がわかれば，それを目指して取り組むだけである。思い描く結果をもたらす方法を探しながら，修正法を変化させている。

コレクティブエクササイズを行うことを楽しんでほしい。これは融通の利かないものではなく系統的なものなので，必ず役に立つだろう。

下のホームページでさらに詳細な情報，動画，アップデートが入手可能である（英文のみ）。
www.movementbook.com/chapter14

15 結論

　本書の表紙は，機能的動作パターンを機械的に表現するために，複雑な線や角度を用いた非常に専門的なデザインとすることもできた。しかし，本書はスクリーニングやアセスメントにパスする方法について書かれたものではない。スクリーンやアセスメントは，最低基準からの逸脱を示すための単なるツールである。

　ムーブメント（動作）とは，腹筋や殿筋などを意識せずに浜辺へ走り出すことである。背筋が負荷に耐えられるかどうか心配することでもなく，ランニングフォームを気にすることでもない。タイムや心拍数を気にすることでもなく，新開発の靴を忘れたために走ることをやめるかどうか悩むことでもない。表紙に描かれたランナーは，近くを飛ぶカモメと同じように技術のことなど気にしていないだろう。ランナーとカモメは，ありのままに動いているだけである。

　このことを，クライアントや患者が正しい動作を再び取り戻し，それを維持するために役立ててほしい。彼らのほとんどは，自分が正しい動作を獲得した過程について説明できないだろう。ただあなたのいうとおりのことを行った結果としてうまく動けるようになり，あなたに感謝することになる。

■ 正しい動きを得るチャンス

　本はそこに書かれていることではなく，そこから読み取られたことによって評価される。本の一部だけを読んだり，順番を無視して読んだりすると内容がわからなくなってしまうかもしれない。順番に関係なく，興味のある章だけを読んでも，この章に書いてあることを理解するのは難しいだろう。その時は，最初から順番に読み直していただきたい。人には，好奇心から必要な段階を飛ばして，いろいろと探し回る性質がある。だが，我々には専門家としての責任があるので，時間がかかっても基礎から築き上げる必要がある。

　学べるものは何でも学び，指導を受けながら練習する。学んだことを実践する時は，可能な限り専門家の監督下で行うべきである。1回目の試みでどれだけ失敗するか，また2回目の試みでもどれだけうまくできないかを実感すれば，このことに納得するだろう。読むことは単に知識を得ることであり，実践によって初めて学ぶのである。

　我々は動作のスクリーニングとアセスメントをリハビリテーションやエクササイズ関連の領域に導入することによって，エクササイズ経済（exercise economy）の再編を目指している。通常，エクササイズと経済という言葉は一緒に使われることはないが，この組み合わせが最近のエクササイズにみられる誤りの多くを説明してくれるだろう。この誤りは，効果のない減量プログラムから，教育現場においてスポーツ外傷・障害が多く発生することにまで及んでいる。Steven Levitt と Stephen Dubner は，著書『Freakonomics：A Rogue Economist Explores the Hidden Side of Everything』のなかで，経済学というものは結局，計測の科学であると説明している。経済学とは，その中身よりも一連の手段を指す言葉であり，この手段によって原因と結果についての誤解や真実が明らかとなる。このことは，まさに我々がここでしようとしていることである。

　動作のスクリーニングとアセスメントは，エクササイズやリハビリテーションが基礎的な動作パターンに及ぼす効果を評価するもう1つの方法・手段となる。我々の専門分野は，たとえば軍人に対するコンディショニングや，若い女性アスリートにおけるACL損傷の発生頻度の減少，腰痛の治療，子供にまで広がっている肥満対策などにおいて，現在行っているよりももっと効果を上げることができるだろう。

　運動科学は，運動の知覚や行動とは全く異なる代謝や生理学的作用を研究することに長い間偏っていた。もちろん，様々な業績を残した生理学者たちを責めているのではなく，我々には研究と教育のバランスをとる必要があるといっているのである。そうしなければ，筋力低下が問題ではないのに，腰痛に

対してやみくもに筋力強化を続けるようなことが起こってしまう．動作の質に関する最低基準がないために，カロリー消費を考えたエクササイズをデザインし，量だけを意識するようなことが起こってしまう．我々の方法を実践し，エクササイズ経済におけるバランスを取らなければならない．

我々は現代科学をフィットネスに応用することで，しばしば貧弱な知覚と行動の土壌を生み出している．基本的動作パターンの質が良ければ，フィットネスや身体能力に必要となる豊かな土壌が得られる．動作の質の良し悪しにかかわらず，フィットネスや代謝，生理機能を向上させることはできるが，基本的動作パターンを調べれば隠れた問題が見つかることが，動作のスクリーニングによって示された．基本的動作パターンを無視し，代謝や身体能力，特化にのみ焦点を当ててきたことで，フィットネスの自然な発達過程を失ってしまった．

基本的動作能力を向上させずにコンディショニングを行うと，耐久性が低下する．動作を検討することによって，フィットネスは無理に推し進めるものではなく，育むものであるということに気づくことができる．我々はパフォーマンスやスキルを練習するが，基本的・機能的動作はこれらを支えるものなので，先に向上させなければならない．基本的・機能的動作は，活動的な人生を送るための基礎である．外傷や障害によって一時的あるいは永続的な制限がなければ，片足で立ってバランスをとる，深くしゃがむ，背中を反る，つま先を触る，身体を捻る，手を頭上に伸ばす，手を背中に回すなどの動作は生まれつき備わった能力である．

パフォーマンスを最大限に向上させることを目標にしている人が，このような基本的能力を重視しないのは変な話である．このような人でも，自分の子供がしゃがめない，片足でバランスがとれない，手で身体のいろいろな部分を触るときに左右差があるような場合，慌てて主治医のもとに駆け込むが，なぜか自分自身の基本的能力に問題や機能不全があることには気づかない．専門家である我々も同じような過ちを犯したことで，フィットネスやリハビリテーションを発展させる機会を失ってしまった．

動作の質は，許容範囲レベルから許容範囲外のレベルまであるようである[58～59]．動作のスクリーニングやアセスメントで問題がなかった人は，特に基本的動作パターンを練習しなくても動作パターンを維持できるが，何らかの理由で動作パターンに問題が生じた場合には，動作のコントロールを取り戻すための練習が必要となる．しかし，動作パターンを取り戻すことと，最初の動作を維持し続けることとは考え方が異なっている．

エクササイズのあらゆる局面において動作を考慮することは馬鹿げているように思われるだろう．専門外の人にとっては，エクササイズやリハビリテーションの専門家が，動作の正しさについての情報源（基準）が必要だということは理解できないかもしれない．しかし，必要なのである．

我々には標準作業手順（SOP）が必要である．動作は，エクササイズやリハビリテーションの専門家にとって要となるものだが，これまでは動作パターンや行動に含まれる情報を最大限に活用していなかった．動作は，解剖学や運動学，生理学，専門的活動，スポーツなどと同程度にはエクササイズやリハビリテーションにおける意思決定に利用されることはなかった．しかし，これは変わりつつある．

FMS や SFMA を用いて動作の質を識別し，それをモニターすることができれば，やみくもに運動を行ってその効果を期待するよりもずっとフィットネスを向上させることができるだろう．クライアントや患者には，FMS や SFMA の動作パターンを常に練習させる必要はなく，コレクティブエクササイズを行うことで許容できる結果が得られるようになるだろう．完璧な結果を出すことが目的ではないし，完璧な結果を出す人はほとんどいないだろう．我々はこれらのツールを使って完璧さを調べているのではない．これらはリスクや重大な問題，動作パターンの質が許容レベルにあるかを見極めるためにある．

最近のエクササイズやリハビリテーションでは，基本的に身体を調整し，再トレーニングすることが行われている．我々はこのことを発展させ，身体能力の維持・向上に生かそうとしている．本書では，本来備わっているべき理想的な動作を失ってしまった人々のパフォーマンスや耐久性を再生・向上させるために，コレクティブエクササイズとコンディ

ショニングのためのエクササイズをどのように組み入れていくかの方法を示した。

エクササイズとリハビリテーションにおけるビジネス

　エクササイズとリハビリテーションは，大きなビジネスの一部となっている。ある意味，それは大きな機械の一部であり，簡単に方向を変えることができない。理論や根拠によって検証されなければ，これらの機械は制御不能な利益優先の発想を生み出しかねない。このような大規模な機械は，原則というバランスのとれた観点によって制御する必要がある。

　すでに述べたように，最新のランニングシューズに対する思い込みは，バランスのとれた観点によって制御されていない発想を示す実例である。最新のランニングシューズは，クッション性とモーションコントロールを備えたデザインとなっており，どんな路面でも走ることができるという幻想を抱かせる。このようなシューズを使えば，疲労や足の痛み，関節痛や筋のスティフネスなどがあっても快適に走ることができるといわれているが，これは本当に正しいのだろうか？

　巧みなマーケティングにより，この快適さが安全性とパフォーマンス向上に効果があるように誤解されているが，実際には傷害の発生率は低下していないのである。シューズメーカーは，クッション性やモーションコントロールなどのハイテク化によるマーケティング戦略をますます推し進めており，我々はかつてのランナーが裸足か旧式の靴を履いて走っていたという事実を忘れてしまっている。確かにクッション性やモーションコントロールが必要な人もいるが，我々には自然でありのままにショックを吸収し，動きをコントロールする能力が生まれつき備わっている。

　極端に足を保護してしまうと，ランニングによる感覚体験を奪うことになる。裸足による感覚体験は，力学的に正確な動作パターンでなければ不快になることが狙いである。ベアフットランニングとは，減速帯（speed bump）なのである。すべてのセルフリミティングエクササイズが減速帯のようなものであり，多くの人がこれを忌み嫌っている。急いでいる時にはこうした減速帯に邪魔されるのを嫌がるが，これこそが我々に一番必要なものである。減速帯が「スピードを落とせ，注意しろ，馬鹿なことはするな」といっているのに，我々はそれを嫌がっている。

　スピードを落とし，動作やエクササイズに注意を払うことで，クロムメッキの人工的な輝きではなく，真の輝きを放つ体験が得られる。

　シューズ産業がクッション性やモーションコントロールの技術を開発して以来，この企業努力には終わりがみえない。新しいシューズの開発レースは，人類がシューズを履かずに動作を向上させてきた数千年にもわたる感覚体験よりも重要なものになってしまった。

　最新の機能を搭載したランニングシューズは，ランニングのメカニクスが悪い人でも，より長い距離をより頻繁に走れるようにした。このことでランナーズハイを感じられるようになったのは良いことだが，誤った認識を得てしまったことが問題である。フィットネスが人間本来の機能を上回ってしまった。ランニングのメカニクスを向上させる真の体験によって，安全性と保護機能のバランスを敏感に感じとることで，重要な教訓に目を向けるようになる。つまり，1つの問題を覆い隠しても，また新たな問題が出現するのである。

　『Born to Run』の著者であるChristopher McDougallは，我々がかつてどのように走っていたか，またその走りがめちゃくちゃになってしまったこと，そして人間のルーツに立ち戻ることで壊れたものを修復し始めたことについて明らかにした。テクノロジーはランナーの役に立たない一時的な解決策に過ぎず，クッション性の高いシューズは虫歯の原因となるキャンディーのように本来の走り方を蝕んでいった。つまり，本来の姿ではない機能不全の活動を快適にしたのである。自然は常に正しく，個人個人に見合った効果的で巧みなペースで走ることを学ばせてくれるが，我々はせっかちすぎてこれに耐えられなかった。

　我々はテクノロジーによって悪いメカニクスの埋め合わせをし，自然が教えてくれた制限を軽視した。あまり快適ではないシューズは，正しい動作パター

ンを強化してくれる良い教師であり，自分の限界を教えてくれるものでもある。これによって自分が走れる距離がわかり，ランナーズハイも感じられ，これ全体が真の体験を得るセットとなる。

エクササイズとリハビリテーションは，ランニングシューズと同様に巨大産業と切り離すことができない。エクササイズとリハビリテーションというものは，身体能力，健康，パフォーマンス，みた目の美しさなど，生み出される結果が非常に重視される。動作の質に関する基礎的な基準がないことで，量的な結果にだけ注目してしまう。最新のランニングシューズによって，メカニクスが悪くてもより長い距離をより頻繁に走ることができるようになったが，同時にランニングによるケガも増加した。これは量を求めても質は向上しないという教訓である。最後に笑うのは，常に自然なのである。

同様に，近年のエクササイズとリハビリテーションの進歩は，動作に機能不全があっても健康と身体能力を向上させることを可能にした。我々専門家は，自分たちの専門分野に巨大産業による思い込みや誤った考えを持ち込ませないようにしなければならない。クライアントに身体能力を補完する正しい動作を身に付けさせ，身体能力が正しい動作を強化するといったバランスのとれた考えを生み出す努力をすべきである。

これを行うためには，我々の専門的な意思決定が原則に基づいたものでなければならない。原則に基づいて意思決定を行えるようになれば，この原則を支持する最適な方法を選択することができる。原則が重要なので，方法が変わったとしても問題にはならない。

原則は，長年かけて実証されてきた非常に洗練された人間の動作システムに基づいている。方法は，原則に取り組むなかで効率を改善するために得られた技術の進歩に基づいている。

原則と方法

本書の目的は，以下のことを行うために我々の考えを変えたり広げたりする方法を示し，基本的動作の原則を厳密に順守することを促すことである。

1. コミュニケーションを標準化し，エクササイズやリハビリテーションによって生み出される動作習慣の系統的な管理を促進するために，動作パターンの機能不全を評価しランク付けを行う。
2. 活動的な集団における傷害の増加に関連する動作の問題を予測する。
3. 基本的動作パターンの能力とともに身体能力を向上させるために，自然な抑制と均衡を利用した信頼できるエクササイズプログラムをデザインする。
4. 動作パターンの機能不全を治療・改善するためのコレクティブエクササイズをデザインする。
5. 痛みを伴う動作パターンと機能不全のある動作パターンを明確に区別できるようにする。
6. 動作パターンの問題と動作障害の問題との関連性を特定・体系化し，機能診断の能力を向上させる。

系統的なエクササイズにSOPとして動作パターンのスクリーニング（FMS）を加えることは，上記の1〜4に取り組むことになる。

系統的なリハビリテーションにSOPとして動作パターンのアセスメント（SFMA）を加えることは，上記の4〜6に取り組むことになる。

また，リハビリテーションの終了時にFMSを加えることで，上記の1〜4の効果を高めることになる。

これらのことによって，常に動作パターンの問題を論理的に考えられるようになり，我々の方針が動作の自然の法則に合致したものになる。

原則：通常，時の移り変わりやテクノロジーに左右されない基本的なルールや法則

方法：通常，時とともに技術が進歩することで改善される何かの行い方や作り方

第1章〜第3章では，エクササイズとリハビリテーションの方法の焦点と発達が我々の基本原則にどのような影響を及ぼしているかを示した。計測やアウトプットの技術面を急速に進歩させたことで我々は還元主義を忘れてしまい，またプロトコルという形で一般化することで人の動作の一部を過大評

価あるいは過小評価するようになった。立ち戻って動作パターンという形で動作をみれば，我々が議論し定義したすべての方法の価値を測る重要な変数を加えることができる。原則を守り，この方法を正当化する必要がある。本書が動作を学ぶ方法を統括する基本原則に目を向けさせるのに役立つことを願っている。

本書には動作パターンのスクリーニングとアセスメントの方法が載っているので，一見すると，これらについてのテキストのようにみえる。しかし詳しく読んでみると，これらの方法は最近のエクササイズやリハビリテーションで過小評価されていた動作の原則と我々をつなぎとめることに役立つだけであることがわかる。それはエクササイズやリハビリテーションを提供する人たちが基本原則の価値を認めず，普及させていないということではない。生体力学や生理学で用いる身体パフォーマンスに対するアプローチや部位ごとの計測方法と同レベルの動作パターンを管理する客観的なシステムがないことを意味するのである。

■ 我々が作れば，彼らは来る

我々は，専門家が組織化された客観的かつ実践的な動作管理のシステムや方法へ移行することを期待している。なぜならば，エクササイズやリハビリテーションの専門家の大部分が，現在の一般的な方法を支持する理論よりも，動作の原則をよく理解してくれているからである。現在の方法は，自然な動作の原則を全く考慮せずにエクササイズやリハビリテーションに用いられている。この方法によって，動作機能不全を有したまま，首尾よく（しかし本当は誤って）フィットネスを続けて来られたのである。

動作トレーニングの古典的な方法は，動作パターンの質と量を充分に踏まえたものであり，動作パターンと身体能力が互いを支持・補足するものであった。試行錯誤によって運動を学習するという古典的な形式は，動作に対するバランスのとれたアプローチ方法である。武道やヨガのような古くからあるシステムによって生み出されたバランスがあれば，誤った動作は練習しないために悪い動作パターンが強化されることもないので，動作スクリーニングを行う必要はない。動作の質があれば，量を生み出すことができるのである。

本書では，エクササイズやリハビリテーション，コレクティブエクササイズのシステムを補完する動作の原則を示した。スクリーニングとアセスメントは，生まれ持った運動知覚や行動に目を向けさせ，動作パターンの能力とともに身体能力を向上させるアプローチに役立つ。我々の方法は，原則を踏まえながら進化・改善して行くだろう。これこそが，方法のあるべき姿である。

本書のプロジェクトを始めるにあたり，我々が過去に学んできた現在の方法に疑問を投げかける必要があった。これによって痛いところを突かれ，現状を維持しようとする人も出てくると思われた。

臨床家や研究者，教育者がアプローチに疑問を抱いた場合，原則や結果の批判はせず，その方法を批判するが，それは当然のことである。彼らは自分の方法に時間と労力を注ぎ込んできたので，まちがっていることへの不安を軽減するために方法について議論したがる。しかし我々が思うのは，しっかりとした原則に基づいた基準をつくり，方法にその存在価値を示させればよいではないか，ということである。方法について争う必要はない。方法自身がその存在価値を証明するか，消滅するかである。これは人ではなく，単なるモノ，道具，手段である。

我々のメッセージは常にシンプルで明確なものである。手本とするモデルが有効でないので，動作への対処方法に対してより大きな観点を付け加える必要がある。これは方法をめぐる争いよりもずっと大きな問題である。

動作の学習の自然な原則を考慮せず，エクササイズやリハビリテーションを思いつきで行っていることがしばしばみられる。そのような時は，いつも動作が正当性を示してきた。徒手による治療からコレクティブエクササイズの選択に至るまで，その介入が正しかったか否かを確認するには，常に動作を用いる。動作は，雑誌の記事やブログで示すことはできない。記事などは情報を提供してくれるが，これらは実用性がなければ単なる意見でしかない。それによって成果が挙がらず，正しいと感じられないならば，別の方向へと進んでいくだろう。

動作は信頼できる。動作は嘘をつかないからである。動作は我々を賢くするわけでも，自信を持たせてくれるわけでもないが，常に正直である。時にはミスを思い知らされ，プライドが傷つくこともあるが，プライドを抑えればより賢くなるだろう。

我々が主催する専門家に対するワークショップで，初めてFMSやSFMAを行って驚いている人の姿がみられる。最も印象的で繰り返し聞かれる感想は，「こんなに重要なものを見逃していたのか」である。

ファンクショナルムーブメントシステムの原則

本書の冒頭で5つの原則を紹介した。ここでは具体的な動作学習の原則について詳しく述べる。

原則1

評価を明確にするために，痛みを伴う動作パターンと機能不全のある動作パターンを可能なかぎり区別する。

痛みによって運動の知覚と行動に一貫性がなくなる。最初に系統的な痛みの管理を行わず，痛みが自然に軽減することを望みながら痛みが生じるエクササイズを行ってはいけない。FMSの核心は，痛みを捉えて，エクササイズや活動，コンディショニングプログラムを行う前に適切な評価を受ける必要があるかを見極めることである。SFMAは，痛みと機能不全を区別し，機能不全にも痛みに対するのと同等の注意を向け，局所の相互依存を管理することによって，臨床的な評価能力を向上させる。

原則2

動作学習の第1歩は，再現可能な動作のベースラインである。

リハビリテーションやエクササイズ，スポーツの分野で働く専門家は，職業的専門性や種目・活動の特異性の枠を超えた系統的なアプローチを取り入れるべきである。動作の専門職には動作パターンの基準が必要である。本書では，動作パターンを論理的にランク付けする2つのシステムを紹介した。

原則3

生体力学的・生理学的な視点からの評価では，動作パターンを包括的に理解するために必要なリスクスクリーニングや診断的アセスメントを完全に行うことはできない。

これは我々が，身体能力や動作特異性に対して，それを支え可能にしている基礎的な動作パターンに対するよりも，より詳細な研究を行って来たことを示している。我々は基礎的な動作パターンの知覚や運動発達についての知識を応用することよりも，運動生理学や生体力学の知識を応用してしまうことのほうが多い。

専門家である我々は，身体能力を向上させることだけを目標にした方法によって，身体能力の問題を解決しようとしてきた。また，身体能力の限界付近でスキルトレーニングを頻繁に行うことで，動作特異的なスキルを向上させようとしてきた。このような練習は，運動連鎖におけるウィーケストリンクを特定して行っているのであれば有効である。しかし，基礎的な動作の問題が原因であるのに，単なる身体能力やスキルの問題として考えて行っているのであれば，それに集中することで，実際には全体的な基礎の欠陥を見落とすことになる。水は屋根から漏れているのではなく，地下室から漏れているのである。

原則4

動作の学習と再学習には，知覚と行動の発達の基礎となるヒエラルキーがある。

動作学習の自然な進行過程は，可動性から始まる。つまり，正しい知覚とモーターコントロールによる行動には，制限のない動作が欠かせないのである。クライアントや患者によっては，可動性を完全に回復させることができない場合もあるが，知覚を変化させインプットを高めるためには少しでも改善させる必要がある。

動作学習は基本的なコントロール，負荷下での静的安定性，負荷下での動的安定性へと進んでいく。この枠組みでは，動作の自由度とコントロールされた動作パターンは，姿勢やポジションをとること，姿勢保持，移動，物の操作へと発達していく。

▎原則5

コレクティブエクササイズは，アウトプットの練習ではない。基礎的レベルにおける能力の限界付近で生じるミスに，うまく対応する機会を与えるものである。

機能的動作パターンの基準を考慮せずに運動科学やエクササイズ科学のテクノロジーが進歩したことで，知覚と行動を生み出す感覚-運動学習システムを司る自然の法則に目を向けなくなってしまった。これは，動作パターンが生じる最初の過程である。従来の練習方法では，適切な感覚入力がないままに目的とする動作を繰り返すことが行われてきた。このような方法は，知覚に取り組むことなく行動を変えようとしているのである。

科学者がエクササイズや競技動作に最適なテクニックを特定することがよくみられる。許容できる基準を作るために，最大のパフォーマンスを一貫して発揮できる動作の順序を割り出す。コーチやトレーナーがこのような動作をまねさせようとし，これがドリルやエクササイズとなる。このようなドリルやエクササイズは修正され，再び利用される。この表面的な機能不全に対するドリルやエクササイズは，やがてプロトコルになる。そして数年後，この理論を疑うものはいなくなるのである。

これは，良質なスキルトレーニングに疑いの目を向けているわけではない。動作やパフォーマンスを別の側面から考えることもなく，目に付いた機能不全に対してドリルを行っていることを指摘しているだけである。皮肉なことに，基準となる完璧な動作の連動性を身に付けているエリートアスリートは，実際にはそのようなドリルは行っていなかったのである。

別のいい方をすれば，高度な技術の分析によって，そもそも技術を高めることができないエクササイズが考案されてしまった。なぜこのようなことになってしまったのか？　ドリルがインプットではなく，アウトプットである競技動作を観察することで作られたからである。このようなドリルを行わないで高い水準に到達できるのがベストの方法といえる。

優れた結果を出す基礎的な意味のある練習ではなく，動作やパフォーマンスなどの最終的な形をまねた風変わりなドリルがしばしば考案されている。動作学習の各段階で，動作の最終的な形を繰り返し行うようなことはしないように注意しなければならない。このようなドリルはよくできた模造品ではあるが，本物の動作ではない。

▎原則6

知覚によって動作が生じ，動作によって知覚が変化する。

動作はどうのようにして自然に発達し，このすばらしいパフォーマンスはどうのようにして生じるのかが問題である。幼児が初めて踏み出した1歩と，ランニングにおける正しいストライドは同じものなのだろうか？　両方とも知覚に影響を及ぼすインプットによって生じている。我々はアウトプットを懸命に練習すれば，手本とするものがインプットされると思い込んでいる。段階的にエクササイズを進めれば，脳が有用性を見出し，動作パターンを記憶すると推測している。

しかし，結果的に生じたものを練習すれば，好ましい動作パターンになることを期待してはいけない。実際には，アウトプットをまねて練習するよりも，好ましい動作パターンを生み出すすべての感覚入力を模倣すべきである。これよって知覚を重視し，正しい知覚の量を見つけ出すことで動作にフィードバックされることになる。

役者は演じるキャラクターのアウトプットをまねることで，我々が納得するようなパフォーマンスをみせてくれるが，このパフォーマンスには台本がある。本当のキャラクターではなく，ほんの短い時間だけ演じるキャラクターのように振る舞っている。同じような方法でエクササイズやリハビリテーションを行ってしまうのである。コントロールされた環境のなかで動作を指導すれば，別の状況や場合によっては別の活動における動作も変えられると考えてしまう。役者は舞台を降りれば演じたキャラクターのことは忘れて，自分のキャラクターに戻ることを思い出してほしい。クライアントや患者はしばしば同じような状況に陥っている。彼らの動作をみれば，何を学び，何を忘れたかがわかるだろう。

原則7

動作機能不全がある状態でフィットネスを行うべきではない。

健康でも動きが悪い人や，不健康でもよく動ける人がいる。基本的なフィットネスの量と基本的な動作の質は，異なるツールを用いて評価する。このことを忘れて，フィットネスが基礎的なベースラインであると考えてしまうが，実際には違うのである。

フィットネスや身体パフォーマンス，あるいは身体能力というものは，3段階から構成される過程の第2段階である（第10章のパフォーマンスピラミッド参照）。本書の内容を同僚や他の専門家，クライアント，患者などに話すときは，まずシンプルに説明することが重要である。相手が基礎的な内容について，理解していることを確認する必要がある。ファンクショナルムーブメントシステムの基礎的な理論について理解してもらえなければ，修正（コレクティブエクササイズなど）の部分について評価してもらうことは難しいだろう。基本的なパフォーマンスピラミッドによるアプローチを理解させるべきである。

原則8

動作の発達・特化の自然な進行過程における各段階を考慮しながら，パフォーマンスとスキルを向上させなければならない。

ピラミッドモデルを用いるときでも，シンプルに説明すること。まず，パフォーマンスの完璧さや模範については話さず，血圧を例にして最低限度についての話をする。あるグループに対して血圧のスクリーニングを行う場合，完璧な血圧値を調べるのではなく，危険値を調べる。あまり深く考えずに，ハイリスク，ボーダーライン，ローリスクのグループに分けることになる。

動作についても，血圧と同じような方法で話を始めてはどうだろうか？　リハビリテーションやエクササイズ，トレーニングについて話をする際に，課題遂行能力，最大能力，特化の3つの言葉を使ってみることを提案する。課題遂行能力についての話なのか，最大能力についての話なのか，あるいは特化についての話なのか？　混乱するように思われるかもしれないが，原則を考慮し，視点が得られることから，最初の取り掛かりとしては非常に良い方法である。

動作の各段階において最低限度の課題遂行能力を得てから，次の段階に進むようにする。

- 課題遂行能力
- 最大能力
- 特化

課題遂行能力（competency）：これはFMSによってテストする。スクリーニングにより痛みや機能不全（制限，非対称性）が明らかになれば，動作の課題遂行能力に問題があることになる。別のいい方をすれば，基本的な動作適性に問題があるといえる。適切な課題遂行能力があることは，基礎的動作の質が許容できるレベルであることを示している。

最大能力（capacity）：最大能力は身体能力の標準テストを利用して計測され，その結果を特定の母集団や活動内容の基準値と比較する。フットボール選手はフットボール選手と，ゴルファーはゴルファーと比較する。動作の課題遂行能力があり，基礎的な筋力やパワー，持久力に制限がみられる場合，身体の基礎的な最大能力に問題があることになる。適切な最大能力があることは，許容できる基礎的な動作の量があることを示している。

特化（specialization）：コーチや専門家は，観察や特殊テスト，スキルのドリル，あるいは過去の統計を利用してスキルを評価する。充分な最大能力があるのに，テストや統計によって特定のスキルに制限がみられる場合，特化に問題があることになる。充分に特化されていることは，許容できる特化された動作能力があることを示している。

これは，図を示さずにパフォーマンスピラミッドについて説明する方法である。また，人の動作を生み出す自然な発達過程を理解しているかどうかを知るためにも良い方法である。

注意点がいくつかある。FMSのすべての結果に完璧を求めるようなことはしないようにしなければならない。バランスを重視し，動作の各レベルに足りないものを見つけること。問題が動作の質ではない

こともあるので，最終的な目標は，ウィーケストリンクを明らかにすることである。身体能力の不足やスキル不足，あるいは不充分な特化などが問題を引き起こす。

■ 原則 9

コレクティブエクササイズの処方量は，明確な目標を定めて，能力の限界付近で基準をもう少しで満たせる程度にする。これによって対処可能な範囲でのミスをしながら豊富な感覚体験が得られる。

実際の目標は沈黙の知識，つまり言葉のない，正しい動作の知覚と行動だけである。外科医でもあった Miguel Ruiz は，著書『The Voice of Knowledge』のなかで，身体の沈黙の知識について雄弁かつ明確に考察し，「肝臓は自分が何をすべきか知るために医学部に行く必要はない」と述べている。

Ruiz の言葉は，動作システムにも当てはめることができる。このシステムでは，行動を生み出すために自然と知覚を利用し，知覚を洗練するために自然と行動を用いる。腹筋や横隔膜，骨盤底筋群は，何をすべきか，どのように協調して働くかを知っている。歩き始めの幼児にコアトレーニングを行う必要がないのは，このためである。幼児は好奇心から探索し，コントロール不足のために動作を協調させることが求められる。探索には動作が必要で，探索するために動作に取り組むようになる。

クライアントや患者に動作機能不全がみられたら，それを母なる自然なものと考えて，そのままにすることはできないだろう。なぜならば，クライアントや患者は長い間，その母なる自然に反した取り組みをしてきたからである。彼らを助けるためには，ある行動を止めさせて経験をリセットする必要があるかもしれない。経験をリセットし，修正ストラテジーを展開していかなければならないだろう。

■ 原則 10

セルフリミティングエクササイズを定期的に行うことで，動作の知覚と行動の質が維持され，利便性に浸食された現代の環境のなかでも独自の適応性を保つことができる。

動作の問題が修正されエクササイズを再開する時が，問題を予防する良いチャンスである。セルフリミティングエクササイズをエクササイズプログラムに加えたり，ウォームアップやクールダウンとして行ったりすることで，正しい動作パターンを維持することができる。セルフリミティングエクササイズは難しい課題なので，競技として，また自分との戦いとして行う状況を作り出すことができる。

■ 技術に対する自信とシステムの確実性

ファンクショナルムーブメントシステムを取り入れる場合に，システムに圧倒されないようにする必要がある。システムについて逆に考えてみよう。システムが行うべきことを命じていると考えてはいけない。悪い選択や動作の原則に一致しないものを取り除くものとして考えるようにする。

FMS と SFMA を可能なかぎり練習する必要がある。これらを行っている間は，あまり余計なことを考えないほうがよい。スクリーニングとアセスメントを行うだけである。所見を記録し，それを見直す。情報に目を通し，ウィーケストリンクを見つけられるようにする。

次のように考えてみよう。FMS と SFMA には台本があり，最初の段階では，技術者レベルの役割を果たすほうがよい。データを収集し，適切に記録すること。他のテストが必要な場合には，それを行う。何かを修正しなければならないと思う必要はない。最初は修正のことを気にして自分に負担をかけないようにする。

機会があれば，友人や家族，同僚などに FMS と SFMA を単に行ってみるとよい。それが終わった後で，記録をみてデータをランク付けし，修正の優先順位を考えてみる。動作を修正する必要があれば，データによって示された明確なスターティングポイントが必要である。

修正方法をマスターし，良い結果を得ようとする前に，スターティングポイントに到達する練習が必要となる。一度に 1 つの過程を練習するほうがよい。FMS と SFMA をスムースに行えて，自信と確実性が得られたら，修正のプロセスを始める。

修正に着手する際，負荷レベルを計画しておく。

難度が低いものと高いものを選択肢として用意しておけば，成功したレベルによって難度を入れ替えることが容易になる．

🔷 修正できないものもある

残念ながら，変えられないものを経験することになるだろう．それは構造上の制限のためである．人工関節全置換術，癒合，重度の退行変性などは，変化しない要素によって機能的改善が制限されることになる．

同様に，動作機能不全のなかには中枢神経系に由来した非常に根深いものがあり，これは改善が不可能である．なかには極端なケースもあるが，機能不全を完全に解決できないとしても，少しも変化させられないという意味ではない．

重度の動作問題がある人にとっては，わずかな変化によって生活の質が大きく改善することもある．このようなケースでは，修正ストラテジーは機能向上のためではなく，さらなる機能喪失や構造の変性を進ませないために継続して行う活動として，プログラムの一部になることがある．

驚くべき脳の動作学習機能

大きな前頭葉を持つ種は，幼年期に自由に遊び回ることが多いようである．このように自由に遊び回ることは，他にすることがない大きな新しい脳が単なる思い付きで行っているものではない．それどころか，自由に遊び回ることは重要な発達上の役割がある．遊び回っていることは，無駄な行き当たりばったりの自由なものにみえるが，これらすべてが我々の膨大な皮質マップの神経回路をつなぐのに役立っている．人間には生物学的基準からすれば非常に大きく複雑な前頭葉があり，長期間にわたって遊び回る．我々の脳は体重の2%であるが，エネルギーは全体の20％も消費する．まるで巨大な筋のようである．

簡単にいえば，生後，人間の大きな回路基板は未知の環境に置かれ，それに順応していかなければならない．人間の脳は生物学的ヒエラルキーからすると非常に大きく，複雑なのに比べて，非常に基本的な操作システムを有していると思われる．しかし，これこそが基本的かつ機能的に優れた点である．そこには，たった3つの目的があらかじめ組み込まれているだけである．それは安全であること，満足感があること，できるだけすべてを探索することである．これら3つがすべて満たされれば，脳がそれを引き継ぎ，その時点から脳が自分でプログラムを作り始める．

あらかじめ組み込まれているソフトウェアが多すぎても，あらゆる状況に対して適切に働くとは限らないという自然の英知である．人間はどこで，誰のもとに生まれるかは厳密にはわからないので，あらかじめ組み込まれたプログラムでは，突然現れた特定の集団や環境にうまく順応できないだろう．

探索は，学習と順応にとってきわめて重要である．安全という要素は，学習のために必要なミスが回復不能なダメージや死につながらないようにしてくれる．満足感は，飢えを満たし，身体を暖め，成長を促し続ける．探索は遊んでいるようにみえるが，様々な活動から活動へ，物から物へと漂いながら，素晴らしい失敗をし，すべての感覚を働かせて感覚を豊かにしているのである．

人は何もできない状態で生まれるので，脳はそれほど大きくない．脳が充分に発達した状態で生まれるとしたら，頭部は産道を通過できないほど大きなものになるだろう．実際には，生後2年間で急速に成長し続ける脳を有して生まれるのである．生まれた直後に遊ぶことはないが，すぐに遊び始めるようになる．

遊ぶことで神経回路自体はそれほど大きくはならないが，つながるスピードが速くなる．やがて複数の要素を組み合わせることをやめるようになり，1つのプログラムとして作用し始める．このようにしてパターンが生まれることになる．

パターンは感覚野とともに運動野にも生じ，認識した状況と反応が結合する．結合したパターンを使えば使うほど一連の神経回路にインパルスが多く伝わり，頻繁に使用する回路を覆う絶縁パッドも増加する．頻繁に使用する回路をつなぐケーブルの絶縁体が厚くなるにつれて，インパルスの伝わるスピードが速くなる．この絶縁体は髄鞘と呼ばれ，知覚や

行動の量に従って形成されたり，失われたりする。『The Talent Code』の著者であるDaniel Coyleの言葉を借りれば，髄鞘がより多く形成されることは，ダイヤルアップからブロードバンドに移るようなものである。動作パターンの学習や発達は，旧式のコンピュータが接続しやすくなることと同じであると思われる。

基本的動作パターンの大部分は遊びによって発達するが，通常の幼児が歩き始めるまでに費やす時間を考えてみよう。高いスキルには特定の遊びや練習を多く行い，習熟する必要があるのは明らかであるが，学習自体は同じものである。

学習とは，最も頻繁に行う動作の知覚や行動を即座にアクセスして実行できるパターンとして記憶することである。これには意識下レベルになるものや意識レベルのまま，あるいは意識下と意識の間に留まっているものがあり，いずれの方にも動作パターンを修正することができるようになっている。これらの記憶されたパターンの回路は絶縁されてより速く，効率的になる。こうしてでき上がれば，すべてがうまくいくようになる。

1つだけ問題がある。成長する際に豊富な感覚体験が奪われてしまったらどうなるだろうか？ 学習する大事な時期に怪我や障害を受けたらどうなるだろうか？ 環境が厳しく，安全でなかったらどうだろうか？ 充分な栄養が取れなかったらどうなるだろうか？ 精神的に満たされず，苦しんでいるとしたらどうだろうか？

すべてがうまくいき，素晴らしく発達しても，その後の人生において1つの決まった動作しかしなくなったとしたらどうなるだろうか？ 仕事で不自然な座り方，立ち方，捻り方，あるいは曲げ方をしなければならないとしたらどうだろうか？ 基本的動作パターンをいくつか損なうような，非常に専門化された活動をするとしたらどうなるだろうか？ 自動的に学習するすばらしい脳は，機能不全パターンを生み出し，それを記憶することがありうるだろうか？ 全くその通りである。

動作機能不全を学習する脳

機能を学習する脳は，機能不全も容易に学習してしまう。実際，この話を聞いた後，「練習もしないで基本的動作パターンを維持できる人はどうしているのか？」という疑問を持つかもしれない。

これは非常に良い疑問である。要因をシンプルに説明すると以下のようになる。

- 最良のシナリオとしては，面倒を見てくれる人のおかげで自然に発達し，許容レベルの質を有した基本的パターンがインストールされることである。
- それから，様々な動作体験や活動を楽しむ。
- 怪我をした場合は，単に痛みを軽減させるだけでなく，動作の質を充分に回復させる。
- 基本的動作パターンは日課として行うものではないが，実際には日課として行う動作パターンを構成する一部となっているので，損なわれることはない。
- 日課として行うパターンが問題や代償のない，ほぼ基準に近い状態で機能することで，基本的動作パターンも維持される。
- 最後に，理想的な両親の元に生まれ，機能的動作パターンの優れた遺伝子を受け継いだものもいる。

最後の項目は，意図的に最初には挙げなかった。なぜならば，動作の質の体験に関連する発展的な取り組みを行わない言い訳として，動作が悪いことを必ず遺伝子のせいにするからである。最低限度の動作パターンを維持するために努力が必要な人もいるが，これも人生である。体重を増やさないように頑張る人もいれば，体重を減らさないように努力する人もいる。抵抗エクササイズによって筋が大きくなる人もいれば，どんなに努力しても筋を肥大させることが難しい人もいる。

前述した要因とは対照的に，柔軟性や筋力，持久力を向上させる取り組みを継続してフィットネスの一部を改善しても，基礎的な動作が向上しない場合がある。このような人は，活動の一部にバランス不良や代償などの問題が生じた状態で毎日練習をしており，実際には動作の質を低下させるパターンに関与する髄鞘が形成されてしまう。無意識のうちに自

らが基本的パターンを破壊しているのである。

健康でもスクリーンの結果が悪い場合にみられる問題の多くは，過度の特化である。このような人は，バランスの概念を理解していない。フィットネスの表面的な部分を向上させればすべてを改善できると考え，1つの活動を選んで行っている。

別のケースでは，準備が不充分なまま焦って活動を行うことで代償が唯一の選択肢となり，その代償が身についてしまう人がいる。一方，ケガや病気から充分に回復しない状態で，活動に完全復帰するのが早すぎる人もいる。焦りは禁物である。

最後に，我々は薬剤を使用して痛みの感覚をなくすことで，退行変性や持続的な損傷を警告する微候や信号を無視し，活動を続けることに執着してきた。薬で痛みを覆い隠すことはできるが，動作機能不全を長期間にわたって隠し続けることはできない。だからこそ，スクリーニングは薬によって引き起こされた偽回復症候群に対する効果的な防御策となる。

祖先の知恵

我々の祖先はタフであった。彼らには動作を特化する余裕はなく，身体を使った骨の折れる仕事をし，戦い，危険から逃れる必要があった。彼らは歩き，また走り続けて，その日暮らしの生活を送っていた。食べ物や住まい，安全を確保しなければならなかった彼らは，現代のスクリーニングの基準からすれば，動くことがうまかったと思われる。文明化や特化，近代化によって，動作について最低限の基準さえ満たす必要がなくなった。

数千年にわたって人間は，平和と繁栄の時期に，身体の動作能力を維持しようと努めてきた。また平和でない時には，優雅に年を重ね，安らぎと調和を感じ，強くあるために，日々の儀式を取り入れてきた。そういった儀式（アプローチ）には，総合的で非常に優れたものもあれば，近視眼的で愚かなために短命に終わってしまうものもあったが，各時代に次々と生まれてきた。

それでも我々の祖先は，便利さを求めることが動作能力の低下につながることを理解し，運動が重要であることを認識したうえで，動作を発達させて維持する努力をした。ゲームや競技，運動や身体能力を中心とした儀式や通過儀礼などを考案した。これらは心身のバランスを重視しており，我々の種族や家系，そして我々自身にとって価値のある理想的な身体を象徴するものである。

科学者によると，現存する飛べない鳥類は40種あるが，それぞれに共通した祖先はないといわれている。単に飛ぶことをしなくなったことから，飛べなくなってしまったのである。我々の世代がスクワットを行わない最初の世代にならないことを望むが，スクワットができるか否かを調べなければ修正することもできない。

人間はこれまでも時折道を外れることがあったが，最近になって再び脱線してしまったようである。動作のスクリーニングとアセスメントが正しい基本的動作からの逸脱を計測する物差しとなる。本書は，これらを仕事で使うための基礎を提供しているのである。

専門家が学ぶこと

クライアントや患者に提供する学習の原則は，専門家が学ぶ場合にも適用することができる。専門家には，クライアントや患者に対して，学習するために良好な環境を与えることが期待されている。問題を解決し，より良い状態にするため，また学習がうまく進むようにするためにも，ある程度の融通を利かせながら最適な感覚入力を多く与える必要がある。

同じことが専門家にも当てはまる。本書で紹介した枠組みやルールのすべてが役に立つだろう。これらによって混乱が減り，選択の幅が狭まり，うまくいった時や失敗した時に行ったことを思い起こすことができるようになる。

修正の結果よりも，修正のためにインプットしたもののほうが重要である。結果は，行ったスクリーニングやアセスメント，修正ストラテジーの質を表わしている。目的は修正方法を記憶することではなく，修正ストラテジーを頻繁に行うことによって，脳が理論を学習し始めることである。スクリーニングやアセスメントは，感覚入力や新たな知覚を得るためのスターティングポイントである。枠組みによって修正ストラテジーが得られ，スクリーニングやアセスメントを再度行うことでフィードバックが

得られる。このシステムを円滑に行う方法を学ぶためにも，脳にはこの過程のすべてが必要である。

この過程のすべてを様々な状況で繰り返すことが必要となる。ルールやヒエラルキー，フローチャートのことは忘れてしまうかもしれない。それぞれの状況に対応できるようにするために，裁量の自由や柔軟性のある体系的な練習を行うことが重要である。

◆ 終わりに

乳幼児にあらかじめ組み込まれているプログラムは3つだけであることは既に述べた。安全でありたい，満足したい，遊びたいのである。このような機会が与えられれば，彼らの脳や身体は驚くほど見事に発達する。我々がこのような基本をエクササイズやリハビリテーション，自分自身の生活の中などで練習するには，バランスに気をつけなければならない。

過保護になり過ぎると，ミスから学ぶことができなくなるだろう。すべてを満足させることにこだわり過ぎると，満足を追い求める専門家になってしまう。こうなると，前向きなストレスから何も得られなくなる。まちがった遊びをしたり，特定の極端なことだけを探索したりするならば，正しい動作パターンを維持できなくなり，耐久力も低下するだろう。

動作のスクリーニングやアセスメントを行い，問題を修正する責任は，我々が一手に引き受けられるものである。読者の専門とする仕事に役立つように，多少の良識を交えた科学を示してきた。この技術を読者が発展させなければならない。

この他にも，動作の原則から離れないようにデザインされた方法で，各自ができる最良の方法を発展させること。成功することを確信している。

さあ，始めよう。

下のホームページでさらに詳細な情報，動画，アップデートが入手可能である（英文のみ）。
www.movementbook.com/chapter15

付録 1
関節別アプローチの概念

　安定性が必要な関節と可動性が必要な関節に分けるという考え方を理解するために，関節別アプローチ（joint-by-joint approach）によるトレーニングについて詳しくみてみよう．この考え方をよく知らない人のために，まず Michael Boyle によって書かれた概要を示してから，より詳細な解説を加えていく．

■ 関節別アプローチ

　関節別アプローチの理論について聞いたことがなければ，これを知ることで考え方が飛躍的に進歩するだろう．理学療法士の Gray Cook は，難しい話をシンプルにする才能がある．身体トレーニングの効果について話し合っているなかで，Cook はこれまで聞いた中でも最もわかりやすい考えを示してくれた．

　我々はファンクショナルムーブメントスクリーン（FMS）の所見，身体を関節で分ける必要性，関節機能とトレーニングとの関連性について話し合った．FMS の利点の1つとして，安定性の問題と可動性の問題を区別できることがある．Cook の話を聞いて，将来的にトレーニングは動作をもとにしたアプローチ（movement-based approach）ではなく，関節別アプローチ（joint-by-joint approach）になることを悟った．

　彼の身体に対する分析は非常にわかりやすい．身体とは，彼の考えではまさに関節の積み重ねなのである．各関節やいくつかの関節の集まりは，それぞれ特定の機能を持ち，また陥りやすい機能不全のレベルがある．そのために，各関節にはそれぞれ特定のトレーニングが必要となる．

　この関節別の考え方は実際に1つの形となったが，このようなことは全く想像もしていなかった．誰もが知っている常識となったので，この理論の考案者が Cook と私であることは忘れられてしまったようである．**表 a1-1** から，身体は各関節が下から積み上がっていることがわかる．

　最初に気付いてもらいたいことは，可動性が必要

表 a1-1

関節	主な役割
足関節	可動性（矢状面）
膝関節	安定性
股関節	可動性（多平面）
腰椎	安定性
胸椎	可動性
肩甲骨	安定性
肩関節	可動性

な関節と安定性が必要な関節が交互に並んでいることである．足関節には可動性が必要であり，膝関節には安定性が必要である．さらに上をみると，股関節には可動性が必要なことがわかる．このように，役割の異なる関節が交互に連なって積み上がっている．

　この20年間，トレーニングは身体の各部位に対するアプローチから，動作パターンをトレーニングするという合理的なアプローチへと進んできた．実際，「筋でなく，動作をトレーニングする」というフレーズは，今や使いすぎとも思えるほどになったが，これこそが進歩なのである．優れたコーチやトレーナーは，胸・肩・上腕三頭筋を鍛えるという古いやり方から，プッシュ・プル動作や股関節伸展，膝関節伸展のプログラムを採用するようになった．

　それでも，筋ではなく動作を重視した考え方は，さらに進歩しなければならなかった．外傷・障害は，適切な関節機能よりも，関節機能不全との関連が深い．ある関節に問題があると，その上位や下位の関節に痛みが現れる．

　主な例として腰部があげられる．コアの安定性が必要なことははっきりしており，多くの人が腰痛に苦しんでいることも明らかである．腰痛に関する興味深い理論として，股関節の可動性低下が腰痛の原因であるという新しい考え方がある．

　下位の関節，腰部の場合には股関節であるが，その機能不全が上位の関節に悪影響を及ぼす．いいか

えれば，股関節が動かなければ，代わりに腰椎が動くとういことである．股関節には可動性，腰椎には安定性が求められていることが問題となる．可動性が必要な関節が動かなくなると，安定性が求められる関節が代償的に動くことで安定性が低下し，その結果として痛みが生じる．

この過程はシンプルである

- 足関節の可動性が低下することで，膝関節に痛みが生じる．
- 股関節の可動性が低下することで，腰痛が生じる．
- 胸椎の可動性が低下することで，頸部や肩関節，腰部に痛みが生じる．

身体を関節別にみる場合には，まず足関節から考えるとわかりやすい．

足関節は可動性が求められる部位であるが，この可動性が低下すると，安定性が必要な膝関節が不安定になる．可動性が求められる股関節に可動性低下が生じると，上位の関節に問題が起こる．つまり，安定性が必要とされる腰椎の可動性が増大し，さらに同様の影響が連鎖的に上位の関節に波及していく．

この考えをさらに進めてみよう．ケガや不使用に伴う主な問題は何だろうか．足関節は可動性を失い，膝関節は安定性を失い，股関節は可動性を失う．関節には特有の可動性や安定性が必要であり，これらの関節の不使用や不適切な使用による不動が原因で身体の他の部位に問題を引き起こす可能性があることを，クライアントや患者に教えなければならない．

股関節の可動性の問題，つまり股関節の可動性が低下している場合には，腰痛を訴えることが多い．このようなケースでも股関節の問題を訴えることはないだろう．これが症状のある部位の上位関節や下位関節をみることを勧める理由であり，通常，隣接する関節の可動性を改善させることが治療となる．

関節の機能不全により，足関節の可動性低下と膝関節の痛み，股関節の可動性低下と腰痛，胸椎の可動性低下と頸部痛などの組み合わせが生じる．

足関節の可動性低下により，着地のストレスは上位の膝関節に伝わる．実際，バスケットボール選手における膝蓋大腿関節症候群（patella-femoral syndrome）の発生率は，シューズの剛性，テーピングやブレースの使用量との相関が認められており，これらが直接関連していることがわかる．不安定な足関節を保護することで，高い代償を払うことになってしまう．膝に痛みを訴えるアスリートの多くが，足関節の可動性の問題も一緒に抱えている．これは足関節捻挫後にブレースやテーピングをしている場合に多くみられる．

股関節にはこのルールが当てはまらない．股関節では，可動性低下による腰痛や，不安定性による膝の痛み（筋力低下によって大腿骨が内転・内旋することが原因）など，可動性低下と不安定性の両方が起こる可能性があるからである．

関節に可動性低下と不安定性の両方がどのようにして生じるかは，興味深い問題である．

股関節屈曲と伸展のどちらの筋力が低下しても腰椎が代償的に動く一方，股関節外転の筋力低下，正確には股関節内転を抑制できなくなることで膝関節にストレスが生じる．

腸腰筋の筋力低下や活動低下は，股関節屈曲の代償として腰椎が屈曲するパターンの原因となる．殿筋群の筋力低下や活動低下は，股関節伸展の代償として腰椎が伸展するパターンを引き起こす．

これによって悪循環が助長される．股関節の筋力低下や可動性低下の代償として脊椎が動くことで，股関節の可動性はさらに低下する．股関節の筋力低下が可動性低下につながり，この可動性低下が脊椎の代償動作につながる．多平面での筋力や可動性が求められる関節では，最終的な結果は解決するのが難しい状況になる．

クライアントや患者は，腰椎ではなく股関節から動かすことを学習しなければならない．腰痛やハムストリングスの肉ばなれを発症する人の多くは，股関節や腰椎・骨盤のメカニクスが悪く，結果として股関節がうまく動かないことを，腰椎の屈曲や伸展で補うことになる．

腰椎となるとさらに興味深い．コアの安定性に関する研究で示されたように，腰椎は明らかに安定性が求められる関節の連なりである．

ここ10年間にわたって冒してしまったトレーニングに関する最も重大な間違いは，安定性が必要となる部位の自動的・他動的な関節可動域を積極的に広げようとしたことである。

　腰椎に対する回旋エクササイズの大部分は，間違った方法であった。『Diagnosis and Treatment of Movement Impairment Syndromes』の著者である理学療法士のShirley Sahrmannや，『Mechanical Low Back Pain：Perspectives in Functional Anatomy』の著者であるJames PorterfieldとCarl DeRosaは，腰椎の可動域を増大させることは推奨できず，危険が伴うことを指摘している。胸椎の可動性に関する知識が欠けていたことで，腰椎回旋の可動性を増大させようとしたことが重大な間違いであった。

　胸椎について我々は最低限の知識しか持ち合わせていない。多くの理学療法士が胸椎の可動性を増大させることを推奨したが，そのために特別にデザインされたエクササイズはほとんど行われていないのが現状である。これはまるで「必要なことはわかっているが，やり方がわからない」といっているようなものだ。今後数年で胸椎の可動性を増大させるためのエクササイズが増えることになるだろう。この分野の第一人者であるSahrmannは，胸椎の可動性を向上させて腰椎の可動性は制限することを早くから主張していた。

　肩甲上腕関節は股関節に類似している。肩甲上腕関節には可動性が求められるが，さらに安定性のためのトレーニングも必要となる。片側でのダンベルエクササイズ，バランスボールやBOSUを利用してのプッシュアップエクササイズなどは肩甲上腕関節の安定性が必要なケースである。

　『Ultra-Prevention』の著者であるMark HymanとMark Liponisは，現代人のケガに対する反応の仕方について，シンプルな例えを用いて完璧な説明をしている。我々のケガに対する反応は，火災報知器が突然鳴りだしたのを聞いて，走って電池を取り外しに行くようなものである。痛みは火災報知器のように何らかの問題があることを知らせてくれる。足関節や股関節を調べずに痛みのある膝関節にアイシングを行うことは，火災報知器から電池を取り外すのと同じで，一時的にしか楽にならない。

　（Michael Boyle，『Advances in Functional Training』より許可を得て引用）

付録2
関節別アプローチの詳細

トレーニングに対する関節別アプローチ（joint-by-joint approach）について Michael Boyle と私が話し合った内容は，生理学的現象ではなく思考過程についてであった。これは大きな議論の的となったが，以下のことが重要である。現代人の身体は偏った傾向を示し始めている。活動的な人も，あまり動かない人もいるが，どちらも可動性と安定性に問題のあるグループになり始めているようである。例外もあるが，エクササイズやリハビリテーションにかかわるほど，このような傾向やパターン，問題に多く遭遇することになるだろう。

簡単な概要を以下に示す。

1. 足部は不安定になりやすいため，安定性やモーターコントロールを向上させることが有効である。悪い靴や足部の弱さ，足部を無視したエクササイズを非難することもできるが，足部をより安定させることがポイントである。
2. 足関節は硬くなりやすいため，可動性や柔軟性を向上させることが有効である。一般的な傾向として，特に背屈制限がよくみられる。
3. 膝関節は不安定になりやすいため，安定性やモーターコントロールを向上させることが有効である。この傾向は実際に膝関節が硬くなる傷害や退行変性が発症する前に認められることが多い。
4. 股関節は硬くなりやすいため，可動性や柔軟性を向上させることが有効である。この傾向は特に伸展，内旋，外旋に認められる。
5. 腰椎と仙骨部は不安定になりやすいため，安定性やモーターコントロールを向上させることが有効である。この領域は力学的ストレスが分岐する部分であり，モーターコントロールが低下すると生存本能として全体を硬くするストラテジーに変化してしまうことが多い。
6. 胸椎は硬くなりやすいため，可動性や柔軟性を向上させることが有効である。この領域の構造は支持に働くようにデザインされているが，習慣的な不良姿勢により硬さが助長されてしまう。
7. 中・下位頸椎は不安定になりやすいため，安定性やモーターコントロールを向上させることが有効である。
8. 上位頸椎は硬くなりやすいため，可動性や柔軟性を向上させることが有効である。
9. 肩甲骨は不安定になりやすいため，安定性やモーターコントロールを向上させることが有効である。この問題による肩甲骨の代償動作が肩関節のリハビリテーションにおける主なテーマとなっている。
10. 肩関節は硬くなりやすいため，可動性や柔軟性を向上させることが有効である。

硬さと不安定性が交互に並んでいることに注意が必要である。もちろん，外傷や構造的問題によってこの連鎖は壊されているが，これが一般的によくみられる動作パターンの問題を引き起こす現象である。交互に並んでいることは，問題のある部分の上位と下位の関節を常に評価するという整形外科的検査のルールも示している。足関節や股関節の可動性が制限された状態で，膝関節の安定性が向上することを期待するのは非論理的である。同様に，腰椎と膝関節の安定性を向上させずに，股関節の可動性を向上させれば硬さは再発しないと考えるのは非現実的であろう。常に慢性的な不安定性のほうが，新たに獲得した可動性よりも使いやすい。

Boyle と私がこの関節の作用が交互に積み重なっていることについて最初に話し合った際，彼はこの話題を発展させてエクササイズプログラムをデザインするためのより包括的なアプローチについて議論した。

可動性と安定性の絶対的原則といえるほどのものではないが，関節別アプローチのポイントは以下のとおりである。足関節の可動性を向上させる。膝関節の安定性を向上させる。股関節の可動性を向上さ

せる。腰部の安定性を向上させる。時々，足関節の過可動性や股関節の不安定性が認められることもあるだろう。我々は身体で動きが求められる部位とコントロールが必要な部位を示すために，可動性と安定性という言葉を使用する。大事なポイントは，問題のある部位の上下にある関節を調べる系統的なアプローチを用いることである。

この話題が有名になった後に受けた取材の中で話した関節別アプローチについての内容の多くを，本書に転載した。

足関節について話す場合，足関節そのものや回外，回内，背屈，底屈に作用する筋，その他すべてのスタビライザーについて話している。関節だけではなく，その複合体について話しているのである。膝関節や股関節も同様であり，また腰部や胸椎，その上位についても同じことがいえる。

膝関節や腰部の安定化エクササイズを行う場合に，膝関節周囲や体幹周囲の筋をトレーニングする古典的な運動学的アプローチを用いてしまうと，大抵失敗することになる。膝関節をトレーニングする際に足関節と股関節は必要な働きをしてくれると考えてしまうが，そのようなことはほとんど起こらないのである。

腰部の安定化エクササイズについても同じことがいえる。現在，腰椎の安定性について研究している人の中には，収縮させたい筋やエクササイズで着目してもらいたい筋を取り上げている人がみられる。安定性の研究や提言について異論はない。ただ，コアの安定性について話をする前に，その資格があることを証明してほしいと思う。安定性についてのそのような意見は，股関節や胸椎など，その可動性の低下がコアの安定性を低下させうる部位について，除外する方法を知っていることが前提となっている。これらの部位は，安定性の低下や代償動作の潜在的な原因として考えるべきである。

股関節や胸椎に可動性低下がある状態で得た腰椎の安定性は偽物なので，論理的にはこれらの部位の可動性を確認する必要がある。サイドプランクができるくらい充分な安定性や筋力を得たとしても，自然な環境で本当に安定させることができるわけではない。関節別アプローチの中心となるポイントは，我々が取り組んでいると考えていることに本当に取り組んでいるかどうかを確かめることである。大抵，我々は上位や下位に潜む問題を考慮せずに，膝関節が不安定だとか，足関節や胸椎が硬いなどと思い込んでいる。

腰椎が硬くなる理由は何だろうか？　安定性が低下している部位が他にあると思われる。しばしば必要とされるコアの安定性が低下していると胸椎は硬くなるが，この逆の場合もある。胸椎があまりにも硬くなると，コアの安定性が低下するだろう。このように，どちらにも作用する可能性がある。どちらが先かという問題ではなく，両方とも見つけなければならず，さもなければどちらにも対処できなくなる。

関節別アプローチの議論から得られるのは以下のことである。すべてが理想的にはどうあるべきかを覚えようとするよりも，次のような質問を自分に投げかけてみるとよい。

- この部位の可動性もしくは安定性をトレーニングする準備ができているか？
- この部位の可動性を向上させたいのか，あるいは安定性を高めたいのか？
- 問題のある部位に悪影響を及ぼす可能性のある上位や下位の関節を本当に除外したか？

各関節を再検討してみる

私は足部から話し始めることが多いが，足部に関してはTodd WrightとGary Grayに譲ろう。彼らは足部に関して素晴しい観点から考察してくれる。多くの人がトップダウンかボトムアップのどちらで考えるか議論したがるが，私はどちらでもない。問題はいずれの方向からも生じる可能性があり，どちらからでも修正することができる。重要なことは，何をみているかである。

以下に例を挙げてみよう。

例えば，FMSのアクティブ・ストレートレッグレイズ，ショルダーモビリティリーチング，トランクスタビリティプッシュアップ，ローターリースタビリティのパターンは良好であったが，立位で行うディープスクワット，ハードルステップ，インライ

ンランジのスコアが悪かったとする。この場合，足部について考える必要がある。足部が関与するテスト以外はうまくいっていたからである。これは足部の問題を示しているのではなく，足部が接地した時の知覚や行動に問題があることを示している。

脳とその情報経路は，双方向で機能する。ヒトは単に手や足に神経を通して情報を送っているだけではなく，手や足からも情報を受け取っているのである。

足部が不安定で地面をしっかり捉えられなければ，正常な筋活動ができないだけでなく，正しい感覚情報も受けとれないだろう。繰り返しになるが，足部と脳との間に何らかの可動性や安定性の低下があれば，それはまるで水がどこにあるかの情報もない2本のホースをよりどころにするようなものである。情報経路は双方とも壊れている。上行，下行ともである。

足部はアライメントに関する間違った情報を収集してしまうので，もはや感覚器ではなくなっている。足関節が硬いために足部を過度に回内させるようになっているのかもしれず，あるいは膝関節が不安定なために足部は常に屈筋群を過剰に活動させているのかもしれない。

これらの問題を解決しなければならない別の理由としては，足部は単に下行する運動路であるだけでなく，上行する感覚路であることが挙げられる。脳は問題があることをわかっているので，足部はできるだけ感覚をつかむために，平らであり続けようとする。より多くの情報を収集して役立てようとしている。プッシュ・プル動作で肩関節の位置が悪ければ，本来の方法とは異なるグリップで行うことになるだろう。

足部の話に戻ろう。足部は動的な安定性を必要とするが，本来は動きやすく作られている。足部にどれだけ多くの骨や関節があるかをみればわかるだろう。関節症がなければ，足部のあらゆる部位に動きが生じる。足部の筋には安定性を担う役割があり，これが多くの内在筋を持つ理由である。内在筋とは，足部や足部のアーチ内に存在する筋である。

次に足関節について考えてみる。足関節は骨性に安定した関節である。過剰に背屈や底屈をする人はあまりみられないが，内反や外反方向への捻挫がみられることから，足関節は安定性のトレーニングをしなければならないと考えてしまう。

足関節捻挫の患者では，接触や足を踏んだことによる外傷でない限り，背屈が制限されていることが多い。膝関節に問題（MCL，ACLのいずれでも）がある人にも，背屈制限は非常に多くみられる。

大腿部が床と平行になるまでスクワットができるならば，最終肢位で足関節背屈が10°制限されていても大きな問題でないと考えて対処しないことが多い。足部は安定しているべきだが，それは硬くなるべきだということではない。足部は可動性があり，同時に接地や離地の際には瞬時に安定し，大きな可動域を得るためにも緊張のない状態が望ましい。

足部は様々に適応しなければならないが，瞬時に安定できなければいけない。足関節は運動に関し，自由でなければならない。足関節に制限があってはならないのである。足関節にも安定性は必要であるが，主な問題の1つは背屈制限である。原因は，靴やトレーニング方法などのすべてである。足関節周囲に付着する筋は，大きなてこ作用と筋力を有するが，その潜在的な筋力やパワーを用いた最善で総合的な機能は可動性によってもたらされる。

足部には本来の反射的な安定性が必要となる。底屈と背屈には可動性に問題のない足関節が必要なのである。

膝は単純な蝶番関節である。その運動は屈曲と伸展が主であり，過度に回旋したり内・外反すると問題があると考えられる。膝関節に可動性は必要であるが，それが得られれば，動作中に適切な平面内に留まり，機能的な特性が発揮できる実用的な安定性が必要になる。

回旋の動きがある関節は，足関節と股関節である。足関節は単なる蝶番関節ではなく，股関節も一平面上でだけ動くわけではない。膝はまさに蝶番関節である。膝関節に求められることは，可動性を獲得したら安定性が必要になるということである。

股関節の一般的な問題は，本来の完全な可動性を失うことである。

● 足部でよくある問題：安定性の低下

- ●足関節でよくある問題：可動性の低下
- ●膝関節でよくある問題：安定性の低下
- ●股関節でよくある問題：可動性の低下
- ●腰部でよくある問題：安定性の低下

　これらは絶対的原則ではないが，外傷や悪いトレーニング方法，片側に偏ったトレーニング，平面的なトレーニング，トレーニングの過不足などがある時に共通する傾向なのである。身体が行き着く共通の問題であるが，絶対的なものではない。

　肋骨と脊椎，胸郭の前後に走行する筋や筋膜により，胸椎は硬くなる。もともと大きな可動性のある部位ではないが，動く範囲の可動性はすべて必要である。しかし，硬さは単に取り除けばよいというものではなく，硬くなるには理由がある。幼少期には非常によく動く生物学的メカニズムが，悪いメカニクスを長期間繰り返すことや外傷によって硬さが生じる。身体は正しい安定性が得られない場合，安定性を得るために他の方法を見つけることになる。これが「スティフネス」と呼ばれるものである。

　ハムストリングスや胸椎に硬さを見つけた場合，フォームローラーを利用すれば可動性を改善できるが，次の日には戻ってしまうだろう。他の部位でも安定性を再インストールせずに可動性を改善しようとしても効果は長続きしない。ハムストリングスは理由があって硬くなり，胸椎も理由があって硬くなっているのである。

　また，新たに得た可動範囲での反射的な筋の働きやモーターコントロールを回復させなければ，問題を抱えたままになるだろう。通常，股関節の伸展が不充分な人には，ハムストリングスに硬さがみられる。そのような人は殿筋をうまく働かせることができず，代わりにハムストリングスが働くことになる。ハムストリングスは過剰に働き，そして疲労する。疲労した筋と硬い筋はよく似ているが，これは保護的に働いているだけである。

　胸椎における可動性の問題は，可動域全体を通じた体幹の安定性や筋力が不充分な人に多く生じる。サイドプランクやフロントプランクが1時間できても，ゴルフスイングで肩を回転させる時に体幹をしっかりと安定させられないような人の胸椎は硬くなっているだろう。これは保護の結果としてスティフネスが生じたと思われる。胸椎を伸ばして動かす必要がある。

　肩甲胸郭複合体では，肩甲骨が軸骨格（胸郭や脊椎）と骨性に連結するのは胸鎖関節だけある。この部位では鎖骨の上端と胸骨が連結している。肩甲帯とそれ以外の身体部位は，鎖骨の両端にある肩鎖関節と胸鎖関節でつながっている。しかし，不安定な肩甲骨は胸郭上で浮遊しており，示指の指節間関節と変わらない大きさの2つの関節と筋によって位置が決まってくる。

　このような肩甲胸郭部には安定性が求められる。これは，最初に僧帽筋上部線維のトリガーポイントを取り除かなくてもよいという意味ではない。しばしば肩甲骨はよくないポジションに留まっており，それを安定していると思いがちだが，これは可動性がないだけである。あるべきところで安定しているという意味ではない。肩甲骨の安定性を高める目的でゆるめることがある。上背部に対するフォームローラーや，小さいボールを腋窩に当てた状態で上肢を伸ばして大円筋のストレッチングを行って肩甲骨をリセットする。その後に正しい安定性のトレーニングを行うが，これを行うのは可動性が許容範囲にあるときだけである。

　繰り返すが，僧帽筋が硬くなっている場合には，可動性に取り組む必要があり，安定性を向上させるのは最後に必要なことである。肩甲骨が本来の位置に戻っても，肩甲骨が安定しているかどうかを確認したければ，デッドリフトを観察し，動作中に肩甲骨の位置を保持できるかをみる必要がある。保持できなければ，安定性がないことになる。デッドリフトでは肩甲骨間が広がり，プランクやプッシュアップでは肩甲骨間が近づく。安定した肩は，どちらの状況にも対処できなければならない。

　肩甲上腕関節には可動性が求められる。しかし，肩関節を脱臼した人についても考えてみよう。脱臼をみたことがあれば，どんな人にも肩甲上腕関節には安定性が必要だと考えるかもしれないが，実際に様々な患者の肩甲上腕関節の可動域を測定すれば，違った印象を持つことになるだろう。

　これまでの肩関節に対するトレーニングでは，回

旋筋腱板を強化することに取り組んできた。それから我々の理解が進み，肩関節には安定した基盤が必要であることがわかった。この基盤とは肩甲骨であった。

胸椎が硬い場合に，どうすれば肩甲骨を安定させられるだろうか？　肩をうまく回せない時，肩甲骨は動きすぎたり，誤った動きをしたりするだろう。私はこのような動きをしているゴルファーを大勢みてきた。彼らは回旋させるために必要な胸椎の可動性を有しておらず，そのためゴルフスイングで肩を充分に回転させようとして，一方の肩を引き，他方を前に出して脊椎を回旋させようとする。実際には脊椎は回旋していないのである。彼らは両肩を不安定にしているだけであり，そうすることでクラブとの関連性が悪くなり，うまくボールに当てることができなくなっている。

肩甲上腕関節の次に胸椎へと戻り，次に上方にある頸部の第7～第2頸椎に移る。この部位には安定性がより必要となる人が多い。このような人には頸椎前弯の回復と良好な安定性が必要である。

コンピュータ世代，自動車世代の多くは，後頭下の領域である頭蓋底から第2頸椎の部分が硬くなっている。これが口を閉じたまま顎を胸につけられなかったり，頸部を使わなければ45°の回旋がほとんどできなかったりする理由である。不良姿勢の習慣や緊張から，後頭下の領域が非常に硬くなっている。中位頸椎を過剰に使うことになり，ここは退行変性が多くみられる部位である。

脊椎の中で最も退行変性がみられる場所は，中位頸椎と腰部であり，より安定性が求められる部位である。この領域に変性が生じることで硬くなってしまう。身体がスティフネスによって不安定性を抑えようとしていることを，多くの人が理解していない。

変性は膝関節によくみられる。股関節や足関節には変性が生じないということではないが，膝関節では変性の度合いが強いようである。おそらく膝関節は，安定性，アライメントなどすべてをもっとよい状態で使うことができるはずの領域である。

このまま肘関節や手部まで続けられるが，この領域では外傷を考慮するので複雑になる。肘関節も単なる1つの関節ではなく，多くのことが起こっている。手部に対する手技で私がいつも最初に行うことの1つは，手関節の背屈と掌屈の制限をなくすことである。背屈と掌屈に制限があると，肘関節から肩関節，肩甲骨，胸椎，頸部へと上方に連なるメカニクスが損なわれてしまう。

DVD『Secrets of the Shoulder』の中で，Brett Jones と私は手を司る脳のニューロン全体について話し合った。手のニューロンは，腕全体や肩甲骨，同側の下肢などを司るニューロンを凌駕する。

手の効果的な制御を司る，非常に大きな脳の領域がある。手部に制限や代償，問題があれば，全身を捻るようにして適応することになるだろう。

感覚情報は非常に重要である。足部と手部の情報はとても重要であるために，身体の他の部分を犠牲にすることになる。これはグリップ，ストライドやステップ，足の接地，視界の相互作用などにより，全体像をうまく捉えることを確実にするためである。

関節別アプローチの考え方の目的は，普遍性を理解することである。可動性は安定性の上に成り立ち，逆もまた然りである。その例は，修正しようとして調べている領域の上位と下位の部分も考慮するということである。つまり，奇妙な感じではあるが，関節別アプローチはFMS以外の動作パターン全体を評価するもう1つのシンプルな方法なのである。

関節別アプローチを理解すれば，今後はFMSを使わないと決めても，別に構わない。FMSは単なるツールである。これらの視点が得られたなら，FMSを使わなくても構わない。そうはいうものの，このツールは重要な基準となり，主観から我々を守ってくれるものである。医師は骨折を見分けることに優れているが，それでも医師がX線を撮ることは理解できる。

X線がなくても骨折を把握するのはとても簡単で，85％の正確性がある。長期にわたってスポーツ医学にかかわってきた人なら，関節の捻挫や骨折を見分けることができるだろうが，常にX線撮影を望むだろう。

ヒトの動きに関して良い見方ができても，私は基準に立ち戻りたい。何らかの動作の改善が得られれば，その改善が主観的な情報であることを望まないからである。関節別アプローチの見方に従っている

ことがわかるように，何かを示したいのである。

コアの安定性に注目している人を多くみかけるが，このような人はサイドプランクなどのコアエクササイズを行う。コアの安定性は向上するので，このことについて議論するつもりはない。しかし，僧帽筋上部線維に力が入り，頸部のアライメントが崩れ，股関節はサイドプランクを行う前よりも動かなくなる。サイドプランクはコアを刺激したが，股関節の動きは改善せず，肩と首に無理な力が加わるようになる。

これは一体何なのだろう？ 1歩進んで，2歩下がっているではないか。これが，基礎運動学的アプローチによる問題点である。動作に問題があれば，それを修正したい。その領域の主動筋を調べて，求心性収縮によるエクササイズを行い，目標を達成したと考える。しかし，それは間違いである。

率直にいえば，リハビリテーションにはやり残したことが多くあるので，ストレングスやコンディショニングの専門家を非難することはできない。将来的な傷害の1番の危険因子は，傷害の既往である。このことは，患者がよくなったといえば，悪いところがなくなったとして治療を終了してしまう理学療法士やアスレティックトレーナー，カイロプラクターが大勢いることを意味する。

NFL選手がプレーするのを医師が許可すれば，ストレングスコーチは医学的な問題は解決したと思うだろう。しかし，ケガがよくなることと，NFLでプレーする準備ができていることとは，別の問題である。FMSや他の機能的検査によってリスク因子が明らかになるので，優秀なストレングスコーチは常にそのリスク因子があるかを確認する。しかし，その選手のランジ動作が非対称でも，痛みがなければ誰も問題にしないだろう。筋骨格系領域の専門家である我々が，よくなったと感じている患者の動作が悪いまま治療を終了してしまっている。このような患者をストレングスコーチやパーソナルトレーナー，ヨガのインストラクターの元に送り返しているのである。

リハビリテーションで解決すべき問題，あるいは少なくとも予測すべき将来的な問題に，今やフィットネス産業全体が取り組むようになってしまった。これは，臨床家がこれまでとは違った内容の話をする必要があることを示している。

「これ以上の治療に対して保険は支払われないでしょう。腰痛がなくなり，あなたは状態がよくなったと感じているが，スクワットがうまくできません。左側のランジ動作は良いのですが，右側のランジ動作は非常に不安定です。この状態を理解できるトレーナーを紹介したいのですが，これをするかはあなた次第です。」

「ランジパターンが対称的になり，スクワットパターンも大丈夫です。体重を減らすためにスポーツジムに行きたいと思うのはわかりますが，運動の量を増やす前にもっとうまく動けるようにする必要があります。健康を取り戻して，春にはゴルフに行きたいのはわかります。でも，この方法が目標を達成する1番の近道なのです。」

動作トレーニングのワークショップで，私はこのようなことを話す。傷害の1番のリスク因子は，傷害の既往である。これは傷害を治療する臨床家全員に対する侮辱である。なぜならば，臨床家がリスク因子を残したままにしていることを意味するからである。これらすべての問題を我々が治す必要があるわけではないが，専門家同士のネットワークを利用して，患者に選択肢を与えることはできる。

玉ねぎの皮をむくときのリスク因子は何だろうか。筋力や柔軟性ではない。左右の非対称性である。可動性や安定性の非対称性ではない。動作の非対称性である。

問題を分類し，その原因を見つけるようにする必要がある。足関節の背屈制限や脊柱の悪いメカニクスなど，問題となるものすべてである。問題を修正し，動作パターンを再検査する。動作パターンが変わっていなかったら，修正できたと思っても修正されていなかったのである。調整しながら修正ストラテジーを続ける。動作パターンが改善すれば，仕事が成功したことになる。

モーターコントロール

モーターコントロールは，空間や可動域を通じてバランスをとり，動くための能力である。これは安定性とも呼ばれるが，我々はこれをモーターコント

ロールと呼ぶ。これは筋力ではなく，単に片足で立ってバランスをとれるか，コントロールしながら深くスクワットできるか，バランスを失うことなく狭いスタンスでランジができるか，ということである。

　非対称性とモーターコントロールは，リハビリテーションが取り組んでいない2つの基本事項である。フィットネスやコンディショニング業界全体に，我々が犯した誤りから学んでほしいと思う。患者がよい状態だと感じているからといって，傷害のリスクがないわけではなく，またエクササイズプログラムが台無しにならないということではない。これはエクササイズプログラムが悪いからではなく，非対称性とモーターコントロールの問題を解決しないまま動こうとしてしまうからである。

　関節別アプローチは，急場しのぎの手段として基礎運動学を用いる入門レベルの考えを過去のものにしてくれる，優れたテンプレートである。このアプローチによって問題のある部位の上位と下位の関節を考慮するようになるが，別の方法を用いたい場合には全体の動作パターンを調べるのがよいだろう。

　動作のメカニクスを理解したとしても，依然としてほとんど取り組まれていない行動の本質が動作なのである。トレーニングやファンクショナルトレーニングの指導を行っている時，実際には動作を変えることや動作のコンディショニング，動作のトレーニングに取り組んでいるのである。関節別アプローチを深く理解しようとするならば，問題があると思っている部位ばかりに注目しないようにすることが重要である。

　問題のある部位の上位と下位にあるすべての関節の状態を除外するまでは，単一の問題とはいえないことを理解すべきである。

付録 3
SFMA スコアシートとフローチャート

　我々はSFMAを行う際に役立つカラーシステムを考案した。このシステムでは信号機と同じ色—レッド，イエロー，グリーンをトップティアーテストで使用する。また，ブレイクアウトテストではブルーとオレンジも使用する。カラーはあくまでもガイドであり，DN（機能不全，痛みなし）の優先順位と重症度が最終的にコレクティブエクササイズの方向性を決定する。

スコアシート

■ トップティアー・スコアシート，トップティアー・スコアシート（カラー）

　六角形とレッドは「止まれ」，逆三角形とイエローは「注意してブレイクアウトに進め」，円形とグリーンは「ブレイクアウトに進め」を意味している。

■ ブレイクアウト・スコアシート

　ブレイクアウトスコアシートでは，所見を記録するために図形を利用する。フローチャートを参照しながら，ブレイクアウトの意思決定における指針としてSFMAの優先順位を注意深く検討する。

フローチャート

■ トップティアー

レッドは「止まれ」を意味する：ブレイクアウトに進む必要はない。これらのパターンは機能的で痛みがないので，これ以上分類しても重要な制限ではない不完全性が露呈するだけである。

イエローは「注意して進め」を意味する：ブレイクアウトに進んでこれらのパターンを分類する必要があるが，痛みが伴うために注意して行う。これらを分類した際の所見を治療効果の指標として利用し，頻繁に再テストを行うようにする。

グリーンは「進め」を意味する：ブレイクアウトに進んで，これらのパターンを分類する。

■ ブレイクアウト

レッドは「分類を止め，医学的治療へ進め」を意味する：痛みのあるパターンを記録し，フローチャートで次に行うことを指示された場合にのみ分類を続ける。すべてのレッドボックスの所見に対しては，エクササイズではなく医学的な治療を行う。

イエローは「分類を進める」を意味する：治療を始める前に追加情報を集めるためにテストを続ける必要がある。

グリーンは「進め」を意味する：機能不全の原因に関する答えが出たので，必要に応じて適切な治療やエクササイズを始めるようにする。

オレンジは「重要な所見」を意味する：グリーンと類似しているが，この場合には分類を中止してはいけない。他にも機能不全があるかもしれないので，問題を記録して分類を継続する。グリーンと同様に問題を改善するための治療を行う。

ブルーは「正常な所見」を意味する：他のフローチャートやブレイクアウトへと進むが，これまでの所見にも左右される。機能不全が認められる場合にはオレンジやグリーンのように問題に対する治療を行う。

付録 3．SFMA スコアシートとフローチャート **319**

SFMAトップティアー・スコアシート

サービカルスパイン　パターン1

| FN | FP | DP | DN |

サービカルスパイン　パターン2

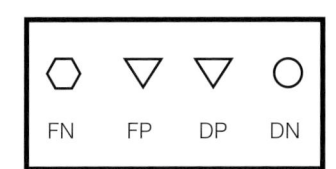

| FN | FP | DP | DN |

サービカルスパイン　パターン3

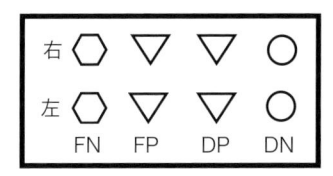

右 | FN | FP | DP | DN
左 | FN | FP | DP | DN

アッパーエクストレミティ　パターン1

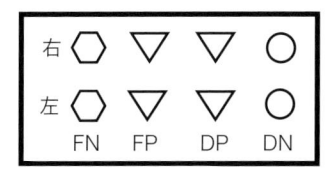

右 | FN | FP | DP | DN
左 | FN | FP | DP | DN

アッパーエクストレミティ　パターン2

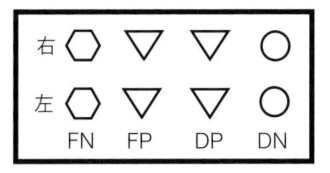

右 | FN | FP | DP | DN
左 | FN | FP | DP | DN

マルチセグメンタルフレクション

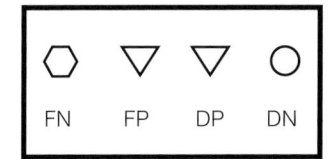

| FN | FP | DP | DN |

マルチセグメンタルエクステンション

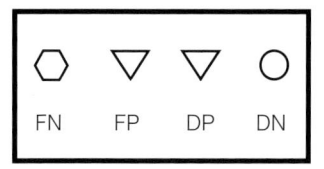

| FN | FP | DP | DN |

マルチセグメンタルローテーション

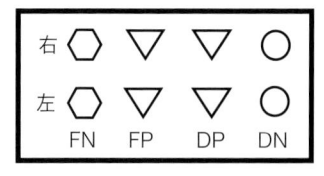

右 | FN | FP | DP | DN
左 | FN | FP | DP | DN

シングルレッグスタンス

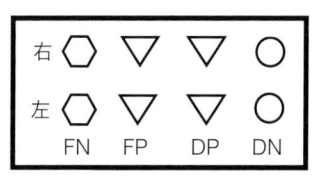

右 | FN | FP | DP | DN
左 | FN | FP | DP | DN

オーバーヘッドディープスクワット

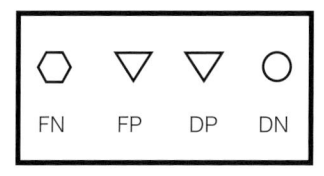

| FN | FP | DP | DN |

アッパーエクストレミティ・ペインプロボケーションテスト
　パターン1

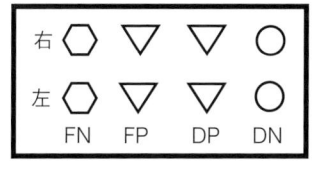

右 | FN | FP | DP | DN
左 | FN | FP | DP | DN

パターン2

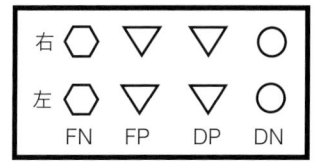

右 | FN | FP | DP | DN
左 | FN | FP | DP | DN

SFMAブレイクアウト・スコアシート

サービカルスパイン・ブレイクアウト

アクティブ・スーパイン・サービカルフレクション

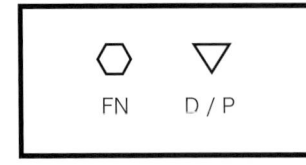

FN　D/P

パッシブ・スーパイン・サービカルフレクション

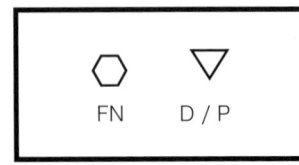

FN　D/P

アクティブ・スーパイン・OA サービカルフレクション

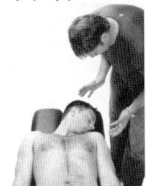

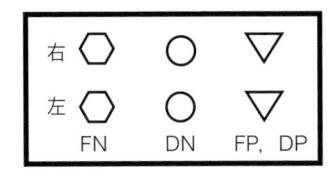

右
左
FN　DN　FP, DP

アクティブ・スーパイン・サービカルローテーション

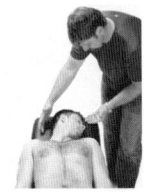

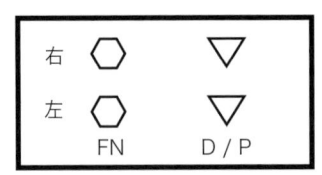

右
左
FN　D/P

パッシブ・サービカルローテーション

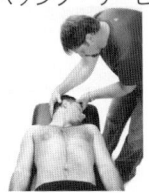

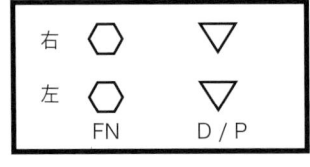

右
左
FN　D/P

C1-C2 サービカルローテーション

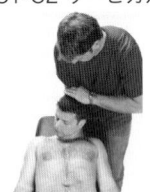

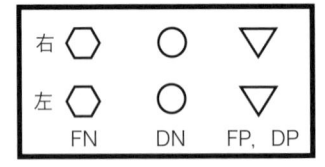

右
左
FN　DN　FP, DP

スーパイン・サービカルエクステンション

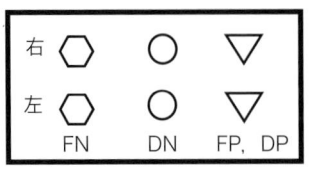

右
左
FN　DN　FP, DP

アッパーエクストレミティ・ブレイクアウト

アクティブ・プローン・アッパーエクストレミティ

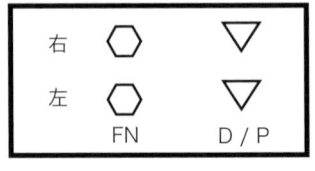

右
左
FN　D/P

パッシブ・プローン・アッパーエクストレミティ

右
左
FN　DN　FP, DP

スーパイン・レシプロカル・アッパーエクストレミティ

右
左
FN　DN　FP, DP

付録3. SFMA スコアシートとフローチャート **321**

マルチセグメンタルフレクション・ブレイクアウト

シングルレッグ・フォワードベンド

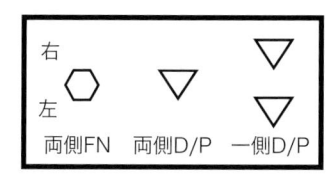

右 ⬡　▽　▽
左
両側FN　両側D/P　一側D/P

ロングシッティング・トウタッチ

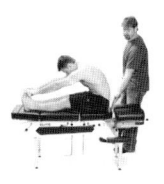

⬡　▽　▽　▽
FN　D/P　D/P　D/P
タッチ可　タッチ不可　タッチ可　タッチ不可
仙骨角正常　仙骨角正常　仙骨角制限　仙骨角制限

ローリング　FN___DN___DP___FP___

アクティブ・ストレートレッグレイズ

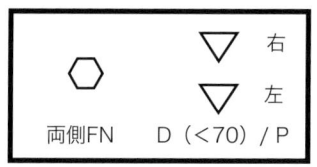

⬡　▽　右
　　▽　左
両側FN　D（＜70）/P

パッシブ・ストレートレッグレイズ

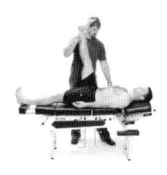

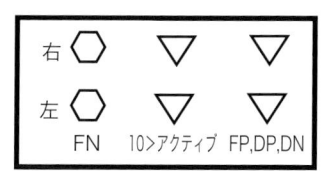

右 ⬡　▽　▽
左 ⬡　▽　▽
FN　10＞アクティブ　FP,DP,DN

ローリング　FN___DN___DP___FP___

プローン・ロッキング

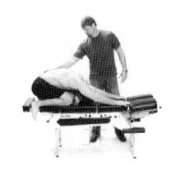

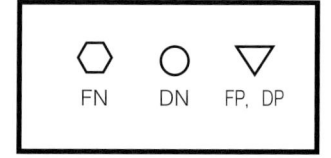

⬡　○　▽
FN　DN　FP, DP

スーパイン・ニートゥチェスト・ホールディングタイズ

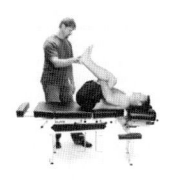

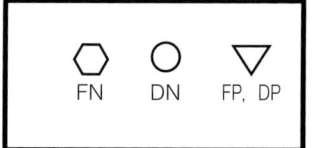

⬡　○　▽
FN　DN　FP, DP

マルチセグメンタルエクステンション・ブレイクアウト

バックワードベンド・ウィザウト・アッパーエクストレミティ

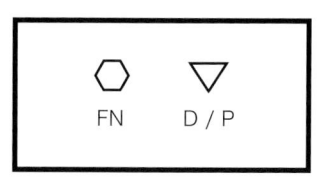

⬡　▽
FN　D/P

シングルレッグ・バックワードベンド

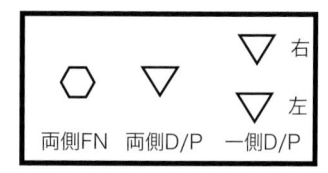

⬡　▽　▽ 右
　　　　▽ 左
両側FN　両側D/P　一側D/P

プローン・プレスアップ

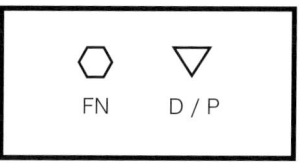

⬡　▽
FN　D/P

ランバーロックト(IR)アクティブ・ローテーション/エクステンション

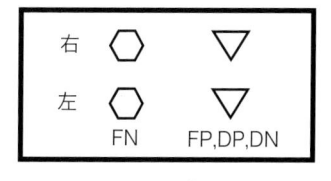

右 ⬡　▽
左 ⬡　▽
FN　FP,DP,DN

ランバーロックト(IR)パッシブ・ローテーション/エクステンション

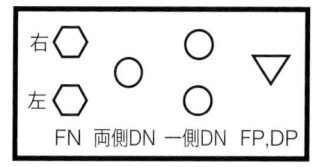

右 ⬡　○　○　▽
左 ⬡　○　○
FN　両側DN　一側DN　FP,DP

プローンオンエルボー・ローテーション/エクステンション

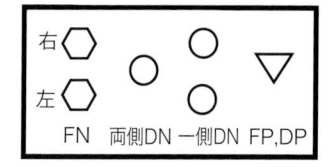

右 ⬡　○　○　▽
左 ⬡　○　○
FN　両側DN　一側DN　FP,DP

322 ムーブメント

スタンディング・ヒップエクステンション

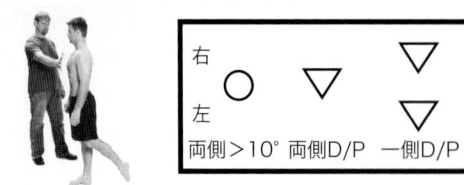

右	○	▽	▽
左			▽

両側>10° 両側D/P 一側D/P

プローン・アクティブ・ヒップエクステンション

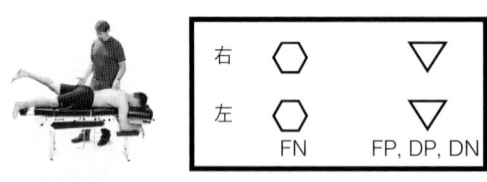

右	⬡	▽
左	⬡	▽
	FN	FP, DP, DN

プローン・パッシブ・ヒップエクステンション

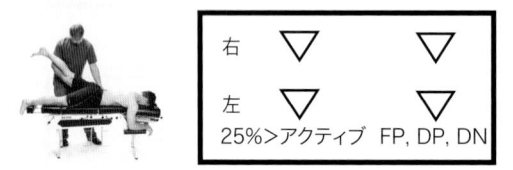

右	▽	▽
左	▽	▽
	25%>アクティブ	FP, DP, DN

ローリング FN___ DN___ DP___ FP___

FABERテスト

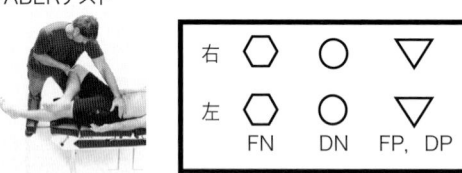

右	⬡	○	▽
左	⬡	○	▽
	FN	DN	FP, DP

修正トーマステスト

右	○	○	○	⬡	▽
左	○	○	○	⬡	▽

膝伸展 股外転 不可 股外転と FN DP/FP
で可 で可   膝伸展で可

ユニラテラルショルダーバックワードベンド

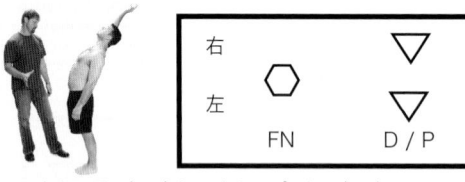

右	⬡	▽
左	⬡	▽
	FN	D/P

スーパイン・ラットストレッチ・ヒップフレックスト

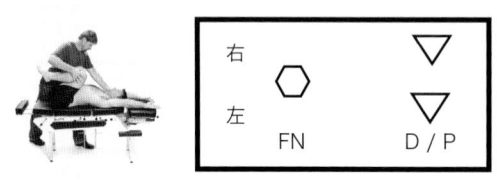

右	⬡	▽
左	⬡	▽
	FN	D/P

ローリング FN___ DN___ DP___ FP___

スーパイン・ラットストレッチ・ヒップエクステンデッド

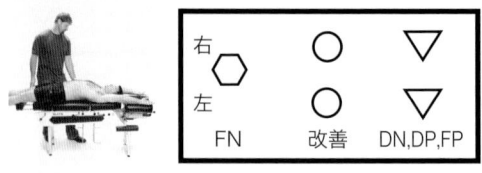

右	⬡	○	▽
左	⬡	○	▽
	FN	改善	DN, DP, FP

ランバーロックト(ER)ローテーション/エクステンション

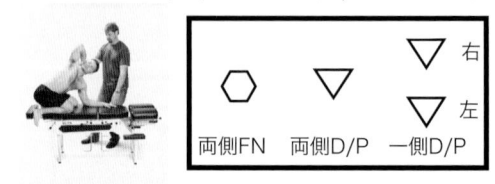

右	⬡	▽	▽
左	⬡	▽	▽
	両側FN	両側D/P	一側D/P

ランバーロックト(IR)アクティブ・ローテーション/エクステンション

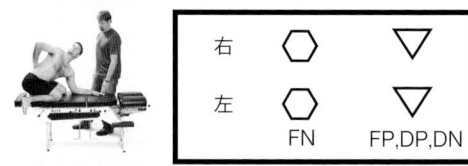

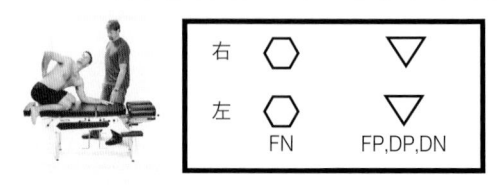

右	⬡	▽
左	⬡	▽
	FN	FP, DP, DN

ランバーロックト(IR)パッシブ・ローテーション/エクステンション

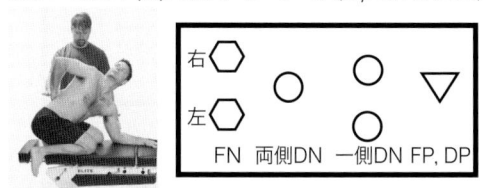

右	⬡	○	▽
左	⬡	○	▽
	FN	両側DN	一側DN FP, DP

マルチセグメンタルローテーション・ブレイクアウト

シーテッド・ローテーション

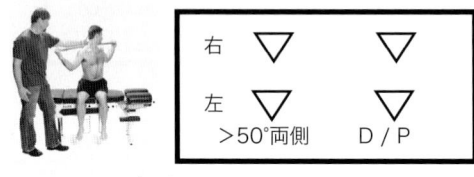

右	▽	▽
左	▽	▽
	>50°両側	D/P

ランバーロックト(ER)・ローテーション/エクステンション

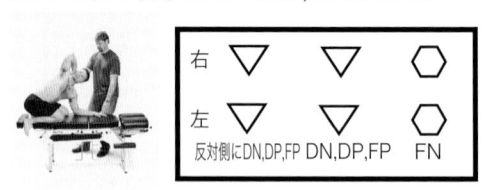

右	▽	▽	⬡
左	▽	▽	⬡
	反対側にDN,DP,FP	DN,DP,FP	FN

ランバーロックト(IR)アクティブ・ローテーション/エクステンション

右	⬡	▽
左	⬡	▽
	FN	FP, DP, DN

ローリング FN___ DN___ DP___ FP___

付録3．SFMA スコアシートとフローチャート **323**

ランバーロック（IR）・パッシブ・ローテーション/エクステンション

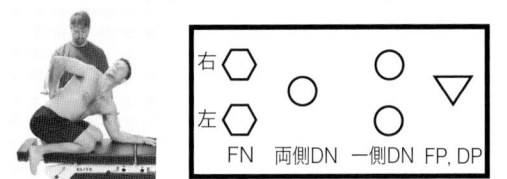

右 ⬡ 〇 〇 ▽
左 ⬡ 〇 〇 ▽
　　FN　両側DN　一側DN　FP, DP

プローンオンエルボー・ローテーション/エクステンション

▽ 〇 ⬡ ▽ 右
▽ 〇 ⬡ ▽ 左
一側DN 両側DN FN FP, DP

ローリング　FN___DN___DP___FP___

シーテッド・アクティブ・エクスターナルヒップローテーション

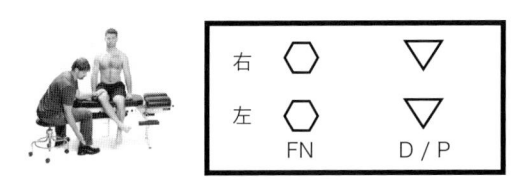

右 ⬡ ▽
左 ⬡ ▽
　FN　D / P

シーテッド・パッシブ・エクスターナルヒップローテーション

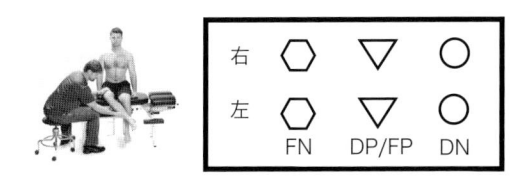

右 ⬡ ▽ 〇
左 ⬡ ▽ 〇
　FN　DP/FP　DN

プローン・アクティブ・エクスターナルヒップローテーション

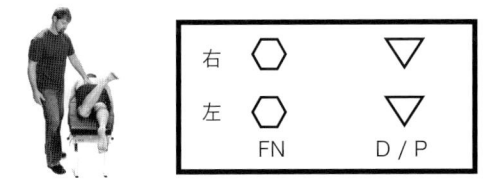

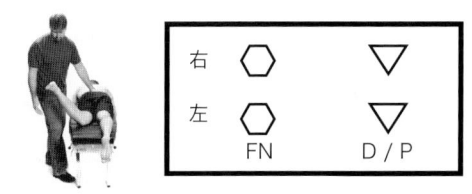

右 ⬡ ▽
左 ⬡ ▽
　FN　D / P

プローン・パッシブ・エクスターナルヒップローテーション

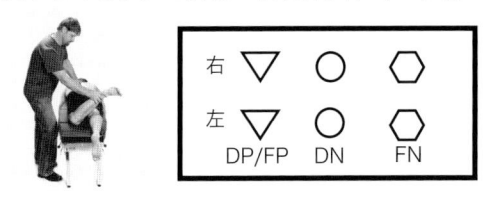

右 ▽ 〇 ⬡
左 ▽ 〇 ⬡
　DP/FP　DN　FN

ローリング　FN___DN___DP___FP___

シーテッド・アクティブ・インターナルヒップローテーション

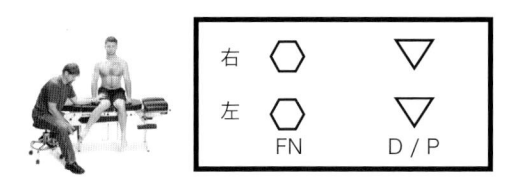

右 ⬡ ▽
左 ⬡ ▽
　FN　D / P

シーテッド・パッシブ・インターナルヒップローテーション

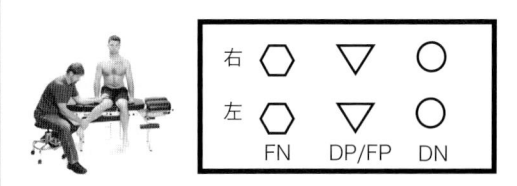

右 ⬡ ▽ 〇
左 ⬡ ▽ 〇
　FN　DP/FP　DN

プローン・アクティブ・インターナルヒップローテーション

右 ⬡ ▽
左 ⬡ ▽
　FN　D / P

プローン・パッシブ・インターナルヒップローテーション

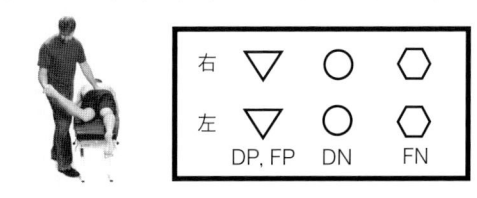

右 ▽ 〇 ⬡
左 ▽ 〇 ⬡
　DP, FP　DN　FN

ローリング　FN___DN___DP___FP___

シーテッド・アクティブ・エクスターナルティビアルローテーション

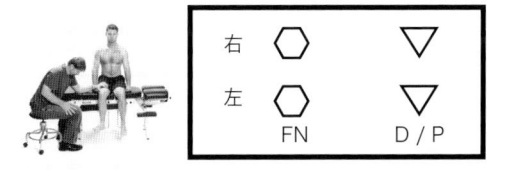

右 ⬡ ▽
左 ⬡ ▽
　FN　D / P

シーテッド・パッシブ・エクスターナルティビアルローテーション

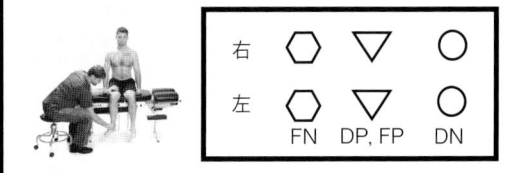

右 ⬡ ▽ 〇
左 ⬡ ▽ 〇
　FN　DP, FP　DN

SFMA

シーテッド・アクティブ・インターナルティビアルローテーション

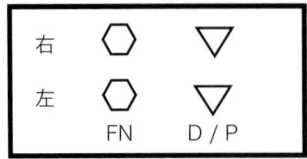

右	⬡	▽
左	⬡	▽
	FN	D / P

シーテッド・パッシブ・インターナルティビアルローテーション

右	⬡	▽	○
左	⬡	▽	○
	FN	DP, FP	DN

シングルレッグスタンス・ブレイクアウト

CTSIB

右	⬡	▽
左	⬡	▽
	FN	D

ハーフニーリング・ナロウベース

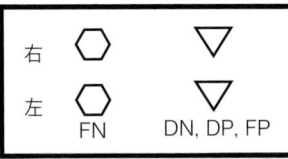

右	⬡	▽
左	⬡	▽
	FN	DN, DP, FP

ローリング　FN____DN____DP____FP____

クワドラプト・ダイアゴナルズ

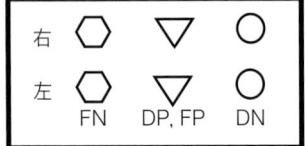

右	⬡	▽	○
左	⬡	▽	○
	FN	DP, FP	DN

ヒールウォーク

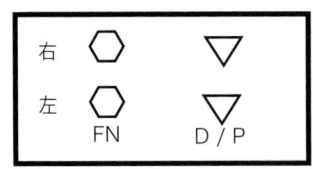

右	⬡	▽
左	⬡	▽
	FN	D / P

プローン・パッシブ・ドルシフレクション　FN____DN____DP, FP____

トウウォーク

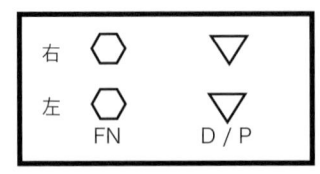

右	⬡	▽
左	⬡	▽
	FN	D / P

プローン・パッシブ・プランタフレクション　FN____DN____DP, FP____

シーテッド・アンクルインバージョン／イバージョン

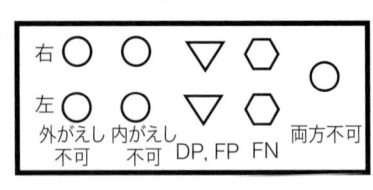

右	○	○	▽	⬡	○
左	○	○	▽	⬡	○
	外がえし不可	内がえし不可	DP, FP	FN	両方不可

オーバーヘッドディープスクワット・ブレイクアウト

インターロックトフィンガーズビハインドネック・ディープスクワット

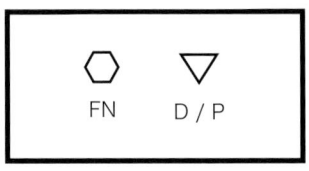

⬡	▽
FN	D / P

アシステッド・ディープスクワット

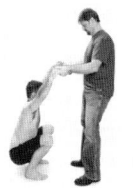

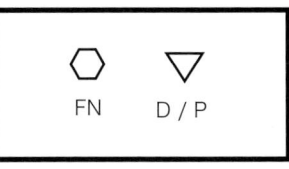

⬡	▽
FN	D / P

ハーフニーリング・ドルシフレクション

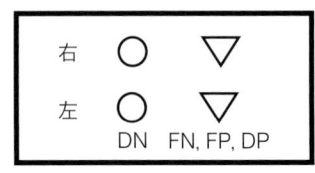

右	○	▽
左	○	▽
	DN	FN, FP, DP

スーパイン・ニートゥチェスト・ホールディングシンズ

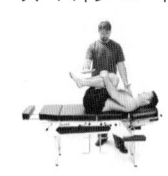

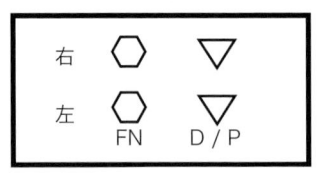

右	⬡	▽
左	⬡	▽
	FN	D / P

スーパイン・ニートゥチェスト・ホールディングタイズ

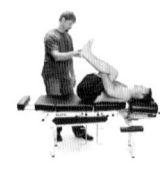

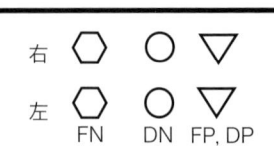

右	⬡	○	▽
左	⬡	○	▽
	FN	DN	FP, DP

付録3．SFMA スコアシートとフローチャート

SFMA トップティアー・スコアシート（カラー）

セレクティブ・ファンクショナルムーブメントアセスメント

SFMA スコアリング		FN	FP	DP	DN
サービカルスパイン　パターン1					
サービカルスパイン　パターン2					
サービカルスパイン　パターン3	右 / 左				
アッパーエクストレミティ　パターン1（伸展・内旋）	右 / 左				
アッパーエクストレミティ　パターン2（屈曲・外旋）	右 / 左				
マルチセグメンタルフレクション					
マルチセグメンタルエクステンション					
マルチセグメンタルローテーション	右 / 左				
シングルレッグスタンス	右 / 左				
オーバーヘッドディープスクワット					
アッパーエクストレミティ・ペインプロボケーション					
パターン1	右 / 左				
パターン2	右 / 左				

SFMA

SFMA フローチャート　　　　　　　　　　　　　　　　　　　　　　　　　　　　　　　　　トップティアー

トップティアーテスト

SFMA トップティアーテスト

サービカルパターン

DN	FN	DP, FP

サービカル・ブレイクアウトへ進む　　　　　　注意しながら，サービカル・ブレイクアウトへ進む

アッパーエクストレミティーパターン

DN	FN	DP, FP

アッパーエクストレミティ・ブレイクアウトへ進む　　　注意しながら，アッパーエクストレミティ・ブレイクアウトへ進む

マルチセグメンタルフレクション

DN	FN	DP, FP

マルチセグメンタルフレクション・ブレイクアウトへ進む　　注意しながら，マルチセグメンタルフレクション・ブレイクアウトへ進む

マルチセグメンタルエクステンション

DN	FN	DP, FP

マルチセグメンタルエクステンション・ブレイクアウトへ進む　　注意しながら，マルチセグメンタルエクステンション・ブレイクアウトへ進む

マルチセグメンタルローテーション

DN	FN	DP, FP

マルチセグメンタルローテーション・ブレイクアウトへ進む　　注意しながら，マルチセグメンタルローテーション・ブレイクアウトへ進む

シングルレッグスタンス

DN	FN	DP, FP

シングルレッグスタンス・ブレイクアウトへ進む　　注意しながら，シングルレッグスタンス・ブレイクアウトへ進む

オーバーヘッドディープスクワット

DN	FN	DP, FP

オーバーヘッドディープスクワット・ブレイクアウトへ進む　　注意しながら，オーバーヘッドディープスクワット・ブレイクアウトへ進む

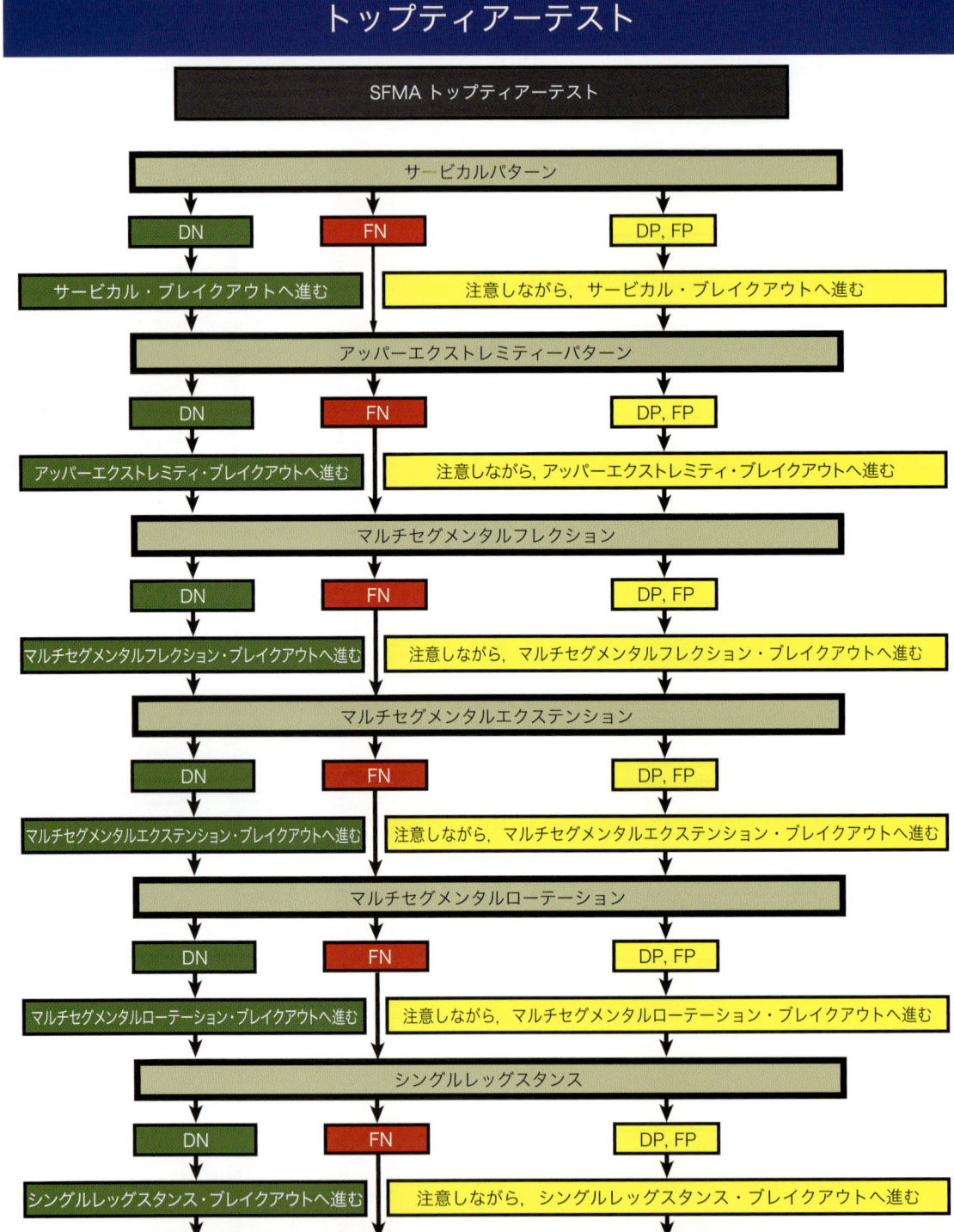

付録3．SFMA スコアシートとフローチャート **327**

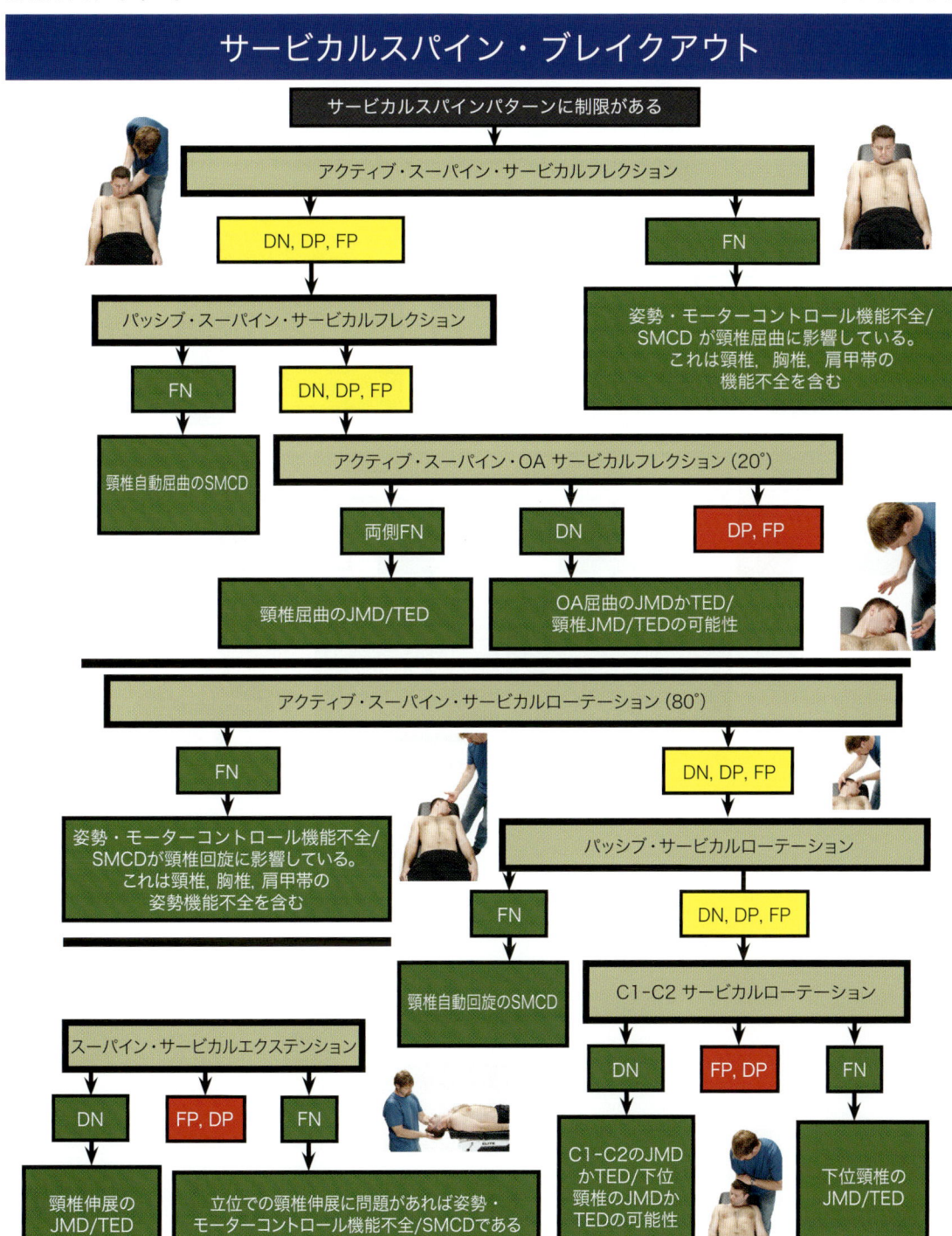

SFMA フローチャート　　　　　　　　　　　　　　　　　　　　　　　　　　　　　　　　　ブレイクアウト 1

サービカルスパイン・ブレイクアウト

サービカルスパインパターンに制限がある

↓

アクティブ・スーパイン・サービカルフレクション

- **DN, DP, FP** → パッシブ・スーパイン・サービカルフレクション
  - **FN** → 頸椎自動屈曲のSMCD
  - **DN, DP, FP** → アクティブ・スーパイン・OA サービカルフレクション (20°)
    - **両側FN** → 頸椎屈曲のJMD/TED
    - **DN** → OA屈曲のJMDかTED/頸椎JMD/TEDの可能性
    - **DP, FP** → OA屈曲のJMDかTED/頸椎JMD/TEDの可能性
- **FN** → 姿勢・モーターコントロール機能不全/SMCD が頸椎屈曲に影響している。これは頸椎，胸椎，肩甲帯の機能不全を含む

アクティブ・スーパイン・サービカルローテーション (80°)

- **FN** → 姿勢・モーターコントロール機能不全/SMCDが頸椎回旋に影響している。これは頸椎，胸椎，肩甲帯の姿勢機能不全を含む
- **DN, DP, FP** → パッシブ・サービカルローテーション
  - **FN** → 頸椎自動回旋のSMCD
  - **DN, DP, FP** → C1-C2 サービカルローテーション
    - **DN** → C1-C2のJMDかTED/下位頸椎のJMDかTEDの可能性
    - **FP, DP** → C1-C2のJMDかTED/下位頸椎のJMDかTEDの可能性
    - **FN** → 下位頸椎のJMD/TED

スーパイン・サービカルエクステンション

- **DN** → 頸椎伸展のJMD/TED
- **FP, DP** → 立位での頸椎伸展に問題があれば姿勢・モーターコントロール機能不全/SMCDである
- **FN** → 立位での頸椎伸展に問題があれば姿勢・モーターコントロール機能不全/SMCDである

SFMA

SFMA フローチャート　　　　　　　　　　　　　　　　　　　　　　　　ブレイクアウト 2

アッパーエクストレミティ・ブレイクアウト

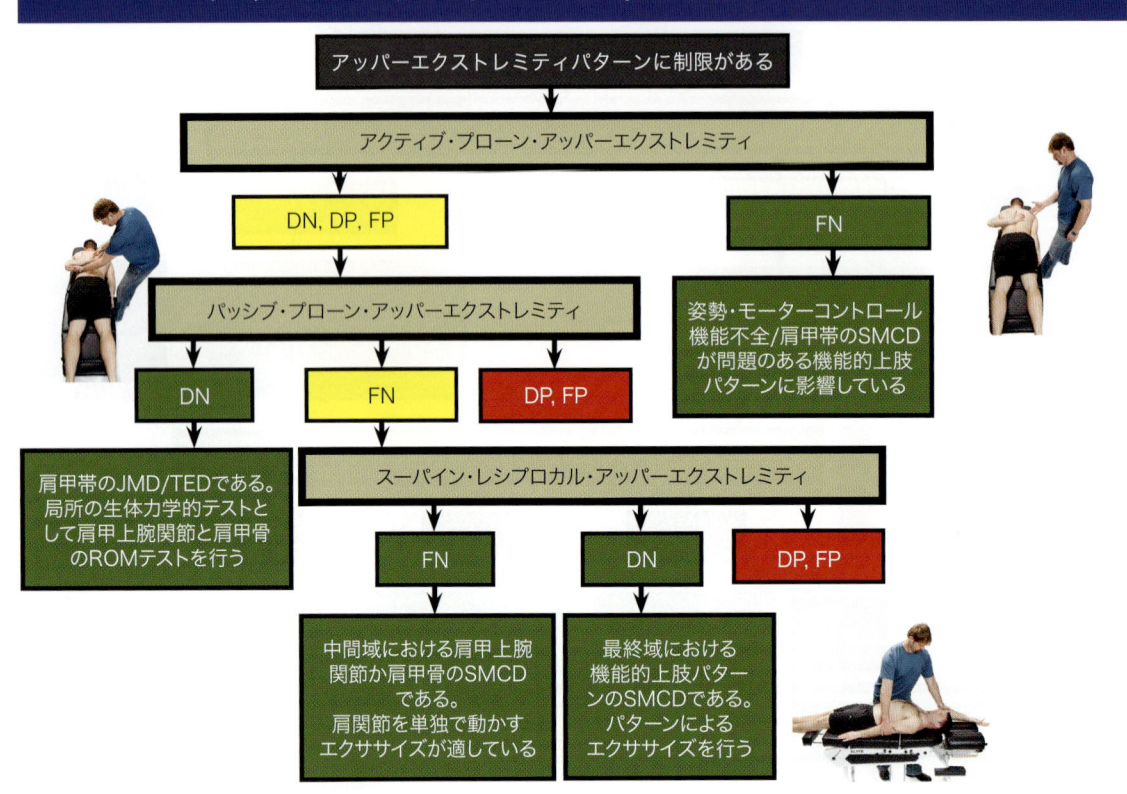

```
アッパーエクストレミティパターンに制限がある
                │
    アクティブ・プローン・アッパーエクストレミティ
        │                           │
    DN, DP, FP                      FN
        │                           │
パッシブ・プローン・アッパーエクストレミティ    姿勢・モーターコントロール
                                    機能不全/肩甲帯のSMCD
                                    が問題のある機能的上肢
                                    パターンに影響している
    │        │        │
    DN       FN       DP, FP
    │        │
肩甲帯のJMD/TEDである。  スーパイン・レシプロカル・アッパーエクストレミティ
局所の生体力学的テスト          │            │         │
として肩甲上腕関節と肩甲骨       FN           DN        DP, FP
のROMテストを行う             │            │
                        中間域における肩甲上腕    最終域における
                        関節か肩甲骨のSMCD    機能的上肢パター
                        である。            ンのSMCDである。
                        肩関節を単独で動かす    パターンによる
                        エクササイズが適している  エクササイズを行う
```

SFMA フローチャート

ブレイクアウト 3

マルチセグメンタルフレクション・ブレイクアウト

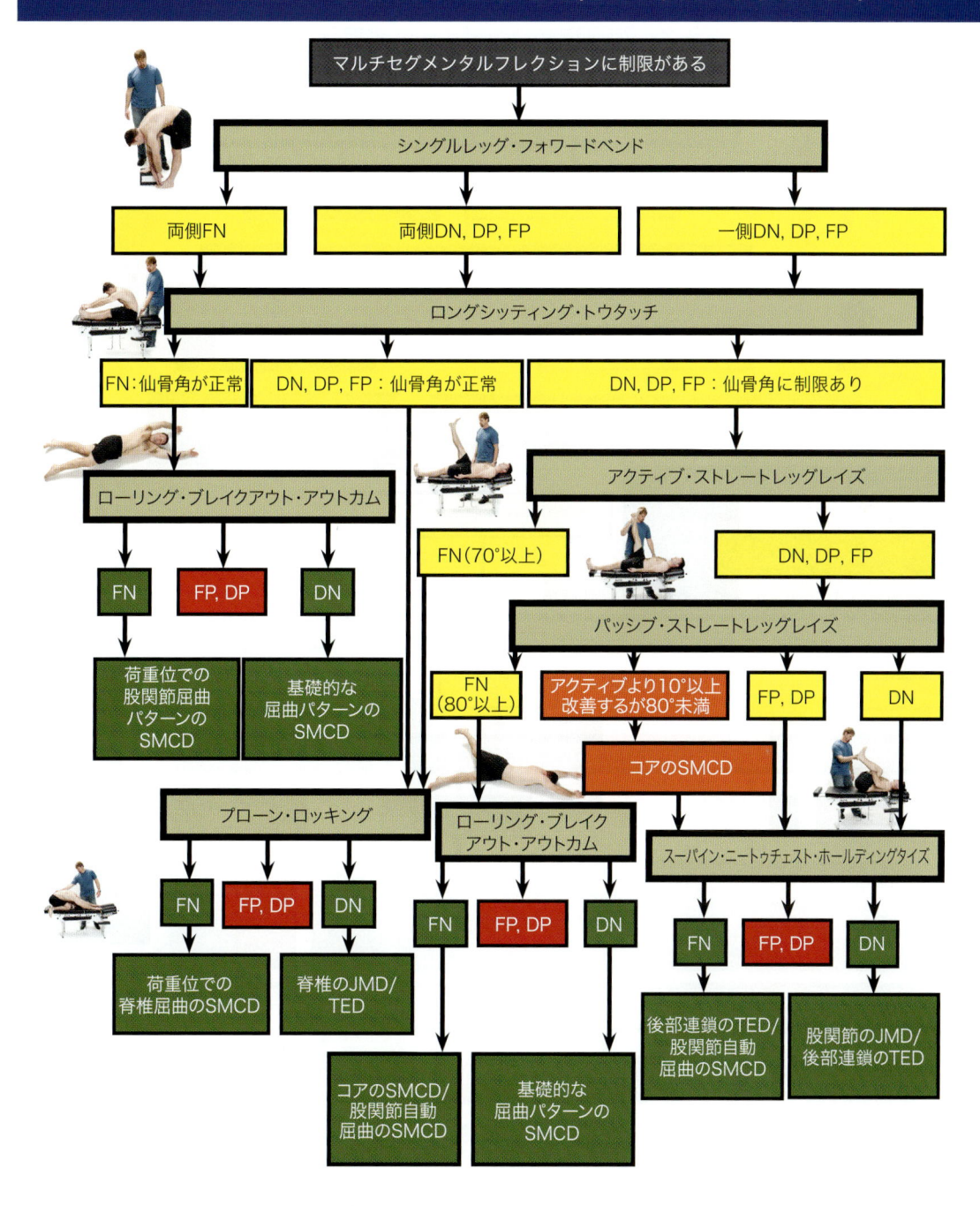

```
マルチセグメンタルフレクションに制限がある
            │
            ▼
    シングルレッグ・フォワードベンド
     │           │            │
     ▼           ▼            ▼
   両側FN    両側DN, DP, FP   一側DN, DP, FP
     │           │
     │           ▼
     │     ロングシッティング・トウタッチ
     │      │        │            │
     ▼      ▼        ▼            ▼
 FN:仙骨角   DN, DP, FP：    DN, DP, FP：
 が正常     仙骨角が正常    仙骨角に制限あり
     │           │              │
     ▼           │              ▼
ローリング・ブレイクアウト     アクティブ・ストレートレッグレイズ
 ・アウトカム                  │          │
  │    │    │                 ▼          ▼
  ▼    ▼    ▼             FN(70°以上)  DN, DP, FP
  FN  FP,DP  DN                         │
  │    │    │                           ▼
  ▼    ▼    ▼              パッシブ・ストレートレッグレイズ
荷重位での      基礎的な      │         │          │         │
股関節屈曲      屈曲パターン   ▼         ▼          ▼         ▼
パターンの      のSMCD      FN        アクティブより    FP,DP      DN
SMCD                     (80°以上)   10°以上改善
                                     するが80°未満
                                         │
                                         ▼
                                     コアのSMCD

プローン・ロッキング       ローリング・ブレイク    スーパイン・ニートゥチェスト・ホールディングタイズ
 │    │    │             アウト・アウトカム         │         │          │
 ▼    ▼    ▼              │     │     │           ▼         ▼          ▼
 FN  FP,DP  DN             ▼     ▼     ▼           FN       FP,DP        DN
  │    │                   FN   FP,DP  DN           │         │          │
  ▼    ▼                    │    │     │            ▼         ▼          ▼
荷重位での  脊椎のJMD/        ▼    ▼     ▼         後部連鎖のTED/         股関節のJMD/
脊椎屈曲の  TED           コアのSMCD/   基礎的な   股関節自動              後部連鎖のTED
SMCD                    股関節自動    屈曲パターン  屈曲のSMCD
                        屈曲のSMCD   のSMCD
```

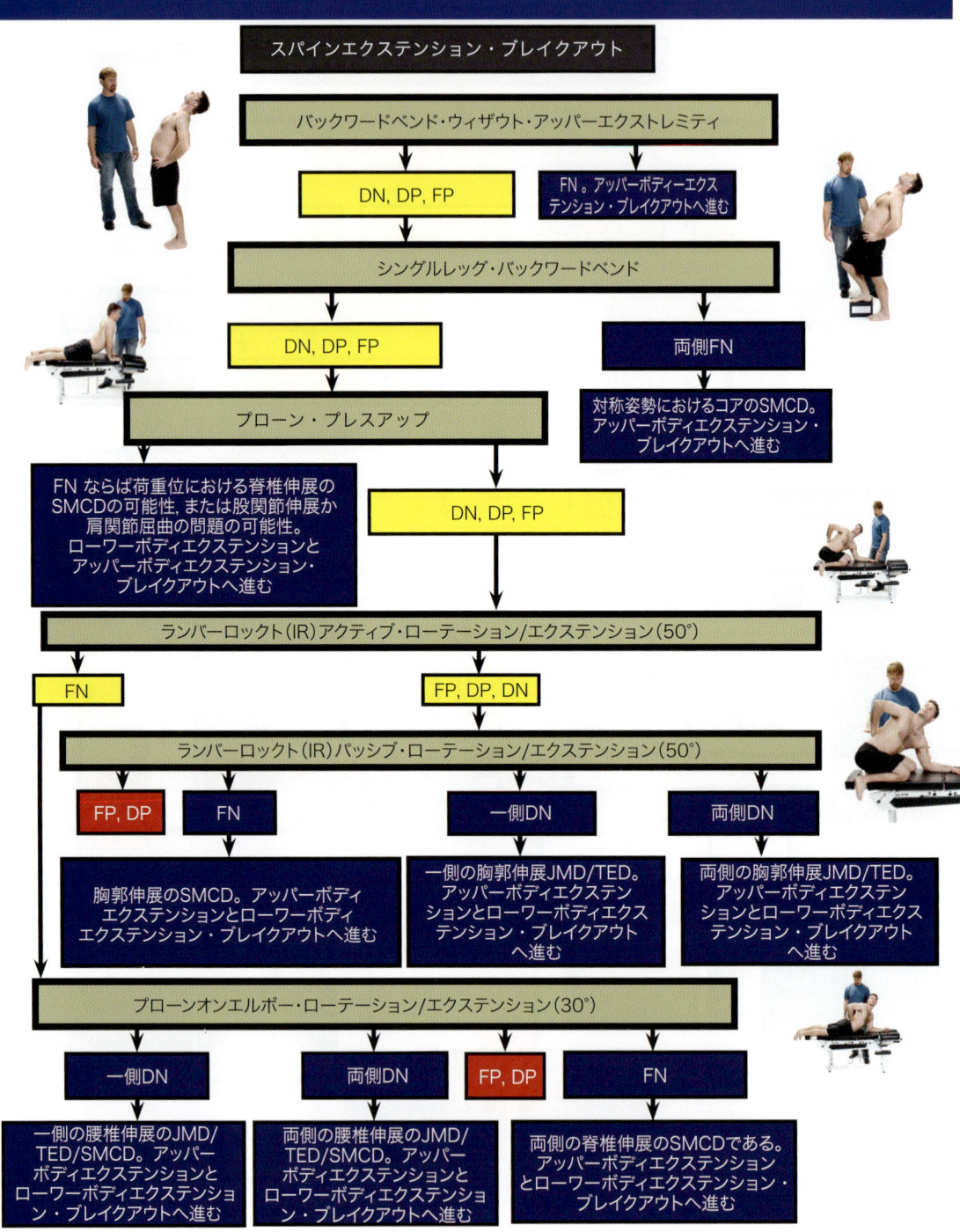

SFMA フローチャート ブレイクアウト 4

マルチセグメンタルエクステンション・ブレイクアウト

スパインエクステンション・ブレイクアウト

↓

バックワードベンド・ウィザウト・アッパーエクストレミティ

- DN, DP, FP
- FN。アッパーボディーエクステンション・ブレイクアウトへ進む

↓

シングルレッグ・バックワードベンド

- DN, DP, FP
- 両側FN → 対称姿勢におけるコアのSMCD。アッパーボディエクステンション・ブレイクアウトへ進む

↓

プローン・プレスアップ

- FN ならば荷重位における脊椎伸展のSMCDの可能性、または股関節伸展か肩関節屈曲の問題の可能性。ローワーボディエクステンションとアッパーボディエクステンション・ブレイクアウトへ進む
- DN, DP, FP

↓

ランバーロック(IR)アクティブ・ローテーション/エクステンション(50°)

- FN
- FP, DP, DN

↓

ランバーロック(IR)パッシブ・ローテーション/エクステンション(50°)

- FP, DP
- FN
- 一側DN → 一側の胸郭伸展JMD/TED。アッパーボディエクステンションとローワーボディエクステンション・ブレイクアウトへ進む
- 両側DN → 両側の胸郭伸展JMD/TED。アッパーボディエクステンションとローワーボディエクステンション・ブレイクアウトへ進む

胸郭伸展のSMCD。アッパーボディエクステンションとローワーボディエクステンション・ブレイクアウトへ進む

↓

プローンオンエルボー・ローテーション/エクステンション(30°)

- 一側DN → 一側の腰椎伸展のJMD/TED/SMCD。アッパーボディエクステンションとローワーボディエクステンション・ブレイクアウトへ進む
- 両側DN → 両側の腰椎伸展のJMD/TED/SMCD。アッパーボディエクステンションとローワーボディエクステンション・ブレイクアウトへ進む
- FP, DP → 両側の脊椎伸展のSMCDである。アッパーボディエクステンションとローワーボディエクステンション・ブレイクアウトへ進む
- FN

付録3．SFMAスコアシートとフローチャート 331

SFMAフローチャート　　　　　　　　　　　　　　　　　　　　　　　　　　　　ブレイクアウト5

マルチセグメンタルエクステンション・ブレイクアウト

```
                    ローワーボディエクステンション・ブレイクアウト
                                    │
                         スタンディング・ヒップエクステンション
                            │                   │
                           FN                DN, DP, FP
                            │                   │
        荷重位でのローワークオーターのSMCD/      プローン・アクティブ・ヒップエクステンション
        足関節の背屈制限である。                  │              │
        オーバーヘッドディープスクワットとシングル    FN（10°以上の伸展）  DN, DP, FP
        レッグスタンスをチェックする                 │                 │
                            │        プローン・パッシブ・ヒップエクステンション
                 ローリング・ブレイクアウト・アウトカム   │            │
                    │       │      │    DN, DP, FP   アクティブ・ヒップエクステン
                   FN     FP,DP    DN        │       ションよりも25％以上大きい
                    │       │      │         │            │
         脊椎荷重位での  基礎的な             ローリング・ブレイクアウト・アウトカム
         股関節伸展の   伸展パターンの           │       │       │
         SMCD        SMCD                   FN    FP,DP     DN
                                             │      │       │
                                コアのSMCD/         基礎的な伸展パターンのSMCD
                                股関節自動伸展のSMCD
                            │
                          FABERテスト
                    │       │       │
                   FN     FP, DP    DN
                            │       │
                                  股関節/仙腸関節のJMD/
                                  TED/コアのSMCD。股関節
                                  の局所的な生体力学的テストを行う
                            │
                         修正トーマステスト
        │         │         │         │       │      │
    膝関節伸展で 股関節外転で 股関節外転と    DN    FP/DP   FN
    FN        FN       膝関節伸展でFN
     │         │         │         │
    前部連鎖の 外側部連鎖の 前部・外側部連鎖の 股関節のJMD/TED/   コアのSMCD
    TED       TED       TED         コアのSMCD。股関節
                                    の局所的な生体力学的
                                    テストを行う
```

SFMA

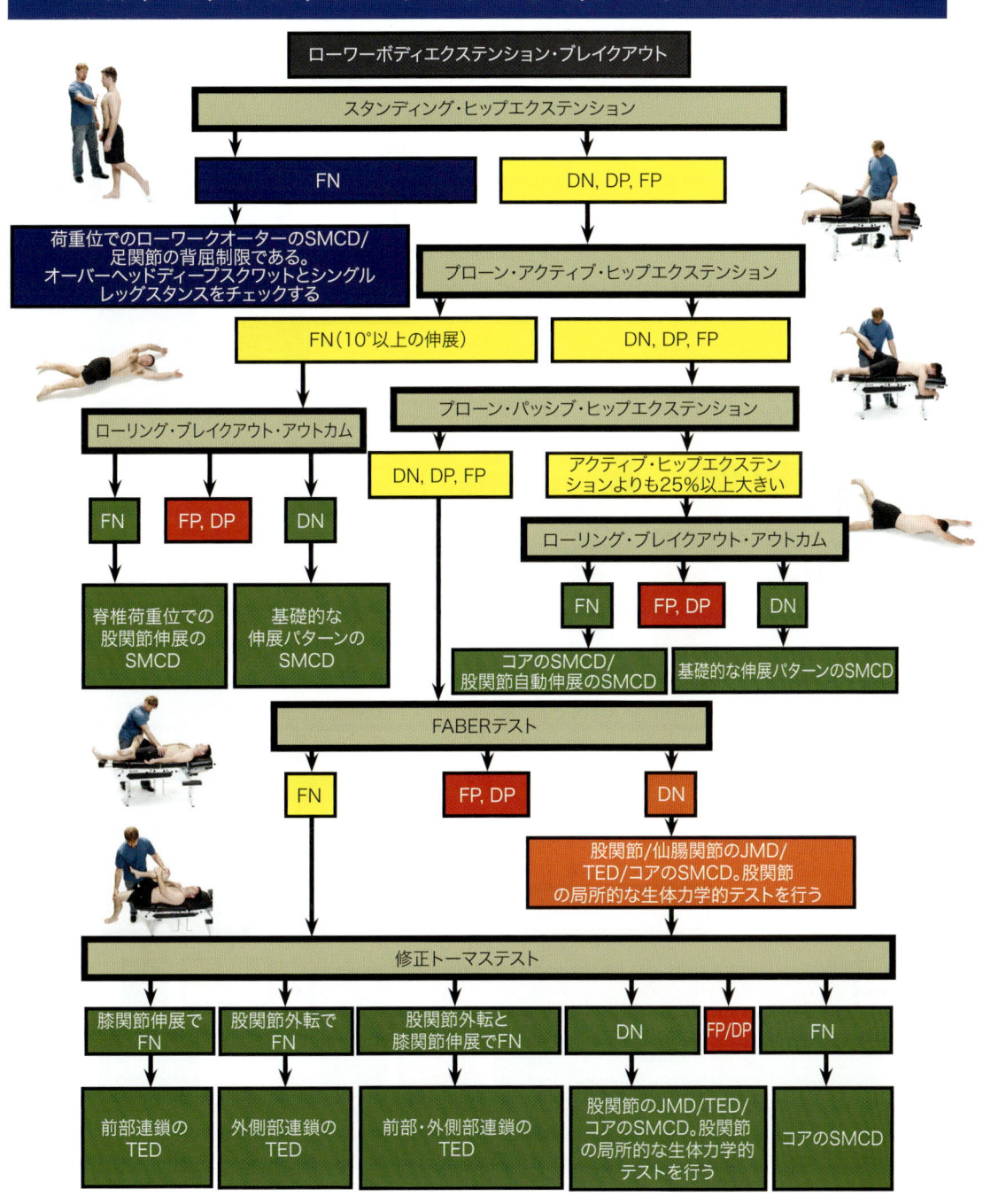

マルチセグメンタルエクステンション・ブレイクアウト

SFMA フローチャート　　　　　　　　　　　　　　　　　　　　　　ブレイクアウト 6

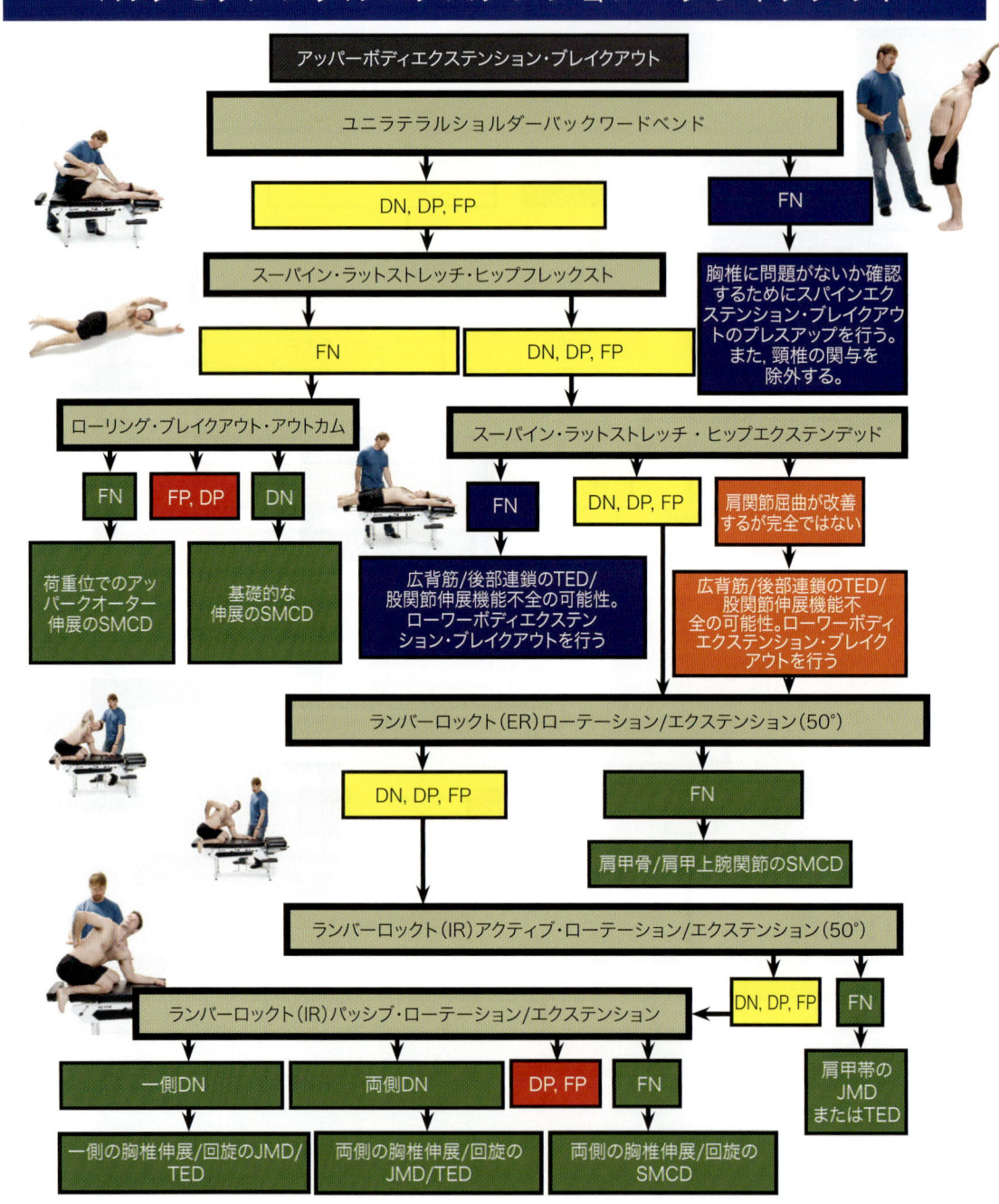

```
アッパーボディエクステンション・ブレイクアウト
            │
   ユニラテラルショルダーバックワードベンド
      │                                    │
   DN, DP, FP                              FN
      │                        胸椎に問題がないか確認
      │                        するためにスパインエク
   スーパイン・ラットストレッチ・ヒップフレックスト    ステンション・ブレイクアウ
      │                │       トのプレスアップを行う。
      FN            DN, DP, FP また、頸椎の関与を
      │                │       除外する。
   ローリング・ブレイクアウト・アウトカム
      │                スーパイン・ラットストレッチ・ヒップエクステンデッド
  ┌───┼───┐              │         │
  FN  FP,DP  DN           FN      DN, DP, FP      肩関節屈曲が改善
  │    │    │            │          │           するが完全ではない
荷重位での  基礎的な    広背筋/後部連鎖のTED/    広背筋/後部連鎖のTED/
アッパー   伸展のSMCD   股関節伸展機能不全の   股関節伸展機能不
クオーター              可能性。ローワーボディ   全の可能性。ローワーボディ
伸展のSMCD              エクステンション・      エクステンション・ブレイク
                       ブレイクアウトを行う     アウトを行う

   ランバーロックト(ER)ローテーション/エクステンション(50°)
         │                       │
      DN, DP, FP                  FN
                            肩甲骨/肩甲上腕関節のSMCD

   ランバーロックト(IR)アクティブ・ローテーション/エクステンション(50°)
                                        │       │
                                   DN, DP, FP   FN
                                        │       │
   ランバーロックト(IR)パッシブ・ローテーション/エクステンション ←┘  肩甲帯の
   │        │         │       │                              JMD
  一側DN   両側DN    DP, FP    FN                             またはTED
   │        │         │
一側の胸椎   両側の胸椎   両側の胸椎
伸展/回旋の  伸展/回旋の  伸展/回旋の
JMD/TED    JMD/TED    SMCD
```

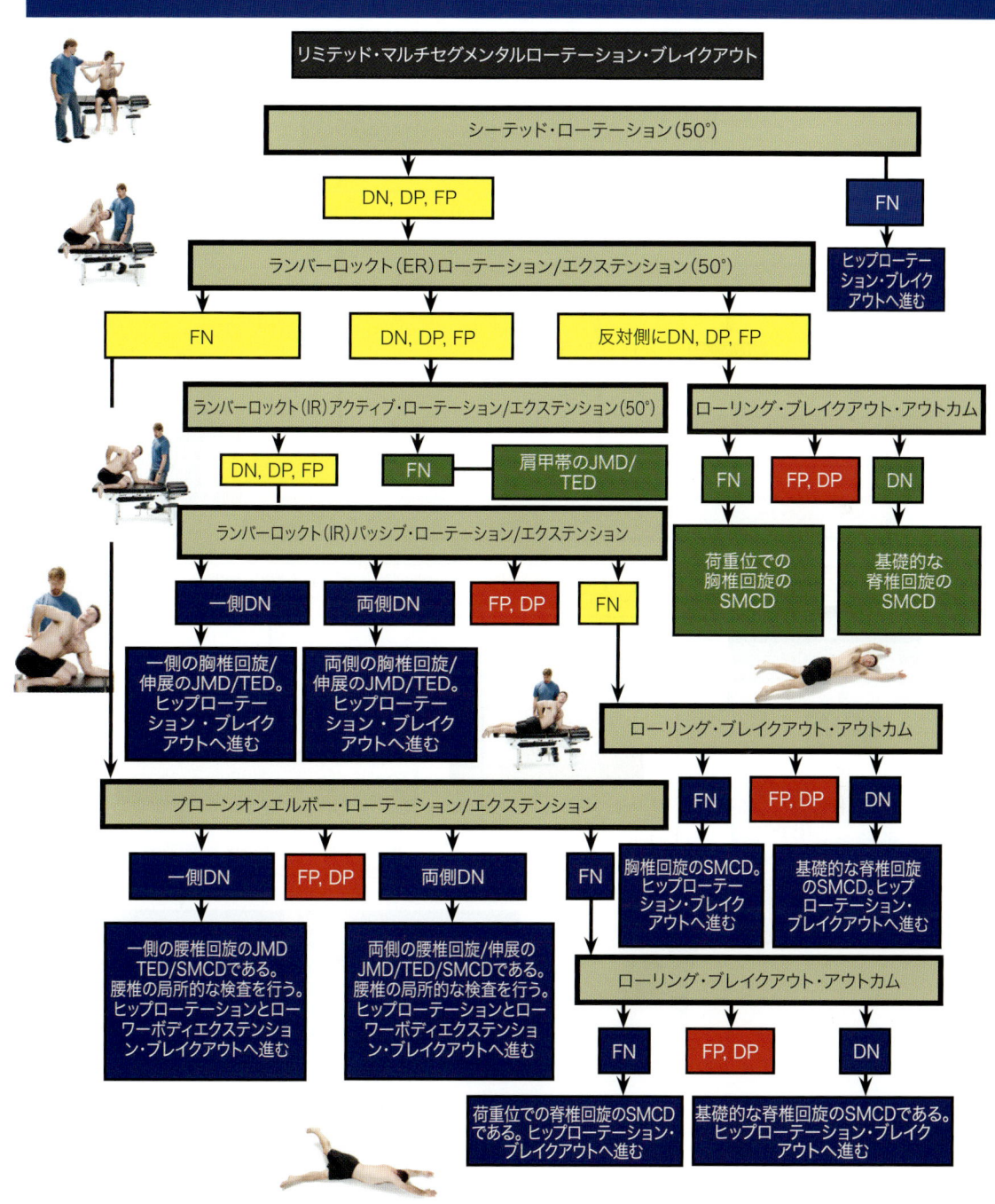

SFMA フローチャート　　　　　　　　　　　　　　　　　　　　　　　　　　　　ブレイクアウト 7

マルチセグメンタルローテーション・ブレイクアウト

リミテッド・マルチセグメンタルローテーション・ブレイクアウト

シーテッド・ローテーション（50°）
- DN, DP, FP
- FN → ヒップローテーション・ブレイクアウトへ進む

ランバーロックト（ER）ローテーション／エクステンション（50°）
- FN
- DN, DP, FP
- 反対側にDN, DP, FP

ランバーロックト（IR）アクティブ・ローテーション／エクステンション（50°）
- DN, DP, FP
- FN → 肩甲帯のJMD/TED

ローリング・ブレイクアウト・アウトカム
- FN
- FP, DP → 荷重位での胸椎回旋のSMCD
- DN → 基礎的な脊椎回旋のSMCD

ランバーロックト（IR）パッシブ・ローテーション／エクステンション
- 一側DN → 一側の胸椎回旋／伸展のJMD/TED。ヒップローテーション・ブレイクアウトへ進む
- 両側DN → 両側の胸椎回旋／伸展のJMD/TED。ヒップローテーション・ブレイクアウトへ進む
- FP, DP
- FN

プローンオンエルボー・ローテーション／エクステンション
- 一側DN → 一側の腰椎回旋のJMD TED/SMCDである。腰椎の局所的な検査を行う。ヒップローテーションとローワーボディエクステンション・ブレイクアウトへ進む
- FP, DP
- 両側DN → 両側の腰椎回旋／伸展のJMD/TED/SMCDである。腰椎の局所的な検査を行う。ヒップローテーションとローワーボディエクステンション・ブレイクアウトへ進む
- FN

ローリング・ブレイクアウト・アウトカム
- FN
- FP, DP → 胸椎回旋のSMCD。ヒップローテーション・ブレイクアウトへ進む
- DN → 基礎的な脊椎回旋のSMCD。ヒップローテーション・ブレイクアウトへ進む

ローリング・ブレイクアウト・アウトカム
- FN
- FP, DP → 荷重位での脊椎回旋のSMCDである。ヒップローテーション・ブレイクアウトへ進む
- DN → 基礎的な脊椎回旋のSMCDである。ヒップローテーション・ブレイクアウトへ進む

334 ムーブメント

SFMA フローチャート　　　　　　　　　　　　　　　　　　　　　　　　　　　　　　　　　　　ブレイクアウト 8

マルチセグメンタルローテーション・ブレイクアウト

ヒップローテーション・ブレイクアウト（パート1）

シーテッド・アクティブ・エクスターナルヒップローテーション

- DN, DP, FP
- FN（40°以上）

シーテッド・パッシブ・エクスターナルヒップローテーション

- DN
- DP, FP
- FN

股関節屈曲位での股関節外旋のJMD/TED

プローン・アクティブ・エクスターナルヒップローテーション

- DN, DP, FP
- FN（40°以上）。シーテッド・パッシブ・ローテーションがDNならば分類を止めて，そのDNに対する治療を行う。シーテッド・アクティブかシーテッド・パッシブ・ローテーションがFNならばフローチャートを続ける

プローン・パッシブ・エクスターナルヒップローテーション

- DN
- DP, FP
- FN。シーテッド・パッシブローテーションがDNならば分類を止めて，そのDNに対する治療を行う。シーテッド・アクティブかシーテッド・パッシブ・ローテーションがFNならばフローチャートを続ける

股関節伸展位での股関節外旋のJMD/TEDである。ティビアルローテーション・ブレイクアウトとローワーボディエクステンション・ブレイクアウトへ進む

ローリング・ブレイクアウト・アウトカム

- FN
- DP, FP
- DN

荷重位での股関節外旋のSMCDである。ティビアルローテーション・ブレイクアウトとローワーボディエクステンション・ブレイクアウトへ進む

基礎的な股関節外旋のSMCDである。ティビアルローテーション・ブレイクアウトとローワーボディエクステンション・ブレイクアウトへ進む

マルチセグメンタルローテーション・ブレイクアウト

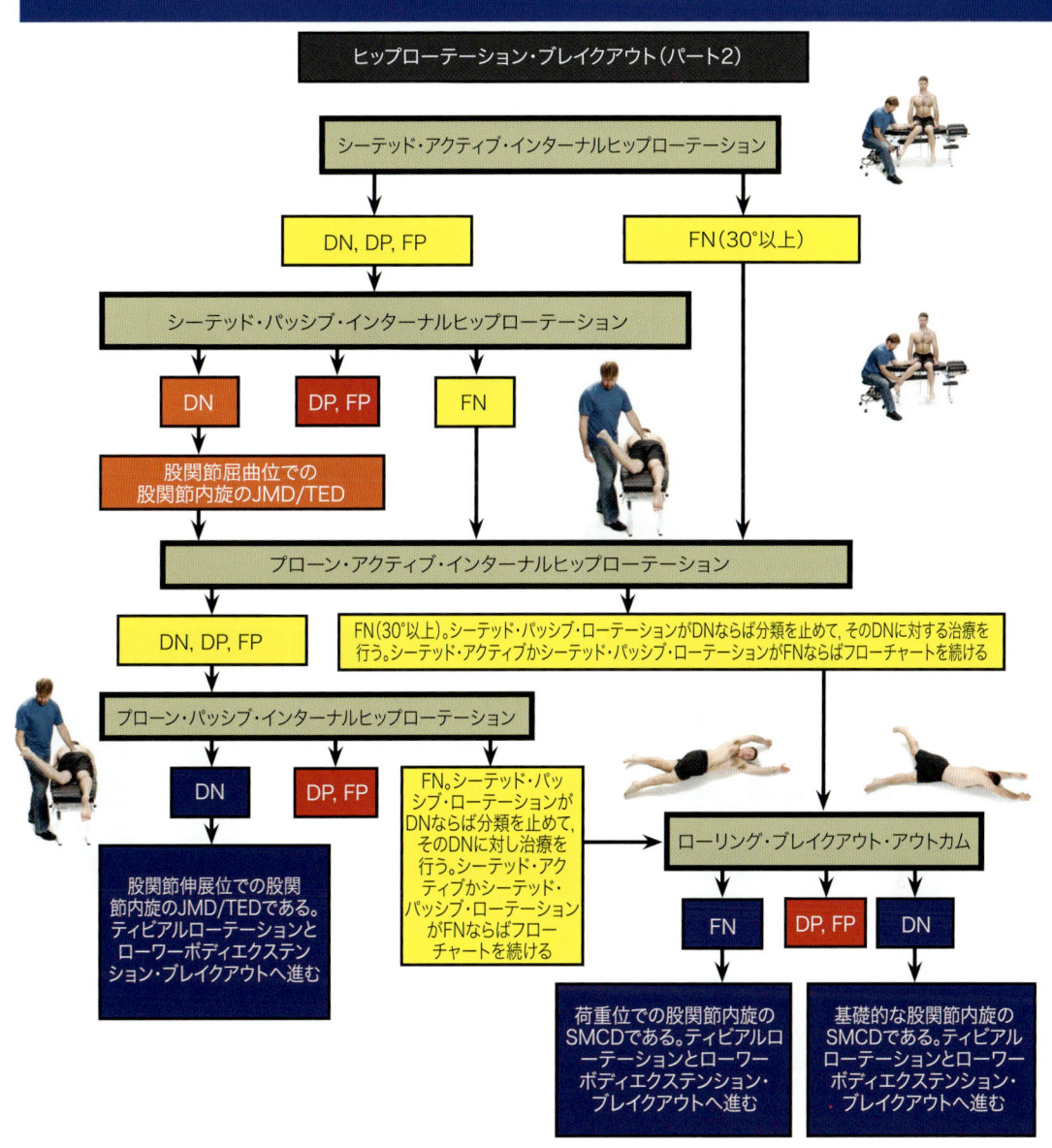

ブレイクアウト 9

ヒップローテーション・ブレイクアウト（パート2）

シーテッド・アクティブ・インターナルヒップローテーション

- DN, DP, FP → **シーテッド・パッシブ・インターナルヒップローテーション**
  - DN → 股関節屈曲位での股関節内旋のJMD/TED
  - DP, FP → （プローン・アクティブ・インターナルヒップローテーションへ）
  - FN → （プローン・アクティブ・インターナルヒップローテーションへ）
- FN（30°以上）→ **プローン・アクティブ・インターナルヒップローテーション**

プローン・アクティブ・インターナルヒップローテーション

- DN, DP, FP → **プローン・パッシブ・インターナルヒップローテーション**
  - DN → 股関節伸展位での股関節内旋のJMD/TEDである。ティビアルローテーションとローワーボディエクステンション・ブレイクアウトへ進む
  - DP, FP → （ローリング・ブレイクアウト・アウトカムへ）
  - FN → FN。シーテッド・パッシブ・ローテーションがDNならば分類を止めて、そのDNに対し治療を行う。シーテッド・アクティブかシーテッド・パッシブ・ローテーションがFNならばフローチャートを続ける
- FN（30°以上）。シーテッド・パッシブ・ローテーションがDNならば分類を止めて、そのDNに対する治療を行う。シーテッド・アクティブかシーテッド・パッシブ・ローテーションがFNならばフローチャートを続ける

ローリング・ブレイクアウト・アウトカム

- FN → 荷重位での股関節内旋のSMCDである。ティビアルローテーションとローワーボディエクステンション・ブレイクアウトへ進む
- DP, FP → 基礎的な股関節内旋のSMCDである。ティビアルローテーションとローワーボディエクステンション・ブレイクアウトへ進む
- DN → 基礎的な股関節内旋のSMCDである。ティビアルローテーションとローワーボディエクステンション・ブレイクアウトへ進む

SFMA フローチャート　　　　　　　　　　　　　　　　　　　　　ブレイクアウト 10

マルチセグメンタルローテーション・ブレイクアウト

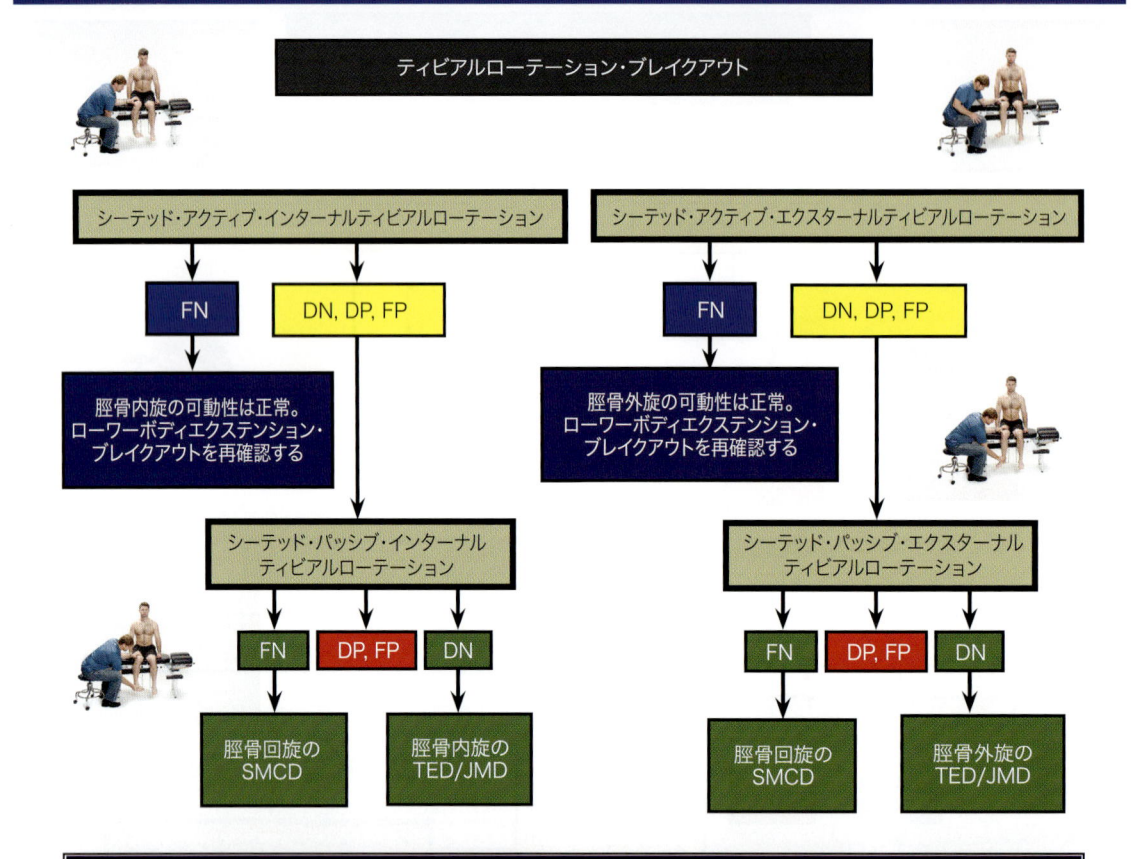

ティビアルローテーション・ブレイクアウト

- シーテッド・アクティブ・インターナルティビアルローテーション
  - FN → 脛骨内旋の可動性は正常。ローワーボディエクステンション・ブレイクアウトを再確認する
  - DN, DP, FP → シーテッド・パッシブ・インターナルティビアルローテーション
    - FN → 脛骨回旋のSMCD
    - DP, FP → 脛骨回旋のSMCD
    - DN → 脛骨内旋のTED/JMD

- シーテッド・アクティブ・エクスターナルティビアルローテーション
  - FN → 脛骨外旋の可動性は正常。ローワーボディエクステンション・ブレイクアウトを再確認する
  - DN, DP, FP → シーテッド・パッシブ・エクスターナルティビアルローテーション
    - FN → 脛骨回旋のSMCD
    - DP, FP → 脛骨回旋のSMCD
    - DN → 脛骨外旋のTED/JMD

脊椎，股関節，脛骨のすべてがFN の場合は，ローリングブレイクアウト（脊椎のSMCD の確認）とローワーボディエクステンション・ブレイクアウト，シングルレッグスタンス・ブレイクアウトを再確認する

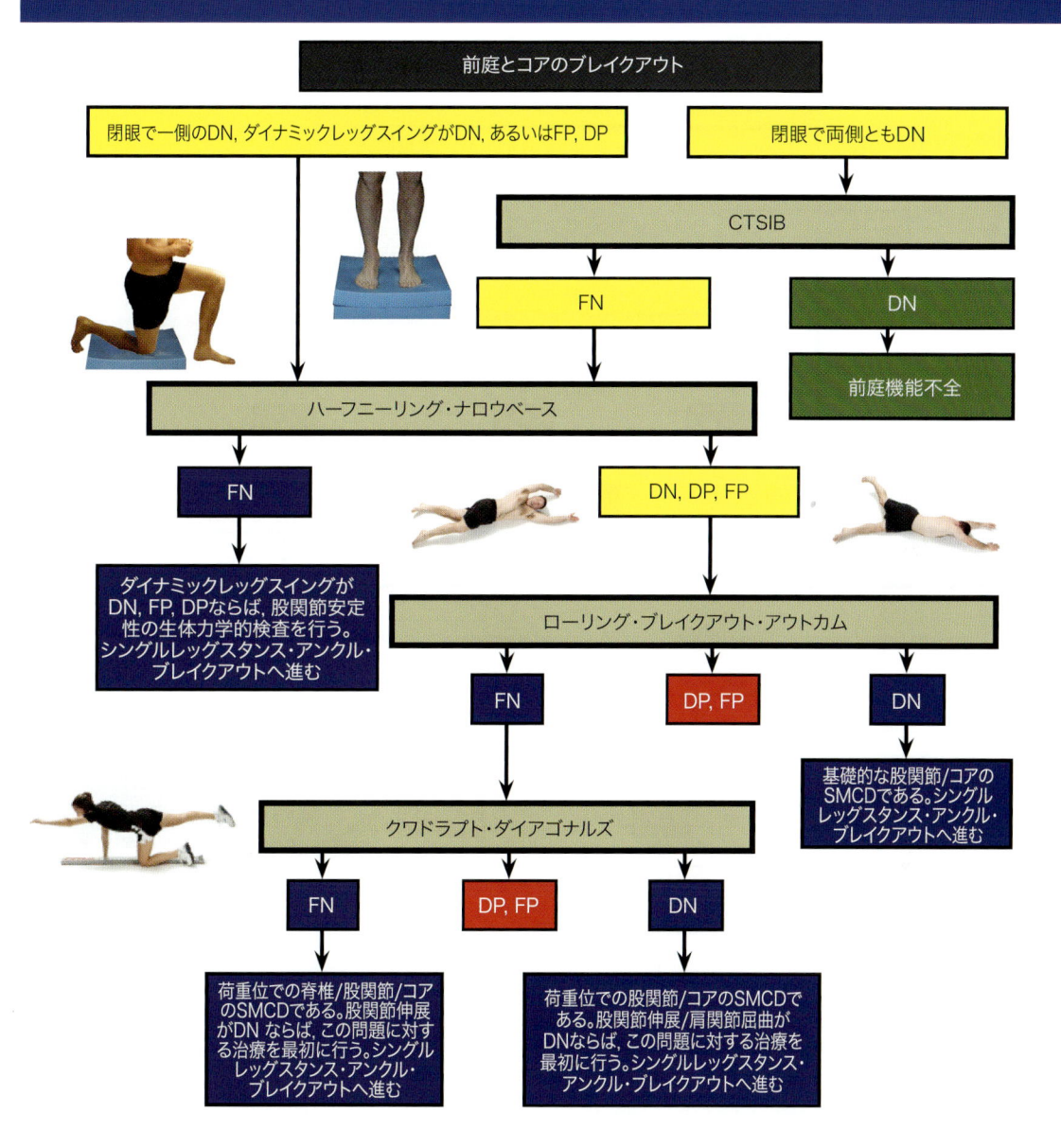

SFMA フローチャート　　　　　　　　　　　　　　　　　　　　ブレイクアウト 11

シングルレッグスタンス・ブレイクアウト

前庭とコアのブレイクアウト

- 閉眼で一側のDN，ダイナミックレッグスイングがDN，あるいはFP, DP
- 閉眼で両側ともDN

→ CTSIB
- FN
- DN → 前庭機能不全

→ ハーフニーリング・ナロウベース

- FN → ダイナミックレッグスイングがDN, FP, DPならば，股関節安定性の生体力学的検査を行う。シングルレッグスタンス・アンクル・ブレイクアウトへ進む
- DN, DP, FP → ローリング・ブレイクアウト・アウトカム
  - FN → クワドラプト・ダイアゴナルズ
    - FN → 荷重位での脊椎/股関節/コアのSMCDである。股関節伸展がDNならば，この問題に対する治療を最初に行う。シングルレッグスタンス・アンクル・ブレイクアウトへ進む
    - DP, FP
    - DN → 荷重位での股関節/コアのSMCDである。股関節伸展/肩関節屈曲がDNならば，この問題に対する治療を最初に行う。シングルレッグスタンス・アンクル・ブレイクアウトへ進む
  - DP, FP
  - DN → 基礎的な股関節/コアのSMCDである。シングルレッグスタンス・アンクル・ブレイクアウトへ進む

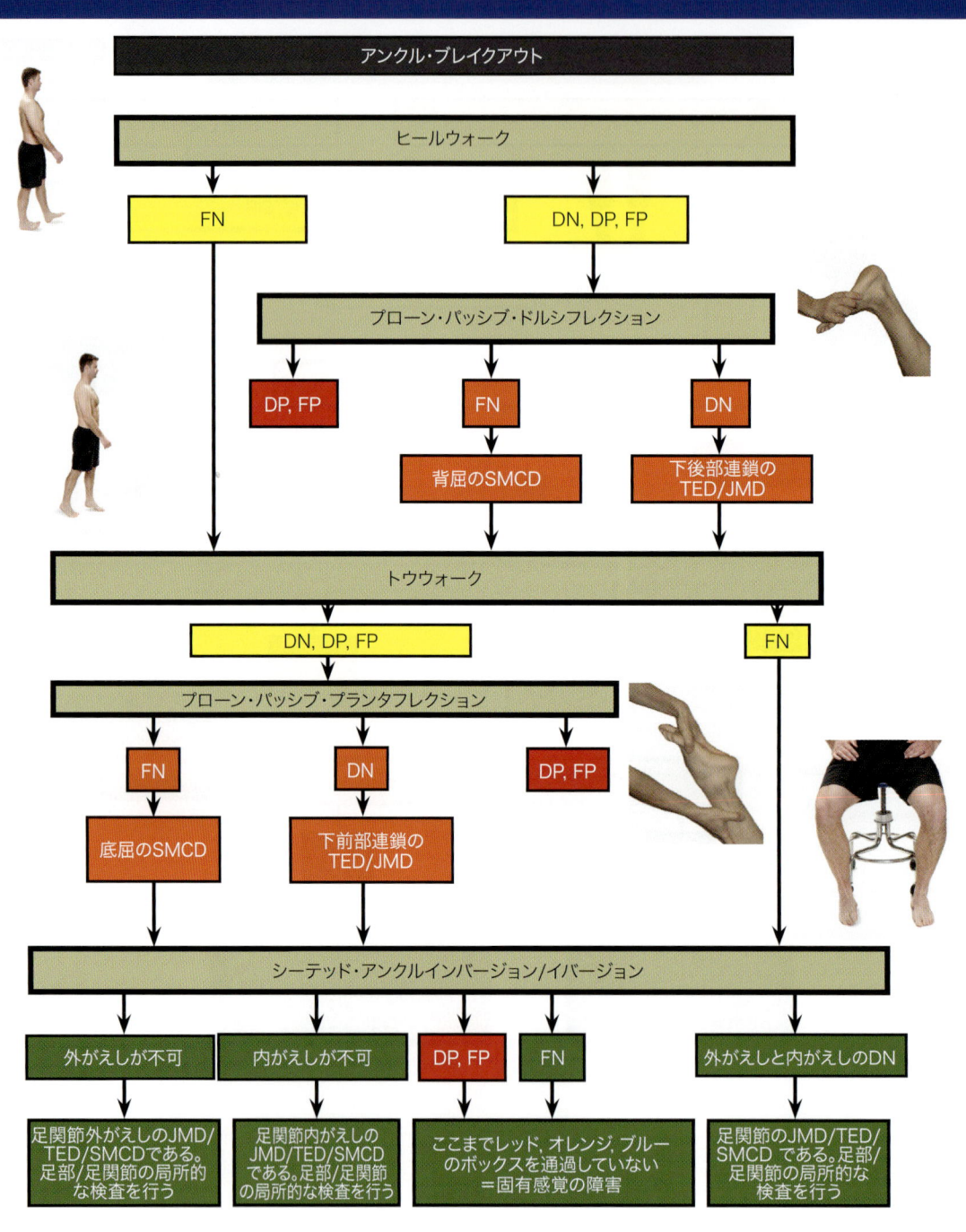

338 ムーブメント

SFMA フローチャート　　　　　　　　　　　　　　　　　　　　ブレイクアウト 12

シングルレッグスタンス・ブレイクアウト

アンクル・ブレイクアウト

```
ヒールウォーク
├── FN
└── DN, DP, FP
      │
      プローン・パッシブ・ドルシフレクション
      ├── DP, FP
      ├── FN → 背屈のSMCD
      └── DN → 下後部連鎖の TED/JMD

トウウォーク
├── DN, DP, FP
│     │
│     プローン・パッシブ・プランタフレクション
│     ├── FN → 底屈のSMCD
│     ├── DN → 下前部連鎖の TED/JMD
│     └── DP, FP
└── FN

シーテッド・アンクルインバージョン/イバージョン
├── 外がえしが不可 → 足関節外がえしのJMD/TED/SMCDである。足部/足関節の局所的な検査を行う
├── 内がえしが不可 → 足関節内がえしのJMD/TED/SMCDである。足部/足関節の局所的な検査を行う
├── DP, FP
├── FN → ここまでレッド, オレンジ, ブルーのボックスを通過していない＝固有感覚の障害
└── 外がえしと内がえしのDN → 足関節のJMD/TED/SMCDである。足部/足関節の局所的な検査を行う
```

SFMA

付録 3．SFMA スコアシートとフローチャート **339**

SFMA フローチャート　　　　　　　　　　　　　　　　　　　　　　　　　　　　　　　　　ブレイクアウト 13

オーバーヘッドディープスクワット・ブレイクアウト

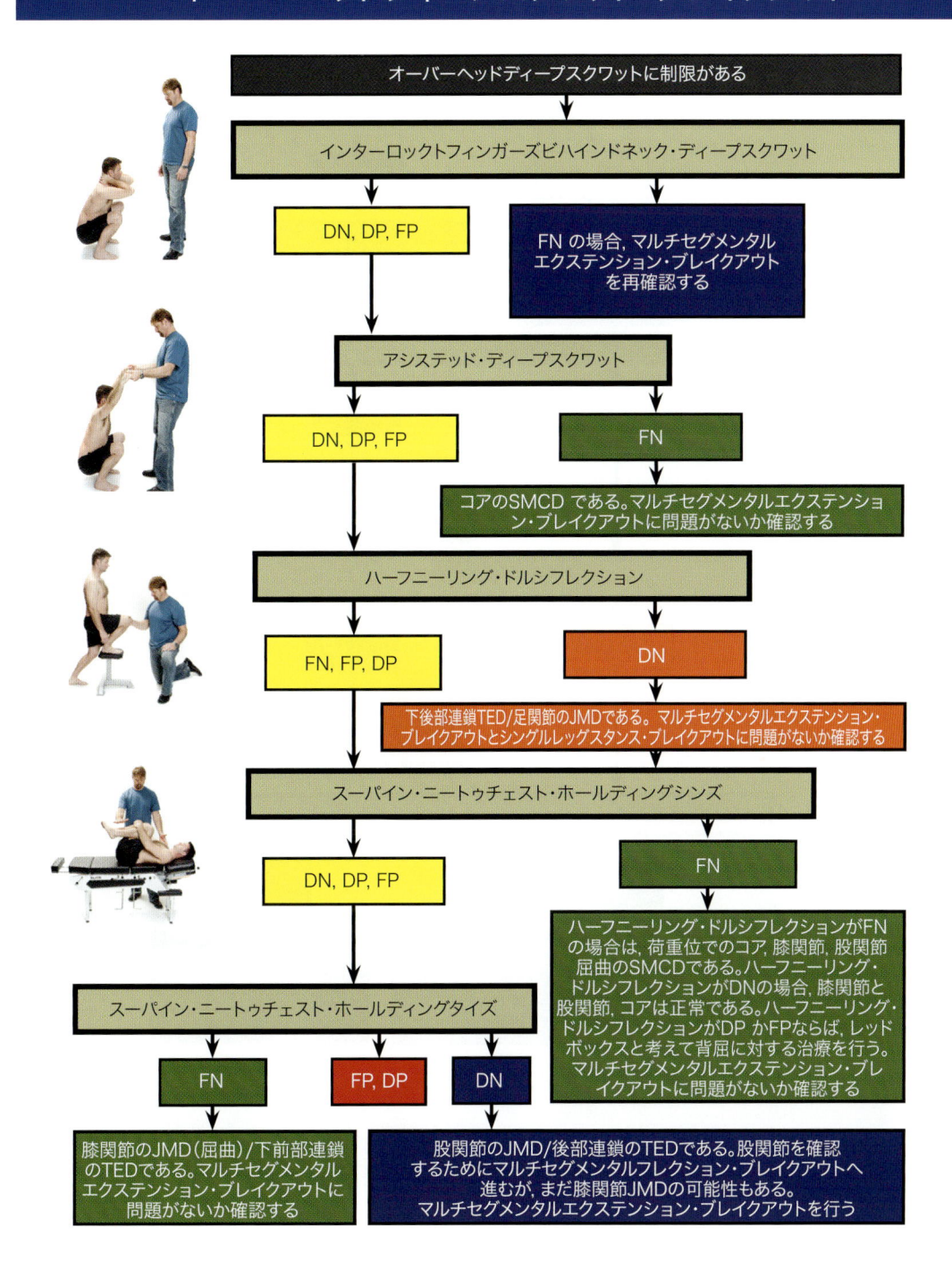

```
オーバーヘッドディープスクワットに制限がある
                  ↓
    インターロックフィンガーズビハインドネック・ディープスクワット
         ↓                              ↓
    DN, DP, FP                FN の場合，マルチセグメンタル
         ↓                    エクステンション・ブレイクアウト
                              を再確認する
    アシステッド・ディープスクワット
         ↓                              ↓
    DN, DP, FP                          FN
         ↓                               ↓
                              コアのSMCD である。マルチセグメンタルエクステンション
                              ・ブレイクアウトに問題がないか確認する

    ハーフニーリング・ドルシフレクション
         ↓                              ↓
    FN, FP, DP                          DN
         ↓                               ↓
                              下後部連鎖TED/足関節のJMDである。マルチセグメンタルエクステンション・
                              ブレイクアウトとシングルレッグスタンス・ブレイクアウトに問題がないか確認する

    スーパイン・ニートゥチェスト・ホールディングシンズ
         ↓                              ↓
    DN, DP, FP                          FN
         ↓                               ↓
                              ハーフニーリング・ドルシフレクションがFN
                              の場合は，荷重位でのコア，膝関節，股関節
                              屈曲のSMCDである。ハーフニーリング・
                              ドルシフレクションがDNの場合，膝関節と
                              股関節，コアは正常である。ハーフニーリング・
                              ドルシフレクションがDP かFPならば，レッド
    スーパイン・ニートゥチェスト・ホールディングタイズ
                              ボックスと考えて背屈に対する治療を行う。
         ↓        ↓        ↓             マルチセグメンタルエクステンション・ブ
        FN      FP, DP     DN            レイクアウトに問題がないか確認する

 膝関節のJMD（屈曲）/下前部連鎖      股関節のJMD/後部連鎖のTEDである。股関節を確認
 のTEDである。マルチセグメンタル     するためにマルチセグメンタルフレクション・ブレイクアウトへ
 エクステンション・ブレイクアウトに    進むが，まだ膝関節JMDの可能性もある。
 問題がないか確認する              マルチセグメンタルエクステンション・ブレイクアウトを行う
```

SFMA フローチャート　　　　　　　　　　　　　　　　　　　　　　　　　　　　ブレイクアウト 14

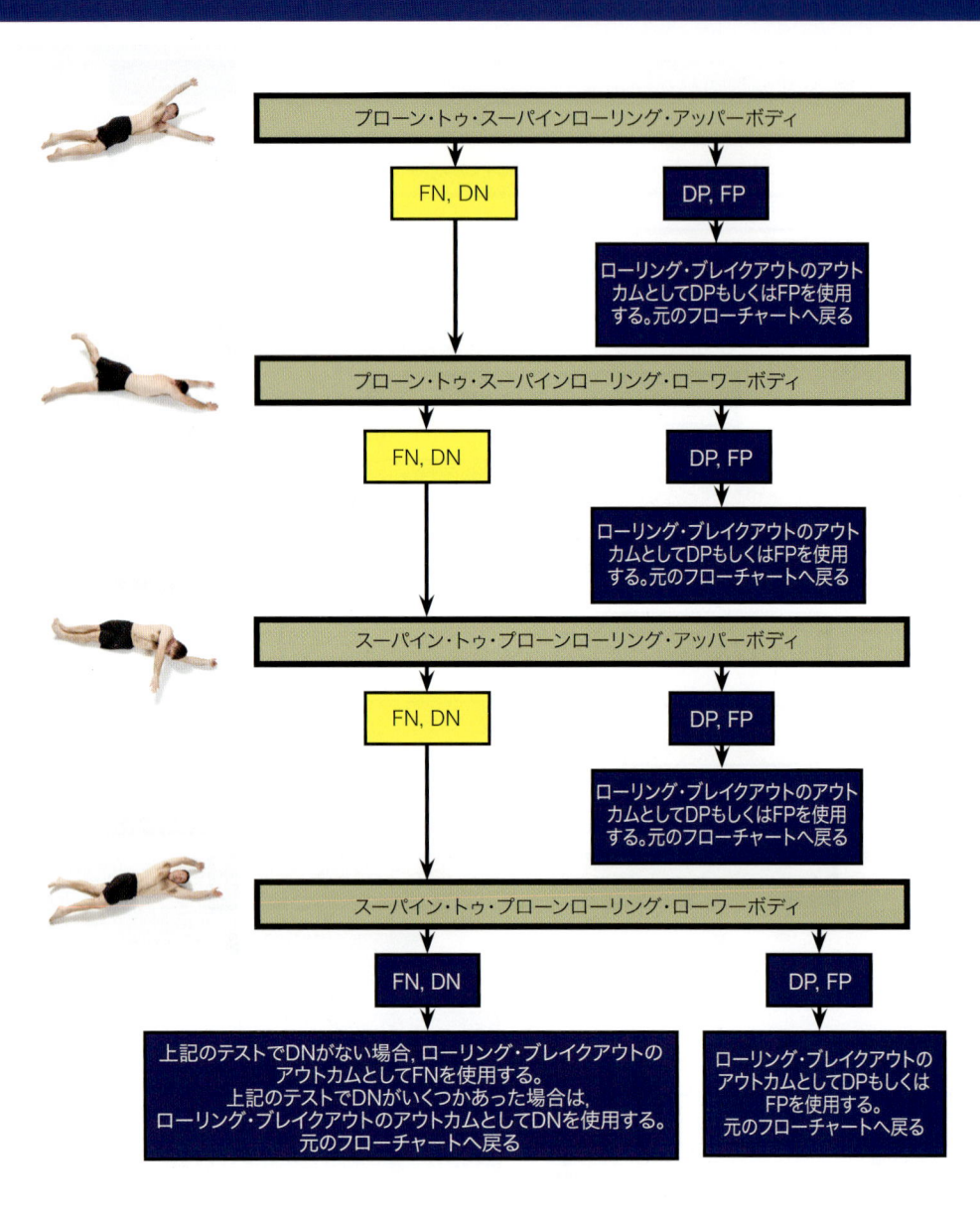

ローリング・ブレイクアウト

```
プローン・トゥ・スーパインローリング・アッパーボディ
├─ FN, DN ─→ （下へ続く）
└─ DP, FP ─→ ローリング・ブレイクアウトのアウトカムとしてDPもしくはFPを使用する。元のフローチャートへ戻る

プローン・トゥ・スーパインローリング・ローワーボディ
├─ FN, DN ─→ （下へ続く）
└─ DP, FP ─→ ローリング・ブレイクアウトのアウトカムとしてDPもしくはFPを使用する。元のフローチャートへ戻る

スーパイン・トゥ・プローンローリング・アッパーボディ
├─ FN, DN ─→ （下へ続く）
└─ DP, FP ─→ ローリング・ブレイクアウトのアウトカムとしてDPもしくはFPを使用する。元のフローチャートへ戻る

スーパイン・トゥ・プローンローリング・ローワーボディ
├─ FN, DN ─→ 上記のテストでDNがない場合, ローリング・ブレイクアウトのアウトカムとしてFNを使用する。
│            上記のテストでDNがいくつかあった場合は, ローリング・ブレイクアウトのアウトカムとしてDNを使用する。元のフローチャートへ戻る
└─ DP, FP ─→ ローリング・ブレイクアウトのアウトカムとしてDPもしくはFPを使用する。元のフローチャートへ戻る
```

SFMA

付録 4
呼 吸

Laurie McLaughlin, PT, DSc, FCAMPT, CMAG

正常な呼吸は，呼吸の力学的側面や換気（空気の肺への出し入れ）と呼吸作用から構成される．呼吸作用はガス交換のことを指し，代謝の燃料を供給するために酸素が細胞へ運ばれ，その代謝によって発生する二酸化炭素（CO_2）が肺に戻ってくる．すべてのCO_2を廃ガスとして排出することがゴールと考えることもあるが，実際のゴールは異なっている．総排出はゴールではない．pHのバランスをとり，酸素の適切な配分を可能とするために，実際にはCO_2の85～88％程度は維持されている．CO_2の生産量がベースラインを維持する排出量と一致する場合に最適な呼吸となる．

呼吸には，反射と高位の中枢制御の両方がある．高位の中枢制御は，意識（会話中や水泳中など）と無意識のどちらもありうる．痛みやストレス，恐怖感は，呼吸を変化させる換気刺激として知られている．これらは呼吸の変化につながる無意識の高位の中枢入力の例である．長引く痛みとストレスの多い条件下では，変化した呼吸が習慣となる可能性がある．

呼吸のメカニクスが変化すると，呼吸の化学反応，特にCO_2濃度が変化する可能性がある．動脈血のCO_2濃度はHenderson-Hasselbachの式やpHの方程式とよばれる関係式の分母となっており（Levitsky, 2003, Thomson et al, 1997），これは呼吸に左右されることから身体システムの機能において大変重要である．CO_2濃度のどのような変化も，pHに影響を与えるだろう．肺胞と動脈血中の理想的なCO_2分圧は40 mmHgであり，正常範囲は35～45 mmHgである（Levitsky, 2003）．

換気が過呼吸（必要以上に多くの空気が肺を通って移動すること）によって代謝要求を超えた場合，CO_2が過剰に吐き出され，動脈血のCO_2濃度が35 mmHg以下に落ちる，低炭酸血症（Thomson et al, 1997）として知られる状態となる．これは，正常な心肺機能を持つ人に最もよく起こるタイプの呼吸変化である．過呼吸は，速く呼吸しすぎるか多く吸いすぎるか，またはその両方で起こる．

CO_2が過剰に吐き出されると，血液や細胞外液，脳脊髄液のpHはアルカリ性になる．このpHの変化によって，血流，特に脳への血流の減少（Eames et al, 2004, Ito et al, 2005）や組織への酸素運搬の不良（Thomson et al, 1997），筋緊張の増加（Thomson et al, 1997），神経系の興奮性の増大（Seyal et al, 1998, Mogyoros et al, 1997）が生じる．

過呼吸は観察によって診断することが難しく（Warburton and Jack, 2006, Gardner, 1996），確認のために生理的検査が必要になる．CO_2測定のゴールドスタンダードは，動脈血ガス測定である（Gardner, 1996）．動脈血ガス測定には動脈穿刺が必要で，血液ガスはその瞬間のみのCO_2濃度の情報であるために実施するのが難しい．呼吸中のCO_2濃度は変化するので（Levitsky, 2003），一瞬を検査することは一過性または状況的な低炭酸血症の検出を制限する可能性がある（Gardner, 1996）．しかしながら，呼気終末CO_2濃度（end tidal CO_2）を検査するカプノメトリまたはカプノグラフィを用いることで，連続的な数値を得ることができる．

カプノグラフィ

カプノグラフィは呼気中のCO_2濃度を測定するものであり，動脈血CO_2濃度の代用的な指標として用いられている．救急部門で侵襲的な換気方法の成否を決定し鎮静処置を助けるためや，手術室で換気の状態を監視するために使用されている．カプノグラフィは，CO_2濃度の正確で時間に敏感な指標であることがわかっている（Miner, 2002）．

病院外での適用は比較的新しく，過呼吸の診断や呼吸を改善させるためのバイオフィードバックを提供できる見込みがあり，特定の呼吸再トレーニングや徒手療法による介入の後のアウトカム指標として使用できる可能性がある．

この検査は，呼吸数や呼吸量が変化する場合，集中している間や会話が続いた後など，様々な姿勢や活動中に行うことができる。活動や姿勢が原因で呼吸が悪化する場合，様々な活動や姿勢による違いを調べるために検査することができる。検査後に呼吸のメカニクスに関する教育やカプノグラフィによるフィードバックを用いて自己認識を高めることで，適切な呼吸を回復させることができる。カプノグラフィは，不良呼吸を誘発する姿勢や動作パターンを特定し，リハビリテーション中に呼吸の変化をモニターするのに役立つ。

付録 5
心拍変動

　心拍変動（heart rate variability：HRV）は悪いことのように聞こえるかもしれないが，専門家によれば実際には良いことである。我々は安静時心拍数が70拍/分であることや，160〜180拍/分の間でトレーニングすることなどについて議論することが多い。このアプローチは心機能に対する代表的なものだが，心臓生理学に関する全体像を把握することはできないだろう。HRVは心臓のリズミカルな働きが不均一であることを意味している。また，全般的な体力や健康に不可欠である心臓自律神経系の適応性を反映するものと考えることができる。

　HRVは電気生理学的検査のスパイクやR波の間隔の変動によって測定され，心臓や自律神経機能の評価のための非侵襲的検査として確立されている。

　この検査は歴史的には突然死の確率増加を予測するために使用されてきた。HRVは，変動が乏しい場合は適応性に問題があり，また変動性が大きい場合には高い適応性を表わすことから，重要な指標と考えられている。いくつかの報告によると，HRVはロシアの宇宙飛行士や潜水艦乗組員などのストレスの高い仕事を行う人に対するスクリーニングにも使用されてきた。

　多くの人は心拍数，つまりリズムは決まっていて活動に伴って単に速くなったり遅くなったりすると考えている。しかしながら，健常者の心拍数は絶えず変化しており，内部や外部のストレッサーに適応する性質を示している。これは持続的なストレス下で機能する自律神経系能力の流動的変化と見なすことができる。これらのストレッサーは交感神経系による闘争・逃走反応を引き起こすが，ストレッサーを除去することで副交感神経系による休息と消化の状態を取り戻せる。

　HRVは，先に述べたカプノグラフィと同様に，神経系の質のバイオマーカーとして生み出されたと思われる。これらの質は動作と密接に関連しているが，仮定を立てる必要はない。我々は機能の定性的な構成要素を示すと考えられている主要な変数を観察するだけである。

　先入観がなければ，神経系の質の不良がいかに動作パターンの不良をもたらすか，また動作パターンの不良がいかに神経系の質の不良をもたらすかを考えることができる。両方をモニターすることは，ストレスを調節するのに役立ち，それによってスクリーニングと修正をうまく展開することができるからである。動作システムや神経系に過度なストレスが加われば，修正がうまくいかない場合がある。完全にストレスを避けてしまえば，システムの機能や適応性に負荷をかけて変化させることはできないだろう。

付録 6
ファンクショナルムーブメントシステム 考案チームの紹介

アートとサイエンスの融合は，どの素晴しい専門分野においても見受けられるものである．残念ながら，ある一方向に偏ってしまう専門分野も常に存在し，一方向に進みすぎるとバランスの質が損なわれる．今後の展望を持ち続けながら，バランスのとれた専門分野の発展を提唱するためには，努力と正しい自己評価が必要である．そして，絶えず進歩し続けるためには，同じ分野の友人や同僚，共同研究者，指導者などで構成されるグループ以上の保険は考えられない．今日の進歩や社会的環境が変化する中で専門的な信条を維持するには，このようなグループメンバーが不可欠である．素晴しいメンバーが仲間をつくり，そして素晴しい仲間が物事を実現させるのである．Seth Godin は著書『Tribes』の中で，人数の多小にかかわらず，仲間というものがいかにテーマやアイデア，信条，リーダーによって互いに関係し合っているグループであるかについて述べている．

新しいアイデアを恐れない多くのメンバーと仕事ができたことは，私にとって幸運であった．彼らはそれぞれ異なる専門分野の道を辿ってきたにもかかわらず，彼ら自身を際立たせる根本的な思想によって繋がっている．それぞれのメンバーが原則に取り組み，方法だけを鵜呑みにするようなことはなかった．彼らは新たな考え方を取り入れ，全体像について卓越した見方をしており，また，改善に対する意欲がある一方で，過去の教訓を忘れることもなかった．本書は，素晴しいメンバーとともに行った何年にもわたる臨床経験や指導，教育，話し合い，そして幾多の旅から生まれたアイデアに基づくものなのである．

本書は，エクササイズとリハビリテーションにおけるアートとサイエンスを再融合させることを，メンバーの助けや提言，努力，協力，献身を得て試みたものである．スクリーニングとアセスメントは，一見無味乾燥で規則的なものにみえるかもしれないが，このようなシンプルな手段によってこれまでにはなかった考え方が浮かび上がってくるのである．それはすなわち，他の動作に関するデータ形式にはない，ヒトの動作パターンを観察することにより導かれる観点である．我々のチームは，理解とコミュニケーションを高めて考え方を改善するこの系統的なシステムの良さを自負している．

ヒトの動作をみる際，我々がそれを見失うまでにどれほど観察できているかはわからない．最良のコンピュータアニメーションも，我々の目を欺くことはできない．なぜなら，ヒトの動作は独特なサインを有しているからである．親しい友人や家族の動く姿が薄明かりに照らされてできた影をみれば，顔をみる前に動き方からその人が誰であるかがわかるだろう．本書で紹介するファンクショナルムーブメントシステムは，そのような動作の特徴を捉えて他の情報と統合し，可能な限り包括的かつ主体的な評価を行う一助となる．

チーム

大抵の場合，私の名は FMS や SFMA と関連づけられており，そのように認識していただいていることを私自身光栄に思っている．しかし，ファンクショナルムーブメントシステムは，私個人の努力によるものではない．私はチームの，しかも素晴しいチームの一員である．このチームとは，ファンクショナルムーブメントシステムの発展や紹介の仕方，実施方法，研究方法を形作るのを助けてくれた人たちである．ファンクショナルムーブメントシステムをわかりやすく受け入れやすいものにし，またその教育方法を考案するために，チームのメンバーそれぞれが貢献してくれた．新たな分野でファンクショナルムーブメントシステムを用いた人もいれば，問題を提起し研究を行った人もいた．皆，何らかの方法でファンクショナルムーブメントシステム

に貢献し，その発展を支えてくれた。結果として，動作の観察方法にわずかな違いを生み出すことができたのである。

我々は科学技術や流行がスキルやアートに影を投げかけるデジタルな世界に住んでいる。

動作を調べ，パターンについて考察し，アートを加えたサイエンス，もしくはサイエンスを加えたアートを実践するために，我々はファンクショナルムーブメントシステムを用いるのである。

■ オリジナルチーム

オリジナルチームとは，当初からFMSの考案に携わってきたメンバーのことであり，それぞれがスクリーニングとアセスメントの様々な部分について吟味を重ねてきた。本書で紹介したファンクショナルムーブメントシステムは，以下に記したメンバーによるところが大きい。

Gray Cook | Lee Burton | Kyle Kiesel | Brett Jones
Mike Voight | Keith Fields | Greg Rose

■ 拡大チーム

拡大チームは，協力やフィードバック，多くの考え方を与えてくれたメンバーで構成されている。皆，動作のスクリーニングとアセスメントの概念や受容に関して何かしら手を加えてくれた人たちであり，想像できないほど多くの場所でファンクショナルムーブメントシステムを利用してくれている。

Todd Arnold | Mike Boyle | Milo Bryant
Robert Butler | Lisa Chase | Mark Cheng
Courtney Mizuhara-Cheng | Steve Conca
Mike Contreras | Geralyn Coopersmith
Alwyn Cosgrove | Rachael Cosgrove | Eric Dagati
Pete Draovitch | John Du Cane | Sue Falsone
Jeff Fish | Joe Gomes | Paul Gorman
Behnad Honarbakhsh | Rusty Jones | Pat Kersey
Thomas Knox | Mike Lehr | Scott Livingston
Tim Maxey | Stephanie Montgomery
Darcy Norman | Jeff O'Connor | Phil Plisky
Thom Plummer | Chris Poirier | Jim Raynor
Anthony Renna | Jay Shiner | Steve Smith
Carla Sottovia | Mike Strock | Nishin Tambay
Ed Thomas | Alan Tomczykowski | Jon Torine
Pavel Tsatsouline | Joe VanAllen
Mark Verstegen | Charlie Weingroff

もう1人のメンバーについても，この場で紹介しておきたい。発行人のLaree Draperには，本書の編集を担っていただいた。彼女のこのプロジェクトに対する関心と細部にまで及ぶ配慮は，従来の発行人のそれを遙かに超えており，そのことに対して深謝したい。彼女の素晴しい努力により，我々の考えをこれまでになくわかりやすい整理された形で紹介することができた。

付録 7
キャリア初期の考えとジャンプについての研究

　私はマイアミ大学で理学療法の教育を受けたが，そこで多くの異なる視点から動作とエクササイズについて深く考えるための礎が築かれた．私が受けた整形外科学教育は端的なもので，そこから運動学とバイオメカニクスの基本理念を学んだ．動作と動作に特有な多くの問題について考え始めた頃，神経系についても学んだことで，私の理解と推論の幅がさらに広がった．

　固有受容性神経筋促通法（PNF）と運動発達について学んだことが，機能的動作パターンがいかに相互に関連しているかを認識するきっかけとなり，従来の整形外科リハビリテーションが基礎的なバイオメカニクスと同程度には神経学を組み入れていないことを理解し始めた．動作パターンについて勉強することによって運動発達の観点から考えるようになり，寝返りや腹這い，四つ這い，膝立ちなどの動作や動作パターンがいかに次の発展的な動作パターンの基礎をなす踏み石となっているかについて関心を持ち始めた．そして，機能的なレベルで動作パターンに着手しても最善の結果が得られるわけではないと考えた．基礎的なレベルで動作パターンの問題に対応する必要がある場合もあるはずで，それについての理解を深めたかったのである．

　私はエクササイズの専門家として，フィットネスやアスレティックコンディショニングの一般原則では，運動生理学と同程度には神経学を重要視していないことにも気がついた．神経学的問題に対して用いられていた神経学的アプローチは，コレクティブエクササイズや整形外科分野におけるリハビリテーションに取り入れられることはほとんどなかった．神経学的アプローチは神経学的機能障害に対するエクササイズやリハビリテーションのためだけのツールではないと私は考えていた．ある動作パターンの主動筋に焦点を当てた単独のアプローチばかりの従来のエクササイズよりも，神経学的アプローチのほうが動作パターンの修正と促通を知覚するよい機会が得られる．神経学に基づく考えを加えることにより，知覚やバランス，タイミング，筋トーンをより適正化し，基本的パターンが機能的パターンを生み出すことを促進できる．

　脳性小児麻痺や脳損傷，脊髄損傷の患者では，筋トーンの亢進や痙縮が起こる．ダウン症候群や完全麻痺などの他の問題であれば，筋トーンは低下する．神経学的アプローチは，基本的に徒手的介入と運動により入力と出力の量を調節する方法である．神経学的アプローチは悪い状況を最大限に活かすための方法であり，感覚器系を賦活させ，動作のためによりより適切な環境を整える促通手技を用いる．PNFなどの手技では，他動運動や介助運動，触覚刺激，肢位調節，軽い抵抗，呼吸コントロール，その他の微細な刺激が用いられる．医学的な基準からすれば神経系が正常な場合でも，コレクティブエクササイズにこれらの手法を組み入れるべきである．ただし，やみくもにこれらのテクニックを行うだけではいけない．何かしらの基準を用いて，これらのテクニックが最も有効であるのか，もしくはその他の方法がより効果的なのかを判断するべきである．

　動作と動作コントロールについての考え方の多くはあまりにもありふれているため，無視されがちである．我々は，乳児が成長に伴って姿勢を進化させ，ある動作が達成できると今度はより難しいパターンへと不器用ながらも修正していく様子をみている．また，荷重する度により良い支持と動作を促していることなど認識もせずに，移動のために異なる身体部位を用いる様子もみている．

　我々は，各競技フォームに組み込まれている多くのらせん状や斜め方向の動作について考えることもなく，スポーツ動作をみている．エリートランナーのわずかな体幹回旋や対側の（reciprocal）上肢運動には気づかないが，初級ランナーにこれらの動きがみられない場合には，不自然な動作にすぐ気づくだろう．ただし，不自然さに気づいても，何が足りないのかはわからないだろう．

　ほとんどの人がぎこちない動作や機能不全のある

動作を見分けることができる反面，往々にして何が問題かを正確に述べられないのは皮肉な話である。実際の問題について何もいえないために，明らかな動作のぎこちなさや微妙な機能不全を無視してしまい，それらの問題は徐々に当たり前の状態になってしまう。

これこそ，FMS が非診断的ツールとして広まった理由である。FMS は，評価システムに基づいて動作の基本的および機能的な問題点を特定し，治療や修正方法を提案する前に，何が適切で何が許容できないかについての見方を一致させるものである。

■ 努力と多くの失敗から得た考え方

前述の考え方は，学習の継続とともに発展していった。いくつかのひらめきが私の学習を加速させた。私が若く自信過剰な理学療法学科の学生だった頃，エクササイズとリハビリテーションの考え方は過度に単純化しすぎており，神経学の原理が欠けていると確信していたため，その印象を卒業研究に反映させたいと考えていた。当時の私は，多くのことを知っていたわけではなかったが，理学療法を勉強する以前からエクササイズに関してはかなりの経験を有していた。整形外科リハビリテーションや一般的なエクササイズの考え方には，脳卒中に対するリハビリテーションや小児理学療法のような神経学分野で日常的に用いられる知識が充分に活用されていないと感じていた。ただし，このような考えを持って理学療法学科に入学したわけではなかった。この考えは，筋骨格系と同等に中枢神経系の重要性について認識するようご教示いただいた何名かの教授陣のお陰で培われたものである。彼らの指導により，私は動きの量とともにその質を重んじることを学んだ。

神経学的に問題がない場合でも，神経学的原理について考慮しなくてはならないことを，私は徐々に理解していった。神経学的な損傷や病変が認められないだけで神経系が効率的かつ最適に機能していると決めつけてはいけない。静的および動的安定性が低下した整形外科疾患患者をみたことがあったが，神経学的問題もあるのではないかと感じていた。整形外科疾患に対するプロトコルは，安定性低下を筋力の問題として扱い，筋力向上を目的に安定性低下に関与した筋を強化し，これによって筋収縮のタイミングや協調性も改善されると考えていたようである。

私の専門家としての成長は，コンディショニングとリハビリテーションの両方の分野で目的をもって動作を探求してきた過程とともにある。コンディショニングの分野では Vern Gambetta が，リハビリテーションの分野では Gary Gray がそれぞれ正常な活動に向けてのより実際的で意味のあるエクササイズの実例を提示してくれた。彼らのプレゼンテーションや出版物は，私の専門家としての初期の成長を促し，1980 年代から 1990 年代に主流となっていた決まりきったプロトコルや単独のアプローチに対する私の疑問に影響を与えた。その当時，アスリートはボディビルディングに励むことで競技成績がより向上すると考え，理学療法士は専門的で信頼できるが必ずしも機能的ではない運動軸が固定された等運動性の機器に取り憑かれていた。

Gambetta と Gray の 2 人は，今日広く受け入れられている機能的アプローチの発展に貢献した。残念なことに，フィットネスとコンディショニング分野の専門家の多くが，未だにファンクショナルエクササイズを「本当のトレーニング」の代替物と考えている。彼らは，弾性バンドやメディシンボール，軽いウエイト，バランスボードをみて，その効果は重いウエイトを用いた筋力トレーニングと比較してどれほどなのだろうかと疑問を抱く。彼らはファンクショナルエクササイズを本当のトレーニングを補助するものとしてではなく，筋力強化やパワートレーニングの代わりのものとしてとらえている。エクササイズの多くの傾向と同様に，ファンクショナルエクササイズも極端な傾向を示し，未だに筋力トレーニング派あるいはファンクショナルエクササイズ派と自らを称するだけで，決して両方に手を伸ばそうとしないのである。

私の経験は限られたものであったが，いくつかの重要な考えをまとめることができた。私はこれまでパーソナルトレーナーや学生のアスレティックトレーナー，病院の助手，健康を目的としたエクササイズのインストラクターとして働いてきた。また，

運動科学分野で学士号を取得し，アスレティックトレーニングと心理学を副専攻していた。私の専門的関心はエクササイズとリハビリテーション分野に集中しているが，これらに最も論理的なアプローチが適用されているとは思えなかった。

私は，効率と効果を常に考慮し，同じ結果を維持したままで何個のエクササイズを省略できるかを考えた。以下のことを目的とし，適時適所で実施された単一のエクササイズが動作にどれほどの変化をもたらすのか，その潜在効果を熟考した。

- 動作パターンと神経学的促通を考慮することによって動作パフォーマンスが改善することを示すこと。
- 動作の質の促通は動作の量においてもメリットがあることを証明すること。
- 神経学的アプローチが神経学的問題に対して有効であるならば，正常な神経系に対しての効果も著明であることを示すこと。

好奇心

私が考えていたことは，運動パワーを明確かつ簡単に測定できる動作パターンを見つけ，それを1時間未満で向上させることであった。正常であっても活かされていないパワーなど存在するのだろうか？ほとんどのエクササイズや運動プログラムでは，現時点での生理機能や代謝機能のレベルがパワーを規定すると考えられているが，神経筋機構はどうなのだろうか？ もしかしたら，これも制限因子になりうるかもしれない。我々は利用されていないパワーがあっても歩き回ることができるのだろうか？

パワーは呼吸法や姿勢のアライメント不良によっても制限される。また，緊張を保持することによる筋トーンの増加や，使わない動作パターンに関連した筋トーンの低下によっても制限される。仮にパワーが神経学的機能と身体機能のいずれにも同等に関連していることを証明できれば，より実践的なエクササイズについての考え方を構築するための実例となるだろう。

私は継続的に繰り返しトレーニングした場合の神経学的プログラミングと動作パターンに及ぼす非効率的な効果についても検証したかった。これらはトレーニングすれば自然に効率化するのだろうか？それとも，単に代償と代用が問題を覆い隠し，目立たなくするだけなのだろうか？

私が大学にいる頃にはプライオメトリックトレーニングの人気が高まり，バリスティックエクササイズをプログラムに採用するコーチもいた。プライオメトリックトレーニングは，筋腱の素早い伸張が生じる負荷に対する反応を改善してパワーを向上させるものである。プライオメトリックトレーニングは神経学的トレーニングの定義と完全に一致し，パワーや協調性，動的安定性の向上，衝撃吸収活動を通じた腱強化などのメリットがある。

プライオメトリックトレーニングでは，神経学的反射と筋腱の弾性組織によって運動が調整され，爆発的なパワーが発揮される。しかし，ここである問題が浮上する。プライオメトリックトレーニングはパッケージ化され，適切に用いる必要があった。これは従来のコンディショニングなのだろうか？ それとも促通手技なのだろうか？

仮に従来のコンディショニングだとすれば，セット数や反復回数，負荷量，トレーニングスケジュールが，最終的にエクササイズの内容を左右する。一方，促通手技だとすれば，神経学的効率を最適化するためだけに用いられるだろう。いうまでもなく両方のメリットが得られればそれに越したことはないが，1つの方法で求める効果を最大化するためにはプログラミングを規定する必要がある。

神経学的アプローチには，神経学的効率性のベースラインが必要であった。促通手技の一環としてプライオメトリックトレーニングが用いられるのは，神経の興奮性が最大の制限因子である場合のみであろう。仮に柔軟性や安定性，持久力，姿勢，フォーム，筋力が制限因子であれば，プライオメトリックトレーニングは他の身体システムに不必要なストレスを与えかねない。また，神経学的機能の向上に必要なプライオメトリックトレーニングの負荷に他の身体システムが耐えきれない場合，神経系を適切に促通させることはできないだろう。

ここでウィーケストリンクのシナリオを思い出してみよう。すなわち，ウィーケストリンク以外を対

象としたトレーニングやコンディショニングは，連鎖機能を改善しないという考えである。基本的な可動性と安定性が機能的なレベルにある場合にのみ，プライオメトリックトレーニングが安全に神経学的機能を最適化させるということに気づいたことで，プライオメトリックトレーニングなどの神経学的トレーニングに先立ってスクリーニングを実施する必要性があることは明らかとなった。

しかし，その時の私はスクリーニングについて深く考えることはなく，どこかに存在するものと思い込んでいた。まさか私の人生における次のステージになろうとは知る由もなかった。理学療法学科の学生として，私はただ神経学的トレーニングを整形外科リハビリテーションや一般的なフィットネス，パフォーマンス向上においてより有効に用いることができることを証明したかっただけであった。

私の研究プロジェクト

私は自分の研究テーマとして垂直跳びを選んだ。垂直跳びは理学療法分野の研究では意外なテーマであったが，次のような理由から研究することを決めた。私は，健常で活動的な人を対象とし，促通手技がパワーを明確に示すパフォーマンスに及ぼす効果について検証したかった。このことが証明できれば，リハビリテーションやエクササイズ，スポーツトレーニングにおける促通手技の適応の事例になると考えた。

この研究プロジェクトの目的は以下の通りであった。

- 正しいエクササイズの選択によって神経筋の効率性が最適化されることを示す。
- パワーは1時間以内に向上することを示す。
- 生理的適応や組織の変化なしにパワーが向上することを示す。
- 動作パターンの学習が促進されたことを示す。

垂直跳びは客観的な運動であるため，良い選択であった。というのも，皆ジャンプすることができるし，誰の身体にも重力は等しく作用するため，身体の大きさの影響を排除することができる。大学のバスケットボール選手やバレーボール選手のようなエリートジャンパーは対象とせず，ジャンプのパフォーマンスに向上する余地があると思われる，エリートジャンパーではない活動的な人を対象とした。なお，この研究は数日間，あるいは数週間から数ヵ月にわたるジャンプトレーニングの効果を検証するデザインではない。私の関心は適応ではなく反応にあったので，1回のエクササイズが神経筋機構にどれほどの効果を及ぼすのかを検証したかった。

適切な研究の型に従うのなら，私の考える促通エクササイズを従来のジャンプトレーニングやコントロール群と比較する必要があった。また，私と共同研究者はウォームアップの生理的影響を排除し，動作パターン学習の効果だけを検証することを考えた。

我々は促通エクササイズにPNFの原理を採用した。従来，PNFは徒手介入であるが，本エクササイズは徒手による操作を伴わないものであった。また私は，非視覚的および非言語的な動作学習環境も設定したかった。

研究顧問や共同研究者とともに，ジャンプ動作パターンに軽い抵抗を加える方法などの計画について検討した。当時一般的であったジャンプトレーニング器具は，プラットフォームに固定された強力な弾性バンドを肩や腰に装着するタイプのものであった。この器具の焦点は主に下肢で，その目的はいうまでもなく下肢に過負荷を加えることであった。

広告や取扱説明書から察するに，この器具は抵抗による筋力増強効果と，弾性バンドと重力を利用した強い着地動作によるプライオメトリック効果を見込んでいるようであった。しかし，いくつかのジャンプの力学に関する先行研究によると，並のジャンパーと優れたジャンパーの最も大きなバイオメカニクス的相違点は，上半身と上肢の貢献度であった。この一般的な製品は，この点については着目すらしていなかったが，みた目は良く，基本的な筋力トレーニングの考え方に沿うものであった。私はわずかな抵抗によってジャンプ動作を改善するとともに，固有感覚入力を与え，筋収縮の協調性とタイミングを促通したかった。その時は気がつかなかったが，我々は行動の代わりに知覚に焦点を当てていた

のである。このことは後に私がコレクティブエクササイズを理解するための重要な要素となった。

我々が考案した促通エクササイズは，軽い抵抗を手に加えるものであった。具体的には，対象者に軽い抵抗としてのバンドを握らせたまま，可能な限り高くかつ速く10回ジャンプを行わせた。

対象者の左右の足から約60〜75 cm外側に離れた場所に設置したプラットフォームに，バンドを固定した。バンドによって多少の抵抗は加わるが，主な目的は対象者がジャンプした際に犯した失敗をさらに誇張することであった。例えば，仮に対象者が脊椎を過度に伸展させた場合，バンドによってさらに伸展方向へと牽引される。同様に，仮に対象者が右に側屈した場合，バンドによってさらに右側屈方向へと牽引される。したがって，対象者は各ジャンプで生じたミスに対する即時的な固有受容性フィードバックを得ることとなる。仮に対象者がミスした方向とは反対の方向へ過度に修正した場合，今度はその過度な修正に対するフィードバックが得られる。対象者が良いアライメントと対称性を保ってジャンプした場合には，バンドによって変な方向へ牽引されることはなく，ただ単に元の位置に戻される。最初に方法を説明した以外の言語指示や視覚的フィードバック，指導は与えなかった。

対象者は大学生年代の50名（男性：25名，女性：25名）で，皆週に1回はエクササイズやレクリエーションスポーツに積極的に参加していた。外傷・障害の既往や運動時痛を訴えていた者はいなかった。対象者は無作為に3群のいずれかに割り当てられた後，それぞれ10回ジャンプを行った。

第1グループは，現在我々が反応性神経筋トレーニング（RNT）と呼んでいるジャンプの促通エクササイズを行った。

第2グループは従来のジャンプトレーニングを行った。これは前述の通り，プラットフォームに固定された高負荷の弾性バンドを肩と腰に装着するタイプのものであった。

第3グループはコントロール群で，抵抗なしで可能な限り高くかつ速くジャンプを行った。

測定はジャンプを3回行い，その平均値を記録し，これを3セッション行った。測定内容は垂直跳びの高さとジャンプの反応時間であった。測定は10回ジャンプする介入の直前および直後に行い，各介入の即時効果をみた。

本プロトコルでは，2回目の測定セッション終了時点で計16回もジャンプを行うことになるため，疲労の影響が懸念された。そこで，2回目の測定セッション終了後に30分の休憩を挟んでから，3回目の測定セッションを行った。つまり，3回目の測定セッションは16回のジャンプによる生理的影響を排除するためのものであった。3回目の測定セッションでは，疲労とウォームアップの影響をなくし，何かしらの運動学習効果を検出することを意図していた。ここでは適応ではなく運動反応を検出することしかできないが，たとえ一時的でもモーターコントロールに変化が認められればそれで満足だった。

本研究により，従来のジャンプトレーニングやコントロール群に比べて，促通エクササイズはトレーニング直後および30分後の反応時間に正の効果をもたらすことが示された。また，従来のジャンプトレーニングやコントロール群に比べて，促通エクササイズはトレーニング30分後のジャンプ高を大幅に増加させた。図a7-1〜4では，1次効果（2回目の測定）とキャリーオーバー効果（3回目の測定）が示されている。

我々は，ジャンプの動作パターン全体に軽い抵抗を加えることによって固有感覚入力の機会がより多く生まれ，その結果モーターコントロールが改善したと推測した。この運動効率の向上は，促通エクササイズ実施直後に認められ，減少こそしたもののその後30分持続した。促通エクササイズによる介入効果はすぐには消失せず，トレーニング効果は介入後30分経過しても従来のジャンプトレーニングやコントロール群よりも上であった。反応時間とジャンプ高がいずれも改善しており，2倍のパワー増加が示された。

我々の目的はジャンプトレーニングを考案することではなく，固有感覚入力を最大化するようにデザインされたシンプルな10回のエクササイズが非常に効果的であることを示すことであった。我々が考案したエクササイズは，軽い抵抗を用いてジャンプ動作のミスを即座に誇張するものであった。徒手に

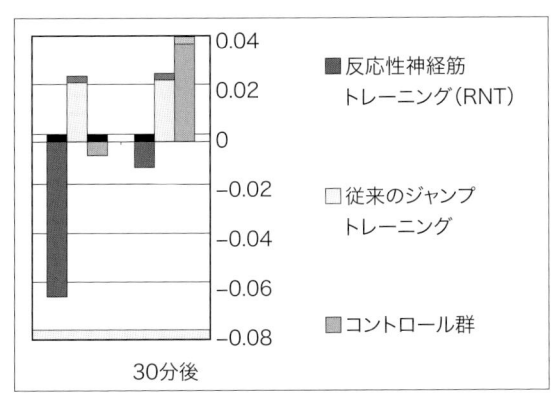

図 a7-1　垂直跳び反応時間の変化(女性)　(単位：秒)
反応時間テスト。RNT 群で有意な反応時間の改善(減少)を認めた。RNT 群の改善はキャリーオーバーテストまで維持されていた。

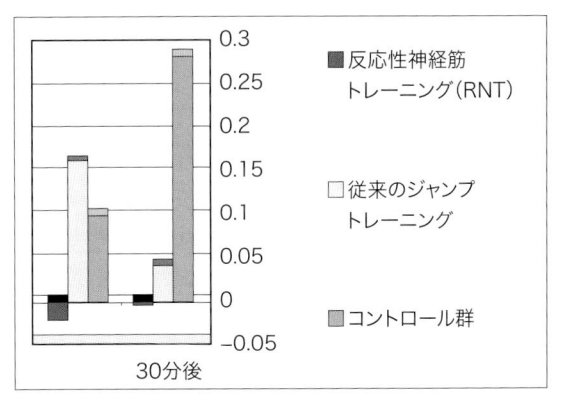

図 a7-2　垂直跳び反応時間の変化(男性)　(単位：秒)
反応時間テスト。RNT 群にのみトレーニング後の反応時間の改善(減少)を認めた。RNT 群の改善はキャリーオーバーテストまで維持されていた。

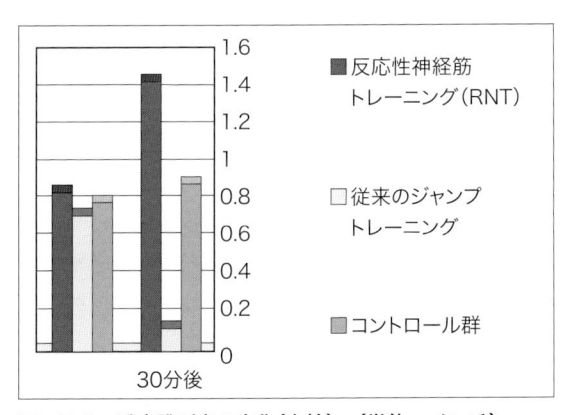

図 a7-3　垂直跳び高の変化(女性)　(単位：インチ)
パワーテスト。各トレーニング後のすべての測定で改善を認めた。RNT 群の改善はキャリーオーバーテストでも認められた。

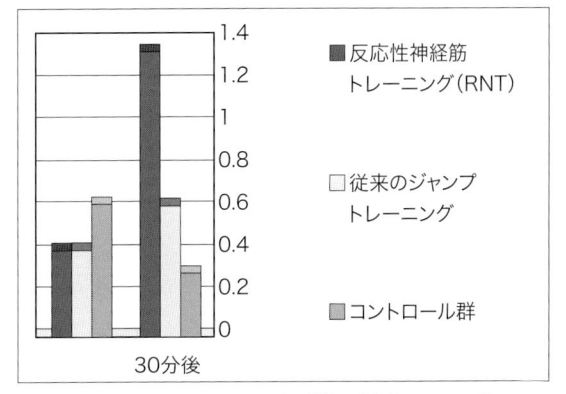

図 a7-4　垂直跳び高の変化(男性)　(単位：インチ)
パワーテスト。各トレーニング後のすべての測定で改善を認めた(コントロール群が最も良かった)。RNT 群の改善はキャリーオーバーテストでも有意に認められた。

よる抵抗がなくても PNF の原理を用いてモーターコントロールを改善することができることを示したかったのである。

異なる視点で物事をみる

その時には気づかなかったが，私は前述の研究から多大なる影響を受けた。私は理学療法の大学を卒業した後 5 年間，徒手療法を勉強しながら働いた。そこでは，関節のモビライゼーションとマニピュレーションの方法や軟部組織の問題の対処の仕方について学んだ。

私は整形外科・スポーツリハビリテーションのあらゆることについて高度なトレーニングを受けたが，すばらしい徒手療法の後に行われる標準的でパッケージ化されたエクササイズには感銘を受けなかった。

コレクティブエクササイズでは何も修正されていなかった。このようなエクササイズでは，根拠のない抵抗負荷を加えて筋力や健常性，適合性が得られることを期待しながら，誤った動作を単に練習するだけである。コレクティブエクササイズが，生理学的負荷と神経筋的負荷のうちどちらのためにデザインされたのか，臨床家は知らない。ウィーケストリンクは何であろうか？　最も制限されている身体システムは何であろうか？

コレクティブエクササイズのほとんどが，モーターコントロールではなく組織生理学に着目していた。これらは，平面的な動きを多くの言語指導を用いて行うもので，私の「機能」の定義に合致しない。

これでは誰も何かに反応するようにはならないし，感覚-運動系に負荷をかけることにならない。ただ，局所の運動学を単に適応したエクササイズの練習を行っているだけである。知覚を高め，学習のために必要なミスを提供するようなコレクティブエクササイズをデザインしなくてはならないのに，犯してはいけない動作のミスについて患者に説明するに留まっているのが実情であった。

一見して，リハビリテーションの専門家は機能不全が認められる部位やその周辺を活動させれば，モーターコントロールが自然とリセットされると思い込んでいるようであった。このような活動は，リセットを起こすよりもむしろ代償動作のための機会をより多く作ってしまう。痛みが一貫性のない，予測不可能な経路でモーターコントロールに影響を及ぼすことは周知の通りである。痛みがある状態で，計画が不充分で再現性のないエクササイズを行えば，平均的な患者では正しいモーターコントロールを再構築することはほとんど不可能だった。また，傷害の既往が将来的に起こる傷害の最も重大なリスク因子であることを示唆した研究とも関連していると思われた。

我々は痛みが消失するか少なくとも我慢できるレベルになるまで患者を動かし，そして何かをやり遂げたと感じていた。その際に機能をチェックすることもなければ，回復過程においてどれほどの代償動作が患者に身についてしまったかを考えることもなかった。機能の回復ではなく，痛みの解消に目が向けられていた。私の理学療法カルテも，機能的動作パターンの回復よりも痛みが解消したことについてはるかに多く書かれていた。

自分の評価スキルが向上し始めた頃，RNTについての私の定義に沿うエクササイズ，すなわち動作のミスを誇張する軽い抵抗を用いるエクササイズを試し始めた。もしランジ動作で膝関節の外反が認められる場合，弾性バンドで膝関節を内側に引っ張った。強く引っ張ると，難しくなりすぎて動作ができなくなる。反対に，引っ張る力が不充分であれば，誤った動作パターンは改善しない。適切な力で引っ張ると，反応的な対応が観察される。外反した膝関節がリセットされ，より機能的な肢位へと変化する。最適なRNTの負荷は，最小限の言語的もしくは視覚的フィードバックにより修正可能なミスを誘起する程度である。

理学療法士は患者の診断名や疼痛部位に基づいて問題を分類していた。一方私は，それとは全く異なり，診断や疼痛ではなく動作機能不全に基づいてコレクティブエクササイズを選択するようになった。私も以前は疼痛や機能不全に対しては有効でも，動作パターンの修正には何の効果もない治療を行っていた。しかし結局は，診断や疼痛ではなく動作機能不全に基づいたコレクティブエクササイズを行うようになった。

もちろん，患者の状態からして禁忌となるようなエクササイズを処方することはなかった。私は往々にして疼痛部位から離れた身体領域に対してコレクティブエクササイズを行っていた。この新しいモデルでは，2人の腰痛患者に対して全く異なる運動プログラムを処方することもありうる。彼らは痛みに対して同じ治療を受けたとしても，動作機能不全によっては全く異なるコレクティブエクササイズが必要になるのである。

このコレクティブエクササイズの新たなアプローチは功を奏し，急速に進化したようだった。ただし，2つの重要なルールが効果の明瞭な決定要因であることが明らかになった。第1のルールは，身体パフォーマンスや診断のような他のパラメーターとともに，動作パターンについて検討する必要があるということであった。これらはFMSやSFMAの基盤となった。

第2のルールは，自然の法則に従うことであった。安定性よりも可動性が優先する。この反応性ドリルは可動性が低下していない場合にのみ有効であった。これは，新たなレベルのモーターコントロールを得ようとする前に，可動性の問題に対処しなくてはならないことを意味した。可動性の問題がなければ，RNTドリルによってモーターコントロールの向上と動作パターンの改善が見込める。可動性が制限されている場合は，まず可動性を改善させる必要がある。

もちろん，すべての症例に対して可動性の正常化を見込むことは非現実的である。しかし，正常にな

らないからといって何も試みないのもまた実際的ではない。ほとんどの例において，可動性は改善する余地がある。可動性がある程度改善してはじめて，基本的な安定化エクササイズやRNTドリルによってモーターコントロールを向上させることができる。

可動域の問題は，不適切な動作パターンの副産物のような機能不全で，充分に管理されなかった傷害や身体的ストレス，精神的ストレス，姿勢のストレス，無駄な固定の結果である。これらの問題が1つもしくは複数ある中で機能をある程度のレベルで提供しようとした結果，可動性が減少する。例えば，コアの機能低下が認められる症例では，求められたレベルで機能し続けようとした結果，肩甲帯や頸部の周囲筋にタイトネスが生じることがある。同様に，慢性腰痛を有する症例では，可動性を低下させても2次的なブレースとして機能させるために，股関節屈筋群やハムストリングスにタイトネスが生じるかもしれない。

明らかになったのは，以下のようなことである。身体の自然な働きが身体的要求に対して編み出した解決策は，ある領域で可動性を損なう場合があるものの，望ましいレベルで機能を生み出す。これが生存本能である。

可動域に問題がある限り，スティフネスと増加した筋トーンが機能に必要な安定性を提供する。仮に可動性に何の対処もしなければ，新たなレベルのモーターコントロールが必要となることもないだろう。しかし，可動性が改善されたのならば，絶好の機会が巡ってきたことになる。そのわずかな時間，身体はスティフネスや不適切な筋トーンに依存することはできないのである。

この機会に感覚系・運動系の両方を動員するモーターコントロールエクササイズを行えば，タイトネスとスティフネスに一時的であっても頼ることができないので，主要なスタビライザーが活性化する。この時には負荷量が非常に重要である。すなわち，仮にエクササイズの負荷が過度であれば，かつての動作パターンに戻ってしまう。反対に，エクササイズが主要なスタビライザーに充分な負荷を与えない場合であれば，姿勢や動作が再構築されることはない。

このシステムでは，制限が認められた領域の可動性を改善することが求められる。患者やクライアントには，ローリングや四つ這い位，膝立ち位，片膝立ち位のような負荷のかかる姿勢をとらせる。この姿勢から何らかの動作を行うか，あるいは，姿勢保持だけを行わせる。安定した姿勢がとれたら次は安定性の低い姿勢へと進み，そして動的な動作パターンへと移る。

新生児は可動性が損なわれていない状態でこの世界に生まれ，前述のように自然な発達過程を経るのである。動作パターンに機能不全がある場合，私はエクササイズやリハビリテーションによってこのゴールドスタンダードを再現するために最大限の努力をしている。

動作の新たな理論的枠組み

これまでに学んできたことを応用するために，私はまず機能不全のある動作パターンを見つけて，非対称性や制限，動作の可否について記録し，そして特に可動性に注意を払いながら最も基礎的な動作パターンの問題に対処している。可動性にある程度の改善が認められれば，スティフネスやタイトネスのない状態で負荷をかけ始める。

また，患者が制御できる安定性のレベル，うまく行うことができ正のフィードバックが得られるレベルで，姿勢やバランス，アライメントを保持する自然な反応を活用している。

- 絶対に疲労させないようにし，言語指示と視覚的フィードバックを最小限にしている。
- 患者に負荷を与え，感覚を通じて反応させている。
- 患者が考えすぎたりがんばりすぎたりしないように常に働きかけている。バランスは無意識に起こる自然なものである。
- 患者が緊張しながら呼吸していないか常に気を配っている。緊張しながら呼吸していた場合にはエクササイズを中止し，笑わせたり呼吸ドリ

ルを実施したりする。
- 患者のコントロールが改善したらエクササイズを進めるが，その場合に負荷が過剰にならないように，またモーターコントロールに対するエクササイズが従来のエクササイズになってしまわないように，常に気をつけている。
- 各セッションの終了時に機能不全のあった動作パターンを再評価している。

治療が効果的であれば，次に何から始めるべきかがわかる。反対に効果がみられなければ，何から始めてはいけないかがわかる。治療が効果的であれば，治療効果を持続させるために自宅でコレクティブエクササイズを少し行うように指導する。反対に効果がみられなかった場合には，その人にとって最も効果的なモーターコントロールに対するエクササイズが確立できていないので，次のセッションまでは可動性エクササイズや呼吸ドリルを行ってもらうようにする。

これが，私が行っていることである。

付録8
コアのテストと機能的ゴニオメーター

■ コアのテストの新たな概念
―クオーター/クワドラントの観点によるコアのテスト

　現在行われているコアのテストは，残念ながら腹筋群の部分的な筋力をテストしているものが多い。一方，筋力の本質には複数の様相があることを多くの専門家は理解している。Gary Grayをはじめとする先人たちは，コアコントロールの能力をみるためにより機能的な評価法を使用してきた。現在用いられている改訂版では，コアコントロールの質やダイナミクスが損なわれることなくデータの収集方法やその一貫性が向上している。

　整形外科分野の優秀な徒手理学療法士は，身体とその機能的区分をクワドラント（四半分）あるいはクオーター（1/4）と呼ばれるグループとして論じることが多い。その言葉が示すとおり，頸椎や胸椎を考慮することなく肩関節を論じることは不可能であり，この点が重要なのである。同様に，整形外科分野のリハビリテーションの熟練者は，足部や股関節，骨盤，腰椎を考慮することなく膝関節とその問題を論じたりはしないだろう。この観点は関節の相互依存性を反映している。

　コアを機能的クワドラントとしてとらえることにより，リハビリテーションとエクササイズの専門家は特定のもしくは局所的なテストの前に機能の包括的な評価を行うことができる。身体を左右に分けることにより，対称性を識別できる。身体を上半身と下半身に分けることにより，ボトムアップやトップダウンにコアコントロールを評価することができる。この視点は，機能低下や機能障害を検査する前にベースラインの機能について多角的な情報を提供してくれる有用なものである。このタイプのテストは，スクリーニングとアセスメントを補うだけでなく，コレクティブエクササイズを進展させられるかの確認にも使うことができる。

Yバランステスト（Y Balance Test：YBT）
―機能的ゴニオメーター

Phil Plisky, PT, DSc, OCS, ATC, CSCS

　第3章で述べたとおり，テストはその人の能力を測定するものであり，結果の解釈が求められないものである。包括的な機能テストはクライアントの複数の領域にわたる能力を調べ，その領域の機能に見合う点数を付ける。これがYバランステストでなされることである。Yバランステストは，筋力や柔軟性，神経筋コントロール，コアの安定性，関節可動域，バランス，固有感覚を同時に必要とする身体の相対運動を正確に数量化することによって，あたかも機能的ゴニオメーターのように作用する。

■ アッパークオーターYバランステスト

　上肢の閉鎖性運動連鎖（closed kinetic chain：CKC）による体幹安定性テストは，腹臥位や背臥位，側臥位でのブリッジテスト，One-Arm Hop Test[1]，Closed Kinetic Chain Upper Extremity Stability Test（CKCUEST）[2]などが文献で紹介されている。ブリッジテストは，動的安定性を要さない静的なテストである。One-Arm Hop Testでは，対象者は床上で片手プッシュアップの肢位をとった後，腕を使って高さが10.2 cmの台へホップし，床へ戻る動作を行う。この動作をできるだけ速く5回反復する際に要した時間を記録する。CKCUESTは，床にアスレティックテープを約90 cm間隔で2本貼り，その上に手を置いた通常のプッシュアップ肢位から開始する。この肢位から対側の手の下方に貼ってあるテープに向かって交互に手を伸ばす動作を15秒間行い，テープを触った回数を記録する。

　これらのテストは対象者にCKC肢位をとらせるものであるが，可動性や最終域での安定性は考慮せず，狭い範囲における安定性を測定している。さらに，

対象者が楽に感じる支持基底面で行われるため，安定性に対して負荷を与えているわけではない。いずれのテストも胸部や肩甲骨の可動性のような，自然な運動に不可欠となる他の要素を適切に評価していない。

アッパークオーターYバランステスト（Upper Quarter Y Balance Test：YBT-UQ）は，片側の上肢に荷重した状態で対側の上肢でリーチ動作を行う能力を定量的に分析するものである。YBT-UQは，上肢と体幹の動的安定性のテストとして用いることができる。YBT-UQを行う場合，母指を内転位にしたテスト側の手をYBTのプラットフォーム上に置いて開始肢位をとる（図a8-1）。このとき，テスト側の母指を赤いスタートラインに合わせてラベルのあるほうに手のひらをつける。肩幅に足を開いてプッシュアップ肢位を保ちながら，支持側の手に対して内側，下外側，上外側方向へ向かってリーチ側の手を伸ばす（図a8-2〜4）。ローワークオーターYバランステストとは異なり，3方向へのリーチ動作は膝を床につけたり休憩したりせずに連続して行う。ただし，2回目のテストの前に膝をついて休むことは許可される。テストは裸足で行うようにする。

記録を標準データや他のメンバーと比較するために，上肢長を計測しておく。上肢長は，肩関節を90°外転位にした状態で第7頸椎棘突起から中指尖端までの距離を測る。各方向における最大リーチ距離の合計を上肢長の3倍の長さで除した値に100をかけて正規化した合計リーチ距離を算出する。

YBT-UQでは，過去に考案されたテストの欠点に

図a8-2　YBT-UQ：内側リーチ動作

図a8-3　YBT-UQ：下外側リーチ動作

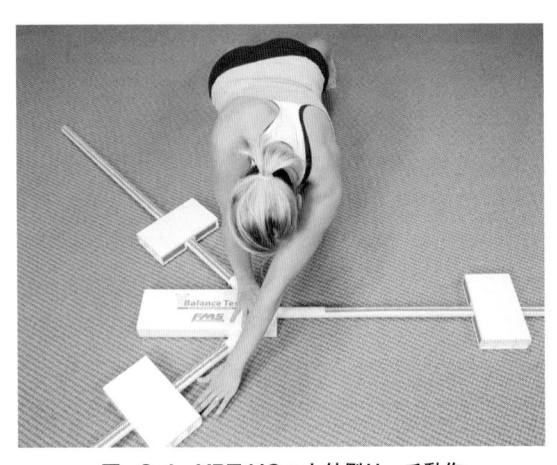

図a8-4　YBT-UQ：上外側リーチ動作

図a8-1　YBT-UQ：開始肢位

対処する試みがなされている。例えば，テスト中に可動性と安定性が最大限に要求されている点である。胸郭とリーチ側上肢の可動性と同時に，体幹と支持側上肢の安定性が求められる。各リーチ時に肩甲骨の安定性と可動性，胸椎回旋，コアの安定性が組み合わされており，バランスを崩すことなく可能な限り遠くまでリーチ動作を行う必要がある。狭い支持基底面から可能な限り遠くまでリーチ動作を行うためには，バランスや固有感覚，筋力，完全な関節可動域が求められる。多くの健常者は，トレーニングや指示なしにテストを行うことができる。

YBT-UQ の標準テスト手順

YBT-UQ は，いかに片側の上肢でバランスがとれるかテストすることを意図している。このテストの目標は，片側の上肢をプラットフォームの中心に置いた状態でのプッシュアップ肢位でバランスを保持したまま，内側，下外側，上外側へ向かって可能な限り遠くまで対側の手を伸ばすことである。左右それぞれ 2 回ずつ練習してからテストを行う。

まず，両足を肩幅に広げたプッシュアップ肢位をとる。検者は，最初にリーチ動作を行う上肢を指示する。次に対象者は 3 方向に向かってブロックを可能な限り遠くまで押し，開始肢位に戻る。片側の上肢でバランス保持ができなかった場合や支持側の手をプラットフォームから浮かせた場合，リーチ側の手が床についてしまった場合，リーチ側の手を開始肢位に戻せなかった場合，ブロックが止まる際に手が接触していなかった場合（例えば，ブロックを強く押し込んだ場合）はテストをやり直す。このプロセスを左右それぞれ各方向に 3 回繰り返す。

ローワークオーター Y バランステスト

ローワークオーター Y バランステスト（Lower Quarter Y Balance Test：YBT-LQ）は，下肢の安定性や筋力，柔軟性，固有感覚を分析する動的テストである。YBT-LQ の目標は，片脚立位を保ったまま対側下肢で可能な限り遠くまでリーチ動作を行うことである[3,4]。この動的タスクを行うには，最大限の安定性を発揮しなくてはならない[5〜8]。Gary Gray は，Y バランステストと類似したテストであるバランスリーチテスト（Balance Reach Test）を初めて公表した。その後，バランスリーチテストは研究と臨床目的のため改変され，現在はスターエクスカージョンバランステスト（Star Excursion Balance Test）として知られている。ただし，スターエクスカージョンバランステストには多くの誤差要因や変法があったため，Plisky らは測定の再現性を向上させ，Y バランステストのプロトコルを用いて行程を標準化した[9]。Y バランステストはアッパークオーターとローワークオーターの 2 つの包括的評価からなるため，ローワークオーターのテストには "LQ (lower quarter)" をつける。

慢性足関節不安定性や前十字靭帯不全，傷害リスクなどを特定する際に，本テストの対称性が重要であることは盛んに立証されてきた[7,10〜14]。研究者は，本テストが慢性足関節不安定性を有する者を正しく特定できることをまず実証した。その後，8 方向中 3 方向のみを採用することによってより効率的になるようテストを改変した[7]。Plisky らは，3 方向へのリーチ動作と同等にテストの非対称性も高校バスケットボール選手の下肢傷害発生を予測することを報告した[7]。

リーチ動作の練習を左右それぞれ各方向に 4〜6 回行ってから正式なテストを行う[9,15,16]。テストは裸足で行うようにする。対象者はプラットフォームの中心に片脚で立ち，足の先端部分をスタートラインに合わせる。片脚立位を保持しながら，支持側下肢の前方（図 a8-5）と後内側（図 a8-6），後外側（図 a8-7）へ向かって対側の下肢でブロックを押す。テストはまず右脚を支持脚としての前方リーチ動作（右脚前方リーチ動作）を 3 回行い，次に左脚を支持脚としての前方リーチ動作を 3 回行う。その後，同様に後内側リーチ動作，後外側リーチ動作を行う（テストの順番：右脚前方リーチ動作→左脚前方リーチ動作→右脚後内側リーチ動作→左脚後内側リーチ動作→右脚後外側リーチ動作→左脚後外側リーチ動作）。

次のテスト動作を行うまでの間であれば，リーチ側の下肢を床につけ，プラットフォームから降りてもかまわない。手と腕は対象者が楽に感じる位置で

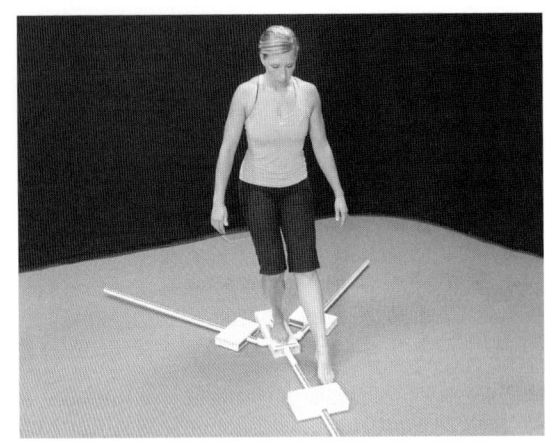

図a8-5　YBT-LQ：前方リーチ動作

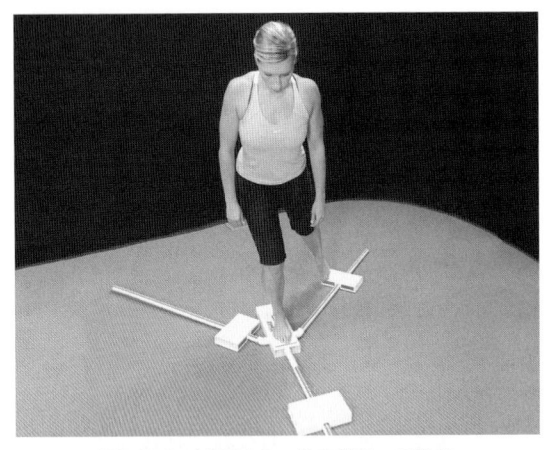

図a8-6　YBT-LQ：後内側リーチ動作

図a8-7　YBT-LQ：後外側リーチ動作

よい．最大リーチ距離はブロックの端の位置（足部の先端が届いた地点）でのメジャーの目盛りを読んで測定する．

開始肢位は，リーチ側下肢を支持側下肢の反対側にあるパイプとプラットフォームの接合部に位置させる．各方向における左右の下肢それぞれの最大リーチ距離をスコア算出に用いる．また，各方向の最大リーチ距離を足して合計距離を算出し，全体のパフォーマンスを分析する．

YBT-LQの結果は，性別と競技レベル，スポーツの種類に依存することが研究によって示されている．対象者の記録を標準データや他のメンバーと比較するために下肢長を計測しなくてはならない．膝を立てた背臥位で，殿部を浮かしてすぐ元の肢位に戻し，他動的に下肢をまっすぐにすることで骨盤の対称化を図る．それからテープメジャーを用いて右下肢の下肢長（上前腸骨棘最下端部〜足関節内果最下端部）をセンチメートル単位で計測する．各方向における最大リーチ距離の合計を下肢長の3倍の長さで除した値に100をかけて正規化した合計リーチ距離を算出する．

◆YBT-LQで何を評価するのか

前方リーチ距離の左右差が4cm以上あってはならないということが研究で示されている．また，後内側リーチ距離および後外側リーチ距離の左右差が6cm以上ある場合は好ましくないのではないかと仮定されている．また，算出したスコア（3方向のリーチ距離の合計を下肢長の3倍の長さで除した値に100をかけて求める）が，対象者の年齢や性別，スポーツ競技によって規定されるカットオフ値以下であってはならない．

◆YBT-LQの標準テスト手順

3方向へそれぞれ6回練習を行ってからテストを行う．プラットフォームの中心に片脚で立ったまま，対側下肢でブロックをそれぞれ前方と後内側，後外側へ向かって押す．ブロックが止まった地点を確認し，最大リーチ距離を測定する．

下記のいずれかに該当する場合，その試技は失敗とみなされ，やり直しとなる．

- プラットフォーム上で片脚立位を保持できなかった場合（例えば，リーチ側下肢が床についてしまった場合）
- ブロックが動いているにもかかわらず足が接触していなかった場合（例えば，ブロックを蹴った場合）
- ブロックをバランス保持のために使用した場合（例えば，ブロックの上に足を置いた場合）
- リーチ側下肢をコントロールしながら開始肢位に戻せなかった場合

上記のプロセスを左右それぞれ3回繰り返す。

機能的ゴニオメーターの使用法

Yバランステストは動作のあらゆる構成要素（関節可動域，筋力，固有感覚，コアの安定性など）を測定するため，そのうち1つでも不完全なものがあればテスト結果は陽性となる。また，他の多くのテストにはみられない独特な神経筋骨格系全体の調和が求められる。では，なぜファンクショナルムーブメントスクリーン（FMS）の代わりにYバランステストを使用しないのだろうか。まず，Yバランステストは FMS とは異なる動作の構成要素を測定する。動作パターンを構成要素に細分化するのではなく，その多くをまとめることで包括的な動作の協調性を評価できるが，対象者のウィーケストリンクの特定には限界がある。Yバランステストはリスクや問題の有無を明らかにするが，このテストの低いスコアに対してコレクティブエクササイズを処方することや，テスト結果を陽性にするいくつもの可能性を絞り込むことはできない。このことを規定できることが，FMSのメリットの1つである。

Yバランステストでは最大限の安定性を発揮する必要があり，一般的に求められるものよりも高いレベルでの神経筋コントロールを識別できる。また，リハビリテーション開始時の能力指標として，あるいは治療終了時における活動復帰の判断基準として用いることもできる。さらに，競技参加前の身体能力検査としても有用であろう。傷害の既往がある場合には，充分に回復していないクライアントや動的神経筋コントロールが正常化していないクライアントをYバランステストによって素早く特定することもできる。

文　　献

1) Falsone SA, Gross MT, Guskiewicz KM, Schneider RA. One-arm hop test：reliability and effects of arm dominance. J Orthop Sports Phys Ther. Mar 2002；32（3）：98-103.
2) Roush JR, Kitamura J, Waits MC. Reference values for the closed kinetic chain upper extremity stability test（CKCUEST） for collegiate baseball players. NAJSPT. August 2007；2（3）：159-163.
3) Kinzey S, Armstrong C. The reliability of the star-excursion test in assessing dynamic balance. J Orthop Sports Phys Ther. 1998；27（5）：356-360.
4) Gray G. Lower Extremity Functional Profile. Adrian, MI：Wynn Marketing, Inc；1995.
5) English T, Howe K. The effect of Pilates exercise on trunk and postural stability and throwing velocity in college baseball pitchers：single subject design. NAJSPT. 2007；2（1）：8-19.
6) Lanning CL, Uhl TL, Ingram CL, Mattacola CG, English T, Newsom S. Baseline values of trunk endurance and hip strength in collegiate athletes. J Athl Train. Oct-Dec 2006；41（4）：427-434.
7) Plisky PJ, Rauh MJ, Kaminski TW, Underwood FB. Star Excursion Balance Test as a predictor of lower extremity injury in high school basketball players. J Orthop Sports Phys Ther. Dec 2006；36（12）：911-919.
8) Hale SA, Hertel J, Olmsted-Kramer LC. The effect of a 4-week comprehensive rehabilitation program on postural control and lower extremity function in individuals with chronic ankle instability. J Orthop Sports Phys Ther. Jun 2007；37（6）：303-311.
9) Plisky PJ, Gorman P, Kiesel K, Butler R, Underwood F, Elkins B. The reliability of an instrumented device for measuring components of the Star Excursion Balance Test. NAJSPT. 2009；4（2）：92-99.
10) Herrington L, Hatcher J, Hatcher A, McNicholas M. A comparison of Star Excursion Balance Test reach distances between ACL deficient patients and asymptomatic controls. Knee 2009；16（2）：149-52.
11) Hertel J, Braham R, Hale S, Olmsted-Kramer L. Simplifying the star excursion balance test：analyses of subjects with and without chronic ankle instability. Journal of Orthopaedic and Sports Physical Therapy 2006；36（3）：131-7.
12) Gribble P, Hertel J, Denegar C, Buckley W. The effects of fatigue and chronic ankle instability on dynamic postural control. Journal of Athletic Training 2004；39（4）：321-9.
13) Hubbard TJ, Kramer LC, Denegar CR, Hertel J. Contributing factors to chronic ankle instability. Foot Ankle Int. Mar 2007；28（3）：343-354.

14) Olmsted L, Carcia C, Hertel J, Shultz S. Efficacy of the Star Excursion Balance Tests in detecting reach deficits in subjects with chronic ankle instability. J Athl Train. 2002 ; 37 (4) : 501-506.
15) Hertel J, Miller S, Denegar C. Intratester and intertester reliability during the Star Excursion Balance Tests. J Sport Rehabil. 2000 ; 9 : 104-116.
16) Robinson RH, Gribble PA. Support for a reduction in the number of trials needed for the star excursion balance test. Arch Phys Med Rehabil. Feb 2008 ; 89 (2) : 364-370.

付録 9
FMS の採点基準

ディープスクワット

3

側面からみて上部体幹が脛骨と平行か床に対して垂直である｜大腿骨が床と平行な位置より低い位置にある
正面からみて膝関節が足部の上方の同一線上に位置する｜側面からみてバーが足部の上方の同一線上に位置する

2

上部体幹が脛骨と平行か床に対して垂直である｜大腿骨が床と平行な位置より低い位置にある
膝関節が足部の上方の同一線上に位置する｜バーが足部の上方の同一線上に位置する｜踵を挙上している

1

上部体幹と脛骨が平行にならない｜大腿骨が床と平行な位置より高い位置にある
膝関節が足部の上方の同一線上にない｜腰椎の屈曲がみられる

このテストの間に痛みが生じた場合，スコアは 0 点となり，医療の専門家による疼痛部位の詳細な検査が必要となる。

ハードルステップ

3

股関節，膝関節，足関節が矢状面上で一直線に並んでいる
腰椎の動きがないか，あってもごくわずかである｜バーとハードルが平行のままである

2

股関節，膝関節，足関節が一直線に並んでいない
腰椎の動きがみられる｜バーをハードルと平行に保てない

1

足部がハードルに接触する｜バランスを崩す

このテストの間に痛みが生じた場合，スコアは0点となり，医療の専門家による疼痛部位の詳細な検査が必要となる。

インラインランジ

3

バーが身体から離れていない｜バーが垂直のままである｜体幹の動きがみられない
バーと足部が矢状面上に位置したままである｜後足の膝関節が前足の踵の後方につく

2

バーが身体から離れてしまう｜バーを垂直に保てない｜体幹の動きがみられる
バーと足部が矢状面上からずれてしまう｜後足の膝関節が前足の踵の後方につかない

1

バランスを崩す

このテストの間に痛みが生じた場合，スコアは0点となり，医療の専門家による疼痛部位の詳細な検査が必要となる。

ショルダーモビリティリーチング

3

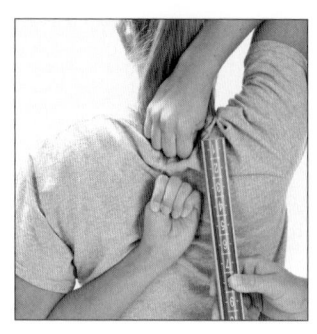

左右の拳の距離が手の長さ以内である。

2

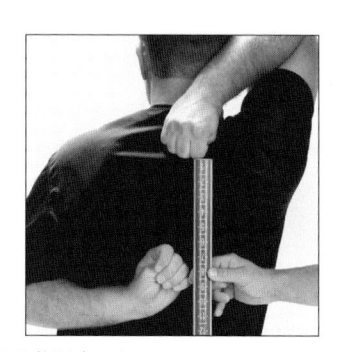

左右の拳の距離が手の長さの1.5倍以内である。

1

左右の拳の距離が手の長さの1.5倍以上である。

このテストの間に痛みが生じた場合，スコアは0点となり，医療の専門家による疼痛部位の詳細な検査が必要となる。

インピンジメント・クリアリングテスト
このクリアリングテストを両側とも行う。この動きで痛みが生じる場合，ショルダーモビリティのスコアは0点となり，肩関節の詳細な検査を行うか，医療機関に紹介することになる。その場合でも，今後の参考のためにショルダーモビリティリーチングの結果も記録しておく。

アクティブ・ストレートレッグレイズ

3

くるぶしからの垂線が ASIS と大腿の中点の間にある。
動かさないほうの下肢はニュートラルポジションを保持する。

2

くるぶしからの垂線が大腿の中点と膝の関節線の間にある。
動かさないほうの下肢はニュートラルポジションを保持する。

1

くるぶしからの垂線が膝の関節線より遠位にある。
動かさないほうの下肢はニュートラルポジションを保持する。

このテストの間に痛みが生じた場合，スコアは 0 点となり，医療の専門家による疼痛部位の詳細な検査が必要となる。

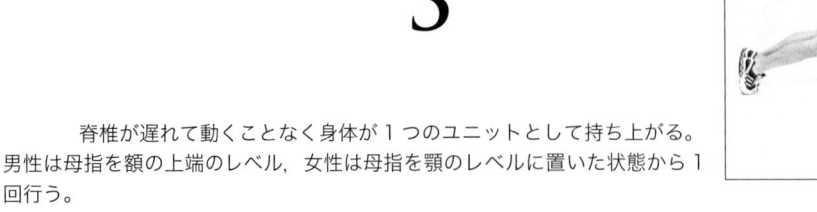

トランクスタビリティプッシュアップ

3

脊椎が遅れて動くことなく身体が1つのユニットとして持ち上がる。男性は母指を額の上端のレベル，女性は母指を顎のレベルに置いた状態から1回行う。

2

脊椎が遅れて動くことなく身体が1つのユニットとして持ち上がる。男性は母指を顎のレベル，女性は母指を鎖骨のレベルに置いた状態から1回行う。

1

男性は母指を顎のレベルに置いた状態から行うことができない。
女性は母指を鎖骨のレベルに置いた状態から行うことができない。

このテストの間に痛みが生じた場合，スコアは0点となり，医療の専門家による疼痛部位の詳細な検査が必要となる。

プローンプレスアップ・クリアリングテスト

プッシュアップの開始肢位から上体だけを持ち上げ，脊椎を伸展させる。この動きで痛みが生じる場合，トランクスタビリティプッシュアップのスコアは0点となり，脊椎の詳細な検査を行うか，医療機関に紹介することになる。その場合でも，今後の参考のためにトランクスタビリティプッシュアップの結果も記録しておく。

ロータリースタビリティ

3

同側パターンを正しく行うことができる

2

ダイアゴナル（対角線）パターンを正しく行うことができる

1

ダイアゴナルパターンを行うことができない

このテストの間に痛みが生じた場合，スコアは0点となり，医療の専門家による疼痛部位の詳細な検査が必要となる。

ポステリオーロッキング・クリアリングテスト

まず四つ這い位となり，それから殿部を後方に移動させて踵につけ，胸部も大腿につけるようにする。両手は身体の前でできるだけのばすようにする。この動きで痛みが生じればローターリースタビリティのスコアは0点となり，脊椎の詳細な検査を行うか医療機関に紹介する。その場合でも，今後の参考のためにロータリースタビリティの結果も記録しておく。

ファンクショナルムーブメントスクリーン (FMS)
スコアリングシート

氏名 _____ 日付 _____ 生年月日 _____

住所 _____ 電話番号 _____

学校／所属 _____

身長 _____ 体重 _____ 年齢 _____ 性別 _____

スポーツ _____ ポジション _____

利き手／利き足 _____ 前回のテストスコア _____

テスト		ロースコア	ファイナルスコア	コメント
ディープスクワット				
ハードルステップ	右			
	左			
インラインランジ	右			
	左			
ショルダーモビリティリーチング	右			
	左			
クリアリングテスト	右			
	左			
アクティブ・ストレートレッグレイズ	右			
	左			
トランクスタビリティプッシュアップ				
クリアリングテスト				
ロータリースタビリティ	右			
	左			
クリアリングテスト				
合計スコア				

ロースコア：左右のスコアを意味する。7種類のテストのうち5種類で左右を採点し，各スコアをこのエリアに記入する。
ファイナルスコア：各テストの全体的なスコアを意味する。ロースコアの低いほうがこのテストのファイナルスコアとして繰り越される。右が3点，左が2点ならばファイナルスコアは2点となる。ファイナルスコアを合算し，合計スコアとして用いる。

付録 10
FMS での口頭指示

　以下は FMS で使用する口頭指示である。各テストを行う際には，一貫性を保つためにここに書かれた口頭指示を使うようにする。太字の部分が，クライアントに対していう口頭指示の内容である。

- **これから行う動作中に，痛みが出たときは教えてください。**

ディープスクワット

必要な器具：1.2 m バー

🔶 口頭指示

- **両足を肩幅ぐらいに開いてまっすぐ立ち，つま先を前に向けてください。**
- **両手でバーを持って頭の上に置いて，肩と肘が 90°になるようにしてください。**
- **バーを頭の真上に持ち上げてください。**
- **背中をまっすぐに伸ばしたままで，踵とバーの位置を変えずに，できるだけ深くしゃがんでください。**
- **しゃがんだまま 1 つ数えてから元の姿勢に戻ってください。**
- **これまでの説明でわからないことはありますか？**

動作にスコアをつける。
必要ならば 3 回まで動作を行うことができる。
　3 点が取れなかった場合，5×15 cm ボックスをクライアントの踵の下に置いて上記の指示を繰り返す。

ハードルステップ

必要な器具：1.2 m バー，ハードル

🔶 口頭指示

- **両足をそろえてまっすぐ立ち，つま先をボックスにつけてください。**
- **首の後ろでバーを両手で持ち，肩に乗せてください。**
- **姿勢をまっすぐにしたまま，右脚を上げてハードルをまたぎます。この時に，つま先をすねのほうに持ち上げて，足首と膝と股関節がまっすぐに並んだ状態を保ってください。**
- **踵を床につけてから，足首と膝と股関節がまっすぐに並んだ状態を保ちながら，元の姿勢に戻ってください。**
- **これまでの説明でわからないことはありますか？**

動作側の下肢にスコアをつける。
反対側も同様に行う。
必要ならば左右ともさらに 2 回繰り返す。

インラインランジ

必要な器具：1.2 m バー，5×15 cm ボックス

🔶 口頭指示

- **背骨に沿ってバーを持ち，頭と背中とお尻のまんなかにバーを当ててください。**
- **右手が首の後ろ，左手が腰の後ろに来るようにバーを持ってください。**
- **右足をボックスにのせて，つま先を 0 の位置に合わせてください。**
- **左足の踵を＿＿＿＿（脛骨の長さ）の位置に置いてください。**
- **左右の足の裏をボックスにつけて，つま先を前に向けてください。**
- **バーを頭と背中とお尻につけた状態で，まっすぐな姿勢を保ちながら，右膝を左足の踵の後ろに下ろして，ボックスにつけ，ランジのポジションになってください。**
- **元の姿勢に戻ってください。**

- これまでの説明でわからないことはありますか？

動作にスコアをつける。
反対側も同様に行う。
必要ならば左右ともさらに2回繰り返す。

ショルダーモビリティリーチング

必要な器具：測定器具

口頭指示

- 両足をそろえてまっすぐ立ち，腕を楽にしてください。
- 親指を中に入れて握り拳をつくってください。
- 右の拳を頭の後ろからできるだけ下へ下げるのと同時に，左の拳は背中のほうからできるだけ上に挙げるのを，1回の動作で行ってください。
- 最初に動かした位置から両手を無理やり近づけようとしないでください。
- これまでの説明でわからないことはありますか？

左右の拳の最も近い場所の距離を測定する。
動作にスコアをつける。
反対側も同様に行う。

ショルダーモビリティリーチング・インピンジメント・クリアリングテスト

口頭指示

- 両足をそろえてまっすぐ立ち，腕を楽にしてください。
- 右の手のひらを左肩に置いてください。
- 右手の位置はそのままにしながら，右肘をできるだけ高く上げてください。
- 痛みを感じますか？

反対側も同様に行う。

アクティブ・ストレートレッグレイズ

必要な器具：1.2 m バー，測定器具，5×15 cm ボックス

口頭指示

- ボックスの上に膝の裏側をつけて仰向けになり，つま先を上に向けてください。
- 両手を体の横に置いて，手のひらを上に向けてください。
- 右足のつま先をすねのほうに引きつけてください。
- 左膝の裏側をボックスにつけたままで，右脚を伸ばしてできるだけ高く持ち上げてください。
- これまでの説明でわからないことはありますか？

動作にスコアをつける。
反対側も同様に行う。

トランクスタビリティプッシュアップ

必要な器具：なし

口頭指示

- うつ伏せになり，両手を肩幅に開いて頭の上に伸ばしてください。
- 手の位置を下げて，親指を_____（男性は額，女性は顎）のラインに合わせてください。
- 両脚をそろえてつま先を立て，膝と肘を床から離してください。
- 体幹をまっすぐにしたまま体を1つのかたまりとして押し上げて，腕立て伏せの姿勢になってください。
- これまでの説明でわからないことはありますか？

動作にスコアをつける。
必要ならばさらに2回繰り返す。
必要ならば手の位置を変えて指示を繰り返す。

トランクスタビリティプッシュアップ・プローンプレスアップ・クリアリングテスト

口頭指示

- うつ伏せになり，肩の下のあたりに手のひらを置き，床につけてください。
- 下半身は動かさずに，肘をできるだけ伸ばして，胸を床から持ち上げてください。
- これまでの説明でわからないことはありますか？
- 痛みを感じますか？

ロータリースタビリティ

必要な器具：5×15 cm ボックス

口頭指示

- ボックスをまたいで，手が肩の下，膝が股関節の下に来るように，四つ這いになってください。
- 左右の親指，膝，つま先をボックスの横に当てて，つま先をすねのほうに引きつけてください。
- 空を飛ぶような感じで，右手を前に，右脚を後ろに，同時に伸ばしてください。
- 次に，下につかないようにしながら，右肘と右膝をボックスの上でくっつけてください。
- また手と脚を伸ばしてください。
- スタートの姿勢に戻ってください。
- これまでの説明でわからないことはありますか？

動作にスコアをつける。
反対側も同様に行う。
　必要ならば，右腕と左脚で対角パターンを行うように指示する。その場合，左腕と右脚の対角パターンも行う。

ロータリースタビリティ・ポステリオーロッキング・クリアリングテスト

口頭指示

- 四つ這いになり，お尻を後ろに下げて，踵につけてください。
- 胸を膝のほうに下げて，手をできるだけ前に伸ばしてください。
- これまでの説明でわからないことはありますか？
- 痛みを感じますか？

付録11
ディープスクワットの一般的な評価過程の例

　以下を読むことで，動作パターンを最初から細かく分析するとコレクティブエクササイズの選択を妨げる可能性があることが理解できるだろう。この例は文献や書籍に掲載されている典型的な動作パターンの評価（evaluation）のやり方であり，ここで紹介することによって評価とスクリーニングの違いについて検討する良い機会となるだろう。

　専門家の間では評価という言葉がより重要視され，スクリーニングよりも科学的で詳細なもののように思われているが，これは論理的に誤りである。スクリーニングと評価には，それぞれに長所や欠点があるので，両方のツールを取り入れることが重要となる。

　スクリーニングは，ある状況下における最大の制限因子にまず着目するものである。一方，評価は最も制限のある所定の変数から具体的な情報を特定するものである。

　全般的なスクリーニングを行う前に詳細な評価を行ってしまうと，思い込みが生じて動作の問題をランク付けして管理方法の優先順位を決めるために必要となる系統的な論理を無視してしまう可能性がある。スクリーニングを行わずに評価することは還元主義的な科学の典型例であり，修正方法の制限や過度の簡略化の原因となる。最初に評価をすることは系統的なことのように思われるかもしれないが，実際には偏狭な結果を招くことになるだろう。

　ここで注目してほしいことは，以下に示す例の各問題に対する改善対象が，特定の筋群のタイトネスや筋力低下として示されていることである。この動作パターンの評価方法を無意識に使用している専門家は，すべてのタイトネスや筋力低下を修正しようとするが，動作パターンの質は何も変化しないことに気がつくだろう。この評価方法は，モーターコントロールや運動パターン習得の発達モデルを無視した，基礎運動学の考えに従ったものであり，このような評価から良い結果を得ることは非常に難しい。

　図a11-1に示したスクワットの評価シートは，書籍の中でFMSを紹介した後に掲載してあったものだが，スクワットパターンの分析精度を向上させようとしていると思われる。多くの専門家は，このようなディープスクワットの見方はより詳細なものであると思うかもしれないが，実際にはこれにより誤った判断を下してしまう可能性がある。

　第1に，動作パターン全体をみるのではなく，任意の点でスクワット動作を止めて調べることがディープスクワットの評価とみなされている。これは，ゴルファーのスイングを評価したといって，実際にはバックスイングとフォロースルーに限定して

```
評価項目：                              所見の対処法：
  足部と足関節                            足部回内と外旋
    ●足部回内：有/無                         ●タイトネス：ヒラメ筋, 腓腹筋外側頭, 大腿二頭筋,
    ●外旋：有/無                                         腓骨筋, 梨状筋

  膝関節                                 膝関節外反と内旋
    ●外反：有/無                             ●タイトネス：腓腹筋/ヒラメ筋, 内転筋群, 腸脛靱帯
    ●内反：有/無                             ●筋力低下：中殿筋

  腰椎-骨盤-股関節複合体                    腰椎前彎
    ●重心の非対称性：有/無                    ●タイトネス：脊柱起立筋, 腸腰筋
    ●腰椎前彎：有/無                         ●筋力低下：腹横筋, 内腹斜筋
    ●股関節内転：有/無
    ●股関節内旋：有/無                     股関節内転
                                          ●タイトネス：股関節内転筋群
                                          ●筋力低下：中殿筋

                                        股関節内旋
                                          ●筋力低下：大殿筋, 股関節外旋筋群
```

図a11-1
(William Prentice, Rehabilitation Techniques for Sports Medicine and Athletic Training, 4th Edition, 2004, McGraw-Hill より許可を得て転載)

評価したようなものである。恣意的に制限を設定し，言語的に動作パターンを止めたのであれば，動作パターンの評価を行ったとはいえない。標準化された設定により完全な動作パターンを行ってもらうことのほうが論理的であり，これによって動作パターンが自然にできるか機能不全があるかが明らかとなる。

第2に，このディープスクワットの動作パターンの例は，典型的な力学的評価を行ったものである。この評価は潜在的な問題の包括的なチェックリストのようにみえるが，複数の動作パターンにわたる問題を考慮しておらず，この視点が欠けた評価となっている。この評価で特定された問題は，スクワットパターンに限られた問題，あるいはより基礎的な問題である可能性があるが，この評価過程からはどちらの問題であるかを示すことはできない。

複数の動作パターンを調べなければ，可動性やモーターコントロール，動作パターンの獲得などのより基礎的な問題を無視してしまい，スクワットだけの問題として対処してしまう可能性がある。一方，スクリーニングは複数の動作パターンを行い，最も機能不全が大きいパターンにランク付けをするだけである。最も機能不全の大きいパターンに対しては，基礎的な可動性やモーターコントロールを改善させる修正ストラテジーを行い，これらの問題が改善した後で動作パターンの再トレーニングを行う。スクリーニングシステムは，学習を補完する発達過程に従って動作パターンを再導入するようにデザインされている。ディープスクワットの評価は欠点のチェックリストのようなものであるが，スクリーニングシステムは動作パターンの質が最低限度以下になっているパターンを特定するものである。

第3に，この評価では動作パターン機能不全の多様な原因を考慮せずに，問題解決法を示している。不良なアライメントは実際には他の部位における機能不全の代償であるかもしれない。このディープスクワットの評価モデルでは，アライメント不良は常にタイトネスや筋力低下に関連づけられている。可動性や安定性などの基礎的な問題があると誤った代償によってバランスをとるようになるが，基礎的な問題のある動作パターンでは代償以外の選択肢がないのである。

ディープスクワットに問題のある3人について考えてみよう。わかりやすくするために，3人とも明確な問題があり，FMSのディープスクワットのスコア

が1点であるとする。

　対象者1は，ディープスクワットのスコアが1点，他のFMSのスコアはすべて3点である。

　対象者2は，ディープスクワットのスコアが1点，アクティブ・ストレートレッグレイズとショルダーモビリティリーチングは1点と2点で左右非対称である。他のスコアはすべて左右とも2点である。

　対象者3は，ディープスクワットのスコアが1点，トランクスタビリティプッシュアップは1点である。他のスコアはすべて左右とも2点である。

　ディープスクワットの評価ではほとんど同じようにみえた問題が，FMSによって異なる3つの問題に識別された。この評価モデルでは問題のあるスクワットパターンを改善するために，全く同じストレッチングや筋力トレーニングを行うことになる。FMSの場合，対象者1ではスクワットパターンの修正に焦点を当てるが，対象者2と3は明らかに基礎的な問題を有しているので，スクワットパターンを修正する前にFMSにおける修正の優先順位に従って管理する必要がある。

　この評価モデルでは，対象者1はスクワットパターンの修正方法としてストレッチングと筋力強化を行うことになるが，FMSモデルではこのようなことはないだろう。注目すべきことは，FMSの他の6つのテストでは可動性や安定性の問題が認められないことである。つまり，スクワットパターンそのものが唯一の問題である。「意図的な反復」を思い出してほしい。FMSの他のテストでは，ディープスクワットに求められる可動性や安定性も調べているのである。このような場合，対象者1はディープスクワットに必要な可動性と安定性のすべてを有していると思われる。問題はスクワット動作パターンにおけるタイミングやモーターコントロールである可能性が高い。

　この例は，専門家には評価過程で欠点をリストアップするという自然な傾向があることを示している。スクリーニングから始める系統的なアプローチは，動作パターンの許容基準から最も大きく逸脱しているものを識別することができる。

付録 12
自己記入式質問票

日本語版 Neck Disability Index

このアンケートは、あなたの**首の痛み**が日常生活にどのような影響を及ぼしているかを知るためのものです。それぞれの質問について、あてはまるものに**1つだけ印（☑）**をつけてください。答えが2つある場合もあるかもしれませんが、**今の状態に一番近いもの**に印をつけてください。

項目1－痛みの強さ
- ☐ 現在、首は痛くない
- ☐ 非常に軽い痛みがある
- ☐ 中程度の痛みがある
- ☐ 強い痛みがある
- ☐ 非常に強い痛みがある
- ☐ 考えられる中で一番強い痛みがある

項目2－身の回りのこと
- ☐ 首の痛みなく、身の回りのことは自分でできる
- ☐ 首は痛くなるが、身の回りのことは自分でできる
- ☐ 身の回りのことをすると首が痛くなるので、ゆっくりと気をつけて行っている
- ☐ 多少手伝ってもらうが、ほとんどの身の回りのことは何とか自分でできる
- ☐ ほとんどの身の回りのことは、毎日手伝ってもらう必要がある
- ☐ 着替えや洗髪をすることが難しく、ベッドに寝ている

項目3－物の持ち上げ
- ☐ 首の痛みなく、重い物を持ち上げることができる
- ☐ 首は痛くなるが、重い物を持ち上げることができる
- ☐ 首の痛みのため、床から重い物を持ち上げられないが、テーブルの上などにあれば持ち上げることができる
- ☐ 首の痛みのため、重い物を持ち上げられないが、持ち上げやすい場所にあれば、軽い物ならば持ち上げることができる
- ☐ 非常に軽い物ならば持ち上げることができる
- ☐ 持ち上げたり、運んだりすることがまったくできない

項目4－読書
- ☐ 首の痛みなく、好きなだけ読書ができる
- ☐ 軽い首の痛みはあるが、好きなだけ読書ができる
- ☐ 中程度の首の痛みはあるが、好きなだけ読書ができる
- ☐ 中程度の首の痛みのため、長時間の読書ができない
- ☐ 強い首の痛みのため、長時間の読書ができない
- ☐ まったく読書ができない

項目5－頭痛
- ☐ 頭痛はまったくない
- ☐ たまに軽い頭痛がする
- ☐ たまに中程度の頭痛がする
- ☐ 頻繁に中程度の頭痛がする
- ☐ 頻繁に強い頭痛がする
- ☐ ほとんど常に頭痛がする

項目6－集中力
- ☐ 問題なく十分に集中することができる
- ☐ 多少の問題はあるが、十分に集中することができる
- ☐ 集中するのが難しい
- ☐ 集中するのがかなり難しい
- ☐ 集中するのが非常に難しい
- ☐ 全く集中できない

項目7－仕事
- ☐ 思う存分仕事ができる
- ☐ 通常の仕事はできる
- ☐ 通常の仕事のほとんどはできる
- ☐ 通常の仕事ができない
- ☐ ほとんど仕事ができない
- ☐ まったく仕事ができない

項目8－運転
- ☐ 首の痛みなく、車の運転ができる
- ☐ 軽い首の痛みはあるが、運転できる
- ☐ 中程度の首の痛みはあるが、運転できる
- ☐ 中程度の首の痛みのため、長時間の運転はできない
- ☐ 強い首の痛みのため、ほとんど運転できない
- ☐ 首の痛みのため、まったく運転できない

項目9－睡眠
- ☐ 眠るのは問題ない
- ☐ 睡眠障害はわずかで、眠れない時間は1時間未満である
- ☐ 睡眠障害は軽く、眠れない時間は1～2時間である
- ☐ 睡眠障害は中程度で、眠れない時間は2～3時間である
- ☐ 睡眠障害は重く、眠れない時間は3～5時間である
- ☐ 睡眠障害は非常に重く、眠れない時間は5～7時間で、ほとんど眠れない

項目10－レクリエーション
- ☐ 首の痛みなく、すべての余暇活動を行える
- ☐ 首は少し痛いが、すべての余暇活動を行える
- ☐ ほとんどの余暇活動を行えるが、首の痛みのため、すべては行えない
- ☐ 首の痛みのため、わずかな余暇活動しか行えない
- ☐ 首の痛みのため、ほとんどの余暇活動が行えない
- ☐ 首の痛みのため、まったく余暇活動が行えない

患者氏名＿＿＿＿＿＿＿＿＿＿　日付＿＿＿＿＿＿＿
点数＿＿＿＿＿＿　[50]

COPYRIGHT: VERNON H & HAGINO C, 1991
NAKAMARU K, VERNON H, et al. 2012
HVERNON@CMCC.CA (reprinted with permission)

訳注：この日本語版についての研究結果は以下を参照のこと。
Nakamaru K, Vernon H, et al.: Crosscultural adaptation, reliability, and validity of the Japanese version of the neck disability index. Spine, 37（21）：E1343-7, 2012.

376 ■ ムーブメント

Name: _____ Account Number: _____ Post-Op _____ Conservative _____

Date: _____ Therapist: _____ Diagnosis: _____ Score: _____ % Hip _____ Knee _____

THE LOWER EXTREMITY FUNCTIONAL SCALE

We are interested in knowing whether you are having any difficulty at all with the activities listed below because of your lower limb problem for which you are currently seeking attention. Please provide an answer for **each** activity.

	Activities	Extreme Difficulty or Unable to Perform Activity	Quite a Bit of Difficulty	Moderate Difficulty	A Little Bit of Difficulty	No Difficulty
1	Any of your usual work, housework or school activities.	0	1	2	3	4
2	Your usual hobbies, recreation or sporting activities.	0	1	2	3	4
3	Getting into or out of the bath.	0	1	2	3	4
4	Walking between rooms.	0	1	2	3	4
5	Putting your shoes or socks on.	0	1	2	3	4
6	Squatting.	0	1	2	3	4
7	Lifting an object, like a bag of groceries, from the floor.	0	1	2	3	4
8	Performing light activities around your home.	0	1	2	3	4
9	Performing heavy activities around your home.	0	1	2	3	4
10	Getting into or out of a car.	0	1	2	3	4
11	Walking 2 blocks.	0	1	2	3	4
12	Walking a mile.	0	1	2	3	4
13	Going up or down 10 stairs (about 1 flight of stairs).	0	1	2	3	4
14	Standing for 1 hour.	0	1	2	3	4
15	Sitting for 1 hour.	0	1	2	3	4
16	Running on even ground.	0	1	2	3	4
17	Running on uneven ground.	0	1	2	3	4
18	Making sharp turns while running fast.	0	1	2	3	4
19	Hopping.	0	1	2	3	4
20	Rolling over in bed.	0	1	2	3	4
	Column Totals:					

Minimum Level of Detectable Change (90% Confidence): 9 points

SCORE: _____ /80

Please rate your pain, based on how you feel today, on the following scale:

No Pain 0 1 2 3 4 5 6 7 8 9 10 Worst Imaginable Pain

GLOBAL RATE OF CHANGE

Please rate the overall condition of your lower limb from the time you began treatment until now (check only one):

___ A very great deal worse   ___ About the same   ___ A very great deal better
___ A great deal worse   ___ A great deal better
___ Quite a bit worse   ___ Quite a bit better
___ Moderately worse   ___ Moderately better
___ Somewhat worse   ___ Somewhat better
___ A little bit worse   ___ A little bit better
___ A tiny bit worse (almost the same)   ___ A tiny bit better (almost the same)

Copyright 1996 JM Binkley. Reprinted with permission.

Name: _____ Account Number: _____ Post-Op   Conservative
Date: _____ Therapist: _____ Score: _____ %

Foot and Ankle Ability Measure (FAAM)
Activities of Daily Living Subscale

Please answer **every question** with **one response** that most closely describes your condition within the past week.
If the activity in question is limited by something other than your foot or ankle mark not applicable (N/A).

Because of your foot and ankle how much difficulty do you have with:	No Difficulty	Slight Difficulty	Moderate Difficulty	Extreme Difficulty	Unable To Do	N/A
Standing	4	3	2	1	0	N/A
Walking on even ground	4	3	2	1	0	N/A
Walking on even ground without shoes	4	3	2	1	0	N/A
Walking up hills	4	3	2	1	0	N/A
Walking down hills	4	3	2	1	0	N/A
Going up stairs	4	3	2	1	0	N/A
Going down stairs	4	3	2	1	0	N/A
Walking on uneven ground	4	3	2	1	0	N/A
Stepping up and down curbs	4	3	2	1	0	N/A
Squatting	4	3	2	1	0	N/A
Coming up on your toes	4	3	2	1	0	N/A
Walking initially	4	3	2	1	0	N/A
Walking 5 minutes or less	4	3	2	1	0	N/A
Walking approximately 10 minutes	4	3	2	1	0	N/A
Walking 15 minutes or greater	4	3	2	1	0	N/A
Home responsibilities	4	3	2	1	0	N/A
Activities of daily living	4	3	2	1	0	N/A
Personal care	4	3	2	1	0	N/A
Light to moderate work (standing, walking)	4	3	2	1	0	N/A
Heavy work (push/pulling, climbing, carrying)	4	3	2	1	0	N/A
Recreational activities	4	3	2	1	0	N/A

Please rate your pain, based on how you feel today, on the following scale:

Pain   Worst Imaginable Pain
0   1   2   3   4   5   6   7   8   9   10

Overall, how would you rate your current level of function?

☐ Normal   ☐ Nearly Normal   ☐ Abnormal   ☐ Severely Abnormal

* Scored from 0-4 with 0 = unable and 4 = no difficulty *
Take the total score and divide by highest total possible (84) then x 100
A lower score represents a greater level of disability

ICC = 0.89   SEM = 2.1
MDC_{95} = 5.7   MCID = 8

Copyright RobRoy Martin. Reprinted with permission.

文　献

1) Brushoj C, Larsen K, Albrecht-Beste E, Nielsen MB, Loye F, Holmich P. Prevention of overuse injuries by a concurrent exercise program in subjects exposed to an increase in training load : a randomized controlled trial of 1020 army recruits. *Am J Sports Med*. Apr 2008 ; 36（4）: 663-670.
2) Shrier I. Stretching before exercise does not reduce the risk of local muscle injury : a critical review of the clinical and basic science literature. *Clin J Sport Med*. Oct 1999 ; 9（4）: 221-227.
3) Kiesel K, Plisky P, Kersey P. Functional Movement Test Score as a Predictor of Time-loss during a Professional Football Team's Pre-season Paper presented at : American College of Sports Medicine Annual Conference 2008 ; Indianapolis, IN.
4) Kiesel K, Plisky PJ, Voight M. Can serious injury in professional football be predicted by a preseason Functional Movement Screen? *North Am J Sports Phys Ther*. August 2007 ; 2（3）: 147-158.
5) Peate WF, Bates G, Lunda K, Francis S, Bellamy K. Core strength : a new model for injury prediction and prevention. *J Occup Med Toxicol*. 2007 ; 2 : 3.
6) Meghan F, McFadden D, Deuster P, et al. Functional Movement Screening : A Novel Tool for Injury Risk Stratification of Warfighters. American College of Sports Medicine Annual Conference. Baltimore Maryland 2010.
7) Kiesel K, Plisky P, Butler R. Functional movement test scores improve following a standardized off-season intervention program in professional football players. *Scand J Med Sci Sports*. Dec 18 2009.
8) Wainner RS, Whitman JM, Cleland JA, Flynn TW. Regional interdependence : a musculoskeletal examination model whose time has come. *J Orthop Sports Phys Ther*. Nov 2007 ; 37（11）: 658-660.
9) Cook, G., Burton, L., Fields, K., Kiesel, K., & Van Allen, J.(1999). Functional Movement Screening : Upper and Lower Quarter Applications. Paper presented at the Mid-America Athletic Trainer's Annual Symposium, Sioux Falls, South Dakota.
10) Cook, G., Burton, L. & Van Allen, J.,(1999). Functional Movement Screening. Presented at the National Athletic Trainer's Association Annual Symposium, Kansas City, Kansas.
11) Kiesel K, Plisky PJ, Voight M. Can serious injury in professional football be predicted by a preseason Functional Movement Screen? *North Am J Sports Phys Ther*. August 2007 ; 2（3）: 147-158.
12) Plisky PJ, Rauh MJ, Kaminski TW, Underwood FB. Star Excursion Balance Test as a predictor of lower extremity injury in high school basketball players. *J. Orthop Sports Phys Ther* Dec 2006 ; 36（12）: 911-919.
13) Nadler SF, Moley P, Malanga GA, Rubbani M, Prybicien M, Feinberg JH. Functional deficits in athletes with a history of low back pain : a pilot study. *Arch Phys Med Rehabil*. Dec 2002 ; 83（12）: 1753-1758.
14) Nadler SF, Malanga GA, Feinberg JH, Rubanni M, Moley P, Foye P. Functional performance deficits in athletes with previous lower extremity injury. *Clin J Sport Med*. Mar 2002 ; 12（2）: 73-78.
15) Nadler SF, Malanga GA, Bartoli LA, Feinberg JH, Prybicien M, Deprince M. Hip muscle imbalance and low back pain in athletes : influence of core strengthening. *Med Sci Sports Exerc*. Jan 2002 ; 34（1）: 9-16.
16) Cichanowski HR, Schmitt JS, Johnson RJ, Niemuth PE. Hip strength in collegiate female athletes with patellofemoral pain. *Med Sci Sports Exerc*. Aug 2007 ; 39（8）: 1227-1232.
17) Lehance C, Binet J, Bury T, Croisier JL. Muscular strength, functional performances and injury risk in professional and junior elite soccer players. *Scand J Med Sci Sports*. Mar 31 2008.
18) Lombard, W. P. & Abbott, F. M.(1907). The mechanical effects produced by the contraction of individual muscles of the thigh of the frog. *Am J Physiol*. 20, 1-60
19) Dekker JM, Crow RS, Folsom AR, et al. Low heart rate variability in a 2-minute rhythm strip predicts risk of coronary heart disease and mortality from several causes : the ARIC Study. *Atherosclerosis Risk In Communities. Circulation*. Sep 12 2000 ; 102（11）: 1239-1244.
20) van Dieen JH, Selen LP, Cholewicki J. Trunk muscle activation in low-back pain patients, an analysis of the literature. *J Electromyogr Kinesiol*. Aug 2003 ; 13（4）: 333-351.
21) Flor H. Cortical reorganisation and chronic pain : implications for rehabilitation. *J Rehabil Med*. May 2003（41 Suppl）: 66-72.
22) Richardson C, Hodges P, Hides J. *Therapeutic Exercise for Lumbopelvic Stabilization : A Motor Control Approach for the Treatment and Prevention of Low Back Pain 2nd ed* : Churchill Livingstone ; 2004.
23) Fleming DW, Binder S, eds. National Center for Injury Prevention and Control. CDC Injury Research Agenda. Atlanta（GA）: Centers for Disease Control and Prevention ; 2002.
24) Peate WF, Bates G, Lunda K, Francis S, Bellamy K. Core strength : a new model for injury prediction and prevention. *J Occup Med Toxicol*. 2007 ; 2 : 3.
25) Emery CA. Injury prevention and future research. Med Sport Sci. 2005 ; 48 : 179-200.
26) Cholewicki J, Silfies SP, Shah RA, et al. Delayed trunk muscle reflex responses increase the risk of low back injuries. *Spine*. Dec 1 2005 ; 30（23）: 2614-2620.
27) Faude O, Junge A, Kindermann W, Dvorak J. Risk factors for injuries in elite female soccer players. *Br J Sports*

Med. Sep 2006 ; 40 (9) : 785-790.
28) McHugh MP, Tyler TF, Tetro DT, Mullaney MJ, Nicholas SJ. Risk factors for noncontact ankle sprains in high school athletes : the role of hip strength and balance ability. *Am J Sports Med*. Mar 2006 ; 34 (3) : 464-470.
29) McKay GD, Goldie PA, Payne WR, Oakes BW. Ankle injuries in basketball : injury rate and risk factors. *Br J Sports Med*. Apr 2001 ; 35 (2) : 103-108.
30) Turbeville SD, Cowan LD, Owen WL, Asal NR, Anderson MA. Risk factors for injury in high school football players. *Am J Sports Med*. Nov-Dec 2003 ; 31 (6) : 974-980.
31) Tyler TF, McHugh MP, Mirabella MR, Mullaney MJ, Nicholas SJ. Risk factors for noncontact ankle sprains in high school football players : the role of previous ankle sprains and body mass index. *Am J Sports Med*. Mar 2006 ; 34 (3) : 471-475.
32) Zazulak BT, Hewett TE, Reeves NP, Goldberg B, Cholewicki J. Deficits in neuromuscular control of the trunk predict knee injury risk : a prospective biomechanical-epidemiologic study. *Am J Sports Med*. Jul 2007 ; 35 (7) : 1123-1130.
33) Cholewicki J, Panjabi MM, Khachatryan A. Stabilizing function of trunk flexor-extensor muscles around a neutral spine posture. *Spine* (Phila Pa 1976). Oct 1 1997 ; 22 (19) : 2207-2212.
34) Nadler SF, Moley P, Malanga GA, Rubbani M, Prybicien M, Feinberg JH. Functional deficits in athletes with a history of low back pain : a pilot study. *Arch Phys Med Rehabil*. Dec 2002 ; 83 (12) : 1753-1758.
35) Bullock-Saxton JE, Janda V, Bullock MI. The influence of ankle sprain injury on muscle activation during hip extension. *Int J Sports Med*. Aug 1994 ; 15 (6) : 330-334.
36) Choudhry NK, Fletcher RH, Soumerai SB. Systematic review : the relationship between clinical experience and quality of healthcare. *Ann Intern Med*. Feb 15 2005 ; 142 (4) : 260-273.
37) Hickey J, Barrett B, Butler R, Kiesel K, Plisky P. Reliability of the Functional Movement Screen Using a 100-point Grading Scale. Paper presented at : American College of Sports Medicine Annual Meeting 2010 ; Baltimore, MD.
38) Minick KI, Kiesel KB, Burton L, Taylor A, Plisky P, Butler RJ. Interrater reliability of the functional movement screen. *J Strength Cond Res*. Feb 2010 ; 24 (2) : 479-486.
39) Cook G, Burton L, Fields K, Kiesel K, Van Allen J. Functional Movement Screening : Upper and Lower Quarter Applications. Paper presented at : Mid-America Athletic Trainer's Annual Symposium 1999 ; Sioux Falls, South Dakota.
40) Deyo RA, Mirza SK, Martin BI. Back pain prevalence and visit rates : estimates from U. S. national surveys, 2002. *Spine* (Phila Pa 1976). Nov 1 2006 ; 31 (23) : 2724-2727.
41) Zedka M, Prochazka A, Knight B, Gillard D, Gauthier M. Voluntary and reflex control of human back muscles during induced pain. *J Physiol*. Oct 15 1999 ; 520 Pt 2 : 591-604.
42) Lund JP, Donga R, Widmer CG, Stohler CS. The pain-adaptation model : a discussion of the relationship between chronic musculoskeletal pain and motor activity. *Can J Physiol Pharmacol*. May 1991 ; 69 (5) : 683-694.
43) Richardson C, Hodges P, Hides J. *Therapeutic Exercise for Lumbopelvic Stabilization* : *A Motor Control Approach for the Treatment and Prevention of Low Back Pain 2nd ed* : Churchill Livingstone ; 2004.
44) Kiesel K BR, Duckworth A, Underwood, F. Experimentally induced pain alters the EMG activity of the lumbar multifidus in asymptomatic subjects. 6th Interdisciplinary World Congress on Low Back & Pelvic Pain.(Platform Presentation) Barcelona Spain ; 2007.
45) van Dieen JH, Selen LP, Cholewicki J. Trunk muscle activation in low-back pain patients, an analysis of the literature. *J Electromyogr Kinesiol*. Aug 2003 ; 13 (4) : 333-351.
46) Clark M, Russell A. Optimum Performance Training for the Performance Enhancement Specialist. Calabasas, CA : *National Academy of Sports Medicine*. 2001.
47) Cholewicki J, Greene HS, Polzhofer GK, Galloway MT, Shah RA, Radebold A. Neuromuscular function in athletes following recovery from a recent acute low back injury. *J Orthop Sports Phys Ther*. Nov 2002 ; 32 (11) : 568-575.
48) Pirouzi S, Hides J, Richardson C, Darnell R, Toppenberg R. Low back pain patients demonstrate increased hip extensor muscle activity during standardized submaximal rotation efforts. *Spine*. Dec 15 2006 ; 31 (26) : E999-E1005.
49) van Dieen JH, Selen LP, Cholewicki J. Trunk muscle activation in low-back pain patients, an analysis of the literature. *J Electromyogr Kinesiol*. Aug 2003 ; 13 (4) : 333-351.
50) Kiesel K, Plisky P, Butler R. Functional movement test scores improve following a standardized off-season intervention program in professional football players. *Scand J Med Sci Sports*. Dec 18 2009.
51) Hodges P, Richardson C, Jull G. Evaluation of the relationship between laboratory and clinical tests of transversus abdominis function. *Physiother Res Int*. 1996 ; 1 (1) : 30-40.
52) Hodges PW, Moseley GL, Gabrielsson A, Gandevia SC. Experimental muscle pain changes feedforward postural responses of the trunk muscles. *Exp Brain Res*. Jul 2003 ; 151 (2) : 262-271.
53) Hodges PW, Richardson CA. Delayed postural contraction of transversus abdominis in low back pain associated with movement of the lower limb. *J Spinal Disord*. Feb 1998 ; 11 (1) : 46-56.

54) Hodges PW, Richardson CA. Altered trunk muscle recruitment in people with low back pain with upper limb movement at different speeds. *Arch Phys Med Rehabil*. Sep 1999 ; 80 (9) : 1005-1012.
55) Cowan SM, Schache AG, Brukner P, et al. Delayed onset of transversus abdominus in long-standing groin pain. *Med Sci Sports Exerc*. Dec 2004 ; 36 (12) : 2040-2045.
56) Yamamoto K, Kawano H, Gando Y, et al. Poor trunk flexibility is associated with arterial stiffening. *Am J Physiol Heart Circ Physiol*. Oct 2009 ; 297 (4) : H1314-1318.
57) Richter RR, VanSant AF, Newton RA. Description of adult rolling movements and hypothesis of developmental sequences. *Phys Ther*. Jan 1989 ; 69 (1) : 63-71.
58) Meghan F, McFadden D, Deuster P, et al. Functional Movement Screening : A Novel Tool for Injury Risk Stratification of Warfighters. American College of Sports Medicine Annual Conference. Baltimore Maryland 2010.
59) Peate WF, Bates G, Lunda K, Francis S, Bellamy K. Core strength : a new model for injury prediction and prevention. *J Occup Med Toxicol*. 2007 ; 2 : 3.

索　引

あ行

アウトカム　57
アウトプット　269
アクティブ・スーパイン・OA サービカルフレクション　124
アクティブ・スーパイン・サービカルフレクション　123
アクティブ・スーパイン・サービカルローテーション　125
アクティブ・ストレートレッグレイズ　84, 132, 199, 365, 370
アクティブ・プローン・アッパーエクストレミティ　127
アシステッド・ディープスクワット　169
アスレティックパフォーマンスの問題　52
アセスメント　1, 11, 46
遊び　305
アッパーエクストレミティ　111
アッパーエクストレミティ・ブレイクアウト　127
　　——フローチャート　328
アッパーエクストレミティ・ペインプロボケーションテスト　111
アッパークオーター Y バランステスト　355
アッパークワドラント　263
アッパーボディエクステンション・ブレイクアウト　146
　　——フローチャート　332
アナトミートレイン　25
アハ体験　271
アンクル・ブレイクアウト　165
　　——フローチャート　338
安全な知覚　281
安定化　196
安定化機構　275
安定筋　119, 244
安定性　14, 182, 194, 201, 308, 316
安定性エクササイズ　229, 232
安定性修正　259, 279
安定性修正に用いられる姿勢　261
安定性の構成要素　255
安定性の問題　119, 277
安定性/モーターコントロール機能不全　119

医学的検査　56, 58
医学的スクリーニング　57
移行的姿勢　261
移行的姿勢-静的安定性修正　265
移行的姿勢-動的安定性修正　267
移行的姿勢におけるモーターコントロールの対称性　266
意識下の運動制御の問題　33
意識下のコントロール　293
意識下のパフォーマンス　54
意識的負荷　286
痛み　2, 12, 19, 35, 58, 68, 69, 96, 97, 99, 101, 104, 242, 300, 341
痛みの記憶　251
痛みを伴う動作　47, 180
一過性システム　24
一貫したパターン　95
1.2 m バー　75
意図的な反復　69, 70, 101, 374
意図的な練習　215
医療現場　103
医療の専門家　243
違和感　71
違和感基準チェックリスト　71
インターロックトフィンガーズビハインドネック・ディープスクワット　169
インプット　257, 269, 274
インラインランジ　66, 80, 194, 363, 369

ウィーケストリンク　17, 66, 182, 188, 221, 348
ウエイトトレーニング　178
動き　5
疑い深い動作システム　276
運動科学　18, 214, 227, 247
運動学習効果　350
運動課題のテスト　203
運動感覚　251
運動系　28
運動出力　247
運動神経路　14
運動心理学　251
運動知覚　299
運動発達　346
運動パワー　348
運動反応　350
運動プログラム　18, 181, 214
運動野　304
運動連鎖　55

エクササイズ　43
エクササイズ経済　295
エネルギー消費　249

応用的動作パターン　68
応用的な修正ストラテジー　282, 291

オーバーヘッドディープスクワット　114
オーバーヘッドディープスクワット・ブレイクアウト　168
　　——理論的根拠　167
　　——フローチャート　339
オッカムの剃刀　53

か行

外傷性動作機能不全　33
介助エクササイズ　266〜269
回旋筋腱板　314
解剖　12
解剖学的部位　274
外乱　274, 286
化学作用による痛み　116
化学的問題　69
学習　293, 304
学習の原則　306
過呼吸　341
荷重位の股関節・ローワークオーター伸展の問題　135
荷重位の脊椎 SMCD　135
荷重位の非対称性スタンス　273
荷重位のアッパークオーター SMCD　137
荷重位, 非荷重位の問題　135, 148
過剰な防御反応　189
可塑性　293
課題　44, 222
課題遂行能力　302
片膝立ち位　244
活動　43
合併症　258
カテゴリー化　95
可動域　47
可動域の問題　353
可動性　14, 182, 194, 201, 308
可動性エクササイズ　229, 232, 354
可動性修正　254, 278
　　——自動的な方法による　256
　　——他動的な方法による　256
　　——介助的な方法による　257
可動性低下　258, 309
可動性の問題　276
過度の特化　306
カプノグラフィ　253, 341
壁に向かって行うウォールスクワット　290
カラーシステム　318
癌　102
考える前に動け　208
感覚　271
感覚-運動記憶　260

381

感覚-運動系　13, 16, 269, 352
感覚系　28
感覚経路　14
感覚情報　315
感覚体験　260, 297, 305
感覚入力　247, 293, 306
感覚野　304
還元主義　5
環軸関節・下位頸椎回旋のTED　123
患者　248
関節　24
関節可動域　73, 359
関節可動域検査　49
関節可動域制限　66
関節の安定性低下　66
関節の可動性機能不全　119
関節の相互依存性　355
関節の副運動検査　49
関節別アプローチ　308, 311
関節包性制限　258
関節モビライゼーション　231
環椎後頭関節屈曲のTED　122
観点の問題　6

偽安定性　119
偽回復症候群　306
儀式　306
技術者レベルの役割　303
基礎運動学　226
基礎運動学的アプローチ　12, 206, 316
基礎的姿勢　261
基礎的テスト　67
基礎的動作パターン　68
基礎的な安定性修正　259
基礎的な可動性修正　254
基礎的な立ち直り反応　285
基礎的な動作パターン　17, 209, 293
機能　12, 21, 29, 352
機能障害　106
機能的　95, 232
機能的，痛みあり　95, 99
機能的，痛みなし　95, 98
機能的アプローチ　12
機能的姿勢　261
機能的姿勢-静的安定性修正　267
機能的姿勢-動的安定性修正　268
機能的テスト　67
機能的動作の基準　49
機能的動作の基礎　17
機能的動作の問題　58
機能的動作パターン　7, 29
機能的動作パターンの基準　301
機能的な柔軟性　41
機能的レベル　105

機能の包括的な評価　355
機能不全　2, 12, 19, 58, 96, 105, 258
機能不全，痛みあり　95, 99
機能不全，痛みなし　95, 100
機能不全パターン　6, 227
基本的動作　42
基本的動作システム　48
基本的動作の原則　298
基本的動作パターン　40, 42, 296
基本的な運動課題　54, 199
基本的な可動性　91
基本的な機能　17
基本的な動作の質　302
基本的なフィットネスの量　302
キャリーオーバー効果　350
求心性収縮　316
急性外傷　116
胸郭　137
胸郭伸展の問題　135
競技力　249
胸鎖関節　314
偽陽性　211
協調性　41, 203, 257
胸椎　309, 311, 312
胸椎回旋の可動性と安定性の問題　148
胸椎の可動性　310, 315
恐怖感　341
恐怖の記憶からの逃避　251
協力筋　25
局所の相互依存　3, 300
筋緊張　14, 258
筋トーン　226, 257
筋の緊張性活動様式　31
筋の相動性活動様式　31
筋膜　25
筋力　47, 359
筋力強化　209

クオーター　355
クライミング　205
クリアリングテスト　72, 82, 86, 88
グローバルスタビライザー　22
グローバルムーバー　23
クワドラプト・ダイアゴナルズ　164
クワドラント　355

計画的な練習　215
脛骨回旋の問題　151
頸椎　311
頸椎回旋のSMCD　122
頸椎屈曲　120
頸椎伸展のSMCD　123
系統的，個別的アプローチ　225
外科手術後　116

ゲットアップ　292
ケトルベルトレーニング　218
ケトルベルハロ　292
肩関節　311
肩関節屈曲の問題　167
肩甲胸郭複合体　314
肩甲骨　127, 311, 314
肩甲上腕関節　127, 310
肩甲上腕リズム　198
肩甲帯の問題　137
肩鎖関節　314
原始的な動作パターン　203
建設的な感覚体験　293
建設的な負荷　291
原則　298
減速帯　297
減速動作　196
現代科学　296

5×15 cmボックス　75
コア　168
コア SMCD　136
コアスタビライザー　192
コアスタビリティとローワークオーターの問題　168
コアの安定性　161, 291, 312, 359
コアのコントロール　14
コアのテスト　355
高閾値ストラテジー　119, 189
高閾値の安定性　91
高位の中枢制御　341
交感神経　244
攻撃・逃避反応　31
格子線　190
高次の中枢神経系　104
構造　21, 29
構造の問題　243
後天性動作機能不全　33
行動　4, 299, 313
行動学　4
口頭指示　187, 199
広背筋　137
広背筋のテスト　182
後部連鎖　286, 289
後部連鎖の問題　137
高齢者　250
股関節　134, 161, 168, 199, 309, 311, 312
股関節 JMD　136
股関節 TED　136
股関節外旋における自動運動と他動運動の問題　150
股関節屈曲　130
股関節自動伸展 SMCD　136
股関節ストラテジー　108
股関節内旋と外旋の問題　149

股関節内旋における自動運動と他動運動の問題　150
呼気終末 CO_2 濃度　341
呼吸　26, 341
呼吸ドリル　205, 354
呼吸の機能不全　252
呼吸の最終域　27
呼吸の質　253
呼吸のメカニクス　341
呼吸パターンの変化　252
古代の戦士　219
固定　353
ゴブレットスクワット・ライドダウン・デッドリフト・バックトゥスタート・コンビネーション　288
固有感覚　50, 203, 359
固有感覚の問題　162
固有受容器　27
固有受容機能の低下　255
固有受容器の入力　54
固有受容性神経筋促通法　13, 256, 346
ゴルフスイング　314
コレクティブエクササイズ　3, 13, 35, 40, 206, 218, 226, 234, 235, 352
　──6つのP　242
　──ツールボックス　240
　──難度　215
コンディショニング　43
コンディショニングエクササイズ　234, 235
コンディション低下　248
困難　43

さ行

サービカルスパイン　110
サービカルスパイン・ブレイクアウト　123
　──理論的根拠　120
　──フローチャート　327
座位　243
再構築　30
最終域　27, 230
最終肢位　247, 253
最大下の安定性　91
最大能力　302
サイドプランク　312
サバイバルモード　227, 244

シーテッド・アクティブ・インターナルティビアルローテーション　158
シーテッド・アクティブ・インターナルヒップローテーション　156

シーテッド・アクティブ・エクスターナルティビアルローテーション　160
シーテッド・アクティブ・エクスターナルヒップローテーション　153
シーテッド・アンクルインバージョン/イバージョン　167
シーテッド・パッシブ・インターナルティビアルローテーション　159
シーテッド・パッシブ・インターナルヒップローテーション　156
シーテッド・パッシブ・エクスターナルティビアルローテーション　160
シーテッド・パッシブ・エクスターナルヒップローテーション　154
シーテッド・ローテーション　152
視覚系　27
自己記入式質問票　105, 375
システム　8
姿勢　107, 243
姿勢コントロール　254
自然な基本的動作に基づく不自然な活動　34
自然な発達過程　239
自然の英知　304
自然の法則　42, 301, 352
持続性システム　24
膝蓋大腿関節症候群　309
膝関節　168, 311, 312
質的アプローチ　8, 9
質的基準　8, 9
質的テスト　95
質に対する介助　257
疾病　44
実用的レベル　105
自動エクササイズ　266, 267, 268, 269
若年者　250
シャントマッスル　21
習慣的な姿勢　34
修正　271
修正可能なミス　272
修正ストラテジー　3, 11, 48, 226, 246
修正体験　272
修正トーマステスト　144
修正の進展　200
主観性　66
手関節　315
熟練者　45
主動筋　316
受動的機能不全　22
順序尺度　60

順応　304
傷害　44, 258, 353
傷害の既往　251
傷害予防　55, 249
傷害リスク　19, 20, 54, 188, 193, 357
上肢帯　127
上肢パターン　127
症状　96
症状の誘発　109
小児理学療法　349
上部胸式呼吸　252
情報経路　313
情報のレベル　105
初期設定モード　40
ショルダーモビリティリーチング　82, 197, 364, 370
　──インピンジメント・クリアリングテスト　82, 364, 370
自律神経系の反応　253
シングルアームデッドリフト　292
シングルアームプッシュアップ　202
シングルレッグスタンス　114, 189
シングルレッグスタンス・ブレイクアウト　162
　──理論的根拠　161
　──フローチャート　337, 338
シングルレッグデッドリフト　268, 292
シングルレッグ・バックワードベンド　139
シングルレッグ・フォワードベンド　130
神経学的アプローチ　346, 348
神経学的検査　116
神経学的促通　348
神経学的損傷　116
神経学的トレーニング　16
神経筋骨格系全体の調和　359
神経緊張検査　49
神経筋ネットワーク　27
神経系　28
信号機　237
シン・スライシング　45
靱帯　24
身体所見検査　57
身体知覚　251
身体的検査　95
身体的ストレス　353
身体に対する意識　220
心拍変動（性）　26, 343
深部腱反射　116

髄鞘　304
垂直跳び　349
スイング動作　196

スーパイン・サービカルエクステンション　126
スーパイン・トゥ・プローンローリング・アッパーボディ　174
スーパイン・トゥ・プローンローリング・ローワーボディ　175
スーパイン・ニートゥチェスト・ホールディングシンズ　170
スーパイン・ニートゥチェスト・ホールディングタイズ　134, 171
スーパイン・ラットストレッチ・ヒップエクステンデッド　147
スーパイン・ラットストレッチ・ヒップフレックスト　146
スーパイン・レシプロカル・アッパーエクストレミティ　129
スキルテスト　57
スキルトレーニング　235
スクリーニング　11, 52, 372
スクリーン　1, 46
スクワット　108
スクワットポジション　178
スターエクスカージョンバランステスト　357
スタビライザー　23, 119, 244
スタンディング・ヒップエクステンション　142
スティフネス　14, 193, 258, 314, 353
ステップストラテジー　108
ストレートパターン　67
ストレス　40, 227, 341, 353
ストレス検査　49
スパートマッスル　21
スパインエクステンション・ブレイクアウト　138
　──フローチャート　330
スプリットパターン　67
スポーツ　43
スローイング動作　196

制限　19, 68, 97, 101
制限のある動作パターン　70
制限のない動作　300
制限への対処方法　72
静止立位　190
精神的ストレス　353
生存本能　251, 252
静的安定性　265
正のフィードバック　178
生物学的メカニズム　314
生命維持　40
脊椎屈曲　130
脊椎の問題　134, 161
セルフリミティングエクササイズ　220, 251, 292, 297, 303
セレクティブ・ファンクショナルムーブメントアセスメント　→SFMAをみよ
前屈　291
仙骨　311
前十字靱帯不全　357
全身性疾患　102
漸進的エクササイズモデル　227
前帯状皮質　104
全体的パターンアプローチ　191
全体的パターントレーニング　184
前庭系　27
前庭とコアのブレイクアウト　162
　──フローチャート　337
前庭の問題　161
前頭葉　304
専門的な動作　42

装具　231
走行　194
相反抑制　256
僧帽筋上部線維　314
足関節　309, 311, 312
足関節内がえしと外がえしの問題　162
足関節ストラテジー　108
足関節における可動性の問題　168
足関節捻挫　313
足関節背屈と底屈の問題　161
速筋　24
測定　18
足部　311, 312
鼠径部痛　192
組織の伸張性機能不全　118
ソフトウェア　183

た行

ターザンストレングス　235
対角線パターン　203
体幹伸展の問題　167
耐久性　249
体験　260, 271, 281
退行性病変　258
退行変化　227, 315
代謝　249
代謝性負荷　249
体重減少　249
代償　182, 192, 258
対称性パターン　180
対称的足位　244
代償動作　13, 33, 54, 56, 251, 274
対側パターン　197
タイトネス　14, 15, 66, 258, 353
タイミング　204
体力向上　209
多関節筋　22

打撃動作　196
正しいエクササイズ　219
正しい知覚　300
単関節筋　22
探索　304
弾性バンド　291

チームアプローチ　35
知覚　269, 271, 285, 306, 313
知覚体験　274
遅筋　24
中枢神経系　104, 349
チューンナップ　222
徴候　96
蝶番関節　313
チョップ動作　292

通過儀礼　219, 306

ディープスクワット　66, 76, 177, 361, 369, 372
抵抗エクササイズ　291
低炭酸血症　341
ティビアルローテーション・ブレイクアウト　158
　──フローチャート　336
テーピング　231
適応　214
テスト　46
テストドライブ　222
デッドリフト　108, 279, 291, 314
デルマトーム　116
テンション　226

トウウォーク　166
動作　1, 5, 295
動作学習　271, 293, 300
動作学習の原則　300
動作機能不全　2, 14, 305, 352
動作システム　303
動作トレーニングの古典的な方法　299
動作の基準　38
動作の基礎　39
動作の癖　284
動作の効率化　227
動作の再構築　208
動作の自然の法則　298
動作の質　38, 296
動作の制限　47
動作の段階　39
動作の土台　29
動作の量　38
動作の連動性　182
動作パターン　5, 348

索　引

動作パターンの再トレーニング　229, 230, 232, 282
動作パターンの問題　52
動作をもとにしたアプローチ　308
闘争・逃走反応　343
疼痛　71
疼痛基準チェックリスト　71
動的安定性　194, 267, 356
動的ストレッチング　256
動的バランス　194
動脈血ガス測定　341
動脈硬化　201
特異性の法則　30
特異的動作　42
徒手筋力検査　49
徒手療法　256
特化　302
トップダウン　184, 196, 312
トランクスタビリティプッシュアップ　86, 201, 366, 370
　――プローンプレスアップ・クリアリングテスト　86, 366, 371
トリガーポイント　258, 314
トレーニング　43

な行

内在筋　313
軟部組織の評価　49
軟部組織モビライゼーション　231

二酸化炭素　341
鈍い動作システム　276
ニューラルテンション　49
認知能力　251

寝返り　31

脳　313
能動的機能不全　21
能力障害　105

は行

ハードウェア　183
ハードル　75
ハードルステップ　66, 78, 189, 362, 369
ハーフゲットアップ　292
ハーフニーリング・ドルシフレクション　170
ハーフニーリング・ナロウベース　163
背臥位　243
背屈制限　313
跛行　251
パターン　5, 245
パターン特異的　194

パターンのエクササイズ　190
パターンの識別　17
発火　55, 192
バックワードベンド・ウィザウト・アッパーエクストレミティ　138
パッシブ・サービカルローテーション　125
パッシブ・スーパイン・サービカルフレクション　124
パッシブ・ストレートレッグレイズ　132
パッシブ・プローン・アッパーエクストレミティ　128
発達学的モデル　252
発達過程の後戻り　217
発達障害　32
発達性動作機能不全　32
パフォーマンステスト　52, 56, 58
パフォーマンスの改善　55
パフォーマンスピラミッド　209
　――最適な　211
　――スキル不足の　213
　――パワー過剰の　212
　――パワー不足の　212
腹這い　194, 203
バランス　47, 50
バランスストラテジー　108
バランスリーチテスト　357
瘢痕組織　258
反射　4, 28, 341
反射的安定化　201, 203, 204
反射的な安定性　41, 192, 245, 254, 313
反応　214
反応性神経筋トレーニング　13, 187, 284

ヒールウォーク　165
微細損傷　255
膝立ち位　244
肘立て腹臥位　243
非収縮性組織　236
ピストル　203
非対称性　19, 47, 69, 97, 101
非対称性の動作パターン　70
非対称的足位　244
ビッグ3　67
ヒップヒンジ　252
ヒップローテーション・ブレイクアウト　153
　――フローチャート　334, 335
評価の優先順位　106
標識を見つける　48
標準作業手順　37, 231, 296
ピロープレス　287

ファイナルスコア　368
ファンクショナル　232
ファンクショナルエクササイズ　232
ファンクショナルパターン　107
ファンクショナルムーブメントシステム　10, 11, 66
　――基本原則　18
ファンクショナルムーブメントスクリーン　→FMSをみよ
ファンクショナルムーブメントパターン　91
不安定性　309
不安定な座位　243
フィードバック　215, 225
フィードバックループ　246
フィルター　68
フォームローラー　314
深い練習　276
不完全な動作パターンの練習　251
腹臥位　243
副交感神経　244
腹式呼吸　253
不自然な基本的動作に基づく自然な活動　34
不調　44
プッシュアップ　314
武道　299
部分的アプローチ　199
部分的な動作パターン　179
プライオメトリックトレーニング　348
プラン　246
プランク　314
プリハビリテーションアプローチ　207
不良姿勢の習慣　315
不良なモーターコントロール　189
ブレーシング　245, 247, 274
ブレース　231
プレス　292
プローン・アクティブ・インターナルヒップローテーション　157
プローン・アクティブ・エクスターナルヒップローテーション　154
プローン・アクティブ・ヒップエクステンション　142
プローンオンエルボー・ローテーション/エクステンション　141
プローン・トゥ・スーパインローリング・アッパーボディ　173
プローン・トゥ・スーパインローリング・ローワーボディ　174
プローン・パッシブ・インターナルヒップローテーション　158

プローン・パッシブ・エクスターナルヒップローテーション 155
プローン・パッシブ・ドルシフレクション 165
プローン・パッシブ・ヒップエクステンション 143
プローン・パッシブ・プランタフレクション 166
プローン・プレスアップ 139
プローン・ロッキング 133
プログラム 8
プログレッション 226
プロトコルアプローチ 206
フロントスクワット 235
分解 30
分類システム 228

ベアフットランニング 220, 297
平衡感覚 50
平衡機能 194
閉鎖性運動連鎖 181
片脚支持 191
片脚立位 244

方向転換 196
方法 298
歩行 194
ポジション 245
補助輪 281
ボトムアップ 184, 196, 312
ボトムアップケトルベルクリーン/スクワット/プレス 292

ま行

マニピュレーション 231
マルチセグメンタルエクステンション 112
マルチセグメンタルエクステンション・ブレイクアウト 137
　──理論的根拠 134
　──フローチャート 330, 331, 332
マルチセグメンタルフレクション 112
マルチセグメンタルフレクション・ブレイクアウト 130
　──理論的根拠 129
　──フローチャート 329
マルチセグメンタルローテーション 113
マルチセグメンタルローテーション・ブレイクアウト 152
　──理論的根拠 148
　──フローチャート 333〜336
慢性足関節不安定性 357
慢性的ダメージ 243

ミオトーム 116
見かけ上の機能的アプローチ 206
ミスの修正 281
溝に油を塗る 275
道を見つける 48

ムーブメント 1, 5, 295
ムーブメントプリパレーション 235, 237

瞑想 219

モーション 5
モーターコントロール 13, 104, 194, 203, 204, 230, 300, 316
モーターコントロール不全 284
目的 243

や行

優先順位 7, 47, 116, 201, 207
ユニラテラルショルダーバックワードベンド 146

腰椎 311
腰椎伸展の問題 135, 149
腰背部の機能不全 200
腰部の安定化エクササイズ 312
ヨガ 205, 218, 219, 299
抑制性保護反応 55
四つ這い 203
四つ這い位 243

ら行

ランクづけ 7, 16
ランジ 108
ランナー 192
ランバーロックト（ER）ローテーション/エクステンション 147
ランバーロックト（IR）アクティブ・ローテーション/エクステンション 140
ランバーロックト（IR）パッシブ・ローテーション/エクステンション 140

力学 4
力学的効率 249
力学的問題 69
リスク因子 316
理想的な動作 296
リトル4 67
リバースパターニング 186, 282
リハビリテーション 12, 43
リフト動作 292

リミテッド・マルチセグメンタルローテーション・ブレイクアウト 152
　──フローチャート 333
両脚支持 191
両側，一側における上肢伸展の問題 137
両側，一側の屈曲機能不全 129
両側性，一側性の脊椎・股関節伸展の問題 134
量的アプローチ 8
量的基準 9, 58
量に対する介助 257
臨床家への重要な注意 175
臨床検査 105
臨床システム 48
臨床的レベル 105

連動性 5, 287

ローカルスタビライザー 23
ローカルムーバー 23
ロースコア 368
ロータリースタビリティ 88, 201, 203, 367, 371
　──ポステリオロッキング・クリアリングテスト 88, 367, 371
ローリング 31, 130, 204, 262
ローリング・ブレイクアウト 173
　──理論的根拠 172
　──フローチャート 340
ローワークオーターYバランステスト 357
ローワークワドラント 263
ローワーボディエクステンション・ブレイクアウト 142
　──フローチャート 331
ロジスティクス 18
ロングシッティング・トウタッチ 131
ロンバルトパラドックス現象 22
論理 18

わ行

悪い動作パターンでの練習 251

欧文

awareness 220

Balance Reach Test 357
behavior 4

C1-C2サービカルローテーション 126
capacity 302
CL：conscious loading 286

CO$_2$　341
competency　302
CTSIB：Clinical Test for Sensory Interaction on Balance　162

deep practice　276
disabilities　105
DN：dysfunctional and non-painful　98, 100
DP：dysfunctional and painful　98
dysfunctions　105

Ed Thomas　205
end range　27
exercise economy　295

FABERテスト　144
face the wall squat　290
find the markers　48
find the path　48
FMS：Functional Movement Screen　2, 10, 47, 52, 57, 60, 61, 74, 229
FMSキット　75
FMSスコアリングシート　368
FMSでの口頭指示　369
FMSにおける修正の優先順位　238
FMSにおけるローリング　262
FMSのアウトカム　57
FMSの採点基準　361
FMSの採点方法　72
FMSの修正　91, 92
FMSの判定基準　67
FN：functional and non-painful　98
Foot and Ankle Ability Measure　377
FP：functional and painful　98, 99
Functional Movement System　10

global movers　23
global stabilizers　22
greasing the groove　275

HRV：heart rate variability　26, 343

impairments　106

JMD：joint mobility dysfunction　119, 122, 123
joint-by-joint approach　308

Law of At Least One　211
local movers　23
local stabilizers　23
logic　18
logistics　18
Lombard's paradox　22
Lower Extremity Functional Scale　376

measurement　18
MMT　49
Modified Low Back Pain Disability Questionnaire　105
movement-based approach　308

Neck Disability Index　375

pH　341
pillow press　287
PNF　13, 256, 286, 346
pseudo-stabilization　119

RE：resisted exercise　291
reciprocal pattern　197
regional interdependence　3
RNT：reactive neuromuscular training　13, 187, 266〜269, 284
RP：reverse patterning　282

Selective Muscle Tension Testing　95
SF-36　105
SFMA：Selective Functional Movement Assessment　3, 10, 47, 60, 94, 118, 230

SFMAとFMS　103
SFMAトップティアー　62, 101, 109
　──スコアシート　319, 325
　──フローチャート　326
SFMAにおける修正の優先順位　239
SFMAにおける第1の習慣　115
SFMAにおける第2の習慣　116
SFMAにおける第3の習慣　116
SFMAにおけるローリング　263
SFMAによる分類への対処法　239
SFMAの2つのステップ　102
SFMAの結果の優先順位　101
SFMAの構成要素　101
SFMAの特徴　97
SFMAの有用性　102
SFMAブレイクアウト　63, 118, 120, 121
　──スコアシート　320
　──フローチャート　120, 327〜340
shunt muscles　21
SMCD：stability or motor control dysfunction　119, 121, 127
SOP：standard operating procedure　37, 231, 296
specialization　302
spurt muscles　21
Star Excursion Balance Test　357

TED：tissue extensibility dysfunction　118
thin-slicing　45

Vladimir Janda　56

weakest link　17

YBT-LQ：Lower Quarter Y Balance Test　357
YBT-UQ：Upper Quarter Y Balance Test　356
Yバランステスト　355

■ 監訳者紹介

中丸 宏二（なかまる こうじ）：寺嶋整形外科医院リハビリテーション科部長，首都大学東京大学院人間健康科学研究科理学療法科学系（研究生），修士（理学療法学），理学療法士，NSCA認定ストレングス＆コンディショニングスペシャリスト。
1994年 中央大学商学部商業貿易学科卒業，1994年 Kansas State University（kinesiology学科）留学，1995年 University of Tulsa（athletic training学科）留学，1999年 東京都立医療技術短期大学理学療法学科卒業，2004年 東京都立保健科学大学大学院保健科学研究科修士課程修了。

小山 貴之（こやま たかゆき）：日本大学文理学部体育学科専任講師，博士（理学療法学），理学療法士，日本体育協会公認アスレティックトレーナー，日本大学アメリカンフットボール部フェニックス トレーナー。
1999年 東京都立医療技術短期大学理学療法学科卒業，2006年 東京都立保健科学大学大学院保健科学研究科修士課程修了，2009年 首都大学東京大学院人間健康科学研究科博士後期課程修了。

相澤 純也（あいざわ じゅんや）：東京医科歯科大学医学部附属病院スポーツ医学診療センターアスレティックリハビリテーション部門 部門長，博士（医学）・修士（理学療法学），理学療法士・日本理学療法士協会認定専門理学療法士（運動器），NSCA認定ストレングス＆コンディショニングスペシャリスト。
1999年 東京都立医療技術短期大学理学療法学科卒業，2001年 学位授与機構学士（保健学）授与，2005年 東京都立保健科学大学大学院保健科学研究科修士課程修了，2012年 東京医科歯科大学大学院医歯学総合研究科老化制御医学系リハビリテーション医学専攻博士課程修了。

新田 收（にった おさむ）：首都大学東京大学院人間健康科学研究科教授，博士（工学），理学療法士，Jazz Bassist。
1979年 日本大学芸術学部文芸学科卒業，1981年 Berklee College of Music Certificate，1986年 東京衛生学園専門学校卒業，1997年 日本大学大学院理工学研究科医療・福祉工学博士後期課程修了。

■ ムーブメント
ファンクショナルムーブメントシステム：動作のスクリーニング，アセスメント，修正ストラテジー　（検印省略）

2014年 1月30日	第1版	第1刷
2015年 1月31日	第1版	第2刷
2016年 5月14日	第1版	第3刷
2017年 6月13日	第1版	第4刷
2018年12月19日	第1版	第5刷
2021年 8月 2日	第1版	第6刷

監訳者　中丸 宏二　Koji Nakamaru
　　　　小山 貴之　Takayuki Koyama
　　　　相澤 純也　Junya Aizawa
　　　　新田 　收　Osamu Nitta
発行者　長島 宏之
発行所　有限会社　ナップ
〒111-0056　東京都台東区小島1-7-13　NKビル
TEL 03-5820-7522／FAX 03-5820-7523
ホームページ http://www.nap-ltd.co.jp/
印刷　三報社印刷株式会社

© 2014　Printed in Japan　　　　ISBN978-4-905168-28-7

JCOPY 〈出版者著作権管理機構 委託出版物〉
本書の無断複写は著作権法上での例外を除き禁じられています。複写される場合は，そのつど事前に，出版者著作権管理機構（電話 03-5244-5088，FAX 03-5244-5089，e-mail: info@jcopy.or.jp）の許諾を得てください。